석학
人文
강좌
36

양명학의 정신

陽明學的 精神

석학人文강좌 36

양명학의 정신 陽明學的 精神

초판 1쇄 발행 2014년 3월 25일

초판 2쇄 발행 2016년 6월 1일

지은이 정인재

펴낸이 이방원

편 집 강윤경·김명희·이윤석·안효희·김민균·윤원진

디자인 박선옥·손경화

마케팅 최성수

펴낸곳 세창출판사

출판신고 1990년 10월 8일 제300-1990-63호

주소 120-050 서울시 서대문구 경기대로 88 냉천빌딩 4층

전화 723-8660

팩스 720-4579

이메일 sc1992@empal.com

홈페이지 http://www.sechangpub.co.kr

ISBN 978-89-8411-462-3 04150

978-89-8411-350-3(세트)

이 도서의 국립중앙도서관 출판시도서목록(CIP)은 e-CIP 홈페이지(http://www.nl.go.kr/ecip)에서 이용하실 수 있습니다. (CIP 제어번호 : CIP2014008700)

석학人文강좌 36

양명학의 정신

陽明學的 精神

정인재 지음

세창출판사

　남들은 하던 일을 그만두고 다 내려놓는 나이에 어설픈 저서를 처음으로 상재하게 되니 부끄러울 뿐이다. 그동안 부지런히 쉬지 않고 연구하고 강의해 왔지만 변변한 저서 한 권 없이 번역서만 몇십 권 남겼을 따름이었다. 어떤 분은 펑유란[馮友蘭]의 『중국철학사』[1976년, 형설출판사]를 잘 읽었다고 인사를 하기도 하였으며, 어떤 분은 라오쓰꽝[勞思光]의 4권짜리 『중국철학사』[1986-1992, 탐구당]를 보고 철학적 사유에 도움을 받았다는 말을 건네 오기도 하였다. 양명학에 대한 관심은 타이완 유학 시절[1972-1977: 중국문화대학] 맹자의 심학을 연구하면서 시작되었다. 왕양명의 철학을 연구하려면 먼저 그 연원이 되는 맹자 사상을 알아보는 것이 더 중요하다고 생각하였기 때문이었다.

　그동안 필자는 펑유란[馮友蘭]의 중국철학사 체계가 유일한 것으로 생각하였는데 탕쥔이[唐君毅]의 중국철학원론과 라오쓰광[勞思光]의 중국철학사를 접하고 생각이 바뀌었다. 그것은 필자가 주자학에서 양명학으로 관심의 축을 전환하는 계기였다. 그러나 주자학과 양명학은 늘 새의 두 날개같이 필자의 이목을 끌었다. 우리나라가 선진국을 모범[定理]으로 삼아 경제적 발전을 기여하는 데 주자학은 많은 기여를 하였다. 그러나 지금은 모든 분야에서 각 개인의 독창적 사고를 필요로 한다. 양명학이 절실하게 필요한 때이다. 필자의 중국철학사 전체에 대한 관심은 아직도 여전하다. 필자의 관점을 가지고 중국철학사를 정리하고 싶지만 우선 양명학을 제대로 이해하는 것이 급선무라고 생각되었다.

최근 국내에서도 양명학을 연구하는 학자들이 많아져 연구서들이 다수 출간되었으며 중국, 타이완, 일본, 미국 등지에서 출간된 저서들의 번역서도 적지 않게 시중에 나와 있다. 뿐만 아니라 국내의 석·박사 학위논문만 해도 상당한 분량을 차지한다. 필자는 지금까지 간행된 제반 업적을 참고하여 배우는 자세로 이 글을 썼다. 무엇보다 양명학을 필자 나름의 관점에서 이해하고 해석하려고 노력했다.

우리나라 현대 양명학은 박은식, 정인보를 필두로 시작되었다. 두 분은 모두 당시의 시대정신을 잘 반영한 저서를 출간하였다. 필자도 양명학을 우리나라의 현실에 접목시켜 해석하려고 고심했다. 지난 100년 동안을 돌이켜 보면 우리나라는 일제의 질곡과 광복 그리고 같은 민족이 서로 살육하는 6·25 전쟁, 민주화를 외친 4·19 학생혁명, 부정부패의 일소를 내건 5·16 군사정변 그리고 군사독재를 무너뜨리는 6·19, 5·18 민주화운동 등 수 많은 격변을 겪으며 살아왔다.

일제 강점기에 만연했던 '해도 안 된다'는 엽전의식을 '하면 된다'는 자신감으로 극복하여 성과사회[경제성장]를 만들어 내었지만 '해서는 안 되는 것'까지 밀어붙이는 태도가 도덕적 아노미를 낳았다. 이제 우리는 세계에서도 드문 산업화와 민주화를 동시에 성취한 국가가 되었다. 이제는 모든 사람이 성숙하게 되는 인문학 정신이 필요할 때이다. 특히 그중에도 양명학적 정신이 절실히 요청된다.

우리 사회는 산업화 과정에서 너무도 개인적인 실리[私利]만을 찾는 데 익숙하거나 또는 지나치게 이념적 공동체의 도덕지상주의를 표방하는 양 극단에 빠져 있다. 양명학은 양지(良知)를 덮어 버리는 사욕을 비판하였을 뿐만 아니라 도덕지상주의가 초래할 허위의식도 비판하였다. 따라서 이 문제

[사욕과 허위의식]들을 근본적으로 해소시켜 줄 수 있는 덕성의 회복을 화두로 삼았다. 이 양명학적 덕성인 양지는 도덕적 본성만이 아니라 이성과 감성, 영성까지 포함하는 생명의 이성[生理]을 말한다.

양명학은 정감[情]과 이성[理]을 하나로 보기 때문에 심미적 요소를 가지고 있다. 그것은 마음의 본체인 양지는 시비판단을 하는 동시에 호오판단을 하는 즐거움[樂]의 주체이기 때문이다. 이에 주목하여 필자는 도덕뿐만 아니라 심미의 눈으로 양명학을 해석하였다.

맹자 심학으로 학위를 받은 이래 줄곧 마음의 문제가 필자의 화두였다. 그래서 서양철학에서 데카르트 이래 심신의 문제를 어떻게 해결하였는지 책도 읽어보고 서양철학 학회[현상학회, 해석학회 등]에 가서 부지런히 귀동냥을 하였다. 그러던 중 현상학이 양명학을 해석하는 데 좋은 틀임을 발견하였다. 1986년 당시 중국 대륙의 연구경향이 양명학을 관념론으로 이해하였는데 필자는 현상학적 방법을 원용하여 그들의 견해를 비판하였다. 왕양명의 의(意)는 현상학의 지향성[intentionality]과 매우 유사하였고 "마음 밖에 아무것도 없다[心外無物]는 명제는 외물의 존재를 부정한 것이 아니라 마음[의식] 밖에 어떤 것이 있다는 것을 괄호에 넣는 판단중지[epoche]와 비슷함을 알았다. 이 책에는 바로 그 이래의 현상학적 해석이 깔려 있는 것이다.

심미적인 문제는 내 스스로 생각해 낸 것이다. 이제까지 양명학 해석은 주자학처럼 도덕적 입장에서만 진행되어 왔다. 이런 방법밖에 없을까 곰곰이 생각하던 중 필자는 왕양명이 시비판단보다 호오판단에 더 무게를 둔 사실과 즐거움[樂]이 마음의 본체라고 주장한 데 착안하였다. 우리가 좋아하는 것은 즐거움을 주고, 싫어하는 것은 불쾌하게 느끼기 때문에, 좋아하고 싫어함[好惡]을 칸트의 쾌, 불쾌로 이해하여 심미적으로 양명학을 해석하였다.

우리는 항상 당위(當爲)의 주자학적 도덕지상주의로 현실을 보고 있으므로 도덕 지향적 국민이 되어 이상적 나[我]와 현실적 나[吾]는 늘 괴리가 생긴다. 이와는 달리 양명학은 현실을 있는 그대로 파악하여 삶의 현장에서 도덕적이며 심미적인 판단을 하는 양지가 내 마음의 주인이다. 이 마음의 본체인 양지는 옳고 그름의 도덕적 시비판단을 하는 동시에 심미적 호오판단을 하는 즐거움[樂]의 주체로 이해된다. 따라서 이 책은 심미적인 해석에 의존하고 있음을 밝힌다.

이 책은 한국연구재단[NRF]의 석학과 함께하는 인문강좌 4기 제6강 양명학의 정신과 발전[2011.5.21.~6.18.]에서 강의한 것을 토대로 이루어진 것이다. 제1주 '양명학은 오늘날 어떤 의미를 갖는가?'에서는 주자학과의 차별성을 강의하였고, 제2주 '도덕적 주체로서의 양지란 무엇인가?'에서 지식과 양지가 어떻게 다른지를 강의하였다. 제3주 '현실사회에서 양지를 어떻게 실현할 것인가?'에서 지행합일과 치양지를 강의하였으며, 제4주 '양명후학들은 양명학을 어떻게 발전시켰는가?'에서 중국에서의 전개는 간단히 언급만 하고 우리나라의 양명학의 도입과 전개를 강의하면서 하곡학의 탄생과 그 전개를 주로 강의하였다.

제5주는 이 강좌에 대한 논평과 청중의 질문시간으로 이루어졌다. 사회를 본 세종대 이은선 교수는 줄리아 칭의 양명학에 관한 저서를 번역한 바 있으며 논평을 한 동국대 송재운 교수는 양명학에 관한 저서를 출간하였으며, 두 번째 논평을 한 고려대 이승환 교수는 주자학자로, 그 입장에서 양명학의 문제를 질문하였으며, 세 번째로 논평을 한 김수중 교수는 양명후학에 대한 연구자이다. 논평을 마치고 난 뒤에 청중석에서 질문을 받았는데 20문제였다. 2문제를 추가하여 모두 22문제를 이 책에 수록하였다. 이 논평과 청중의 문답이 양명학을 생생하게 이해하는 데 더 도움이 되기를 바란다.

이 책은 일반 대중을 위한 것이지만 학술적인 면모를 갖추어야 한다는 연구재단[이한구 교수]의 요청에 따라 양자를 다 만족시키려고 노력하였다. 따라서 한자로 고정된 언어를 모두 한글로 풀어썼다. 예컨대 중화(中和)를 알맞음과 어울림으로 바꾸는 등 알기 쉽게 표현하였다. 그리고 강좌에서 소홀히 하였던 원문과 주석을 달아 학술적인 모양을 갖추었다.

이 책은 2011년의 인문학 강좌를 토대로 양명학의 정신을 서술하였지만 질의 토론과 하곡학을 빼면 모두 3강밖에 되지 않는다. 이것을 가지고 양명학 전 면모를 알기에는 너무도 부족한 터였다. 그래서 강화에 마련한 하곡학 연구원[2010년 9월 13일]에서 『전습록』 강독을 하면서 강의를 보충하기도 하고, 얼마 뒤 성천문화재단에서 양명학 강의를 하게 되면서 이를 계기로 강좌에서 부족하였던 부분을 수정 보완하면서 어떤 곳은 새롭게 썼다.

제1강은 강좌의 문제의식을 이어받아 왜 오늘날 양명학이 우리에게 요청되는지 좀 더 자세히 보충하였다.

제2강은 양명학의 연원에서 중국철학사에서 양명학이 차지하는 위상을 밝히는 데 힘썼다. 양명학의 선구가 되는 위진 현학 대승불교와 선종 그리고 북송의 도학과 육상산, 마지막으로 명대초기의 주자학과 진헌장과 담감천을 소개하였다.

제3강은 주자학을 정통으로 삼은 조선시대 전통이 오늘날에도 그대로 남아 있어 오늘날에도 양명학 이해에 걸림돌이 되었다고 생각이 되어 주로 주자학과 양명학이 어떻게 다른지 중점적으로 다루었다.

제4강은 격물치지가 무엇인지에 대한 주자학의 해석과 왕양명이 이에 대한 회의와 용장의 깨달음을 통하여 자기의 독자적 철학을 세운 과정을 소개하였다.

제5강은 양명학의 핵심이라 할 수 있는 양지가 보편적 도덕 원리인 천리인 동시에 주체적인 행위의 근원이라는 의미임을 밝혔고 그것이 서양의 양심과는 무엇이 같고 다른지 논하였다.

제6강은 지행합일을 다루었는데 우리가 이 명제를 지식과 행위의 합일로 잘못 알고 있는 것을 바로잡아 양지의 실천이 바로 지행합일임을 밝히었다.

제7강은 양지를 일상생활에서 실천하는 치양지 문제를 논하였다. 여기에서 우리가 하는 일에서 양지를 실현하는 사상마련(事上磨鍊)과 만물일체론에 근거를 둔 발본색원론의 이상적인 대동사회를 소개하였다.

제8강은 우리의 정감문제와 이 정감의 알맞음[中]과 어울림[和]의 문제를 논하고 이 정감이 표현되기 이전의 미발과 정감이 모두 절도에 맞는지 여부의 이발의 문제를 다루었다.

제9강은 왕양명이 제시한 4구교를 해석한 것이다. 이것이야말로 양명학의 정수가 담겨 있다고 할 수 있으며 심체의 무선무악이 양명후학 이래 줄곧 문제가 되었던 것이다. 이 문제를 현대학자들이 어떻게 해석하였는지도 소개하였다.

제10강은 양명학의 교육의 문제를 다루었다. 우리나라는 교육에 각별히 관심이 많은 만큼 제대로 된 교육을 하고 있는지 반성해 본다는 의미에서 왕양명의 아동 교육론과 입지의 중요성을 살펴보았다.

제11강은 종교의 문제를 다루면서 양지가 모든 종교에 관통되고 있음을 논하였다. 양명학에 영향을 준 불교, 도교는 물론, 양명학의 영향을 받은 회교, 기독교도 아울러 소개하였다.

제12강은 중국 양명학이 우리나라에 와서 어떻게 수용되었는지 간략히 논하고 주로 하곡학과 그 문인들의 사상을 하곡에서 위당에 이르기까지 소개하면서 한국에서 양명학이 어떻게 하곡학으로 창조되었는지를 알 수 있도록 하였다.

부록은 논평과 청중의 질문인데 양명학 강의의 미진한 부분을 알게 하는

데 매우 도움이 되도록 보강하였음을 밝힌다. 이 책은 많은 분들의 도움을
받아 이루어진 것이다.

이 자리를 빌려 인문학 강좌를 마련해 준 한국연구재단[NRF] 당국자 여러
분과 강좌 선정에 힘써 준 서강대 강영안 교수님, 영남대 최재목 교수님께
깊은 사의(謝意)를 표한다. 강좌에서 사회와 논평을 맡아준 여러 교수들에게
도 고마운 인사를 드린다. 원고를 읽고 지적해 준 서강대 정재현 교수님, 세
종대 이경룡 교수님, 그리고 강좌에 사용할 시청각 자료[PTP]를 만들어 준 최
복희 교수님, 강좌자료 사진을 보내준 충남대 김세정 교수님, 안양대 김형우
교수님, 이시우 사진작가님에게 고마운 말씀을 드린다.

성천문화재단 유인걸 이사장님의 '양명학' 강의 요청에 심심한 감사의 말
씀을 드리며 심도학사의 길희성 교수에게도 감사드린다. 방대한 원고를 처
음부터 끝까지 읽어서 분명하지 못한 점, 문맥에서 앞뒤가 안 맞는 점을 일
일이 지적해 준 서강대 서상복 교수님, 깊은 감사의 인사를 드린다. 원고를
읽고 조언한 신학희 선생과 강좌 인쇄본을 읽고 논평해준 동서포럼의 회원
들과 기타 많은 분들에게도 감사드린다. 옆에서 늘 나의 연구와 강좌에 관
심을 쏟으며 고언을 아끼지 않은 아내 손정숙에게도 고마운 정감을 느낀다.

그 밖에 세심한 교정을 해준 출판사 임길남, 강윤경, 박선옥 선생을 비롯
한 여러분들에게 고마움을 전한다. 끝으로 모교[인천 제물포 고등학교]의 무감
독 시험이 양명학의 양지가 무엇인지 몸으로 체득하는 데 무엇보다도 크게
공헌했음을 밝혀두는 바이다.

2013년 11월 19일
學而思齋에서

제 4 강 | 격물치지란 무엇인가?

제 5 강 | 양지란 무엇인가

제 12 강 | 양명학의 도입과 하곡학

부록 | 양명학의 정신과 하곡학에 대한 문답

제 1 강

—

이 시대에 양명학은
왜 필요한가?

이 강의는 2011년 5월에 서울역사박물관에서 행한 제4기 석학 인문강좌 6회 "양명학의 정신과 발전"을 토대로 수정, 가감하여 쓴 것이다. 양명학의 정신이 무엇인지 살펴보려는 것이다. 발전이란 말은 양명학이 문인들에 의하여 전개된 사상을 말한다. 원고 분량이 너무 많아 이를 이어서 『양명학의 전개』라는 제목으로 따로 출간하려고 한다.

나는 기존 양명학 연구를 수용하지만 새로운 시각에서 양명학을 살펴보려고 한다. 기존 연구가 윤리 관점에 치중하여 양명학을 고찰했다면, 나의 연구는 선악을 따지는 도덕 판단뿐만 아니라 호오를 중시한 심미 판단을 종합해서 양명학을 다룬다.

도입부에서는 우리나라의 현대 양명학자, 박은식 선생과 정인보 선생의 사상을 소개하고, 양명학이 왜 지금도 필요한지 살펴보면서 하곡학의 실심 실학과 근래 우리가 논의하고 있는 실용실학의 차별성에 관해 논의한다.

1. 들어가기

양명학은 주자학과 함께 신유가 철학[Neo-Confucianism]의 양대 주류를 형성했다. 주자학은 이학(理學) 혹은 정주학(程朱學)이라고도 부르며, 양명학은 심학(心學) 혹은 육왕학(陸王學)이라고도 한다. 이 구분은 잘못되었다고 생각한다. 주자학이 성즉리의 이학(理學)이라면 양명학도 심즉리의 이학(理學)이다. 다른 점은 주자학은 성학(性學)이요 양명학은 심학(心學)이다. 주자학은 송나라시대에 일어나서 처음에는 위학(僞學)이라고 비판받았지만 뒤[元代]에 관학(官學)이 되었고, 양명학은 명나라시대에 일어나 민간강학(民間講學)으로 확대되기도 하였다. 주자학과 양명학 모두 한국과 일본에서 이를 수용하여 동아시아 철학의 주요한 사조의 하나가 되었다.

먼저 '심학'이라는 용어에서 드러나듯이 양명학은 마음을 근본[心本論]으로 삼는다. 조선시대 주자학의 이론적 기틀을 마련한 정도전은 심기리(心氣理) 편에서 불교는 심을, 도교는 기를, 주자학은 '이'를 중심으로 삼는다고 하였다. 따라서 심을 중시하는 양명학은 불교와 같은 이단(異端)의 대상이 되고 말았다. 심지어 정통을 자부하는 주자학자들은 양명학을 불교보다도 더 위험한 학문으로 보았다.

조선 주자학자들은 과거(科擧)를 거쳐 관료로 등용되어 국가를 경영함으로써 기존의 정치·사회 체제를 유지하려고[得君行道] 했기 때문에 백성을 깨우쳐 이를 중심으로 보는[覺民行道] 양명학이 이 체제와 질서를 무너뜨릴 가능성이 있다고 생각했다. 다시 말해 양명학이 출세 지향적인 양반들의 지배 체제를 파괴한다고 본 것이다. 이는 두 학문이 각기 다른 사회의식을 가지고 있었음을 보여준다.

주자학자들은 수직적인 사민본말론(四民本末論)의 체제를 주장했으나, 양명학자들은 이를 비판하고 수평적인 사민평등론(四民平等論)을 주장하였다.[이 주제는 제3강에서 상세히 논한다.] 따라서 주자학자들은 양명학의 국가와 사회의식이 매우 위험하다고 간주하여 배척하였다.

조선시대에 양명학자가 없었던 것은 아니다. 일찍이 홍길동전을 쓴 허균 (許筠: 1569-1618)이 양명학자이며, 『우서(迂書)』를 저술한 농암(聾巖) 유수원 (柳壽垣: 1694-1755)도 사민평등을 주장한 양명학자이다. 두 사람은 안타깝게도 주자학을 신봉하는 집권 세력의 탄압을 받아 처형되었다. 나라가 위기에 처한 병자호란 때 홀로 적진에 들어가 담판을 벌인 지천(遲川) 최명길(崔鳴吉: 1586-1647)도 양명학자이다.

하곡(霞谷) 정제두(鄭齊斗: 1649-1736)는 사우(師友)들의 만류에도 불구하고 죽음을 무릅쓰고 양명학을 공부하였다. 그 자신은 독자적으로 조선의 심학, 곧 '하곡학'을 세웠고, 뒤를 잇는 학자들이 나와서 하곡학파를 형성하였으며 정인보까지 이어져왔다. 그러나 하곡학은 재야에서 복류(伏流)로만 흐르고 있었다. 조선시대에는 선비[士]들이 관료계층[양반]을 대변하는 주자학만이 관학의 정통으로서 인정되었고 양명학은 이단으로 간주되었다. 하곡학파는 이런 풍토에서 심학을 연구하였으며 이러한 경향은 구한말까지 지속되었다.

오늘날 양명학을 연구하고 강의하는 우리는 한국 현대 양명학자 두 분을 기억하지 않을 수 없다. 한 분은 일제강점기에 독립운동을 하면서 양명학의 정신으로 유학을 새롭게 정립하려고 노력하였던 백암(白巖) 박은식(朴殷植: 1859-1925) 선생이며, 다른 한 분은 하곡학을 계승하여 현대 한국양명학의 길을 가르쳐 준 위당(爲堂) 정인보(鄭寅普: 1893-1950?) 선생이다. 두 분은 우리 민족[吾]이 나라를 빼앗기고[喪] 자아[我]를 잃어버린 상황에서 우리의 정체성[Identity]을 되찾기 위하여 새로운 철학을 모색하면서 양명학에서 그 실마리를 찾았던 것이다.

2. 백암 박은식의 유교구신론

우리나라 현대 양명학의 개척자 백암 박은식 선생은 19세기는 서구의 시대이지만 21세기는 동양의 시대가 될 것이라고 예견하였다. 백암은 독립운동가로서 제2대 임시정부 대통령을 지내신 분이다. 박은식은 젊어서는 주자학을 공부하였지만 독립운동을 하면서 우리나라의 유학이 새롭게 나아가야 할 길을 모색하였다. 이것이 바로 『유교구신론(儒敎求新論)』[01]이다.

그는 유교가 서양의 기독교처럼 발전하지 못한 이유를 세 가지 들었다. 첫째, 유교의 정신이 오직 제왕 측(帝王側)에 있었고 일반사회에 보급할 정신이 부족하다는 것이다. 둘째, 유교는 배우려는 자가 찾아오기만 기다리는 소극적인 가르침이기 때문에 스스로 민중에게 다가가는 적극적이며 대중적인 활동이 부족하다는 것이다. 셋째, 주자학은 번거롭고 지루하여 지금의 학도들에게 적합하지 못하므로 간단하고 쉬운 양명학에서 새로운 길을 모색해야 한다고 주장했다.

이것은 당시의 세태를 잘 반영한 것이기도 하다. 일부 주자학 말류들은 제왕학으로서 과거 급제에 급급하였고 일본 제국주의 시대에는 대신들이 자기의 이익을 얻기 위하여 일본의 작위와 토지를 받아 기성의 특권을 그대로 누리고 있었다. 심지어 소수 유학자들은 일본의 황도(皇道)유학을 정당화하기 위하여 일제가 주는 은사금(恩賜金)을 받으려고 혈안이 되었다고 한다. 백암은 이러한 제왕학의 병폐를 너무도 잘 알고 새롭게 개혁하려고 한 것이다. 다시 말해 제왕중심으로 타락한 유교를 민본유교(民本儒敎)로 되돌려야 하며, 간단하고 쉬운 양명학으로 백성들에게 다가갈 필요가 있다고 생각했다.

박은식은 양명학에 관해 논의한 『왕양명선생실기』[02]에서 이렇게 말했다.

"오호라! 천지의 진화는 끝이 없으므로 성인의 변화에 대한 대응도 또한 끝이 없다. 그래서 때에 따라 알맞게 응해야 천하의 일을 이룰 수 있는 것이다. 세

01 박은식, 「유교구신론」, 『백암 박은식 전집』 5, 논설, 433쪽.
02 박은식 저, 최재목, 김용구 역주, 『한글주해 왕양명선생실기』, 서울: 선인, 2011년 1월.

상 유학자들을 돌아보면 여기에 이르지 못하고 하나의 도리만을 변화할 수 없는 격식이라고 고집한다. 특히 옛날에는 알맞았으나 지금은 알맞지 않아서 때에 따라 규정할 수 없다는 것을 알지 못하고 천지의 변화를 거슬러 백성에게 화를 입히는 것이 많다. 하나만을 고집하여 융통성이 없는 폐단을 어떻게 살펴야 하는가? 우리나라에 전해오는 가장 유력한 학파는 송유(宋儒)의 충성스러운 하인이 되어 무력과 억압으로 혹 학계(學界)에 새로운 주장을 하는 자가 있으면 그에게 사문난적(斯文亂賊)에 해당하는 규율을 가하여 사람들의 사상을 속박하고 추호의 자유도 열어주지 않았던 것이다."03

박은식이 말하는 유력한 학파는 조선시대의 주자학파를 가리키고 송유는 주자를 가리킨다. 주자학을 벗어난 주장을 하면 자기들이 절대적 진리라고 생각한 학문을 혼란시키는 역적이라고 지목하여 반대파에게 사약을 내리기도 하였다. 백암은 주자학의 폐해를 이렇게 고발한 것이다. 그는 주자학을 비판하고 양명학의 양지를 이렇게 설명하였다.

"선생[왕양명]이 말하는 양지는 맹자가 말하는 성선과 같다. … 사람들이 불효불충의 악에 빠지는 것은 욕망에 움직여서 그들의 양지를 속이기 때문이다. 사람의 생각이 생겨날 때에 그것이 선한지 악한지를 양지가 스스로 알 수 있다. 이것은 나의 신성(神聖)함의 주인공이며 나의 공정한 감찰관이다. … 학문에서 가장 두려운 것은 생각[意見]을 가진 사람이 단지 문견(聞見)이 적을까를 걱정한다. 하지만 [우리의 학문에서 보면] 양지는 견문이 많을수록 가려지는 것이 더욱 심하여 … 대개 선생이 제창한 양지의 학문은 지금에 있어서는 곧

03 같은 책. 103쪽.

신학(新學)이니 일시적으로 구학(舊學)의 선비들이 벌떼처럼 일어나 배척함은 또한 [그들의 입장에서 보면] 마땅한 것이다."[04] 백암이 말하는 구학은 주자학을 가리키고 신학은 바로 양지를 주장하는 양명학을 말한다. 백암에 의하면 양지란 것은

1. 자연히 밝게 깨닫는 앎[自然明覺之知]
2. 순수하고 거짓이 없는 앎[純一無僞之知]
3. 흘러가면서 쉬지 않는 앎[流行不息之知]
4. 널리 응하고 막힘이 없는 앎[泛應不滯之知]
5. 성인과 보통사람의 간격이 없는 앎[聖凡無間之知]
6. 하늘과 인간을 하나로 합하는 앎[天人合一之知]이다.

이 신령스러운 모습과 오묘한 모습을 누가 숭상할 수 있으리오?"[05]

이처럼 양지를 6가지로 나누어 설명한 것은 백암의 독창적 견해이다. 특히 성인과 보통사람의 간격이 없는 앎은 보편적 민주주의 요소를 지적한 것이기도 하다.[06]

박은식 선생이 조선시대의 낡은 체제에서 새로운 근대국가로 넘어가는 시점에서 주자학이 아닌 양명학을 새롭게 조명한 것은 매우 커다란 의미가 있다. 백암은 "양명은 도학가요 군사 전략가이자 정치가이며 기절가(氣節家)요 문장가입니다. 오늘날 이 학문이 크게 번창하니 일본유신 호걸의 다수가 왕학파요 중국학자 다수가 또한 왕학을 종주로 삼아 지행합일론으로서 시의에 적합하다고 합니다. 서양철학계의 소크라테스, 칸트, 버클리의 학설

04 같은 책, 141-147쪽.
05 박은식, 「한글주해 왕양명선생실기」, 86쪽.
06 신용하, 「박은식의 유교구신론, 양명학론, 대동사상」, 『역사학보』 91집.

또한 지행합일의 취지와 암묵적으로 합치된, 즉 다시 무엇을 왕학에 대하여 의심합니까? … 금일 사회의 일이 지극히 번거롭고 학교의 과정이 복잡함으로써 이른바 성의(誠意) 정심(正心)의 학이 간이직절(簡易直切)한 방법이 아니면 가벼이 폐지될 것이니 오도(吾道)가 편안하겠습니까? 또 왕학은 활학(活學)입니다. 이 학문이 분명치 못하면 사기(士氣)가 살지 못하며 청년의 사업심(事業心) 또한 진흥할 수 없습니다. 어찌 사정에 어둡다 하여 간절히 힘쓰지 말 것입니까?"[07]라고 하였다.

양명학의 지행합일론은 서양철학과도 일맥상통하며 간단하고 쉬운 양명학은 살아 있는 학문[活學]이고 생활유학이어서 미래세대 청년들의 사업을 하는 마음을 진흥시킬 수 있음을 천명한 것이기도 하다. 양명학을 적극 원용하여 근대국가 건립에 성공한 일본[08]과 주자학의 전통을 지키기 위하여 위정척사를 한 조선왕조 말기와 비교해 보면 박은식의 탁견이 더욱 빛을 발한다.

박은식의 대동(大同)사상은 당시 서양에서 들어온 진화론[物競天擇]을 천지만물이 일체라는[天地萬物爲一體] 양명학의 사상에 결합시켜 세계 평화주의를 표방한다. 이 대동 원리는 사덕사리(私德私利)를 극복하고 공덕공리(公德公利)를 추구하여 세계평화에 기여할 수 있는 사상이다.

경쟁 시대에 그는 종교에서 세계 평화의 기초를 찾았다. 불교의 널리 구제함[普度]과 그리스도교의 박애(博愛)는 유교의 대동(大同)과 함께 평화주의가 아닌 것이 없다고 하였다. 이것은 각 종교의 가르침을 외적인 형식에 얽

---

07 박은식 전서 하, 246쪽.
08 같은 책, 596쪽. "일본의 명치유신 이전에 공인된 당시의 호걸 무리들 예컨대 나카에 도쥬[中江藤樹], 구마타쿠 반잔[熊澤蕃山], 요시다 쇼인[吉田松陰], 니시고 후슈[西鄉甫洲] 같은 사람들은 모두가 왕학(王學)을 본받은 후학들이고 지금 저 군인(軍人)하에서는 왕학을 일종의 신앙으로 여긴다. 이러하니 대개 일본 군인의 가치는 이미 세계에서 모두 인정하지만 한 점의 정신교육조차 실로 우리 스승인 왕자(王子=양명)께서 주었다는 것을 어찌 알겠는가? 우리들이 오늘날 정신교육을 구하면서 이것을 버리고 더 이상 무엇이 있겠는가? 자기 속의 무진장한 보배는 버려두고 남의 집 문전마다 밥을 비는 가난한 아이 노릇이니 아 슬프도다."

매이지 말고 그 내적인 정신을 살펴보면 유불야교(儒佛耶敎) 모두 평화주의를 표방하고 있다는 말이다. 박은식은 양명학에서 유교, 불교, 야교(耶敎=그리스도교)의 삼교 합일을 도모하였던 것이다. 그것은 오늘날 종교 간의 대화에서도 매우 중요한 의미를 갖는다.

3. 위당 정인보의 양명학연론

조선시대의 하곡학을 계승하고 현대 양명학을 열어준 위당(爲堂) 정인보(鄭寅普: 1893-1950?) 선생은 『양명학연론』 후기에서 자신의 스승이 난곡(蘭谷) 이건방(李建芳: 1861-1939) 선생이며 돌아가신 박은식 선생께 이 저서를 질정(質正)하지 못함이 한스럽다고[09] 하였다. 여기서 우리는 위당의 스승이 이건방임을 알 수 있다. 이건방은 이건창, 이건승, 홍승헌, 정원하와 더불어 하곡학[10]의 마지막 제자였다. 이건승은 계명의숙을 세워[1907] 근대 교육의 중

---

09 정인보, 양명학연론: "붓을 던짐에 미쳐 내 본사(本師) 이란곡(李蘭谷) 건방(建芳) 선생으로부터 사학(斯學; 양명학)의 대의(大義)를 받음을 정고(正告)하고 동호(同好) 송고하(宋古下) 진우(鎭禹)의 사학 천양(闡揚)에 대한 고심(苦心)을 심사(深謝)하며 또 구원(九原)에 영격(永隔)한 박겸곡(朴謙谷) 은식(殷植) 선생께 이 글을 질정하지 못함을 한(恨)함을 부기(附記)한다"고 하였다.

10 하곡 정제두(1649-1736) 선생부터 위당 정인보(1893-1950?) 선생에 이르기까지 200여 년간 이어간 학파를 하곡학파라고 부른다. 강화는 하곡학이 발생하고 하곡학파가 주로 활동한 고장이기에 나는 강화는 하곡학의 성지(聖地)라고 부르고 싶다. 강화가 하곡학의 성지라고 해서 이를 강화학이라 부를 수는 없다. 하곡학은 하곡 정제두 및 그 후학들의 학문을 가리키는 실체가 있는데 강화라는 인물은 없다. 그런데 이 하곡학을 강화학 혹은 강화학파라고 통념적으로 알고 있다. 우리가 퇴계학을 안동학이라 일컫지 않고, 다산학을 강진학이라 부르지 않듯이 하곡학을 강화학이라 불러서는 철학적 학술명칭에 맞지 않는다. 안동학, 강진학, 강화학은 해당 지방의 모든 것을 연구하는 지방학인 데 비하여 하곡학은 양명학과 주자학을 종합하여 새로운 체계를 세운 철학사상이기 때문이다. 또 하나 반드시 바로잡아야 할 것은 하곡학을 또 강화양명학이라고 부르는데 이것은 하곡학을 중국 양명학에 예속시켜 그 독립성을 훼손시키는 말이다. 중국에는 지역에 따라 양명후학이 발전하였기 때문에 여요양명학, 귀주양명학, 강우양명학, 절동양명학 등이 있는데 만일 강화양명학이라 부르면 중국 지역의 한 분파처럼 오해되어 한국 철학의 독자성을 무너뜨릴 위험이 있는 것이다. 따라서 하곡학이라는 바른 이름을 찾아주어야 한다.

요성을 역설하면서 실심실업(實心實業)을 강조하였고 홍승헌, 정원하와 함께 일제 초에 중국으로 가서 독립운동을 하였다.

하곡(霞谷)은 정제두(鄭齊斗: 1649-1736)의 아호이며 한국 양명학의 특징인 실심실학을 창시한 유학의 종정(儒宗)이었다. 그의 학문이 정인보에 이르기까지 사승(師承)관계로 200여 년간 이어와 하곡학파를 형성하였다.

이 학파는 퇴계학파나 율곡학파에 비견할 만한 조선시대 3대 학파였지만 당시에는 양명학이 이단으로 배척받았기 때문에 복류(伏流)로서만 흐르고 있었다. 퇴계학이나 율곡학은 주자학을 바탕으로 전개된 학문이지만, 하곡학은 당시 중국의 주자학보다 수준 높은 퇴율학(退栗學)을 섭렵하고 또한 명(明) 대에 새로 일어난 양명학과 그 후학을 깊이 연구하여[11] 자신의 독자적인 철학으로서 확립한 실심실학이다.

정인보는 실심실학의 정신을 이어받아 조선시대 주자학에 대하여 날카롭게 비판하였는데, 주자학을 하는 사람은 오로지 존화파(尊華派)와 사영파(私營派) 둘뿐이라고 하였다. 정인보는 진실과 가식(眞假)을 엄격히 구분하는 난곡의 비판 정신을 계승하였다. 정인보는 다음과 같이 조선시대 주자학의 두 가지 폐단을 통렬히 비판하고 실심으로 학문을 할 것을 주장하였다.

"오호라! 과거 수백 년 동안의 조선 역사는 허위(虛)와 가식(假)으로 전개된 자취로다. … 조선 수백 년간의 학문이라고는 오직 유학뿐이요, 유학이라고는 오로지 주자학만을 신봉하였으되 이 신봉의 폐단은 대개 두 갈래로 나뉘었다. 하나는 그 학설을 배워서 자신과 가족의 편의나 도모하려는 사영파(私營派)요, 다른 하나는 그 학설을 배워서 중화(中華)의 문화로 이 나라를 덮어

---

11 하곡의 古宅에 소장하고 있던 양명후학의 대표자인 왕용계의 용계회어(龍溪會語)[명 만력 16년 각본]이 현재 북경대 도서관 소장으로 되어 있는 것만 보아도 하곡이 이미 왕용계의 글도 보았음을 알 수 있다.

버리는 존화파(尊華派)이다. 그러므로 평생을 몰두하여 심성(心性) 문제를 강론하였지만 '실심(實心)'과는 얼러 볼 생각이 적었고 한평생 뒤흔들 듯 도의를 표방하되 자신밖에는 그 무엇도 보지 않았다."12

정인보가 여기서 말하는 사영파는 겉으로 그럴듯한 명분을 내걸고 속으로 자기 잇속[利]을 챙기는 무리들을 말하고 존화파는 중화주의에 물들어[예를 들면 소중화 같은 것] 조선 문화의 독자성[우리 역사, 지리, 한글, 문학]을 망각한 무리를 가리킨다. 1930년대 위당이 주축이 되어 조선학 운동을 일으킨 것을 실학이라고 부르는 것을 보면 실학은 우리나라에서 일어난 실제적 사실에 근거하여 진리를 추구하는 실사구시(實事求是)이기 때문이다. 따라서 실학은 중국이 아닌 우리의 역사, 문화, 어학, 제도 등을 실심으로 연구하는 것이었고 양명학은 위당을 통하여 이러한 실심실학을 일으키는 데 중요한 계기를 만드는 역할을 한 것이다. 정인보 이후 실학의 개념은 근대화라는 구호에 맞추어 도덕적 실심이 빠진 이용후생(利用厚生)과 경세치용(經世致用) 등 이익 추구의 실용실학으로 변질되었다.

4. 오늘날 양명학이 왜 필요한가?

정인보는 실심실학의 정신에 근거하여 오늘날 우리들이 갖고 있는 학문의 문제점을 지적하여 이렇게 말하였다.

12　정인보 지음, 홍원식·이상호 옮김, 『양명학연론』, 44쪽.

"오늘날 학문의 꼼꼼함과 똑똑함이 놀랄 만큼 발전되었다고 하자. 하지만 우리의 실심은 예전과 다름없이 외롭게도 누구 하나 돌아보는 사람이 없다. … 그렇지만 영국의 어느 학자, 프랑스의 어느 대가, 독일의 어느 박사, 러시아의 어느 동무의 말과 학설에 비추어 볼 때는 그렇지 않다. 꼭 이래야 옳고 꼭 저렇게는 아니 해야겠다. 이 '마음'이야 그까짓 것, 우스운 것이지만 저 '말씀'이야 세계적인 대학문이다. 이렇게 생각한 까닭에 자신의 '실심'을 죽이고서 다른 사람의 학설을 살린다. 사람이란 예나 지금이나 할 것 없이 자신과 가족만을 중심으로 삼는 자기만을 생각하는 욕심에 의하여 부림을 당하는 것이다. 실심으로 옳고 그름을 가릴 수 있는 힘으로써 제지하고 절제하지 않은 채 오직 다른 사람의 학설에만 의지할진대 다른 사람의 학설은 언제나 밖에서만 빙빙 돌고 있을 것이다. 실심을 만만히 보는 그 속에는 자기만 생각하는 욕심이 쉽사리 들어서게 되고 그럴수록 실심에 대한 경시는 더해지며 실심으로써 자세히 살펴보지 아니한 다른 사람의 학설이기 때문에 어느덧 자기만 생각하는 이기심에 의하여 이용당하게 된다. 오호라! 과거에 저질렀던 인과(因果)가 명백하거늘 이제 또 과거의 그 길을 다시 밟는단 말인가? 나는 실심에 대한 환기와 각성을 화제로 삼아 온 지 오래다. 나는 이것이 혹 실심을 환기시키고 각성시킬 수 있는 한 기회가 되지 않을까 하여 이 긴 논의를 시작하는 것이다."[13]

정인보의 이 말씀은 오늘날 우리 학계가 꼭 들어야만 하는 명언이다. 정인보의 시대나 오늘의 시대나 한 발짝도 더 나아간 것이 보이지 않는다. 서양철학은 서양의 철학이론과 학자를 동양철학은 중국철학과 그 학설을 소

---

13 정인보 지음, 홍원식 옮김, 『양명학연론』, 47–48쪽.

개만 있을 뿐이다. 그리고 한국철학은 과거 우리 조상이 한문으로 쓴 저서를 한글로 옮기는 수준에 그칠 뿐 그 철학적 의미를 담지 못하고 있다. 조상들의 한문으로 쓴 문집을 오늘날 알아들을 수 있도록 한글로 충실하게 번역하는 작업이 우선되어야 하겠지만 여기에 그쳐서는 안 된다.

철학적인 사유와 해석이 꼭 필요하다. 오늘날만큼 동서와 고금(古今) 간 철학의 대화가 절실한 때는 없을 것이다. 그러나 여전히 동양은 동양대로 서양은 서양대로 교섭을 하지 않는다. 철학적 대화와 해석이 없다는 말이다. 현대 우리 사회는 모든 면에서 서구화가 많이 되었으나, 생각하는 방식은 전통적인 것이 여전히 많이 남아 있다. 따라서 서양의 이론 잣대로만 우리 사회를 잴 수 없고 그렇다고 전통적인 방법으로 우리 사회를 이해할 수도 없다. 양자(兩者)가 다 필요한 시대에 이를 종합할 창조적 사고가 요구된다.

더욱이 우리 사회는 도덕지상주의적인 주자학에 입각한 이데올로기가 냉전의 시대가 끝이 났는데도 여전히 우리[남북한]의 의식을 지배하고 있다. 이데올로기는 어느 하나의 이념에 사로 잡혀 내편 네편을 갈라놓고 흑백논리로 상대방을 비판하고 있다. 이데올로기는 변함없는 이치, 즉 정해진 이치[定理]를 진리로 믿고 따르는 주자학적 전통이 그대로 남아 있기 때문이다.

아무리 훌륭한 이념이라도 우리의 생명을 중시하는 실심에 비추어 보아 맞지 않으면 과감히 버릴 수도 있다는 것이 양명학의 가르침이다. 그래서 옳고 그름의 도덕적 판단, 그리고 좋고 싫음[好惡]의 심미적 판단의 준칙은 외적인 대상에 있는 것이 아니라 내적인 양지에 달려 있다는 것이다. 고질적인 이데올로기 병을 치유할 수 있는 것이 바로 양명학적인 사유이다.

이제 양명학 강의를 하면서 잃어버린 덕성(德性)의 회복이란 화두를 제시하고 싶다. 그동안 우리는 지성[intellectual] 또는 지성인[인텔리겐차]이라는 말을 많이 사용하였으나 덕성 내지 덕성인이란 말은 거의 들어 본 적도 없다.

지성이란 말은 서양의 근대 이성주의에 경도된 데서 생긴 새로운 용어이었다. 그러나 과거 전통시대에서는 덕성이 오히려 더 중시되었었다. 이 잃어버린 덕성을 오늘날 되살려 다시 살펴볼 필요가 있다.

"덕성이란 한마디로 말해 감성(感性: aesthetics)과 영성(靈性: spirituality)을 모두 포함한 도덕적 생명의 이성[生理: vital reason]을 말하며 마음의 본체인 양지(良知)를 의미한다. 그것은 옳고 그름[是非]을 판단하는 도덕적 경지, 좋음과 싫음[好惡]을 느끼는 심미적 경지 그리고 영명성을 드러내는 종교적 경지를 모두 포괄하고 있다. 따라서 덕성이 없는 감성[aesthetic]은 감각적 욕구에 내맡겨 향락과 퇴폐에 빠질 수 있고 덕성이 없는 이성은 도구적 이성으로 전락하여 부정을 저지르는 도구 역할을 할 우려가 있으며, 덕성이 없는 영성은 맹목적 구복의 신앙에 빠질 우려가 있다.[14]

뿐만 아니라 이에 파생하여 덕성이 없는 개발은 자연 파괴와 생명경시로 나아가기 쉬우며, 덕성이 없는 이데올로기는 열광적 추종자만 양산할 것이고, 덕성이 없는 교육은 이기적 경쟁자만 키울 것이며 덕성이 없는 언론은 분별력과 자제력이 떨어진 막말[댓글이 사람을 죽인 경우도 있다]을 쏟아내는 저속

---

14 길희성 교수에 의하면 우리나라에는 기독교 신자가 많지만 진정한 기독교 신자가 없고 불교도가 있지만 진정한 불자는 없다고 하였다. 그래서 그는 불자를 위한 기독교 강의, 기독교도를 위한 불교 강의를 강화의 심도학사(尋道學舍)에서 하고 있다. 한완상 교수는 바보예수에서 개신교로 치면 100년 가톨릭까지 해도 200년인 한국교회의 역사에 "역사 속 갈릴리의 예수는 없다." "십자가를 진 예수는 온데간데없고 오히려 십자가가 값싼 축복의 부적이 되었다"고 말하였다.—한국일보 9월 29일자 13면. 오강남과 월암 스님은 대담에서 현실 속 종교는 그런 소망과 때때로 거리가 멀어 보인다. 도리어 갈등과 분쟁의 씨앗인 경우가 많다. 이른바 맹신(盲信) 혹은 광신(狂信)의 부작용이다. 오강남 교수는 사람의 이성을 통하지 않고 무조건 믿는 것은 미신, 광신, 맹신, 경신[輕信=가볍게 믿는다]이다. 사람의 믿음은 표층에서 심층으로 이동한다. 그러려면 이성의 한계를 인식하고 그 밖으로 넘어가야 한다. 깊게 믿기 위해서는 이성을 초월해야 한다는 거다. 오 교수는 "한국 기독교가 종교적 발달 장애에 빠졌다"고 비판했다. 월암 스님은 "자기만의 복을 구하는 기복불교가 오늘 한국불교의 문제"라고 하였다. 오 교수는 "요즘 기독교는 자본주의의 시녀"라고 했다. 2012.10.17. 중앙일보 문화 29면.

한 사회를 만들고 덕성이 없는 정치는 진흙탕 속의 상대를 흑색선전 하는 투쟁만을 하게 되고 덕성이 없는 경제는 위아래 모두 자기 이익만을 챙기는[上下交征利] 욕심만 낳게 될 것이며, 덕성이 없는 실용실학은 얼[實心]이 빠진 실학이 될 것이다."

생명에 기반을 둔 사랑과 공정(仁義)한 덕성[양지]은 이러한 모든 문제를 근원적으로 살펴볼 수 있는 인간의 본밑 마음[本心]이기 때문이다. 양명학에서 말하는 양지는 바로 마음의 도덕적 주체인 본심을 가리키고 양심의 다른 표현이다. 그것은 외재적인 합리성(理性)의 추구보다는 내재적인 자기반성[自覺]을 수반한 합리성을 중시하며 초월적[transcendental]일 뿐만 아니라 내재적[immanent]인 영성의 발휘도 함께 중시한다. 그것은 내 마음의 빛[光明]이기도 하다. 하곡학은 특히 생명의 이성[生理]을 중시하였는데 이것을 실심(實心)이라고 하였다.

지금 우리는 양명학의 새로운 부흥, 좀 더 정확히 말해 하곡학[우리나라의 특유의 양명학]의 부흥[Renesance]이 절실히 필요한 때이다. 자본주의 사회에서 우리의 과도한 사욕 때문에 꺼져버린 마음의 빛을 다시 밝히는 과업이 요청되는 때이다. 과거에 유학은 불교와 노장을 비판적으로 수용한 뒤에야 새로운 철학을 창조하였는데, 이것이 신유학[Neo-Confucianism]이다. 오늘날 우리는 서양철학을 비판적으로 수용하면서 동시에 그동안 간신히 이어져 온 하곡학을 현대적으로 해석하여 새로운 철학을 만들어 나갈 필요가 있다.

주자학을 수용한 우리나라는 지나친 도덕지상주의를 강조하였으며 지선(至善)에 이르는 것을 강조하였다. 그러나 양명학은 윤리적이면서도 심미적인 면을 동시에 가지고 있어 도가적·불교적 사유도 자신의 철학 속에 수용하였다는 점에서 차이가 있다.

주자학에서는 마음의 본체, 즉 본성의 절대적 선[至善]을 강조하지만 양명학은 마음의 본체가 지선(至善: Highest Good)도 되지만 이를 초월한 무선무악이라고도 하였다. 도가와 불가의 초월적인 면을 받아들인 것이다. 이 점을 오해하여 주자학 특히 우리나라의 주자학은 양명학을 불교와 같은 이단이라고 배척한 것이다. 그것은 심미적인 자아[Aesthetic Self]에 대한 이해가 부족한 데서 나온 것이라고 할 수 있다.

우리의 부모들은 자식들에 대한 관심이 지나치게 높아 그들에게 일등[最高]을 하라고 강조한다. 여기서는 외적인 성적만을 강조하지 지선을 초월한 무선무악을 말하지 않는다. 무관심의 관심이 아이들의 자율성을 살리듯이 무선무악의 지선이 오히려 도덕적인 자아를 튼튼하게 하여 자율적인 도덕주체를 형성할 수 있다. 우리의 사고는 너무도 도덕적인 잣대로 상대방을 재려고 하는 습관이 남아 있다. 우리는 도덕적[現實]이 아니라 도덕 지향적[理想]인 태도로 상대방을 평가하여 마땅히 이러 저러해야 하는데 그렇지 못하다고 비평하는 것이다.

그러나 미학적인 관점으로 바라볼 때는 가감 없이 있는 사실 그대로 파악할 수 있다. 이것이 실심이다. 예를 들어 왕양명이 지행합일을 주장할 때 사용한 구절 호호색(好好色), 즉 예쁜 여인[好色]을 좋아하는 것은 도덕적인 잣대로 보면 불륜을 저지를 수 있는 것으로 간주되지만 심미적인 판단을 하면 미인[好色]을 보는 순간[知] 그 자체를 아름답게[好] 판단하는[行] 마음의 여유가 생긴다.

중국의 현대 신유학자들은 칸트의 사상과 양명학을 접목시켜 현대 신유가[Contemporary Neo-Confucianism]를 만들어 내었다. 그러나 그들은 주로 실천이성에 주목하였을 뿐 판단력 비판에 대한 언급은 거의 보이지 않는다. 이제 오히려 후자가 양명학의 본 모습을 밝히는 데 더 필요한지도 모른다. 따라서 덕성은 도덕적인 내용뿐 아니라 심미적인 것도 함께 고려되어야 할 것이다. 그래야 양명학의 심체가 지선일 뿐만 아니라 왜 무선무악인지도 이해될 것이다.

5. 하곡학의 실심실학과 근대화론의 실용실학

조선왕조의 성리학[주자학]은 윤리적 도학(道學)을 중시했기 때문에 분과적 과학인 기학(器學)은 상대적으로 매우 취약하였다. 도학은 성리학의 다른 낱말이기도 하다. 조선시대는 말기까지 성리학을 정통으로 지키었다. 그것은 이기론(理氣論)의 본체론을 올바른 진리, 불변하는 도덕원리[定理]로 생각하였기 때문이다.

서학[천주교]이 들어올 때 이를 쉽게 받아들이지 못한 것도 바로 성리학을 성스런 학문[聖學]으로 간주한 성학의 도통(道統) 때문이었다. 근대의 서양문물이 들어올 때도 우리는 유교의 정통을 옹호하고 사특한 서양세력을 배척하자는 위정척사(衛正斥邪)로 일관하였다. 우리는 결국 서양식으로 근대화한 일본 제국주의에게 나라를 빼앗기는 수모를 겪어야 했다.

일본제국주의 당국자들은 조선인들의 문화와 사기를 꺾어버리고 식민통치에 편리하도록 만들었다. 그것이 바로 조센징[朝鮮人]이란 말이다. 일본은 일등국민이고 조센징은 하등국민이라는 사실을 주입시키기도 하였다. 만국박람회에는 야만인의 대표로서 조선 사람을 전시하기도 하였다. 이러한 철저한 억압과 탄압 속에서 조선인은 모든 의욕과 기운을 상실하였다. 또 일본 어용학자들은 황도(皇道)유학을 만들어 조선인들의 유교[성리학]를 송두리째 씨를 말렸다.

우리는 규범사회에서 노예사회로 전락하고 말았다. 모든 것이 자기의 의사와는 관계없이 이루어지고 늘 타자에 의하여 감시를 받고 사는 타율적 존재가 되어 버린 것이다.

그러나 일제강점기에도 1930년대 정인보, 문일평 등이 조선학 운동, 즉 실학운동을 일으켰다. 다산 탄생 100주년을 맞이하여 여유당전서를 편찬하기도 하였다. 식민지 치하에서 우리 고유의 것을 찾아보자는 것이었다. 정인보는 실심실학을 제창하여 허위와 가식으로 물든 중화주의[尊華派]와 이기주의[私營派]를 비판하기도 하였다. 그것은 실심실학의 정신으로 중화주의뿐만 아니라 일본주의도 극복하고자 하는 일환이기도 하였다.

백성들은 여전히 일제의 탄압 속에서 아무리 발버둥 쳐도 되는 일이 없었다. 조선인들 사이에는 엽전의식이 생겨나기 시작하였다. 엽전은 조선시대 사용하던 돈이었음을 잘 아는 사실이다. 엽전 한 지게는 1달러의 교환가치밖에 없었다. 그 가치는 그야말로 무용지물이었던 것이다. 엽전은 아무 쓸데도 없는 조선인의 상징이었다. "엽전이 무얼 해?" "엽전이 하는 짓은 뻔해!" "해봐야 소용없어." "해도 안 된다." 이처럼 자기 비하 속에서 부정적인 생각들만 팽배하였다.

해방 이후에도 일본인이 심어준 조선사람[조센징] 자기비하 의식이 그대로 남아 있어 엽전의식이 지배적이었다. 조선인이 무얼 해, 조선인은 '무엇을 해도 안 된다'는 것이었다. 항상 부정적인 생각으로 일을 하니 될 일도 되지 않는 경우가 많았다. 그것은 일본인이 심어준 식민 지배를 쉽게 하기 위하여 만든 타율성(他律性) 때문이었다.

이렇게 우리나라는 일본제국주의 식민지하에서 모든 국민들이 삶의 의욕을 상실하였었다. 그것은 우리 민족의 정기(精氣)와 삶의 의지를 꺾어놓았기 때문이다. 철학적으로 말하면 조선시대의 이기론이 일제에 의하여 완전히 무너진 것이다. 그 이론적 토대를 마련한 것이 다카하시 도루[高橋亨]의 조선 시대 유학의 고착성, 의존성, 당파성을 들면서 주리(主理) 주기(主氣)로 조선 유학을 단순화시켰다. 그래서 해방 이후에 우리나라의 국정 교과서에까지 이기론을 공리공론이라고 비하하기도 하였다.

그런데 5.16 군사정부는 "해도 안 된다"는 엽전의식을 "하면 된다"는 자신감으로 바꾸어 놓았다. 심지어는 "안 되면 되게 하라"고까지 하여 적극적인 자세를 갖도록 고취하였다. 새마을 운동의 "잘살아 보세" 뒤에는 "하면 된다"는 적극적 의지, 긍정적인 힘이 뒷받침하고 있었다. 산업현장에서도 마찬가지이었다. 예를 들면 영일만의 허허벌판에 세계 굴지의 제철공장을 만들어 낸 것도 강한 도덕심과 사명감을 가지고[15] "하면 된다"는 정신이었다. 수출전선에서도 미지의 나라에 가서 노동도 하고 제품도 팔면서 자신감을 키워갔다. 어느 대기업의 총수 한 분은 거의 불가능한 일을 해낸 분이라고 평가받고 있다. 직원들이 '안 된다'고 하면 "해 봤어?"라고 물었다는 것이다. "길이 평탄한지 험한지는 몸소 걸은 뒤에야 안다"는 것이 왕양명의 지행합일이다. "하면 된다"는 것은 몸으로 직접 해 보았을 때 이루어지는 것이다. 이것은 우리가 할 수 있다는 능력을 전제로 한 것이었다. 우리의 "하면 된다"는 정신은 세계[global]로 뻗어나가 우리나라를 무역대국·경제대국으로 만든 것이다. 그리고 명분에 사로잡히지 않고 끊임없는 자기변화, 즉 모든 것을 다 바꾸는 자기 혁신을 통하여 세계일류 기업을 만들어 낸 것이다. 시대 변화에 무궁하게 적응하였기 때문이다.

일제시대의 "할 수 없다" "해도 안 된다"는 절망적인 엽전의식을 불식시키고 "할 수 있다"는 자신감을 가지고 "하면 된다"는 성과를 이룬 것이다.

---

15 이대환 지음, 『박태준』, 현암사, 2004.

우리 사회는 규범사회에서 노예사회로 전락되었다가 "하면 된다"는 성과사회[16]로 변한 것이다. 이것은 또한 전근대적인 농업국가에서 근대적인 공상업 국가로 탈바꿈한 계기를 만들어 준 것이다. "하면 된다"는 이런 마음이 우리나라를 짧은 기간에 산업화를 이룩한 국가로 만든 것이다.

철학적으로 말하면 조선시대에는 이(理)를 숭상하였다면 일제강점시대에는 이것을 무화(無化)시켜 버렸다. 그런데 "하면 된다"는 정신은 우리 민족의 기(氣)를 되찾아 살려준 것이며 자신감을 일으켜 준 것이다. 이것은 "하면 된다"는 구호가 가진 긍정적인 면이다. 이것은 내 마음의 양심, 즉 양지가 뒷받침되었을 때 우리의 자부심은 더욱 빛나게 되는 것이다. 그러나 이 구호의 부정적인 면도 있음을 알아야 한다.

"하면 된다"는 구호는 모든 성역(聖域)을 깨트려 버린 것이다. 성(聖)스러움은 금기(禁忌: taboo)에서 나온다. 금기는 "해서는 안 된다"는 금지 명령이다. 여기서 우리의 관습, 윤리 도덕, 법적인 규범이 유래하는 것이다. 그것은 마땅히 지켜야 할 합리적 규칙과 절차를 말한다.

5.16 군사정부는 4.19가 애써 이루어 놓는 민주주의 규범과 질서[理]를 부정하였던 것이다. "하면 된다"는 말은 규범과 절차를 무시하고라도 무엇이든지 어떤 목표를 정하면 이를 향해 속전속결로 처리하는 것이 더 능률적이라는 생각을 부지불식간에 심어주었다. 이런 여파로 우리나라의 나쁜 속담이 되살아났다. 그것은 바로 "모로 가도 서울만 가면 된다"는 것이다. 이 속담은 목적을 위하여 어떤 수단을 써도 좋다는 목적 지향적 사고를 팽배하게 만들었다. 거기에다 금기가 무시된 자본주의는 기업의 윤리[규범]보다도 성과를 올리기 위하여 무엇이나 다 허용하였다. 급속하게 성과주의 사회로 들어간 것이다.

---

16 한병철 지음, 김태환 옮김, 『피로사회』, 문학과 지성사, 2012년 3월 5일.

이리하여 이른바 천민자본주의라는 말까지 유행하였었다. 정치와 경제는 유착이 되어 자기 이익만 챙기려는 기업인의 부정과 공무원의 비리가 끊임없이 허다하게 일어났다. 2013년 오늘날도 우리나라의 부패인식지수가 매우 높다고 한다. 우리의 도덕의식이 무너진 것도 물질만능주의를 부추긴 업적과 성장 위주의 성과주의 정책 때문인 것이다. 이런 방식으로 성장하는 동안 우리의 자연과 환경은 말할 수 없이 파괴되었다. 난개발로 인한 공기, 수질, 지질오염, 에너지 낭비 등으로 인하여 생태의 위기를 초래하고 있다. 우리의 마음도 경제적 지표만을 쳐다보는 시대가 되었다.

민주화 세력은 바로 이 목적이 수단을 합리화하는 것을 지적하여 5.16과 군사정부를 비판하고 있다. 민주주의에는 결과보다는 절차가 중요한데 그 절차를 무시하였다는 것이다. 우리는 민주주의를 위한 항쟁과 선거에 의하여 이제는 민주화를 달성하였다. 따라서 우리나라는 산업화와 민주화를 동시에 달성한 나라가 되었다. 우리는 경제성장과정에서 시민사회가 형성됨으로써 정치적으로 제목소리를 내는 데는 그런대로 성공하였다고 자찬할 수 있다. 그러나 부자는 더 부자가 되고[富益富] 가난한 사람은 더 가난하게 되는[貧益貧] 현상이 나타나 요즘은 서민들의 눈물을 닦아주는 정치를 갈망하면서 경제민주화의 말까지 나오는 형편이기 때문이다.

그런데 민주주의가 우중정치[실속 없는 복지주의]로 떨어지지 않기 위하여서는 민주주의를 이끄는 정신적 지주가 필요하다. 민주화 과정 속에 무엇보다 중요한 것은 자유와 정의인데 자유에는 외재적 억압과 강제에서 벗어나는 외적인 자유와 각자 자신의 이기심과 욕망으로부터 벗어나는 인격적 표현인 내적인 자유가 있어야 한다.[17]

17　이상은, 이상은 전집, 『민주재건을 위한 사상적 자세』, 225쪽. "개개의 인간이 하나의 인격적 주체가 되어야 한다. … 내부생활의 질서는 인간이 자기로서 자기를 自律함에서 이루어지는 것이니 이것이 인격적 표현이다."

우리의 민주화운동은 독재타도라는 구호 하에서 외적 자유의 획득을 목표로 하여 달성된 것이다. 이제는 내적인 자유[자율적인 규범의 준수]가 절실히 필요한 시대가 된 것이다. 그것은 바로 개인 각자가 자기의 양심[良知]을 속이지 않고 자기의 맡은 바의 일을 하는 것이다. 그것은 현대사회에서 산업화 과정에서 잃어 버렸던 덕성[양지, 양심]을 다시 찾는 것이다. 여기서 박은식 선생이 제시한 일반백성과 성인은 간격이 없다는 민주주의 정신과 정인보 선생이 제시한 실심실학 정신이 절실히 요구되는 것이다.

실학에 대한 연구는 제4세대까지 연구자들이 생겼다고 한다. 제1세대가 바로 정인보의 실심실학이고 제2세대가 천관우를 비롯한 학자들의 실용실학이며 그 이후부터 실학은 실용실학으로 굳어져 버렸다. 실용실학이 우리의 경제발전을 이끌러 올리는 데 기여한 것은 부정할 수 없다.

우리나라가 "잘살아 보세"라는 구호를 내걸고 부자가 되겠다는 일념 하에 짧은 시간 안에[30년] 산업화에 성공한 것도 그러한 실용을 중시한 면이 있었던 것이라고 생각한다. 「국민교육 헌장」에 "능률과 실질을 숭상하고"라는 말은 바로 실용실학의 면모를 그대로 나타낸 것이라 할 수 있다. 이렇게 능률과 실질은 우리경제를 제도화, 합리화, 신속화하는 데는 많은 기여를 하였다고 할 수 있다.

그러나 도덕적 실심[양지]이 빠진 실용은 이기적 욕망에서 맹목적으로 돈을 버는 데만 혈안이 되어 삶의 의미나 가치를 돌아볼 여유가 없었다. 우리는 시장경제의 이론적인 틀인 보이지 않는 손을 제시한 애덤 스미스의 『국부론』은 알아도 그가 『도덕감정론』의 저자였다는 것은 학교에서 배운 적이 없다. 실용실학이 『국부론』에 해당한다면 실심실학은 『도덕감정론』에 해당하는 것이다.

애덤 스미스는 인간을 이기적 존재로서보다는 오히려 사회적 존재로 파악하여 타인에 대해 동감하고 타인으로부터 동감 받는 것을 바라는 인간의 성품을 통해 시장경제의 성립과정을 설명하려 했다. 물론 인간에게 이기심도 있다. 하지만 이기심이 동감에서 파생되는 정의감에 의해 감찰을 받고 제어될 때 비로소 시장경제는 사회의 질서와 번영을 가져올 수 있으며 각 개인들이 편안하게 살아갈 수 있다. 이것이 애덤 스미스의 기본 사상이다.[18]

우리 모두는 선진국을 따라잡기 위하여 또 보다 많은 성과를 올리기 위하여 앞을 향해 달려왔다[向前走]. 농업사회에서 수출입국의 산업사회를 지향하여 성공을 거두었다. 그 결과 우리는 현재 경제적으로 세계에서 10대 강국이 되었다. 우리는 가난에서 벗어나 원조를 받던 나라에서 원조를 주는 나라고 탈바꿈하였다. 국제무대에서 그만큼 위상이 높아진 것이다. 그것은 성과사회가 기여한 면이라고 할 수 있다.

그러나 성과사회에는 '어떻게 사는 것이 잘사는 것인지?' '내가 누구인지'에 대한 질문이 없었다. 나 자신을 음미하고 돌아볼 겨를이 없었던 것이다. 이제 우리는 경제적 발전과 더불어 성숙한 내면적 정신이 절실히 필요한 때이다. 우리의 자본주의가 더 발전하기 위하여서는 외면적인 강제적 규제보다도 경제 주체들의 내면적인 자율적 금기(禁忌)가 절실히 요청된다. 다시 말해 경제 주체들이 내면에서 나오는 양심[良知]의 소리를 들을 줄 알아야 한다는 것이다.

여기서 비로소 참다운 윤리경영 도덕의식이 생길 수 있다. 업적 위주의 외면적 실용에서 인간 중심의 내면적 실심으로의 전환이 반드시 이루어져야 하는 것이다. 실용주의적 성과위주의 피로에서 우울증을 앓고 있는 현대인에게 자율적인 자기 규제를 할 수 있는 내적인 규범이 필요한 것이다. 이 내재

---

18 도메 다쿠오 지음, 우경봉 옮김, 『지금 애덤 스미스를 다시 읽는다』, 동아시아 2012년 10월, 7쪽; Samuel Fleischacker, *On Adam Smith's Wealth of nations*, Princeton University Press, 2004, pp.72-80, Impartiality Equality.

적인 규범을 양명학은 천리(天理)라고 하였으며 또한 양지(良知)라고 불렀다.

그러나 우리의 현실은 성과사회에서 교육도 입시제도가 경쟁을 심화시켜 좋은 성과를 내는 학생, 가정, 학교, 학원 등으로부터 우리 모두를 한 줄로 서게 만들었다. 유치원에서부터 사교육에 투자하기도 하였다. 공교육이 무너지고 사교육이 성행하는 것도 경쟁에서 이기어 적어도 일류 대학을 나와야 이른바 좋은 직장을 가질 수 있다고 믿고 있다. 이렇게 신분상승과 경제적인 부를 얻기 위한 것이다. 그리고 직장에서는 보다 많은 성과를 내기 위하여 밤낮을 가리지 않고 일을 해야만 했다. 우리의 성과사회는 경쟁에서 탈락한 주변[소외된 약자 빈자]에는 눈길도 돌릴 겨를이 없었다. 타인과의 공감, 즉 정의감이 결여된 이기심만 만연했던 것이다.

우리 사회에서 생긴 불평등의 문제점을 의식하기 시작하여 하버드 대학의 마이클 센델의 『정의란 무엇인가』라는 책이 한때 베스트셀러가 된 적이 있다. 우리 사회가 정의를 요구하는 것은 우리 사회가 그동안 무시하였던 도덕규범과 도덕의식을 되찾아 보겠다는 것이다. 다시 말해 무조건 "하면 된다"로 무너진 도덕규범의 성역을 "해서는 안 된다"는 내적인 금기(禁忌)로 자율적으로 되찾아야 한다는 것이다. 그것이 바로 내면의 도덕규범인 양지가 자기 빛을 발휘하도록 만드는 것이다. 다시 말해 양지를 통하여 잃어버린 덕성을 회복할 필요가 있다는 것이다.

이 정의론을 일찍이 소개한 우리나라의 원로 윤리학자는 정의보다는 덕(德)이 더 중요하다고 신문에 인터뷰한 것을 보았다. 그는 알고도 행하지 않는 것은 덕을 익히지 않았기 때문이라고[19] 하였다. 왕양명의 지행합일을 연

---

19 조선일보 2012년 8월 4일 토요일 51판: 황경식 교수는 "40년 정의만 팠다. 이제는 정의가 아니라 덕"이란 제하에서 2012년 서울대 철학과에서 정년퇴임을 하는 황경식 교수의 인터뷰 내용을 게재했다. 그 자세한 내용은 황 교수의 『덕-덕윤리의 현대적 의의-』, 서울: 아카넷, 2012년 7월에 잘 나타나 있다.

상케 하는 말이라 반가웠다[물론 내용은 다르지만]. 정의와 덕에 대한 관심과 더불어 요즘 앞만 향해서 달려온 성공한 경영자[CEO]들이 인문학에 대하여 많은 관심을 쏟고 있다고 들었다.

여기서 덕과 덕성은 다르다는 것을 먼저 밝히고 싶다. 덕의 윤리는 서양의 고대 철학자 플라톤, 아리스토텔레스 등이 말한 것이고 중국 고대철학자 공자, 맹자, 순자 등이 언급한 것이다. 서양은 근세 칸트에 이르러 도덕법칙을 중시하는 의무론적 윤리가 제창되었다. 그런데 거기에는 고대 철학자들이 말하는 덕이 빠져 있어 매킨타이는 이것을 비판한 것이다. 그런데 동양의 신유학자 주희와 왕양명은 도덕법칙으로서의 천리(天理)와 공맹의 덕, 즉 인의예지가 결합되어 있다. 이것을 덕성이라고 하는 것이다.

맹자는 인륜[五倫]에서 유래한 덕성을 처음으로 언급한 철학자이다. 순자 유학에는 덕은 있었으되 덕성은 없었다. 왜냐하면 본성은 악하다고 보았기 때문이다. 순자의 본성은 자연을 가리키는 것일 뿐 인의예지의 덕과 본성을 이어 줄 고리가 없다. 본성을 변화시켜 인위적인 예(禮)의 규범을 일으켜야 한다[化性起僞]고 주장하였다. 이것은 인의예지의 마음을 간직하여 본성을 길러낸다[存心養性]는 맹자의 공부방법과 전혀 다르다.

덕성은 신유학이 자기 안의 불성을 깨닫기만 하면 부처가 될 수 있다는 불성(佛性)사상에 영향을 받아 내적인 본성을 회복[復性]하면 누구나 성인이 될 수 있다는 학설을 제창하면서 보편화되기 시작하였다. 그리고 보편적인 도덕법칙인 천리(天理)가 정명도(程明道)에 의하여 처음 체인(體認)되어 밝혀지게 되었다.

특히 왕양명의 양지(良知)는 정명도의 도적법칙[天理]과 유학의 인의예지신의 덕목이 결합된 내용을 가지고 있는 것이다. 이와 같이 양지는 도덕적 이성, 즉 덕성을 말한다. 이 점에서 도덕법칙과 분리된 덕과 도덕법칙에 덕이 내재한 덕성[도덕적 이성 등]은 다른 것이다. 왕양명은 재판을 관장하는 어느 관리와의 대화에서 도덕적 이성인 양지를 현실에 실현하는 것[致良知]을 실학이라고 하였다.

실학자 성호(星湖) 이익(李瀷)이 서학(西學)의 과학기술을 소개하였다. 그때 제자 신후담(愼後聃)은 그것은 기(器)에 관한 학문일 뿐이라고 하여 도(道)에 관한 것이 무엇인지를 질문한 적이 있다. 오늘날 우리 학계는 조선후기 서학의 과학기술 등을 도입하거나 토지제도 개혁을 한 탈(脫)주자학적인 인물들을 일러 실학자라고 부른다. 그렇게 되면 실학은 철학이 없는 기술학이며 제도를 연구하는 분과 과학[器學]에 지나지 않는다.

그런데 우리가 실학이라고 하면 이용후생(利用厚生), 경세치용(經世致用), 실사구시(實事求是) 등을 떠올린다. 이것은 주로 정치·경제의 분과 과학의 면에서만 실학을 보는 것이요 이것은 문사철(文史哲)의 인문학이 빠진 실학이 되는 것이다. 정덕(正德)이 빠진 이용후생, 경세치용은 오늘날 우리가 경험한 난개발을 낳았고 환경오염 등 심각한 문제를 일으키고 있다.

그동안 우리는 실용실학에 관심을 두고 인문[文史哲]은 실용과 거리가 먼 학문이라고 생각하여왔다. 우리의 마음은 경제성장을 하는 동안 성과주의에 길들여져 이기적인 욕심으로 가득 채워졌고 나의 본래의 마음[本心, 實心]은 자취도 없이 사라졌다. 경쟁사회에서 우리가 허탈감을 느끼고 우울증을 앓는 것도 이러한 실심을 잃어 버렸기 때문에 생긴 현상이다.

그간 우리는 덕성의 중요성을 망각한 채 욕망을 충족시키기 위한 실용적 능률성을 중시하며 살아왔다. 이것은 오늘날 우리의 성과사회를 촉진시킨 것이다. 이렇게 실용적 가치만 부각시키는 실학은 얼[實心]이 빠진 실학, 덕성이 없는 실학이 되는 것이다. 그러나 하곡과 다산의 실심실학은 바로 철학[道]을 바탕으로 한 실학이므로 제도개혁의 기학(器學)과는 구별되는 것이다.

실심이란 바로 자기가 어떤 일을 하든 간에 거기서[事上] 자기를 속이지 않고 거짓 없이 발현되는[磨鍊] 실제적인 우리의 마음[民心]을 말하며 실학이란 이 마음[實心]에 기반을 두고 전개된 철학을 말한다.

실심이란 알찬 속마음을 가리킨다. 이것은 겉으로 드러나는 이름[名分]과 반대되는 말이다. 명분에 사로잡히면 변화를 두려워한다. 실심은 시대에 맞게 변화에 적응하는 개혁정신이다. 우리는 역사적으로 대의명분(大義名分)을 내걸고 힘도 없으면서 청나라와 주전론을 펼친 끝에 삼전도에서 국가적인 치욕을 당한 적이 있다. 현실적으로 주화를 주장했던 양명학자 최명길은 오히려 적진에 홀로 들어가 담판을 벌여 인조를 피신시킨 중신(重臣)인데도 그에 대한 평가는 높지 못하였다.

우리는 실심을 도외시한 채 너무도 이기적인 경쟁시대의 피로사회에서 살아가고 있다. 그 결과 왕양명이 지적한 대로 양지학이 밝혀지지 않아서 천하 사람들은 사사로운 꾀를 사용하여 서로 겨루고 배척하게 되었다. 그래서 사람마다 각기 사심(私心)을 가지고 사소하고 치우치고 고루한 견해와 교활하고 음험한 술수를 쓰게 되었다. 겉으로는 도덕[인의]의 이름을 빌리지만 속으로는 사적인 이익을 추구하며 궤변으로 세속에 영합하고 행위를 꾸며서 명성을 추구한다. 다른 사람의 선행을 가리고 그것을 엄습[襲]하여 자기의 장점으로 삼는다. 다른 사람의 사사로움을 들추어 은근히 자기가 정직하다고 여긴다. 분노 때문에 서로 이기려 하면서도 오히려 정의를 따른다고 주장한다. 음험하게 서로 쓰러트리면서도 오히려 악을 미워한다고 말한다. 현명한 자를 질투하고 능력 있는 자를 시기하면서도 오히려 자기는 시비에 공정하다고 생각한다. 제 감정과 욕구대로 하면서도 오히려 자신은 백성들과 호오를 같이한다고 생각한다. 서로 능멸하고 서로 해치어 골육을 나눈 일가친척조차도 이미 너와 나의 승부를 가르는 의도와 피차 울타리 치는 형

편을 없앨 수 없다.[20]

이러한 상황에서는 사랑과 평화는 헛구호일 뿐 이웃 간의 화해는 물론 형제간에도 우애를 잊어버리고 살고 있다. 서로 사랑하고 아끼는 감통(感通)이 없이 남이 침범이라고 할까봐 칸막이를 쳐놓고 자기 이익만 챙기려는 간격(間隔)이 우리 모두를 외톨이로 만들 뿐이다.

이것을 극복하기 위하여 왕양명이 제시한 천지만물 일체의 실심을 환기시켜 볼 필요가 있다. 왕양명은 "사람의 마음을 천지의 마음으로 보아 천지만물은 본래 나와 한 몸[一體]이라고 생각하였다. 따라서 백성들의 곤궁함과 고통이 모두 내 몸의 절실한 아픔이라고 하였다. 이러한 아픔을 아는 것이 양지라고 하였다. 우리가 오직 양지를 실현하는 데 힘쓰기만 하면 저절로 시비(是非)를 공유하고 호오(好惡)를 함께하며 남을 자기처럼 보아 … 만물을 한 몸으로 여길 수 있다고 하였다."[21] 이것은 우리의 환경문제를 올바로 바라보는 안목을 주는 동시에 이 문제를 근본적으로 해결할 수 있는 지혜를 갖도록 하는 것이다.

오늘날 양명학을 강의하는 것도 바로 이 양지, 즉 실심을 되찾기 위한 것이기도 하다. 이 실심을 되찾게 되면 경쟁사회에서 생긴 허무감과 상실감, 박탈감과 우울증에서 벗어날 수 있으며 맨 꼴지를 해도 실심을 가지고 자존감을 지키면서 인간답게 행복하게 살 수 있는 사회가 될 것이다.

우리는 더불어 서로 함께 잘살기 위한 이상사회를 실현하기 위하여 박은식 선생이 제시한 양지학이 필요하며 정인보 선생이 계승한 하곡학의 실심

---

20 『傳習錄』 下 180條目: "後世良知之學不明 天下之人用其私智以相比軋 是以人各有心而偏瑣僻陋之見 狡僞陰邪之術 至於不可勝說 外假仁義之名 而内以行其自私自利之實 詭辭以阿俗 矯行而干譽 拚人之善而襲以爲己長 訐人之私而竊以爲己直 忿以相勝而猶謂之徇義 陰以相傾而猶謂之疾惡 妬賢忌能而猶自以爲公是非 姿情縱慾而猶自以爲同好惡 相陵相賊 自其一家骨肉之親 已不能無爾我勝負之意 彼此藩籬之形."
21 『傳習錄』 下 179條目: "夫人者 天地之心 天地萬物本吾一體者也 生民之困苦荼毒 孰非疾痛之切於吾身者乎? 不知吾身之疾痛 無是非之心者也 是非之心 不慮而知 不學而能 所謂良知也."

실학의 부흥도 요구된다. 왜냐하면 오늘날 덕성의 회복이 절실히 요청되는 때이기 때문이다. 이 덕성[양지]은 맹목적 구복에 매달리는 종교적 영성, 도구적으로 잘못 사용된 이성, 감각적 욕구에 매몰된 감성을 아울러 치유하는 영약(靈藥)이 될 것이기 때문이다. 여기서 비로소 양지를 실현한 참된 경지[誠境]와 도덕적 경지[仁境] 그리고 심미적 경지[樂境]가 열리게 될 것이다.

제 **2** 강

—

양명학의 연원

제2강은 양명학이 어떤 역사적 배경을 가지고 있는가를 살펴보고자 한다. 양명학은 명대 중기 왕양명(1472-1529)이 주창한 철학을 말한다. 이 철학이 중국 철학사 특히 유학에서 차지하는 위치를 알아본다. 양명학은 주자학의 문제점을 비판하는 데서 나왔다. 그런데 주자학은 또 도가와 불교의 철학을 비판하고 이들을 극복하는 데서 나온 것이다. 주자학과 양명학이 어떻게 불교와 도교를 유학 속에 비판적으로 수용했는지 알아보고자 한다. 그렇기 위하여서는 도가와 도교 그리고 불교의 기본 철학이 무엇인지 알 필요가 있다. 마지막으로 명대 초기의 주자학이 왕양명에게 어떤 영향을 주었는지도 살펴보려고 한다. 그리고 신유학의 특징을 5가지로 요약하여 우리 유학과의 관계를 설명한다.

1. 유학의 르네상스: 신유학(양명학과 주자학)

모든 철학이 시대정신을 반영하듯이 양명학은 명나라시대[明代]에, 주자학은 송나라시대[宋代]에 각각 탄생 발전하였다. 양명학과 주자학은 둘 다 신유학[Neo-Confucianism]에 속한다. 이 유학은 공자, 맹자, 순자의 원시유학(原始儒學, Original Confucianism)과도 다르며 한당대(漢唐代)의 경전유학[Classical Confucianism]과도 같지 않다. 이 유학은 불교와 노장사상을 비판적으로 수용하여 도덕 생명 중심의 새로운 유학체계를 만들어 내었다. 이를 우리는 유학의 르네상스[文藝復興]라 불러도 좋을 것이다.

양명학은 심학(心學)이라 부르며, 심학의 근원을 거슬러 올라가면 맹자를 만나게 된다. 그는 공자를 사숙하였다고 고백하였다. 공자는 배움[學]과 생각[思]을 다 중시하였고, 맹자는 내면의 깨달음[思]을 통한 도덕의식을 강조했다. 이와 달리 순자는 배움[學]을 통해 도덕이 이루어진다고 하여 외면의 규범[禮]을 숭상하였다. 한당(漢唐)시대에는 순자의 학[荀學]이 성행했으나 송명(宋明)시대에는 맹자의 학[孟學]이 주류가 되었다.

송대의 주자학(朱子學)은 외적인 독서 궁리를 하는 도문학(道問學)에 더 중점을 두었고 상산학(象山學)은 내적인 도덕성을 함양하고 높이는 존덕성(尊德性)을 중시했는데 명대의 왕자[양명]는 육상산이 맹자를 계승했다고 했다. 주자는 맹자의 배우지 않고도 할 수 있고 생각하지 않고도 알 수 있다는 양지 양능과 우리가 선천적으로 가지고 있는 본심(本心)을 부정한 반면, 왕자는 본심과 양지[양능을 포함]를 자기의 주요철학 과제로 삼았다.

왕양명의 철학은 주자학이 해결하지 못한 문제를 푸는 데서 시작되었다. 예를 들면 아는 것과 행위[知行]의 문제에서 생기는 허위의식 등을 지행합일 치양지로 풀어 나갔다. 이 주제는 별도의 장이 마련되어 있다. 왕양명의 철학을 이해하기 위하여 주자학뿐만 아니라 신유학이 비판적으로 흡수한 신도가[玄學] 및 도교 그리고 불교에 대한 선이해가 매우 중요하다. 모든 철학은 그 시대의 절실한 요구에서 나온 것인 동시에 그 시대정신을 반영한 것이므로 그 당시 사회적 배경도 알아볼 필요가 있다.

양명학의 배경으로서 논의할 내용은 다음과 같다.

1. 사회 정치적 배경
2. 철학적 배경: 신도가 특히 현학과 중현학, 불교, 선종
3. 신유학의 선구자 북송(北宋)오자(五子)와 주자

4. 육상산과 원대의 주육합일 경향

5. 명대초기의 주자학과 진헌장, 담약수

송명시대에 신유학이 탄생된 정치 사회적 배경을 살펴보면 다음과 같다. 송대에는 태조가 문인들을 귀하게 대접하여 북송 다섯 선생[五子] 같은 창조적인 사상가들이 배출되었다. 이 사상은 남송의 주자에 의하여 집대성되어 주자학이 탄생되었다. 그러나 권력위주의 원대에서 문인[儒者]들의 지위가 걸인 수준으로 떨어진 적도 있으며 명대에도 무고한 문인들이 희생되었다. 그들의 창조적인 힘은 위축될 수밖에 없었다. 원대에 주자의 『사서집주(四書集註)』가 과거(科舉)의 필독교재가 된 이래 주자학이 관학으로 되면서 권력의 시녀가 되어 버렸다. 명대에는 주자학에 의한 과거제도가 대전(大全) 체제로 더욱 강화되었으며 이로 인해 주자학은 벼슬을 위한 타율적 학문으로 전락하였고 자신의 수양을 위한 학문인 위기지학(爲己之學)은 그 생명을 잃어버렸다. 여기에서 왕양명은 그러한 유학에 새로운 삶을 불러일으켰다. 여기서 자율적인 민학으로서 양명학이 탄생한 것이다. 주자학과 양명학의 다른 점은 제3장에서 밝힌다.

2. 신유학의 철학 사상적 배경

(1) 현학(玄學)과 도교(道敎)

신유학은 공자, 맹자의 시원유학[Original Confucianism]을 새롭게 해석하여 창조해 낸 유학이다. 그 과정에서 한나라시대의 원기(元氣) 중심의 우주론과 위진남북조시대의 본체론 그리고 불교의 심성론의 영향을 받았다. 한나라시대의 유학은 순자의 학문적 영향이 지배적이었다. 이와 달리 송명시대의 신유학 특히 양명학은 맹자철학의 영향이 매우 컸다. 한나라시대는 유학이 독존되어 경학(經學)으로 확고부동한 자리를 차지하였다. 따라서 경전을 주석하는 훈고학이 발달되었고 주역을 해석한 상수학(象數學)과 원기(元氣)에 입각한 우주론이 성행하였다.

위진시대에 이르러 한대(漢代)의 상수학과 원기의 우주론은 의리(義理)론적 본체론으로 전환되었다. 위진현학의 본체론에서 존재[有]와 무(無), 명교(名敎)와 자연에 관한 논쟁을 통하여 한대(漢代) 경학의 훈고적 주석을 벗어나 철학적 해석을 하는 계기를 마련하였다. 왕필의 도기(道器) 본체론은 주자학의 이기(理氣) 본체론의 원류가 되었다. 그리고 왕필의 귀무론(貴無論)은 불교의 공(空)사상을 도가의 사고 틀에 불교 사상을 받아들여 해석한 격의(格義)불교의 형성에 기여를 하였다. 도교는 장생불로를 정(精)·기(氣)·신(神) 사상으로 전개하였는데 이것이 왕양명의 철학에 깊은 영향을 주었다.

불교가 격의단계를 넘어서 본의단계로 바뀌면서 현학은 불교의 이중 부정의 방법을 사용하였다. 공(空)의 진리를 드러내는 반야학(般若學)의 영향을 받아 현학은 중현학(重玄學)으로 탈바꿈하게 되었다. 이 학문은 허극(虛極)의 이(理)를 도라고 간주하였는데 이(理)를 도라고 간주한 것은 신유학의 선구가 되었다. 그러나 신유학은 허리(虛理)를 부정하고 실리(實理)인 천리를 철학의 중심으로 삼았다.

(2) 대승불교와 선종

현대 중국철학자 펑유란[馮友蘭]은 그의 저명한 『간명한 중국철학사』 영문판에서 불교가 들어오기 이전에는 단지 신체적 마음[mind]만 있었고 우주의 마음[Mind]은 없었다고 기술하였다.[01] 중국불교의 대표적인 것이 화엄종과 천태종 그리고 선종(禪宗)이다. 화엄종(華嚴宗)에서는 법계연기설(法界緣起說)을 주장하면서 이(理)와 사(事)를 기초로 하여 사법계(四法界)를 설정하였는데 그 법계의 중심개념은 바로 일심(一心)이다. 이(理)와 심(心)이 결부되어 형이상학적인 실재와 같은 것이 된 것은 화엄학에서 시작된 것이라고 할 수 있다.[02]

왕양명의 철학 사상에서 본심[心]이 바로 천리[理]라고 한 것은 화엄의 마음[心]과 이(理)를 결부시킨 면과 유사하다. 그러나 본심은 도덕적 판단의 기준인 양지이고 천리는 불교의 공리(空理)와 다르다는 점에서 그 차별성이 있다.

선종(禪宗)은 중국의 도가철학을 어머니로 하고 아버지인 대승불교와 결합하여 생긴 가장 중국적인 불교라고 우징슝[吳經熊] 선생은 수업시간[『Golden Age of Zen』]에 말씀하셨다. 특히 선종의 사상은 뒤에 양명학의 발전에 많은 영향을 주었다. 신유가[특히 육상산, 왕양명]의 심학은 비록 맹자의 도덕적 심(心)을 기본으로 삼고 있으나 불교의 심학을 거쳐서 대심(大心), 우주심(宇宙心)으로 확대되었다.

혜능은 선정과 지혜[定慧]가 둘이 될 수 없음을 강조하여 공부 실천에서 무념(無念), 무상(無相), 무주(無住)를 제시하였다. 무념은 공부의 집착을 없앰으로써 잡념[念]을 해소하고 무주는 공부의 결과적으로 생긴 무집착의 경지를 말한다. 무상은 여러 가지 대상[境]에서 마음이 오염되지 않은 실질적 함의를 가지고 있다. 무상이 일체의 선악제법에서 집착하지 않을 수 있으므로 상(相)에서 상(相)을 떠나서 마음이 오염되지 않게 된다.

이와 같은 무념(無念), 무상(無相), 무주(無住)의 공부방법이 왕양명의 심체(心體)의 아무 걸림이 없는 무애성(無碍性)으로 드러나기도 하였다. '깨우치면

---

01   펑유란 지음, 정인재 옮김, 『간명한 중국철학사』, 형설출판사, 2010년, 361쪽.
02   宋在雲 지음, 『陽明哲學의 研究』, 서울: 思社硏, 1991年 2月, 27쪽.

부처가 된다'는 말은 '양지를 실현하면[致良知] 성인이 된다'는 양명의 명제에 간접적 영향을 보여주었다.

(3) 신유학의 선구인물, 북송 오자(五子)와 주자학

신유학은 북송시대의 이학(理學)은 송나라 인종 때 전성기에 들어서면서 창조적인 철학자들이 대거 출현하여 각종의 학파들이 성립된다. 이 시기의 이학(理學)의 걸출한 학자로 염계(廉溪) 주돈이(周惇頤: 1017-1073), 강절(康節) 소옹(邵雍: 1011-1077), 횡거(橫渠) 장재(張載: 1020-1078), 명도(明道) 정호(程顥: 1032-1086), 이천(伊川) 정이(程頤: 1033-1107)가 있는데 이들을 북송오자라고 한다.

북송의 다섯 선생[北宋五子]의 철학을 집대성하여 체계화한 것이 주자학이다. 신유가들이 중시하였던 『논어』, 『맹자』, 『대학』, 『중용』, 『역전』은 모두 덕을 이루는 가르침[成德之敎]이라는 점에서 공통적이다. 이 경전들은 우리가 자각적으로 도덕실천을 할 수 있는 초월적 근거를 설명해 주는 것이다.

이 근거가 바로 우리의 성체(性體)이며 동시에 그침 없이 빛나[於穆不已]는 우주의 변화 생성의 실체와 하나로 통한다. 우주질서가 바로 도덕질서이며 도덕질서가 바로 우주질서이다. 그러므로 성덕(成德)의 극치는 천지와 그 덕을 합하는 경지인 것이다.[03]

북송 5자의 사상을 집대성한 인물이 바로 남송의 주희(朱熹: 1130-1200)였다. 그는 주돈이의 무극이태극(無極而太極), 장횡거의 태허즉기(太虛卽氣), 정명도의 천리, 정이천의 형상 형하, 소강절의 선천도(先天圖)까지 종합하여 자신의 이기론·심성론·수양론의 체계를 수립하였는데 이것을 주자학이라고

---

03 牟宗三, 『心體與性體』, 臺北: 正中書局, 1968年 第1册, 37쪽.

한다.

왕양명의 문제의식은 바로 주자학의 성인이 되는 방법에 관한 회의에서 시작되었다. 그것은 마침내 주자학의 이기론 중심의 객체적·정태적 이본론(理本論)을 극복하고 마음[心性]의 주체성, 역동성 그리고 창조성을 강조하는 양명의 심본론(心本論)으로 전환하였다.

이러한 과정을 거슬러 올라가 보면 신유학의 선구자인 한유와 이고를 만나게 된다. 한유는 원도(原道)에서 도가와 불교와 다른 유가의 도를 인의(仁義)라 하여 도덕적인 면을 부각시키었다. 이고는 복성서(復性書)에서 본성의 회복[復性]을 주장하여 정욕에 가려진 본성을 다시 찾는 길을 열어주었다. 이것은 원시유학의 공부론[存心養性 등]과 다르고 오히려 깨달으면 부처가 된다는 불교의 수양론에 더 가까운 것이다.

북송오자는 주자학과 양명학에 직접적인 영향을 미치었다. 주돈이의 무극이면서 태극이다[無極而太極]라는 명제는 유학에서 무를 말할 수 있는 길을 열어주었다. 장재의 태허즉기(太虛卽氣)는 불교의 공무(空無), 도가의 귀무(貴無) 사상을 비판하는 길잡이가 되었다. 정명도의 식인편은 왕양명의 만물일체론의 선하가 되었다. 정이천의 형상(形上), 형하(形下)로 도기(道器)를 구분한 것은 주자학의 뼈대를 형성하였다. 주자학은 이를 바탕으로 이기론 중심의 심성론·수양론의 체계를 형성하였다. 양명은 본체와 작용은 하나의 근원[體用一源]이라는 입장에서 공부론의 안팎을 하나로 통일하여 도기합일, 이기합일, 심성합일을 주장하고 도(道)와 기(器), 이(理)와 기(氣)를 수직적 상하 관계로 보는 주자학을 비판하였다.

(4) 육상산의 심학

육구연(陸九淵: 1139-1193)의 호는 상산(象山)이며 주희와 같은 시대 사람으로 그의 학통은 맹자의 심학을 이어받았다고 왕양명이 분명히 단언하였다.[04] 특히 육상산은 자득(自得)을 중시하여 송대 도학파와 점차 분리하려는 의식을 가졌다.[05] 육상산은 주자학의 성즉리(性卽理)와는 달리 심즉리(心卽理)를 주장하여 감천심학과 양명심학의 선하가 되었다. 상산의 '심즉리'는 우주론적 특성을 가지고 있다면 양명의 '심즉리'는 양지의 주체적 성격을 띠고 있다.

학자들은 육상산과 왕양명의 학문을 일러 육왕학이라고 할 정도로 매우 가깝다. 왕양명의 심학이 육상산과 유사한 점은 바로 심즉리라는 명제이다. 이것은 왕양명이 용장에서 깨달은 뒤에 나온 것인데 왕양명의 문제의식은 주자의 격물치지에 대한 회의에서 시작되어 이를 극복하고 마침내 심즉리를 깨달은 것이지 육상산의 말에 근거하여 이것을 주장한 것이 아니다. 그리고 육상산의 문집에서 심즉리는 단지 한 번만 언급되었을 뿐이어서 그의 철학핵심은 오히려 변지(辨志)라고 말하는 학자들이 있다.[06]

그러나 육상산의 심즉리는 본심(本心)이 우주의 이치[理]임을 주장한 것인데 이것은 주자학의 방법과 그 의미가 다르다.[07] 왕양명은 육상산의 철학을 학문두뇌 면에서 깨우친 것이 매우 직접적이고 분명하다고 매우 높게 평가한 부분도 있지만 격물치지로 강의하는 일은 주자의 설과 다름이 없다[08]고 하였다. 그리고 육상산의 학설이 약간 매끄럽지 못하다[粗些]거나 자세히 보면 엉성하다고 평가하였다.[09]

04 『王陽明全集』 卷7 文錄4 象山文集序: 故吾嘗斷以陸氏之學 孟氏之學也.
05 이동욱, 「육구연과 도학의 관계연구」, 『양명학』, 제29호, 2011.
06 蔡仁厚, 『宋明理學』 南宋篇, 臺北: 學生書局, 1980년 3월, 231쪽.
07 안영석, 「상산심학에 대한 연구」, 영남대학교 박사논문, 1997.
08 『王陽明全集』 卷6 答友人問 207-210: "先生嘗稱象山于學問頭腦處 見得直截分明 今觀象山之論 却有謂 學有講明 有踐履 及以致知格物爲講明之事 乃與晦庵之說無異."
09 『王陽明全集』 卷3 廉溪 明道之後 還是象山 只是粗些; 『傳習錄』 下: "九川曰 看他論學 … 却不見粗處 先

이것을 보면 육상산의 철학이 간단하고 쉬우면서도 직접적이다[簡易直截]. 그리고 학문의 두뇌를 중시하였다는 점에서 양명과 궤를 같이하며 주자의 성즉리와 달리 심즉리를 주장하고 주자의 경험적인 마음[習心]이 아닌 본심을 강조한 점도 왕양명과 같다. 이러한 육상산의 견해는 주자학에서 기(氣)로서만 보는 마음[心]의 개념을 격상시킨 것이다.[10]

육상산은 본체를 마음과 본성구분 자체가 불가능한 본심으로 보고 본체와 작용[體用]을 시간적 선후관계로 보지 않으며 이발과 미발도 동일한 마음의 상태를 지닌다고 보았다.[11] 그러나 육상산은 지행의 문제에서 선지후행을 주장한 주자학과 같은 의견을 가지고 있다. 그는 지행합일 치양지를 언급하지 않았다. 이 점에서 왕양명과 커다란 차이가 난다.

(5) 명대초기 주자학과 진헌장, 담약수

왕양명의 철학은 명대 초기의 주자학자들이 가졌던 문제의식과 공유하는 점이 있다. 특히 진헌장의 제자 담약수와의 관계는 직접적인 연관이 있다. 명초 주자학자들은 속학(俗學)을 비판하고 성학(聖學)을 추구하였으며 자득, 자각, 체인을 통하여 마음과 천리를 합치시키는 공부를 중시하였다. 그러나 여전히 마음[心]과 이(理)는 결국은 둘로 남아 있어 양자가 하나가 되는 심즉리의 심학이 되지 못하였다.[12]

그런데 진헌장은 육상산의 철학을 계승하여 심과 이(理)를 하나로 합쳐 명대 심학의 선구가 되었다. 그리고 자득(自得)과 자연(自然)을 중시하였다. 이 뒤를 이어 담감천과 왕양명이 심학을 확대 발전시켰다. 마음과 천리가 하나

生曰 然他心上用過功夫 … 但細看有粗處 用功久當見之."
10 김용재, 「육왕 심학체계 비교」, 『양명학』 제19호, 2007.
11 고재석, 「육구연 본심본체설 연구」, 『양명학』 제28호, 2011.
12 朴吉洙, 「本體與境界之間-王陽明心性說的本質與特徵-」, 北京大學 博士論文, 2012.3, 2-40쪽.

라는 점에서는 마음과 천리를 둘로 나누는 주자학과 달리 세 사람 모두 육상산과 궤도를 같이한다.

그러나 진헌장과 담감천의 심학은 왕양명과는 그 내용이 같지 않았다. 진헌장이 우주가 모두 나에게 있다는 말은 심학을 우주론적으로 접근한 육상산과 맥을 같이하며 담감천이 "어느 곳이든 그곳에 따라서 천리를 체인하라[隨處體認天理]"는 명제는 우주[天地萬物] 어느 곳이나 다 천리가 있다는 것을 전제로 한 말이다. 이 체인을 통하여 마음과 천리는 하나가 된다는 것이다. 이때의 마음은 큰마음[大心]이며 우주심이라는 점에서 상산과 맥을 같이한다. 이 점에서 육담학(陸湛學)이라고 부를 수 있는 근거가 생겼다.

담감천은 이를 바탕으로 마음 밖에 물(物)이 없고 마음 밖에 이(理)가 없다고 주장한다. 이 명제는 양명과 다르지 않다. 그러나 담감천의 물과 이(理)는 이미 실재론적으로 대심과 하나가 되어 있다. 왕양명의 심외무물(心外無物)과 심외무리(心外無理)는 격물치지의 구체적인 문제의식을 통하여 도달한 것이다. 그래서 담감천은 격물치지를 통하여 드러난 양명의 마음을 가슴속에 있는 작은 마음이라고 하였던 것이다.

왕양명은 절강(浙江) 여요인이기에 그 후학들을 절종(浙宗)이라 하고 담감천은 광동(廣東) 증성인이기에 그 후학들을 광종(廣宗)이라 한다. 왕학과 담학은 각기 수많은 문인들이 서로 드나들며 수강하기도 하고 대립적으로 논쟁을 벌이기도 하였다.

3. 신유가를 이해하기 위한 5가지 기본 틀

앞에서 신유학 특히 양명학에 영향을 준 학문에 대하여 살펴보았다. 이제 신유학, 특히 양명학을 깊게 이해하고 조선의 유학과 실학사상에 어떤 영향을 주었는지 살펴보기 위해, 다음의 다섯 주제를 다루고자 한다. 첫째는 성학(聖學), 둘째는 도통(道統), 셋째는 경전(經典), 넷째는 서원(書院), 다섯째는 정치 제도이다.[13]

(1) 성학(聖學)이란 무엇인가?

성학은 바로 주자학이나 양명학을 막론하고 성인(聖人)이 되고자 하는 학문이란 뜻이다. 인간이면 누구나 요순 같은 성인이 될 수 있다. 선비는 현인이 되기를 바라고[士希賢] 현인은 성인이 되기를 바라며[賢希聖] 성인은 하늘을 바란다[聖希天]고 주돈이는 말하였다.

신유학에서 성인이 되는 길은 자기의 사사로운 욕심을 없앰[無欲]이다. 다시 말해 주자학이나 양명학 모두 성인이 되기 위하여 선천적인 도덕원리[天理]를 보존하고 인간의 사적인 욕심을 없앰[存天理 滅人欲]을 수양의 목표로 세워놓았다. 왕양명은 "성인의 마음은 사람마다 모두 성인이 되지 못하는 것을 걱정한다."[14] "모든 사람마다 마음속에는 성인 공자(仲尼)가 들어앉아 있다."[15] "마음의 양지를 온전히 밝힌 이가 성인(聖人)이며, 성인이 되는 학문이란 양지를 실현하는 것이다. 양지를 자연스럽게 이루는 이가 성인이며, 힘써서 이루는 이가 현인이다"[16]라고 말했다.

퇴계[1501-1570]는 17세에 즉위한 선조(宣祖)에게 성군이 되는 길을 알기 쉽게 설명하기 위하여 10개의 도표를 만들었는데 이것이 『성학십도』이다. 율

---

13 張君勱, 『新儒家思想史』, 臺北: 張君勱先生獎學基金會, 1979, 제3장, 理學所確立之政治及文化制度.

14 『傳習錄』下, 聖人之心 憂不得人人都做聖人.

15 『王陽明全集 2』, 詩錄, 卷3, 詩 詠良知四首示諸生 箇箇人心有仲尼.

16 『王陽明全集』, 280쪽: "書魏師孟 心之良知是謂聖 聖人之學 惟是致其良知而已 自然而致之者 聖人也 勉强而致之者 賢人也."

곡[1536-1575]은 선조 8년에 성인이 되는 요점을 알려주기 위하여 『성학집요』를 저술하였다. 그런데 조선시대에는 오로지 주자학만을 도통(道統)과 관련시켜 성학이라 간주하고, 다른 학문은 심지어 양명학까지도 성학이 아닌 이단이라고 보았다.

하곡 정제두[1649-1736]는 이러한 상황에서 주자학만이 성학이 아니라 양명학 역시 성인이 되는 길을 알려주는 성학이라는 확고한 신념하에 공부하였다. 주자학과 양명학은 다 성인이 되려는 목표는 같은데 성인이 되는 방법(方法)이 달랐던 것이다. 나아가 양명학에서 성인은 양지를 현실에 실천한 사람이라고 보았다. 하곡은 양명학에 대한 입장을 다음과 같이 말했다.

"대체로 제가 왕양명 학설에 애착을 갖는 까닭이 만약에 남보다 특이한 학술을 추구하여 자랑하려는 사사로운 욕심에서 나온 것이라면 결연히 끊어버리기 어려운 일도 아닙니다. 그런데 감히 알지 못하겠습니다만 우리가 무엇을 위해 학문을 하는지요? 성인의 뜻을 찾아 배워서 실제로 성인이 되려는 것이라고 생각합니다. 지금 제가 성학(聖學)의 올바른 길이 어디에 있는지를 분별하지 않는다면 한평생을 헛되이 보내게 될 두려움이 마음속에 간절해지기 때문에, 미천한 저 자신이 이를 알기 전에 어찌 결연히 양명학을 버릴 수 있겠습니까?"[17]

하곡은 오직 성인이 되겠다는 일념으로 공부했다. 오늘날 공부를 한다는 것과는 전혀 다른 의미가 있음을 알 수 있다. 우리가 이익을 추구하는 데 급

---

17 鄭齊斗, 『霞谷集』, 卷1, 박남계에게 답하는 글 정묘, 서울: 민족문화추진회, 1995, 13쪽: "蓋齊斗所以眷眷王氏之說, 倘出於求異而濟私, 則決去斷置, 非所難焉. 但未敢知吾人為學將以何為耶, 思欲求聖人之意而實得之而已. 今既莫辨於聖學之的路果是何在, 而枉了一生之思, 方切于中, 則蓬茅未開之前, 夫孰能決以舍諸!"

급한 자본주의 사회에서 성인이 되는 공부는 가능한 것인가? 그렇다면 오늘날 우리는 누구를 성인이라고 일컬을 수 있는가? 우리가 일상생활이나 직장생활을 할 때 남뿐만 아니라 자기 양심[良知]을 속이지 않는 사람이라면 누구나 다 성인이라 할 수 있다. 다시 말해 자기의 사욕(私欲)을 버리기만 하면 어느 자리에서 어떤 일을 하건 모두 성인이 될 수 있다. 청탁이 들어와도 거절할 수 있는 청렴한 공직자[士]가 성인이요, 인체에 해로운 먹을거리를 생산하지 않는 농부[農], 착한 업주가 성인이요, 부실공사를 하지 않는 기술자[工]가 성인이요, 남을 속이지 않고 정당한 이윤을 얻는 상인, 분식회계를 하지 않고 정당한 회계에 의하여 이윤을 창출하는 기업인[商]이 성인이다. 하찮은 일 같지만 남이 보건 말건 성실하게 자기 맡은 일을 하여 세계에서 일등 품평을 받는 국제공항을 만들어 내는 데 일조한 어느 청소부도 이 시대의 성인이다. 재난의 상황에서도 질서를 지키는 사람들이 오늘날의 성인이다. 그래서 왕양명은 '길거리를 가득 메운 사람들이 모두 성인[滿街皆是聖人]'이라 하지 않았던가?

사실 사욕을 없애면 누구나 다 성인이 될 수 있다는 명제는 불교에서 연기를 깨달으면 누구나 다 부처[Buddha]가 될 수 있다는 신념과 매우 유사하다. 깨달을 수 있는 방법의 문제에서 교종(敎宗)에서는 경전공부를 많이 하여 득도한 학승(學僧)을 중시한다. 이와 달리 선종(禪宗)에서는 어떠한 학설 체계도 세우지 않고[不立文字] 선(禪) 수행을 통하여 곧바로 마음에서 깨달은 선승(禪僧)을 높이 평가한다. 선불교는 교종보다 대중화된 민간 불교라고 할 수 있다.

이와 유사하게 신유학에서도 서원에서 경전공부[道問學]를 많이 하여 선비[士]가 되고 국가의 일에 참여하여[과거를 통하여] 자기의 이상, 즉 성인이 되는 것을 목표로 하는 것이 주자학이다. 이에 반해 경전공부보다는 자기가 본래 가지고 있는 덕성[양지]을 더 중시하여[尊德性] 이를 현실사회에 실현시키는 공부를 하는 것이 양명학이다. 양명학은 심지어 서원이 아닌 곳에서조차 누구나 다 일상의 생활 속에서 민간 강학을 통하여 성인이 되는 길을 찾았던 것이다. 양명학은 대중화된 생활유학이라 할 수 있다.

(2) 도통이란 무엇인가?

성인이 성인에게 전해준 학문을 도학(道學)이라고 하며 이들이 전해준 도(道)의 전통을 도통(道統)이라 한다. 도학이란 성학의 다른 표현이다. 조선시대에는 성리학 또는 주자학을 도학이라고 불렀다. 이것은 주자학만이 유학의 정통(Orthodox)이고 그 이외의 학문은 모두 이단(異端)이라는 말이다.

이러한 도통이 확립되기 전 육조(六朝)시대는 가치의 혼란과 유불도(儒佛道)가 병존(並存)하는 시대였다. 유교 가치가 유일한 것이 아니었다. 이 시대의 고전은 『역경』, 『노자』, 『장자』였으며 이를 삼현(三玄)이라고 하였다. 당시 학문을 분류하여 문학[文], 역사[史], 현학[玄], 유학[儒]이라고 하였는데 유학[儒]은 4문 중 하나에 불과하였다. 그리고 유교적 성인을 방내(方內)성인이라 하고 도가적인 성인을 방외(方外)성인으로 평등하게 대치시키었다[皇侃의 『論語義疏』]. 그리고 불교경전을 내전(內典)이라 하고 유교의 서적을 외전(外典)이라고 하였으며 일반사대부들은 '내전'을 더 중시하였다.

당나라시대에 유교의 정통성을 강조하여 도통을 제시한 인물이 한유였다. 도가 불가의 일면성[내면주의]에 대하여 유교는 내외(內外)를 합쳐 파악하여 내성외왕(內聖外王)을 제시하였다. 따라서 외왕 면의 수신, 제가, 치국, 평천하의 이상을 실현코자 하였다. 이것은 도덕과 정치의 일치 혹은 철학과 정치와의 합일이다. 『대학』이 『사서』의 하나로 된 것도 바로 이러한 이상을 실현하기 위한 경전이기 때문이었다. 이것은 불가의 출가(出家)주의[反人倫]

와 도가의 무위자연[反文化主義]에 대한 비판이다. 유가는 도가 불교와 다른 인간 중심[仁義]의 도이다.

한유는 도가, 불교의 '도'와 차별되는 유가의 '도'를 인의(仁義)라고 말하면서 "요(堯) 임금은 이것(道)을 순(舜) 임금에게 전하였고, 순 임금은 이것을 우(禹) 임금에게 전하였다. 우 임금은 이것을 탕(湯) 임금에게 전하였고, 탕 임금은 이것을 문왕(文王), 무왕(武王), 주공(周公)에게 전하였다. 문왕, 무왕, 주공은 이것을 공자[BC 557-479]에게 전하였고, 공자는 이것을 맹자[BC 371-289]에게 전하였다. 맹자가 죽은 뒤에는 그것을 전할 수 없었다"[18]고 주장하였다.

맹자까지 이어진 도통은 그 이후 천 년 동안 끊겼다가 북송시대 다섯 선생(北宋五子)에 의하여 다시 이어졌다는 것이 주자의 도통설이다. 도통의 표준은 요순 같은 이상적인 성인(聖王)이 되는 것과 인성(人性)이 본래 선[本善]함을 따르는 것이다. 후세의 유학자들이 이 두 가지를 만족시키지 못하면 공묘(孔廟)에 배향될 수 없었다. 이것은 불교의 선종의 동산학파가 도맥을 중시한 것과 비슷하지만 유교의 도맥을 찾으려 한 점이 다르다.

북송시대의 다섯 선생은 주돈이(周敦頤), 장횡거(張橫渠), 소강절(邵康節), 정명도(程明道), 정이천(程伊川)이다. 주자는 이들의 학설을 집대성하여 도학(道學; 성리학)을 완성하였다. 주자가 이정(二程)의 학문을 이어받았다고 하여 정주학(程朱學)이라고도 하며 주자가 완성시켰다고 하여 주자학이라고도 한다.

원나라시대(元代)에 편찬된 『송사(宋史)』의 열전 가운데 「도학열전」이 있는데 다른 사서(史書)의 열전에는 찾아볼 수 없는 것이다. 「도학열전」은 「유림열전」과 별도로 북송시대의 다섯 선생과 주자가 그 가운데 들어 있고, 주

---

18 韓愈, 『韓愈全集』, 卷11, 原儒.

자와 동시대의 유학자인 육상산은 「유림열전」에 실려 있다. 이것은 도통에 기반을 둔 분류법에 따라서 그렇게 된 것이다. 성즉리를 주장하는 주희와 심즉리를 언급한 육상산은 생전에 아호(鵝湖)에서 만나 서로의 차이점을 확인하기도 하였다.

왕양명은 육상산의 심즉리(心卽理)와 같은 사상노선에 있기 때문에 이들의 학문을 정주학과 구별하여 학자들은 육왕학(陸王學)이라고 부르기도 한다. 왕양명이 완성을 하였기 때문에 양명학이라고도 한다. 정주학을 이학(理學)이라고 부르는 데 대해 육왕학을 심학(心學)이라고 일컫는다.

주자학이 만든 도통을 후세 성리학자들이 계승하여 이것만을 정통으로 생각하였다. 그리고 도학열전에 들어 있지 않은 유학자들은 이단이라고 배척하였다.

조선시대에는 억불숭유(抑佛崇儒) 정책으로 주자학을 정통으로 받아들임에 따라 노장사상과 불교를 이단으로 배척한 것은 물론 심지어 육상산, 왕양명까지 이단으로 취급하였다. 특히 육왕학[心學]은 불교의 심학과 비슷하다고 하여 오늘날까지도 암암리에 이단시되고 있다. 심지어 오늘날도 기독교를 믿는 어느 국사학자가 양명학은 불교와 가까운 이단이니 조심해서 접근하라는 충고를 들었다고 하곡학을 연구한 박사가 했던 말이 기억이 난다.

우리나라 유학자들은 오늘날도 이 도통설을 굳게 믿고 있다. 성균관과 전국 서원 및 향교에서 매년 공자의 탄생을 기념하기 위하여 석전제를 지내는데 여기에 배향된 인물들이 모두 도통에 있는 도학자들이다. 우리나라 18현(賢)도 삼국시대와 고려시대 유학자를 제외하고 모두 주자학자들이다. 필자는 강화 향교의 책임자[전교]와 운영위원 한 분에게 강화는 하곡학의 발상지이니 하곡선생도 향교에 모시면 어떻겠느냐 조심스럽게 이야기를 꺼낸 적이 있다. 그러나 그것은 지방 향교 마음대로 하는 것이 아님을 뒷날 알게 되었다. 차라리 하곡 기념관을 세워서 하곡과 그 문인들을 기리는 곳을 만들면 더 좋을 것이라고 생각하였다.

조선시대에 천주교가 퍼지게 되자 주자학의 정통을 지키기 위하여 이를 사학(邪學)으로 몰아 박해를 하였다. 우리나라만큼 순교자를 많이 낸 나라도 동아시아에는 찾아보기 어렵다. 조선시대에는 도통을 지킨 조선은 문화의 나라요 소중화인데 청나라는 오랑캐라는 것이다. 서양 문물이 들어왔을 때 이를 오랑캐(西夷)의 것이라고 하여 심지어 바늘 수입까지도 서양 것이면 물리치는 대상이 되었다고 한다. 조선시대 말기 쇄국정책을 실시하며 위정척사(衛正斥邪) 운동을 벌인 것도 바로 이 성학의 도통을 지키기 위한 것이었다. 그것은 한 가정에서 가통(家統)과 혈통(血統)을 지키기 위하여 아들을 꼭 낳으려고 하는 부모들의 심정과 비슷한 것이기도 하다.

그러나 현재 타이완 그리고 중국에는 공묘(孔廟)에 왕양명도 배향하고 있다. 중국의 현대 신유학자 모우쫑산[牟宗三]은 오히려 주자학이 유학의 곁가지에 지나지 않고 양명학이 오히려 공맹유학의 정통 정신을 이어받았다고 주장하였다. 양명학은 주자학과 달리 다른 종교를 모두 수용하여 포섭하였다. 유불도의 가르침은 서로 어긋나지 않는다고 하는 주장은 명초에 주장되었고 양명학자는 『중용』의 "도가 병행되어도 서로 어긋나지 않는다[道竝行而不相悖]"는 정신을 이어받아 유불도(儒佛道)의 삼교합일을 주장하기도 하였다. 박은식 선생의 유불야(儒佛耶)의 삼교합일 주장대로 오늘날은 기독교의 초월적 영성까지 수용할 수 있는 것이 양명학이기도 하다.

(3) 신유학의 경전(經典)에는 어떤 것이 있는가?

성학을 강의하려면 경전이 있어야 하는데 그것이 바로 『사서(四書)』이다. 신유학에서는 『오경(五經)』보다 『사서』를 더 중시하였다. 마치 그리스도교 신자들이 『구약』보다 『신약』을 더 중히 여기는 것과 비슷하다. 『사서』는 「대학」, 「논어」, 「맹자」, 「중용」을 가리킨다. 『오경』은 「시경」, 「서경」, 「역경」, 「예경」, 「춘추」를 말한다.

『오경(五經)』[BC 136 五經博士 설치] 중심에서 『사서(四書)』 중심으로 바뀌었다는 것은 주공(周公) 위주에서 공자(孔子) 중심으로 자리매김하였다는 말이다. 그것 또한 문헌학[章句學, 訓詁學]에서 철학[解釋學]으로 변모하였다는 것을 뜻하며 경생(經生)의 말초적인 지식 혹은 단순한 박학에 대하여 조직적·사변적인 탐구로 바뀌었음을 말한다. 그래서 정명도는 단순한 암기[記誦]나 박식을 하는 경학을 완물상지(玩物喪志)라고 비판하였다[近思錄2].

한대(漢代)의 경생들 사이에 공성(孔聖)의 잘못을 말할지언정 정복[鄭玄 服虔]의 그릇됨을 말하기 꺼린다는 말이 유행할 정도였다. 그런데 송대 주자에 이르러 『사서』는 신유학의 새로운 경전으로 태어난 것이다. 그 이유는 주자가 도통을 강조하기 위한 것이었다.

『사서』 가운데 『대학』과 『중용』은 지은이를 알 수 없는 저서[『예기』 중의 2편]이었는데, 주자에 의하여 저자가 생긴 셈이 되었을 뿐만 아니라 신유학을 체계화하는 데 지대한 공헌을 하였다. 『논어』는 공자가 그 주인공이다. 『오경』은 주공이 중심인물이었다. 마치 기독교에서 모세가 구약의 주인공이듯이 공자가 꿈에서도 보고 싶었던 인물이 바로 주공이었다. 공자를 지성선사(至聖先師)로, 맹자를 아성(亞聖)으로 한 것도 신유학의 산물인 것이다. 주자는 북송시대 도학자들의 경전 주석을 『사서』에 편집하여 자기가 다시 편장을 옮겨놓기도 하고 『대학』에서는 원전에 없는 격물치지에 대한 전(傳)을 만들어 넣기도 하였다. 이것을 없어진 장구를 보충한다는 의미로 「보망장(補亡章)」이라고 부른다. 이렇게 하여 주자는 『사서집주(四書集註)』를 만들었다. 이 집주 속에는 그의 철학이 반영되어 있는 것이다. 그의 철학은 생존 당시에는 오히려 위학(僞學)으로 몰리기도 하였다.

그러나 원(元)나라 인종 황경 2년[1313]에 과거(科擧)를 실시하게 되었는데 주자의 『사서집주』가 시험의 표준 서적이 되었다. 동쪽에는 고려로부터 서쪽에는 서역[오늘날 헝가리 지역]까지 원제국의 힘이 미치는 곳에서는 모두 『사서집주』 읽는 소리가 방방곡곡에서 들렸다고 한다. 이제 주자학은 출세를 위한 과거 시험에서 필수적인 관학(官學)이 된 것이며 이런 전통은 명대를 거쳐 청 말까지 이어졌다. 특히 명나라는 『성리대전(性理大全)』, 『사서대전(四書大全)』, 『오경대전(五經大全)』을 만들어 그 안에서 과거 시험을 출제(出題)하였다. 따라서 과거에 참가하는 응시자들은 모두 주자의 주석을 반드시 보아야만 했다.

송대에는 이런 말도 생겼다. 즉 "사자(四子)는 육경(六經)의 사다리이며 『근사록(近思錄)』은 사자(四子)의 사다리이다." 여기서 말하는 '사자'는 『사서』를 가리키며 '육경'은 『악기(樂記)』를 포함한 『오경』을 가리킨다. 『근사록』은 주자와 여조겸(呂祖謙)이 편찬한 주자학 입문서이다. 무이구곡(武夷九曲) 중 제6곡에 가면 『근사록』을 편찬하고 난 뒤에 이에 참여한 학자들이 뒤풀이하였다고 바위에 새겨져 있는 것만 보아도 주자가 매우 중시하였던 책이라는 것을 알 수 있다.

명대에 이르러 학자들이 실천적인 학문을 지향하게 되었고 이러한 추세에 힘입어 실천력이 강한 새로운 학풍이 생겨났다. 이것은 자기 잇속을 챙기기 위하여 출세 지향적인 관학과 구별되는 민간강학의 민학(民學)이라 하는데 이것이 바로 양명학이다. 왕양명은 자기가 깨달은 것을 바탕으로 주자와 다른 해석을 제출하였다. 이런 것들이 『사서』와 『오경』을 새롭게 이해하는 데 중요한 관건이 되었다. 왕양명의 어록을 모아 편찬한 책이 바로 『전습록(傳習錄)』이다. 이것 역시 성인이 되는 학문의 입문서인 것이다. 우리나라의 『하곡집(霞谷集)』은 바로 조선 학계가 만든 성학(聖學)의 입문서라는 것은 말할 것도 없다.

(4) 서원(書院)은 어떤 곳인가?

경전을 배우고 강의하려면 학교가 있어야 하는데 그것이 바로 서원이다. 신유가는 개인적인 자격으로 서원을 창설하였다. 이 점에서 그 이전 국가에서 세운 학교와는 성격을 달리한다. 저명한 스승과 그의 제자들이 공부하던 곳이 점차적으로 서원으로 바뀌었다.

그러나 뒤에 서원은 국가의 기구가 되어 모든 주현(州縣)마다 한두 개의 서원이 설립되었는데 모두 그 지역 학자를 위한 것이었다. 주희가 백록동(白鹿洞)이라는 경치가 매우 아름다운 곳을 발견하여 황제에게 이 지역에 서원을 설립할 것을 허락해 달라고 표를 올렸다. 여기에서 백록동서원이라는 이름이 생겼다.

서원이 성립되고 나서 황제가 내려준 글[賜書]을 얻고 아울러 부근의 토지를 획득하여 토지의 조세로 서원의 일상 비용을 지출하였다. 백록동서원의 역사자료에는 토지의 크기와 재산 및 수입과 지출이 기재되어 있다. 이 서원은 신유가 서원의 모범이 되었다.[19]

중국에는 양명학을 위한 서원도 많이 세워져 있다. 왕양명이 37세에 용장에서 도를 깨우친 후에 용강(龍岡)서원에서 강의하였으며 귀양서원에서 지행합일을 강의하였다고 한다. 그 밖에 양명과 관련된 서원으로는 염계서원, 계산(稽山)서원, 만송(萬松)서원, 부문(敷文)서원 등이 있다.[20]

우리나라는 1542년[중종 37] 풍기군수 주세붕(周世鵬)이 고려의 유현(儒賢)

---

19 張君勱, 『新儒家思想史』, 理學이 確立한 政治文化制度 4 서원, 50–54쪽 참조.
20 이우진, 「왕양명 공부론의 교육학적 해석」, 한국학중앙연구원 박사논문, 2010.2, 83쪽.

안향(安珦)의 사묘(祀廟)를 세우고 1543년 학사(學舍)를 옮겨지어 백운동서원(白雲洞書院)을 설립한 것이 서원의 시초이다.

이황(李滉)이 1550년[명종 5] 풍기 군수로 부임하여 조정에 상주(上奏)하여 소수서원(紹修書院)이라는 사액(賜額)을 받음과 동시에 『사서오경』, 『성리대전』 등의 경전을 받게 되어 정부가 공인한 사액서원이 되었다. 1871년 대원군의 서원 철폐 때에도 철폐되지 않은 47개 서원 가운데 하나로 옛 모습 그대로 남아 있다.

조선시대 서원 교육의 목적은 자기 자신의 수양을 위한 공부, 즉 위기지학(爲己之學)이므로 서원의 학규(學規)에서 어떤 서원은 과거를 위한 공부를 원천적으로 금지하기도 하였다. 예를 들면 하곡이 공부한 석실서원 같은 곳이다. 임진왜란 때 조선에 파견되었던 명나라 장수 가운데 양명학자들이 있었는데 이들이 조선의 주자학자들에게 왕양명도 조선의 서원에 배향할 것을 건의하였으나 거절당하였다고 한다.

하곡의 제자가 스승이 돌아가신 뒤에 영조에게 서원을 지어달라고 두 번이나 상주문을 올렸지만 모두 거절당하였다. 그 두 번째 상소에서 "하곡은 실심실학의 유종(儒宗)이라"고 높이 평가하였다.

서원은 끝내 건립되지 못하고 오늘날에 이르렀다. 그 사이 하곡학파 신대우는 세 사람이 앉으면 더 이상 자리가 없는 좁은 방에서 공부하면서 하곡학을 이어왔다. 서원이 없이 공부하는 민간 강학이었다. 오늘 우리는 하곡서원을 강화에 세우는 것을 목표로 하여 하곡학 연구원을 열어[2010년 9월 13일] 양명학과 하곡학을 강의하고 있다.

(5) 어떤 제도를 가지고 있었는가?

신유가는 합리적인 세계관을 가지고 있는데 거기에는 우주론, 지식론, 인

생관 등이 포함되어 있으며 교육론도 그 안에 들어 있다. 신유가는 요순(堯舜) 및 삼대(三代)를 이상적 정치 모델로 삼았다. 이것은 성학에서 이미 밝힌 바대로 이상적 도덕 정치의 실현을 목적으로 하는 것이다. 북송시기 정호(程顥)는 10가지 사항을 황제에게 올려 논하였는데 이것이 신유가 정치 이론의 가장 좋은 사례가 되었다.

1. 최고 권력을 가진 제왕(帝王)이 도덕정치를 실현토록 가르치기 위한 제왕의 스승인 사부(師傅).

2. 이[내무], 호[재정], 예[문교], 병[국방], 형[법무], 공[산업][吏戶禮兵刑工] 6부의 정부 조직.

3. 토지의 경계를 분명히 하여 납세의 투명한 평균 분배를 도모하는 경계(境界).

4. 종족의 친목, 질병, 기아, 재난을 서로 돕기 위하여 마을을 단위로 만든 향당(鄕黨).

5. 선량하면서도 능력 있는 사람을 고향 마을에서 천거하여 수도로 보내는 공거(貢擧).

6. 당시 농업과 분리된 사병(士兵)을 합하는 병농(兵農) 합일의 병역(兵役).

7. 식량을 저축하여 물가를 안정시키려는 정책의 민식(民食).

8. 네 가지 직업에 종사하는 인민, 즉 사농공상(士農工商) 사민(四民).

9. 삼림, 야수(野獸), 어류 등 자연 자원을 보존하여 시기에 맞게 이용하는 천택(川澤).

10. 관혼상제(冠婚喪祭), 차(車), 의복 등 자신의 직분에 맞게 생활하는 분수(分數).[21]

여기에 열거한 10가지 제도는 첫 번째 사부(師傅)[22]를 제외하고 모두 구체적인 제도를 다루는 기학(器學)에 속한다. 이것은 형이상학적 도학(道學)과 대비되는 말이다.

---

21 張君勱, 『新儒家思想史(上)』, 理學所確立之政治及文化制度 爲政, 54-56쪽.
22 師傅는 과거 임금을 가르치던 스승이었다. 오늘날은 대통령을 자문하는 역할을 하는 학자들에 해당한다. 박정희 대통령 시절에는 朴鍾鴻 교수가 국민교육헌장을 만들면서 경제발전과 더불어 정신적인 승화를 기획한 적이 있다. 전두환 대통령 시절에는 이규호 교수가 그 역할을 담당하였다. 그는 청주에 있는 교원대학을 창설하고 또 초대총장이 되기도 하였다. 그 뒤 문민대통령 시절에는 사부 역할을 하는 사람이 없었다.

제 3 강

—

양명학과 주자학은 무엇이 다른가?

이 강의에서는 양명학이 주자학과 어떠한 차이점이 있는지 살펴보려고 한다. 우선 주자(朱熹)와 왕자[王守仁]가 태어나고 살았던 시대배경과 삶의 여정을 간단히 살핀다. 그 다음 최고 지도자의 뜻을 얻어 도를 실현하는[得君行道] 정치지향적인 관학(官學; 주자학)과 백성을 깨우쳐서 도를 실행하는[覺民行道] 사회지향적인 민학(民學; 양명학)의 문제의식을 살핀다.

그 다음 사농공상(士農工商)의 사민(四民)에 대한 양자의 차이를 논한다. 다시 말해 선비 중심의 덕본재말(德本財末)에 근거를 두고 기술자와 상인[工商]을 말업으로 간주한 본말론(本末論)적 주자학과 직업을 달리하지만 도를 같이한다는 이업동도(異業同道)의 양명학적 입장을 소개한다. 그 다음 대학의 해석문제에서 차이를 보인 주자학의 신민(新民)과 양명학의 친민(親民)을 논하고 성즉리와 심즉리, 도덕심과 인식심, 도문학과 존덕성 미발과 이발에 대한 두 학파의 견해가 어떻게 다른지 고찰한다.

1. 주자[熹]와 왕자[守仁]의 삶과 학문

주자와 왕자는 살았던 시대가 달랐다. 주자라 불리는 주희(朱熹: 1130-1200)는 남송시대 철학가이고 왕자라 일컫는 왕수인(王守仁: 1472-1529)은 명나라 시대의 철학가이다. 양자는 각각 송대 이학(理學)과 명대 심학(心學)의 시대정신을 대표하는 인물이다.

주자는 남송 건염(建炎) 4년[1130] 3월 15일 복건 남검주(南劍州) 우계현(尤溪

縣)에서 태어나 송 영종(寧宗) 경원(慶元) 6년[1200] 3월 9일 건양고정(建陽考亭)에서 71세로 세상을 떠났다. 자는 원회(元晦)이며 호는 회암(晦庵)이라고 하였다. 어려서부터 사색을 좋아하여 다섯 살 때 '천체가 무엇인지 밖은 어떤 물건인지' 우주에 대한 문제를 캐물었다고 한다.

8-9세 때 맹자의 성인과 나는 동류(同類)란 구절을 읽고 성인이 된다는 희망으로 말할 수 없는 기쁨을 느끼었다고 한다. 14세 때 아버지를 여의고 유훈에 따라 호헌(胡憲), 유자휘(劉子翬), 유면지(劉勉之) 세 군자를 따라서 배워 그들의 영향을 받았다. 19세 때 진사가 되어 몇 년 동안 경전 공부를 하면서 불교와 노장에 드나들었다. 끝내 이 길[釋老]에서는 얻은 바가 없다고 하였다.

24세 때 동안(同安)으로 부임하던 중에 이동(李侗)을 만나 도학(道學)의 발전방향을 점차 확립하였다. 37세 때 『중용』에 기초를 둔 자기의 철학사상을 만들어 내었다[丙戌之悟]. 40세 때 자기의 사상기조를 세워 이동과도 다르고 도남(道南)학파와도 다른 학문방법을 확립하였다. 이것을 기축년의 깨달음 [己丑之悟]이라고 한다.

40-46세 사이에 육구연(陸九淵)과 아호(鵝湖)에서 만나 논변을 하면서 그의 기본사상은 거의 전부 이루어졌다. 그 이후 구체적 문제에서 여러 가지 변화와 발전을 하였지만 그의 체계는 이성적 본체, 이성적 인성, 이성적 방법을 기초로 삼는 이성주의 철학을 확립하였다.[01] 이상과 같이 주자의 학문역정을 간략하게 살펴보았다.

주자의 생애는 유년부터 24세 이동을 만나기까지 그리고 이동을 만나고 난 뒤부터 37세 자기철학[中和舊說]이 성립되기까지 그리고 40세에 자기철학

---

01 陳來, 『朱熹哲學研究』, 臺灣: 文津出版社, 1990年 12月, 12쪽.

을 확고하게 수립[中和新說]하여 심통성정(心統性情)을 제출하여 이기론, 심성론, 공부론 체계를 완성한 시기로 나눌 수 있을 것 같다. 주자의 학문은 성인이 되는 목표 하에 그 공부 방법을 알려주었다. 주자의 주지(理性)주의 철학은 생존당시에는 한타주에 의하여 위학(僞學)으로 간주되기까지 하였다. 그러나 원나라 때[1313] 그의 『사서집주(四書集註)』가 과거(科擧) 시험의 필수과목으로 정해진 이후 주자학은 관학(官學)으로 바뀌었다. 주자학은 그 후 800년간 중국뿐만 아니라 동아시아의 사상을 지배하였다.

왕자는 명나라 중기 성화(成化) 8년[1472] 9월 30일 절강성 소흥부 여요현 서운루에서 태어나 가정(嘉靖) 7년[1528] 11월 29일[서기 1월 9일] 57세로 남안(南安)에서 폐병이 악화되어 세상을 떠나면서 내 마음이 빛이다[吾心光明]라고 하였다. 이름은 수인(守仁)이고 자는 백안(伯安)이며 호는 양명(陽明)이다. 그는 5세까지 말을 하지 못하였다. 이름을 수인(守仁)으로 바꾸고 난 뒤에 11세 때는 시를 지어 주위사람을 놀라게 하였다.

12세 때 숙사(塾師)에게 천하에 제일가는 것은 성현이 되기 위한 것이라고 하였다. 18세 때 주자학자 누량(婁諒)을 만나 격물치지학을 듣고 성인이 될 수 있다고 믿었다. 21세 때 격물치지의 가르침을 실천해 보려고 관사에 있는 대나무를 연구[格竹]하였으나 병이 나고 말았다. 그 후 글 짓고 시 쓰는 사장에 몰입하였다가 다시 노장 불교사상에 심취하기도 하였다.

26세 때 경사에 머물면서 병법을 배웠다. 34세 때 담감천과 친교를 맺고 성학을 제창하였다. 35세 때 간관(諫官) 대선(戴銑)의 억울한 옥살이를 변호하는 항소문을 올렸다가 오히려 정장 40대를 맞고[대부분 죽는다] 옥에 갇히었다. 그 후 용장의 하급관리로 유배되었다. 유근은 자객을 보내어 양명을 죽이려고 하였으나 양명은 강물에 뛰어들어 목숨을 건졌다.

37세 때 독사와 독충들이 우글거리고 말도 통하지 않는 원주민들을 달래며 언제 죽음을 당할지 모르는 실존적 상황 하에서 그는 석곽을 만들어 놓고 그 위에서 잠을 잤다. 용장에서 한밤중에 격물치지의 뜻을 크게 깨닫고 성인의 도를 알게 되었다. 나의 본성이 자족한데 이전에 사물에서 도를 구하는 것은 잘못되었다. 여기서 심즉리(心卽理)의 사상이 나온 것이다. 40세에서 48세까지 주로 지방에서 일어나는 도적들을 토벌하였고, 이 과정에서 양명은 산속의 도적은 깨트리기 쉬우나 마음속의 도적은 깨트리기 어렵다[破山中賊易 破心中賊難]고 하였다.

48세에는 의병을 일으켜 반란을 일으킨 영왕 신호를 사로잡았다. 이 작전 중에 몇 번이고 죽을 고비를 넘기었다. 커다란 공을 세우고도 간신들[장충, 허태]의 모함에 빠져 대역죄로 몰리기도 하였다. 50세 때 이러한 생사의 고비에서 얻은 치양지 가르침을 세상에 알리었다.

56세 때 사은 전주의 정벌 명령을 받았다. 9월 8일 수제자인 전덕홍, 왕용계와 함께 천천교에서 사구교를 논하였다. 57세 때 광서에서 사은 전주를 평정하였다. 그리고 돌아오는 도중에 세상을 떠났다. 왕양명은 삶과 죽음의 고비를 수없이 넘기면서 생활 속에서 양지학을 체득하고 치양지의 가르침을 펼쳤다.

담약수는 양명이 오익(五溺), 즉 임협(任俠), 기사(騎射), 사장(詞章), 신선(神仙), 불교(佛敎)에 깊이 빠졌었다고 그의 삶을 개괄하였다. 이것은 양명의 35세 이전까지를 두고 한 말이다. 그의 제자 전덕홍은 양명의 사상역정을 "학문이 세 번 변하였고 가르침도 역시 세 번 변하였다"고 하였다.

젊었을 때는 사장(詞章)에 내달렸고 얼마 안 있어 노장과 불교에 드나들었다[35세 이전]. 그리고 용장에서 활연히 성인의 취지를 깨달았다[37세]. 이것이 세 번 변하여 도에 이른 것이다. 귀양에 있을 때[38세, 1509] 지행합일을 설하였고 저양에 있은 뒤부터[42세, 1513] 정좌(靜坐)를 가르쳤으며 강우(江右) 이래[50

세, 1521] 치양지를 들어서 본체를 직접 가리켜 학자들을 깨우쳤다고 하였다.

이와 같이 주자와 왕자의 삶과 학문의 변화과정을 살펴보았다. 주희가 37세에 자기의 독자적 학설을 세웠는데 양명도 역시 37세에 용장에서 심즉리의 깨달음을 얻은 것이다. 주자나 왕자 모두 어려서부터 성학에 목표를 두고 공부하였으며 모두 불교와 노장에 드나들었음을 알 수 있다.

주자는 문인, 즉 학자와 관리의 삶을 걸었다면 왕자는 생사를 넘나드는 고난을 겪는 역동적인 과정 속에서 그의 학문이 이루어졌다는 것이다. 주자가 주지주의적인 이성을 매우 중시하였다면 왕자는 감성적이며 의지적인 면이 함께 녹아 있는 도덕적 이성인 덕성[良知]을 삶의 지표로서 내세웠다.

한마디로 말해 주자학적 이원론에서 양명학적 일원론으로 철학사상의 전환이 일어났다. 명대에는 정태적 이성[理]보다는 역동적 정감[情]과 욕망[欲]이 긍정되었다. 따라서 이지(理智)적 규제보다 성정(性情)의 자연을 존중하는 자연주의, 본성의 객관보다 마음의 주체를 강조하는 주체주의, 전통에서 해방을 외치는 자유주의가 성행하였다. 심지어 근대사상의 맹아가 보이기도 하였다.[02] 이것은 송학과 명학의 차이점이며 또한 주자학과 양명학의 다른 점을 말한 것이기도 하다.

2. 정치지향적 관학(官學)과 사회지향적 민학(民學)

지난 강의[제1강]에서 박은식 선생의 「유교구신론」 첫 번째 주장이 제왕학에서 민간학으로의 전환이라는 것[03]을 소개한 바 있다. 위잉스[余英時]는 이

---

02 岡田武彦 著, 『王陽明』 明末 儒學, 東京: 明德出版社, 1970年[昭和 45年] 序論, 9쪽.
03 朴殷植, 「儒教求新論」.

제3강 양명학과 주자학은 무엇이 다른가? **79**

렇게 말하였다. 왕양명은 "한 사람 한 사람마다의 '양지'를 깨우치는 방식을 통하여 '천하를 질서 있게 하는[治天下]' 목적을 달성하려고 하였다. 이것은 유가 정치 관념에서 시대를 가르는 전환이요 변화라고 말할 수 있다. 우리는 그것을 "백성을 일깨워서 도를 실천하는 것[覺民行道]"이며 이것은 이 천년 이래의 "군주를 얻어 도를 실행하는 것[得君行道]"과는 꼭 서로 반대된다고 일컬을 수 있다. 왕양명의 눈빛[眼光]은 더 이상 위의 황제나 조정을 향하여 투사하고 있지 않다. 아래의 사회와 평민에게 돌리어 주목하고 있다."[04] 여기서 '득군행도(得君行道)'는 바로 주자학의 국가를 중심으로 하는 관학적 제왕학의 전형적 특징을 말하며 '각민행도(覺民行道)'는 바로 양명학의 사회를 중심으로 하는 민학의 특징을 잘 반영한 것이다.

위잉스는 계속하여 말하였다. "나는 매우 긍정적으로 이렇게 말할 수 있다. 즉 양명의 '치양지'의 가르침과 그가 구상한 '백성을 깨우쳐 도를 실천한다'는 것은 절대로 분리할 수 없는 것이다. 이것은 그가 '군주를 얻어 도를 실행하는 것'에 대하여 절망한 뒤 상쇄하여 제출(殺出)해낸 한 가닥의 혈로(血路)이었다. '도를 실천하면서[行道]' 군주와 조정을 완전히 걷어치우고 방향을 돌려 사회 대중에게 오로지 향하여 호소하는 것은 이 천년 이래 유가들이 아직 들어가 보지 못한 경지이다."[05]

이처럼 왕양명의 치양지 가르침은 백성들이 자각적으로 도를 실천하는 계기를 마련해 준 것이다. 왕양명의 심학은 유학사상의 중요한 전기를 마련하기도 하였다. 그것은 '득군(得君)'으로부터 '각민(覺民)'으로, 상층으로부터 하층으로의 전환이다. 위잉스 선생은 이것을 '정치취향'에서 '사회취향'으로의 전환이라고 하였던 것이다. 이것은 왕양명이 주도하면서 시작한 강학운

---

04 余英時, 『宋明理學與政治文化』, 第6章 明代理學與政治文化發微, 臺北: 允晨文化, 2004年, 300쪽.
05 같은 책, 308쪽.

동에서 발휘된 것이며 이것은 누구나 양지를 실현하면 성인이 될 수 있다는 믿음을 가르쳐 준 데서 생긴 것이다.

주자학자들은 군주를 성군(聖君)으로 만들고 벼슬하는 자신들도 도덕적으로 깨끗한 현인(賢人)으로서 백성을 다스리겠다는 목표를 가지고 있었다. 이것은 상층의 정치 지향적 관리들을 위한 학문이었다. 주자학은 공무원의 부정부패를 막아[淸白吏] 백성들이 도탄에 빠지지 않게 하려는 것이었다.

이와 달리 양명학은 사람이면 누구나 다 양지에 의하여 자율적으로 도덕성을 발휘하는 것이었다. 왕양명은 양지를 일상생활에 실현하기 위하여 평생 강학활동을 전개하였다. 용장에서 도를 깨달은 이후 왕양명은 저양(滁陽), 남경(南京), 강서(江西), 거월(居越)에서 강학을 하였는데 그의 문인 전덕홍(錢德洪)에 의하면 "천하의 비난[非詆]과 모함[推陷]을 무릅쓰고 죽음을 아랑곳하지 않고 바쁘게 강학을 잊지 않았다"[06]고 한 것만 보아도 왕양명이 생사를 넘나들며 민간 강학활동에 힘을 기울였음을 알 수 있다.

왕양명은 강학을 통하여 그 문인들을 흡인(吸引)하였고 또 문인들에게 후진들을 흡인하도록 하여 서로 강학을 하였다. 그것은 강학이 자신의 본분의 일이라고 생각하였기 때문이다. 왕양명은 서재(書齋)에 머물러 있는 것이 아니라 심학을 천하에 밝히려는 것을 일생의 포부로 삼았다. 이런 의미에서 양명학의 사상발전 과정은 바로 일부의 강학운동사이며 동시에 양명심학이 일종의 학파로 만들어지는 역할을 한 것이기도 하다. 그리고 또한 양명 및 그 후학들이 강학을 밀고 나간 것과 밀접한 관련을 맺고 있기도 하다.[07]

양명심학의 강학은 강학을 위한 강학이 아니라 그 강학은 적어도 두 가지 목표를 가지고 있었다. 첫째는 강학을 통하여 새로운 학술 풍격을 건립하여

---

06 錢德洪, 『傳習錄中』 序: 平生冒天下之非詆推陷 萬死一生 遑遑然不忘講學.
07 吳震, 『傳習錄精讀』, 上海: 復但大學出版社, 2011年, 235쪽.

동문 사이의 정체성을 확립하고 새로운 사조를 이끌어 가는 것이다. 둘째는 '양지' 학설을 운용하여 한 사람의 도덕의식을 일깨워주고 끝에 가서는 건전한 사회질서를 확립하는 것이다. 이것은 강학을 통하여 양명 및 그 후학들이 심학을 사회화하는 사상운동으로 전환시킨 것이라 할 수 있다.[08] 그러나 주자학은 『사서집주』 등이 과거의 필수 과목으로 선정되면서 원대 이래로 청말까지 과거를 보아 출세하려는 권력 지향적 정치적 도구로 전락하여[得君行道] 주자학 원래의 모습을 잃어버렸다.

3. 이업동도(異業同道)의 사민(四民)

'득군행도'와 '각민행도'는 주자학과 양명학의 사민관(四民觀)과 매우 밀접한 관계를 가지고 있다. 양명학이 갖고 있었던 주자학과 가장 두드러진 차이점은 바로 사농공상(士農工商)의 사민(四民)에 관한 견해이다. 주자학자들이 본말론(本末論)의 입장에서 제왕에 벼슬하는 사(士)가 근본이며 농(農)이 다음이고 공상은 말단이라고 사민을 수직적으로 보았다. 이에 반해 양명학자들은 각민행도의 입장에서 사농공상이 모두 평등하고 수평적이라고 생각하였다.

전통 유교사회에서 국가의 공적인 임무를 담당하는[仕] 사람이 선비[士]들이었고 상인은 사적(私的)인 이익을 따라다니는 사람에 지나지 않았다. 따라서 덕이 있는 선비는 바르고 의로운 일[正義]에 우선적으로 관심을 두는 대인(大人)이라고 부르는 데 비하여 재물을 추구하는 상인은 자기의 사적인 이익

08 같은 책, 234쪽.

을 좇는 데 더 힘을 쓰기 때문에 소인이라고 비하하였다.

『논어』의 '정의를 중시하고 이익을 가볍게 보는' 중의경리(重義輕利) 사상과 『대학』의 '덕이 근본이고 재물은 말단이라는' 덕본재말(德本財末)의 본말론은 사민의 직업 중에서 상공업을 말업(末業)으로 간주하게 되었다. 주자학은 덕본재말론을 그대로 계승하여 선비만이 공부하여 성인(聖人)이 되는 것이 가능하지만, 이익을 찾는 상인은 그렇지 못하다고 본 것이다. 그것은 농업이 천하의 커다란 근본이다[農者天下之大本]란 말을 보아도 알 수 있듯이 양반 지주 계층이 모두 농업에 기반을 두고 있기 때문이다. 주자학이 "식량을 충분하게 하는 근본은 농업에 있다[足食之本在農]"[勸農文]는 데 근거를 두고 있다.

조선시대 건국이념을 만든 정도전은 "농(農)이 만사의 근본이 되고, 옛 성인이 공상(工商)에 세금 부과를 제정한 것은 말업(末業)을 억제하여 본업으로 돌아가게 한 까닭이다"[09]라고 말하여 농업이 근본이고 공업과 상업은 말단이라고[農本工商末論] 주장하였다. 이것은 조선 500년을 통하여 지속되었다. 조선시대의 주자학은 양반만이 선비 노릇을 하면서 성학(聖學)을 할 수 있었으므로 양반은 아무리 가난해도 장삿길에 나서지 않았다.[속담에 양반이 물에 빠져도 개헤엄은 안 친다.] 그것은 양반이 상인이 되는 것을 수치로 생각하였기 때문이었다.

그러나 양명학은 사민이 수행하는 각각의 역할을 중시하여 "각기 직업을 달리하지만 성학(聖學)의 길은 같이한다"는 이업동도(異業同道)를 제시하여 사민평등을 주장하였다. 자신이 어느 직업에 종사하든 간에 성학을 목표로 하면서 살아가는 것은 마찬가지라는 말이다. 왕양명은 절암방공묘표(節菴方

09 鄭道傳, 『朝鮮經國典』, 上 禮典 藉田條 工商稅條: "農者 萬事之本也 … 先王制工商之稅 所以抑末作而歸之本實."

公墓表)에서 이렇게 말하였다.

"옛날에는 사민[즉 士農工商]이 직업을 달리하였으나 도를 같이하였다. 그들
이 마음을 극진히 한 것은 한 가지이고 같았다. 선비는 이 마음[道]을 가지고
수양하고 통치(修治)하였으며, 농부는 이 마음을 가지고 곡물을 생산하여 백
성들을 길렀으며[具養], 공인(工)은 이 마음을 가지고 기물(器物)을 발전시켰
으며[利器], 상인은 이 마음을 가지고 재화를 유통시켰다[通貨]. 각기 그 자질
이 가까운 곳, 힘이 미치는 곳에서 생업을 삼고 그 마음을 극진히 발휘할 것
을 추구하였다. 그 귀결은 요컨대 사람을 살리는 길[道]에 유익함이 같았다는
것이다."[10]

양명학의 이러한 사상은 명청(明淸) 시기 상인들의 정신적인 지주가 되었
다. 예를 들어 왕문현묘지명(王文顯墓誌銘)에서 "왕문현은 일찍이 여러 아들
을 훈계하여 이르기를 대체로 상인과 선비는 수단[術]을 달리하지만 마음은
같다. 그러므로 훌륭한 상인은 재화(財貨)의 시장에 처하여도 고명(高明)한
행위를 닦는다. 이 때문에 비록 이익을 남기지만 더러워지지 않는다"[11]고 기
록하였다.

왕도곤은 "훌륭한 상인이 어찌 큰 유학자보다 못하겠는가?[良賈何負於宏
儒]"라고 하였으며 "유학자는 시서(詩書)를 본업으로 삼고 화식(貨殖)을 낮게
보았다. 설령 상업에 종사한다 하더라도 인의(仁義)는 여기에도 간직되어 있
으니 상인이 어찌 뒤지겠는가?"[12]라고 하여 상인의 자부심이 선비만 못지않

10 위잉스 저, 정인재 역, 『중국근세종교윤리와 상인정신』, 서울: 대한교과서주식회사, 1993년, 176쪽.
11 같은 책, 182-183쪽.
12 같은 책, 259-261쪽.

았음을 알 수 있다.

동양의 루소라고 일컬어지는 양명학자 황종희는 그의 『명이대방록』에서 "속된 학자들은 잘 살피지 않고 상공업이 말업이라는 항상 망령된 논의로 이를 억압한다. 대체로 공장(工匠)은 진실로 성인이 가까이 오기를 바라는 것이며, 상인(商人)도 성군(聖君)의 나라에 태어날 것을 바란 것이니, 생각건대 다 본업(本業)인 것이다"[13]라고 말하였다.

공업과 상업 모두 본업이라고 분명히 말한 것이다. 중국의 공인[수공업자, 노동자]과 상인들은 본업에 종사한다는 자부심을 가지고 살았다고 한다. 위잉스[余英時]는 명청시대 상인의 정신은 서양의 천직(天職; Beruf)에 기반을 둔 자본주의 정신과 상통하는 것이라고 하였다.[14]

그렇지만 조선 학자들은 주자학 이념에 사로잡혀서 선비들은 상업에 대하여 매우 적대적이었다. 어떤 선비가 북쪽에 유배를 가서 굶어 죽을 지경에 이르자 소금과 쌀을 교역하는 장사를 하였지만, 상인이 된 것을 몹시 부끄러워했다는 이야기가 있다.[15] 그는 이와 같이 상업을 말업으로 생각하여

---

13 황종희 저, 전해종 역, 『명이대방록』, 서울: 삼성문화문고 2 1974, 제18 재계, 123쪽.

14 여영시 저, 정인재 역, 『중국근세종교윤리와 상인정신』, 서울: 대한교과서주식회사, 1993년, 15쪽.

15 홍성민, 「拙翁集」, 貿鹽販粟說: "부령에 유배되어 몇 달이 지나자 먹을 것이 없었다. 그곳에 사는 사람과 의논하니 '바닷가에는 곡식이 귀하고 소금은 흔하다. 오랑캐 땅에서는 곡식은 풍부하고 소금이 부족하오. 바닷가 소금을 사다가 오랑캐 땅의 곡식을 바꾸면 그 이문이 밑천으로 들인 곡식보다 몇 갑절 남을 것이요, 그러면 입에 풀칠은 할 수 있을 것이니 그대는 근심하지 마시오.' 내가 처음 이 말을 들었을 때 이런 일은 장사치나 하는 짓이라는 생각이 들었다. 차마 그 일을 하지 못하여 오랫동안 주저하였는데 급기야 마른 창자에서 소리가 나고 아이 종까지 성을 내기 시작하였다. 이에 잠시나마 목숨을 부지하려는 생각에 그 계획을 실행에 옮기기로 결정하였다. 하지만 부끄러워 낯이 달아오르고 마음이 편치 않았다. … 나는 젊어서 성현의 글을 읽고 오직 도(道)만을 추구하면서 옛것을 살피는 일이 아니면 감히 하지 않았으니 이는 선비의 노릇을 한 것이다. 이제 늘그막에 이렇게 구복(口腹)이 빌미가 되어 양식을 마련하는 처지에 놓이자 장사가 아니면 할 수 없는 일이 없게 되었으니 이는 장사치의 노릇을 한 것이다. … 예전에 선비 노릇을 할 적에는 경전과 사서(四書)를 끌어들이고 도덕과 이치를 이야기하며 성인(聖人)을 배우는 사람이라고 멋대로 여겼다. 장차 우리 임금을 성군(聖君)으로 만들고 우리 백성에게 은혜를 베풀어 … 태평성대를 이루어 보겠다고 생각한 적이 있었다. 장사치를 보면 침을 뱉고 농사꾼을 보면 눈을 흘기며 그들을 보면 감히 입에 담지 않으려 하였다. 선비와 장사치는 마치 하늘과 땅처럼 차이 나는 것처럼 여기었다."

선비와 상인은 하늘과 땅 차이[天壤之差]라고 생각한 것이다.

조선시대 양명학자 유수원(柳壽垣)[16]은 이런 세태를 날카롭게 비판하였다. 우리나라 사람들이 실사(實事)에는 전혀 마음을 두지 않는 까닭에는 "…근본적인 것은 버리고 지엽적인 것을 숭상하며 허명(虛名)에만 치달리고 실사가 없기 때문이다"[17]라고 말하였다. 또한 그는 조선이 두 차례 외국침략의 전란을 겪은 원인이 국가의 가난이며 이는 백성의 산업이 발달하지 못하였기 때문이라고 보았다. 이것은 사농공상 사민의 역할 분담을 몰라서 사민이 각기 생업에 힘쓰지 못했기 때문이라고 지적하였다. 그래서 상업을 예로 들어 다음과 같이 말했다.

"우리나라의 풍속이 공업과 상업을 부끄러이 여기지 않게 된다면 … 반드시 대상(大商)이 나와서 커다란 자본을 내어 큰 점포를 널리 차려야만 각종 화물들이 모여들어서 상업이 비로소 번성할 수 있는 것이다."[18]

또한 그는 이렇게 말하였다.

"사민이 일을 나누어 각기 실사에 전념하여 각기 의식(衣食)을 얻도록 하였다면, 유생(儒生)이 반드시 학문을 일으키는 실리가 있었을 것이고, 국가가 인재를 얻는 효험이 있었을 것이며, 온 나라에 선비를 가칭(假稱)하면서 공공연히 놀고먹는 사람들이 없었을 것이다"[19]

---

16 유수원은 양명학자 하곡 정제두의 문인 심육과 교유를 한 학자인데 그는 하곡학파의 후예들처럼 나주 벽서 사건에 연루되어 세상을 떠났다. 따라서 유수원은 하곡학파의 일원 혹은 양명학적인 실학자, 즉 실심실학을 한 인물로 자리 매김할 필요가 있다.

17 柳壽垣, 『迂書』 제10권, 「규제를 변통하는 이해에 대하여 논의함」, 서울: 민족문화추진회, 1982, 225쪽.

18 柳壽垣, 『迂書』 제1권, 「總論四民」, 서울: 민족문화추진회, 1982, 72-73쪽. "歷攷往史, 未有如我國民産之枵然特甚者也. 此其故何哉. 其源實出於四民不分. 故不能務其業而然也." 「附金相㙫甲申上疏」: "答曰: …若使風俗不恥工商. … 夫所謂店鋪云者, 必有大商, 出其重本, 廣設店面, 然後物貨之輳集者, 方可殷盛也."

19 柳壽垣, 『迂書』 제1권 「비국을 논함」, 60쪽.

유수원은 사민이 각자 역할을 분명히 실행하도록 하면 유생도 명분에 사로잡히지 않고 실리를 얻었을 것이며 국가의 인물 등용에도 효과가 있었을 것이라고 주장하였다. 그는 이 관점에서 사민이 평등하다는 것을 주장하였다. 유수원은 실사에 근거를 두고 허명(虛名)과 가칭(假稱)을 비판한 것이다. 이것은 실심으로 실학을 하면서 허위와 가식을 배척하는 하곡학파의 정신과 일맥상통하는 것이다.

조선시대 이러한 철학을 가진 사람은 많지 않았고 주자학적 이념[ideology]이 지배적이어서 사농공상의 본말론이 절대적 우위를 차지하고 있었다. 사농공상(士農工商)에서 공업과 상업 모두 본업(本業)이라고 주장하는 양명학은 본업과 말업을 엄격히 구분하는 주자학을 비판하였는데 우리나라에서는 이러한 양명학을 오히려 이단으로 배척하였던 것이다. 따라서 백성들은 공업과 상업에 종사하는 것을 천시하여 산업의 발달을 저해하였다. 한국 현대 신유학자 현상윤은 조선시대의 『유교공죄론(儒教功罪論)』에서 유교가 산업 능력을 저하시킨 이유를 이렇게 말하였다.

"유교는 사농계급에 비하여 공상계급을 천시하였다. 이것은 원래 사유(士儒)는 양심을 지키고 충실을 힘씀에 반하여 상공(商工)은 모리(謀利)를 힘쓰고 기만(欺瞞)을 일삼는다는 데서 기인된 것이다. 군자는 야인(野人)을 다스리고, 야인은 군자를 양(養)한다는 관념에서 사인(士人)이나 양반계급은 직접 산업에 종사하기 좋아하지 아니하고, … 그리고 보니 자연 국민의 산업에 대한 능력과 열의가 저하되고 산업이 퇴폐하여 인민의 생활이 곤고하지 않을 수 없다."[20]

---

20 현상윤, 『조선유학사』, 서울: 민중서관, 1964, 5쪽.

조선시대 유교 사회는 공상 계층을 말업(末業)으로 간주하여 산업 능력의 저하를 초래하였다는 것이다. 이러한 사고는 주자학적 이념을 가진 양반 계층이 더 부채질을 하였던 것이다.

오늘날 산업사회에서 기업 경영을 하는 일이 오늘날 국가를 다스리는 일 못지않게 중요하다는 것은 너무도 잘 아는 사실이다. 그러나 공상업이 말업이라고 생각하는 의식이 남아 있기 때문에 자존심도 없이 관(官)의 로비에 신경을 쓰는 공상업자도 적지 않아 보인다. 오늘날 우리 사회에 기업가 자신이 명청 시기 상인과 같은 떳떳한 자존심을 가지고 기업고유의 직업윤리를 만들어 내었는지 묻지 않을 수 없다.

왕양명의 이업동도(異業同道)는 사농공상이 모두 각각 자기의 기능을 다 발휘하면서 성현의 도를 실천하여 실제로 성현이 될 수 있다는 것이다. 오늘날 사회의 전문 직업상의 전공을 나누어[分工] 일을 하는 것이다.

주자학은 학술의 전공구분을 말하였고 양명학은 사회 직업의 역할 나누기[分工]를 말하였다. 학문을 달리하고[異學], 직업을 달리하지만[異業] 도를 같이하는[同道] 것이다. 학술의 전공 구분이 직업의 전문분야로 이어지는 현대 사회에서조차도 이공계와 인문계로 나뉘어져서 높은 자리에 올라갈수록 인문계를 선호하는 경향이 있는 것도 주자학적인 잔재가 아직도 남아 있는 것이라고 볼 수 있다.

이러한 사민관(四民觀)은 일반 백성, 즉 민(民)에 대한 해석의 차이에서 나온 것이며, 사민관은 지도자가 백성을 새롭게 만드는[新] 수직적인 계몽의 대상으로 보는가[新民] 혹은 가까이[親]하여 백성과 일체로 느끼는 수평적인 관계로 보는가[親民]와도 관련이 있다.

4. 친민과 신민

백성을 친애한다[親民]는 것과 백성을 새롭게 만든다[新民]는 말은 『대학』의 삼강령(三綱領)을 달리 해석한 것에서 나온 것이다. 『대학』에서 "대학의 길[大學之道]은 밝은 덕을 밝히는[明明德] 데 있고 백성을 친애(親民)하는 데 있고 지극히 선함[善]에서야 그치는[止於至善] 데 있다"[21]는 명제가 있다.

주자는 『사서집주』 「대학장구」를 해석하면서 둘째 구절인 친민을 신민(新民)으로 바꾸었다. 그런데 왕양명은 『대학고본』대로 친민을 그대로 두고 해석하였다. 이 문제는 주자학과 양명학의 차이점을 확연히 드러내 주는 것이다.

주자는 『대학장구집주』에서 '신민'에 대하여 이렇게 말하였다.

"새롭다는 것은 그 낡은 것을 갈아치우는 것을 말한다. 이미 그 밝은 덕을 밝히는 데서부터 말하였고 또 이것을 미루어 남에게까지 미루어 가서 이것으로 낡은 것에 물든 더러움을 제거함이 있도록 한 것이다. 머무른다[止]는 것은 반드시 이곳에 이르러야 하고 다른 데로 옮겨가지 않아야 한다는 뜻이다. 지극히 선함[至善]은 사리(事理)가 마땅히 그래야 하는 극치이다. 밝은 덕을 밝히고 백성을 새롭게 하는 것은 모두 지선(至善)의 경지에 이르러서 옮겨가지 않아야 함을 말한 것이다. 대개 그것으로 천리의 극치를 모조리 다 발휘하여 터럭만큼의 인간의 사욕을 없애게 한 것이다."[22]

---

21 『大學』. "大學之道 在明明德 在親民 在止於至善."
22 朱熹, 『四書集註』 "新者: 革其舊之謂也 言旣自明其明德 又當推以及人 使之亦有以去其舊染之汚也 止者 必至于是而不遷之意 至善 則事理當然之極也 言明明德 新民 皆當至于至善之地而不遷 蓋必其有以盡夫 天理之極而無一毫人欲之私也."

주자의 신민설은 백성들의 낡은 것에 물든 더러움을 갈아치우고 제거하는 것을 말한다. 그 예로서 은나라 탕 임금이 세숫대야에다 날마다 새롭고 또 날마다 새롭다[苟日新 日日新 又日新]는 구절을 새겨 넣고 날마다 그 낡은 것에 물든 더러움을 씻어내어 새롭게 한 것은 그가 날마다 새롭게 되어야 하기 때문이라고 하였다.

이것은 덕을 밝힌 지도자[士]가 일반 백성[農工商]을 계몽하여 낡은 구습을 버리고 새로운 백성이 되도록 한다는 것을 의미한다. 따라서 백성은 다만 새롭게 만들어지는 교화의 대상이 되는 타율적 존재일 뿐이지 양명이 말한 바와 같이 스스로 새로워지는 능력을 갖춘 자율적 존재가 아니라는 말이다. 왕양명은 제자 서애(徐愛)와의 대화에서 이렇게 말하였다.

"서애가 질문하였다. 대학의 '친민에 있다[在親民]'에 대하여 주자는 '신민(新民)이 되어야 마땅하다'고 말했는데 이것은 뒷장의 '새로운 백성을 만들라[作新民]'는 문구에 비추어 본다면 역시 근거가 있는 듯합니다. 그러나 선생께서는 옛날 판본에 따라 '친민'이 되어야 한다고 보시는데 역시 근거하는 것이 있습니까? 선생께서 대답하였다. '작신민(作新民)'의 신(新)은 스스로 새로워지는 백성[自新之民]이라는 의미로 재신민(在新民)의 '신'과는 같지 않다. … 백성이 좋아하는 것을 좋아하고 백성이 싫어하는 것을 싫어한다. 이것을 백성의 부모라고 한다와 같은 부류는 모두 친(親)자의 뜻이다. … 예컨대 공자가 말한 '자기를 닦아서 백성을 편안하게 한다'에서 자기를 닦는다는 것은 곧 '밝은 덕을 밝힌다'는 것이며 백성을 편안하게 한다는 것은 곧 백성을 친하게 여긴다[親民]는 뜻이다. '친민'이라고 말하면 '가르친다[敎]'와 '양육한다[養]'는 의미를 겸하게 되지만 '신민'이라고 말하면 '가르친다'는 쪽에 치우친 감이 있다."[23]

여기서 왕양명은 '스스로 새로워지는 백성'으로 신민을 해석하여 백성이 스스로 새로워지는 자율적인 존재임을 확인하였다. 이것은 백성을 새롭게 만든다는 의미의 백성을 대상화시키고 타율적 존재로 보는 견해와는 하늘과 땅 차이만큼 다른 것이다. 왕양명의 '친민'은 지도자가 이러한 자율적인 백성을 가까이하고 한 몸[一體]으로 생각하는 것을 말한다.

주자학에서의 명명덕과 신민은 자기와 타인을 엄격히 구분하여 간극(間隙)이 생기는 데 반하여 양명학에서의 명명덕과 친민은 서로 나눌 수 없이 생명이 감통(感通)하는 것이다.

왕양명은 『대학문』에서 이렇게 말하였다. "신민의 의미는 친민과 같지 않다. 백성을 친애[親民]하여서 밝은 덕을 밝힌다면 명덕과 친민이 어찌 갈라져 둘이 될 수 있는가? 선유(주자)의 학설은 대개 명덕과 친민이 본래 하나의 일임을 알지 못하고 두 가지 일로 나누어 인식하였다.[24]

왕양명의 제자 계본(季本)은 "명덕의 내실[實]은 친민일 뿐이다. … 덕은 친민이 아니면 무엇으로도 밝아질 수 없다. 따라서 명덕은 이것으로 친민하여 덕을 밝히는 것이요. 친민이란 덕을 밝히어 백성을 가까이 하는 것이다"[25]라고 말하였다.

정인보는 "왕양명의 『발본색원론』은 … 친민에 대한 설명이고 좀 더 자세히 말하면 같은 본체가 가지고 있는 인(仁)을 여기서 감발(感發)하도록 한 것이다. 쉽게 말하면 내 마음이 선천적으로 가지고 있는 '밝음'을 밝히는 것과 가정과 국가 천하에 대하여 '애틋한 마음'을 가지는 것은 다르지 않다는 말

23 『傳習錄』上 1條目: "愛問在親民 朱子謂當作新民 後章作新民之文似亦有據 先生已爲宜從舊本作親民 亦有所據否? 先生曰 作新民之新 是自新之民 與在新民之新不同此豈足爲據? … 民之所好好 之 民之所惡惡 之 此之謂民之父母之類 皆是親字意. … 又如孔子言修己以安百姓 修己便是明明德 安百姓便是親民 說親民便是兼教養意 說新民便覺偏了."

24 王守仁, 「大學問」, 『王陽明全集』 卷26, 970쪽.

25 季本, 『四書私存』, 台幣: 中央研究院中國文哲研究所, 2013年 6月.

이다. 이 밝음이 아니면 애틋함도 없고 이 애틋함이 없으면 그것은 밝음이 아니다. 학문의 골자는 바로 이 한 곳에 있으니 한 순간이라도 백성 및 사물과 내가 일체라는 감통이 없으면 내 마음의 본체 역시 없어진 것이다"[26]라고 명명덕과 친민의 관계를 절실하게 설명하였다.

나는 이태석 신부의 아프리카 수단에서 고통을 당하고 질병을 앓는 빈민을 위하여 목숨을 다하도록 봉사한 '울지 마, 톤즈'를 감명 깊게 보았다. 이것은 백성들과 아주 가까이[親民] 감통(感通)하였기에 생긴 것이라고 생각한다. 이 신부는 아프리카에서 가난하고 고통을 당하는 모습을 참으로 애틋하게 여기는[惻怛] 마음[良知]에서 그러한 위대한 일을 실천한 것[知行合一]이다. 여기에서 지선(至善)이 실현된 것이다.

5. 심즉리(心卽理)와 성즉리(性卽理)

친민은 양명학의 기본 명제인 "마음이 바로 도덕 원리이다[心卽理]"와 밀접한 관계가 있다면 신민은 역시 주자학의 형이상학적 근본 명제인 "본성이 도덕 원리이다[性卽理]"에서 나온 것이라 할 수 있다. 양명학과 주자학은 같은 이학(理學)이라는 점에서는 이의가 없다. 다만 주자학의 성즉리의 철학을 성리학(性理學)이라고 하는데 심즉리의 철학을 심리학이라고 해야 마땅하지만 서양에서 들어온 심리학(psychology)과 혼동될 여지가 있기 때문에 심학(心學)이라고 부른다. 이 심학과 구별하기 위하여 성리학을 이학(理學)이라고 불렀던 것이다.

---

26 정인보, 『양명학연론』, 139쪽.

신민은 주자학이 지니고 있는 형이상학, 즉 이기론(理氣論)에서 나온 산물인 것이다. '이(理)'란 궁극적 표준 곧 태극(太極)이며 형이상의 도(道)인데, '기(氣)'는 음양과 오행으로써 끊임없이 운동 변화하고 있는 형이하(形而下)의 구체적 기물[器]이라고 본 것이다. 여기서 '이기(理氣)'는 수직적 상하관계가 되는 것이다. 주자학은 "본성이 이치이다[性卽理]"라고 주장하여 본성인 본연지성(本然之性)과 기(氣)의 지배를 받는 기질지성(氣質之性)으로 성(性)을 둘로 나누었다. 이에 대하여 양명학은 "마음이 이치이다[心卽理]"라고 역설하여 이기(理氣)는 하나라고 보고 본성[性]과 마음[心]도 하나라고 본 것이다.

주자학은 이(理)와 기(氣), 마음(心)과 본성(性)을 둘로 나누어, 본성은 천리(天理)요 마음은 기(氣)의 작용이라고 보았다[氣之精爽]. 여기서 본성(理)과 마음(氣)은 상하관계가 되는 것이다. 주자학에서 마음은 결코 형이상인 이[理]가 될 수 없다. 그러나 양명학은 이기(理氣)는 물론 마음과 본성을 구분하지 않고 마음이 바로 천리라고 본 것이다. 여기에서 본체[理]와 작용[氣]은 하나가 되는 것이다. 마음이 본체인 동시에 작용인 체용일원(體用一源)의 논리를 가지고 있다.

주자학은 이(理)를 간직하고 살아가는 지도자[兩班 혹은 선비[士]]와 기(氣)에 따라 사는 백성 둘의 관계를 상하(上下)와 본말(本末)로 본 것이다. 이것은 특히 사(士)가 형이상의 근본적인 상위의 지도자인 데 비하여 공상(工商)업은 형이하의 말단적인 직업이라고 본 사민론에서 두드러진다. 이처럼 주자학은 '이(理)'를 궁극적 실재요, 표준[太極]으로 보는 이본론(理本論)의 이학(理學)이다.

이와 달리 양명학은 이기(理氣) 합일론과 도기(道器) 합일론을 주장한다. 그것은 마음에서 이기가 합일되고 도기가 합일되기에 마음[心]을 궁극적 실재요, 표준인 태극(太極)이라고 본다. 이것을 심즉리(心卽理)라고 하는 심본론(心本論)의 심학(心學)이다. '심즉리'는 도덕의지와 도덕법칙의 동일성을 말한 것이며 진실한 도덕실천은 바로 여기에서 나오는 것이다. 심즉리의 마음은 이미 도덕의지요 도덕법칙일 뿐만 아니라 또한 도덕적 정감도 가지고 있다.[27]

왕양명의 심즉리는 이(理)와 기(氣), 도(道)와 기(器)가 서로 나누어지지 않는[不相離] 관계로 본다. 여기에서는 형상(形上)과 형하(形下)의 차별이나 근본과 말단의 구별도 없게 된다. 지도자나 백성 모두가 같은 마음[本心]을 가지고 있으므로 상하의 차별이 생기지 않는다. 벼슬한 공무원[선비]이나 농사짓는 농부나 공장에서 기술을 발휘하는 노동자나, 상품을 유통시키는 상인이나 모두 자기의 맡은바 직분에 충실하면서 남도 속이지 않고 자신도 속이지 않는 마음의 법칙[天理]인 양지에 따라서 일을 하면 누구나 다 성인이 될 수 있다고 알려준다.

마음 그 자체를 천리라고 보는 양명학에서는 심즉리를 주장하였지만 주자학에서는 마음은 내적으로 천리를 간직하고 있는 집 같은 존재인 셈이다. 이 마음속에 내재한 천리[心內有理]를 본성이라고 불렀다. 그래서 성즉리라고 하는 것이다. 주자학에서는 마음을 기준으로 하여 안과 밖이 나뉜다.

주자학은 마음 안에 어떤 것이 있고[心內有物], 어떤 이치가 있는데[心內有理] 마음 안에 있는 천리를 본성이라 하였다. 그리고 마음 밖에도 어떤 것이 있고[心外有物] 어떤 이치가 있다[心外有理]. 마음 밖에 있는 어떤 것을 물(物)이라 하고 어떤 일을 사(事)라고 하였다. 그 물(物)과 사(事) 속에 천리가 내재해 있다고 본 것이다. 인간의 규범 속에 있는 천리를 예(禮)라고 하였다. 인간의 규범[人爲物]과 만물[自然物] 속에 내재한 천리를 찾으려는 것을 격물(格物)이라고 한다. 마음이 본체인 천리라는 점을 주자학에서는 인정하지 않는다. 다만 작용의 측면에서 마음은 지각작용만 할 뿐이라는 것이다.

27　彭國翔,『良知學的展開』, 臺灣: 學生書局, 2003, 29쪽.

그러나 양명학은 마음이 양지 본체인 동시에 지각작용을 하고 있다는 일원적인 생각을 하고 있다. 마음의 본체인 양지는 지각에서 유래되지 않았지만 지각의 방해를 받지 않고 지각과 분리되지 않고 더불어서 함께 작용한다는 것이다. 그러니까 양명학에서의 양지는 본체와 작용이 하나이다[體用一源]. 양명학에서의 마음은 그러므로 본체적인 면에서 그 선험성이 있으며 작용적인 면에서 그 경험성을 동시에 가지고 있다. 따라서 마음은 정태적으로 조용하게 있는 것이 아니라 늘 역동적으로 살아서 움직이고 있다. 그 움직이는 주체를 본체라 하고 그것이 생동적으로 드러나는 것을 작용이라고 한다. 양명학에서의 양지는 바로 역동적인 생명 자체[體]와 그 활동[用]을 말한다. 요약하면 주자학은 마음과 이치[性]를 둘로 나누어 본성이 바로 이치라고 보는데 이것이 성즉리이다. 양명학은 마음과 이치[性]가 서로 떨어질 수 없다고 본 것이다. 이것이 심즉리이다. 이 진술은 도덕규범에 대한 의지의 입법성을 긍정하는 자율도덕의 전형이다.[28] 여기서 도덕의지와 도덕법칙이 하나로 드러나는 것이다.

6. 정리(定理)와 조리(條理)

주자학은 고정불변의 원리인 정리(定理)가 모든 사물의 현상 속에 내재해 있다고 보는 것이다. 주자학은 늘 이원적(二元的)인 사고를 한다. 사물 속에 내재된 필연적 이유[所以然之故]와 당위적 법칙[所當然之則]으로서의 불변의 원리[定理]가 있다는 정리설(定理說)을 인류세계에 적용시키면 문제가 심각해진

---

28 황갑연, 「명대 양명학자 시대정신과 현대 양명학자의 과제에 대한 소고」, 『양명학』 제25호, 2010.

다. 다시 말해 예(禮)가 천리의 화신(化身)인 정리라고 주장하게 되면 전통 윤리의 근간인 삼강오륜과 예에 규정된 세부적인 절차가 모두 고정되어 버리고 만다. 주자의 말을 직접 들어보자.

"무릇 천하의 일에 이(理)가 있지 않은 것이 없다. 군신 된 자에게는 군신의 이가 있고 부자 된 자에게는 부자의 이가 있으며 부부, 형제, 붕우로부터 출입기거와 응사접물에 이르기까지 각각 이가 있지 아니함이 없다. 따라서 그것을 궁구하면 군신의 큰 것에서부터 사물의 미세한 일에 이르기까지 그 까닭[所以然]과 당위[所當然]를 알지 못함이 없다."[29]

주희는 삼강오륜이 이(理)에 바탕을 두고 있으며 일상적인 출입과 기거에도 이치가 있으며 사람을 대접하고 사물에 적용하는 곳에 이르기까지 모두 이치[理]가 주재하고 있다고 하였다. 큰 일, 미세한 일에 이르기까지 모두 필연적인 이치가 있으므로 마땅히 그렇게 해야 정리에 맞는다는 것이다. 이것은 특히 재판과정에서 뚜렷이 드러난다. 주희는 이렇게 말하였다.

"옥의 송사가 있으면 반드시 그 존비, 상하, 장유, 친소의 구분을 논한 다음 그 내용의 자세한 사정[曲直]을 물어야 한다. 만일 아랫사람이 윗사람을 범하고 비천한 자가 존귀한 자를 능멸하였다면 비록 옳았더라도 도와주지 말아야 한다."[30]

---

29 『朱子大全』 卷14: "行宮便殿奏箚二 凡天下之事 莫不有理 爲君臣者 有君臣之理 爲父子者 有父子之理 爲夫婦 爲兄弟 爲朋友 以至於出入起居 應事接物之際 亦莫不各有理焉 有以窮之則自君臣之大以至事物之微 莫不知其所以然與其所當然."

30 『朱子大全』 卷14: 戊申延和奏箚一 "凡有獄訟 必先論其尊卑上下長幼親疎之分 而後聽其曲直之事 凡以下犯上 以卑凌尊者 雖直不佑."

주자는 현실적인 인간관계에는 존비, 상하, 장유, 친소 등의 정해진 신분, 역할[定分]이 있으며 이것이 바로 정리라고 생각하였다. 현상적으로 존재하는 인간관계는 이 정리에 의하여 보장되어야 하고 만일 이에 어긋날 때는 가차 없는 처벌이 내려져야 한다고 하였다. 모두 다 주자학의 이기론의 이원적 사고에서 나온 것이다. 그렇기 때문에 청대의 대진(戴震)은 "이(理)로써 사람을 죽인다[以理殺人]"라고 하였다. 근대 중국의 오함(吳晗)은 '사람을 잡아먹는 예교'라고 비판하였다.

형이상학적 이기론(理氣論)이 주자학의 기본 틀이라면 양명학은 이 틀을 해체하고 마음에다 근본을 두고 시작하였다는 점에서 다르다. 이기의 틀을 해체하였다는 말은 "고정된 이[定理]"를 부정하고 상황에 따라서 알맞게 변화하여 생긴 이(理), 즉 조리(條理)를 중시하였기 때문이기도 하다. 양명에 의하면 이(理)는 기(氣)의 조리이며 '기'는 '이'의 운용이라[31]는 것이다. 조리란 엄격한 틀에 묶인 고정된 법칙[定理]이 아니라 시대 상황에 맞게 생명의 역동성을 바탕으로 전개된 확장된 합리성을 말한다.

주자학에서는 본성이 실체이다. 따라서 마음은 항상 본성[天理]의 지시에 따라야 한다. 마음은 자율적 판단 능력이 없고 본성을 판단 능력의 기준으로 삼는다. 이 본성인 천리가 외재화(外在化)된 것이 예(禮)이다. 이에 따라 마음은 예를 잘 인식하고[格物致知] 이를 잘 지켜야 인욕에 빠지지 않을 수 있다고 주장한다. 예(禮)는 바로 외적으로 정해진 이치[定理]이다. 그러므로 우리는 제사 지낼 때 반드시 정해진 예법에 따라야 한다고 주장한다. 예법은 우리의 행동을 어떻게 해야 할지 알려주는 일종의 지침서[manual]이다.

모든 제도는 인간을 위한 것이다. 시대가 변하면 예법도 때에 맞게 바꾸

---

31 「傳習錄」卷中 答陸原靜書: "理者氣之條理 氣者理之運用 無條理則不能運用 無運用則亦無以見所謂條理者矣."

어야 한다. 마음의 자율성에 의하여 시대에 맞게 드러나는 합리적인 이치[법칙]를 조리(條理)라고 한다.

우리가 이데올로기에 쉽게 빠지는 것도 그것을 절대 변하지 않는 고정된 원리[定理]라고 믿기 때문이다. 나 자신의 양지에 의한 시비(是非), 호오(好惡) 판단을 하기보다도 남이 만들어 놓은 이념[주의, 주장]을 따라가고 그렇지 않은 상대방을 비판한다. 여기서 우리가 고질적으로 겪고 있는 내편 네 편의 갈림이 생기는 것이다. 이 문제를 근본적으로 해결할 수 있는 길은 바로 각자가 자기의 양지[나침판]에 의하여 자율적으로 시비, 호오 판단을 하는 것이다. 이것이 양명학의 가르침이다.

7. 도덕심과 인식심

주자학에서의 심성론은 이기론(理氣論)에서 연역된 것이다. 주자는 마음(心)과 본성(性)뿐 아니라 본성과 정감(情)을 엄격히 구분하였다. 본성(性)은 마음[心]속에 내재한 천리(天理)이지만 마음[心]은 본성(性)과 정감(情)을 동시에 거느리고 있는 기(氣)의 정상(精爽)이다[心統性情]. 따라서 본성은 천리이기 때문에 성즉리(性卽理)라고 말할 수 있지만, 마음(心)은 결코 양명학에서처럼 천리(心卽理)가 될 수 없다.

마음은 정감(情)을 거느리고 있으며 이 정감은 본성이 발현된 것[性發爲情]이다. 정감에는 도덕적 정감인 사단(四端)과 자연적 정감인 칠정(七情)이 있다. 사단은 맹자가 말한 측은(惻隱), 수오(羞惡), 사양(辭讓), 시비(是非) 네 가지이며, 칠정은 기쁨[喜], 성냄[怒], 슬픔[哀], 두려움[懼], 사랑[愛], 미움[惡], 욕심[欲] 일곱 가지를 말한다. 정감을 제어하기 어려운 이유는 정감이 바로 인간의 욕심[人欲]과 함께 나오기 때문이라는 것이다.

주자학에서는 마음이 본성인 천리를 따라가는가 또는 정감의 욕심[돈, 권력, 명예]에 휘둘리는가에 따라서 천리를 따르는 지도자와 욕심의 지배를 받는 소인(小人)의 차별이 생긴다고 본다. 마음은 늘 천리를 따라가야 하는데 기질의 간섭으로 그렇지 못하는 경우가 종종 발생한다.

주자학에서의 마음은 언제나 본성인 천리를 간직하여야 인욕(人欲)에 빠지지 않게 된다. 본업(本業)에 종사하는 지배계층 양반은 이익을 추구하는 상공업 말업(末業)의 유혹에 빠지지 않아야 한다고 간주한 것이다. 이러한 본말론은 상공업에 종사하는 사람들이 자기 직업에 대한 자부심을 잃게 만든 것이 되었다. 따라서 산업 능력의 저하를 낳게 된 것이다.

양명학은 본성과 마음 그리고 정감을 분리시키지 않는다. 심성(心性)이 합일되고 성정(性情)이 합치되어 있다. 따라서 심성정(心性情)은 하나로 되어 있는 것이다. 마음은 옳고 그름[是非]과 좋고 싫음[好惡]을 곧바로[直覺的] 판단할 수 있는 도덕적, 심미적 원리[天理]이므로 심즉리(心卽理)라고 하였다.

주자학에서의 마음은 본성을 자기 안에 내재된 도덕적 원리[天理]로서 갖고 있지만 마음 자체는 천리가 될 수 없다. 마음은 천리인 본성을 잘 지켜 따라가는 타율적인 역할밖에 할 수 없다. 그러나 양명학에서의 마음은 주체적 도덕 원리[天理]에 따라서 자율적으로 시비, 호오 판단을 할 수 있다. 이것을 양지(良知)라고 하였다.

이것은 후천적인 경험에 의하여 얻어진 앎이 아니라 배우지 않고도 할 수 있고[不學而能], 생각하지 않고도 알 수 있는[不慮而知] 양지와 양능, 즉 선천적인 앎을 말한다. 이것은 도덕의 내원이 천리에 있음과 도덕을 알고 실행할 수 있는 능력[양지양능]을 동시에 긍정한 것이기도 하다.

주자학에서는 마음 밖에 어떤 사물이 있고[心外有物, 心外有事] 그 사물 속에 어떤 이치가 있다[心中有理]고 믿었다. 그러므로 마음은 마음 밖의 사물의 이치를 잘 인식하여 외물에 대한 지식을 넓혀야 한다. 이것을 격물치지라고 한다. 주자학에서의 마음은 천리[성]가 아니고 가치중립적 지각능력일 뿐이며[32] 순자(荀子)적인 인식심이 강하다.[33]

그런데 양명학은 맹자(孟子)적인 도덕심이 위주가 되어 있다. 이러한 도덕심을 맹자는 본심이라고 하였고, 양명학에서는 이러한 본심을 천리인 실체로 보았는데 주자학에서는 본심을 천리로 보지 않았다. 그러나 양명학에서는 마음이 바로 천리이므로 마음은 자율적인 도덕 및 심미적 주체이다. 따라서 시비판단과 호오판단을 마음의 양지가 한다.

이러한 마음은 사농공상 모든 백성이 다 가지고 있으며 따라서 자기가 어떤 직업에서 일을 하건 양지인 천리를 실현하기만 하면[致良知] 누구나 다 성인이 될 수 있다고 확신하였다. 주자학은 성인이 되는 길을 선비[士] 위주로 생각하였는데, 양명학은 선비는 물론 농부도 기술자[노동자]도 상인도 모두 평등하게 다 성인이 될 수 있다고 개방한 것이다.

8. 존덕성과 도문학

인간은 이미 완성된 존재가 아니라 그 무엇이 되기 위하여 부단히 자기를

---

32 한동균, 「왕양명 심학연구」, 영남대학교 박사논문, 2008.
33 「순자」「해폐편」: 대체로 그 무엇으로 아는 것은 사람의 본성이다. 알 수 있는 것은 사물의 이치이다[凡以知人之性也 可以知 物之理也].「정명편」 마음에는 경험적인 내용을 점검할 수 있는 앎이 있다[心有徵知].「해폐편」 사람은 어떻게 도를 아는가? 마음이다. 마음은 어떻게 아는가? 텅 비고 한결같게 조용하다는 것이다[人何以知道 曰心 心何以知? 虛壹而靜]. 순자에서의 허는 마음을 텅 비우는 것이 아니라 마음에 이미 들어온 것이 앞으로 들어올 것을 방해하지 않는 개방성을 虛라고 하였다. 이 점에서 노장의 허와 다르다. 정인재「순자의 인식론」 참고. 채인후는 주자의 학설은 순자에 가깝다고 하였다.

초극[Überwindung]해야 하는 존재이다. 신유학은 바로 성인(聖人)이 되려고 자기를 초극하는 것이다. 그렇기 때문에 주자학이나 양명학은 모두 다 성인이 되기 위하여 자기 수양을 하고 공부를 한다. 양자 모두 성인이 되려는 목표는 같다. 그러나 어떻게 성인이 되는가 하는 길[方法]은 서로 달랐다.

주희는 두 가지 방법을 제시하였다. 내적으로 덕성함양을 통하여 본성, 즉 천리를 간직하는 존덕성(尊德性)이며 외적으로 격물치지를 통하여 마음 밖에 있는 도덕원리[心外有理]를 따르는 도문학(道問學)이다. 이것은 성현의 서적을 읽고[讀書] 거기서 간접적으로 성인이 가던 길을 따라가는 것이다. 주희와 육구연이 학술적 차이를 두고 서로 논변을 하였다. 주희는 "육구연이 말한 것은 전적으로 덕성을 높이는 일이고 내가 평소에 논한 것은 묻고 배우는 길을 밟는 문제에 관한 것이 많았다"[34]고 하였다.

이에 대하여 육구연은 "덕성을 높일 줄 모른다면 묻고 배우는 길을 밟는다는 것은 무슨 의미가 있겠는가?"[35]라고 반박하였다. 여기서 주희는 도문학에 더 비중을 두었고 육구연은 존덕성에 중점을 두었음을 알 수 있다. 이러한 문제는 두 사람의 존덕성과 도문학에 대한 이해가 근본적으로 다른 데서 기인한다.

육상산에서 존덕성은 도덕본심을 보존하고 밝혀서 진리를 깨닫는 근본적 방법이고 도문학은 보조적 방법일 뿐이다. 그러나 주자는 도문학이 진리를 인식하는 기본적 방법인 동시에 존덕성을 필수조건으로 삼는다.[36] 그런데 육상산이 보기에 존덕성은 본심을 확립한 뒤에 자연스럽게 진행되는 공부이다. 뿐만 아니라 도문학도 본심을 확립한 사람이어야 비로소 시행할 수

---

34 『朱熹集』 卷54 答項平父: "子靜所說專是尊德性事 而熹平日所論却是道問學上多了."
35 『陸九淵集』 卷34 語錄上: "旣不知尊德性 焉有所謂道問學."
36 田炳述, 「從理學到心學發展看王陽明哲學的特色」, 臺灣 中國文化大學 博士論文, 1995, 84쪽.

있는 공부이다.[37]

양명은 존덕성과 도문학을 두 가지로 나누지 않고 도문학이 바로 존덕성을 하는 방법이라고 하면서 "지금 강습, 토론에 많은 공부를 기울이는 것은 모두 이 마음을 보존하여 그 덕성을 잃지 않게 하려는 것일 뿐이다. 어찌 덕성을 높이는 공부가 그저 높이기만 하고 묻고 배우지는 않는 것이 되겠으며 묻고 배우는 길을 밟는 공부가 그저 묻고 배우기만 하고 덕성과는 아무 관계도 없는 것이겠는가?"[38] 존덕성은 바로 덕성을 발휘하는 것이며 도문학은 덕성을 길러내는 것이다. 왕양명은 어느 한쪽에 치우쳐 공부하지 말 것을 권고 하고 있다.

현대사회에서 우리의 교육은 내적인 도덕적 본성을 높이는 존덕성은 어디서도 가르쳐 주지 않는다. 덕성 상실의 시대가 된 것이다. 다만 외적인 도문학에 중점을 두고 있다. 주자학의 전통이 남아서 서구교육제도를 받아들인 것이다. 이것은 덕성교육[德育]보다는 지성교육[智育]에 치중한다는 말이다. 지육은 객관성 확보를 위하여 시험을 통하여 점수를 매기고 계측가능하기 때문이다. 그러나 그것도 본래적인 의미에서 격물치지나 독서궁리에 의한 도문학이 아니다. 이 시대는 점수에 의하여 서열이 매겨지지 않고 자율적 인격을 도야하는 양지에 의한 덕성교육[尊德性]이 절실히 필요할 때이다.[이 문제는 제10장에서 논한다.]

---

37 高在錫, 「陸九淵 '講明'與 踐履 本義 辨析」, 『陽明學』 第26號, 2010.

38 『傳習錄』 下: "以方問尊德性一條 先生曰 道問學卽所以尊德性也 晦翁言 子靜以尊德性敎人 某敎人豈不是 道問學多了些子 是分尊德性與道問學爲兩件 且如今講習討論下許多工夫 無非只是存此心 不失其德性而 已 豈有尊德性只空空去尊 更不去問學? 問學只是空空去問學 更與德性無關涉?"

9. 거경(居敬)과 성의(誠意)

주자학의 공부방법이 안팎 두 가지임을 위에서 살펴보았는데 마음의 움직임과 조용함을 관통하는 공부가 바로 거경(居敬)이라는 것이다. 이에 대하여 양명은 성의(誠意) 공부를 강조하였다.

주자는 경(敬)에 대하여 "성현의 학문은 철두철미 하나의 경(敬)자뿐이다. 지식을 넓히는 것[致知]은 '경'으로 치지하는 것이며 힘써 행하는 것[力行]은 '경'으로 실행한다"[39]라고 하여 성학(聖學)의 실천이 '경' 공부에 있음을 강조하였다.

따라서 거경은 도덕수양의 근본이며 성문(聖門)의 강령이며 치지, 역행, 함양, 성찰 등을 관통하는 도덕수양 방법의 기본이다.[40] 주자에 의하면 '경'은 '마음을 한곳에 쏟아 다른 곳으로 감이 없는 주일무적(主一無適)'이라고 한다[41]는 것이다. "한곳에 쏟는다[主一]는 것은 단지 '한곳에 오로지 마음을 두는' 전일(專一)이다. 대체로 일이 없을 때는 깊게 안정하여 움직임[動]을 겁내지 않고, 일이 있으면 일에 따라서 응하고 변하여 그에게 미치지 아니하는데 이것은 일을 주재한다는 것이요 행위하는 까닭은 '한곳에 쏟는 것[主一]'이다."[42]

양명은 거경의 주일(主一)공부가 천리임을 분명히 밝히고 거경과 궁리가 두 가지 공부가 아님을 분명히 말하였다. 그리고 성의 공부에 더 중점을 두었다. 왕양명은 채희연(蔡希淵)이 주자의 대학 신본에서 격물치지를 앞에 두

---

39 『朱熹集』 50 答程正思: "聖賢之學 徹頭徹尾 只是一個敬字 致知者 以敬而致知也 力行者 以敬而行之也."
40 유명종, 『주희의 인간과 사상』, 부산 동아대학교 석당전통문화원, 2000, 232-233쪽.
41 朱熹, 『論語集註』 1: "敬者 主一無適之謂."
42 『朱熹集』 48答: "呂子約 主一 只是專一 蓋無事時 則湛然安定而無驚動 有事 則隨事應變而不及乎他 是所謂主事者 乃所以爲主一者也."

고 성의를 뒤에 두어 공부가 처음 장[首章]의 차례와 합치되는 것 같은데 선생님처럼 구본을 따르면 성의가 도리어 격물치지 앞에 있게 되니 이 부분은 여전히 석연하지 않다고 한 데 대하여 이렇게 말하였다.

> "대학의 공부는 명덕을 밝히는 것인데 명덕을 밝히는 것은 단지 성의이며 성의 공부는 격물치지일 뿐이다. 성의를 중심에 두고 격물치지의 공부를 하면 공부는 손을 댈 수가 있다. 만일 신본의 체계처럼 사물의 이치를 먼저 궁구하려고 하면 아득하여 손댈 곳이 없어서 경(敬) 자를 첨가해야만 겨우 몸과 마음의 영역으로 끌어올 수 있다. 그러나 결국 근원이 없다. 반드시 경(敬)자를 첨가해야만 한다면 왜 공문(孔文)에서는 가장 긴요한 한 글자를 빠트린 채 천여 년 뒤의 사람이 보충해 주기만 기다렸겠는가? 성의를 중심에 두면 '경'자를 첨가하지 않아도 되기 때문에 성의를 거론하여 논의를 폈던 것이다. 이것이 바로 학문의 요체이다. … 대학의 공부는 오직 성의일 뿐이며 성의의 궁극은 지선(至善)이다."[43]

양명은 분명히 대학의 공부는 성의를 중심으로 전개된 것이지 결코 격물치지가 아니라고 하였다. 격물치지는 원래 전(傳)이 없었는데 주자가 대학 신본을 만들면서 이를 보충하여 보전을 만들었다. 여기서 주자는 격물치지를 위하여 거경 궁리공부를 강조한 것이다. 그렇다면 공자의 문하에는 거경 궁리를 하는 경 공부가 애초에 없었던 것이라면 반드시 주자의 설에 따라야

---

43 「傳習錄」上: "大學工夫卽是明明德 明明德只是個誠意 誠意工夫只是格物致知 若以誠意爲主去用格物致知的工夫 卽工夫始有下落 如新本先去窮格事物之理 卽茫茫蕩蕩都無着落處 須用添個敬字方才牽시得向身心上來 然終是沒根源 若須用添個敬字緣何孔門倒將一個最緊要的字落了 直待千餘年後要人來補出? 正謂以誠意爲主卽不須添敬字 所以提出個誠意來說 正是學問的大頭腦處 … 大學工夫只是誠意 誠意之極便是至善."

할 필요가 없다고 생각하여 대학구본을 그대로 따랐던 것이다.

양명은 "격물은 성의 공부이고 명선(明善)은 성신(誠身)공부이며 궁리(窮理)는 진성(盡性)의 공부이고 도문학은 존덕성의 공부이며 박문(博文)은 약례(約禮)의 공부이고 유정(惟精)은 유일(惟一)의 공부이다"[44]라고 하였다. 격물은 성의 공부를 위한 수단에 지나지 않는다는 말이다. 결코 주도적인 공부가 될수 없다는 말이기도 하다. 왕양명의 초기 공부론은 주로 '성의설'을 중심으로 전개된다. 따라서 '의'는 일찍부터 그의 철학의 중심에 있었다. 물론 후기에 '치양지'로 옮겨 가지만 양지 역시 의(意)의 본체라는 점에서 여전히 '의'의 위상은 흔들리지 않았다.[45]

10. 본성[性體]과 본심[心體] 그리고 정감

주희가 본성을 중시한 데 대하여 양명은 본심을 강조하였다. 전자를 성체(性體)라 하고 후자를 심체(心體)라고 한다. 양명은 '성인의 학문은 심학이다 [聖人之學 心學也]'라고 말하였다. 양명이 말하는 마음[心]은 그 함의가 비교적 넓어 지각, 사유, 정감, 의향 등을 가리킨다.[46] 양명은 본원인 심체에서 공부를 해야 한다고 주장하였다. 마음을 본체, 즉 심체로 본 점에서 주자의 관점과 다르다.

주자는 본성을 본체로 보고 마음을 작용으로만 간주하였다. 그것은 본성은 이(理)인데 마음은 어디까지나 기(氣)일 뿐이라고 생각하였기 때문이다.

---

44 「傳習錄」上: "格物是誠意的工夫 明善是誠身的工夫 窮理是盡性的工夫 道文學是尊德性的工夫 博文是約禮的工夫 惟精是惟一的工夫."

45 정지욱, 「양명학에서의 의(意)」, 「양명학」 제20호, 2008.

46 楊國榮, 「良知與心體」, 臺北: 紅葉文化事業社, 1999, 81쪽.

이에 대하여 양명은 마음과 '천리'를 연결시켜 '심즉리'를 주장하고 이 마음을 심체라고 하였다.

양명은 마음이 단지 보고 듣고 말하고 움직이는 신체적인 면[一團血肉]을 가리킬 뿐만 아니라 그렇게 할 수 있는 살아 있는 주체인 본성을 천리라고 하였다. 이것이 바로 심체이다. 마음은 하늘에서 얻은 선천성과 동시에 하늘과 인간의 사이가 없고[天人無間] 고금이 없는[無分古今] 시공을 초월한 보편적 필연성을 갖게 되어 그 경험적 신체[일단혈육]를 초월하게 되었다. 뿐만 아니라 마음[心體]은 도덕실천의 입법자인 동시에 주재자(主宰者)이기도 하다. 양명은 "그 엉겨 모인 것[凝聚]의 주재로 말하면 그것을 마음이라 한다"[47]고 하여 분명히 마음의 주재성을 언급하였다.

주자학은 마음의 주재성과 법칙성[天理]을 언급하지 않는다. 오히려 마음 속에 이치[본성]를 세워서 마음의 능동적 주재성 자율성을 부정해 버린다. 그리고 마음을 본성으로 변화시키고[化心爲性] 그 정감을 본성으로 만들어[性其情] 보려고 한다. 마음과 정감은 결코 주체가 될 수 없기 때문에 마음과 정감을 본성으로 변화시켜야 비로소 주체가 된다고 보았다. 주자학에서는 마음 속에 있는 이치, 즉 본성만을 도덕의 주체로 보았다. 그런데 양명은 마음속에 있는 이치[心內有理]를 찾으려고 한다면 그것은 오히려 이치의 걸림돌[理障]이라고[48] 비판하였다.

주자학에서는 본성과 정감은 나누어져 있는 데 반해 양명학에서는 본심과 정감을 나누지 않는다. 양명의 마음과 정감의 문제를 살펴보기에 앞서 먼저 마음과 몸의 관계를 알아보자. 양명은 "귀, 눈, 입, 코, 팔, 다리는 몸이다. 마음이 아니면 어떻게 보고 듣고 말하고 움직일 수 있겠는가? 마음이 보

---

47 『傳習錄』中: "以其凝聚之主宰而言 則謂之心."
48 『傳習錄』下 答陳九川: "爾却去心上尋個天理 此正所謂理障."

고 듣고 말하고 움직이고 싶어도 귀, 눈, 코, 입, 팔다리가 없으면 역시 할 수 없다. 그러므로 마음이 없으면 몸이 없고 몸이 없으면 마음이 없다"[49]고 말하였다. 이렇게 그는 마음과 몸이 분리되어 있지 않는 심신미분설(心身未分說)을 주장하였다.

왕양명은 마음과 정감의 관계 역시 마음과 몸처럼 미분(未分)된 것이라고 보았다. 양명은 "기쁨, 노함, 슬픔, 두려움, 사랑함, 싫어함, 욕구를 일곱 가지 정감[七情]이라고 한다. 일곱 가지는 모두 다 인간의 마음이 합하여 가지고 있는[合有] 것이다."[50] '합유(合有)'라는 말은 마음과 칠정이 미분된 것임을 분명히 한 대목이다. 그리고 즐거움[樂]은 마음의 본체라고 말하였다.

이 즐거움은 마음의 심미적 정감의 주체이다. 성현의 참된 즐거움의 모델을 찾는다면 곤궁한 가운데서도 그 즐거움을 잃지 않았던 안자(顔子)라고 할 수 있을 것이다.

우리는 타인의 고통을 외면하지 않는다. 그래서 양명은 "마음은 하나일 뿐이다. 그 전체가 불쌍히 여기고 아파하는 것으로 말하면 사랑[仁]이라고 하고 그것이 마땅함을 얻은 것으로 말하면 올바름[義]이라고 한다. 그 조리(條理)로 말하면 이치[理]라고 한다."[51] 이것은 마음이 도덕적 주체요 이치임을 밝힌 것이다. 이것으로 양지인 심체는 인의(仁義)의 도덕주체인 동시에 즐거움[眞樂]의 심미주체라는 것을 알 수 있다.

이 차이점들을 도표로 나타내면 다음과 같다.

---

49 『王陽明全集』: "耳目口鼻四肢 身也 非心安能視聽言動? 心欲視聽言動 無耳目口鼻四肢亦不能 故無心則 無身 無身則無心."

50 『王陽明全集』: "喜怒哀懼愛惡欲 謂之七情 七者俱是人心合有的."

51 『王陽明全集』: "心一而已 以其全體惻怛而言謂之仁 以其得宜而言謂之意 以其條理而言謂之理."

	주자학	양명학
1	성즉리(性卽理)	심즉리(心卽理)
2	심외유물(心外有物), 심외유리(心外有理), 심내유리(心內有理)	심외무물(心外無物), 심외무리(心外無理), 심내무리(心內無理)
3	격물치지(格物致知)	치양지(致良知)
4	물(物)=정태적(靜態的), 書 자체가 一物	사(事)=역동적(力動的)=독서(讀書)가 一物
5	치지(致知)=대상적 지식=~을 아는 것	치지(致知)=행위를 수반하는 양지의 실현, ○○을 할 줄 아는 것
6	이본론(理本論) 성체(性體)=理=태극	심본론(心本論) 심체(心體)=理=태극
7	도문학(道問學) 중심의 존덕성	존덕성(尊德性)과 도문학의 합일
8	거경(居敬) 공부	성의(誠意) 공부
9	독서궁리(讀書窮理)	사상마련(事上磨鍊)
10	지선행후(知先行後) 행중지경(行重知輕), 지행병진(知行竝進)	지행합일(知行合一) 양지에 의한 행위
11	신민(新民)=엘리트 중심, 서원교육을 통한 선비정신	친민(親民)=天地萬物一體, 백성[民]이 주체가 됨, 민간 강학[태주학파]
12	이학동도(異學同道)	이업동도(異業同道)
13	심통성정(心統性情)	심성정(心性情)의 합일
14	인식심(認識心)	덕성심(德性心)
15	미발 함양과 이발 성찰	체용일원에서 미발 이발은 하나
16	정치지향적 관학, 국가주의 군주를 얻어 도를 행하는 득군행도(得君行道)	사회지향적 민학 공동체주의 백성을 깨우쳐 도를 행한다. 각민행도(覺民行道)
17	이원론(二元論), 이기(理氣), 심성(心性), 心理, 心物의 분리	일원론(一元論), 理氣, 心性, 心理, 心物, 합일
18	습심(習心)=경험을 통하여 생긴 마음. 본심을 부정	본심(本心)=실심(實心) 타고날 때부터 가지고 있는 마음
19	마음이 여러 이치를 갖추고 온갖 일에 응한다. 具衆理而應萬事	마음에 여러 이치가 갖추어져 있어 온갖 일이 나온다. 衆理具而萬事出

20	주지주의적 덕성=오성판단	정감주의적 덕성=심미적 판단
21	본성=성체(性體)	본심=심체(心體)
22	양지-훌륭한[良]지각[知] 마음의 작용	양지=천리-도덕적 원리 마음의 본체
23	유일중심주의[Uni-Centrism]	만유중심주의[Omni-Centrism]
24	정리(定理)	조리(條理)
25	격물, 치지, 정심, 성의는 차례로 공부해야	격물, 치지, 성의, 정심은 하나의 공부 성의에서 치양지의 공부로
26	알맞음[中]과 어울림[和]은 두 가지 공부, 치중과 치화는 별개의 공부	알맞음과 어울림은 한 가지 공부, 치중화는 바로 치양지 공부
27	계신공구와 신독은 두 가지 공부	계신공구와 신독은 하나의 공부
28	천지위(天地位)와 만물육(萬物育)은 두 가지	천지위와 만물육은 하나
29	유정(惟精)과 유일은 두 가지	유정과 유일은 하나
30	인심과 도심은 두 마음	인심과 도심은 하나의 마음
31	대본과 달도는 두 경계	대본과 달도는 한 가지
32	수도지교(修道之敎)는 성인의 일	수도지교(修道之敎)는 모든 사람의 일

제 **4** 강

—

격물치지란 무엇인가?

제4강에서는 주자학의 격물치지(格物致知)를 먼저 소개하고 왕양명의 격물치지 공부에 대한 실험[格竹]과 그에 대한 회의(懷疑)를 언급한다. 그다음 37세에 용장(龍場)에 유배 가서 심즉리에 대한 깨달음을 설명한다. 그리고 주희의 격물치지에 대한 비판과 양명의 새로운 해석을 밝힌다. 주자의 격물치지는 외물과 그 이치에 대한 탐구를 위하여 물에 다가가서 이치를 캐묻는 것[卽物窮理]이다. 이에 반하여 양명학의 격물치지에 대한 새로운 해석은 물(物)이란 생활 속에서 일어나는 일[事]이며 격이란 잘못된 일을 바로잡아 바른 데로 돌리는 것이고 치지는 양지를 실현하는 것[致良知]이다.

격물치지란 성인이 되기 위한 공부에서 나온 것이며 도덕적 이성을 발휘하는 공부론이기도 하다. 도덕적 이성은 도구적 이성과 차원을 달리한다. 주자학의 격물치지 공부가 외적인 데 치우친 데 비하여 양명학은 이것을 참된 내적인 공부로 전환시켰다. 마지막으로 격물치지에 대한 담감천과 나흠순의 견해가 어떻게 양명과 다른지도 알아본다.

1. 들어가기

우리 생활과 직결되는 금융 문제에서 신용 사회를 송두리째 망가트리는 저축은행[2010]과 동양그룹의 사기성 기업어음 발행 사건[2013]은 우리 마음을 편치 않게 한다. 금융기관과 기업은 계산을 잘하고 회계의 능력을 잘 발휘하는 사람들이 일하는 곳이다. 그곳에서 종사하는 사람들은 은행의 BIS

비율이 어떻다느니 보통 사람이 들어서는 알 수 없는 이야기를 한다. 그것들은 모두 수학적 회계 능력이 없으면 이해도 되지 않는다. 수학은 매우 추상적이지만 고도로 우리의 순수한 이성적 능력을 훈련시켜 준다.

그런데 우리의 순수한 이성이 분식회계를 하는 사리사욕에 노예가 되면 그것은 곧장 도구적 이성이 되어 버린다. 이렇게 도구로 사용되는 이성은 인간을 불신의 지옥으로 떨어트릴 뿐이다.

그러면 이성이 모두 도구적인 것뿐인가? 결코 그렇지 않다. 도덕적 이성도 있다. 양명학에서는 이것을 덕성(德性)이라고 불렀다. 그 자체가 덕성이면서 그것이 제 역할을 하는 것이 양지(良知)이다. 양지는 우리가 알고 있는 양심(良心)과 같은 말이다. 양심 그 자체를 아는[知] 것이 양지이다.

이 마음에 따라서 사람답게 반듯하게 살아야 참된 사람이라고 하는 조상들의 교훈은 오늘날 재음미해 볼 필요가 있다. 조상들이 가졌던 삶의 목표는 뚜렷하였다. 그것은 바로 덕성을 부단히 닦아 성숙한 인격을 가진 사람[聖人]이 되는 것이다. 성인이 되지 못하면 현인이 되고 그렇지도 못할 경우는 군자(君子)가 되어 자기보다 남을 우선 배려하는 마음을 가지려고 공부하고 수양하였던 것이다.

그렇기 때문에 자기 이익만을 챙기는 소인(小人)으로 일컬어지는 것을 매우 부끄럽게 생각하였다. 조선시대 동서 붕당의 원인이 바로 상대를 소인으로 부른 데 있었던 것을 보면 알 수 있다. 소인은 도덕적 인격을 도야하는 덕성의 공부가 되지 않은 덜된 인간을 가리키는 말이기 때문이다.

오늘날의 공부는 그 의미가 변질되어 영어 단어 좀 더 많이 외우고 수학 문제 잘 풀고 논술 문제 잘 정리하는 외형적인 데 중점을 두고 있다. 우리 교육은 인간을 외면적인 목표 달성에 주력하면서 실속이 없는 빈껍데기를 만들어 내고 있다. 공부의 본래 의미는 자신의 내면을 쉬지 않고 닦아 나가는 것을 말하였다. 양명학은 주자학의 격물치지 공부가 외면에 치우칠 우려가 있음을 비판하고 내면의 마음공부에 중점을 둔 것이다.

2. 주자의 격물치지(格物致知) 해석에 대한 양명의 회의(懷疑)

신유학에서 공부를 한다는 것은 남에게 보여주기 위한 업적 위주의 학문[爲人之學]이 아니라 자기의 훌륭한 인격 완성을 위한 학문으로서의 위기지학(爲己之學)[01]을 삶의 목표로 삼는다. 그것은 인간을 미완성의 존재로 보기 때문이다. 그 완성의 최고 목표가 바로 성인이 되는 것이다.

왕양명은 18세 때 주자학자 일재(一齋) 누량(婁諒: 오여필의 제자)으로부터 공부하여 성인이 되는 길에 대하여 들었다. 그 내용은 주자학의 격물치지설(格物致知說)이었다. 이 용어는 일반인들에게는 다소 낯선 낱말이다. 중국에 서양의 과학[science]이 처음 도입되었을 때 이것을 격치학(格致學)이라고 부른 것을 보면 그 의미를 짐작할 수 있을 것이다.[02] 과학은 인간의 알고 싶어하는 본성에서 나온 산물이다.

우리는 무엇이든지 알고 싶어 한다. 우리가 새로운 소식을 알고 싶은 데서 TV를 켜고 신문을 본다. 9.0의 지진이 발생하여 쓰나미가 일본 동부 해안

---

01 주희와 여조겸(呂祖謙)이 펴낸 『근사록』 제2권 14條目에 "古之學者爲己 欲得之于己也 今之學者爲人 亦見 之于人也"라 하여 위기지학과 위인지학을 구분하고 있다. 양명학은 주자학보다 더 위기지학에 중점을 두었다.

02 명대 과학자 서광계(1562-1633)가 '격물궁리지학(格物窮理之學)'이라는 개념을 제출하였다. 이것이 '격치학(格致學)'으로 변했는데 서양과학을 가리키는 말이 되었다. 19세기 후반 서양과학이 대규모로 중국에 들어 왔다. 이 시기에 서양과학의 저작들이 나왔는데 모두 '격치'라는 말을 사용하였다. 선교사 정위량(丁韙良)이 편역한 것으로 『격치입문』이 있고 과학통론에 해당하는 저작들이 있는데 예를 들면 『격치계몽(啓蒙)』, 『격치 소인(小引)』, 『격물탐원(格物探原)』, 『격치신기(新機)』, 『격치수지(須知)』, 『격치약론(略論)』, 『격치석기(釋器)』 등이 있었다[董光璧, 中國近現代科學技術史論綱].

을 덮친 뉴스를 보고 깜짝 놀라는 동시에 그 일어난 현상뿐 아니라 그 원인이 무엇인지 알고 싶어 한다. 이와 같이 사람은 무엇이든 알지 않으면 못 견디는 본성이 있다. 특히 어린이들은 무엇이든지 알고 싶어 한다. 말문이 터지자마자 아이들은 이게 무어야 저게 무어야 질문이 계속된다. 아이들이 철학자라는 말이 있다. 철학에서는 해답보다 물음이 더 귀중하다. 그런데 어른들은 이것을 귀찮아하고 그런 본성을 막아 버린다. 그렇게 되면 아이의 창의성이 사라져 버린다.

서양의 학문은 바로 이러한 물음에서 시작된 것이다. 서양철학의 비조라고 하는 탈레스는 우주의 근원[arche]을 알기 위하여 하늘의 별만 보고 걷다가 시궁창에 빠진 적이 있다고 한다. 서양은 "○○란 무엇인가?(What is x?)"의 질문에 익숙하여 있다. 우리는 겉으로 나타나는 것, 즉 현상뿐만 아니라 그 뒤에 있는 원인과 그 까닭을 알고 싶어 한다.

격물(格物)의 물(物)은 가리키는 범위가 매우 넓다. 우리가 밖에 나가 산책을 할 때 보이는 가로수, 하늘에 떠 있는 구름 이러한 것들은 자연물이고 우리가 컴퓨터 모니터를 켜면 나타난 것이 가상물이다. 자연적이든 인공적이든 모두 우리의 눈앞에 보이는 것이 다 물(物)이다. 현실 세계나 가상 세계의 모든 대상은 다 물이며 그 행위도 물이다. 그리고 보이지 않는 상상(想像)도 어떤 아이디어도 하나의 물이다. 우리말의 … '것'이 바로 한문의 물(物)에 해당한다. 예를 들면 노자의 도지위물(道之爲物)을 도의 물건 됨이라고 번역하면 무슨 말인지 모른다. 그것은 '도라는 것'은 이라 하면 알아들을 수 있다. 이때의 '물'은 '것'에 해당한다.

격(格)이란 이르다(至)와 바로잡다(正)라는 두 가지 의미를 가지고 있다. 그러니까 '격물'이란 우리 마음 밖의 자연물, 인위물[制度] 등을 보고 연구[格]하는 것일 뿐만 아니라 우리 마음 안의 잘못된 생각을 바로잡는 것을 의미한다. 전자는 우리 마음의 빛을 밖으로 향하여 외물을 탐구하는 것이요 후자는 밖으로 향했던 우리 마음의 빛을 안으로 되돌려 비추는 것이다. 이것을 회광반조(回光返照)라고 한다. 그렇게 되면 비추는 마음 그 자체인 본체를 알게 된다. 모종삼은 이것을 역각체증(逆覺體證)이라고 불렀다.

결론부터 말하자면 전자는 주자의 격물설이고 후자는 왕양명의 격물설이다. 다시 말해 외물의 고정된 이치[定理]를 연구하는 것이 주자학의 격물설이라면 마음의 본체[良知]가 외물에 실현되는 조리(條理)를 중시하는 것이 양명학의 격물설이다. 격물설을 서양의 물리학과 비교해보면 주자의 것은 이미 정해진 물리(物理)는 변할 수 없다는 뉴턴 고전 물리학의 사고방식과 유사하고 관찰자의 관점에 따라서 대상이 달리 보일 수도 있다는 양자역학은 양명학의 해석방식과 비슷하다고 할 수 있을 것이다.[03]

양자물리는 현실[Wirklichkeit]은 결코 그것의 관찰자 밖에 독립적으로 존재하는 것이 아니다. 예를 들면 저명한 쌍봉(雙縫)실험은 바로 의식과 물질이 실제적으로 하나의 정체(整體)임을 증명하였다. 하나의 전자[電子 혹은 그보다 더 큰 입자] 자신이 처한 위치가 사람들이 느끼는 것처럼 어느 한곳에 고정되어 있지 않다. 그것이 처한 위치는 단지 측량되거나 관찰되는 행위 과정 중에 있을 뿐이다. 이것은 왕양명 철학에서 깨달은 것이기도 하다.[04]

격물치지는 서양처럼 자연과학을 연구하는 방법이 아니라 지극히 인문학적 자기 수양[Bildung]을 위한 방법이었다. 그것은 성숙한 인격을 완성하는 공부, 즉 성인이 되기 위한 공부였다.

그러면 격물치지란 무엇인가? 이 말은 『대학』에 처음 나온다. 대학의 문

---

03 하이젠베르크 지음, 김용준 옮김, 『부분과 전체』, 서울: 지식산업사, 1982: "현대원자물리학은 철학적이며 윤리적이고 정치적인 문제에 이르기까지 새로운 문제점을 던지고 있다는 사실을 간과할 수 없습니다." 참고.

04 大衛 巴拓識, 從量子物理學看王陽明哲學, 陽明學派國際學術大會 論文集, 2009, 中國 杭州, 13쪽.

구는 이렇게 되어 있다.

"옛날에 명덕을 천하에 밝히려는 사람은 먼저 그 나라를 다스리고 나라를 다
스리려고 하는 사람은 먼저 그 가정을 가지런히 하고 그 가정을 가지런히 하
려는 사람은 먼저 그 자신을 닦고 그 자신을 닦으려고 하는 사람은 먼저 그
마음을 바르게 하고 그 마음을 바르게 하려는 사람은 먼저 그 의지를 참되게
하고 그 의지를 참되게 하려는 사람은 먼저 그 앎을 실현하고[또는 넓히고] 그
앎을 실현하는[넓히는] 데는 일[物]을 바로잡는 데[또는 연구하는 데] 있다[致知
在格物]."[05]

자기 자신의 덕성을 밝히는 일[明明德]은 끝에 가면 격물치지를 해야 된다
는 것이다. 주자는 『대학』을 매우 중시하여 죽기 이틀 전까지 그[격물치지] 문
구를 손질하였다고 한다. 주자는 『대학』을 "초학자들이 덕의 문에 들어가는
문[初學入德之門]"이라 하여 덕의 입문서라 생각하였다. 그는 『대학』의 장구를
나누어 앞의 7단락은 증자(曾子)가 공자의 말씀을 기록한 경(經)이며 그 나머
지 10장은 문인이 증자의 뜻을 기록한 전(傳)이라고 보았다.
　그리고 경(經) 부분의 삼강령(三綱領) 중에서 친민(親民)을 신민(新民)으로
개정하였을 뿐만 아니라 '경'을 해설한 팔조목(八條目) 중에서 격물치지에 대
한 전(傳)이 없어졌다고 하여 이를 스스로 만들어서 보충하였다. 이를 보망
장(補亡章)이라고 하는데 여기서 주자는 이렇게 말하였다.

"이른바 지식을 넓히는 것이 사물을 연구하는 데 있다는 것은 나의 지식을

05　大學: "古之欲明明德于天下者 先治其國 欲治其國者 先齊其家 欲齊其家者 先修其身 欲修其身者 先正其
　　心 欲正其心者 先誠其意 欲誠其意者 先致其知 致知在格物."

넓히려고 하면 사물에 다가가서 그 이치[理]를 끝까지 캐묻는 데 있음을 말한다. 대개 인간 마음의 영특함은 지각[知]을 가지고 있지 않음이 없고 천하의 사물은 이치[理]를 가지고 있지 않음이 없다. … 힘을 씀이 오래되어 어느 날 하루아침에 환하게 툭 트이어 관통함에 이르면 많은 사물의 외면[表]과 이면[裏] 자세함[精]과 대강[粗]이 내 마음에 이르지 아니함이 없고 내 마음의 온전한 본체와 큰 작용이 밝혀지지 않음이 없을 것이다. 이것을 일러 사물의 [이치가] 궁구[格]되었다고 하는 것이며 이것을 일러 지각의 지극함이라 하는 것이다."06

우리의 앎의 문제를 다루는 철학 분야가 바로 인식론이라고 한다. 격물치지설은 주자의 인식론의 핵심이다. 주자는 분명하게 알아내는 주관[人心之靈]과 알려지는 대상[天下之物]을 구분하였다. 인간 마음의 영특한 지각 능력으로 천하 사물의 이치를 끝까지 캐물어 간다. 이러한 과정을 오래 거듭하게 되면 어느 날 갑자기 사물에 대한 현상[表]과 본질[裏], 상세한 내용[精]과 그 전체 대강[粗]을 환히 알 수 있다는 것이다. 이것을 활연관통(豁然貫通)이라 하는데 이때에는 나의 주관과 외부의 대상이 하나가 되는 것을 말한다.

여기서 인식 주관인 마음의 영특한 지각 능력과 인식 대상인 천하 사물의 이치[理]가 무엇인지 살펴볼 필요가 있다. 지각[知]이 마음 밖의 사물의 이치[理]를 캐묻는다[窮]. 이것을 궁리(窮理)라고 한다. 그것은 마음이 사물에 다가가서[卽物] 그 사물 속에 있는 이치를 캐물어 그 이치를 알아내는 즉물궁리(卽物窮理)이다. 격물은 인식주체가 사물의 이치를 찾아내는 것[窮理]을 말하

---

06 朱熹, 「大學章句」 第5章, 釋義: "蓋釋格物 致知之義 而今亡矣 … 所謂致知在格物者 言欲致吾之知 在卽物而窮其理也 蓋人心之靈莫不有知 已天下之物莫不有理 惟于理有未窮 故其知有不盡也 是以「大學」始敎 必使學者卽凡天下之物 莫不因其已知之理而益窮之 以求至乎其極 至于用力之久 而一旦豁然貫通 則衆物之表裏精粗無不到 而吾心之全體大用無不明矣 所謂物格 此謂知之至也."

고, 치지(致知)의 지(知)는 지식을 말하고 치(致)는 넓히는 것이다. 사물 속에 가지고 있는 이치를 캐물어서 끝까지 알아내어 사물에 대한 지식을 넓힌다는 말이다.

주자는 사람뿐만 아니라 동물 그리고 "한 포기 풀, 한 그루 나무도 모두 이치[理]를 가지고 있다"[07]고 생각하였다. 주자학의 격물치지는 사물, 사물이 가지고 있는 이치를 캐물어 그것을 알아서 지식을 넓히는 것이다. 사물의 이치는 그렇게 쉽게 알려지지 않고 부단하게 귀납적 연구를 거듭하여 쌓였을 때 비로소 비약적 깨달음이 가능한데, 이런 비약을 주자는 활연관통이라고 하였다.

중국이 서양과학[science]을 처음 받아들였을 때 앞서 언급한 것처럼 격치학(格致學)이라 불렀다. 명대 과학자 서광계(徐光啓: 1562~1633)는 중국에 서양과학이 들어왔을 때 '격물궁리지학'이라고 하였다. 뒤에 이것은 '격치학'으로 불리게 되었으며 서양과학 혹은 과학이라는 개념으로 바뀌었다. 외물의 이치를 탐구하는 격물치지의 방법은 과학적 방법과 매우 유사성이 있음을 알 수 있다. 그런데 왜 중국에는 서양과학과 같은 것이 없었을까?[Why China has no science?]를 물은 것은 5.4 운동 때 후스[胡適]에 이르러서였다.

주자학의 이치[理]는 만물의 존재 이유를 묻는 것[所以然之故]과 윤리적으로 마땅히 따라야 하는 법칙[所當然之則]이 있다고 보았다. 이렇게 이(理)는 존재[sein]와 당위[sollen], 즉 물리[physis]와 윤리[nomos]가 하나로 되어 있는 것이다. 주자학은 주로 후자, 즉 윤리 문제에 더 중요성을 부여하였다. 외재적인 물(物)은 인간관계에서 생긴 일[事]들이고 그 일들을 규칙 있게 만든 것이 바로 예(禮)인 것이다. 주자학에서는 이것을 정해진 이치[定理]라고 본 것이다.

---

07 黎靖德 編, 『朱子語類』 卷18, 北京: 中華書局, 1986: 一草一木 皆有理.

그런데 서양의 과학[science]은 만물의 까닭[所以然]만을 묻고 당위[所當然]는 거기에 끼어들지 못하게 하였다[value free: 沒價値]. 여기서 서양의 학문[science]은 소당연의 덕성이 결여된 순수한 이성을 과학기술에 응용하여 근대화에 성공한 것이라고 생각한다. 예를 들면 핵 기술은 과학자의 순수한 그러한 까닭을 물어서[所以然之故] 얻은 물리적 사고의 산물이다. 그것을 어떻게 사용하느냐 하는 것은 마땅히 그렇게 해야 하는 당위[所當然之則]의 윤리적 문제인 것이다.

　주자학에서 이치는 존재[물리]와 당위[윤리]가 하나로 되어 있다. 주자는 이치를 연구하여 지식을 넓히는 것, 즉 '격물치지'에 의하여 인간은 누구나 성인이 될 수 있다고 가르쳤다. 명대의 주자학자 누량(婁諒)은 이것을 왕양명에게 알려주었다. 양명은 주자의 풀 한 포기, 나무 한 그루[자연물]에도 이치가 있다는 가르침을 그대로 믿고 격물치지를 실행하려고 하였다. 그가 21세 때에 대나무를 연구[格竹]하다가 병이 나서 그만 둔 이야기는 너무나 유명한 일화이다.

　양명은 경사(京師)에서 아버지[용산공]를 모시고 주자의 저서를 두루 구하여 읽었다. 어느 날 주자가 모든 물건에는 반드시 현상[表]과 본질[裏], 자세한 내용[精]과 대강[粗; outline]이 있으며 풀 한 포기, 나무 한 그루도 모두 지극한 이치[至理]를 함유하고 있다고 주장한 것이 생각이 났다. 관서 중 대나무가 많았다. 바로 대나무를 취하여 그것을 연구[格]하고 깊이 생각하였으나 그 이치[理]는 얻지 못하였다. 마침내 질병이 걸렸다[08]고 한다. 격죽(格竹)에 대한 이야기는 『전습록』에 자세히 나오는데 다음과 같다.

---

08 『왕양명전집』 권32, 1228쪽.

"여러 사람들은 격물의 방법을 주자의 설명에 의존해야 한다고 단지 말만 하였을 뿐이다. 어느 누가 그의 말을 실행해 본 적이 있었던가? 나는 착실하게 실행해 본 적이 있다. 젊어서 전(錢)이라는 친우와 성현이 되는 것을 같이 논하면서 천하의 사물을 연구[格]하려고 하였다. … 따라서 정자 앞의 대나무를 가리키며 연구해 보기로 하였다. 전이라는 친구는 아침저녁으로 대나무의 도리(道理)를 캐물어 가면서 그 마음 생각[心思]을 바닥나도록 하였지만 사흘이 되자 곧 정신을 피로하게 하여 병이 났다. 처음엔 이것은 정력이 부족한 것이라고 그에게 말하였다. 나는 이 때문에 스스로 가서 캐묻고 연구하였으나[窮格] 아침저녁 그 이치를 얻지 못하였다. 이레[7일]가 되자 역시 생각을 과로하게 하여 병에 걸리었다. 드디어 서로 함께 탄식하기를 '성현은 될 수가 없는가 보다. 다른 큰 역량[大力量]으로 격물을 함이 없었으니!' 오랑캐 가운데서 삼 년이 되자 이 의미를 상당히 잘 터득하게 되었다. 바로 천하의 사물에는 본래 연구할 수 있는 것이 없다[無可格]는 것을 알았다."[09]

양명이 '대나무 연구[格竹]'에서 비록 실패하여 다른 학문, 즉 시 짓고 글 쓰는 사장학(詞章學)이나 불교, 노장에 드나들었지만 37세에 용장에서 깨달을 때까지 20년간 그의 마음에는 여전히 격물치지의 문제를 해결하려는 시도가 그대로 남아 있었다.

주자학에서의 외물은 궁리(窮理)의 대상이 되었고 마음속의 본성은 거경(居敬)의 대상이 되었다. 그러니까 본성은 늘 마음에서 볼 때 타자(他者)였다.

09 王守仁, 『傳習錄』 下: "黃以方錄 先生曰 衆人只說格物要依晦翁 何曾把他的說去用? 我着實曾用來 初年與錢友同論做聖賢要格天下之物 如今安得這等大的力量? 因指亭前竹子 令去格看 錢子早夜去窮格竹子的道理 竭其心思至於三日 便致勞神成疾 當初說他這是精力不足 某因自去窮格 早夜不得其理 到七日 亦以勞思致疾 逐相與嘆聖賢是做不得的 無他大力量去格物의 及在夷中三年 頗見得此意思 乃知天下之物本無可格者 其格物之功 只在身心上做 決然以聖人爲人人可到 便自有擔當了 這裡意思 却要說與諸公知道."

주자학은 마음 밖에 탐구되어야 할 이치가 있고[心外有理] 마음속에도 간직해야 할 이치[心內有理]가 있다고 보았다. 마음속의 이치를 주자는 본성이라 하였고 마음 밖의 이치가 바로 사회규범인 예(禮)이었다. 그것은 본성이 외재화(外在化)된 것이며 마음이 본성을 따라가든 예를 따라가든 마음의 기능은 수동적일 수밖에 없다. 다시 말해 이것은 인간의 마음을 스스로 입법한 도덕 판단의 능동적 자율적 주체로 본 것이 아니라 타자(他者)인 본성[心內有理]과 외재적 규범[禮]에 늘 복종해야 하는 수동적·타율적인 것으로 파악한 것이다.

우리 사회는 그동안 선진국을 따라잡느라고 앞만 보고 내달려 왔다. 산업화와 민주화를 동시에 성공한 나라로 세계가 주목하고 있다. 우리의 모델은 선진국이었다. 마음 밖에[心外] 있는 모델[理]을 잘 배워 내 것으로 만드는 주자학적 사고가 순기능 역할을 한 것이다.

그러나 역기능으로 작용할 소지도 없지 않아 한 사람을 우상화시켜 놓고 이를 모델로 하는 경우 그를 무조건 따르는 신도만 양산하게 된다. 따라서 조직 속에서 열심히 일하면서 위에서 시키는 대로 따라할 뿐이다. 이러한 범상한 행위 속에서 아이히만처럼 히틀러의 하수인이 되어 무서운 악을 저지를 수도 있다. 한나 아렌트는 이것을 악(惡)의 평범성이라고 하였다.

짜여진 틀(조직 사회) 속에서는 개인이 자신의 독창적인 아이디어를 낼 수 없을 뿐만 아니라 조직의 비리를 알고도 말 못하는 경우도 생긴다. 여기서는 자율적 도덕 주체를 가진 양심적인 사람이 살아남기에 어려운 환경을 만들 수도 있다. 우리가 각자가 스스로 모델이 되어 창조적인 작업[經營]을 해야 한다고 요구하는 목소리가 들리고 있다. 개체의 자율성을 중시하는 양명학이 그 역할을 해야 할 때가 온 것이다.

주자학에서의 마음이 외적으로 권위적 규범[心外有理]을 따랐을 때는 니체가 말한 대로 주인의 말에 늘 복종만 하는 낙타 같은 존재이다. 그러나 마음이 내적으로 기질[氣]의 간섭을 받아 욕망을 따라갔을 때는 모든 것을 파괴하고 부정하는 사자로 변한다. 우리는 아이가 되어야 한다.[10] 양명이 말하는 마음은 낙타도 사자도 아닌 창조적인 아이와 같은 것이다. 양명은 용장에서 이 창조적인 마음을 자기 안에서 깨달은 것이다.

3. 용장에서의 깨달음과 마음이 곧 이치[心卽理]

용장(龍場)이란 현재 귀주성 수문현에 위치한 왕양명이 유배된 장소를 가리킨다. 유배된 이유는 이러하다. 명나라시대에 태조 주원장은 미천한 출신으로 황제가 되었다. 그는 유능한 재상에 의하여 정권이 휘둘릴 위험성을 우려하여 재상 제도를 폐지하고 문서 수발을 맡은 환관(宦官)을 기용하여 국정을 행하였다. 이로 인해 후에는 환관들이 실세가 되어 전횡을 일삼았다.

왕양명이 35세 때 무종(武宗)이 15세로 즉위하여 방탕한 생활을 하였다. 이 틈을 타서 환관 유근(劉瑾)이 6부[吏戶禮兵刑工] 중에서 핵심적인 부서인 이부(吏部: 안전행정부), 호부(戶部: 기획재정부), 병부(兵部: 국방부)를 장악하였다. 멋대로 권력을 휘두르는 환관들의 발호를 보다 못해 왕의 잘못을 간(諫)하는 직책을 맡았던 대선(戴銑)은 유근이 저지른 일을 상소하자마자 감옥에 갇히게 되었다

왕양명은 간관(諫官)을 투옥하는 것은 국가 장래에 악영향을 끼친다는 내용의 상소를 올리었다. 그러나 유근을 탄핵하려 했다는 이유로 젊은 관리

---

10 니체, 『짜라투스트라는 이렇게 말했다』.

양명은 오히려 투옥되고 정장(廷杖) 40대를 맞았다.[이 경우 대부분 사망한다.] 정장은 주원장이 관리를 길들이기 위하여 만든 것으로 관리에겐 치욕적인 형벌이었다. 양명은 정장을 맞고 엉덩이와 허벅지가 피범벅이 되어 겨우 목숨을 건지었지만 감옥에 갇히었다. 그는 여기서도 『주역』 공부를 하였다고 한다. 그리고 얼마 안 있어[36세] 중국의 서북 변방인 귀주성 용장역의 역승으로 좌천되었다. 왕양명은 이곳에서 격물치지에 대한 깨달음을 얻게 되었다. 「연보」는 깨달은 과정을 이렇게 기재하였다.

"선생이 37세[1508] 봄 삼월 용장역에 이르렀다. 용장은 귀주의 온통 산으로 둘러싸인[萬山] 가운데 있었다. 뱀, 살무사, 독충, 벌레들이 모두 다 모여들었다. 그곳의 오랑캐 사람들과 살면서 [그들의 말이] 올빼미 소리 같아 알아듣기 어려웠다. 함께 말을 통할 수 있는 사람은 다만 중앙의 망명(亡命)한 사람들 뿐이었다. 옛날엔 살 집이 없어 처음엔 흙을 찍고 나무를 얽어서 살았다. 그 때는 [양명을 유배 보낸] 유근의 원한이 아직 풀리지 않았다. 선생은 이득과 상실[得失], 영광과 모욕[榮辱]은 모두 잊어버리자고 스스로 다짐하였다. 그러나 오직 삶과 죽음의 한결같은 생각[一念]이 아직 사그라지지 않음을 느꼈다. 이에 돌무덤[石槨]을 만들어 놓고 '나는 오직 천명을 기다릴 뿐이다[俟命]'라고 말하였다. 밤낮 단정히 앉아 마음을 가라앉히고 침묵하며 조용한 하나[靜一]를 추구하였다. 그것을 오래하니 가슴속이 시원하였다. 함께 따라온 시종 자들은 모두 병들었다. 선생이 몸소 땔나무를 자르고 물을 길어 죽을 만들어서 그들을 먹이었다. 또 그들의 가슴이 답답할까봐 시 짓고 노래를 불렀다. 또 기뻐하지 않자 월나라 곡조에 맞추고 우스개를 섞었더니 비로소 그 질병과 오랑캐의 환난을 잊어버릴 수 있었다. 성인이 이런 상황에 처하면 더욱 무슨 방법[道]을 가지고 있을까 생각하였다. 이로 인해 갑자기 한밤중에 격물치지의 뜻을 크게 깨달았다. 자는 듯 깨어 있는 듯[寤寐] 한밤중에 마치 어떤 사람이 그것을 말해 주는 것 같았다. 자기도 모르게 큰소리로 외치며 벌떡 일어났다. 따라온 사람들은 모두 깜짝 놀랐다. 성인의 도(道)는 내 본성이 스스로 넉넉하면 되는데 이전에 사물에서 이치를 구한 것은 잘못이었음을 비로소 알게 되었다. 그리고 암기하였던 오경(五經)의 말로 그것을 증명하니 꼭 들어맞지 않음이 없었다. 이에 『오경억설(五經臆說)』을 지었다."[11]

양명이 20년간 주자의 격물치지를 놓지 않고 실지로 체험하고 사색하다가 자연과 사회 환경이 열악한 유배지에서 온갖 시련과 고통을 견디며 돌무덤을 파놓고 죽을 각오를 하면서 마침내 그 참된 의미를 깨달은 것이다. 이런 절박한 상황에서 양명은 시 짓고 노래 부르며 농담까지 하는 심미적[aesthetic] 정감을 나타내[諧謔美] 보여 주었다.

죽음의 문제는 철학의 궁극적 문제이다. 이것은 피할 수 없는 운명이기 때문이다. 인간이 죽음의 위협에 직면하였을 때 비로소 참된 생명의 의미를 깨닫게 되며 삶의 지혜를 생생하게 드러낸다.[12] 우리는 양명이 도를 깨치는 과정에서 자신은 생사를 넘나드는 위기를 겪고 시종하는 사람들은 병에 걸리는 상황 속에서도 시를 짓고 우스갯소리를 해주고 유행가를 부르는 유머 감각을 잃지 않았다는 것에 주목할 필요가 있다.

이렇게 양명은 극도의 외적인 위기 상황 속에서도 내적인 마음의 평정을

11　王陽明先生全集 [上海: 古籍出版社, 1992], 1228쪽: "先生37歲 在貴陽 春 至龍場 先生始悟格物致知. 龍場在貴州西北萬山叢棘中 蛇虺魍魎 蠱毒瘴癘 與居夷人 鴃舌難語 可通語者 皆中土亡命 舊無居 始教之範土架木以居 時瑾憾未已 自計得失榮辱皆能超脫 惟生死一念尙覺未化 乃爲石槨自誓曰 吾惟俟命而已 日夜端居澄默 以求靜一 久之 胸中灑灑 而從者皆病 自析薪取水作糜飼之 又恐其懷抑鬱 則與歌詩 又不悅復調越曲 雜以詼笑 始能忘其爲疾病夷狄之患難也 因念聖人此處 更有何道? 忽中夜大悟格物致知之旨 寤寐中若有人語之者 不覺呼躍 從者皆驚 始知聖人之道 吾性自足 向之求理於事物者誤也 乃以黙記五經之言證之 莫不吻合 因著五經臆說."

12　黃明誠, 『王陽明－安頓生命的智慧』, 臺北: 圓神出版社, 2008, 78쪽.

잃지 않았다. 그리고 성인이라면 이런 곤경에서 어떤 길[道]을 찾았을까? 깊이 사색하다가 그 길을 발견한 것이다. 그것은 바로 '사물에서 이치를 구한 것이 착오'라는 것이다. 이것은 주자의 사물에 다가가서 이치를 궁구한다는 '즉물궁리(卽物窮理)'를 비판한 것이다. 여기서 그는 주자의 격물설을 완전히 부정하면서 천하의 사물은 본래 연구할 수 있는 가능성이 없다고 잘라 말하였다. 왕양명은 주자의 격물치지설을 비판하면서 이렇게 말하였다.

> "앞의 유학자는 격물을 풀이하기를 천하 사물을 궁구한다고 간주하였다. 천하의 사물을 어떻게 궁구하여 얻겠는가? 또 풀 한 포기, 나무 한 그루에도 모두 이치가 있다고 주장하였는데 이제 어떻게 가서 궁구하겠는가? 설령 풀과 나무를 궁구해 낸다 하더라도 도리어 자신의 뜻[意]을 어떻게 참되게 하겠는가?"[13]

여기서 양명은 인식론적 회의론에 부딪쳤던 것이다. 그리고 인식의 문제와 윤리의 문제는 별개의 것으로, 인식론으로는 윤리의 문제를 해결할 수 없다고 생각한 것이다. 양명이 물었던 문제를 다시 살펴보면, 첫째, 천하의 사물은 모조리 다 궁구하여 인식할 방법이 없다는 것, 둘째, 풀 한 포기, 나무 한 그루[一草一木]에 다가갈 방법이 없다는 것[그것은 나와 일체가 되는 감통(感通)의 존재이지 나와 간격을 두는 연구의 대상이 아니라는 말], 셋째, 설령 궁구해 낸다고 하더라도 내 자신의 의지를 참되게 할 수 없다는 것이다. 달리 표현하면 외물을 연구하는 과학적 방법이 곧바로 내 뜻[意]을 참되게[誠意]하는 윤리적 방법이 될 수는 없다는 것이다. 주자학에서 마음은 사물을 대상화[心外有物]시

---

13 『傳習錄』下: "先儒解格物爲格天下之物 天下之物如何格得? 且謂一草一木亦皆有理 今如何去格? 縱格得草木來 如何反來誠得自家意?"

키는 데 반하여 양명학에서는 사물이 나의 마음과 의미 연관성을 가지고 있다고 본다. 이것은 천리[본성]가 마음속에 이치가 있다[心中有理]고 주장하는 것이 아니라, 나의 '마음이 바로 천리[心卽理]'라는 말이다.

'심즉리(心卽理)'는 송나라시대의 육상산(陸象山)이 먼저 언급하였지만 그의 관심사는 오히려 뜻을 가려내는 변지(辨志)에 있다는 것이 요즘 학계에서 주목받고 있다.[14] '심즉리'는 왕양명이 격물공부를 하는 과정에서 깨달은 명제이며 육상산과 궤도(軌)를 같이하고 있는 것이다. '심즉리'에 근거하여 왕양명은 "마음 밖에 아무것도 없다[心外無物]". 따라서 마음 밖에 아무 이치도 없다[心外無理]"라고 주장하였다.

이 "마음 밖에 아무것도 없다[心外無物]"는 명제에 대하여 왕양명의 어떤 친구가 의문을 제기한 적이 있다.

"선생이 남진(南鎭)에서 노닐 때 어떤 벗이 바위 가운데 있는 꽃나무를 가리키며 질문하였다. '이 천하에 마음 밖에 사물이 없다고 하였는데, 이처럼 꽃나무가 깊은 산중에서 저절로 피었다가 저절로 떨어지는데, 나의 마음과는 무슨 상관이 있는가?' 선생이 대답하였다. '자네가 이 꽃을 보지 않았을 때에는 이 꽃과 자네 마음은 다 같이 고요했었는데, 자네가 와서 이 꽃을 보자마자 이 꽃의 색깔이 일시에 분명하게 된 것을 보아 이 꽃이 자네 마음 밖에 있지 않음을 알 수 있네."[15]

---

14 蔡仁厚, 「中國哲學史 下」 제7장 제1절 辨志, 타이페이: 學生書局, 2010년, 721쪽: "지(志)란 행위 발동의 근원(根源) 소재이다. 변지란 나의 뜻을 어디에다 두고 사느냐를 가려내어 시비선악이 모두 환하게 드러나도록 하여 자기 인격이 나아갈 길을 결정하는 것이다. 그런데 변지에는 하나의 표준이 있어야 한다. 자기를 이롭게 할 것[利己]인가 남을 이롭게 할 것[利他]인가 하는 기준이다. 이기는 사(私)적인 이익[利]이요 이타는 공(公)적인 의(義)이다. 이것이 육상산이 말하는 의리지변(義利之辨)이다."

15 「전습록」 하: "先生遊南鎭, 一友指岩中花樹問曰, '天下無心對之物, 如此花樹, 在深山中自開自落, 於我心亦有相關?' 先生日, 你未看此花時, 此與汝心同歸於寂, 你來看此花時, 則此花顏色一時明白起來, 便知此花不在你的心外."

여기서 양명의 친구는 인식론적 문제를 제기하였다. 의식 밖에 아무것도 없다면 우리의 지각이 있을 때는 사물이 존재하고, 지각하지 않으면 사물이 없다는 말인가? 그래서 그는 깊은 산중에서 홀로 피었다가 지는 꽃의 존재와 나의 의식과의 관련성을 질문하였던 것이다. 종래 대륙학자들은 이 구절을 버클리의 '존재는 지각되는 것[esse est percipi]'이라는 명제와 관련시켜 양명이 결국은 독아론(獨我論: solipsism)에 빠졌다고 비판하였다.

그러나 양명은 결코 스스로 피었다가 지는 꽃나무의 존재를 부정한 것은 아니다. 그것은 꽃을 보는[看花] 의식과 연관되었을 때 의미를 갖는다는 말이다. 다시 말해 깊은 산속의 꽃은 아무도 보지 않아도 저절로 피고 진다고 생각하는 것은 우리의 상식에 속하는 일이다. 아직 꽃을 보지 않았을 때는, 즉 의식 활동[意]이 아직 거기까지 미치지 않았고, 와서 보았을 때, 즉 이 '의'[意識活動]가 이 꽃에 드러나 있다.

양명은 와서 꽃을 보지 않았을 때 '자네의 마음과 꽃이 다 같이 고요함[寂]에로 돌아갔다'고 하였다. 보지 않았을 때에는 이 꽃에 의식이 작용하지 않은 것이다. 이것을 양명은 고요함[寂]으로 표현하였다. 적(寂)이란 낱말은 『주역』의 "고요하여 움직이지 않다가 느끼면 마침내 통한다[寂然不動 感而遂通]"라는 전제로 한 말이지 결코 아무것도 없는 적멸(寂滅)의 고요함은 아니다. 마음이 아직 꽃을 느끼지 않았을 때는 이 의식[意]이 아직 발동되지 않은 것이며, 마음이 고요하다고 하여 없다고 말할 수는 없다.

예를 들면 전선에 전류가 흐르고 있지만 움직이지 않아 고요하다. 그러나 전깃줄에 손을 대는 순간 몸 전체가 감전되는 것과 비슷한 것이다. 꽃이 아직 의식의 구조[心] 속에 들어오지 않아서 '의상(意象)'에 있어서 고요한 상태에 있는 것이지 꽃이 존재하지 않는다고 주장한 것은 아니다. 양명은 스스로 피었다 지는 꽃에 대하여 어떤 이의(異議)도 제기하지 않았고, 현상학적

판단중지[epoche]를 하였다. 그가 드러내려고 한 것은 꽃의 존재 여부 문제가
아니었다.

4. 주희의 격물치지에 대한 비판과 왕양명의 새로운 해석

왕양명은 마음 밖에 어떤 사물이 있다[心外有物]는 것에 대하여는 현상학
에서처럼 판단중지[epoche]를 하였다. 이러한 의미에서 마음 밖에는 아무것
도 없다[心外無物]고 주장한 것이다. 다시 말해 마음과 사물의 관계에서 의식
[心]을 떠나서 어떠한 것도 말할 수 없다는 것이다. 왕양명은 이러한 입장에
서 주희의 '격물치지'를 비판하고 다시 새롭게 해석하였다. 우선 격(格)이라
는 낱말의 뜻에 대하여 이렇게 말하였다.

"'격'자의 의미는 '이르다'는 지(至)자로 풀이한 것이 있다[주희처럼]. 예를 들면
"문조의 묘당에 이르렀다[格于文祖]"[상서(尙書) 순전(舜典)]. "묘족이 와서 이르
렀다[有苗來格]"[상서 대우모(大禹謨)]. 이것은 '이르다[至]'로 풀이한 것이다. 그
러나 문조의 묘당에 이르렀다는 것은 반드시 순임금의 순수한 효심과 성실
함 및 공경함이 사람과 귀신 사이에서 하나라도 그 이치를 얻지 않는 것이 없
어야 이르렀다[格]고 말한다. 또한 완고한 묘족은 실제로 우임금이 문덕을 크
게 펼쳐서 베푼 뒤에야 이르게[格] 된 것이다. 그렇다면 격자 역시 바르게 한
다는 정(正)자의 뜻을 함께 지니고 있어서 오로지 이른다는 의미의 지(至)자
로 그것을 다할 수 없다."[16]

---

16 『傳習錄』中「答顧東橋書」137條目: "格字之義 有以至字訓者 如格于文祖 有苗來格 是以至訓者也 然格于
文祖 必純孝誠敬 幽明之間 無一不得其理 而後謂之格 有苗之頑 實以文德誕敷 而後格 則亦兼有正字之義

양명은 주자가 '격'자를 이른다[至]는 뜻으로 풀이한 것에 대하여 그 글자에는 '이른다'는 것뿐만 아니라 '바로잡는다'는 정[正]자의 의미가 동시에 함유되어 있음을 완고한 묘족을 감화시켜 그들의 마음을 바로잡았기 때문에 이르게 되었다고 예를 들어 설명하였다. 그리고 '격'자의 다른 예를 들어 이렇게 말하였다.

"그 그릇된 마음을 바르게 한다[格其非心]. 대신이 임금의 마음의 그릇됨을 바로잡는다[大臣格君心之非]와 같은 종류는 한결같이 모두 그 바르지 않음을 바로잡아 바름으로 돌아가게 한다는 뜻이다. [이른다는 의미의] 지(至)자로 해석해서는 안 된다. 그런데 『대학』의 격물에 대한 해석에서는 어찌 바로잡는다는 의미의 정(正)자로 풀이하지 않고 반드시 지(至)자로 뜻을 삼아야 한다고 알고 있는가?"[17]

'격'이란 글자의 의미는 '바로잡다[正]'로 풀이하는 용례가 많다는 것이다. 그런데 『대학』의 격물 해석만 '이른다[至]'라고 하는 것은 매우 잘못되었다는 것이다. 그것은 격물을 주희가 "외물에 이르러서 이치를 캐묻는다"는 '즉물궁리(卽物窮理)'로 해석한 데서 연유되었으며 그것은 대학의 원래 의미에서 어긋난다고 하여 이렇게 말하였다.

"만약 지(至)자로 뜻을 삼는다면 반드시 '사물의 이치를 궁구하여 이른다[窮至事物之理]'고 말해야만 그 주장이 비로소 통하게 된다. 그럴 경우에 공부의 요

在其間 未可專以至字盡之也."

17 같은 책: "如格其非心 大臣格君心之非之類 是則一皆正其不正以歸於正之義 而不可以至字爲訓矣 且大學格物之訓 又安知其不以正字爲訓 而必以至字爲義乎?"

체는 완전히 하나의 캐묻는다는 궁(窮) 자에 있고 공부의 영역은 완전히 하나의 이(理) 자에 있게 된다. 만약 앞에서 하나의 '궁' 자를 제거하고 뒤에서 하나의 '이' 자를 제거하여 곧바로 '치지는 물에 이르는 데 있다[致知在至物]'고 말하면 바로 통할 수 있겠는가? 대저 이치를 캐물어 본성을 완전히 실현한다[窮理盡性]는 말은 성인께서 이루어 놓은 가르침으로서 『주역』 「계사」에 보이는 것이다. 만약 격물의 학설이 과연 궁리를 뜻하는 것이라면 성인께서는 어찌하여 곧바로 '앎을 이루는 것은 이치를 캐묻는 데 있다[致知在窮理]'고 말하지 않고 반드시 그처럼 비뚤어지고 불완전하게 표현하여 후세의 폐단을 열어 놓았겠는가?"[18]

이것은 주희의 격물해석이 사물마다 그 속에 있는 '이'를 캐물어서[窮] 찾아낸다는 것을 의미하는데 그것은 주희가 만든 『대학』 신본의 보망장을 인정하여야 통할 수 있는 말이며 『대학』 구본의 원래 의미가 아니라는 말이다. '격'자를 '지'자로 이해할 경우 『대학』 원문 자체를 "치지는 물에 이르는 데 있다"고 바꾸어야 하기 때문이다. 그러나 '이치를 캐묻는다'는 궁리(窮理)라는 말이 고전[주역 계사]에 없는 것은 아니라고 하면서 격물이 궁리를 뜻하는 말이라면 왜 곧바로 치지는 궁리에 있다[致知在窮理]고 말하지 않아 후세에 잘못된 해석을 만들어 놓았겠는가라고 주희의 해석을 비판하였다. 그리고 자신이 해석한 격물설을 이렇게 제시하였다.

"물(物)이란 일(事)이다. 대체로 뜻[意]이 발동하는 곳에는 반드시 그 일이 있

18 같은 책: "如以至字爲義者 必曰窮至事物之理 而後其說始通 是其用功之要 全在一窮字 用力之地 全在一理字 若上去一窮字 下去一理字 而直曰致知在至物 其可通乎? 夫窮理盡性 聖人之成訓 見於繫辭者也 苟格物之說而果卽窮理之義 則聖人何不直曰致知在窮理 而必爲此轉折不完之語 以啓後世之弊耶?"

다. 뜻이 있는 곳의 일을 일러 어떤 것[物]이라 한다. 격(格)이란 바로잡는[正] 것이다. 그 바르지 못한 것을 바로잡아서 바른 데로 돌리는 것을 말한다. 그 바르지 못함을 바로잡는 것은 악을 제거하는 것을 말한다. 바름으로 돌아가는 것은 선을 행하는 것을 말한다. 대체로 이것을 일러 바로잡을 격(格)이라 한다."[19]

양명은 물(物)을 역동적으로 일어나는 사건[事; event]으로 해석하고 '격'을 주자처럼 이른다[至]로 보지 않고 바로잡는다[正]고 해석하였다. 이것은 행위를 바로잡는 것[正行爲]을 격물로 간주한 것이다. 행위물(行爲物)인 사건은 '의(意)'가 붙어 있는 곳의 산물이다. '의'란 의식[consciousness], 의지[will], 의도[intention]로 해석할 수 있는 낱말인데 모두 지향성[intentionality]을 가지고 있다. 현상학에서 의식은 '무엇에 관한 의식[Bewusstsein von etwas]'이지 사물과 동떨어진 것이 아니다.

이와 마찬가지로 양명학에서의 '의'는 마음[心]이 발동하여 생긴 지향성을 말한다. 현상학에서 의식 활동인 노에시스(Noesis)가 지향성을 가지고 만난 어떤 것을 노에마(Noema)라고 한다. 그것을 외물[thing]이라고 하지 않는다. 왕양명 역시 "의가 건너가 붙어 있는 곳을 물(物)이라 한다[意之涉着處謂之物]"고도 하였다. 여기서 말하는 물(物)은 우리말로 어떤 것을 의미한다고 앞에서 언급한 바 있다. 왕양명은 이렇게 말하였다.

"뜻[意]이 있는 곳이 바로 어떤 것[物=etwas]이다. 만약 뜻이 어버이 섬기는 데 있으면 어버이 섬김이 바로 일물(一物)이다. 뜻이 임금 섬기는 데 있으면 임

19 『王陽明全集』 卷26, 續編 1, 大學問: "物者 事也 凡意之所發 必有其事 意所在之事謂之物 格者 正也 正其 不正以歸於正之謂也 正其不正者 去惡之謂也 歸於正者 爲善之謂也 夫是之謂格."

금 섬김이 바로 일물이다. 뜻이 백성을 사랑하고 만물을 아끼는 데 있으면 백성 사랑 만물 아낌이 바로 일물이다. 뜻이 보고 듣고 말하고 행하는 데 있으면 바로 보고 듣고 말하고 행동함이 바로 일물이다."[20]

여기서 우리가 주목해 보아야 할 것은 어버이 자체, 임금 자체가 하나의 물[一物]이 아니라, 어버이 섬김[事親], 임금 섬김[事君]이 하나의 물[一物]이라는 것이다. 언젠가 신문에 아들이 자기 부모가 게임을 하지 말라는 이유로 부모를 시해한[弑] 사건이 보도된 적이 있다. 그 아들에겐 시친(弑親)이 일물이 되는 것이다. 이 잘못된 의도에서 생긴 일[不正]을 바로잡아 바른 데로 돌리는 것[事親]이 바로 격물인 것이다. 정치적 사건에서 군주를 섬기는 것[事君]이 일물임은 물론 폭군을 죽이는 것[誅君]도 일물이 된다. 왕양명은 또 이렇게 말하였다.

"의가 작용하는 곳에는 반드시 그 물(物)이 있다. 물이 곧 일[事]이다. 만약 의가 어버이 섬김에 작용하면 곧 어버이 섬김이 일물(一物)이다. 의가 백성 통치에 작용하면 곧 백성 통치가 일물이다. 의가 독서에 작용하면 곧 독서가 일물이다. 의가 소송(聽訟)에 작용하면 곧 소송이 일물이다. 대체로 의가 작용하는 곳에 어떤 것도 없는 것이 없다. 이 의(意)가 있으면 곧 이 물(物)이 있고, 이 의(意)가 없으면, 즉 이 물(物)이 없다. 물(物)은 의의 작용이 아닌가?"[21]

---

20 『傳習錄』上: "意之所在 便是物 如意在於事親 卽事親便是一物 意在於事君 卽事君便是一物 意在於仁民愛物 卽仁民愛物便是一物 意在於視聽言動 卽視聽言動便是一物."

21 『傳習錄』中: "意之所用必有其物 物卽事也 如意用於事親 卽事親爲一物 意用於治民 卽治民爲一物 意用於讀書 卽讀書爲一物 意用於訟獄 卽訟獄爲一物 凡意之所用 無有無物者 有是意則有是物 無是意則無是物 物非意之用乎."

양명은 앞서 "의가 발동된 곳 또는 의가 있는 곳에 반드시 어떤 일이 있다고 언급했는가 하면, 여기서는 의가 작용하는 곳에 물(物)이 있다"고 말했다.

이때의 물(物)은 자연계의 산천초목 등의 물(物) 같은 외적인 대상을 가리킨 것이 아니라, 인간의 삶 속에서 연관되어 일어난 일[事]을 가리킨다. 앞의 바위에 핀 꽃[岩中花]의 예에서 본 바와 같이 꽃 자체가 일물이 아니라 꽃 보기[看花]가 일물이다. 이것은 인간의 의미와 가치가 전개되어 있는 삶의 세계[Lebenswelt]에서 생겨난 일[事]이요 그 어떤 것[物]이다. 이것은 산천초목이라 하더라도 이미 마음의 본체인 양지가 구성[生]한 의미세계에 들어 있는 사물인 것이다. 양명은 "사람의 양지는 바로 풀, 나무, 기와, 돌의 양지이다. 만약 풀, 나무, 기와, 돌이 사람의 양지가 없다면 풀, 나무, 기와, 돌이 될 수가 없다. 어찌 풀, 나무, 기와, 돌뿐이겠는가? 천지도 사람의 양지가 없다면 역시 천지가 될 수 없다"[22]고 하였다.

우리가 사는 곳이 자연환경이든 사회환경이든 모두 우리의 양지가 의미를 부여한 의미세계라는 것이다. 이곳의 물은 산천초목 같은 자연물도 있지만 주로 우리의 정치행위[事君], 도덕행위[事親] 그리고 교육행위[讀書] 등에서 일어나는 일[行爲物]들을 가리킨다. 이렇게 물(物)을 '행위물'로 규정한다면 양명이 말하는 '격물'은 단지 행위를 '바로잡는다'는 정물(正物)로 해석될 수 있지만 마음 밖의 '존재물[外物]'이 아니다.[23] 이런 의미에서 양명은 '의가 있는 곳이 바로 물(物)'이라고 한 것이다. 왕양명이 말하는 격물(格物)은 의(意)가 있는 곳의 잘못된 일[事]을 바로잡는 것[正]을 의미한다. 왕양명은 이렇게 말하였다.

---

22 『傳習錄』下: "人的良知 就是草木瓦石的良知 若草木瓦石無人的良知 不可以爲草木瓦石矣 旣惟草木瓦石爲然 天地無人的良知 亦不可爲天地矣."

23 황갑연, 「심학체계에서 본 心生物의 의미」, 『양명학』 창간호, 1997.

"격물은 마치 맹자가 '대인은 군주의 마음을 바로잡는다'는 바로잡음[格]이다. 이것은 그 마음의 부정을 제거하는 것이다. 이것으로 그 본체의 올바름을 온전히 한다. 그러나 의념이 있는 곳에 바로 그 바르지 못함을 제거하려고 한다."[24]

이처럼 양명의 격물은 외물에 다가가서 그 이치를 캐묻는 방법을 비판하고 군주의 잘못된 마음을 바로잡는 정심(正心)을 말하며 왜곡된 의념[意]을 참되게 하는 성의(誠意)이며 올바르지 못한 것을 바르게 하는 격물이며 동시에 양지를 실현하는 치지(致知)이다.

왕양명은 "내가 말하는 치지격물은 내 마음의 양지를 각각의 사물에 실현하는 것이다. 내 마음의 양지가 바로 이른바 천리이다. 내 마음 양지의 천리를 각각의 사물에 실현하면 각각의 사물이 모두 그 이치를 얻게 된다. 내 마음의 양지를 실현하는 것이 치지이고 각각의 사물이 모두 그 이치를 얻는 것이 격물이다"[25]라고 말하였다. 양지를 각각의 사물에 실현하여 얻은 사물의 이치를 조리라고 한다.

5. 『대학문(大學問)』의 격물치지

격물치지에 대한 왕양명의 만년의 견해가 『대학문』에 나타나 있다. 전덕

---

24 『傳習錄』 上: "格物如孟子大人格君心之格 是去其心之不正 以全其本體之正 但意念所在 卽要去其不正…."
25 『傳習錄』 中 135條目: "若鄙人所謂致知格物者 致吾心之良知於事事物物也 吾心之良知 卽所謂天理也 致吾心良知之天理於事事物物 則事事物物皆得其理矣 致吾心之良知者 致知也 事事物物皆得其理者 格物也."

홍은 "우리 스승께서 처음 만나는 선비를 접하면 반드시 『대학』, 『중용』의 첫째 장을 빌려서 성학(聖學)의 전체 공부를 보여 주어 들어가는 길을 알게 하였다. 스승께서 사은 전주를 정벌하러 출발하면서 먼저 『대학문』을 주시어 덕홍은 이를 받아 기록하였다"[26]고 하였는데 그 내용은 다음과 같다.

"마음의 본체는 본성이며 본성은 선하지 않음이 없다. 그렇다면 마음의 본체는 본래 바르지 않음이 없다. 무엇을 좇아서 바로잡는 공부를 할 것인가? 대개 마음의 본체는 본래 바르지 못함이 없다. 그 어떤 생각[意念]이 일어나 움직인[發動] 뒤에야 바르지 못함이 생긴다. 그러므로 그 마음을 바르게 하고자하는 자는 반드시 그 의념이 일어나는[發] 곳에서 그것을 바로잡아야 한다. 일어난 생각이 선한 경우 그것을 좋아하는 것이 진실로 아름다운 색을 좋아하는 것과 같고 일어난 생각이 악할 경우 그것을 미워하는 것이 진실로 악취를 싫어하는 것과 같으면 의(意)는 참되지[誠] 않음이 없게 되고 마음은 바르게 될 수 있다."[27]

이것은 『대학』의 격물치지를 논하기 전 정심성의를 먼저 논한 것이다. 정심은 원래 마음을 바르게 한다는 말이고 성의는 뜻을 참되게 한다는 말이다. 그런데 마음의 본체, 즉 심체는 선하지 않음이 없고 바르지 않음이 없다고 하였는데 그렇게 되면 공부의 대상이 없어져 버림과 동시에 공부의 의미도 없어져 버린다고 말할 수 있다. 즉 마음[心體]이 이미 바른데 또 무엇을 바

---

26 王陽明全集 卷26 大學問: "吾師接初見之士 必借學庸首章以指示聖學之全功 使知從入之路 師征思田將發 先授 大學問 德洪受而錄之."

27 같은 책: "心之本體則性也 性無不善 則心之本體本無不正也 何從而用其正之之功乎?盖心之本體本無不 正 自其意念發動而後有不正 故欲正其心者 必就其意念之所發而正之 凡其發一念而善也 好之眞如好好色 發一念之惡也 惡之眞如惡惡臭 則意無不誠而心可正矣."

르게 한다는 말인가?

왕양명이 전덕홍에게 『대학문』을 준 것이 사구교의 가르침과 동시에 이루어진 것임을 생각하여 위의 구절을 해석해보는 것도 좋을 것이다. 사구교(四句敎)에서 양명은 "선도 없고 악도 없는 것이 마음의 본체이며 선도 있고 악도 있는 것이 의(意)의 움직임"[28]이라고 하였다. 양명은 심체가 선하지 않음이 없고 또 바르지 않음이 없다고 보았는가 하면 또한 무선무악하다고 생각하였다.

심체를 어떻게 보았건 심체는 바로잡을 대상은 아닌 것이다. 왕양명은 정심을 성의 격물공부 가운데 치우친 데가 없고 얽매인 상태가 없는 것이라고 생각하여 "정심은 단지 성의 공부 속에서 자기 심체를 체인하여 언제나 거울처럼 텅 비고[鑑空] 저울처럼 균형을 이루어야[衡平] 한다. 이것이 바로 미발의 알맞음이다."[29] 정심은 아직 발동되지 않은[未發] 심체를 바로잡는다는 것이 아니라 이미 발동되어 나온 경험적 차원의 의(意)를 참되게 하는 공부에서 어느 곳에도 치우치지 않고 알맞게[中] 심체 자체가 빛을 발하도록 하는 것을 말한다.

이것으로 보아 정심은 성의 공부를 통하여 미발의 균형을 이룬 심체가 있는 그대로 드러남으로써 이루어진 것임을 알 수 있다. 성의 공부는 의념이 발동한 뒤에 바르지 않음이 생기므로 그 의념이 발하는 곳에서 그것을 바로잡아야 한다는 것이다. 아름다운 미녀를 좋아하고 악취를 싫어하듯 선을 좋아하고 악을 싫어하게 되면 의념[意]이 참되게 되며 마음은 바르게 된다는 것이다.

그런데 의념에서 선을 보존하고 악을 버리려면 반드시 먼저 선악을 가려

---

28 『傳習錄』: "無善無惡心之體 有善有惡意之動."
29 『傳習錄』上: "正心只是誠意工夫裏面體當自家心體 常要鑑空衡平 這便是未發之中."

야 한다. 양명은 "의가 발동하는 데는 선이 있고 악이 있다. 그 선악의 구분을 분명히 할 수 없으면 장차 참과 거짓이 섞이게 될 것이다. 비록 참되고자 해도 참될 수 없을 것이다. 그러므로 그 의념을 참되게 하려는 것은 반드시 양지를 실현하는 데[致知]에 있다. 치(致)는 온전히 실현하는 것이다."[30]

여기서 양명의 철학은 성의에서 치지로 문제의식이 옮겨갔음을 알 수 있다. 그는 사구교에서 언급한 바와 같이 양지는 선악을 아는[知善知惡是良知] 능력을 말한다. 그런데 양지는 마치 태양이 구름에 가리어 있듯이 사욕에 가리어 있다. 따라서 양지를 드러내는 치지 공부를 해야만 양지를 현실에 실현 시킬 수 있는 것이다. 그러므로 현실에 나아가서 공부를 하지 않으면 안 되는 것이다.

왕양명은 "그 양지를 실현하려는데 역시 어찌 그림자와 메아리처럼 황홀하게 허공에 걸어놓고 아무런 실제 내용이 없는 것을 말하겠는가? 여기에는 반드시 실제로 그 일이 있는 것이다. 그러므로 치지는 격물에 달려 있다"[31]라고 말하였다. 양지의 실현은 결코 불교의 부정의 부정을 하는 공관처럼 현실을 헛된 메아리[幻]로 간주하여 버리고 떠나는[捨離] 것이 아니라 실사(實事)에서 이루어지는 것이다. 따라서 치지는 격물에 달려 있다고 하는 것이다.

그렇다고 주희처럼 격물을 외물에 다가가서 이치를 캐묻는 것[卽物窮理]도 아니다. 왕양명은 "물(物)은 일[事]이다. 대체로 의가 발동하는 곳에는 반드시 그 일이 있다. 이 의(意)가 있는 곳을 물(物)이라 한다. 격은 바로잡는다[正]는 것이다. 잘못된 것을 바로잡아 다시 바르게 만드는 것을 말한다. 잘못된 것을 바로잡는다는 것은 악을 없애는 것을 말하고 다시 바르게 만든다는 것은

---

30 「王陽明全集」 大學問: "然意之所發有善有惡 不有以明其善惡之分 亦將眞妄錯雜 雖欲誠之而不可得而誠矣 故欲誠其意者必在於致知焉 致者 至也."

31 같은 책: "然欲致其良知 亦豈影響恍惚而懸空無實之謂乎? 是必實有其事矣 故致知必在於格物."

선을 행하는 것을 말한다. 이런 것이 격(格)이다. 『서경』에 '상하에 이른다[格于上下]', '문묘에 이른다[格于文廟]', '그 잘못된 마음을 바로잡는다[格其非心]'고 하였는데 격물의 격은 실로 그 뜻을 겸한다"[32]고 하였다.

왕양명은 앞에서 언급한 바와 같이 의(意), 즉 지향성을 통하여 확보된 것이 물(物)이라는 의미를 확실히 하여 '의가 있는 곳이 물'이라고 하였다. 양명은 물(物)을 고정된 외물이 아니라 역동적으로 일어난 사건[事]이라고 보았다. 그리고 격물의 격은 앞서 언급한 바와 같이 바로잡는다는 의미로 해석하고 잘못된 것을 바로잡아 바른 데로 돌리는 것이라고 하였다. 여기서는 사구교의 마지막 구절인 '선을 위하고 악을 제거하는 것이 격물이다[爲善去惡是格物]'라고 하여 격물에 대하여 한걸음 나아간 해석을 하여 원숙한 경지를 보여 주었다.

그것은 실천까지 포함된 의미를 가지고 있다는 점에서 그렇다. 물을 일[事]로 해석하여 잘못된 관행[일]을 바로잡아 바른 데로 돌린다는 말이다. 일이란 우리가 일상생활에서 부딪치는 여러 가지 사건들이 모두 그 범위 안에 들어감은 말할 것도 없고 우리가 만든 문물제도[습속, 법률, 규범 등]를 실행하는 행위가 바로 일에 들어간다. 주희의 격물치지는 문물제도 자체가 가지고 있는 이치[理]를 잘 파악하여 그에 대한 지식을 넓히는 것을 말한다. 여기에는 선을 위하고 악을 제거하는 실천이 뒤따르지 못한다. 그 실천력을 확보하기 위하여 왕양명은

"비록 양지가 알고 있는 선을 비록 진실로 좋아하고자 한다 해도 만약 그 의가 있는 일[物]에 나아가서 실제로 실행할 수 없으면 이 일에는 아직 바로잡

---

32 같은 책: "物者 事也 凡意之所發 必有其事 意之所在謂之物 格者 正也 正其不正以歸於正之謂也 正其不正者去惡之謂也 歸於正者爲善之謂也 夫是之謂格 書言格於上下 格於文祖 格其非心 格物之格實兼其義也."

지[格] 못한 부분이 남게 되고 그것을 좋아하는 의는 아직 참되지 못한 것이 된다. 비록 양지가 알고 있는 악을 진실로 싫어하고자 한다 해도 만약 그 의가 있는 일[物]에 나아가 실제로 그것을 없애지 못하였다면 이 일[物]에는 아직 바로잡지[格] 못한 것이 있게 되고 그것을 싫어하는 의는 아직 참되지 못한 것이 된다"[33]고 하였다.

여기서 왕양명은 양지가 비록 선을 알고 악을 안다고 해도 실제로 선을 위하고 악을 제거하는 실천이 없으면 일에는 아직 바로잡지 못한 것이 남아 있게 되고 좋아하고 싫어하는 의지도 아직 참되지 못한 것이 있게 된다고 하였다. 이것은 실천을 무엇보다도 강조한 말이기도 하다.

우리가 만든 제도 자체를 연구하는 것[卽物窮理]이 주자학적 격물치지라면 제도의 실행에서 잘못된 관행을 바로잡는 것[爲善去惡]이 왕양명의 격물치지이다. 우리 사회에서 자기가 하는 일에서 앞의 사람들이 했던 관행이라 하여 우리가 만든 법규를 지키지 않는 사례들이 많이 있다. 위장전입, 땅 투기, 세금포탈, 분식회계, 판공비 사적인 사용(私用), 아들의 군 면제 등 관행이 잘못되었다는 것을 양심[양지]은 다 알고 있다. 법규를 지키지 않고 관행대로 한다는 것을 양지를 실천[爲善去惡]하지 못하는 것이다. 다시 말해 아무리 잘못된 것을 알고 있다 하더라도 실천하지 못하는 것이므로 참으로 알았다고 할 수 없다. 알면서도 행하지 못하는 주자학의 격물치지와 달리 양명학은 잘못된 관행을 바로잡아야 한다는 그 강한 실천력을 가지고 있다. 여기서 왕양명은 만년의 원숙한 격물치지 사상을 보여주었다.

---

33 같은 책: "良知所知之善雖誠欲好之矣 若不卽其意之所在之物而實有以爲之 則是物有未格 而好之之意猶 未誠也 良知所知之惡雖誠欲惡之矣 苟不卽其意所在之物而實有以去之 則是物有未格而惡之之意猶爲未 誠也."

격물치지에 대한 견해는 주자학과 양명학은 물론 감천학이 서로 다르다. 격물치지는 성인이 되기 위한 수양방법이다. 다시 말해 인문적 교양[bildung]을 쌓아가기 위한 공부방법이다. 주자는 주지주의적으로 격물치지를 해석하면서 사물의 이치를 캐물어 그에 대한 지식을 넓힌다고 하였다[讀書窮理]. 이것은 "본성이 바로 도덕원리이다[性卽理]"라는 명제에 근거를 두고 도덕적 이성[德性]을 밖에서 찾는 공부를 말한다. 그리고 사회적 도덕원리인 예제[禮]뿐만 아니라 나무 한 그루, 풀 한 포기에도 다 고정된 이치[定理]가 있다고 하여 정해진 원리[定理]을 밖에 설정하고 이를 찾아내는[卽物窮理] 것이 격물치지이다.

왕양명은 용장의 깨달음을 통하여 내 본성이 스스로 넉넉하여[吾性自足] 밖에서 도덕적 이성을 찾을 필요가 없다고 하였다. 이것이 바로 "마음이 바로 선천적 도덕원리이다[心卽理]"라는 명제이다. 여기서 "마음 밖에 어떤 사물도 없다[心外無物]"와 "마음 밖에 도덕 원리가 없다[心外無理]"는 두 가지 명제가 도출된다. 이것은 마음[意識] 밖에 어떤 것이 존재한다는 실재론적 견해를 괄호 쳐놓는[epoche=存而不論] 현상학적 태도와 유사하다. 따라서 모든 사건[物]과 그 본질[理]은 마음을 떠나서 따로 존재하지 않는다. 예를 들면 부모에게 효도하는 행위와 그 이치가 효도하는 마음을 떠나서 따로 있지 않다는 것이다. 효도의 도덕원리는 부모와 나의 마음이 관계하여 이루어진 것이다. 마음 밖에 따로 도덕원리가 있는 것이 아니다[心外無理]. 부모님과의 관계에서 부모님께 효도하는 일[孝親]이 일물(一物)이지 부모 자체가 일물이 아니다[心外無物]. 부모님과 잘못된 관계도 일상생활에서 일어난다. 일등을 하지 못하면 인정도 하지 않는 모친을 살해한 어느 학생의 시친(弑親)도 일물(一物)이다. 왕양명의 격물치지는 이 잘못된 관계를 바로잡아 바른 데로 돌리는 것이 격물이며 선천적 도덕원리인 양지를 실현하는 치지[致良知]이다.

우리 사회에서 잘못된 관행이 문제되고 있다. 이것이 왜 잘못되었는지 제도를 연구하는 것이 주자학적 격물치지라면 이 잘못된 행위를 바로잡아 스스로 고치는 것이 양명학적 격물치지이다.

감천학의 격물치지는 담감천이 주장하는 "어느 곳에서나 다 천리를 체인하라[隨處體認天理]"는 명제에 기반을 둔다. 그 천리와 마음이 하나이며 마음 밖에 이치가 없다[心外無理]고 한 점은 양명의 명제와 동일하다. 그러나 그 내용은 다르다. 그가 말하는 마음과 천리는 우주적 차원에서 말한 것이므로 큰마음[大心]이라고 하였다. 이것은 이미 체인된 천리를 말한 것이다. 이 천리는 마음 밖에 있지 않지만 체인되지 못한 천리는 여전히 마음 밖에 있다고 하지 않을 수 없다. 그 점에서 감천학의 격물치지는 주자와 양명 사이에 있다고 할 수 있다.

주자를 옹호하기 위하여 나정암은 양명의 격물치지를 비판하면서 도덕원리인 예제[禮]가 양명학에서 주장하는 것처럼 마음 밖에 있지 않음을 승인할 수 있지만 공자의 냇가에서 탄식한 냇가와 하늘에서 날아오르는 수리와 연못에서 펄쩍 뛰는 물고기와 같은 자연물은 엄연히 밖에 있는데 이것을 어떻게 바로잡을 수 있는가 질문하였다.

이것은 왕양명의 심미적·도덕적인 양지가 모든 자연물에도 관계되고 있음을 이해하지 못한 데서 나온 것이다. 심미적인 태도로 자연을 있는 그대로 바라보는 공자의 마음과 이해관계[私利私慾]에서 자연을 파괴하고 물고기를 잡으려는 보통사람들의 생각은 전혀 다르다. 그래서 양명은 "반드시 양지를 실현하는 공부를 해야만 비로소 활발하게 되고 저 시냇물과 같아지게 된다. 만약 잠시라도 중단하면 천지와 같지 않게 된다"[34]고 하였다. 자연을 살리느

---

34 『傳習錄』下 253條目: "問逝者如斯 是說自家心性活潑潑地否 先生曰 然 需要時時用致良知的工夫 方才活潑潑地 方才與他川水一般 若須臾間斷 便與天地不相似."

냐 파괴하느냐 하는 우리 마음의 태도에 달려 있다는 것이 왕명학의 철학이다. 그것이 바로 만물을 나의 몸으로 간주하는 만물일체론이기도 하다.

제 5 강

—

양지란 무엇인가

제5강에서는 주로 양지의 의미를 밝히려고 한다. 우리는 양심이란 말은 알아도 양지란 말은 생소하여 컴퓨터에도 양(良)자와 지(知)자가 따로 나온다. 주자학만이 정통으로 인정된 우리의 지성사에서 양지는 본래 의미를 상실하고 왜곡되어 전해졌기 때문이다. 주자학은 양지를 지식 또는 지각과 동일한 차원에 놓고 이해하였다. 양명학은 양지를 선천적인 도덕[仁]의 원리, 즉 천리[心體]로 간주하는 데 비하여 주자학은 양지를 마음의 좋은[良] 지각[知] 작용[心用]에 지나지 않는다고 본다.

그래서 주자학은 양지를 보고 듣는 경험적인 지각에서 나온 지식에 불과한 것으로 간주한다. 이에 대하여 양명학은 양지는 견문[경험적 지각]에서 유래되지 않았음을 분명히 하고 양지가 도덕의 근거인 동시에 도덕적·심미적 판단기준인 천리임을 재차 강조하였다. 양지는 어진 마음[仁]인 동시에 시비, 호오를 판단하는 능력을 동시에 가지고 있다. 이 강의는 주자학과 다른 양명학의 양지 개념을 정확하게 이해하기 위하여 양지와 지각과의 관계를 논한 다음 양지의 여러 가지 의미를 살핀다. 마지막으로 양지는 서양철학에서 말하는 양심과 같은 말인지에 대하여도 알아보고자 한다.

1. 양지와 지각(知覺)의 관계

왕양명은 주자의 격물치지가 잘못되었음을 비판하는 동시에 자기와 같은 시기에 살았던 수정 주자학자인 나정암에게 「대학고본」에 대하여 자신의 입장을 밝혀 이렇게 말하였다.

"무릇 학문은 마음에서 얻는 것을 귀하게 여긴다. 마음에서 구하여 그르다면 비록 그 말이 공자에서 나왔더라도 감히 옳다고 여기지 않는다. 하물며 공자에 미치지 못하는 사람은 어떠하겠는가?"[01]

이 말은 어떠한 외재적인 권위[공자]도 마음의 판단만 못하다는 것이다. 왜 그런가? 왕양명은 그 이유를 이렇게 말하였다.

"너의 저 한 점의 양지가 너 자신의 준칙이다. 너의 의념이 붙어 있는 곳에서 그것은 옳은 것[是]은 옳다[是]고 알고 그른 것[非]은 그르다[非]고 알아 조금이라도 그것을 속일 수 없다. 네가 그것을 속이지 않고 착실하게 양지를 따라 행하기만 하면 선은 곧 보존되고 악은 바로 제거된다. 이것이야말로 얼마나 온당하고 유쾌하며 즐거운가! 이것이 바로 격물의 참된 비결이요 치지의 실제적 공부이다."[02]

여기서 왕양명은 양지가 도덕 판단의 준칙이라고 하였다. 이 준칙에 의하여 옳고 그름을 판단할 수 있는 것이다. 이렇게 양지라는 도덕 판단의 준칙이 마음속에 자리 잡고 있기 때문에 양지에 따라서 행하기만 하면 선이 보존되고 악이 제거되는 경지에 이르니 얼마나 유쾌하고 즐거운가라고 반문하였다. 양지의 실현이 바로 감성적인 쾌감을 가져온다는 것이다. 왜냐하면

---

01 『傳習錄』 中, 羅整菴 少宰에게 답하는 글: "夫學貴得之心 求之於心而非也 雖其言之出於孔子 不敢已爲是也 而況其未及乎孔子者乎!"
02 『傳習錄』 下: "爾那一點良知 是爾自家底準則 爾意念着處 他是便知是 非便知非 更瞞他一些不得 爾只不要欺他 實實落落依着他做去 善便存 惡便去 他這裏何等穩當快樂 此便是格物的眞訣 致知的實功."

양지 본체가 심미적 특성을 가지고 있기 때문이다. 그리고 양지에 의한 행위가 바로 지행합일이며, 양지를 현실사회에 실현하는 치양지의 실제적 공부가 되는 것이라고 하였다.

왕양명이 말하는 '양지'는 맹자에서 유래하였다. 그러나 맹자가 말한 내용보다 외연이 넓다. 맹자는 "사람이 배우지 않고도 잘할 수 있는 것[能]이 그 양능(良能)이다. 생각[慮]하지 않고도 아는 것이 그 양지(良知)이다. 한두 살 된 [孩提] 어린애도 자기 어버이를 사랑할 줄 알지 못함이 없다. 그가 자라서는 자기 윗사람(兄)을 공경할 줄 알지 못함이 없다. 어버이를 사랑하는 것이 인(仁)이다. 웃어른을 공경하는 것이 의(義)이다. 다른 것이 없다. 천하에다 그것을 이루는 것이다."[03]

여기서 배우지 않았다는 것은 후천적으로 경험하지 않았다는 것이고, 생각하지 않았다는 것[不慮]은 주어진 외부 정보를 인위적으로 선택[慮]하여 안 것이 아니라는 말이다. 이것을 보면 양능은 선천적인 행위능력을 말하고 양지는 자연스런 도덕적 자각을 가리킴을 알 수 있다. 양지 개념의 형성과정을 살펴보면 우선 공자는 인(仁)을 주로 언급하였는데 맹자에 이르러 사단, 즉 측은지심, 수오지심, 사양지심, 시비지심으로 확대되었으며 정명도에 이르러 이것이 다시 인(仁)으로 종합되었고 왕양명에 이르러 인은 물론 의, 예, 지의 내용이 포함된 지(知)로 되었다.[04] 이 지는 물론 도덕적 자각을 할 수 있는 양지를 가리킨다.

이러한 자각은 경험적 지식과 반대로 내면적인 각성을 통하여 이루어지는 것이다. 인의(仁義)라는 도덕성은 선천적인 양능이 실제적인 행위[親親 敬

---

03 『孟子』 盡心上: "人之所不學而能者 其良能也 所不慮而知者 其良知也 孩提之童 無不知愛其親者 及其長
　 也 無不知敬其兄也 親親 仁也 敬長 義也 無他 達之天下也."
04 林月惠, 『陽明內聖之學 硏究』, 花木蘭文化出版社, 中國學術思想 硏究輯刊 三編 第20冊, 70쪽.

長]를 통하여 드러난 것이다. 이것이 바로 도덕적 자각인 양지이다. 이렇게 도덕을 행할 줄 아는 것이 바로 양능양지인 것이다. 왕양명은 이것을 줄여 양지라고 하였다. 따라서 왕양명이 말하는 양지 속에는 이미 양능이 내포되어 있다. 양명은 이렇게 말하였다.

"양지란 맹자가 말한 바의 옳고 그름을 따질 줄 아는 마음[是非之心]이며 사람이면 다 가지고 있는 것이다. 옳고 그름을 따지는 마음은 선택적 생각[慮]을 기다리지 않고도 알고 배움을 기다리지 않고도 잘할 수[能] 있다. 이 까닭에 그것을 양지라고 하였다."[05]

이와 같이 양지는 옳고 그름을 따지는 선천적 판단능력인 동시에 도덕법칙이기도 하다. 인간이면 누구나 다 이러한 법칙을 가지고 있어 마음이 바로 천리[心卽理]라고 한다. 왕양명은 공자의 인(仁)맹자의 양지양능에다 시비지심을 첨가하여 양지의 선천적 판단능력인 도덕법칙을 확보하기도 하였다.

왕양명은 또 양지가 옳고 그름[是非]을 판단하는 도덕법칙인 동시에 좋아하고 싫어함[好惡]을 판단하는 심미적 주체이기도 하다. 그래서 양명은 이렇게 말하였다.

"양지는 다만 옳고 그름을 분별하는 마음이다. 옳고 그름을 분별하는 것은 다만 [옳음을] 좋아하고 [그름을] 싫어하는 것이다. 단지 옳음을 좋아하고 그름을 싫어하기만 하면 곧 옳고 그름의 분별을 다하게 된다. 단지 옳고 그름을 분별하기만 한다면 곧 온갖 일의 모든 변화를 다하게 된다. 또 말씀하시었

05 『王陽明全集』 卷26, 「大學問」, 971쪽: "良知者 孟子所謂是非之心 人皆有之者也 是非之心 不待慮而知 不待學而能 是故謂之良知."

다. 시비(是非) 두 글자가 하나의 커다란 표준이다. 그것을 능숙하게 사용하는 것은 그 사람에게 달려 있다."06

이것은 도덕적인 시비판단이 심미적 호오판단과 밀접한 관계가 있다는 것을 말하여 주는 대목이다. 호오는 쾌·불쾌를 포함하는 심미적 판단의 기준이다. 왜냐하면 좋아하는 것은 이미 쾌락을 느끼고, 싫어하는 것은 불쾌함을 느끼는 것이기 때문이다. 왕양명의 철학에서 '양지'는 도덕적 판단과 심미적 판단을 동시에 내릴 수 있는 보편적이며 선천적 법칙[天理]이기도 하다. 다시 말해 그는 양지의 주체적 준칙을 온전히 세워나가는 과정을 통하여 참된 의미의 보편적 법칙을 세워놓았다.07

따라서 양지는 보편적 천리(天理)이지 결코 감각적 지각(知覺) 작용이 아니라는 말은 양명학을 이해하는 데 가장 근본적인 명제이다. 왜냐하면 주자학은 양지를 마음의 본체인 천리로 인정하지 않고 다만 마음의 우량한[良] 지각[知] 작용으로만 파악하였기 때문이다. 왕양명이 말하는 양지는 주자학이 지니는 이념에 대한 회의와 그 주지주의적 성격에 대항하기 위하여 제시한 '천리'는 구체적인 행위 속에서 실천하는 내재적이며 초월적인 법칙이다.08

양지를 천리인 본체로 생각하는지 지각 작용으로 간주하는지 이 문제는 양명의 문인 구양 남야(歐陽 南野)와 수정 주자학자 나정암(羅整菴) 사이에 벌어진 논쟁에서도 드러나 있다. 양지를 천리로 본다는 것은 양지가 선천적으로 타고난 것이지 보고 듣는 데[見聞]서 생긴 경험적인 지식이 아니라는 말이다.

---

06 『傳習錄』下 288條目: "良知只是箇是非之心 是非只是箇好惡 只好惡就是盡了是非 只是非就盡了萬事萬變 又曰 是非兩字 是箇大規矩 巧處則存乎其人."
07 전병욱, 「양명철학에서 도덕의 보편성 문제」, 『양명학』 제30호, 2011.
08 조남호, 「주선주자학자들의 양지에 대한 논쟁」, 『양명학』 제2호, 1998.

구양 남야는 왕양명에게 이렇게 질문하였다. "선생께서는 덕성의 양지는 견문에서 말미암을 것이 아니다. 만약 많이 듣고서 그 좋은 것을 선택하여 따르며 많이 보고서 기억해 둔다고 말하면 이것은 오로지 견문의 말단에서 지식을 구하는 것으로 이미 부차적인 것에 떨어진 것이라고 말씀하셨습니다. 제 생각으로 양지가 비록 견문으로 말미암은 것은 아니지만 배우는 사람의 지식은 견문으로 말미암아 생기지 않은 적이 없습니다. 견문에 막히는 것도 물론 잘못이지만 견문도 역시 양지의 작용입니다. 지금 부차적인 것에 떨어졌다고 말씀하신 것은 아마도 오로지 견문을 배움으로 여기는 사람을 위해서 말씀하신 것이라 생각합니다. 만약 그 양지를 실현하고 견문에서 구한다면 이 역시 앎과 행위가 합일하는 공부인 듯합니다. 어떻습니까?"[09]

앎[知]에는 선천적인 덕성지와 경험적인 견문지가 있다. 스승[양명]은 양지를 덕성지로 보고 이것이 경험적인 견문지에서 유래하지 않았으며 지식을 오로지 견문지에서 구하는 것은 부차적인 것이라고 말하였다. 구양숭일은 양지와 견문의 관계를 조심스럽게 말하면서 경험적 견문지에 막히는 것이 문제이긴 하지만 경험적 견문지 역시 양지의 작용이 아닌지 스승의 동의를 구한다.

이 대목은 칸트의 인식이 성립되는 근거를 연상케 한다. 즉 앎[인식]은 경험에서 유래하는 것은 아니지만 경험과 더불어 시작된다는 말이다. 여기서 칸트는 영국 경험론을 비판하면서도 수용한 면을 가지고 있었듯이 양명도 주자학자들의 견문지를 비판하면서도 일면 수용한 것이라고 생각한다. 양지와 견문은 차원을 달리하기에 양지는 근본[頭腦]이라고 말하였고 견문지는

09 『傳習錄』 中 答歐陽崇一: "師云 德性之良知 非由於聞見 若曰多聞擇其善者而從之 多見而識之 則是專求之見聞之末 而已落在第二義 竊意良知雖不由見聞而有 然學者之知 未嘗不由見聞而發. 滯於見聞固非 而見聞亦良知之用也今曰落在第二義 恐爲專以見聞爲學者而言 若致其良知而求之見聞 似亦知行合一之功矣 如何?"

부차적[第2義]이라고 말하였다.

왕양명은 이 물음에 대하여 이렇게 대답하였다.

"양지는 견문으로 말미암아 있는 것은 아니지만 견문은 양지의 작용이 아님
이 없다. 그러므로 양지는 견문에 막히지 않지만 또한 견문에서 떨어지지 않
는다. … 양지 이외에 따로 앎은 없다. 그러므로 양지를 실현하는 것[致良知]
이 학문의 커다란 핵심이며 성인이 사람들에게 가르쳐 주신 가장 근본적인
뜻이다. 이제 오로지 견문의 말단에서 구한다고 말한다면 그것은 머리[頭腦]
를 잃어버리고 부차적인 뜻에 떨어진 것이다."[10]

여기서 왕양명은 양지와 견문의 관계를 분명히 말하였다. 양지는 견문에
서 유래되지 않지만 견문은 양지의 작용이 아님이 없다. 양지가 견문에 의
하여 방해를 받지도 않지만 견문과 분리될 수도 없다는 것이다. 왜냐하면
양지는 견문과 더불어 작용하기 때문이다. 양지가 선천적인 것이므로 경험
에서 유래하지 않지만 현실에서 작용할 때는 언제나 견문과 더불어 드러난
다. 견문을 떠난 양지도 없고 양지를 떠난 견문도 사실상 없다고 생각한 것
이다. 왕양명은 양지를 천리로 간주하고 견문은 그 작용에 지나지 않는다고
보았다. 그런데 주자학은 양지도 역시 견문의 지각에 지나지 않는다고 하여
양지를 경험적 차원에서 보았던 것이다.

왕양명이 양지를 천리로 본 것은 바로 양지 본체의 보편성을 강조하였기
때문이고 주자 후학들이 양지를 지각으로 본 것은 그 보편성을 부정하려고
하였기 때문이다. 양지를 단지 지각 차원에서 놓고 보아 각 사람마다 마음

---

10 같은 책: 良知不由見聞而有 而見聞莫非良知之用 故良知不滯於見聞 而亦不離於見聞 … 良知之外 別無知
    矣 故致良知是學問大頭腦 是聖人教人第一義 今云專求之見聞之末 則是失脚頭腦 而已落在第二義矣."

이 경험하는 지각이 다르면 이에 따라 양지도 달라진다고 보게 된다. 이렇게 되면 양지는 상대적인 지각일 뿐 그 절대적 보편성을 확보할 수 없게 된다. 만약 양지가 주자학자의 말대로 지각일 뿐이라면 그것은 각 사람의 환경과 익힘[習]에 따라서 각기 다른 상대적인 습심(習心)일 뿐이다. 그러나 왕양명이 말하는 양지는 바로 천리이며 선험적인 본심(本心)이다. 정인보는 이것을 '번밀 마음'이라고 불렀다. 이 마음은 경험적인 마음인 습심을 가능하게 하는 초월적 근거인 것이다.

정명도는 "나의 학문이 비록 전수받은 부분이 있지만 천리 두 글자는 오히려 나 스스로 체인(體認)해 낸 것이다"라고 말했다. 왕양명이 용장에서 도를 깨우친 것도 바로 스스로 체인해 낸 것이며 이러한 앎을 '몸으로 알아낸 앎', 즉 체지(體知)라고 한다. 왕양명은 이 체지를 양지라고 생각하여 이렇게 말하였다.

"대체로 마음의 본체는 바로 천리이다. 천리의 환하게 밝고 영묘하게 깨닫는 것이 이른바 양지이다."[11] "양지는 천리의 환하게 밝고 영묘하게 깨닫는 곳이다. 그러므로 양지가 바로 천리이다."[12]

천리가 바로 양지이다. 양지는 마음의 본체인 천리이므로 보편적이며 동시에 그 작용은 밝고 영특한 지각[靈覺]이다. 그것은 바로 양지가 호오(好惡)를 동반한 옳고 그름을 직각적으로 알아내는 심미적 도덕법칙[是非之心]이기 때문이다. 주자학에서의 천리는 정감과 의지도 없고[無情意] 계획하고 헤아림도 없으며[無計度] 만들고 지어냄도 없는[無造作] 정태적인 도덕원리이다.

11 『王陽明全集』 권5, 答舒國用: "夫心之本體 卽天理也 天理之昭明靈覺 所謂良知也."
12 『傳習錄』 中, 答歐陽崇一: "良知是天理之昭明靈覺處 故良知卽是天理."

이에 반해 왕양명의 천리는 역동적인 심미적 도덕원리로서 옳고 그름[是非], 좋고 싫음[好惡]을 즉각적으로 판단하는 마음이다. 이것은 천리인 양지가 환하게 밝고 영묘한 지각활동[昭明靈覺]을 끊임없이 하고 있기 때문이다. 양명은 이렇게 말하였다.

"양지는 천리(天理)의 환하게 밝고 영묘하게 깨닫는[靈覺] 곳이다. 그러므로 양지가 곧 천리(天理)이다. 생각[思]은 양지의 펼쳐진 작용[發用]이다. 만약 양지의 펼쳐진 작용이 생각이라면 생각되어진 내용도 천리가 아님이 없다. 양지가 펼친 작용의 생각이 자연히 명백하고 또 간단하고 쉬우[簡易]므로 양지는 역시 알아차릴 수 있다. 만약 사사로운 의도[私意]가 안배(按排)한 생각이라면 자연히 어수선하고 힘들고 흔들리겠지만 양지는 또 저절로 분별해 낼 수 있을 것이다. 대개 생각의 옳고 그름[是非], 나쁘고 바름[邪正]은 양지가 저절로 알지 못함이 없는 것이다."[13]

여기서 양명이 말하는 영각(靈覺)도 일종의 지각 작용이기는 하지만 외적인 대상을 지각하는 인식론적 의미의 지각이 아니라 어린애가 우물에 빠지는 것[孺子入井]을 보고 깜짝 놀라 구해주려는 측은지심[仁]과 같이 어린애와 서로 감통하는 덕성적 의미의 지각이다. 어린애를 구하려는 어진 마음[仁]은 자연스럽게 펼쳐진 양지의 작용이다. 만약 이것이 어린애 부모와 사귀려고 혹은 칭찬을 들으려는 의도로 구해주려는 안배가 작용하면 곧 머리를 이리저리 굴려 복잡한 잡념이 끼어들어 마음이 동요하게 된다. 이것은 자신의

---

13 『王陽明全書』卷2, 64 答歐陽崇一: "良知是天理之昭明靈覺處 故良知卽是天理 思是良知之發用 若是良知發用之思 所思莫非天理矣 良知發用之思自然明白簡易 良知亦能知得 若是私意按排之思 自是紛紜勞擾 良知亦自會分別得 蓋思之是非邪正 良知無有不自知者."

이익을 먼저 생각하는 이기적인 발상이다. 양지는 이러한 생각조차 알아내는 힘을 가지고 있다. 모든 시비판단을 양지가 하는 것이다. 왜냐하면 양지가 시비판단을 하는 준칙이요 천리이기 때문이다.

왕양명은 환하게 밝고 신령스런 지각[昭明靈覺]을 간단하게 줄여서 밝은 지각[明覺]이라는 용어로 사용하기도 하였다. 양명은 "대개 양지는 단지 천리의 자연스러운 밝은 지각일 뿐이다."[14] 그리고 "마음의 허령한 밝은 지각[明覺]이 바로 본연의 양지이다"[15]라고 하였다. 명각은 외적인 대상을 파악하는 경험적 지각[知覺]이 아니라 내적으로 또렷한 심미적이며 도덕적인 '영특한 자각[靈覺]'을 말한다.

양지와 지식의 관계를 다시 말하면 양지는 경험적 지식과 밀접한 관계를 가지고 있으면서 경험적 지식의 근거가 된다.

양지는 결코 경험에서 유래한 것이 아니다. 다시 말해 경험적인 축적에 의하여 만들어진 습심(習心) 혹은 식심(識心)이 아니라, 오히려 경험적인 축적은 모두 양지의 작용에 의한 것이다. 다시 말해 양지는 인간이 누구나 다 가지고 있는 본심인 것이다. 양지는 경험적인 지각에 의하여 막히지 않지만 또한 경험적인 지각과 분리되지도 않는다. 주자학은 격물치지에서 살펴보았듯이 마음을 경험적인 지각 차원에서 논하여 양지도 또한 경험적인 지각으로 간주한 것이다. 그러나 양명학은 양지가 결코 경험에서 유래한 것이 아니고 오히려 경험적인 지각은 양지의 작용이라고 하였다. 따라서 양지는 경험적 지각과 분리되지 않으면서도 여기에 방해를 받지 않고 드러나는 것이다.

양명은 "대체로 양지의 본체는 본래 눈귀 밝고[聰明] 깊고 밝게 아는 것[聰明睿知]이다. 본래 스스로 너그럽고 온유하다. … 대개 나의 귀는 양지가 아

---

14 『傳習錄』中 答攝文蔚 2: "蓋良知只是一個天理自然明覺."
15 『傳習錄』中 答顧東橋: "心之虛靈明覺卽本然之良知也."

니면 들을 수 없다. 귀 밝음에 또 무엇이 있겠는가? 눈은 양지가 아니면 볼 수가 없다. 눈 밝음에 또 무엇이 있겠는가? 마음은 양지가 아니면 생각과 자각을 할 수 없다. 예지에 또 무엇이 있겠는가?"[16]

양지는 감각기관(耳目)의 근거가 되는 것이어서 양지가 아니면 눈이 밝게 볼 수도 귀가 또렷하게 들을 수도 없으며 사유와 지각도 양지가 아니면 깊고 밝게 되지 못한다는 것이다. 그것은 양지가 바로 도덕적 주체이며 준칙인 천리이기 때문이다. 여기서 우리는 주자학의 외물에 대한 경험적 지각을 통해 지식을 넓히는 격물치지와 양명학의 양지가 보고 듣는[見聞] 일상생활에서 실현하는 치양지는 전혀 차원이 다른 것임을 확인할 수 있다.

그 밖에 양지와 지식이 다른 점을 말하면 지식은 외물을 대상화하여 아는 것이지만 양지는 주체적으로 어떤 일을 할 줄 아는 것이다. 예를 들면 효도를 이론적으로 교과서에 배운 지식으로 대상화하여 아는 것이 아니라 몸으로 실천하여 부모님에게 직접 효도할 줄 아는 체지(體知)이다. 여기서 지행은 분리되지 않는다. 왕양명의 학문은 '양지학'이라 할 정도로 이 학문을 이해하려면 먼저 '양지' 개념을 알아야 한다.[17]

2. 양지의 여러 의미

(1) 양지는 거룩한[聖] 자기준칙(準則)이다

양명은 "마음의 양지를 거룩함[聖]이라고 한다"[18]라고 하였다. 그리고 또

---

16 『王陽明全集』 권6, 答南元善: "盖良知之體本自聰明睿知 本自寬裕溫柔 … 盖吾之耳而非良知 則不能以聽矣 又何有于聽? 目而非良知 則不能以視矣 又何有于明 心而非良知 則不能以思與覺矣 又何有于睿知?"
17 李明漢, 「陽明良知槪念的形成及其意義之探討」 臺灣 中國文化大學 博士論文, 1988.
18 『王陽明全書』 卷8, 142쪽 書魏師孟書 "心之良知是謂聖."

"사람들 가슴속에 각각 하나의 성인이 있다. 단지 스스로 믿지 못하여 스스로 묻어 버린 것이다."[19] 마음속의 성인이 바로 양지이다. 양명은 "그대가 가지고 있는 한 점의 양지가 그대 자신의 준칙이다."[20] 따라서 양지는 사실판단, 도덕판단, 심미판단을 할 수 있는 진선미(眞善美)는 물론 성(聖)을 가리키는 것임을 알 수 있다. 양명은 내 자신이 옳고 그름[是非], 선악(善惡), 정사(正邪), 호오(好惡)를 판단하는 자율적 준칙이라고 하였으며 이 준칙을 도(道)라고 부르기도 하였다.

"도가 바로 양지이다. 양지는 완전하고도 완전하다. 옳은 것은 그것이 옳다고 돌리고[還] 그른 것은 그것이 그르다고 돌린다. 옳고 그름은 단지 양지에 의지하기만 하면 다시는 옳지 않은 곳이 없다. 이 양지가 여전히 그대의 밝은 스승이기도 하다."[21]

내 마음의 준칙인 양지가 바로 밝은 스승[明師]이다. 따라서 만약 양지가 그르다고 하면 설령 공자의 말이라도 자기의 시비 판단의 준칙으로 삼을 수 없다. 양지가 옳은 것이라고 판단하면 그 말이 설령 보통 백성에게서 나왔다 하더라도 그르다고 말할 수 없다는 것이다.

양명은 "이러한 것들이 투철하게 되면 양지에 따라서 수천만 마디의 말은 옳고 그름, 진실함과 거짓됨이 바로 분명하게 된다. 합당하면 바로 옳은 것이고 합당하지 못하면 바로 그른 것"[22]이라고 하였다. 양지는 또한 캄캄한 밤중에 내가 어디에 있는지 위치를 모를 경우 나의 방향을 잡아 주는 것이 나침반처럼 언제나 바른 길을 알려준다. 양지는 부정부패가 만연한 암흑 같

---

19 『傳習錄』下 陳九川錄 曰: "人胸中各有個聖人 只自信不及 都自埋倒了."
20 『傳習錄』下 206條目: "爾那一點良知 是爾自家底準則."
21 『傳習錄』下: "道卽是良知 良知是完完全全 是的還他是 非的還他非 是非只依著他 更無有不是處 這良知 還是你的明師."
22 『傳習錄』下: "這些子看得透徹 隨他千言萬語 是非誠僞 到傳便明 合得的便是 不合得的便非 如佛家說心 印相似 眞是箇試金石 指南針."

은 사회에서 살더라도 올바른 길을 찾는 이들에게 그 길을 안내하는 나침판과 같은 존재라는 것이다. 양명은 양지에 대한 시를 지어 이렇게 말하였다.

"사람마다 스스로 나침판을 가지고 있어.

온갖 변화의 근원은 모두 마음에 있다.

그래서 앞 사람이 뒤집힌 견해를 비웃는구나.

가지마다 잎마다 밖에서 머리[頭]를 찾고 있다니.

그대 자신이 각각 스스로 하늘의 참됨[天眞]인 것을

남에게 구하여 다시는 남에게 물을 필요가 없고.

다만 양지를 실천하여 덕업을 이룬다.

쓸데없이 낡은 종이[故紙]를 따라 정신을 허비 말기를,

면면히 이어온 성스런 학문[聖學]은 이미 천년이나 되었네!

두 글자 양지는 입으로 전하였지

혼륜에 구멍 뚫음이 없음을 알려면

모름지기 규구(規矩)를 따라서 네모와 동그라미를 내야 하는 것을."[23]

이 시에서 말한 앞 사람이란 주자의 격물치지의 방법을 말한다. 내 마음이 옳고 그름, 바르고 잘못됨[是非正邪]을 판단하는 준칙인데 마음 밖에 정해진 이치[定理]가 있다고 하여 지엽적인 데서 시비 판단의 표준을 찾으려는 것을 비판한 것이다. 밖에서 타인의 의견을 물어보고 모든 것을 결정하는 타율적인 태도를 지양하고 마음의 양지를 따라가면 시비판단이 정확히 이루

---

23 『王陽明全集』卷20, 詠良知四首示諸生 "人人自有定盤針 萬化根源總在心 却笑從前顚倒見 枝枝葉葉外頭尋 爾身各各自天眞 不用求人更問人 但致良知成德業 漫從故紙費精神 綿綿聖學二千年 兩字良知是口傳 欲識渾淪無釜鑿 須從規矩出方圓."

어진다고 하였다.

여기서 언급한 혼륜은 장자에 나오는 혼돈과 유사하다. 혼돈에 구멍 일곱 개를 뚫어주니 혼돈이 죽은 것처럼 대상화하여 지식으로 알려고 하면 양지는 죽어버린다는 것을 암시한 시(詩)이기도 하다.

주자학에서는 시비판단을 하려면 외적으로 정해진 눈금[定理]에 따라서 해야 한다고 하였다. 구체적인 세부절차를 마련한 지침서가 있어야 한다는 것이다. 그래서 주자학은 외적인 규범인 예(禮)를 매우 중시하였다. 그러나 양명학에서의 양지는 원을 재는 컴퍼스와 네모를 재는 자[規矩]와 같은 자기 준칙이기도 하다. 컴퍼스와 네모 자가 나의 마음 밖에 있다고 생각하는 것이 주자학인 데 반하여 그것이 나의 마음에 내재해 있다고 보는 것이 양명학이다.

따라서 우리가 일상 생활하는 구체적인 절차, 즉 손님을 접대하고 사물을 처리하는 척도가 바로 양지라는 것이다. 양명은 "대체로 양지의 세부적인 절차 항목 그리고 사건의 변화[節目事變]의 관계는 마치 규구[컴퍼스와 잣대] 척도의 네모와 원, 길고 짧은 관계와 같다"[24]고 하였다. 양명은 그 척도를 양지라고 하였고 시비지심(是非之心)이라고도 하였다. 척도가 있어야 밖의 사물을 잴 수 있는 것과 마찬가지로 양지가 있어야 현실에서 일어나는 일의 옳고 그름[是非]과 좋고 싫음[好惡]을 정확히 판단할 수 있다는 말이다.

양명은 또 양지는 어디에도 의존하지 않는 자기 충족성을 가지고 자신을 조종하고 있는 것은 마치 배에 키가 있는 것 같다고 보았다. 양명은 "오늘 많은 일이 생긴 이래 단지 이 양지는 갖추어져 넉넉하지 않음이 없다. 비유하면 배를 조종하는데 키를 얻어 평온하거나 파도치거나 얕거나 깊거나 뜻대

---

24 『傳習錄』中 139條目: "夫良知於節目時變 猶規矩尺度於方圓長短也."

로 하지 못함이 없다. 비록 돌개바람과 거친 파도를 만난다 하더라도 키가 손에 있으니 물에 빠질 걱정은 면할 수 있다"[25]고 하였다. 이것은 우리가 아무리 많은 일을 하더라도 그 일을 하는 주체인 양지가 늘 작용하고 있기 때문에 아무리 어려운 일이 닥친다 하더라고 양지에 의하여 판단하고 행위하면 위험에 빠지지 않는다고 한 것이다.

(2) 양지는 참된 자기이다[眞己]

양명은 천리인 양지를 참된 자기[眞己]라고도 불렀다. 양명은 이 참된 자기가 육체적 자기[軀殼之己]를 주재한다고 생각하였다. 우리가 보고 듣고 말하고 움직이는 것[視聽言動]은 모두 '참된 자기'가 주재한다는 것이다. 양명은 소혜와의 대화에서 이렇게 말하였다.

"이 보고 듣고 말하고 움직이는 것은 모두 너의 마음이다. 이 본성의 삶의 이치[生理]가 눈에서 나타나면 볼 수 있고 귀에서 나타나면 들을 수 있고 입에서 나타나면 말할 수 있고 사지에서 나타나면 움직일 수 있다. 이 모든 것이 다만 저 천리가 발생한 것일 뿐이다. 그것[천리]이 한 몸[一身]을 주재하기 때문에 그것을 마음[心]이라고 하였다. 이 마음의 본체는 원래 단지 천리일 뿐이며 원래 예가 아님이 없다. 이것이 바로 너의 참된 자기[眞己]이다. 이 참된 자기가 육체[軀殼]를 주재한다. 만약 참된 자기가 없다면 육체가 없게 된다. 참으로 이것이 있으면 살고 없으면 죽는다. 만약 네가 진정 저 육체적 자기[軀殼的己]를 위한다면 반드시 이 참된 자기를 운용해야 하며 항상 이 참된 자기

25 『王陽明全集』年譜: "今自多事以來 知此良知無不具足 譬之操舟得舵 平瀾淺瀨 無不如意 雖遇顚風逆浪
     舵柄在手 使勉沒溺之患矣."

의 본체를 보존하고 지켜야 한다."[26]

여기서 말하는 참된 자기는 양지를 가리키는 말이다. 이 양지가 귀, 눈, 입, 코[耳目口鼻], 팔다리[四肢]의 육체를 주재하고 있다. 양지는 천리이며 다른 말로 표현하면 생명의 원리[生理]이기도 하다. 이 생명의 원리가 육체를 주재하며 육체를 통하여 자신을 나타낸다.

그러므로 양지가 없으면 보지도 듣지도 말하지도 움직이지도 못한다. 양지는 육체를 주재한다. 생명의 이성[生理]인 양지가 없으면 육체는 시체나 마찬가지이다. 양지가 육체를 주재하는 한 사람은 살아 움직이는 것이다. 양명은 양지를 "하늘이 심어준 영명한 뿌리[天植靈根]"라고 하여 이 뿌리가 가지와 잎사귀의 근원이 된다고 보았다. 양명은 이 참된 자기가 육체적 자기[軀殼之己]에서 생긴 사욕을 주재한다고 생각하였다.

따라서 양명은 양지를 주인으로 비유하여 이렇게 말하였다. "양지는 주인과 같고 사욕은 매우 사나운 노비와 같다. 주인이 병상에서 가라앉듯 아파 누워 있으면 노비는 곧바로 감히 함부로 위력으로 복종시키니 집안은 질서를 말할 수 없다."[27] 양지와 사욕을 주인과 노비의 관계로 비유하여 알아듣기 쉽게 말하였다. 양지는 보편적 천리로서 옳고 그름을 판단하는 도덕적인 주체인 동시에 욕망을 다스리고 주재하는 마음의 주인공이다. 양명은 당시에 일어난 여러 가지 반란을 평정하였다. 여기서 깨달은 것은 "산속에 있는 도적은 깨트리기 쉽다. 그런데 마음속에 있는 도적은 깨트리기 어렵다[破山中賊易 破心中賊難]"라는 것이었다. 마음속의 도둑인 사욕을 다스리기 매우 어

---

26 『傳習錄』上: "這視聽言動 皆是汝心 汝心之視發竅於目."
27 『王陽明全集』卷32 補錄 傳習錄拾遺 51條 中 2: "先生曰良知猶主人翁 私欲猶豪奴悍婢 主人翁沉疴在床 奴婢便敢擅作威福 家不可以言齊矣."

렵다는 말이기도 하다.

(3) 양지는 자기만이 홀로 아는 독지(獨知)이다

양명은 "이른바 남은 모르고 자기만 홀로 아는 곳이 바로 내 마음의 양지가 작용하는 곳이다"[28]라고 하였다. 홀로 앎[獨知]의 홀로[獨]는 대학과 중용의 신독(愼獨)에서 나온 말이다. 신독이란 아무도 보지 않고 들리지 않는 곳에서 홀로 삼간다는 의미이다. 다시 말해 다른 사람이 알지 못하더라도 자기 홀로 마음속에서 일어나는 옳고 그른 일을 알고 있다는 말이다.

양명은 "대체로 의념의 발동은 내 마음의 양지가 저절로 알지 못함이 없다. 그것이 선한 것인지? 오로지 내 마음의 양지가 저절로 그것을 안다. 그것이 불선한 것인지? 역시 오직 내 마음의 양지가 저절로 그것을 안다. 이것은 모두 타인과 함께하는 곳이 아니다."[29] 양지는 자기의 의념이 발동한 것이 선한지 불선한지 알고 있다. 그것을 자기의 마음속에서 일어나는 일이기 때문에 다른 사람은 알지 못한다. 이것을 독지(獨知)라고 한다. 양명은 다음과 같은 시를 통하여 독지를 표현하였다.

양지는 바로 홀로 알 때	良知卽是獨知時
이 앎의 밖에 더 아무 앎도 없다.	此知之外更無知
어느 누군들 양지를 가지고 있지 않은가?	誰人不有良知在
양지를 알 수 있는 것은 오히려 누구인가?	知得良知却是誰

---

28 『傳習錄』: "所謂人所不知其所獨知者 此正吾心良知處."
29 大學問: "凡意念之發 吾心之良知無有不自知者 其善歟 惟吾心之良知自知之 其不善歟 亦惟吾心之良知自知之 是皆無所與于他人者也."

양지를 알 수 있는 것은 오히려 누구인가?	知得良知却是誰
자기가 아프고 가려우면 자기가 안다.	自家痛痒自家知
만약 아프고 가려움을 남 따라 묻는다면	若將痛痒從人問
아프고 가려움은 왜 다시 물어야 하나!	痛痒何須更問爲

아무 소리도 냄새도 없는 것을 홀로 알 때	無聲無臭獨知時
이것이 온 우주 모든 존재의 터전인 것을	此是乾坤萬有基
자기의 무진장을 내버려 두고서, 문간마다	棄却自家無盡藏
동냥 그릇 들고 가난한 아이 흉내 낸다.	沿門持鉢效貧兒

이 시는 양명문인들 사이에서 광범하게 유행되어 사람들의 입에 오르내리던 것이었다. 홀로 아는 독지는 아프고 가려움을 스스로 아는 자가지(自家知)이며 양지의 다른 표현인 것이다. 천리인 양지가 우주 만유의 근본 터전으로 자기 스스로 무진장하게 가지고 있는데 그것을 내버려두고 밖에서 정리(定理)를 찾으려 하는 주자학을 문전걸식으로 비판한 것이기도 하다. 주자학에서 독지는 양지가 아니었다. 양명이 말하는 독지로서의 양지는 심미판단 도덕판단 그리고 진위[誠僞]판단의 기준이므로 양명은 이렇게 말하였다.

"아무런 일이 없을 때 물론 홀로 안다[獨知]. 일이 있을 때도 역시 홀로 안다. 사람이 만약 그 홀로 아는 곳에서 힘쓸 줄 모르고 사람들이 모두 다 아는 곳에서만 힘쓴다면 곧 거짓을 꾸미는 것이다. 바로 '군자를 만난 뒤에 계면쩍어 하는 것이다.' 그 홀로 아는 곳이 바로 참됨[誠]의 싹이다. 이곳에서는 착한 생각이나 악한 생각을 막론하고 더 이상 아무런 허위와 거짓이 없다. 이 한 가지가 옳으면 백 가지가 옳고 이 한 가지가 잘못되면 백 가지가 잘못된다. 이것이 바로 왕도와 패도, 의리와 이익, 참과 거짓, 선과 악의 분계점이다. 여기서 하나가 확립되고 흔들림 없는 마음을 세우는[立定] 것이 바로 근본을 바로잡고 근원을 맑게 하는 것이며 참[誠]을 세우는 것이다. 옛 사람들이 몸을 성실하게 하는 여러 공부, 정심, 명맥의 전체가 오직 여기에 있다. 참으로 [그 홀로 있을 때보다] 더 잘 드러나고 더 잘 나타나는 것이 없으니 때와 장소 시작과 마침의 구별이 없이 다만 이 하나의 공부일 뿐이다. 만약 경계하고 두려워하는 것을 따로 떼어내어 자기가 알지 못하는 공부라고 여긴다면 곧 공부가 지루하게 되고 또 단점이 생길 것이다. 이미 경계하고 두려워한다면 그것을 곧 알고 있는 것이다. 자기가 만약 알지 못한다면 무엇을 경계하고 두려워하겠는가? 이러한 견해는 모든 것을 끊고 없애버리는 선정(禪定)에 흘러 들어가고자 하는 것이다."[30]

양지는 언제 어디서나 드러나는[程顯] 것이므로 일이 있을 때나 없을 때나 자기가 홀로 안다[獨知]. 우리들이 '입성(立誠)', '성신(誠身)', '계구(戒懼)' 등의 공부를 하려면 반드시 양지 독지에 의거해야 되는 것이다. 이러한 양지 독지로 말미암아 우리는 평시의 모든 실천공부를 보증 받을 수 있는 것이다. 양명이 '자기가 모른다면 누가 경계하고 두려워[戒懼]하겠는가?'라는 말을 통하여 계구 등의 공부는 자연스럽게 독지로 말미암아 주도되고 이끌어진다는 것을 알 수 있다. 양명이 말하는 양지는 초월적인 보편적 특성을 가지고 있는 법칙인 동시에 자신을 약속(約束)하는 자율적인 능력을 가지고 있다.

---

30 『傳習錄』上 120條目: "無事時固是獨知 有事時亦是獨知 人若不知於此獨知之地用力 只在人所共知處用功 便是作僞 便是見君子然後厭然 此獨知處便是誠的萌芽 此處不論善念惡念 更無虛假 一是百是 一錯百錯 正是王霸 義利 誠僞 善惡界頭 於此一立立定 便是端本澄源 便是立誠 故人許多誠身的工夫 精神命脉全體 只在此處 眞是莫見莫顯 無時無處 無終無始 只是此個工夫 今若又分戒懼爲己所不知 卽工夫支離 亦有間斷 旣戒懼 卽是知 己若不知 是誰戒懼? 如此見解 便要流入斷滅禪定."

'양지를 알고 있는 것은 누구인가?'의 누구는 바로 홀로 아는[獨知] 양지 자신이다.[逆覺體證을 통하여 안다.] 양명은 이것을 참된 자기[眞己]라고 하여 육체적 자기[軀殼之己]와 구별하였다.[31]

(4) 양지는 미발의 알맞음[未發之中]이다

왕양명이 말하는 독지는 정감, 사려가 이미 발동된 것, 즉 이발(已發)을 말하며 양지는 마음속에서 일어나는 이것을 안다는 것이다. 그런데 양명은 또 아직 발동되지 않은 미발의 알맞음[未發之中]을 양지라고 하였다. 이 문제는 다음 제8장에서 상세히 논하지만 개략을 살펴보면 다음과 같다. 미발이라는 말은 「중용」의 "기쁨, 노함, 슬픔, 즐거움이 아직 발동하지 않은 것을 알맞음[中]이라 하며 이미 발동되어 절도에 다 들어맞는 것을 어울림[和]이라고 한다[喜怒哀樂之未發謂之中 發而皆中節謂之和]"에서 나왔다. 이것으로 미발의 알맞음[中]은 정감적 심미판단의 근거임을 알 수 있다. 미발 이발의 공부 문제는 주자학에서 매우 중시하여 주자는 미발 때에는 함양을 하고 이발 때에는 성찰하는 공부를 한다고 하였다. 왕양명은 주자의 공부 방법을 비판하면서 미발, 이발을 나누지 않고 본체와 작용이 근원을 하나로 한다는 체용일원(體用一源)의 입장에서 논하였다.[이 문제는 제8강에서 자세하게 다룬다.] 양명은 이렇게 말하였다.

"미발의 알맞음[中]은 곧 양지이며 앞뒤 안팎이 없는 혼연일체이다. 일이 있고 없고는 움직임과 조용함으로 말할 수 있으나 양지는 일이 있고 없음의 구분이 없다. 적연(寂然)과 감통(感通)은 움직임과 조용함으로 말할 수 있으나

---

31 吳震, 「傳習錄精讀」 第6講 良知學說的提出, 上海: 復旦大學 出版社, 2011, 116쪽.

양지는 그러한 구분이 없다. … 미발은 이발 가운데 있으나 이발 가운데 별도로 미발이 있는 것은 아니다. 이발은 미발 가운데 있으나 미발 가운데 별도로 이발이 있는 것은 아니다. 이것은 움직임과 조용함이 없었던 적이 없으나 움직임과 조용함으로 나눌 수는 없다."[32]

미발의 알맞음[中]인 양지는 움직일 때이건 조용할 때이건 그 자체는 조금의 더함도 줄어듦도 없고 움직임이나 조용함의 구분, 적연과 감통의 구분도 없이 늘 존재한다[常存性]. 따라서 양지가 실현되는 공부는 동정을 막론하고 오로지 양지의 천리만 따르면 되는 것이다.

(5) 양지는 지선(至善)이다

지선이란 우리가 추구하는 가장 좋은 것, 훌륭한 것[善]을 말한다.

왕양명은 『친민당기(親民堂記)』에서 "하늘이 명한 본성은 순수하고 지극히 선하다[至善]. 그 신령스럽게 밝아 어둡지 않은 것은 이 지선(至善)이 나타나 드러난 것이다. 이것이 바로 밝은 덕[明德]의 본체이며 이른바 양지라고 하는 것이다. 지선의 발현(發現)은 옳다면 옳다고 여기고 그르다면 그르다고 여긴다. 본래 내 마음이 천연(天然)스럽게 저절로 가지고 있는 원칙[則]이다."[33]

이것을 위에서 자기준칙이라고 하였고 천리라고도 불렀다. 양지가 지선이라고 주장한 것은 그의 체용일원의 입장에서 밝힌 것이다. 왕양명은 "지

---

32 『傳習錄』 中 答陸原靜書: "未發之中 卽良知也 無前後內外 而渾然一體者也 有事無事 可以言動靜 而良知無分於有事無事也 寂然感通 可以言動靜 而良知無分於寂然感通也 … 未發在已發之中 而已發之中未嘗別有未發者在 已發在未發之中 而未發之中未嘗別有已發者存 是未嘗無動靜 而不可以動靜分者也."

33 『王陽明全集』 卷7 文錄4 親民堂記: "天命之性 粹然至善 其靈昭不昧者 皆其至善之發現 是乃明德之本體 而所謂良知者也 至善之發現 是而是焉 非而非焉 固吾心天然自有之則 而不容有所擬議加損於其間也," 859쪽.

선은 단지 이 마음이 천리의 최고 표준[極]에서 순수한 것이면 바로 옳다"[34] 고 하여 본체 방면에서 말한 것이다. 그 작용적인 면은 옳은 것은 옳고 그른 것은 그르다고 나타나 있는 그대로 판단하는 것이다.

"지선의 발현(發現)은 옳다면 옳다고 여기고 그르다면 그르다고 여긴다." "본래 내 마음이 천연(天然)스럽게 저절로 가지고 있는 원칙[則]이다. 마음이 완전히 순수한 천리(天理)이기만 하면 된다. 다시 사물에서 어떻게 구하겠는 가? 시험 삼아 몇 가지 예를 들어 말해 보아라."[35]

마음이 완전히 순수한 천리라는 것은 양지가 천리요 지선이 바로 천리라 는 말이다. 양지가 천리라는 말은 양지의 도덕근원이 보편적 원리에서 나온 것이라는 말이며 양지가 지선이라는 것은 양지가 모든 도덕 판단의 근원으 로서 최고선[highest good]이라는 말이다. 그것은 우리 마음의 본체가 바로 천 명의 본성[天命之性]이고 이 본성은 선하지 않음이 없고 또 필연적으로 지선 한 것이므로 양지가 옳고 그름 선악을 판단할 수 있다. 왜냐하면 양지 그 자 체가 절대적인 지선의 가치존재이기 때문이다. 양지의 도덕 판단력은 모두 지선의 가치 위에 터전을 두고 있다.[36]

(6) 양지는 남의 고통을 아파할 줄 아는[眞誠惻怛] 마음이다

왕양명은 "대개 양지는 단지 천리의 자연스런 명각(明覺)이 발현되는 곳 일 뿐이다. 단지 참으로 슬퍼하고 불쌍히 여기는 마음이다. 바로 그 본체 다"[37]라고 하였다. 여기서 말하는 심체는 양지를 가리킨다. 이 마음의 본체

---

34 『傳習錄』上: "至善只是此心純乎天理之極便是."
35 『大學問』; "至善之發見 是而是焉 非而非焉"; 『傳習錄』上 4條目 先生曰: "至善只是此心純乎天理之極便 是. 更於事物上怎生求? 且試說幾件看."
36 吳震, 『傳習錄講讀』第6講, 112쪽.
37 『傳習錄』中 答聶文蔚2 189條: "盖良知只是一個天理自然明覺發見處 只是一個眞誠惻怛 便是他本體."

에서 자연스럽게 나온 것이 요순과 문왕의 경외이다. 양지는 남의 고통에 대하여 자연스럽게 나오는 마음이기도 하다. 양지는 참으로[眞誠] 남의 고통을 차마 보지 못하는 측은한 마음이요 남이 고통에 처해 있을 때 슬퍼하고 불쌍히 여기는[惻怛] 마음이다. 독일어로 말하면 동감[Mitleid], 즉 함께 아파하고 고뇌한다는 의미가 된다.

이러한 어진 마음[仁]이 있기에 어린이가 우물에 빠지려는 것을 보는 순간 깜짝 놀라서 구해주려고 한다. 결코 그 어린이의 아버지와 사귀기 위해서 마을 사람들의 칭찬을 듣기 위해서 그리고 비난의 소리를 듣지 않기 위해서 한 행위가 아니라 순수하고도 자연스럽게 우러나온 것이다.

양명은 "앎은 마음의 본체이다. 마음은 저절로 알 수 있다. 부모를 뵈면 자연히 효도할 줄 알고 형을 뵈면 자연히 공경할 줄 알며 어린이가 우물에 빠지는 것을 보면 자연히 측은히 여길 줄 안다. 이것이 바로 양지이다. 밖에서 구할 필요가 없다"[38]고 말하였다. 여기서 '저절로 알 수 있다[自然會知]'는 것은 양지가 스스로 안다는 말이다.

양명은 "양지가 바로 천리이며 생각[思]은 양지가 발하여 작용하는 것이다. … 양지가 발하여 작용하는 생각은 저절로 명백하고 간단하고 쉬우며 양지 역시 저절로 알 수 있다. 만약 사사로운 뜻으로 안배하는 생각이라면 저절로 분주하고 수고롭고 어지러운데 양지는 [이 안배된 생각을] 역시 분별할 수 있다. 생각이 옳은지 그른지, 비뚠지 바른지를 양지는 스스로 알지 못하는 것이 없다. 따라서 도적을 자식으로 오인하는 것은 바로 양지를 실천하는 치양지의 학문에 밝지 못하여 양지를 체득할 줄 모르기 때문이다"[39]라고

38 『傳習錄』 上 8條目: "知是心之本體 心自然會知 見父自然知孝 見兄自然知第 見孺子入井 自然知惻隱 此便是良知 不假外求."
39 『傳習錄』 中 答歐陽崇一: "良知卽是天理 思是良知之發用 … 良知發用之思 自是明白簡易 良知亦自能知得 若是私意按排之思 自是紛紜勞擾 良知亦是會分別得 蓋思之是非邪正 良知無有不自知者 所以認賊作

말하였다.

양명은 생각에 두 가지가 있는데 하나는 양지가 발하여 작용하는 생각이고 다른 하나는 사사롭게 안배(按配)하는 생각이다. 전자는 양지가 발하여 작용하는 생각이므로 아무런 거짓이 없다. 그러나 후자는 사욕의 안배에 의하여 생긴 생각이므로 분주하고 어지럽다. 양지에 의한 생각은 옳고 그름, 바르고 비뚤어짐을 분별할 수 있기 때문에 마음의 도적[賊]인 사욕과 양지의 작용인 자식[子]을 스스로 명확히 구분한다. 다만 이 양지는 실천[치양지]을 통해야만 자기 본래의 능력을 발휘하여 저절로 알 수 있다고 하였다.

양명은 이렇게 말하였다. "남이 보지 않아도 경계하고 삼간다. 남이 듣지 않아도 두려워하고 무서워한다. 이것은 마음이 없앨 수 없다. 두려워하고 무서워하는 곳이 있으며 걱정하고 근심하는 곳이 있는 것은 사심(私心)이 가질 수 없다. 요순이 조심하고 두려워[兢兢業業]하고 문왕이 대단히 조심하고 삼가[小心翼翼]는 것은 모두 경외(敬畏)하는 것을 말한다. 모두 그 심체의 자연에서 나온 것이다. 심체에서 나온 것이지 [인위적으로] 할 바가 있어 그것을 한 것이 아니다. 자연스런 것을 말한다."[40] 양지의 저절로 아는 자각능력은 천부적이므로 자연스러운 것이며 인위적인 것이 아니다. 이것은 양지 본체의 자연성이라고 해도 좋을 것이다.

(7) 양지는 영묘한 밝음[靈明]이다

양명은 세상을 떠날 때 "내 마음이 밝은 빛이다[吾心光明]"라고 하였다. 광명은 바로 내 마음속에서 빛을 발하는 영명한 양지[靈知]를 가리킨다. 양명

子 正爲致知之學不明 不知在良知上體認之耳."

40 『王陽明全集』 卷5 答舒國用 癸未: "戒愼不睹 恐懼不聞 是心不可無也 有所恐懼 有所憂患 是私心不可有也 堯舜之兢兢業業 文王之小心翼翼 皆敬畏之謂也 皆出乎其心體之自然也 出乎心體 非有所爲而爲之者 自然之謂也."

은 "마음의 영명(靈明)이 앎[知]이다"[41]라고 말하였는데 이때의 앎이란 양지를 가리키는 것이다. 양명은 마음의 본체인 양지를 태양에 자주 비유하기도 한다. 왕양명은 이렇게 말하였다.

"양지는 비유하자면 햇빛과 같아서 그것이 있는 장소를 지적해 낼 수 없다. 조그만 틈으로 빛이 스며들기만 해도 모두 빛이 있는 곳이다. 비록 구름과 안개가 사방에 가득 차 있을지라도 태허 속에서 색깔과 형상을 구분할 수 있는데 이 또한 햇빛이 소멸되지 않는다는 것을 보여준다. … 칠정이 그 자연의 운행을 따르는 것은 모두 양지의 작용이며 선과 악으로 구별할 수는 없다. 그러나 집착하는 것이 있으면 안 된다. 칠정에 집착이 있으면 모두 인욕이라고 하며 모두 양지를 가리게 된다. 그러나 집착하자마자 양지는 또한 저절로 깨달을 수 있다. 깨달으면 곧 가린 것이 제거되어 그 본체를 회복하게 된다."[42]

햇빛이 어디에나 다 비추듯 양지도 어디에나 다 작용한다는 것이다. 구름과 안개 등은 인간이 가지고 있는 욕심을 가리킨다. 태양이 일시적으로 구름에 의하여 가려져 보이지 않는다 해도 없어진 것은 아니다. 마찬가지로 양지가 인욕 때문에 가리어져 일시적으로 나타나지 않지만 결코 없어지는 것이 아니라는 말이다. 그리고 정감적인 칠정의 자연스런 발휘는 양지가 아님이 없지만 칠정에 집착하면 인욕이 된다는 것이다. 이 집착을 알아차리는 것이 또한 양지이기도 하다.

왕양명은 양지를 밝은 거울에 비유하기도 하였다. 양지는 마치 밝은 거울

---

41 「傳習錄」上, "心之靈明是知."

42 「傳習錄」下 290條目 先生曰: "[良知] 比如日光 亦不可指著方所 一隙通明 皆是日光所在 雖雲霧四塞 太虛中色象可辨 亦是日光不滅處 不可以雲能蔽日 敎天下要生雲 七情順其自然之流行 皆是良知之用 不可分別善惡 但不可有所著 七情所著 俱謂之欲 俱爲良知之蔽 然纔有著時 良知亦自會覺 覺卽蔽去 復其體矣."

[明鏡]이 만물을 고루 비추어 미추(美醜)를 드러내는 것과 같이 그 영명(靈明)한 빛으로 옳고 그름[是非], 바름 거짓[正邪]을 있는 그대로 아는 것이다. 양명은 "그 양지의 본체는 밝은 거울처럼 밝아서 조그마한 그늘도 없다. 아름다운 것이나 추한 것이 다가오면 사물에 따라 형체를 드러내지만 밝은 거울은 더럽혀진 적이 없다"[43]고 말하였다.

양지는 명경과 같이 미추를 판단하는 심미적인 능력을 가지고 있다. 마치 거울이 모든 것을 다 비추지만 더럽혀진 적이 없듯이 양지도 모든 심미적 판단을 다 하지만 조금도 손상된 적이 없음을 말한 것이다. 이른바 '정감은 온갖 일에 순응하되 사적인 감정이 없다'는 말이다.

"양지는 본래 저절로 밝다. 기질이 아름답지 못한 사람은 찌꺼기가 많고 가린 것도 두터워서 양지를 환하게 드러내기가 쉽지 않다. 기질이 아름다운 사람은 찌꺼기가 원래 적고 가린 것도 많지 않기 때문에 양지를 실현하는 공부를 조금만 한다면 이 양지가 저절로 맑고 투명해져서 약간의 찌꺼기는 마치 끓는 물에 떠 있는 눈처럼 금방 사라질 것이니 어떻게 가릴 수 있겠는가? 이것은 본래 이해하기 어렵지 않다. 그대가 이것에 대해 의심을 품는 까닭은 밝다[明]라는 글자를 분명히 이해하지 못했고 또 급하게 이루고자 하는 마음이 어느 정도 있기 때문이다."[44]

여기서 양지의 특징이 저절로 밝다는 것이다. 양명은 기질의 두텁고 엷음(厚薄)에 따라서 양지의 심미적인 판단이 환하게 드러나느냐 여부가 정해진다고 보았다. 이것은 양지의 허령명각(虛靈明覺)을 말한 것이기도 하다. 여기서 말하는 찌꺼기는 기질에서 나오는 욕심을 말한다. 양지가 본래 밝기 때

---

43 『傳習錄』中 167條目: "其良知本體 皎如明鏡 略無纖翳 妍媸之來 隨物見形 而明鏡曾無留染."
44 『傳習錄』中 164條目: "良知本來 自明 氣質不美者 渣滓多 障蔽厚 不易開明 質美者 渣滓原少 無多障蔽 略加致知之功 此良知便自瑩徹 些少渣滓如湯中浮雪 如何能作障蔽? 此本不甚難曉 原靜所以致疑於此 想是因一明字不明白 亦是稍有欲速之心."

문에 이것이 드러나면 찌꺼기는 저절로 눈 녹듯이 사라진다는 것이다.

(8) 양지는 즐거움[樂]의 본체이다 ─심미적 판단의 근원

양명은 "즐거움[樂]은 마음의 본체이다. 비록 칠정(七情)의 즐거움과는 같지 않지만 역시 칠정의 즐거움에서 벗어나지 않는다. 그렇지만 성현에게는 따로 참된 즐거움이 있다. 역시 보통사람이 함께 가지고 있는 것이다. 그러나 보통사람은 그것을 가지고 있지만 스스로 알지를 못한다. 반대로 허다한 걱정과 괴로움을 스스로 추구하여 스스로 더욱 헤매고 내버린다. 비록 걱정과 괴로움 헤맴과 버림 가운데 있다 하더라도 이 즐거움은 존재하지 않은 적이 없다. 그러나 한 생각이 열리고 밝아지며 자신을 돌이켜 참되면 바로 이곳에 있는 것이다."[45] 양명은 양지가 마음의 본체[心體]라고 하였으며 또한 직접 양지가 바로 즐거움[樂]의 본체[46]라고 하였다. 다시 말해 즐거움[樂]은 마음의 심미적 본체인 양지이다. 이러한 즐거움은 맹자가 말한 "몸을 돌이켜 참되면 이보다 더 큰 즐거움이 없다[反身而誠 樂莫大焉]"고 한 것은 참된 즐거움[眞樂]이다.

이러한 참된 즐거움은 칠정의 즐거움과는 다르지만 역시 칠정의 즐거움에서 벗어나지 않는다. 주돈이는 이정에게 "공자와 안연이 즐거워한 경지를 찾는[尋孔顔樂處]" 공부를 인생의 중요한 의미로 가르쳐주었다. 공자와 안연이 도달한 경지는 물질적인 부(富)와 높은 자리의 벼슬[貴], 이름이 널리 알려지는 명예 등의 속박을 벗어나서 도(道)를 알고 도와 합일된 자유롭고 즐거운 삶이다. 안연은 부귀영화를 부러워하지 않고 가난하였지만 도를 즐기는

---

45 『傳習錄』中: "樂是心之本體 雖不同於七情之樂 而亦不外於七情之樂 雖則聖賢別有眞樂 而亦常人之所同有 但常人有之而不自知 反自求許多憂苦 自加迷棄 雖在憂苦迷棄之中 而此樂又未嘗不在 但一念開明 反身而誠 則卽此而在矣."

46 『王陽明全書』卷5 文錄 2: "與黃勉之 良知卽是樂之本體."

자유인이었다. 이것을 안빈낙도(安貧樂道)라고 한다. 공자는 "아는 것은 좋아하는 것만 못하고 좋아하는 것은 즐기는 것만 못하다"[47]고 하였다. 공자와 안연은 도를 알았을 뿐만 아니라 그것을 즐긴 성현들이다.

즐긴다[樂] 함은 양지의 심미적 본체인 낙(樂)을 사회에 실현하는 것일 뿐만 아니라 천지 만물과 일체가 되는 것이다. 이것이야말로 참된 즐거움이요 공자와 안연이 즐긴 경지를 구하는 것이 바로 마음의 본연 상태를 회복하는 것이라고 양명은 말하였다.

그리고 양지는 기쁨, 노함, 슬픔, 두려움, 사랑, 미움, 욕심[喜怒哀懼愛惡欲]이라는 칠정의 심미적[aesthetic] 판단의 본체임을 알 수 있다. 양지 자체가 칠정은 아니지만 이 칠정을 통하여 양지는 드러난다. 칠정이 발현되는 데 양지에 따라 마땅히 기뻐해야 할 때는 기뻐하고 노여워해야 할 때는 노여워하고 슬퍼해야 할 때는 슬퍼하며 두려워해야 할 때는 두려워하고 아끼고 싫어해야 할 때는 아끼고 싫어하는 것이다. 이러한 경지에 이르면 뜻에 따라 움직이지만 또한 그 법도에서 벗어나지 않는 것이 된다.

양명은 성현이 가지고 있는 참된 즐거움[眞樂]이 보통사람과 다름이 없지만, 성현은 그 즐거움을 찾아서 즐기지만 보통사람은 자기가 가지고 있는 즐거움을 알지 못하고 오히려 걱정과 괴로움 속에서 헤매고 있다는 것이다. 양명은 한번 생각을 개방하여 밝히면 그 즐거움이 자신 속에 있음을 알게 된다고 하였다. 7정을 통하여 발현되는 것으로서의 예술을 표현하는 감정은 반드시 중화에 이르러야 하며 이는 곧 양지를 표현하는 것임을 확인할 수 있다.[48]

양명은 또 이렇게 말하였다.

---

47 『論語』: "知之不如好之 好之不與樂之."
48 박정련, "왕양명 예술론에 대한 일시론," 『양명학』 제11호, 64쪽, 한국양명학회.

"즐거움은 마음의 본체이다. 어진 사람의 마음은 천지만물과 일체이므로 기쁘게 만물과 화합하며 원래 간격이 없다. … '때에 맞게 익히는 것[時習]'은 이 마음의 본체를 회복하려고 하는 것이다. '기쁘다[悅]'는 것은 본체가 점차 회복되는 것이다. '벗이 찾아온다'는 것은 본체가 기쁘고 화창한 기상이 본래 이와 같아서 애초에 더할 것이 없다는 것이다."[49]

즐거움[樂]이 마음의 본체라는 것을 다시 확인하였다. 이것은 천지만물과 일체가 되는 즐거움이기도 하다. 이 즐거움은 음악을 통하여 잘 발휘된다.

왕양명에서 음악은 순수하고 지선한 천리의 마음인 양지를 주체의 근거이자 음악을 창출하는 근원으로 보고 양지의 전개가 바로 음악이라고 본 것이다. 이러한 양지를 실현하면 이것이 곧 스스로 화평을 선양하고 덕성을 보존하는 것이다. 인위적인 조작을 가하지 않고 자연스럽게 세상의 풍속을 아름답고 훌륭하게 변화시키는 것이다.

아동교육에서도 음악교육의 필요성을 역설하였다.[50] [제9장에서 다룬다.] 양지는 마음의 본체인 즐거움이다. 따라서 그 즐거움으로 시를 짓고 노래하는 것이며 아름다운 노래를 만들어 온 세상에 양지를 울려 퍼지게 하고 싶다는 양명의 어진 심성이 이 시에 잘 녹아 있다. 양지가 드러낸 세 가지 경계를 간단히 줄여 성경(誠境), 인경(仁境), 낙경(樂境)[51]이라 일컬을 수 있다.

---

49 『王陽明全集』卷5: 與黃勉之二 樂是心之本體 仁人之心 以天地萬物爲一體 訴合和物 原無間隔 … 求復此心之本體也 悅則本體漸復矣.

50 박상리, "왕양명의 심학에서 음악사상의 의미와 배경." 『양명학』 9호, 148쪽; 박정련, "왕양명 예술론에 대한 일시론." 『양명학』 11호, 59쪽.

51 潘立勇, 『一體萬化 –陽明心學的美學智慧』, 北京大學出版社, 2010年, 112쪽.

(9) 양지는 조화(造化)의 정령(精靈)이다

양명은 "양지는 하늘이 심어준 영명한 뿌리로서 저절로 생겨나며 그치지 않는다"[52]고 하여 양지를 영성의 근거[靈根]라고 보았을 뿐만 아니라 또한 천지, 귀신, 상제를 생성하는 조화의 정령이라고 생각하였다. "양지는 조화(造化)의 정령(精靈)이다. 이 정령은 하늘을 낳고 땅을 낳으며 귀신을 이루고 상제를 이룬다. 모든 것이 이로부터 나온다. 참으로 이것은 사물과 상대됨이 없다. 사람이 만약 그것을 다시 얻으면 완전하고도 완전하게 조금도 빠지고 부족함이 없다. 저절로 손발이 춤을 춘다. 천지 사이에서 다시 어떤 즐거움이 대신할 수 있는지 모르겠다"[53]고 하여 양지는 지식처럼 사물에 의존하는 앎이 아니라 오히려 천지를 낳고 귀신과 상제를 이루는 우주적인 창생 능력으로까지 상승되었다.

그는 "저는 '마음의 양지가 성(聖)이라고 한다'는 설을 가지고 있다. … 사람이란 천지만물의 마음이다. 마음이란 천지만물의 주인이다. 마음이 바로 하늘이다. 마음을 말하면 천지만물이 모두 거기에 들어 있다. 그래서 또 가까이하고 절실하며 간단하고 쉽다"[54]고 하였다. 마음이 바로 하늘이다[心卽天]의 하늘은 천지와 차원이 다른 것임을 알 수 있다. 이때의 하늘[天]은 조물자[Heaven]로서 하늘땅[天地]을 뜻하는 하늘[sky]과는 다른 것이다. 앞서 말한 조화의 정령과 같은 의미이다. 그뿐 아니라 천지창조에 버금가는 우주 생성에까지 확대하여 양지를 조화의 정령이라고까지 말하였다. 양지는 이와 같이 의미 세계의 존재론적 기초가 되는 것이기도 하다. 천지와 상제 및 귀신

---

52 『傳習錄』下, 黃修易錄: "良知卽天植靈根 自生生不息."
53 『傳習錄』下, 黃省曾錄: "良知是造化的精靈 這些精靈 生天生地 成鬼成帝 皆從此出 眞是與物無待 人若復得他 完完全全 無所虧缺 自不覺手舞足蹈 不知天地間更有何樂可代."
54 『王陽明全集』卷6, 答季明德: "故區區近有心之良知是謂聖之說 … 人者 天地萬物之心也 心者 天地萬物之主也 心卽天 言心則天地萬物皆擧之矣 而又親切簡易."

을 생성하고 만물과 짝[對]이 없는 양지는 그 절대성과 창생성(創生性)을 확보하게 된다. 현대 신유학자 모종삼은 양지를 무한심(無限心)이라고 보았다. 이것은 헤겔의 절대정신[Absolute Geist]을 연상시키는 대목이기도 하다. 왕양명은 도덕의 주체로서 양지를 이렇게 명확하게 진술하였다. 양지를 무한심으로 간주하게 되면 도덕적인 판단을 초월한 종교적인 창조성을 갖게 되기도 한다.[이 주제는 제9강에서 다룬다.]

(10) 양지는 성인과 보통사람이 모두 같이 가지고 있다

유가의 최고의 목표는 바로 성인이 되는 것이다. 성인이란 바로 덕성, 즉 양지를 충족하게 발휘한 이상적인 인격을 말한다. 불교에서 누구나 불성을 가지고 있어 깨달으면 부처가 될 수 있듯이 양명학에서도 누구나 양지를 가지고 있어서 이를 현실사회에 실현하면 모두 성인이 될 수 있다고 하였다. 그것은 사람은 누구나 다 요순 같은 성인이 될 수 있다고 말한 원시유학부터 내려온 신념이기도 하다.

양명은 "어리석고 모자란 사람도 비록 그 가려지고 어두움의 극단이라 하더라도 양지는 또한 간직되지 않은 적이 없고 진실로 그것을 실현하면 성인과 다름이 없으며"[55] "양지가 인간 마음에 있는 것은 성인과 우인(愚人)에 차이가 없다. 천하 고금이 같이하는 것이다."[56] 그리고 "자기양지는 성인과 한가지이라"[57]고 말하였다. 여기서 말하는 자기양지는 참된 자기[眞己]와 같으며 양지 존재의 보편성을 말한다. 양명은 순금[精金]으로 성인을 비유하여 이렇게 말하였다. 성인이 성인된 까닭은 단지 그 마음이 천리에 순수하고 인

---

55 『王陽明全集』 卷8 書魏師孟卷 乙酉: "愚不肖者 雖其蔽昧之極 良知又未嘗不存也 苟能致之 卽與聖人無異矣."

56 『傳習錄』 中 答聶文蔚 第179條目: "良知之在人心 無間于聖愚 天下古今所同也."

57 『傳習錄』 下 啓周道通書 第146條目: "自己良知原與聖人一般."

욕의 섞임이 없었기 때문이다. 마치 순금이 순수한 까닭은 단지 그것이 지닌 성분이 넉넉하여 구리나 아연이 섞이지 않았기 때문인 것과 같다. 그리고 양지는 성인이나 보통사람이나 다 가지고 있는 것이라고 한 점에서 민주주의 사상의 기초가 되는 것이기도 하다.

3. 양지와 양심

양지와 양심의 관계를 논하면 다음과 같다. 맹자는 양지 이외에도 양심이란 말을 사용하기도 하였다.[58] 양심은 우리말로 번역하면 '좋은 마음' '곧은 마음' 혹은 '진실된 마음'인데 사전적 의미는 사물의 시비, 선악을 분별할 줄 아는 천부의 능력이라고 되어 있다. 양심이란 단어는 서양의 conscience 혹은 gewissen을 번역하면서 생긴 말이다. 영어의 science나 독일어의 wissen이 모두 '안다[知]'는 의미를 가지고 있다. 그리고 접두어 con과 ge는 모두 '함께[共]'라는 말이다. 그러니까 양심은 '함께 안다[共知]'는 뜻이다. 그러면 누구와 함께 안다는 말인가? 그것은 내 마음속에 있는 타자[하느님 혹은 세상사람이나 본래적 자기]와 함께 아는 것을 말한다. 마음속에서 일어나는 일이므로 '심'자를 사용한 것이라는 생각이 든다. 그리고 심이란 글자 앞에 '양(良)'을 붙인 것은 자기와 남[마음속에서 함께 알고 있는 타자]을 속이지 않는 참된 마음을 나타내기 위한 것이다. 그래서 양심이라고 하였다고 본다.

그러나 이렇게 되면 전통적으로 사용한 '양지'의 의미와 별로 다르지 않다. 그렇다고 외국의 용어[conscience]를 전통적인 것[양지]으로 사용할 수도

---

58 『孟子』告子 上 第8章: "雖存乎人者 豈無仁義之心哉 其所以放其良心者 亦猶斧斤之於木也."

없다. 왜냐하면 번역어와 전통적인 용어가 서로 구별이 되지 않기 때문이다. 그러므로 양지와 양심은 그 의미가 가장 가까우면서도 다른 용어인 것이다. 누구와 함께 안다[共知]로서의 양심은 위에서 언급한 바와 같이 ① 세상의 다른 사람, ② 하느님, ③ 자기 자신, 즉 내면의 타자, 즉 본래적 자기라고 할 수 있다.

첫째, 세상의 다른 사람과 함께 안다는 양심이란 무엇을 말하는가? 우리는 자기가 잘못하였을 경우 면목(面目)이 없다고 하고 또 부끄러워[恥] 얼굴을 들고 다닐 수 없다고 한다. 이것이 바로 양심이 살아 있다는 증거이다. 또 친구들이 좋지 않은 일을 하려고 하였을 때 '양심에 털 났냐?'고 물어보는 것도 사회적으로 용납이 안 되는 일을 해서는 안 된다고 하는 것이 양심이기도 하다. 범죄를 저지른 사람이 자신의 얼굴을 파묻고 고개를 들지 않는 장면을 보았을 것이다. 이것 역시 그에게도 일말의 양심이 있음을 드러내는 것이다. 이것은 사회적 관계에서 생긴 양심이기도 하다.

둘째, 하느님과 함께 안다는 양심은 우리는 상대방이 잘못을 하고도 아무런 반성이 없을 때 '하늘이 무섭지 않느냐?'고 말한다. 이것은 그의 양심에 호소한 것이다. 하늘을 인격화하면 하느님이다. 서양에서는 고대 그리스의 호메로스는 양심은 하느님(神)이라고 말하였다. 그것은 그리스도교회에 강한 전통이 되어 아우구스티누스는 "하느님은 양심의 증인이며 최대의 영광이다"라고 말하였다. 마르틴 루터는 "하느님 앞에 양심을 위하여[vor Gott um des Gewissen willen]"라고 말하였다. 양심의 의미는 칸트는 '마음 안의 법정'이라 하였고 프로이트는 '초자아[super-ego]'라 하였으며 칼 바르트는 "양심의 소리는 하느님의 꾸짖는 목소리이다"라고 하였다.

셋째, 자기 자신과 함께 안다는 양심은 이것은 남은 모르지만 자신은 홀로 아는 독지(獨知)를 말한다. 서양의 소크라테스의 '다이몬의 소리'가 바로 자기 내심에서 나오는 소리, 즉 양심을 말하며 그것은 그의 유명한 '너 자신을 알라'는 명제로 나타난 것이다. 그것은 자신의 무지를 깨닫는 것을 말한다. 그는 아테네 청년을 타락시켰다는 이유로 독배를 마시는 사형선고를 받았지만 조금도 후회하지 않았다. 후회란 일을 저지르고 난 뒤에 일어나는 양심에 지나지 않는다. 그런데 소크라테스가 후회하지 않는 것은 양심의 청렴결백함을 말해주는 것이기도 하다.

양심의 특징은 두 가지로 나누어 볼 수 있다. 하나는 옳고 그름[是非]과 선악을 가르는 재판관이다. 다른 하나는 도덕적 발달을 가능하게 하는 입법자이다. 전자가 소극적이라면 후자는 적극적이라고 하였다.[59]

일본 학자에 의하면 양심은 세 가지 법칙이 있다는 것이다. 그것은 첫째, 부지 불가능(不知不可能)의 법칙[양심의 제1법칙]이고, 둘째, 절대 무오류성(無誤謬性)의 법칙[양심의 제2법칙]이며, 셋째, 초시간성의 법칙[양심의 제3법칙]이다.[60] 첫째 양심은 알지 못한다고 말할 수 없다는 것이다. 다시 말해 알 수밖에 없다는 것이다. 그것은 유럽전통에서 하느님과 함께 아는 것이기 때문이다. 둘째 양심의 판단은 절대로 오류가 생길 수 없다는 것이다. 양심은 어길 수 없다는 것이다. 마지막으로 양심은 시간을 초월한다는 것이다. 양심에는 시효가 없다는 말이다.

장 자크 루소는 양심에 대하여 다음과 같이 말하였다.

양심이여! 양심!
그대는 거룩하고 깨끗한 본능이다. 영원히 사라지지 않는 하늘나라[天國]의
소리이다.

---

59 진교훈, "인간학의 과제로서 양심의 의미," 『양심』, 서울대학교출판부, 2012년 9월, 19쪽.
60 石川文康, 『良心論』, 名古屋: 名古屋大學出版會, 2001년 10월, 136-216쪽.

그대는 비록 몽매무지하지만 [나를] 총명하고 자유로운 사람으로 타당하게
이끌어 준다.

그대는 착오 없이 선악을 판단하고 사람을 하느님과 함께 하게 만든다.

그대는 사람의 천성을 선량하게 하고 행위가 도덕에 합치되도록 만든다.

그대가 없으면 나는 나의 몸에 짐승이 우세한 곳을 느끼지 못한다.

그대가 없으면 나는 단지 조리가 없는 견해와 준거가 없는 이지(理智)에 따라
서 슬프게도 잘못된 일을 저지르고 또 잘못된 일을 저지른다.[61]

왕양명이 말하는 양지는 주자학의 주장과도 다르고 서양의 양심과 비슷
하지만 차이가 있다. 먼저 양지에 대한 주자학과 양명학의 관점이 어떻게
다른지 요약하면 다음과 같다. 주자학은 양지를 마음 밖에 있는 천리를 아
는 좋은 지각 작용[心用] 혹은 마음이 가지고 있는 우량한 지식으로 간주하였
다. 다시 말해 양지는 마음의 뛰어난 인식능력일 뿐이고 그 인식능력에 의
하여 파악된 우량한 지식에 지나지 않는다. 양지는 어디까지나 감각[見聞]에
의하여 파악된 경험적인 지식이라는 것이다.

이와는 달리 양명학은 양지를 도덕적·심미적 판단의 기준인 천리로 간주
하였다. 이것을 심체(心體)라고 한다. 이 심체는 지각 작용[心用]을 통하여 자
신을 드러낸다. 체용은 하나[體用一源]이기 때문이다. 양지는 경험적 지각에
서 유래하지 않았지만[不由] 이 지각과 분리될 수 없다[不離]. 그렇다고 이 지
각에 방해를 받지도 않는다[不滯]고 하였다.

천리인 양지는 다음과 같은 의미를 가지고 있다. ① 거룩한 자기준칙,
② 참된 자기[眞己], ③ 홀로 아는 독지(獨知), ④ 미발(未發)의 알맞음[中], ⑤ 순

---

61 何懷宏, 「良心論」, 北京大學出版社, 2009年, 28쪽: 루소, 「에밀」 하권.

수 지선(至善), ⑥ 저절로 아는 앎, ⑦ 영묘한 밝음[靈明], ⑧ 심미적 판단근원인 낙(樂), ⑨ 조화의 정령(精靈), ⑩ 성인 보통사람이 모두 가지고 있는 앎이다.

그러면 양지는 양심과 같은 점은 무엇이고 다른 점은 무엇인가? 양지도 양심도 다 맹자에 나오는 말이다. 그런데 서양어 conscience를 양심으로 번역하였다. 그것은 양지는 양명학의 핵심 용어이기 때문이다. 그러나 양심과 양지는 서로 같은 면이 많이 있다. 첫째, 시비선악을 판단하는 재판관으로서 알지 못하는 일이 없으며 절대로 오류가 없다. 둘째, 시공을 초월한 선험적인 것이다. 셋째, 보통사람이건 성인이건 누구나 다 가지고 있다. 넷째, 다른 사람은 물론 자기를 속이지 않는다. 다섯째, 본래적 자기이다. 여섯째, 남은 모르지만 자신만이 아는 독지이다.

그러나 다른 면도 있다. 첫째, 양지는 천지조화의 정령이지만 양심은 인간사에 한정되어 있다. 둘째, 양지는 마음의 본체[心體]인 미발의 알맞음[未發之中]인데 양심은 마음의 작용이다. 셋째, 양지는 천리 자체인데 양심은 하느님과 함께하고 있는 것이다. 하느님은 내 마음속에 있는 타자이다.

제 6 강

—

양지의 실천이
바로 지행합일

우리는 무엇을 잘 알고 있으면서도 실천하지 못하는 경우가 많다. 그것은 앎과 행위가 분리되어 있기 때문이다. 이러한 문제를 철저히 진단하여 그 병폐를 치유하는 것이 바로 양명이 제시한 지행합일(知行合一)이다. 알아도 행하지 못하는 앎은 참된 앎이 아니다. 이 강의에서는 양지를 어떻게 현실 사회에 실현시킬 것인지에 관해 논하면서 지행합일[知行合一, 학행합일(學行合一)]을 설명하고자 한다. 양명학은 주자학이 지행을 분리한다고 비판한다. 주자학은 지식이 먼저 있고 무엇을 알고 나서 나중에 행한다는 지선행후설(知先行後說)을 주장하기도 하고, 행위가 중요하고 지식은 가볍다는 행중지경(行重知輕)을 말하기도 하였고, 지행은 함께 나아간다는 지행병진(知行竝進)설을 주장하기도 하였다. 양명학의 지행합일설은 바로 주자학의 견해를 비판적으로 보는 데 있었다. 지행합일은 지식과 행위의 합일이 아니라 양지를 현실 사회에 실천하는 것, 즉 양지에 의한 행위가 그 올바른 의미이다.

1. 앎[知]과 행위[行]의 관계

양지와 지식의 차이가 무엇인지 그리고 양지가 무엇인지에 대하여 앞에서 상세히 살펴보았다. 이제 양지를 어떻게 실현할 것인가를 살펴보려고 한다. 이것은 지행합일, 치양지 그리고 발본색원과 연관되어 있다. 지행합일이라는 말은 왕양명 철학에서 매우 중요한 위치를 차지하고 있다. 우리는 왕양명 하면 바로 지행합일을 떠올린다. 교과서에서 그렇게 배웠기 때문이다. 그런데 지행합일이라는 말을 주자학적으로 이해하는 까닭에 많은 오해를 자아내고 있다. 주자학에서는 양지를 지식의 차원에 놓고 논하였기 때문에 지행합일을 지식과 행위의 합일이라고 잘못 이해하고 있다. 그렇게 되면 지식과 행위는 둘인데 이것을 합하여 하나로 만든다는 말이 된다. 그러나 지행은 본체 상에서 원래 옹근 한 덩어리로 되어 있어 본래부터 나눌 수 없다는 말이다. 지행은 주자학에서와 같이 밖의 대상[物]을 알고 그것을 행하는 것이[二分化] 아니라 지행의 본체가 양지이므로 자신의 덕성인 양지를 현실에 실현[行]하는 공부[致良知]를 말한다[體用一源].

왕양명이 말하는 양지는 심미적 도덕의 주체인 마음의 본체와 그 작용을 가리킨다. 그 작용이란 바로 옳고 그름, 좋아하고 싫어함을 알고 판단할 뿐만 아니라 선을 위하고 악을 제거하는[爲善去惡] 도덕적 행위와 선을 좋아하고 악을 싫어하는 심미적 행위를 포함한다. 이 행위를 통하여 양지가 실천되는데 이것을 가리켜 치양지(致良知)라고 하기도 하고 지행합일(知行合一)이라고 하기도 한다.

왕양명의 지행합일설은 지식과 행위를 나눠서 이해한 주자학의 학설을 그대로 따르는 사람들의 사고방식을 바로잡아 주려는 데서 나온 것이다. 앞서 언급한 것처럼 지식은 대상에 대한 탐구에서 생긴 앎을 말한다. 이것은 '그것이 무엇인가?[What is X(it)?]' 질문하는 데서 나온 것이다. 이러한 앎은 사실을 아는 것(know what)이다. 이것은 어떻게 행위[how to act]할 것인가의 문제와는 차원이 다르다. 그것은 방법을 아는 것(know how)과 관련되어 있다. 효도가 무엇인지 아는 것과 어떻게 효도해야 하는지 아는 것은 차원이 다르다. 사실을 아는 것은 효도가 무엇인지 알면서도 그것을 실천할 줄 모른다.

왕양명의 지행합일은 양지가 효도를 '할 줄 아는 것'이므로 이미 지행이 하나로 되어 있다. 도가 무엇인지 아는 것이 아니라 어려운 환경 속에서도 도를 즐길 줄 아는 것[安貧樂道]을 말한다. 내가 어느 직업에 종사하여 어떤 일을 하든지 간에 비록 그것이 사회적으로 천한 일이라고 간주되는 일이라 하더라도 무시당하지 않고 맡은 일에 충실하고 자기 직업에 자부심을 가지면 성인이 되는 도(道)를 즐거워하는 것은 마찬가지이다. 양명은 이것을 '직업을 달리하지만 도를 같이 실현한다[異業同道]'고 하지 않았던가!

왕양명의 지행합일설을 주로 주자의 지행관을 비판하는 데서 나왔으므로 먼저 주희의 학설을 알아보는 것이 순서에 맞을 것 같다. 주희의 지행관은 세 가지 기본내용을 가지고 있다. 첫째, 앎이 앞서고 행위는 뒤에 있다[知先行後]. 둘째, 행위는 앎보다 중요하다[行重於知]. 셋째, 앎과 행위는 병진한다[知行竝進]이다.

우선 '앎이 앞서고 행위는 뒤이다[知先行後]'의 명제부터 살펴보면 주희가 말하는 앎은 격물치지에서 보여준 바와 같이 외부적인 사물[物]에 관한 지식뿐만 아니라 도덕적인 규범[禮]에 대한 지식도 포함한다. 따라서 주희의 격물치지는 대체로 앎[知]의 범주에 속한다. 그 성질과 목적이 이치를 아는 것에 속하므로 이치를 행하는 것이 아니다. 다시 말해 힘써 행하는[力行] 것이 아니다. 주희에 의하면 격물치지는 사물 하나하나마다 모두 그 이치를 가지고 있다고 보았으므로 그 사물이 그렇게 된 까닭[所以然之故]과 마땅히 그래야 하는 법칙[所當然之則]을 아는 것이며 그런 뒤에야 안 것을 힘써 행한다는 것이다.

지선후행(知先行後) 이것은 도덕규범을 먼저 알아야 이에 합당한 도덕행위를 할 수 있다는 말이다. 규범을 알지 못하면 어떻게 행위해야 올바른지 주저하게 된다는 것이다. 앎이 행위에 앞서야 함을 강조하였다. 이것은 무엇이 도덕 원칙이고 도덕적 행위인가를 먼저 알아야 비로소 도덕규범에 맞는 행위를 하여 도덕적인 사람[聖賢]이 될 수 있다는 것이다.

그 다음 행위가 앎보다 중요하다[行重於知]에 대하여 살펴보면 "그 경중(輕重)을 논하면 마땅히 역행이 중시되어야 한다"고 하여 행위의 중요성을 역설하였다. 주희는 격물궁리를 주장하는 동시에 주경함양(主敬涵養)을 강조하여 실천을 강조하였다.

끝으로 지행병진에 대하여 알아보면 주희는 지행은 늘 서로 필요로 한다고 하여 지행이 서로 의존관계임을 언급하였다.

주희는 또 "정자가 '함양은 마땅히 경으로 하고 진학은 치지에 있다'고 한 주장은 분명히 스스로 두 다리 학설을 만든 것이다."[01] 두 다리[兩脚] 학설이란 하나의 다리로는 설 수 없듯이 지행은 반드시 두 다리관계처럼 서로 필요로 하는 것이라는 의미이다.

그리고 "궁리와 함양은 마땅히 아울러 진행해야 한다."[02] 여기서 앎을 위한 궁리와 행위를 위한 함양은 나란히 나아가야[竝進] 한다는 지행병진설을 분명히 밝힌 것이다. 주희는 구체적인 실천 속에서 앎과 행위는 서로를 일으킨다[知行互發]고 주장하였고 앎[知]과 실천[行]의 공부는 반드시 함께 도달해야 한다고 하였다. 그리고 앎과 실천은 반드시 함께 할 때에 서로를 일으킬 수 있다고 하였다. 그러나 주희철학에서 앎과 행위는 선후 경중으로 나누어져 있으며 지행의 병진을 주장하였다. 그리고 병진도 역시 지행의 이원화를 면하지 못한다. 왕양명의 지행합일설은 위와 같은 주자의 지행설을 비판한 데서 나온 것이다.

---

01 『朱子語類』 9 程子云: "涵養須用敬 進學在致知 分明自作兩脚說."
02 『朱子文集』 45 答游誠之: "窮理涵養 要當竝進."

2. 왕양명의 지행합일

(1) 지행합일의 입언종지(立言宗旨)

지행합일은 왕양명이 용장에서 깨닫고 난 이듬해[정덕 4] 귀양서원에서 강의를 하면서 논하였다. 연보는 "이 해 선생은 처음으로 지행합일을 논하였다"고 기록하였다. 학교 행정을 맡고 있던 석원산(席元山[席書])이 처음에는 주희와 육상산의 같고 다른 점에 대한 차이를 질문하였다. 선생은 주희와 육상산의 학문을 말씀하지 않고 그 자신이 깨우친 바를 가지고 알려주었다. 석원산은 의심을 품고 돌아갔다가 다음날 다시 왔다. 선생은 지행의 본체를 들어서 『오경(五經)』과 제자(諸子)를 방증(傍證)하였다. 그는 점차 살펴 알아보며 며칠 동안 드나들다가 툭 트이며 크게 깨달았다. 그리고 말하기를 "성인의 학문을 오늘에서야 다시 보게 되었다"[03]고 하였다.

왕양명의 지행합일은 이론적으로 추리하여 안 것이 아니라 실제 생활에서 깨달아서 안 것이다. 그는 용장의 깨달음과 마찬가지로 『오경』을 들어서 지행합일설을 증명하여 석원산을 깨우치게 만들었다. 그가 귀양서원에서 처음 지행합일설을 제창하였을 때 석원산뿐만 아니라 여러 사람들이 의문을 제기하였다. 너무도 독창적인 학설을 제기하여 다른 사람들과 이해의 지평을 공유할 수 없었던 것이다. 왕양명은 "예전에 귀양에서 지행합일의 가르침을 거론하자 분분하게 동조(同調)도 하고 이견도 내놓아 들어갈 곳을 알지 못하였다"[04]고 한 것만 보아도 알 수 있다.

현재 우리나라 학자들도 사정은 마찬가지이다. 사실 지행합일이라는 말

---

03 『王陽明全集』卷33, 年譜: "是年先生始論知行合一 始席元山書提督學政 問朱陸同異之辨 先生不語朱陸之學 而告之以己所悟 書懷疑而去 明日復來 舉知行本體證之五經諸子 漸有省 往復數日 豁然大悟 謂聖人之學復睹于今日."

04 『王陽明全集』卷33, 年譜 庚午條: "昔在貴陽 舉知行合一之敎 紛紛異同 罔知所入."

은 많이 들어보았으나 그 의미를 잘 이해하지 못하고 지식과 행위의 합일 또는 이론과 실천의 합일로 알고 있다. 그것은 주자의 학설로 양명을 이해하는 것이다. 그래서 학교에서 윤리 도덕에 관한 많은 지식과 이론을 배웠어도 현실 생활에서 무용지물이 되는 경우가 생기는 것은 도덕 지식과 그 실천에 괴리가 생기었기 때문이다. 그것은 우리가 오랫동안 주자의 선지후행설에 익숙해 있기 때문이다. 왕양명이 지행합일을 강조한 까닭은 주자의 선지후행설을 극복하기 위한 것이며 이로써 알고 있지만 행하지 않는 사회적 현상을 바로잡기 위함이었다. 전자가 원인이고 후자가 결과이다. 그러므로 반드시 먼저 선지후행의 관념을 바로잡아야 알고도 행하지 않는 사회적 병폐를 바로잡을 수 있는 것이다.[05]

알고도 행하지 않기 때문에 학교의 교육이나 교회 또는 사찰의 가르침이 일상생활에서 아무 쓸모도 없어지곤 한다. 지행합일은 많이 배웠어도 행동이 뒤따르지 못하는 데서 생긴 괴리를 극복한 배움과 행위의 합일[學行合一], 교회나 사찰에 열심히 다니면서도 종교적 가르침과 일상생활이 동떨어진 것을 극복하는 신앙과 행위의 합일[信行合一]까지 포함한다.

왕양명이 지행합일설을 제기한 목적도 명대 중기의 총체적으로 타락한 사회현상을 비판하기 위함이었다.

양명에 의하면 주나라가 쇠퇴한 춘추전국시대에도 성학의 빛이 남아 선비들이 비록 곤궁해도 자신을 수양하며 가난한 삶을 그대로 지키며 마을의 친족들도 주변사람들의 고통을 외면하지 않고 서로 도와주는 의로움이 있었다. 그런데 공리적인 학설이 유행하고 난 뒤에는 자기의 이익을 챙기는 데 급급하여 타인의 아픔을 나의 아픔으로 생각하는 덕을 밝히고 백성을 사랑

---

05 吳震,「傳習錄精讀」第5講 知行合一的意義, 上海: 復旦大學出版部, 2011年 1月, 90쪽.

하는 도덕 정감과 의식이 마비되어 버렸다[06]고 당시 시대상을 고발하였다.

"선비들은 모두 교묘한 문장과 박식한 어휘로 꾸미고 속이었다. 거짓으로 서로 규제하고 이익으로 서로 삐걱거리며 겉으로 관(冠)을 쓰고 옷을 입었지만 속으로는 짐승이다. 그러면서도 오히려 자신은 성현의 학문에 종사한다고 생각한다. 이러고도 삼대[하은주의 성군이 통치하던 시대의 태평성세]를 끌어당겨 회복하려고 한다.

오호라! 그것은 어렵겠구나! 나는 이 점을 두려워하여 지행합일설을 내세워 치지격물의 오류를 바로잡은 것이다. 이것으로 인심을 바로잡고 사특한 학설을 없애어 앞선 성인의 학문을 밝힐 것을 생각한다. 군자는 대도(大道)의 요점을 듣고 소인은 지치(至治)의 혜택을 입기를 바란다."[07]

왕양명은 당시 명나라시대의 선비들이 이름을 날리고 이익을 뒤쫓아 가는 허위의식을 날카롭게 비판했다. 그는 겉으로는 성인의 학문을 표방하면서 속으로는 자기 이익을 위하여 짐승처럼 싸우는 당시 선비들의 사풍을 바로잡고 옛 성현의 참된 학문을 되찾으려고 지행합일설을 제기하였다. 그는 계속하여 지행을 둘로 나누어 실천을 하지 못하는 당시 지식인들의 폐단을 바로잡기 위하여 합일설을 제시하면서 이렇게 말하였다.

"지행합일설은 오로지 근세학자를 위한 것인데 지행을 두 가지 일로 나누어

---

06 『王陽明全集』卷8 書林司訓: "周衰而王迹熄 民始有無恒産者 然其時聖學尙明 士雖貧困 猶有固窮之節 里閭族黨 猶知有相恤之義 逮其後世 功利之說日浸以盛, 不復知有明德親民之實."

07 『王陽明全集』卷8, 「書林司訓卷」: "士皆巧文博詞以飾詐 相規以僞 相軋以利 外冠裳而內禽獸 而猶或自以爲從事于聖賢之學 如是而欲挽而復之三代 嗚呼其難哉 吾爲此懼 揭知行合一之說 訂致知格物之謬 思有以正人心 息邪說 以求明先聖之學 庶幾君子聞大道之要 小人蒙至治之澤."

반드시 그 무엇을 아는 공을 먼저 사용한 뒤에 행하려고 하여 마침내 종신토록 행하지 못함에 이르렀다. 그러므로 부득이하여 이 치우침을 보충하고 폐단을 구제하는 말을 한다. 학자는 착실하게 체득하여 이행할 수 없고 또 항상 언어 사이에서 제약되어 맴돌아 잃어버리면 버릴수록 더욱더 멀어지게 되었다."[08]

여기서 말하는 근세학자는 지행을 이분화한 주자를 가리킨다. 양명의 지행합일설은 바로 주자의 선지후행설(先知後行說)의 폐단을 구하기 위하여 세운 것이다. 양명은 지행합일이 무엇인지 질문한 제자[황직]에게 자기주장의 근본취지를 알아야 지행합일설을 이해할 수 있다고 하면서 이렇게 말하였다.

"반드시 내가 말하는 근본 취지를 이해해야 한다. 요즘 사람들의 학문은 앎과 행위를 둘로 나누기 때문에 어떤 한 생각의 발동이 비록 선하지 않을지라도 그것을 아직 행하지 않았다고 해서 금지하려고 하지 않는다. 내가 지금 지행합일을 말하는 것은 바로 한 생각이 발동한 곳이 곧 행위한 것임을 사람들에게 알리려는 것이다. 발동한 곳에 선하지 않은 것이 있으면 곧 그 선하지 않은 생각을 극복해야 한다. 반드시 그 뿌리까지 철저히 제거하여 한 생각의 불선(不善)도 가슴속에 잠복하지 못하게 해야 한다. 이것이 내가 말하는 근본 취지이다."[09]

---

08 『王陽明全集』卷32: "與周道通書 知行合一之說 專爲近世學者 分知行爲兩事 必欲先用知之功而後行 遂致終身不行 故不得已而爲此補偏救蔽之言 學者不能著體履 而又常制廛繞于言語之間 愈失而愈遠矣 行之明覺精察處卽是知 知之眞切篤實處卽是行 足下但以此語細思之 當自見 無徒爲此紛紛也."
09 『傳習錄』下 226條目: "問知行合一 先生曰 此須識我立言宗旨 今人學問 只因知行分作兩件 故有一念發動 雖是不善 然却未曾行 便不去禁止 我今說個知行合一 正要人曉得一念發動處 便卽是行了 發動處有不善 就將這不善的念克倒了 須要徹根徹底 不使那一念潛伏在胸中 此是我立言宗旨."

왕양명이 말하는 지행합일의 근본취지는 마음속의 생각[意念]의 발동을 행위의 시작으로 간주하는 것이다. 마음속에서 선하지 않은 생각을 하였다면 그것을 곧바로 바로잡아야 되지[격물=정심=성의] 아직 밖으로 행동하지 않았다 하여 그것을 금지하지 않는다면 이것은 이미 지와 행이 둘로 갈라진다는 것이다. 따라서 선하지 않은 생각은 뿌리까지 철저히 제거하여 조금도 불선이 가슴속에 남아 있지 않게 해야 하는 것이 양명이 말하는 지행합일의 종지이며 또한 발본색원의 취지이기도 하다.

나는 다른 사람이 선한 생각을 하는지 악한 생각을 품고 있는지 알 수 없다. 그러나 나는 나 자신이 어떤 생각을 하는지 다 알 수 있다. 그것은 자기를 속이지 못하는 양지의 힘이다. 따라서 선하지 못한 생각을 송두리째 뽑아 버려야 나쁜 생각의 골[canalization]이 깊어지지 않게 된다.

요즘 우리의 생활환경은 너무나 많은 불선으로 오염되어 있다. PC방에서 게임을 하는 청소년들은 가상세계에서 살고 있다. 그것이 현실 세계에 들어와 범죄를 저지르는 일까지 발생한다. 현실세계의 사건으로 나타나기 전의 가상세계에서의 앎이 바로 행위라는 것이 바로 지행합일인 것은 말할 것도 없다. 가상세계나 현실세계의 지행이 결코 마음 밖의 일이 아님을 말한 것이다.

왕양명은 심즉리의 입장에서 마음 밖에서 이치를 구하는 것도 지행을 둘로 갈라놓는 것이라고 비판하였다.

"마음은 하나일 뿐이다. 그 전체를 불쌍히 여기고 애달프게 여기는[惻怛] 것으로 말하면 그것을 어짊[仁]이라 한다. 그 마땅함을 얻은 것으로 말하면 그것을 옳음[義]이라고 한다. 그 조리를 가지고 말하면 그것을 이치[理]라고 한다. 마음을 제외하고 어짊을 구할 수 없고 또 마음을 제외하고 옳음을 구할 수 없다. 홀로 마음을 제외하고 이치를 구할 수 있겠는가? 마음을 제외하고 이치를 구하는 이것은 앎과 행위를 둘로 한 까닭이다. 나의 마음에서 이치를 구하는 것은 성인 문하의 지행합일의 가르침인데 우리들은 또 무엇을 의심하겠는가?"[10]

인의(仁義)는 도덕원리[理]로서 이미 마음과 하나가 되어 있는데 이것을 심즉리라고 하는 것이다. 그런데 이 도덕원리를 내재적 타자[性]와 외재적 타자[禮]로 간주하게 되면 그 도덕원리를 알기 위하여 부득이 지행은 분리될 수밖에 없다.

서로 다른 상황에 따라서 알맞은 합리적 조치를 행하는 것이 바로 조리이며 양명이 말하는 심즉리인 것이다. 양명에 의하면 마음은 하나인데 측달, 합의, 조리 등 이 마음의 전체의 한 층면이 아닌 것이 없다. 그런데 마음 밖에서 지침서를 찾아서 행하려고 하면 이것은 이미 밖에서 앎을 구하는 것이며 사물에 따라서 행위하는 것이므로 마음과 이치가 나뉠 뿐만 아니라 앎과 행위[知行]도 이분화(二分化)되어 버린다. 양명은 심즉리의 입장에서 이러한 견해를 비판한 것이다.

(2) 알면서도 행하지 않는 것은 아직 알지 못하는 것이다

지행합일의 입언종지는 너무나 독창적이어서 왕양명의 제자들도 잘 이해하지 못하였다.

---

10 『傳習錄』中 答顧東橋書 第133條目: "心一而已 以其全體惻怛而言謂之仁 以其得義而言謂之義 以其條理而言 謂之理 不可外心而求仁 不可外心而求義 獨可外心而求理乎 外心而求理 此知行之所以二也 求理于吾心 此聖門知行合一之教也 吾子又何義乎?"

"내[서애]가 선생의 지행합일의 가르침을 이해하지 못하여 황종현(宗賢), 고유현(惟賢)과 변론을 주고받았으나 결론을 낼 수 없어 선생님에게 질문하였다. 선생께서 말씀하셨다. '예를 들어 보아라.' 서애가 말하였다. '예를 들면 이제 어떤 사람이 부모에게는 효도해야 하고 형에게는 공손해야 한다는 것을 설령 다 알고 있다 하더라도 도리어 효도하지 못하고 공손하지 못합니다. 바로 이것이 앎[知]과 행위[行]가 분명히 두 가지 일인 것입니다.' 선생께서 말씀하셨다. '이것은 이미 사욕(私欲)에 의하여 [지와 행이] 가로막혀 끊어진 것이지 지행의 본체가 아니다. 아직까지 알면서 행하지 않은 사람은 없었다. 알면서도 행하지 않는 것은 아직 알지 못한 것일 뿐이다. 성현이 사람들에게 지행을 가르친 것은 바로 그 본체를 회복하려고 했기 때문이다. 그대가 단지 이렇게 하는 것만 드러내면 곧 그만인 것은 아니다.'"[11]

왕양명이 말하는 지(知)는 양지를 가리킨다. 양지는 도덕 판단의 앎에 속한다. 그러므로 지각으로 외물을 아는 것[知識]과는 다르다. 밖의 사물을 안다는 지각 자체는 벌써 나의 인식과 대상을 이원화시킨 것이며 여기서 앎과 행위는 서로 분리된다. 지각에서 보면 아는 것은 아는 것이고 행하는 것은 행하는 것이 되어 앎과 행위는 분리된다. 그러나 본체 상에서 보면 양지와 행위는 일체가 된다. 양명이 말하는 양지 속에는 배우지 않고도 행위 할 수 있는 양능이 포함되어 있다. 행위는 바로 양지의 행위이다. 그리고 앞의 제5강에서 밝힌 바와 같이 양지와 지각은 서로 분리되어 있지 않다. 지각한 속에 이미 양지가 작용하고 있어 오히려 양지가 지각의 초월적

---

11 『傳習錄』上: "愛曰:如今人盡有知得父當孝 兄當弟者 却不能孝 不能弟 便是知與行分明是兩件 先生曰 此已被私欲隔斷 不是知行的本體了 未有知而不行者 知而不行 只是未知 聖賢敎人知行 正是要復那本體 不是著你只恁的便罷."

근거가 된다.

우리는 서애의 질문에서 본 바와 같이 부모에게 효도해야 하는 것을 알면서도[知] 효도[行]하지 못한 것은 바로 지행이 분리된 것이다. 왕양명은 이런 현상은 사욕에 의하여 막혀 끊어진 것[隔斷]이라고 보았다. 부모에게 효도해야 할 것을 알면서도 자기의 여러 가지 바쁘다는 일로 핑계를 대고 효도하지 못한 것은 바로 그 핑계[私欲]가 가로막았기 때문이다.

이것은 지행의 본체를 알지 못하였기 때문이라고 양명은 말하였다. 지행의 본체(本體)란 바로 마음의 본체[心體]인 양지를 가리킨다. 본체[體] 상에서는 지행이 합일되어 있으나 작용[用] 상에서는 마치 해가 구름에 가리어 환하게 비추지 못하듯 양지도 현실 생활에서 사적인 욕심에 가리어[隔斷] 실현되지 못한 것이다. 앞에서는 사욕이 지행을 막아서 끊어버렸다고 하였고 뒤에서는 사의(私意)가 막아서 끊어버렸다고 하였다. 사의는 사적인 욕심에서 나온 의도(意圖) 의향(意向)이므로 반드시 이것을 바로잡아 참된 의념[誠意]으로 만들어야 한다고 하였다. 지행합일의 첫째 의미는 마음의 본체인 양지를 회복하는 것이다.

여기서 양지를 현실에 실현하는 치양지(致良知)의 공부가 필요한 것이다. 양명은 "알면서 행하지 않은 사람은 없었다"고 하였다. 이것은 지행이 합일된 본체 상에서 한 말이다. 그런데 "알면서도 행하지 않은 것은 아직 알지 못한 것이다"라는 것은 외적인 지식으로는 알았다고 하더라도 내적인 양지로 아직 깨우치지 못한 것을 말한다. 외적인 도덕지식이 모자란 것이 아니라 내적인 자각이 아직 안 되었다는 말이다. 그러므로 내적 본체인 양지에서 나온 도덕 자각이 더 근본적임을 말한 것이다. 아는 것과 행하는 것은 직각적으로 동시에 일어나는 것이지 아는 것 따로, 행하는 것 따로 일어나는 것이 아님을 『대학』을 인용하여 설명하였다.

"그러므로 『대학』은 하나의 참된 지행을 가리켜 사람들에게 보여주면서 '마치 아름다운 여색을 좋아하듯이 하고 마치 악취를 싫어하듯이 하라'고 말하였다. 아름다운 여색을 보는 것은 지(知)에 속하고 아름다운 여색을 좋아하는 것은 행(行)에 속한다. 아름다운 여색을 보았을 때 이미 저절로 좋아하게 되는 것이지 쳐다본 뒤에 또 하나의 마음을 세워 좋아한 것은 아니다.

악취를 맡은 것은 지에 속하고 악취를 싫어하는 것은 행에 속한다. 악취를 맡았을 때 이미 저절로 싫어한 것이지 맡고 난 뒤에 또 하나의 마음을 세워서 싫어하는 것은 아니다. 예를 들면 코가 막힌 사람은 비록 악취가 나는 것을 앞에서 보더라도 코로 냄새를 맡지 못하기 때문에 그것을 몹시 싫어하지 않는데 이것은 아직 냄새를 알지 못한 것이다."[12]

양명은 『대학』의 "호호색 오악취"의 예를 들어서 설명하기도 하였다. 우리가 길거리에서 젊고 아름다운 미녀를 보는 순간 바로 호감[미적 감각]이 간다. 그러면 우리 눈은 그녀가 지나가도 그 등 뒤를 쳐다본다[逆而送之]. 이것이 바로 호호색(好好色)이다. 보는 것[知]과 좋아하는 것[行]은 동시에 일어난다.

아름다움이란 대상과 만났을 때 아무 사심 없이 즉각적으로 느끼는 것이다. 대상에서 내가 원하는 것을 보려는 것이 아니라 그 아름다움 자체가 있는 그대로 잘 드러날 때 느껴진다. 우리가 어떤 것을 아름답다고 부르는 것은 그 자체 안에 기쁨[悅]을 가지고 있다는 것을 말한다. 그리고 그 아름다움을 느끼어 어떤 목적이나 의도 없이 그저 그 대상이 좋아서 빠져든다.[13] 이것이 바로 양지의 심미적 판단이다.

---

12 『傳習錄』上 5條目: "故大學指箇眞知行與人看 說如好好色 如惡惡臭 見好色屬知 好好色屬行 只見那好色時已自好了 不是見了後又立箇心去好 聞惡臭屬知 惡惡臭屬行 只聞那惡臭時已自惡了 不是聞了後別立箇心去惡 如鼻塞人雖見惡臭在前 鼻中不曾聞得 便亦不甚惡 亦只是不曾知見."

13 이은선, 「한나 아렌트의 탄생성의 교육학과 양명의 치양지」, 『양명학』 제18호, 2007년 7월, 37-38쪽.

중국 사람들이 좋아하는 초우떠우푸[臭豆腐]는 우리나라 청국장보다 냄새가 지독하여 먹어보지 못한 사람들은 냄새를 맡는 순간 코를 막고 피한다. 그 냄새를 맡는[知] 동시에 코를 막고 피하는 것[行]은 순식간에 일어난다. 이와 같이 지행은 직각적으로 동시에 저절로 일어나는 것이다. 이런 용례를 들어 왕양명은 지행합일의 취지를 설명하였다. 왜냐하면 지행의 본체는 하나이기 때문이다.

퇴계는 호호색을 비판하면서 "양명은 사람이 선을 보면 그것을 좋아한다고 생각하였는데 과연 아름다운 미녀[好色]를 보는 것처럼 저절로 그것을 좋아할 수 있는 참[誠]일 수 있는가? 사람이 불선을 보면 그것을 싫어하는데 과연 악취를 싫어하듯 저절로 그것을 싫어하는 실제[實]일 수 있는가? … 대개 사람의 마음이 형기에서 발동한 것은 배우지 않아도 저절로 알고 힘쓰지 않아도 저절로 할 수 있다. 좋아하고 싫어하는 것이 있는 곳은 겉과 속이 한결같다. 그러므로 아름다운 미녀를 보자마자 곧 그 아름다움[好]을 알고 마음으로 참으로 그를 좋아한다. 악취를 맡자마자 곧 그 악취를 알고 마음으로 실제로 싫어한다. 비록 행위가 앎에 깃들어 있다고 말해도 오히려 옳다. 그러나 의리에 이르러서는 그렇지 않다. 배우지 않으면 알지 못하고 힘쓰지 않으면 행할 수 없다."[14]

퇴계는 감성적 형기(形氣)와 도덕적 의리(義理)를 나누어 왕양명의 호호색 오악취는 감성적 형기의 발동에서 지행합일을 말한 것이지 도덕적 의리에서 나온 지행합일이 아니라고 하였다. 그리고 진실로 아름다운 여색을 좋아한다면 혼인하지 않고 인륜을 저버리더라도 아름다운 여색을 좋아한다고

---

14 『退溪集』卷41 傳習錄 論辯: "陽明信以爲人知見善而好之 果能如見好色自能好之之誠乎? 人之見不善而惡之 果能如聞惡臭自能惡之之實乎? 孔子曰 我未見好德如好色者 又曰我未見惡不仁者 蓋人之心發於形氣者 則不學而自知 不免而自能 好惡所在 表裏如一 故才見好色 卽知其好 而心誠好之 才聞惡臭 卽知其惡 而心實惡之 雖曰行寓於知 猶之可也 至於義理 則不然也 不學則不知 不免則不能."

할 수 있는지 반문하고 감성적 형기만 따르고 도덕적 의리를 배제한 경우에 지행이 일치한다는 것은 정당성을 잃는다고 비판하였다.[15]

퇴계가 호호색을 감성적 형기에 국한하여 본 것은 바로 호호색을 감각적 쾌락으로 본 것이며 양명을 크게 오해한 것이다. 퇴계는 호호색이 심미적 판단에 근거한 것임을 전혀 이해하지 못했다. 그것은 도덕지상주의, 즉 의리에서만 지행을 논해야 한다는 취지인 것이다. 그렇게 되면 천리인 양지의 도덕 판단과 심미판단에서 나온 지행합일을 무시한 것이 된다.

심미판단은 아름다움을 있는 그대로 아름답다고 판단하는 것이라면 감각적 욕구에 의한 판단은 이미 사적인 욕구가 개입되어 있기에 아름다움 그 자체를 느낄 수 없다. 양명학에서 실천[行]이란 마음의 본체인 양지의 발현 작용이다. 그것은 사욕에 가려지지 않는 참된 앎이며 이것이 필연적으로 실천을 동반한다.[16]

설간이 물었다. "아름다운 여색을 좋아하듯이 하고 악취를 싫어하듯이 한다는 것은 어떻게 하는 것입니까? 선생께서 대답하셨다. 이것은 바로 한결같게 천리에 따르는 것이다. 천리는 마땅히 그와 같으니 본래 사사로운 뜻에 따라 일부러 좋아하거나 일부러 싫어하지 않는다"[17]고 하여 지행은 천리에 의하여 자연스럽게 이루어지는 것이지 인위적으로 좋아하거나 싫어하는 것이 아님을 분명히 밝히었다. 이것은 거짓 없이 아름다움을 바라보는 성실한 뜻[誠意]이지 감각적 욕구에서 일어나는 사사로운 뜻[私意]이 아니다. 성실한 뜻은 단지 천리에 따를 뿐이라고 하였다.[18]

15 금장태, 「퇴계문하의 양명학이해와 비판」, 『양명학』 제2호, 한국양명학회, 1998년 12월, 38-41쪽.
16 김용재, 「퇴계의 양명학비판에 대한 고찰」, 『양명학』 제3호, 1999, 54쪽.
17 『傳習錄』 上 101條目: "曰如好好色 如惡惡臭 則如何? 曰此正是一循於理 是天理合如此 本無私意作好作惡."
18 上同: "曰如好好色 如惡惡臭 安得非意? 曰却是誠意 不是私意 誠意只是循天理."

가령 어떤 사람이 효도를 알고 어떤 사람이 공손함을 안다고 말할 경우에도 반드시 그 사람이 이미 효도를 행하고 공손함을 행해야만 비로소 그가 효도할 줄 알고 공손할 줄 안다고 말할 수 있는 것이다. 단지 이 효도와 공손함을 말한 것을 이해했다고 해서 효도와 공손함을 알았다고 일컬을 수 있겠는가? 지와 행이 어떻게 나누어질 수 있겠는가?

이것이 바로 지행의 본체이며 사의(私意)가 가로막아 끊어버린 적이 없는 것이다. 성인이 사람을 가르치는 데 반드시 이와 같아야만 비로소 그것을 안다[知]고 말할 수 있다. 그렇지 않으면 안 적이 없었을 뿐이다. 이것[지행합일]이 얼마나 긴요하고 절실하며 착실한 공부인가? 이제 고심하고 고심하면서 지행을 두 개로 만들어 꼭 말하려고 하는 것은 무슨 의도인가? 내가 하나라고 말하려는 것은 무슨 의도인가? 내가 말한 근본 취지[立言宗旨]를 알지 못하고 단지 하나라거나 둘이라고만 한다면 무슨 소용이 있겠는가?"[19]

(3) 앎은 행위의 시작이고 행위는 앎의 완성이다

왕양명은 앎과 행위의 문제를 시작과 완성의 역동적 과정에서 일어나는 일관된 사건으로 생각하였다. 행위 속에 이미 앎이 내재되어 있어 양자는 분리할 수 없다는 것이다. 왕양명은 앎과 행위에 관하여 다음과 같이 말하였다.

19 『傳習錄』上: "故大學指個眞知行與人看 說如好好色 如惡惡臭 見好色屬知 好好色屬行 只見那好色時已自好了 不是見了後又立個心去好 聞惡臭屬知 惡惡臭屬行 只聞那惡臭時已自惡了 不是聞了後又別立個心去惡 如鼻塞人雖見惡臭在前 鼻中不曾聞得 便亦不甚惡 亦只是不曾知臭 就呂稱某人知孝 某人知弟 必是其人已曾行孝行弟 方可稱他知孝知弟 方知痛 知寒 必已自寒了 知饑 必已自饑了 知行如何分得開? 此便是知行的本體 不曾有私意隔斷的 聖人敎人 必要是如此 方可謂之知 不然 只是不曾知 此却是何等緊切着實的功夫 如今苦苦定要說知行做兩個 是甚麽意? 某要說做一個 是甚麽意? 若不知立言宗旨 只管說一個兩個 亦有甚用?"

"앎은 행위의 시작이고 행위는 앎의 완성이다. 만약 이것을 이해하였을 때 다만 하나의 앎만 말해도 이미 저절로 행위가 거기 있으며 다만 하나의 행위만 말해도 이미 저절로 앎이 거기 있다. 옛날 사람이 하나의 앎을 이미 말하고도 또 하나의 행위를 말하는 것은 다만 세간에 일종의 흐리멍덩한 사람이 있는데 자기 맘대로 해버리고 전적으로 잘 생각[思惟]하고 반성하여 살피는 [省察] 것을 이해하지 못하기 때문이다. 그는 단지 맹목적 행위로 허튼 짓만 한다. 그러므로 반드시 하나의 앎을 말해 주어야 비로소 [바른]행위를 얻게 된다. 또 어떤 사람이 있는데 그는 망망하고 텅 비게 허공에 걸어놓고 생각을 찾아간다. 전적으로 착실하게 몸소 행위하려고 하지 않는다. 그리고 단지 그림자나 메아리를 붙잡으려 할 뿐이다. 그러므로 반드시 하나의 행위를 말해야 비로소 앎이 참답게 된다."[20]

우리가 보통 말하는 지(知)는 블랙박스에 쌓여지는 정보와 같은 지식을 뜻하지만 양명학에서의 지(知)는 양지를 말한다. 양지는 선악을 알 뿐만 아니라 선을 행하고 악을 버리는 행위까지 한다. 블랙박스에는 양지가 없다. 정보만을 쌓아갈 뿐 도덕적 심미적 판단을 할 수 없다. 컴퓨터와 핸드폰의 경이적 발달로 우리는 더 많은 정보의 홍수 속에 살고 있다.

그러나 컴퓨터나 핸드폰에는 블랙박스와 마찬가지로 심미적·도덕적 판단을 할 수 있는 양지가 없다. 주자학의 지선행후는 우리 머릿속에 있는 정보가 먼저이고 나중에 행한다는 뜻인데 그것은 오히려 행위를 형식적으로 만들어서 허위의식만을 조장할 뿐이다.

---

20 『傳習錄』上: "知是行之始 行是知之成 若會得時 只說一箇知 已自有行在 只說一箇行 已自有知在 古人所以旣說一箇知又說一箇行者 只爲世間有一種人 懵懵憧憧的任意去做 全不解思惟省察 也只是箇冥行妄作 所以必說箇知 方纔行得是 又有一種人 茫茫蕩蕩懸空去思索 全不肯着實躬行 也只是箇揣摸影響 所以必說一箇行 方纔知得眞."

왕양명이 말하는 행(行)의 범위는 매우 넓다. 그것은 우리가 무엇을 하려고 하는 의도, 의욕까지 포함된다. 앎은 행위의 시작이란 마음의 본체인 앎의 발동이 바로 의념[意]이고 의념이 관계[涉]한 것이 바로 행위[물]이다. 다시 말해 의념이 생기자마자 그것은 행위가 되는 것이므로 앎은 행위의 시작이라는 것이다. 지행의 본체는 하나이므로 당연히 행위는 앎의 완성이 되는 것이다. 시작과 완성이란 말은 주자학자들을 이해시키기 위하여 사용한 방편적인 것이다.

"사람은 반드시 음식을 먹고 싶은 마음이 생긴 뒤에 음식을 먹을 줄 안다. 음식을 먹고자 하는 마음이 의(意)이며 곧 행위[行]의 시작이다. … 반드시 길을 걷고 싶은 마음이 생긴 뒤에야 길을 걸어갈 줄 안다. 길을 걷고자 하는 마음이 의(意)이며 곧 행위[行]의 시작이다."[21]

음식을 먹고자 하거나 길을 걷고자 하는 마음은 아직 실제로 일어나지 않은 것이지만 양명은 이 의념을 행위의 시작으로 본 것이다. 양명이 말하는 행위[行]는 범위가 넓어 마음속의 의념까지 포함시켰다. 양명은 우리의 생각[意]과 말[口]과 행위[身] 모두를 행(行)이라고 본 것이다. 성서[Bible]에 마음으로 간음한 것도 간음한 것이나 마찬가지라고 한 것은 의를 행의 시작이라고 본 양명의 생각과 일맥상통하는 것이다.

왕양명은 우리의 일상생활에서 체험한 예를 들어 지행합일을 설명하였다. "음식 맛이 좋다 나쁘다 하는 것은 반드시 입안에 넣어 본 뒤에야 알 수 있는 것이지 입에 넣어 보지 않고도 미리 음식 맛이 좋고 나쁨을 아는 사람

21　傳習錄 中 答顧東橋: "夫人必有欲食之心 然後知食 欲食之心 卽是意 卽是行之始矣 … 必有欲行之心 然後知路 欲行之心 卽是意 卽是行之始矣."

이 어디 있겠는가?"22 아무리 냄새가 지독한 청국장일지라도 먹어본 사람만이 그 맛을 알 수 있는 것이지 냄새가 싫어서 피한 사람은 그 진미를 알 수가 없는 것이다.

이처럼 지와 행은 분리되어 있지 않다는 것이다. 양명은 "길이 험한지 평탄한지는 반드시 몸소 걸어다녀 본 뒤에 아는 것이지 몸소 걸어다녀 보지 않고 미리 길이 험한지 평탄한지를 아는 사람이 어디 있겠는가?"23 이런 예들은 모두 우리의 실천을 통해서 알 수 있다는 말이다. 이것이 바로 행위는 앎의 완성이라는 것이다.

지행합일의 논의는 송유(宋儒)들의 선지후행설(先知後行說)을 비판한 것이다. 우리는 네비게이터에 있는 지도를 보고 길을 찾아간다. 이것은 출발할 때는 먼저 가려는 곳을 알고[先知] 길을 찾아가는 것[後行]이다. 그러나 자동차 운전을 하면서[行] 네비게이터를 보는 것[知]이다. 앎은 행위와 떨어질 수가 없다. 또 새로 난 길은 네비게이터에 의존할 수 없다. 자신이 직접 차를 몰고 가보는 수밖에 없다. 택시 기사의 말에 의하면 네비게이터에만 의존하다 보면 오히려 길을 잘 모르게 된다고 한다. 마치 계산기에 의존하다 보면 셈하는 능력이 감소하는 것과 같다.

우리나라가 나로호 발사에 성공한 것은 그동안 실패를 거듭하면서 우리나라 기술자들이 몸소 실험[行]을 통하여 체득하였기 때문이다. 이것은 과학기술 역시 체험을 하면서 방법을 알아가는 것[知行合一]이기 때문이다. 이것을 체득하여 몸으로 아는 체지(體知)라고 한다. 이러한 체지는 이미 행을 포함하고 있는 앎이다.

양명은 더 구체적으로 이렇게 말하였다. "아픔을 알려면 반드시 스스로

22 같은 책, 答顧東橋: "食味之美惡必待入口而後知 豈有不待入口而已先知食味之美惡者耶?"
23 같은 책, 答顧東橋: "路岐之險易 必待身親履歷而後知 豈有不待身親履歷而已先知路岐之險易者也?"

아파 봐야만 아픔을 알 수 있다. 추위를 아는 것은 반드시 이미 스스로 추위를 겪은 것이다. 배고픔을 아는 것은 반드시 이미 스스로 배고팠던 것이다. 지와 행이 어떻게 나뉠 수 있겠는가?"[24] 이것 역시 몸소 체험하여 얻은 체지를 말한 것이다. 다시 말해 몸으로 터득하여 안 것이다. "눈물 젖은 빵을 먹어보지 못한 사람은 인생을 알지 못한다"는 격언은 바로 이 체지를 말한 것이기도 하다.

이것은 앎과 행위를 정태적으로 보는 주자학을 비판하고 지행을 역동적으로 해석한 것이다. 사실 마음의 본체는 그 작용과 떨어질 수 없다. 이것을 체용일원(體用一源)이라 하는 것이다. 따라서 앎[본체(體)인 양지] 속에는 이미 선을 알고 악을 알며[知善知惡] 선을 행하고 악을 제거하는[爲善去惡] 행위[用]가 들어 있고 행위 속에는 이미 앎이 들어 있는 것이다. 앎과 행위의 관계는 시작과 완성의 관계로 말하였는데 시작과 완성이란 주자학처럼 시간상 앞뒤를 말하는 것이 아니다.

양명학에서 말하는 앎은 곧 양지를 의미하기 때문에 양지에 의한 행위는 바로 그 행위에 양지가 이미 포함되어 있으므로 시작과 동시에 완성이라는 의미이다. 그러므로 "알면서 행하지 않는 사람은 없었다. 알면서도 아직 행하지 못한 것은 알지 못한 것이다"라고 하였다. "알면서 행하지 않는 사람은 없었다"는 것은 알면 반드시 행한다는 말이다. 이것은 바로 앎이 행위의 시작이요 행위는 그 앎을 완성한다는 것이다. 알면서도 행하지 못한 것은 그 앎을 완성하지 못한 것이 된다. 이렇게 행위로 완성되지 못한 앎은 단순한 지식에 그쳐 버린다. 그래서 실천이 동반되지 않는 앎[知識]은 공허한 메아리를 잡으려는 것과 같은 것이다.

---

24 『傳習錄』上: "知痛必以自痛了方知痛 知寒必以自寒了 知饑必以自饑了 知行如何分得開?"

(4) 앎은 행위의 주의(主意)이고 행위는 앎의 공부(工夫)이다

왕양명은 서애의 질문에 대답하면서 앎과 행위[知行]를 주의와 공부의 관계로 설명하였다. 서애(徐愛)는 주자학의 지행관(知行觀)의 영향을 받아 질문한 것이었다. 제4강에서 이미 말한 바와 같이 양명은 격물, 치지, 성의, 정심은 같은 의미라고 해석하였다. 여기서 치지는 치양지를 말하며 성의는 의념을 참되게 하는 것을 말하고 격물은 잘못된 일을 바로잡아 바른 데로 돌리는 것을 말하며 마음을 바로잡는다는 정심과 같은 의미이다. 양지와 의념 그리고 사물 그리고 마음은 하나로 일관되어 있다. 이것은 양명의 지행을 이해하는 데 중요한 관건이 된다. 왕양명은 서애의 질문에 이렇게 대답하였다.

> "서애가 말하였다. '옛사람이 앎과 행위를 두 가지로 말한 것도 한편으로 알아내는 공부를 하고 다른 한편으로 행위하는 공부 하기를 바란 것입니다. 그래야만 공부에 결실이 있게 됩니다.' 선생께서 말씀하시었다. 그것은 도리어 옛사람의 종지를 잃어버린 것이다. 나는 일찍이 '앎[知]은 행위[行]의 주의(主意)이고 행위[行]는 앎[知]의 공부'라고 말한 적이 있다."[25]

양명이 말하는 양지는 배우지 않고도 할 수 있고 생각하지 않아도 알 수 있는 능력을 누구나 다 가지고 있다고 하였다. 따라서 지행의 문제에서도 주자처럼 둘로 나누지 않고 합일을 말하였다. 지행을 이분화하는 것은 옛사람의 종지를 잃어버린 것이라고 하면서 앎은 행위의 주된 의도[主意]이고 행위는 앎의 공부라고 말하였다. "앎이 행위의 주된 의도이다"라는 명제는

---

25 『傳習錄』上: "愛曰 古人說知行做兩個 亦是要人見得分曉 一行做知的工夫 一行做行的工夫 卽工夫始有下落 先生曰 此却失了古人宗旨也 某嘗說知是行的主意 行是知的工夫."

무엇을 안다는 것은 어떤 행위를 하려는 것을 전제로 한다. 인간의 의도[意] 중에 미리 설정한 활동에 관련된 목표를 가리킨다. 행위는 앎의 공부라는 것은 실천 활동이 앎을 현실화하는 방식이라는 것이다. 지와 행은 서로 떨어질 수 없는 목적과 수단의 상즉(相卽)의 관계이다. 따라서 앎을 말하면 행위가 그 속에 있고 행위를 말하면 앎은 그 속에 있다. 지행의 본체는 하나라고 주장하는 양명의 견해가 도출된다.

앎이란 지식이 아니라 양지를 가리킨다. 양명은 "양지가 앎이다. 양지를 실현하는 치양지가 행위이다. 우리는 반드시 양지를 행사에다 실현해야 한다. 그 뒤에야 양지의 앎은 비로소 완성된다"[26]고 하였다. 행위의 '주의'란 말은 목적 혹은 통수(統帥)를 나타내고 공부는 수단을 말한다.[27] 양지가 부하를 통솔하여 이끌어 가는 장수처럼 행위를 이끌어 나간다는 말이다. 그리고 행위가 양지의 공부라고 하는 것은 행위는 양지를 실현하는 방법이요 수단이기 때문이다. 다시 말해 양지는 행위를 통하여 실현되는 것이다. 이것을 치양지라고 하는 것이다. 왕양명은 지행합일을 주장하는 이유를 다음과 같이 말하였다.

"옛 사람은 치우친 부분을 보충하고 폐단을 구제하기 위하여 어쩔 수 없이 앎을 먼저 말하고 다시 행위를 말했던 것이다. 만약 그 뜻을 이해한다면 한 마디 말로 충분하다. 그런데 오늘날 사람은 오히려 앎과 행위를 두 개의 사건으로 간주해 버리고 먼저 알고 난 뒤에 행할 수 있다고 여기었다. 그래서 지금처럼 또 강습 토론하여 앎의 공부를 하고 앎이 참됨을 기다리고 나서야 비로소 행하는 공부를 하려고 한다. 그러므로 마침내 종신토록 행하지 못하

---

26 『傳習錄』 上: "良知是知 致良知是行 吾人必致良知於行事 而後良知之知方爲完成."
27 陳來, 『有無之境』, 173쪽.

고 또 종신토록 알지도 못한다. 이것은 작은 병통이 아니다. 그 유래도 이미 오래되었다.

나는 이제 지행합일을 말하는 것은 바로 그 병을 치료하기 위한 약이다. 이것은 내가 근거 없이 지어낸 것이 아니라 지행의 본체가 원래 이와 같은 것이다. 만약 근본 취지를 이해한다면 지행을 두 가지라 해도 무방하지만 역시 하나일 뿐이다. 만약 근본 취지를 이해하지 못하여 바로 하나라고 말한다면 또 무슨 쓸모가 있겠는가? 단지 한가롭게 떠드는 말일 뿐이다."[28]

여기서도 역시 주희의 지행을 둘로 나누어 먼저 강습하고 토론하여 충분한 지식을 얻은 뒤에서야 행할 수 있다는 견해를 비판하였다. 그렇게 되면 우리가 학교에서 아무리 윤리 도덕을 많이 공부해도 현실생활에서 실천하지 못하고 일생동안 헛되이 보내는 것과 같다는 말이다. 양명이 지행합일을 주장한 이유는 이렇게 실생활과 동떨어진 앎이 아무런 소용이 없으며 지행이 분리된 것이 커다란 병인데도 그것을 의식하지 못하는 당시 지식인들에게 그 병을 치료하기 위한 처방전이었다. 지행합일은 바로 그 고질병을 고치는 양약인 것이다. 본래 양지에 의한 행동이 지행합일임을 안다면 그것을 하나라고 해도 둘이라고 해도 상관이 없다는 것이다.

(5) 배움과 행위[學行]의 합일

우리의 지식은 직간접 경험, 즉 배움[學]을 통하여 얻은 것들이 많다. 직접

---

28 『傳習錄』上 第5條目: "古人不得已補偏救弊的說話 若見這個意時 卽一言而足 今人却就將知行分作兩件去做 以爲必先知了然後能行 我如今且去講習討論 做知的工夫 待知得眞了 方去做行的工夫 故遂終身不行 亦遂終身不知 此不是小病痛 其來已非一日矣 某今說個知行合一 正是對病的藥 又不是某鑿空杜撰 知行本體原是如此 今若知得宗知 卽說兩個亦不妨 亦只是一個 若不知宗知 便說一個亦濟得甚事 只是閑說話."

어떤 일을 하여 경험해 보거나, 강의를 듣고 책을 읽으며 TV를 보거나 등등이 모두 학습 과정을 통하여 얻은 지식들이다. 『중용』은 "널리 배우고[博學] 자세히 묻고[審問] 신중히 생각하고[愼思] 분명하게 따지고[明辯] 독실하게 행한다[篤行]"[29]는 것을 공부의 방법으로 제시하였다. 이 명제를 주자는 배우고 묻고 생각하고 따지는 것은 앎에 속하고 독실하게 행하는 것만을 행으로 보아 지행을 둘로 나누어 보았다. 제자들은 이 문제에 대하여 질문하였다.

"예로부터 모든 선배 학자들이 학문사변(學問思辨)은 앎에 속하고 독행(篤行)은 행위에 속한다고 생각하였습니다. 분명 두 가지 일인데 지금 선생님은 지행합일을 주장하시니 의심을 없앨 수 없습니다." 선생님은 이렇게 대답하셨다. "이 문제에 대하여 이미 누누이 말해 왔다. 무릇 행위란 것은 단지 실제로 이 일을 착실하게 행함을 말한다. 만약 학문사변 공부를 착실하게 하면 학문사변도 행위이다. 배움이란 이 일을 행함을 배우는 것이고 물음이란 이 일을 행함을 묻는 것이며 생각과 따짐은 이 일을 행함을 생각하고 따지는 것이다. 그렇다면 행함이란 바로 학문사변이다."

"만약 배우고 묻고 생각하고 따진 연후에 행한다고 주장한다면 오히려 어떻게 텅 빈 상태에서 배우고 묻고 생각하고 따지겠는가? 행할 때 또 어떻게 학문사변의 일을 할 수 있겠는가? 앎의 참되고 절박하며 돈독하고 착실함[眞切篤實]이 바로 행이고 행의 밝게 깨닫고 정밀히 살핌[明覺精察]이 바로 앎이다. 만약 행하면서 분명히 깨달아 정밀히 살피지 못한다면 바로 캄캄한 밤길을 걷는 맹목적 행위[冥行]이다. 바로 이것은 배우기만 하고 생각하지 않으면 아무것도 알지 못한다는 말이다. 그러므로 반드시 앎을 말해야 한다. 알면서도

---

29 『中庸』: "博學之 審問之 愼思之 明辯之 篤行之."

참되고 절박하며 돈독하게 착실할 수 없으면 바로 허망한 생각[妄想]이다. 바로 생각하면서도 배우지 않으면 위태하다는 말이다. 그러므로 반드시 행을 말해야 한다. 원래 단지 하나의 공부일 뿐이다."[30]

양명은 여기서 앎이 참되고 절실하며[眞切] 독실하지 못하면 허망한 생각[妄想]이고 행위가 밝게 깨닫고 자세히 살피지[明覺 精察] 못하면 맹목적 행위[冥行]라고 하면서 학문사변은 참되고 절박하며 독실해야 하고 독실한 행위는 또랑또랑 깨어 있어 빈틈이 없이 살펴[明覺 精察]야 함을 역설하였다. 허망한 생각이나 맹목적 행위는 모두 지행을 둘로 나누었을 때 생기는 현상이라고 생각한 것이다. 배우고 묻고 생각하고 따지는 것도 모두 독실한 행위를 떠나서는 있을 수 없는 것이라고 보았다. 이처럼 학행(學行)은 일체라는 것이다. 학문사변을 지(知)로 독행을 행(行)으로 보는 견해는 모두 지행을 둘로 나눈 것이다. 그리하여 양명은 이렇게 말하였다.

"대체로 옛날 사람이 지행을 말한 것은 모두 하나의 공부상에서 치우침을 보충하고 폐단을 구제하는 설이었다. 오늘날 사람이 딱 잘라 두 사건의 일로 만든 것 같지는 않다. 나는 이제 지행합일을 말한다. 비록 역시 이것은 오늘날 치우침을 보충하고 폐단을 구제하는 설이긴 하지만 지행의 체단(體段)은 역시 본래 이와 같다. 나의 묵계가 다만 착실하여 바로 몸과 마음에서 체득하여 이행하게 되면 그 자리에서 바로 저절로 알게 된다. 지금은 오히려 단지 언어

---

30 「陽明先生輯要」, 答友人文序, 丙戌 193쪽. 問: "自來先儒皆以學問思辨屬知 而篤行屬行 分明是兩截事 今先生獨謂知行合一 不能無疑 日 此事吾已言之屢屢 凡謂之行者 只是着實去做這件事 若着實做學問思辨的工夫 則學問思辨亦便是行矣 學是學做這件事 問是問做這件事 思辨是思辨做這件事 則行亦便是學問思辨矣 若謂學問思辨之 然後去行 却如何懸空先去學問思辨得? 行時又如何去得個學問思辨之事? 行之明覺精察處 便是知 知之眞切篤實處 便是行 若行而不能精察明覺 便是冥行 便是學而不思則罔 所以必須說個知 知而不能眞切篤實 便是妄想 便是思而不學則殆 所以必須說個行 元來只是一個工夫."

글자의 의미로부터 엿보아 추측할 뿐이다. 그러므로 이끌려 제약되고 곁가지로 벗어나 말을 하면 할수록 더욱 흐리멍덩해진다. 바로 이것이 지행합일을 할 수 없는 폐단이다."[31]

우리가 보통 교실에서 배운다[學]고 말할 때 단지 입시위주의 기능성 배움만을 주로 말한다. 따라서 교과서에서 배운 지식은 나의 실천과는 별개의 것이다. 양명의 지행합일은 교실에서 언어·문자를 통하여 배운 것이 아니라 몸과 마음으로부터 체득하여 실천한 것을 말한다. 언어·문자로 이해하려고 하면 할수록 더욱 미궁에 빠져 알지 못하게 된다는 것이다. 이렇게 되면 언어·문자로 이해한 앎과 이것을 행위로 옮기는 행위는 이미 둘로 되어 지행은 별개의 것이 되어 버린다. 양명은 이러한 치우친 폐단을 바로잡으려고 지행합일을 말한 것이다. 양명은 계속하여 이렇게 말하였다.

"대체로 묻고 생각하고 따지고 행하는 것은 모두 배우는 일이다. 배우고도 행하지 않은 것은 아직 없었다. 예를 들면 효도를 배웠다는 말은 반드시 힘든 일을 대신하고 봉양하여 효도를 몸소 행해야 한다. 그 뒤에 그것을 배웠다고 한다. 어찌 그냥 헛되이 입과 귀로 강설하는 것을 가지고 마침내 그것을 배웠다고 하겠는가? 활쏘기를 배우는 것도 반드시 활을 걸고 화살을 먹여서 시위를 끌어당겨 과녁에 맞추어야만 한다. 글씨를 배우는 것도 반드시 종이를 펴고 붓을 잡고 붓 자루를 부리어 먹을 묻혀야만 한다."[32]

---

31 『陽明先生輯要』卷6, 答友人問書: "凡古人說知行 皆是就一個工夫上補偏救弊說 然知行體段亦本來如是 吾契但着實就身心上體履 當下便自知得 今却只從言語文義上窺測 所以牽制支離 轉說轉糊塗 正是不能知行合一之蔽耳."

32 『傳習錄』中 答顧東橋書: "夫問思辨行所以爲學 未有學而不行者也 如言學者 則必復勞奉養 躬行孝道 然後謂之學 豈徒懸空口耳講說而遂可以謂之學孝乎? 學射則必張弓挾矢 引滿中的 學書則必伸紙執筆 操觚染翰."

왕양명의 지행합일은 배우고 행하지 않으면 바로 먼저 배우고 나중에 행함[先學後行]을 면하지 못하게 된다. 배움은 마음과 몸으로 체득하는 것이지 입과 귀로 강설한 것을 배움이라고 할 수 없다는 말이다. 실제로 활쏘기를 해야 하고 실제로 붓글씨를 써봐야 한다. 우리가 경제발전을 하고 있을 때 그 중요한 역할을 한 어느 분이 직원들이 안 된다고 하면 "해봤어?"라고 말했다고 한다. 직원들이 안 된다고 하는 것은 알고만 있는 지식에 의한 판단이다. 그러나 회장님은 현장에서의 실천을 중시한 것이다. 이것이 바로 실행을 통한 앎이며 지행합일의 진수인 것이다. 그래서 왕양명은 이렇게 말하였다.

"천하의 모든 배움이란 행하지 않고 배웠다고 말할 수 있는 것은 없다. 그러므로 배움의 시작이 곧 행위인 것이다. 독(篤)이란 절실하고 간곡하다는 의미이다. 이미 행했다고 말하면 절실하고 간곡하게 끊임없이 공부했다는 뜻이다. 대개 무엇을 배우면 의문이 없을 수 없게 되어 묻게 된다. 물음이 곧 배움이요 곧 행위이다. 또 의심이 없을 수 없다면 생각을 하게 된다. 생각이 곧 배움이요 곧 행위이다. 또 의심이 없을 수 없다면 따짐이 있다. 따지는 것이 곧 배움이요 곧 행위이다. 따짐이 이미 분명해지고, 생각이 이미 신중하고, 물음이 이미 깊어지고, 배움이 이미 능통하게[能] 된다."[33]

왕양명은 이렇게 배움, 질문, 사색, 따짐이 모두 행위에 속한다고 본 것이다. 우리의 교실에는 정답을 외우고 남을 모방하는 배움만 있다. 그것은 주

33 『陽明先生輯要』卷3, 208-209: "盡天下之學 無有不行而可以言學者 則學之始固已卽是行矣 篤者 敦實篤厚之意 已行矣 而敦篤其行 不息其功之謂爾 蓋學之不能無疑 則有問 問則學也 卽行也 又不能無疑 則有思 思則學也 卽行也 又不能無疑 則有辨 辨則學也 卽行也 辨旣明矣 思旣愼矣 問旣審矣 學旣能矣."

입식 위주의 교육이기 때문이다. 여기서는 독창적 생각이 나올 수 없다. 주입식은 단지 교사의 지식전달만 있을 뿐 학생들이 능동적으로 의심을 가지고 질문하고 스스로 생각하는 길을 차단한 것이다. 스스로 물어보아야 문제점을 파악할 수 있고 스스로 생각해 보아야 독창적인 성과를 낼 수 있다. 스스로 따져보아야 기존의 학설이 옳은지 그른지 판단할 수 있다. 왕양명은 묻고 생각하고 따지는 배움 자체가 바로 행위이라고 하였다. 왕양명은 계속하여 이렇게 말하였다.

"그리고 또 이에 따라 그 공부[功]를 쉬지 않고 한다. 이것을 일러 독행이라 한다. 학문사변 한 뒤에 비로소 그것을 행하는 것을 말함이 아니다. 이 까닭에 그 일을 능통하게 함을 추구하는 것을 일러 배움이라 한다. 그 의혹을 해소하기를 추구하는 것을 일러 물음이라 한다. 그 이치를 통함을 추구하는 것을 일러 생각이라 한다. 그 살핌을 자세하게 하기를 추구하는 것을 일러 따짐이라 한다. 그 실질을 밟아 행하기를 추구하는 것을 일러 행이라 한다. 대개 그 공부[功]를 분석하여 말하면 다섯이 있고 그 일을 합하여 말하면 하나일 뿐이다. 내가 [주장하는] 마음과 이치가 합일된 본체, 앎과 행위가 함께 진행하는 공부가 후세[주자]의 학설과 다른 까닭이 바로 여기에 있다. … 천하에 어찌 행하지 않고도 배울 수 있는 것이 있겠는가? 어찌 행하지 않고도 곧 이치를 궁구했다고 하는 것이 있겠는가? … 따라서 행하지 않는 것은 배움이 될 수 없다는 것을 알면 행하지 않은 것은 이치를 궁구했다고 할 수 없다는 것도 알 수 있다. 행하지 않는 것은 이치를 궁구했다고 할 수 없다는 것을 알면 지와 행이 합일되고 병진하는 것이어서 둘로 나눌 수 없다는 것도 알 수 있다."[34]

양명은 주자의 선지후행과 지행병진을 비판하면서 실천이 없는 배움이라고 하였다. 여기서 알 수 있듯이 배움이란 머리로 아는 것만이 아니라 실제로 몸으로 체득하는 것이다. 지금 나는 아침에 수영하는 방법을 배우고 있다. 자유형을 오래전에 배우기 시작하였는데 아직도 발차기 연습을 더 해야한다고 한다. 발이나 손에 너무 힘이 많이 들어갔던 것이다. 지금 나는 수영을 잘할 수 있도록 몸의 구조를 고치고 있는 중이다. 피아노를 치면서 피아노를 배우듯이 치는 행위가 배움과 떨어져 있지 않음이 바로 학행합일인 것이다.

윤리적 행위도 마찬가지이다. 예컨대 효도하는 행위도 실제로 부모님을 위하여 힘든 일도 해보고 잘 받들고 보살펴 드려야 비로소 하는 것이지 교과서에 나오는 효도라는 단어를 외워 시험에 만점을 맞아보았자 아무 소용이 없다는 것이다. 메를로퐁티의 말대로 행위를 반복하여 몸의 틀, 즉 몸의 구조가 이루어져서 자연스럽게 행위로 나타나는 것이다. 우리의 양지인 덕성도 부단한 수양공부를 통하여 자연스럽게 실현되는 것[致良知]이다.

지행합일은 지식과 행위의 합일이 아니라 양지에 의한 행위, 자기를 올바로 이끄는[배의 키와 같은] 양지가 실천과 서로 분리될 수 없다는 의미로 지행합일이라고 하는 것이다. 지식은 지각에 의하여 파악된 인식적인 의미에서의 앎이다. 이러한 인식적인 앎은 행위와 분리될 수밖에 없다. 따라서 알아도 실행하지 못하는 경우가 허다하게 발생한다. 더구나 이러한 앎은 도구화되기 쉬워 왕양명의 말대로 "많이 알수록 못된 짓을 행하고 견문이 넓어질

---

34 『陽明先生輯要』卷3, 208-209: "又從而不息其功焉 斯之謂篤行非謂學問思辨之後 而始措之於行也 是故以求能其事而言謂之學 以求解其惑而言謂之問 以求通其說而言謂之思 以求精其察而言謂之辨 以求履其實而言謂之行 蓋析其功而言則有五 合其事而言則一而已 此區區心理合一之體 知行竝進之功 所以異於後世之說者 正在於是 … 天下豈有不行而學者耶? 豈有不行而遂可謂之窮理者耶? … 是故知不行之不可已爲學 則知不行之不可以爲窮理矣 知不行之不可已爲窮理 則知知行之合一竝進而不可以分爲兩節事矣."

수록 말을 마음 내키는 대로 하며, 문장이 풍부할수록 거짓을 꾸며댄다."[35] 왕양명의 지행합일은 이러한 현실을 바로잡는 데 있었다. 양지는 내적인 도덕적 자각인 앎이므로 이것이 행위로 실천되는 것이 지행합일이요 바로 치양지인 것이다.

---

35 『王陽明全集』卷34, 54歲 9月條: "知識之多適以行其惡也 聞見之博適以肆其辯也 辭章之富適以飾其僞也."

제 7 강

—

치양지

제7강은 왕양명의 공부방법인 치양지를 소개하고 양지를 실천하는 구체적인 방법을 설명한다. 양지와 치양지는 양명심학의 내재적인 끈이며 양명학의 핵심이다. 양지는 본체를, 치양지는 공부를 각각 나타낸다. 인간이면 누구에게나 양지가 있지만 양지를 실천하는 공부를 하지 않으면 성숙한 인격을 갖춘 인물[聖人]이 될 수 없다. 이 강의에서는 치양지의 공부론과 그 공부에 의하여 도달된 이상적 경지[境界]인 만물일체론을 다룬다. 치양지의 공부의 내용은 자기가 하는 일에서 사욕에 빠지지 않고 양지를 실현하는 사상마련(事上磨鍊)과 사적인 욕심을 근원적으로 막아 그 근원을 뽑아버리는 발본색원(拔本塞源)을 통하여 도달한 대동사회(大同社會)를 언급한다.

1. 양지를 실행하는 것이 치양지

(1) 사리사욕과 치양지

인간이면 누구나 다 양지를 가지고 있는데 세상에는 왜 이처럼 부도덕한 일이 많이 생기며 폭력, 살인까지 행하는 자들이 있는가? 이에 대한 질문에 대답을 하려면 바로 치양지의 문제를 언급하지 않을 수 없다. 왕양명은 "양지가 바로 인간이 걸어갈 길[道]이다. 양지가 사람의 마음에 있는 것은 비단 성현뿐 아니라 비록 보통사람이라도 이와 같지 않음이 없다. 만약 물욕에 이끌리지 않고 다만 양지에 따라갈 수 있으면 이 길[道]이 아님이 없다. 다만 보통사람의 경우에는 물욕에 이끌려가기 때문에 양지를 따를 수 없다"[01]고 하였다.

제6강에서 말한 바와 같이 지행합일의 지(知)는 지각, 지식의 지가 아니라 양지의 지이다. 양지에 의한 행위가 지행합일이라면 자기의 이익만 챙기려는 감각적 욕심에 의한 행위는 지행의 분리를 가져온다. 이 사리사욕이 양지를 덮고 있기 때문이다. 그것은 마치 구름에 덮인 태양과 같다. 구름이 걷히면 태양이 환하게 드러나듯이 사리사욕에 가려진 양지를 본래의 모습으로 되찾는 것이 치양지이다.

현재 우리는 물질적 욕구와 이윤의 창출을 정당하게 충족시키는 자본주의 사회에 살고 있다. 우리는 왕양명이 살았던 자본주의 맹아시대보다 훨씬 더 복잡한 시대에 생활하고 있다. 그러므로 물욕과 이익은 이 시대에 사는 모든 사람들이 다 추구하고 있다고 해도 과언이 아니다. 우리의 경제성장은 이러한 우리의 물질적 욕구를 만족시켜 주는 역할을 하였다. 그렇다고 우리가 모두 행복한 것은 아니지만 말이다. 우리는 보릿고개라는 배고픈 시절을 겪은 적이 있다. 인간의 신체적 생존에 필요한 기본적 조건도 해결하지 못하였던 시대였다. 이러한 자연스런 신체의 생존 욕구[食色]를 본능이라고 하는데 이것은 인간뿐만 아니라 동물도 가지고 있다.

맹자는 인간이 동물과 다른 까닭은 거의 없는 것이나 마찬가지[幾希]라고 하였다. 그러나 인간은 동물과 다른 점이 매우 드물더라도 근본적으로 차이나는 점이 있다. 여기에 인간의 인간으로서의 존엄성이 있는데 그것을 맹자는 마음속에 인의(仁義)라는 도덕성이라고 하였다. 이러한 도덕성은 인간이 혼자 살 수 없고 언제나 남과의 관계 속에서 살고 있기 때문에 생긴 것이다. 인간의 관계[人倫]는 무수히 많지만 인간 사회를 유지하는 데 근본이 되는 다

---

01 『傳習錄』中 答陸原靜書 165條: "夫良知卽是道 良知之在人心 不但聖賢 雖常人亦無不如此 若無有物欲牽蔽 但循著良知發用流行將去 卽無不是道 但在常人多爲物欲牽蔽 不能循得良知."

섯 관계를 오륜(五倫)이라고 하였다. 이것은 인간만이 가지고 있는 것이라는 점에서 인간의 본질적 특성이라고 할 수 있다. 이 오륜에서 인의예지신(仁義禮智信)이라는 오상(五常)이 나왔으며 그것을 줄여 인의(仁義)라고 하였다.

맹자는 군자가 본성으로 삼는 인의예지는 인간의 마음에 뿌리를 두고 있다고 하였다. 마음에 뿌리를 둔 도덕성을 군자는 그것을 간직하고 있지만 소인은 그것을 버린다고 하였다. 군자는 감각적 욕구에 따라가지 않고 마음의 생각하는 반성적 능력을 가지고 도덕성을 간직하며 살기 때문이다. 그것은 군자가 도덕성을 활성화시키고 스스로 감각적 욕구를 제어하고 있는 데 비해 소인은 그렇지 못하다는 것이다.

왕양명은 맹자의 정신을 그대로 계승하였다. 송명시대에서는 감각적 욕구를 인욕이라 하였고 도덕성을 천리라고 하였다. 인간은 신체적 조건으로 인하여 인욕을 가지고 있으며 또한 동시에 그것을 반성하는 마음의 기능을 천리라고 하였다. 인간의 마음의 엔진 같은 것이 바로 양지라는 것이다. 그것은 옳고 그름을 직각적으로 판단하는 마음의 작용이며 또한 그 기준인 본체이기도 하다. 본체와 작용은 하나의 근원이며[體用一源] 서로 분리할 수 없다.

인간의 감각적 욕구가 모두 나쁜 것은 아니다. 인간의 생존조건이 바로 욕구이기 때문이다. 자기 이익만을 챙기려는 사사로운 욕구, 즉 사리사욕이 문제이다. 그것은 사회질서를 깨트리고 어지럽혀 인간이 공동생활을 근본적으로 무너트릴 수 있기 때문이다. 사리사욕은 주로 외부사물에 대한 물욕(物欲)에서 생기는데 이것은 이목구비의 감각적 욕구가 외물에 이끌려 자신의 본심을 잃어버린 데서 나온 것이다.

왕양명은 노자의 말을 원용하여 "아름다운 색은 사람의 눈을 멀게 한다. 아름다운 소리는 사람의 귀를 먹게 한다. 아름다운 맛은 사람의 입을 상하게 한다. 들판을 달리는 것은 사람을 미치게 한다. 이것들은 모두 그대의 귀, 눈, 입, 코, 사지를 해롭게 하는 것들이다"02고 말하였다.

이것은 인간에게 쾌감을 주는 좋은 색깔, 소리, 냄새, 맛, 편안함 등은 오히려 눈, 귀, 코, 입과 사지의 정상적인 기능을 해치는 것이라고 보았다. 따라서 외부적인 사물에서 생긴 감각적 욕구가 바로 물욕일 뿐 아니라 여색을 좋아하고[好色] 이익을 좋아하고[好利] 명예를 좋아하는[好名] 것은 물론 한가하게 앉아서 여러 가지 쓸데없는 생각만 이리저리 하는 것[閑思雜慮] 등도 사욕이라고 하는 것은 결국은 호색 등과 같은 뿌리에서 나오는 것이기에 스스로 그 뿌리를 찾아보기만 하면 알게 된다03고 양명은 말하였다. 한가로이 일어나는 잡다한 생각도 그 뿌리를 캐보면 바로 사욕이 내재해 있다는 것이다.

왕양명에 의하면 우리가 본심을 잃어버리고 물욕에 이끌려 사욕에 빠지면 모든 것을 이해관계로 전환시켜 생각하게 된다는 것이다. 따라서 자기의 사욕을 채우기 위하여 다른 사람과 서로 대립 갈등 그리고 나아가서는 투쟁까지 하여 심지어 가장 가까운 사람도 해치게 된다고 하였다.

왕양명은 "인간이 물욕에 의하여 움직이고 사욕에 가려지게 되어 이해로 서로 공격하며 분노가 서로 격돌하게 되면 사물을 해치고 동류를 무너트리는 짓을 하지 못함이 없다. 심지어는 골육도 서로 죽이는 자도 있다"04고 하였다.

이것은 우리 마음의 자기통제 기능[道德性]이 망가져버려 사회의 무질서

02 『傳習錄』上 薛侃錄 122條目: "美色令人目盲 美聲令人耳聾 美味令人口爽 馳騁田獵令人發狂 這都是害汝耳目口鼻四體的."
03 『傳習錄』上 陸澄錄 72條目: "澄曰 好色 好利 好名等心 固是私欲 如閑思雜慮 如何亦謂之私欲 先生曰 畢竟從好色 好利 好名等根上起 自尋其根便見."
04 『王陽明全集』卷26 大學問 968쪽: "及其動於欲 蔽於私 而利害相攻 忿怒相激 則將戕物圮類 無所不爲 其甚至有骨肉相殘者."

가 생긴 것이라 할 수 있다. 무너진 자기통제 기능을 다시 정상적으로 작동하도록 만드는 것이 필요하다. 이 무너진 질서를 다시 세우려면 사리사욕에 가리어져 있는 양지를 다시 되찾는 길밖에 없다. 이것을 치양지라고 한다.

왕양명은 "사람의 마음은 하늘처럼 넓으며 연못처럼 깊다. 마음의 본체는 갖추지 않은 것이 없다. 본래 하나의 하늘이다. 다만 사욕에 가리면 하늘의 본체를 잃게 되는 것이다. 마음의 결[理]은 바닥나 없어지지 않는다. 원래 하나의 연못이다. 다만 사욕에 막혀버리면 연못의 본체를 잃게 될 것이다. 이제 생각 생각마다 양지를 실현하여[致良知] 이 가려지고 막힌 것을 모조리 다 제거하면 본체가 이미 회복된 것이며 바로 하늘이요 연못"이라는 것이다.[05]

왕양명은 마음의 본체를 하늘과 연못에 비유하여 설명하고 있다. 하늘과 연못은 모든 만물이 생겨나고 길러지는 원천이다. 생명의 원천이 사욕으로 인하여 막혀버리면 모든 만물이 살아갈 수 없듯이 마음의 본체가 사욕으로 막혀 버리면 모든 행위가 사리사욕으로 가득 차 그 본래 가지고 있는 양지가 가려지고 인격의 존엄성을 상실할 것이다. 그 잃어버린 본심, 즉 양지를 되찾는 것이 바로 치양지공부이다.

양지가 선천적인 마음의 본체라면 치양지의 치(致)는 후천적인 공부에 해당한다. 왕양명은 성인과 보통사람의 차이는 바로 양지를 실천했는지[致良知] 여부에 달려 있다고 보았다. 다시 말해 양지를 일상생활에 실현하면 성인이고 그렇지 못하면 보통사람이라는 말이다.

왕양명이 치양지설을 제출한 것은 만년[50세]이지만 용장의 깨달음에 이미 그 맹아가 있었다. 왕양명이 "나의 양지 두 글자는 용장 이후로 이미 이

---

05 『傳習錄』 下 黃直錄 222條目: "人心是天淵 心之本體無所不該 原是一個川天 只爲私欲障碍 則天之本體失了 心之理無窮盡 原是一個淵 只爲私欲窒塞 則淵之本體失了 如今念念致良知 將此障碍窒塞一齊去盡 則本體已復 便是天淵了."

뜻을 벗어나지 않았다"[06]고 말한 바와 같이 양지에 대한 최초의 자각은 용장의 깨달음[38세]에서부터 시작되었음을 알 수 있다. 왕양명은 50세[1521] 때 「대학고본」의 서문을 쓰면서 "아! 『대학』의 치지는 곧 마음을 간직하는 것과 같으며 치지를 깨달으면 다 이룬 것이다"[07]라고 하였다. 치지는 바로 치양지를 말한 것이며 이것을 학문의 근본으로 삼은 것이다. 「연보」50세에는 "이 해에 비로소 치양지의 가르침을 게시하였다"[08]고 하여 양명이 만년에 이르러 치양지를 종지로 삼아서 가르쳤음을 알 수 있다.

그러나 황종희에 의하면 강우[江右: 50세] 이전에 이미 치양지의 정신을 양명의 초기 제자인 서애(徐愛)가 얻었다고 하였다. 치양지는 별안간 얻어진 것이 아니라 오래전부터 훈습된 것이 만년에 가르침의 종지로 드러났다고 보는 것이 타당할 것이다. 강우보다 거의 10년 전 1512년[양명 41세] 12월에 쓰인 서애의 기록에 의하면 "앎[知]은 마음의 본체이며 마음은 저절로 알 수 있다. 어버이를 만나면 저절로 효도할 줄 알고 형을 보면 저절로 공경할 줄 안다. 어린아이가 우물에 빠지려는 것을 목격하면 저절로 측은하게 여길 줄 안다. 이것이 바로 양지이다. 밖을 빌려 구하지 않는다. 만약 양지의 발현이 더 이상 사적인 의도[私意]에 막힘[障碍]이 없는 것이 곧 이른바 '그 측은한 마음을 가득 차게 하면 어짊[仁]을 이루 다 쓸 수가 없다'는 것이다. 그러나 보통사람은 사적인 의도의 장애가 없을 수 없다. 그러므로 모름지기 치지 격물의 공부를 해서 사사로움을 이기고 천리를 회복해야 한다. 곧 마음의 양지가 더 이상 장애가 없이 가득 차서 흐를 수 있는 것이 바로 그 지(知)를 이루는 것이다. 지(知)가 이루어지면 뜻이 참되어진다."[09]

06 『王陽明全集』 卷32 補錄: "吾良知二字 自龍場以後 便已不出此意."
07 『王陽明全集』 卷7, 大學古本序: "噫! 乃若致知 則存吾心 悟致知焉 盡矣."
08 『王陽明全集』 卷35, 年譜: "是年先生始揭致良知教."
09 『傳習錄』上 徐愛錄 第8條目: "知是心之本體 心自然會知 見父自然知孝 見兄自然知弟 見孺子入井 自然

여기서 말하는 앎[知]은 지식의 앎이 아니라 양지의 앎이다. 그것은 마음이 본체가 바로 양지인데 지가 마음의 본체라고 하였고 아버지와 형을 만나면 저절로 효제를 할 줄 아는 것을 양지라고 하였기 때문이다. 이것은 밖에 의존하여[假外] 앎을 구하는 지식이 아님을 명백히 하였다.

양명은 양지가 발현되지 못하는 이유는 바로 사적인 의도[私意]나 욕심[私欲]의 장애를 받기 때문이라고 하였다. 어린아이가 우물에 빠지려는 것을 보는 순간 측은한 마음이 저절로 생기는데 만약 어린아이의 부모와 사귀려는 사적인 욕심이나 마을에 자랑하려는 사적인 의도가 있으면 양지가 막혀 발휘되지 못한다.

그러나 양지가 다시는 장애가 없이 가득 차서 흐를 수 있으면 이것이 바로 그 양지를 이루는 것이라고 하였다. 여기서 치양지라는 용어는 사용하지 않았어도 그 지[知]를 이룬다는 말에서 그 지는 양지를 가리키고 이루는 것을 치(致)라고 한다면 치양지의 사상적 맹아가 이미 그 안에 있었다고 볼 수 있다. 양지가 이루어지면 사적인 욕심이나 의도가 없어지고 뜻이 참되게 된다고 하였다.

양명은 성의공부를 매우 중시하였지만 뒤에 치양지설을 종지로 삼고 나서 성의공부가 치양지에 포함되었다. 여기에 이미 그 싹이 있었던 것이라 할 수 있다. 양명은 서애(徐愛)와 대화할 당시 이미 학문의 종지를 충분히 알았지만 아직 주장하지 않았을 뿐이라[10]고 천룽지에[陳榮捷]는 말하였다.

전덕홍은 "강우[50세] 이래에 비로소 치양지 세 글자만 제출하여 직접 본체를 가리켜 배우는 이들로 하여금 말을 하자마자 그 자리에서 깨달음을 갖게

知惻隱 此便是良知 不假外求 若良知之發 更無私意障碍 卽所謂充其惻隱之心 而仁不可勝用矣 然在常人 不能無私意障碍 所以須用致知格物之功 勝私復理 卽心之良知更無障碍 得以充塞流行 便是致其知 知致 則意誠."

10 陳榮捷, 「傳習錄譯註集評」, 41쪽: "已足以知宗旨焉 但未爲之主張耳."

하였다"[11]고 말하였다.

왕양명은 "양지 밖에 다시 앎[知]이란 없으며 치지(致知) 밖에 다시 학문이란 없다"[12]라고 하였다. 그리고 또 "내 마음의 양지를 실행하는 것이 치지이다"[13]라고 한 말들이 모두 치양지를 나타내는데 그는 이것을 일생 동안의 강학으로 삼았다.

양명은 "나의 평생 강학은 다만 이 치양지 세 글자일 뿐이다"[14]라고 하였으며 또 "나의 근래 오히려 '양지'라는 두 글자를 알아차리니 날로 더욱 참되고 절실하며 간단하고 쉽다. 아침저녁으로 붕우들과 강습하는데 단지 이두 글자를 발휘하는 것을 벗어나지 못하였다. … 양지 이외에 더 할 말이무엇이 있겠는가? 후세의 큰 걱정은 온전히 사대부가 헛된 글로 서로 속이는 것이다. 이제 그것을 구제하고자 하면 … 반드시 치양지학을 강의하여밝혀야 한다"[15]고 말하였다. 당시 지식인들의 내용 없는 글로 서로를 속이는 허위의식을 바로잡으려면 치양지의 학문을 강의하여 밝혀야 한다고 생각하였다.

(2) 신호와 충태의 변란에서 체득한 치양지

양명이 만년에서야 치양지를 주장한 것은 두 가지 영향이 있었기 때문이었다. 하나는 1519년 신호의 반란 평정과 장충, 허태[張忠, 許泰]의 모함에 직면하면서 생긴 양지에 대한 확신과 그 실질적 경험에서 나온 것이고[16] 다른

11　「王陽明全集」卷41: "刻文錄敍說 江右以來 始單提致良知三字 直指本體 令學者言下有悟."
12　「王陽明全集」卷6, 與馬子莘 218쪽: "良知之外更無知 致知之外更無學."
13　「王陽明全集」권2, 與顧東橋書: "致吾心之良知者 致知也."
14　「王陽明全集」권26, 寄正憲男水墨: "吾平生講學 只是致良知 三字."
15　「王陽明全集」권6, 寄鄒謙之三: "某近來却見得良知兩字日益眞切簡易 朝夕與朋輩講習 只是發揮此兩字不出 … 除却良知 還有甚麼說得! 後世大患 全是士夫以虛文相誑 … 今欲救之 … 必須講明致良知之學."
16　黃明誠, 「王陽明-安頓生命的知慧」, 臺北: 圓神出版社, 2008, 157쪽: 양명이 치양지설을 체득하여 깨닫게

하나는 1520년 수정 주자학자 나정암의 양지에 대한 비판을 변호하기 위한 데서 나온 것이었다.[17] 신호의 변란에 관하여 전덕홍이 기록한 「정신호반간유사(征宸濠反間遺事)」에 왕양명이 신호를 사로잡은 기록들이 보인다. 제자들의 말에 의하면 선생님[양명]의 '변화에 대응하는 신묘함[應變之神]'은 참으로 예측할 수 없었다고 한다. 당시 관병이 방금 성성(省城)을 격파하였다. 왕양명은 갑자기 '죽음을 면하는 목패' 수십만 개를 만들라고 명령하였다. 그 용도를 알지 못하였다. 신호를 파양호 위에서 병력이 맞닥뜨렸을 때 목패를 물위에 띄워 보냈다. 그때 적병은 성성이 이미 격파되었다는 소문을 들었다. 추격을 받던 반란군은 도망갈 방도가 없었다. 그런데 물위에 떠 있는 목패를 보고 일시에 다투어 그것을 가져갔는데 그 수를 셀 수 없었다. 그러나 적군의 세력은 아직도 날카로웠고 바람도 불리하게 불었다. 양명의 군대는 일시적으로 꺾이었으나 좌절하지 않고 필사적으로 싸웠다.

적병은 갑자기 큰 깃발을 보았는데 거기에 "영왕[신호]이 이미 사로잡혔다. 관병은 그대들을 죽이지 않는다"라고 씌어 있었다. 적병은 일시에 무너져 버렸다. 다음날 신호는 숨어서 도망치려고 하였다. 한 어선이 갈대숲 속에 있는 것을 발견하고 신호는 소리쳐 건너오라고 하였다. 어부는 왕양명의 군대가 있는 곳에 그를 내려주었다. 여러 장수들은 아직도 모르고 있었다. 왕양명의 신묘한 작전 운용[神運]은 매번 이와 같았다고 한다. 이러한 신묘한 운용은 자칫하면 전술로 오해하기 쉽다. 그러나 그것은 양지를 현장에 실현한 치양지였던 것이다.

전덕홍이 스승에게 용병에 전술이 있습니까? 질문하니 왕양명은 용병에 무슨 술수를 사용하겠는가? 다만 학문이 순수 독실하며 이 마음이 움직이지

된 계기는 바로 신호, 장충·허태의 변란이었다.

17 한정길, "왕양명의 마음의 철학에 관한 연구," 연세대학교 대학원 박사논문, 1999년, 153쪽.

않게 길러내는 것이 바로 전술일 뿐이다. 전쟁에서 승부의 결단을 내리는 것은 단지 마음이 움직였는지 움직이지 않았는지 사이에 있을 뿐이다. 영왕[신호]과 호수에서 전투를 할 때 앞의 군대가 꺾이어 퇴각하며 허둥지둥 어찌할 바를 몰랐다. '앞의 장수들이 평시의 지술(智術)이 어찌 부족하였겠느냐만 위급한 일에 임하여 이와 같이 초조하게 자기를 잃어버리면 지술을 어디에 쓰겠는가?'라고 하면서 전쟁에 임하여 전술보다는 마음이 흔들리지 않는 부동심이 더 중요하다고 하였다.

이러한 부동심은 용기만 가지고 있다고 생기는 것이 아니다. "우리가 참으로 양지 위에서 기꺼이 실천한다면 수시로 알차고 밝을[精明] 것이며 욕심에 가리지 않으면 저절로 일에 임하여 움직이지 않을 것이다. 부동의 진체(眞體)는 저절로 말없이 변화에 응할 것이라고 말하였다."[18] 부동의 진체가 바로 양지 본체이며 이 본체가 변화에 대응하는 신묘한 작용을 낳은 것이다. 다시 말해 위기의 현실에 직면해 변화에 대응함이 신묘한 것이 바로 치양지이다.

다음 장충, 허태(忠泰)의 변란에 대한 과정을 살펴보면 다음과 같다. 왕양명이 신호를 사로잡아 조정에 커다란 공을 세웠으나 소인들의 질투와 시기로 인하여 더욱 가혹한 시련이 양명에게 닥쳐왔다. 명나라 무종은 어리석은 황제였다. 그는 15세에 즉위하여 악명 높은 유근 등 환관들에 둘러싸여 정사를 제대로 처리하지 못하였다. 신호가 반란을 일으켰을 때 자기가 친히 정벌하겠다고 스스로 '위무대장군'이라 하고 태감 장영(張永), 장충(張忠), 허태(許泰) 등을 명하여 관군 만여 명을 수행하였다. 목적은 남경에서 즐기며 놀기 위한 것이었다.

---

18 錢德洪, 征宸濠反間遺事, 『王陽明全集』 下 卷39 世德紀 附錄, 上海古蹟出版社, 1992, 1472쪽.

왕양명은 40일이 안 되어 신호의 난을 평정하였다. 그러나 무종은 고집을 꺾지 않고 정벌에 나섰다. 핑계는 아직도 잔당의 무리가 남아 있어 후환이 두렵다는 것이었다. 양명은 중지하라고 상소하였으나 받아들여지지 않았다. 얼마 안 되어 양명이 포로를 남창에서 바치려고 하였으나 장충, 허태는 신호를 파양호에 다시 풀어주어 무종이 친히 교전하게 하여 무종을 만족하게 하라고 요구하였다.

양명은 전쟁이 다시 시작되면 그 화는 백성에게 미친다고 생각하여 그 요구를 거절하였다. 이로 인해 장충, 허태의 무고한 죄를 얻게 되었다. 장충, 허태는 무종에게 왕양명이 반드시 모반할 것이라고 참소하였다. 다행히도 장영이 양명을 보증하였으나 무종은 믿지 않았다. 무종은 왕양명이 반드시 모반할 것을 어떻게 알았는가를 장충, 허태에게 물었다. 그들은 대답하기를 '불러도 반드시 오지 않을 것입니다'라고 하였다. 무종은 이에 무호 아래에서 양명을 만나자고 하였다. 장충, 허태는 거짓말이 탄로날까봐 양명을 못 가게 막았다. 양명은 매번 소를 올려 가겠다고 하였으나 중간에 막혀버렸다.

양명은 자신이 위험에 처해 있음을 알았다. 심지어 모반죄가 성립되면 아마도 식구들도 연계된다는 것이 걱정되었다. 하루는 깊은 밤중에 정좌하고 있는데 물소리가 찰싹찰싹 언덕을 치고 있었다. 그는 생각하였다. '내 한 몸이 비방을 받아 죽으면 죽는 것이다. 나이 드신 부모님은 어찌할 것인가!' 왕양명은 죽음을 두려워하지 않았다. 다만 부모님의 안위(安危)만이 걱정이 된 것이다. '이때 하나의 구멍이라고 있으면 아버지를 업고서 도망칠 수 있다면 나는 역시 죽어도 후회가 없겠다'는 심정이었다. 다행히 장영이 줄곧 양명을 위하여 변호해 주었다. 게다가 무종이 사람을 보내어 양명의 동정을 살피고는 "왕수인은 도(道)를 배운 사람이다. 부르면 곧장 올 것이다. 어찌 모반하겠는가?"고 말하였다. 이로 인해 양명은 강서로 돌아갈 수 있었다.[19]

양명은 장충, 허태의 변란 중에서 수많은 참언 공격을 받아 밤낮으로 위태로운 지경이었다. 이러한 위태롭고 험난한 곤경에서 오히려 그는 치양지를 철저히 깨닫는[徹悟] 계기가 되었다.

양명은 "나의 양지의 설은 백 번 죽고 천 번 어려운 가운데 얻은 것이다. 부득이하여 사람들에게 한꺼번에 모두 다 말해 버렸다. 나는 단지 학자들이 그것을 쉽게 얻어서 그것을 일종의 구경거리로 삼아[光景] 가지고 놀까 두렵다. 실제 현실에 내려와 공부하지 않으면 이 양지를 저버릴 것이다."[20] 이렇게 왕양명은 군사에 대한 지적 호기심과 열성적 탐구 그리고 쓰라린 체험을 통해 문무의 덕을 지니게 되었다. 그는 전투 중에도 어진 마음[仁心]을 발휘하여 살상을 최소화하면서 신묘불측한 용병으로 수많은 도적과 반란을 평정하였다.[21] 이처럼 왕양명의 양지설은 천백 번 죽을 고비를 넘기면서 험난한 현실에서 체득한 것임을 알 수 있다.

이것은 결코 책상머리에서 쉽게 얻을 수 있는 것이 아니라 실제로 자기 생활 속에서 실천[致良知]을 하지 않으면 얻지 못하는 것이다. 그래서 양지를 몸소 체험하여 확인한 체지(體知)라고 하는 것이다.

왕양명은 추동곽에게 보낸 편지에서 "양지 두 글자는 참으로 우리 성인 문하의 핵심[正法眼藏]임을 더욱 믿게 되었다"[22]고 하였으며 "다행히도 양지가 나에게 있어 그 요점을 조종할 수 있었다. 비유하면 배를 조종하는데 키를 얻으면 비록 태풍과 역랑(逆浪)을 만나 좌절됨이 없지 않으나 그래도 여전히 기울어 전복되는 걱정은 면할 수 있을 것이다"[23]고 말하였다. 아무리 곤

19 黃明誠, 「王陽明安頓生命的知慧」, 162~163쪽.
20 「王陽明全集」 年譜: "我的良知之說 是從百死千難中得來 不得已才和人一口說盡 我只怕學者得之容易 把它當作一種光景玩弄 不實落用功 孤負此良知."
21 박연수, 「문무를 겸한 실천적 군사지휘자로서의 왕양명」, 『양명학』 제19호, 2003.
22 「王陽明全集」 文錄 2 與鄒謙之 2: "以是盆信得此二字盡吾聖門正法眼藏."
23 「王陽明全集」 文錄 3 寄鄒謙之 4: "所幸良知在我 操得其要 譬喻舟之得舵 雖驚風巨浪顚沛不無 尙猶得免

경에 처해도 양지를 실천하면[致良知] 어떠한 난관도 다 극복할 수 있다는 말이다.

왕양명은 "이 양지에 의하여 인내해 나가면 남이 훼방하건 상관없이 남이 기리고 욕되게 하건 상관없이 그 공부에 진보도 있고 퇴보도 있는 데 맡긴다. 나는 단지 이 치양지의 주재를 쉬지 않을 뿐이다. 오래되고 오래되면 저절로 힘 얻는 곳이 생긴다. 일체의 밖의 일은 저절로 움직이지 않을 수 있다."[24] 치양지설은 용장의 깨달음과 마찬가지로 모두 비극적 지혜이며 고난 가운데 얻은 몸소 깨달음[體悟]이다. 왕양명이 신호의 정벌에서 만났던 여러 가지 시련은 양명의 양지에 대한 신념을 더 굳게 만들었고 용장의 깨달음보다 훨씬 원숙한 경지에 이르렀던 것이다. 따라서 치양지는 간단하면서도 명백할 뿐만 아니라 앞에서 말한 모든 가르침, 즉 격물치지, 지행합일, 성의정심, 존천리, 거인욕, 사상마련 등의 학설은 모두 이 치양지로 귀결되어 해석될 수 있다.[25] 양지가 바로 양명의 핵심사상이고 이것을 실천하는 치양지이기 때문이다.

(3) 성의와 치양지

왕양명이 강서에서 신호의 반란을 평정하던 시기를 전후로 하여 그 이전에는 줄곧 성의를 중심으로 격물을 이해하였으나 이후로는 치양지를 종지로 삼아 자신의 철학체계를 세웠다.[26] 왕양명이 치양지설을 제출한 이후로는 수신의 공부를 성의가 아닌 치지를 중심으로 논의하였다. 이런 변화는

於顚覆者也."

24 『傳習錄』: "依此良知忍耐做去 不管人毀謗 不管人榮辱 任他功夫有進有退 我只是這致良知的主宰不息 久久自然有得力處 一切外事亦自能不動."

25 黃明誠, 『王陽明安頓生命的知慧』, 164쪽.

26 陳來, 『有無之境─王陽明哲學情神─』, 人民出版社, 1991年, 125쪽, 전병욱 옮김, 『양명철학』, 예문서원, 2003년, 213쪽.

『대학고본서』에 대한 양명의 수정작업에서 나타난다. 왕양명은 대학 『고본방석』과 『대학고본원서』를 출간[47세, 1518]할 때까지는 선을 좋아하고 악을 미워하려는 의지가 선을 행하고 악을 버리는 격물공부를 주재해야 그 공부가 실효를 거둘 수 있다고 생각하여 성의를 가지고 대학의 공부법을 해석하였다.

그러나 성의를 중심으로 한 해석이 치지 두 글자를 전혀 언급하지 않았다는 나정암의 비판을 받고 난 뒤[49세, 1520]에 진구천(陳九川)과 논의과정에서 치양지설을 제출하였다. 그 이유는 의(意)의 활동에는 선도 있고 악도 있으나[有善有惡意之動] 의(意) 자체는 선악을 판별할 수 없기 때문이다. 선을 행하고 악을 제거하는 격물[爲善去惡是格物]공부가 참되기 위하여서는 시비선악을 명확하게 판단하는 양지[知善知惡是良知]에 따라서 행하기만 하면 된다. 이것이 치양지이다. 이렇게 해서 양명의 공부론은 성의 중심에서 치양지로 바뀌게 된다.[27]

양명이 말하는 치양지의 치(致)에는 두 가지 의미가 있다. 하나는 끝[極]에까지 이른다는 지극(至極)을 말하고 다른 하나는 양지를 실천한다는 실행(實行)을 뜻한다. 양지를 끝에까지 이른다는 말은 앎[知]의 완성이 행위(行)이므로 양지를 완성한다는 말은 바로 양지를 실행한다는 의미와 같은 뜻이다. 왕양명은 『대학문(大學問)』에서 이렇게 말하였다.

"치(致)란 것은 지극히 한다[至]이다. 예를 들면 '상례는 슬픔을 지극히 한다'고 하는 치(致)의 의미와 같다. 『주역』은 '지극함을 알아 그것을 지극히 한다[知至, 至之]'고 말하였다. 지극함을 아는 것은 지(知)이다. 그것을 지극히 하는

---

27 한정길, "왕양명의 마음의 철학에 관한 연구," 연세대학교 대학원 박사논문, 1999년, 157-161쪽.

것은 치(致)이다. 그러므로 치지(致知)라고 말한 것은 뒷날의 학자들이 이른 바 '그 지식을 넓힌다'는 주장과 같은 것이 아니다. 내 마음의 양지를 거기에서 지극히 [발휘]하는 것일 뿐이다."[28]

여기서 말하는 뒷날의 학자는 주자를 가리킨다. 주자는 앞서 언급한 바와 같이 치지를 지식을 넓히는 것으로 해석하였다. 그런데 양명은 양지를 실현하는 것[致良知]이라고 하였다.

왕양명은 치양지를 강학의 종지로 삼은 뒤부터 성의(誠意)보다는 치지를 강조하여 이렇게 말하였다. "성의의 근본은 또 치지에 있다. 이른바 '남은 비록 모르지만 자기가 홀로 아는 것' 이것이 바로 내 마음의 양지가 있는 곳이다. 그러나 선을 알고도 이 양지에 의거하여 행하지 않고 불선을 알고도 이 양지에 의거하여 행하지 않는다면 이 양지는 곧 가려지게 된다. 이것은 '양지를 확충하지[致知]' 못했기 때문이다. 내 마음의 양지가 이미 지극하게 확충될 수 없다면 선이 비록 좋다는 것을 알지만 실제로 좋아할 수 없고 악이 비록 나쁘다는 것을 알지만 실제로 미워할 수 없다. 어떻게 뜻이 참될 수 있겠는가?"[29]

선이 좋은 것을 알지만 사심의 노예가 되어 그것을 실천하지 못하고 악이 나쁜 것임을 알지만 상대방의 위협 때문에 실제로 미워하지 못하게 되는 것은 양지가 충분히 실현되지 못하기 때문에 도덕적 용기를 발휘하지 못한다고 보았다. 왕양명은 도덕적 선악도 양지가 좋아하고 싫어하는[好惡] 심미적

---

28 『王陽明全集』卷26, 大學問: "致者 至也 如云喪致乎哀之致 易言知至至之 知至者知也 至之者致也 致知云者 非若後儒所謂充擴其知識之謂也 致吾心之良知焉耳."
29 『傳習錄』下: "誠意之本又在於致知也 所謂人雖不知己所獨知者 此正吾心之良知處 然知得善却不依這個良知做去 知得不善却不依這個良知便不做去 則這個良知便遮蔽了 是不能致知也 吾心之良知旣不能擴充到底 則善雖知好 不能着實好了 惡雖知惡不能着實惡了 如何得誠意?"

판단에 의거하는 것임을 밝히었다. 그리고 뜻을 참되게 하는[誠意] 공부도 양지를 실천하는 치양지에 의거해야 된다는 것을 말한다.

양명은 '치'라는 것은 이른다[至]는 뜻이다. 양지를 지극히 하여 빠트리고 가려짐이 없게 만든다고 하여 양지가 사욕에 가려지지 않게 해야 된다고 말하였다. 그리고 또 '치지'를 "나의 양지에 사욕이 끼어들지 못하게 하여 지극함에 이르는 것"[30]이라고 하였다. 이렇게 되어야 양지는 현실에 실현될 수 있다.

양명이 건주(虔州)에 있을 때[양명 49세, 1520] 진구천(陳九川)이 찾아가 선생을 뵙고 물었다. "요즈음의 공부는 비록 핵심을 좀 깨달은 것 같지만 온당하며 시원스럽고 즐거운 곳을 찾기는 어렵습니다. 선생께서 대답하셨다. "그대는 도리어 마음에서 하나의 천리를 찾는데 이것이 바로 이른바 이치가 장애가 된다[理障]는 것이다. 여기에 하나의 비결이 있다." [구천이] 말하였다. "무엇입니까?" 선생께서 말씀하셨다. "다만 앎을 실현하는 것일 뿐이다." 구천이 말하였다. "어떻게 앎을 실현합니까?" 선생께서 말씀하셨다. "그대의 이 한 점의 양지가 그대 자신의 준칙이다. 양지는 그대 생각[意念]이 닿아 있는 곳에서 옳으면 옳다고 알아차리고 그르면 그르다고 알아차리므로 이 양지를 조금도 속일 수 없다. 그대가 단지 양지를 속이려 하지 않고 확실하게 있는 그대로 양지에 의지하여 실행하기만 하면 선은 곧 간직되고 악은 곧 제거될 것이다. 그러한 곳이 얼마나 온당하고 시원스럽고 즐거운가? 이것이 바로 격물의 참된 비결이며 치지의 실질적 공부이다."[31]

---

30 『王陽明全集』, 大學古本旁釋: "吾心之良知無私欲之間而得以致其極."
31 『傳習錄』下: "見先生問 近來工夫雖若稍知頭腦 然難尋個穩當快樂處 先生曰 爾却去心上尋個天理 此正所謂理障 此間有個訣竅 曰請問如何? 曰只是致知 曰如何致 曰爾那一點良知是爾自家底準則 爾意念着處 他是便知是 非便知非 更瞞他一些不得 爾只不要欺他 實實落落依着他做去 善便存 惡便去 他這裏何等穩當快樂 此便是格物的眞訣 致知的實功."

진구천이 마음에서 천리를 찾는 것은 바로 주자학의 공부법이다. 마음과 본성을 나누어서 마음에서 천리를 찾으려는 것은 이 천리가 오히려 장애가 된다고 하여 이장(理障)이라고 하였다. 이것은 마음의 본체[心體]가 바로 천리[心卽理]이며 양지라는 사실을 알지 못하고 마음속에 따로 천리[心中有理]가 있다고 생각하여 이것을 찾으려 하기 때문에 이것을 이장이라고 하였다. 앞서 말한 바와 같이 양지가 천리이며 양지는 바로 시비선악을 판단하는 주체이며 그 판단은 어떤 생각[意念]이 펼쳐진 데서 이루어진다. 마음이 자신의 준칙인 양지가 판단하는 대로 실행하는 것이 바로 치양지인 것이다.

왕양명은 "사람이면 누군들 양지가 없겠는가? 다만 가지고 있기만 하고 그것을 실천할 수 없을 따름이다. … 양지는 이른바 천하의 큰 근본[大本]이다. 이 양지를 이루어[致] 행위를 하게 되면 이른바 천하 어디에도 통하는 길[達道]이다"[32]라고 말하였다. 이것은 양지의 보편성과 그 실천성 여부가 중요함을 역설한 것이기도 하다. 미발의 알맞음[未發之中]인 대본(大本)의 양지를 실천해야 비로소 달도(達道)라는 것이다.

양지의 실천은 구체적인 일상생활 속에서 이루어진다. 따라서 큰 공동체인 사회나 국가에 우선하여 가정에서부터 이루어져야 한다고 양명은 생각한 것이다. 부모님을 겨울철, 여름철에 따라서 따뜻하게 그리고 시원하게 모시는 절차는 알아도 그것을 실천하지 못하면 아무 소용이 없을 것이다. 그래서 양명은 "그대는 겨울에는 따뜻하게 해드리고 여름에는 시원하게 해드리며 저녁에 잠자리를 살피고 일찍 문안 인사드리는 일에서 효도를 말한다면 누가 그것을 모르겠는가라고 말하였다. 그러나 아는 것을 실천하는 사

---

32 『王陽明全集』 卷8 書朱守諧: "人孰無良知乎? 獨有而不能致之耳 … 良知也 是所謂天下之大本也 致是良知而行 則所謂天下之達道也."

람은 드물다[33]고 하면서 이것으로 말하면 앎을 실현하는[致知] 것이 반드시 실행에 있다는 것을 알 수 있으며 실행하지 않는 것은 앎을 실현하는 것으로 여길 수 없음이 분명하다"[34]고 하였다. 이것은 알고는 있으나 실제로 행하지 않으면 치양지가 아니라는 말이다.

어떤 일을 할 때에는 마치 독수리가 먹이를 낚아채듯 온 정신을 집중하여 사욕이 싹트자마자 곧바로 잘라 버려야 한다. 이렇게 하여 마음의 본체인 천리가 드러나면 그 작용이 모두 유행(流行)이 된다. 이것은 심체(心體)를 체인하고 그것을 보존하는 치양지 공부이다.

2. 사상마련(事上磨鍊)

(1) 묵좌징심(默坐澄心)

양명은 용장에서 밤낮으로 아무 말 없이 단정히 앉아 정일(靜一)을 추구하여 양지를 깨달았다. 이것은 일종의 정좌법의 효과인 것이다[연보 1, 37세 조목]. 양명의 정좌법은 우리의 마음이 사물 혹은 기(氣)의 간섭을 받아 양지가 본래의 빛을 발휘하지 못할 때 마음의 동요를 극복하여 심체를 회복하는 방법이다. 양명은 이렇게 말하였다.

"옛날 귀양에서 지행합일의 가르침을 거론하니 분분하게 의견이 달라지고 같아지어 들어갈 바를 알지 못하였다. 이에 바로 여러 문하생과 절[僧寺]에서 성체(性體)를 스스로 깨닫게 하였다. 돌아보니 황황히 깨닫는 자가 있는 것

---

33 『傳習錄』下: "吾子謂語孝於溫淸定省 孰不知之' 然而能致其知者鮮矣."
34 같은 책: "以是而言 可以知致知之必在於行 而不行之不可以爲致知也 明矣."

같았다. 또 도중에 편지를 보내어 이렇게 말하였다. 앞서 절에서 정좌의 일을 말한 것은 좌선(坐禪)하여 마음이 흔들림 없게[入定] 하려고 한 것이 아니다. 대개 우리들이 평일 사물을 위하여 어지러이 붙잡고[紛挐] 자기를 위할 줄 모른다. 이 때문에 『소학(小學)』의 방심을 거두어들이는 일단의 공부를 보충하려고 하였을 뿐이다."[35]

왕양명이 지행합일을 학생들에게 이해시키기 위하여 불교의 정좌법을 원용한 것이다. 그러나 그의 정좌방법은 결코 불교의 좌선입정과는 달리 흐트러진 마음을 거두어들이는 수방심(收放心)의 방법이었다. 그것은 우리의 일상생활 속에서 외적인 물욕에 이끌려 자기 도덕적·심미적 심체를 망각해버린 자아[性體]를 스스로 깨닫는 정좌방법을 가르치었다. 그것은 방심을 거두어들이는 보충적 방법이었다.

왕양명은 정좌 중에서 쉽게 나타날 수 있는 환상인 광경(光景)을 경계하면서 다시 이렇게 말하였다. "선생은 정좌하고 있는 친구에게 질문하였다. '근래의 공부는 어떠한가?' 한 친구는 '텅 비고 밝은[虛明]' 뜻을 들어 보였다. 선생이 말하였다. '이것은 광경을 말한 것이다.' 한 친구가 옛날과 지금의 같고 다름을 서술하였다. 선생은 말하였다. '이것은 효험이다.' 두 친구는 멍하니 올바름을 청하였다. 선생은 말하였다. '우리들의 오늘날 공부는 단지 선을 위하는 마음을 진실하고 절박하게 하려는 것일 뿐이다. 이 마음이 진실하고 절박하게 선을 보면 바로 실행하고 잘못이 있으면 즉시 고친다. 바로 이것이 진실하고 절박한 공부이다. 이렇게 되면 인욕이 날마다 사라지고 천리가

---

35 『王陽明全集』 年譜 — 39歲 條目: "昔在貴陽 擧知行合一之敎 紛紛異同 罔之所入 玆來乃與諸生靜坐僧寺 使自悟性體 顧恍恍若有可卽者 旣又途中寄書曰 前在寺中所云靜坐事 非欲坐禪入定也 蓋因吾輩平日爲事 物紛挐 未知爲己 欲以此補小學收放心一段工夫耳."

날마다 밝아진다. 만약 단지 광경만을 보려[管求] 하고 효험을 이야기한다면 오히려 조장하여 밖으로 내달리는 병통이지 공부가 아니다.'"[36]

이른바 광경이란 정좌 중에 나타나는 일종의 허깨비를 보는 환상이다. 우리가 정좌를 하면서 마음을 들여다보는 공부를 하는데 마음의 본체를 보지 못하고 마음을 대상화하면 그림자가 드러나는데 이것을 광경이라고 한다.[37]

학생들은 정좌공부를 하면서 광경을 구하려 하거나 효험을 얻으려고 하여 치양지의 공부를 잘 알지 못하여 양명은 다시 이렇게 말하였다.

"한 친구가 정좌하다 깨우친 것이 있어서 달려가 선생에게 물었다. 선생께서 대답하였다. 내가 예전에 저주(滁州)에 머물 때 학생들이 대부분 지적인 이해에 힘쓰고 귀로 듣고 입으로 말하는 것이 같고 다름만을 논쟁하여 아무런 보탬도 없는 것을 보고는 잠시 그들에게 정좌를 가르쳤었다. 한때 그들이 광경(光景)을 얼핏 보고 자못 근접한 효과를 거두는 듯했다. 시간이 지나자 점차 고요함을 좋아하고 움직임을 싫어하여 마치 [생기 없는] 마른 나무 같은 병폐에 흘러 들어가거나 혹은 현묘한 깨달음에 힘써서 듣는 사람을 놀라게 하였다. 그래서 요즘에는 다만 치양지를 말할 뿐이다. 양지만 명백하다면 그대가 조용한 곳을 따라 체득해도 좋고 구체적인 일에서 연마해도 좋다. 양지 본체는 원래 움직임도 조용함도 없다. 이것이 바로 학문의 핵심이다. 나의 학설은 저주에서 지금까지 몇 번이고 생각하고 재어보았다[思量]. 치양지 세 글자가 아무런 병통이 없음을 발견하였다."[38]

36 王陽明全集 卷1: "先生問在坐之友比來工夫如何? 一友舉虛明意思 先生曰 此是說光景 一友敘昔今異同 先生曰 此是說效驗 二友惘然請是 先生曰 吾輩今日用功 只是要爲善之心眞切 此心眞切 見善卽遷 有過 卽改 方是眞切工夫 如此 則人欲日消 天理日明 若只管求光景 說效驗 却是助長外馳病痛 不是工夫."

37 李相勳,「王陽明工夫論之硏究」, 臺灣 東海大學 博士論文, 1994年, 128쪽 참조.

38 『傳習錄』 下 262條目: "一友靜坐有見 馳問先生 答曰 吾昔居滁時 見諸生多務知解 口耳同異 無益於得姑 敎之靜坐 一時窺見光景 頗收近效 久之 漸有喜靜厭動 流入枯槁之病 或務爲玄解妙覺 動人聽聞 故邇來只

양명이 정좌를 가르친 목적은 마음의 조용함을 추구하여 사물의 동요를 받아 망념을 일으키지 않게 하려는 것이었다. 다시 말해 양명은 초학자들이 마음이 들뜰까봐 경계하여 '아무 말 없이 앉아 마음을 맑게 한다'는 묵좌징심(黙坐澄心)의 공부 방법을 가르쳤다.

그러나 묵좌징심의 방법은 두 가지 폐단이 생겼다. 첫째는 움직임을 싫어하고 조용함만을 좋아하여 아무런 생기가 없는 고목처럼 될 병폐에 빠질 우려이다. 둘째는 형이상학적 해석이나 미묘한 깨달음[玄解妙覺]의 폐단에 빠질 경향이 있다. 그리고 또한 정좌(靜坐)를 통하여 심체를 체득하여 아는 체인(體認)이 너무 어려워 좀 더 알기 쉬운 공부 방법을 제시할 필요가 있었다. 따라서 양명은 소극적인 조용함[靜坐] 공부에서 적극적이며 역동적인 공부로 전환한 것이다.

(2) 성찰극치(省察克治)

왕양명에 의하면 사람을 가르치고 학문을 논하면서 한쪽을 잡아서는 안된다는 것이다. 처음 배울 때에 마음은 원숭이 같고 뜻은 말과 같아 붙들어 매어도 안정되지 못한다. 그가 사려하는 바는 대부분 인욕 안쪽이다. 그러므로 또 정좌하여 사려를 쉬게 함을 가르쳤다. 그러나 오래 되어 그 마음과 뜻이 약간 안정됨을 기다렸더니 단지 허공에 매달려 조용히 지키고만 있었다. 마치 고목나무와 불 꺼진 잿더미 같아 역시 소용없었다. 그래서 모름지기 자신을 반성하여 욕심을 다스리는 성찰극치를 가르쳤다고 하였다.

양명이 저주에 있을 때[양명 42세, 정덕 8] 겨울 맹원(孟源)이 "정좌 중에서 사

說致良知 良知明白 隨你去靜處體悟也好 隨你去事上磨鍊也好 良知本體原是無動無政的 此便是姑敎之靜坐 一時窺見光景 頗收近效 久之 漸有喜靜厭動 流入枯槁之病 或務爲玄解妙覺 動人聽聞 故學問頭腦 我這個話頭自滁州到今 亦較過幾番 只是致良知三字無病 醫經折肱 方能察人之病理."

려가 분잡하여 강제로 금하여 끊어버릴 수 없다"고 질문한 적이 있었다. 양명은 이에 대하여 "어지럽고 복잡한 생각은 역시 강제로 금하거나 끊어 버릴 수 없다. 단지 사려가 막 싹트려고 움직이는 곳에서 반성하여 살펴보고 그것을 다스리라"고 대답하였다.[39] 마음을 다스리기 위하여 눈을 감고 조용히 앉아 있으면[靜坐] 온갖 잡다한 생각이 떠오르는데 이것을 억지로 끊어 버리기도 어렵다. 양명은 억지로 끊어버리려 하지 말고 생각이 막 싹트려고 할 때 그것을 살펴보고 다스리라고 하였다. 이것이 바로 성찰극치의 방법이다.

같은 해 왕양명은 "나는 근래 말단 세속의 비루하고 더러운 것들을 씻어내고 학자들을 만나 대부분 고명한 길로 나아가도록 이끌어 시대의 폐해를 구제하려 하였다. 이제 학자들을 보니 점점 공허한 데로 흘러들어가고 현실을 벗어나 새롭고 기이한 이론을 짓는 데 떨어졌다. 나는 이미 그것을 후회하였다. 그러므로 남기[南京]에서 학문을 논하면서 단지 학자에게 천리를 보존하고 인욕을 제거하라고 가르쳐 성찰극치의 실제 공부를 가르쳤다"[40]고 하였다. 왕양명은 현실을 벗어난 공허한 생각과 신기한 것에 사로잡힌 제자들의 폐단을 구제하기 위하여 적극적으로 자신을 살피고 욕심을 다스리는 [省察克治] 공부를 하여 천리를 보존하고 인욕을 제거하라고 가르쳤다. 그리고 또 이렇게 말하였다.

"성찰하여 자기를 극복하고 다스리는 공부는 틈을 둘 때가 없다. 마치 도둑을 몰아내듯이 아주 깨끗하게 쓸어내려는 의지가 있어야 한다. 일이 없을 때에는 여색이나 재물, 명예 등을 좋아하는 사욕을 하나하나 찾아내서 반드시

---

39 『王陽明全集』 卷33 年譜1, 1236쪽: "孟源問 靜坐中思慮紛雜 不能强禁絕 先生曰 紛雜思慮 亦强禁絕不得 只就思慮萌動處 省察克治."
40 『王陽明全集』 卷33 年譜, 1237쪽: "吾年來欲懲末俗之卑汚 引接學者多就高明一路 以救時弊 今見學者漸 有流入空虛 爲脫落新奇之論 吾已悔之矣 故南畿論學 只敎學者存天理 去人欲 爲省察克治之實功."

병의 뿌리[病根]를 뽑아 제거하여 다시는 영원히 일어나지 않게 해야만 비로소 통쾌하게 되는 것이다. 항상 마치 고양이가 쥐를 잡듯이 온 눈으로 살피고 온 귀로 듣고 있다가 한 생각이 싹터 움직이자마자 곧바로 제거해 버린다. 쇠못을 박아 놓듯 잠시도 허용하지 않는다. 다른 방편에 숨겨주어서도 안 되고 그 출로를 개방해서도 안 된다. 비로소 참되고 착실한 공부이다. 그리하여 아주 깨끗이 쓸어내고 극복하여 사욕이 없는 데까지 이르게 되면 저절로 팔짱을 끼고 앉아 있어도 잘 다스려지는 때가 생긴다."[41]

성찰극치의 공부법은 사려가 싹이 터 움직이려 할 때 어지럽게 일어나는 사념을 철저히 뽑아내어 제거해 버리는 것을 말한다. 묵좌징심도 성찰극치도 모두 치양지의 방법이다. 그 외에 또 하나의 다른 방법이 필요하였다.

(3) 절사(絶四)와 집의(集義)

양명은 공자의 네 가지를 끊음[絶四][無意, 無必, 無固, 無我]과 맹자의 집의(集義) 『중용』의 계구(戒懼) 『대학』의 신독(愼獨)을 치양지와 연결시켜 설명하였다. 양명은 이렇게 말하였다.

"무릇 '반드시 일삼음이 있어야 한다[必有事焉]'는 것은 단지 '의로움을 쌓는[集義]' 공부일 뿐이다. '의로움을 쌓는' 공부는 단지 '양지를 실현하는[致良知]' 공부일 뿐이다. '의로움을 쌓는다'고 말하면 핵심을 단번에 드러내지 못하지만 '양지를 실현한다[致良知]'고 말하면 곧바로 공부할 수 있는 실제적인 토대가

---

41 『傳習錄』卷上 陸澄錄: "省察克治之功 則無時而可閒 如去盜賊 須有箇掃除廓淸之意 無事時 將好色 好貨 好名等私 逐一追究搜尋出來 定要拔去病根 永不復起 方始爲快 常如描之捕鼠 一眼看着 一耳聽着 纔有一 念萌動 卽與克去 斬釘截鐵 不可姑容與他方便 不可窩藏 不可放他出路 方是眞實用功 方能掃除廓淸 到得 無事可克 自有端拱時在."

된다. 그러므로 나는 오로지 치양지만을 말한다.

그때그때의 구체적인 일에서 그 양지를 실현하는 것이 격물(格物)이다. 참되게[誠] 그 양지를 실현하는 것이 바로 성의(誠意)이다. 착실하게 그 양지를 실현하되 사적인 의도[意], 기필[必], 고집[固], 자아[我]가 조금도 없는 것이 정심(正心)이다. 착실하게 양지를 실현한다면 잊어버리는[忘] 병통이 저절로 없어지게 된다. 사적인 의도, 기필, 고집, 자아가 조금도 없다면 조장하는 병통이 저절로 없어지게 된다.

그러므로 격물, 치지, 성의, 정심을 말하면 '잊지도 말고 조장하지도 말라'는 것을 말할 필요가 없다. 맹자가 '잊지도 말고 조장하지도 말라'고 말한 것도 역시 고자(告子)의 병폐에 대하여 처방을 내린 것이다. 그가 그 마음을 억지로 통제한 것은 조장의 병폐이다. 그러므로 맹자는 오로지 조장의 폐해를 말했다. 고자의 조장은 역시 그가 의로움[義]을 밖에 있다고 생각하여 '마음에서 의로움을 쌓고' '반드시 일삼음이 있어야 한다'는 데 나아가 공부할 줄 몰랐기 때문에 그와 같았던 것이다.

만약 시시각각 마음에서 의로움을 쌓았다면[集義] 양지의 본체가 환하게 밝아져서 자연히 옳은 것은 옳다고 하고 그른 것은 그르다고 하여 털끝만큼이라도 숨김이 없을 터인데 또 어찌 '말[言]에서 얻지 못한 것은 마음에서 구하지 말며 마음에서 얻지 못한 것은 기(氣)에서 구하지 말라'는 병폐가 있겠는가? 맹자의 '의로움을 쌓고' '호연지기(浩然之氣)를 기른다'는 학설은 정말로 후학에게 끼친 공로가 크다. 그러나 그것은 병에 따라 처방을 내린 것으로서 대강을 말한 것이기는 하지만 대학의 격물, 치지, 성의, 정심의 공부가 더욱 정일(精一)하고 간이하며 위아래로 통하여 만세에 폐단이 없는 것만은 못하다."42

왕양명은 맹자의 올바른 행위[義]를 그치지 않고 모아가는 집의(集義)의 공부 방법을 치양지의 방법으로 수용하여 분명히 하였다. 맹자는 집의를 말하면서 '잊지도 말고 조장하지도 말라[勿忘勿助]'고 말하였다. 우리는 어떤 일을 하는 데 잊어버리지 않고 매일 조금씩 해나가면 어려움 없이 해나갈 수 있는데 새까맣게 잊어버리고 있다가 기일이 닥치면 한꺼번에 처리하려고 한다. 어떤 때는 너무 무리하게 하여 병이 생기기도 한다. 우리는 어렸을 적의 방학숙제를 기억하고 있을 것이다. 마치 모가 자라지 못하는 것을 보고 모를 한 치씩 뽑아서 자라게 도와주는 것[助長]처럼 숙제를 문방구에서 사서 제출하는 것이 조장의 전형적 사례라고 할 수 있다.

잊지도 말고 조장하지도 말라는 말은 도덕원리를 밖에서 찾는 고자(告子) 학설[義外說]의 병통을 고치기 위한 것이었다. 그러나 초학자들은 잊어버림에 뜻을 집착하게 되면 조장이 되어 버리고 조장에 뜻을 집착하게 되면 잊어버리는 병통이 생기게 된다고 하였다. 그래서 양명은 반드시 일삼음이 있어야 한다[必有事焉]라고 강의하여 수시로 집의할 뿐이라고 하였다.

양명은 "마음이 그 마땅함[宜]을 얻은 것이 의로움[義]이며 양지를 실현할 수 있다면 마음은 그 마땅함을 얻으면 된다. 양지를 실현할 수 있다면 마음은 그 마땅함을 얻게 된다. 그러므로 의로움을 쌓는 것도 다만 그 양지를 실현하는 것이다"[43]고 하였다. 잊어버림도 조장도 그 마땅함을 잃었기 때문에

---

42 『傳習錄』 中 187條目: "夫必有事焉 只是集義 集義 只是致良知 說集義則一時未見頭腦 說致良知卽當下便有實地步可用工 故區區專說致良知 隨時就事上致其良知 便是格物 著實去致良知 便是誠意 着實致其良知 而無一毫意必固我便是正心 着實致良知 則自無忘之病 無一毫意必固我 則自無助之病 故說格致誠正 則不必更說個忘助 孟子說忘助 亦就告子得病處立方 告子强制其心 是助的□病痛 故孟子專說助長之害 告子助長 亦是他以義爲外 不知就是心上集義 在必有事焉上用功 是以如此 若時時刻刻就自心上集義 則良知之體 洞然明白 自然是是非非 纖毫莫遁 又焉有'不得於言 勿求於心 不得於心 勿求於氣'之弊乎? 孟子集義 陽氣之說 固大有功於後學 然亦是因病立方 說得大段 不若大學格致誠正之功 尤極精一簡易 爲徹上徹下 萬世無弊者也."

43 『傳習錄』 中 170條目: "孟子言必有事焉 則君子之學 終身只是集義一事 義者宜也 心得其義之謂義 能致良

생기는 병통이다. 양명은 치양지를 통하여 집의를 분명히 밝힌 것이다.

양명은 어떠한 일을 하건 '사적인 의도를 버릴 것[毋意]', '반드시 무엇을 꼭 해야 된다는 생각을 버릴 것[毋必],' '자기의 고집을 버릴 것[毋固]', '나에 대한 집착을 버릴 것[無我]'이라고 공자가 말한 이 네 가지 잘못된 생각을 근원적으로 끊어 버리는 것[絶四]이며 이것을 마음을 바로잡는 것[正心]인데 이 공부를 하면 조장의 병통이 저절로 사라진다고 하였다. 이 모두가 양지를 실현하는 치양지 공부이다.

(4) 사상마련

묵좌징심도 성찰극치도 또 절사와 집의도 모두 치양지의 방법이다. 이 모두를 포괄하는 적극적인 방법이 필요하였다. 역동적으로 돌아가는 현실의 일 속에서 보다 효과적으로 공부를 하기 위하여 사상마련의 공부 방법을 제시하였다.

양명은 "양지만 명백하다면 그대가 조용한 곳을 따라서 체오(體悟)해도 좋고 [구체적인] 일상의 일에서 연마해도 좋다. 나의 이 화두는 저주에서부터 지금까지 몇 번 비교해 보았지만 다만 치양지 세 글자만 병통이 없었다. 이것은 의사가 세 차례 자신의 팔이 부러지는 쓰라린 경험을 거쳐야 비로소 사람들의 병리를 살필 수 있는 것과 같다"[44]고 말하였다. 양명의 제자인 육징이 질문하였다.

"[저는] 조용할 때에는 하고자 하는 생각[意思]이 그런대로 괜찮다고 느껴지다가 일을 만나자마자 같지 않은 것은 무엇 때문입니까?" 선생이 대답하였

知 則心得其宜矣 故集義亦只是致良知."

[44] 『傳習錄』下, 黃省曾錄: "良知明白 隨你去靜處體悟也好 隨你去事上磨鍊也好. 我這個話頭自滁州到今 亦較過幾番 只是致良知三字無病 醫經折肱 方能察人病理."

다. "그것은 그대가 조용히 마음을 기르는 것만 알고서 이기(利己)적인 자기를 이기는 공부를 하지 않았기 때문이다. 이와 같은 상태에서 일에 부딪혔을 때 바로 마음은 [사욕에] 기울어져 버린다. 사람은 반드시 일을 해가면서 자신을 연마해야 비로소 확고하게 설 수 있으며 비로소 조용해도 마음이 안정되고 움직여도 안정될 수 있다."[45]

사상마련에서 양명의 치양지의 진가가 드러난 것이다. 치양지는 조용함과 움직임 어디에도 치우치지 않고 하는 공부이기 때문이다. 그렇게 되었을 때 비로소 마음이 안정되어 욕심에 흔들리지 않는다[定]. 양명은 사람은 반드시 일을 해 가면서 자신을 연마하여야 비로소 진보할 수 있다. 단지 조용함[靜]만을 즐길 뿐이라면 어떤 일이 생기자마자 마음이 어지러워져 진보도 없고 조용할 때의 수행도 잘못된다. 이것은 안쪽으로 거두어들이는 것같이 보이지만 밖으로 마음이 흐트러지고 있는 것이라고 하였다.

우리는 종교적인 활동과 세속적인 활동이 전혀 다른 경우가 있음을 종종 보게 된다. 교회나 사찰에 가서 열심히 기도할 때는 마음이 차분히 가라앉아 어떤 욕심도 나지 않는데 일단 세속적인 일을 하게 되면 온갖 유혹을 떨쳐버릴 수 없는 경우가 많이 있다. 이것은 신앙과 행위가 합일[信行合一]되지 않았기 때문이다.

이럴 경우 우리는 불구덩이에 들어가서 불순물[私欲]을 없애고 순금[양지]만이 남도록 자기가 하는 일 위[事上]에서 자신을 갈고 닦아야 한다[磨鍊]. 이것을 사상마련이라고 한다. 양명은 정감 상에서의 사상마련을 언급하였다. 육징이 홍려시(鴻臚寺)에 잠시 머물 때 갑자기 집에서 편지를 보내어 아이가 병에 걸려 위급하다고 알려왔다. 육징의 마음은 매우 근심스럽고 고민이 되

---

45 「傳習錄」上, 陸澄錄: "問 靜時亦覺意思好 才遇事便不同 如何? 先生日 是徒知靜養 而不用克己工夫也 如此臨事 便要傾倒 人須在事上磨 方立得住 方能靜亦定 動亦定."

어 감당할 수 없었다. 이때 양명은 이렇게 말하였다.

"이런 때에 바로 공부를 해야 한다. 만약 이런 때를 놓쳐 버린다면 한가한 때의 강학이 무슨 쓸모가 있겠는가? 사람은 바로 이와 같은 때에 연마[磨鍊]해야 한다. 아버지가 자식을 사랑하는 것은 물론 지극한 정감[至情]이다. 그러나 천리(天理)에도 본래 치우침이 없고 절도에 맞는 곳[中和處]이 있으니 그것을 지나치면 곧 사사로운 뜻[私意]이 된다. 이러한 상황에서 사람들은 대부분 마땅히 근심하는 것이 천리라고 여겨서 한결같게 근심하고 괴로워하기만 하고 있다. 이미 '근심하고 걱정하는 것이 있으면 그 바름을 얻지 못한다'는 사실을 알지 못한다. 대체로 칠정(七情)의 느낌은 지나친 경우가 대부분이고 미치지 못하는 경우는 적다. 지나치자마자 곧 마음의 본체가 아니므로 반드시 알맞게 조정해야 비로소 바름을 얻을 수 있다. 부모의 상을 당했을 경우 사람의 자식으로서 어찌 한바탕 죽도록 통곡하여 마음이 후련해지기를 바라지 않겠는가? 그런데도 오히려 [효경에] '몸이 수척해지더라도 본성을 멸하지 않는다'고 말했으니 이것은 성인께서 억지로 제정한 것이 아니라 천리 본체에 본래 일정한 한도가 있어서 지나쳐서는 안 되는 것이다. 사람이 심체를 이해하기만 한다면 자연히 조금도 보태거나 덜어낼 수 없을 것이다."[46]

양명은 제자인 육징이 아들의 위급한 상황에서 불안과 걱정에 휩싸였을 그러한 사태에서도 마련하라고 가르치고 있다. 정감에 너무 집착하여 지나

---

46 『傳習錄』 上 44條目: "此時正宜容共 若此時放過 閑時講學何用? 人正要在此等時磨鍊 父之愛子 自是至情 然天理亦自有個中和處 過卽是私意 人於此處 多認做天理當憂 則一向憂苦 不知已是 有所憂患不得其正 大抵七情所感 多只是過 少不及者 才過便非心之本體 必須調停適中始得 就如父母之喪 人子豈不欲一哭 便死 方快於心 然却曰毀不滅性 非聖人强制之也 天理本體自有分限 不可過也 人但要識得心體 自然增減 分毫不得."

치면 이것은 천리를 잃어버리는 것이 된다. 그러나 아무런 정감도 없다면[까뮈의 이방인에 나오는 주인공 메르소처럼] 이것 역시 천리를 어기는 것이 된다. 부모의 자녀에 대한 사랑과 자녀의 부모의 상(喪)에 대한 비애는 확실히 천리이다. 그러나 사랑과 비애가 성정의 훼멸을 초래한다면 그것은 천리에 어긋난다. 양명이 말하는 사상마련은 바로 인간의 희로애구(喜怒哀懼)에서 자기의 본래 성정을 훼멸시키거나 상실하지 않고 적당히 조절하여 알맞음과 어울림[中和]의 실제를 유지하는 훈련이다.[47] 왕양명은 사상마련의 다른 실례를 들어 이렇게 말하였다.

"실무를 맡은 어떤 관리가 오랫동안 선생의 학문을 청강하고는 이렇게 말하였다.

이 학문은 매우 좋기는 하지만 공문서를 관리하고 소송을 처리하는 일이 번잡하여 학문을 할 수가 없습니다. 선생께서 이 말을 듣고 이렇게 말씀하시었다. 내가 언제 그대에게 공문서를 관리하고 소송을 처리하는 일을 떠나 허공에 매달려 강학하라고 가르친 적이 있는가? 그대에게는 이미 소송을 판결하는 일이 주어져 있으니 그 소송의 일에서부터 학문을 해야만 비로소 진정한 격물[마음이 사물과 관계된 일의 잘못을 바로잡음]이다. 예를 들어 하나의 소송을 심문할 경우에 상대방의 응답이 형편없다고 화를 내서는 안 되며 그의 말이 매끄럽다고 기뻐해서는 안 된다. 윗사람에게 부탁한 것을 미워하여 자기 뜻을 보태서 그를 다스려서는 안 되며 그의 간청으로 인해 자기 뜻을 굽혀서 그의 요구에 따라서도 안 된다. 자기 사무가 번잡하다고 멋대로 대충 판결해서도 안 되며 주변사람이 비방하고 모해한다고 그들의 의견에 따라 처리해서

47 宋河景, 『王陽明 心學之硏究』, 타이완 국립사범대학 박사논문, 1986년, 218쪽.

도 안 된다. 이 수많은 생각들은 모두 사사로운 것이며 단지 그대만이 스스로 알고 있으니 반드시 세심하게 성찰하고 극복하여 오직 이 마음에 털끝만큼의 치우침과 기울어짐이라도 있어서 타인의 시비를 왜곡시킬까 두려워해야 한다. 이것이 바로 '격물치지'이다. 공문서를 관리하고 소송을 처리하는 일들은 실학(實學)이 아닌 것이 없다. 만약 사물을 떠나서 학문을 한다면 도리어 공허한 데 집착하는 것이다."[48]

양명의 치양지는 이렇게 구체적인 일에서 실천되는 실학(實學)을 말하는 것이다. 우리는 이것을 양지실학이라고 명명할 수 있다. 하곡의 실심실학은 이것을 원용하여 발전시킨 것이다.

요즘 우리가 마음 아파하는 여러 가지 뉴스들도 사실은 당사자가 사상마련을 하지 못하고 사욕에 빠져들었기 때문이다. 그러나 우리나라에서도 과거부터 현재까지 사상마련을 한 모범적 사례가 없었던 것은 아니었다. 한국적 노블리스 오블리제로 불리는 경주 최부자 이야기[49]에 따르면, 만석꾼 최부자는 첨성대 근처에 살면서 1600년대부터 12대 동안 무려 300여 년 동안 만석을 유지한 부자였다고 한다. 경주 최부자가 어떤 정신으로 살았는가? 만석 이외의 재산은 사회에 환원할 것 등이며 그 내용은 육연(六然)이라 하

---

48 『傳習錄』下 218조: "有一屬官 因久聽講先生之學 日 此學甚好 只是簿書訟獄煩雜 不得爲學 先生聞之日 我何嘗敎爾離了簿書訟獄 懸空去講學? 爾旣有官司之事上爲學 緤是眞格物 如問一詞訟 不可因其應對無 狀 起個怒心 不可因他言語圓轉 生個喜心 不可惡其囑託 加意治之 不可因其請求 屈意從之 不可因自己事 務繁冗 隨意苟且斷之 不可因旁人讒毀羅織 隨人意思處之 這許多意思皆私 只爾自知 須精細省察克治 惟 恐此心有一毫偏倚 枉人是非 這便是格物致知 簿書訟獄之間 無非實學 若離了事物爲學 却是著空."

49 그러한 부를 유지한 6가지 비결이 있었다고 하는데 다음과 같다. 첫째, 과거를 보되 진사 이상의 벼슬은 하지 말 것. 둘째, 만석 이상의 재산은 사회에 환원할 것. 셋째, 흉년에 땅을 늘리지 말 것. 넷째, 지나가는 손님을 후하게 대접할 것. 다섯째, 최씨 가문의 며느리들은 시집 와서 3년 동안 무명옷을 입을 것. 여섯째, 자기 밖 사방 백리 안에 굶어 죽는 사람이 없게 할 것.

였다.[50]

행사 4개를 취소하고 아무런 대가 없이 깡촌 요양병원에 달려가 14세 지체장애 소녀에게 자신의 노래[비련]를 들려준 가왕 조용필의 이야기는 우리의 마음을 울린다. 이것이야말로 양지를 구체적인 현실에서 실현한 치양지의 정신이다. 특히 사상마련과는 아주 밀접한 관계를 가지고 있다. 오늘날에도 적지 않은 분들이 사상마련을 몸소 실천하고 있는 것이다.

3. 발본색원(拔本塞源) ─치양지의 이상경지

발본색원이란 용어는 오늘날 경찰이나 법조계에서 많이 사용하는데 범죄를 뿌리 뽑아 더 이상 악을 행하지 못하도록 철저히 근원을 막아버리는 것으로 알고 있다. 이것은 이미 사회에서 저질러진 범죄 행위를 철저하게 다스리고 범죄자의 소굴을 소탕한다는 처벌위주로 사용하고 있다. 그것은 원래의 의미가 아니다. 발본색원이라는 말은 『좌전』「소공9년조」에 나오는데 나무뿌리를 뽑고 물의 근원을 막는다는 것으로 재해의 근원을 미리 예방하는 것을 뜻하였다. 그보다 더 중요한 의미는 도덕적으로 내 자신의 욕심이 일어나지 않도록 그 근원을 막고[遏人欲] 도덕원리를 간직하는 것[存天理]을 말한다. 다시 말해 사욕을 제거하고 천리를 보존하는 방법을 통하여 발본색원이 이루어진다고 보았다.

사욕을 말끔히 씻어 버리려는 굳센 의지를 가지고 어느 때나 이 공부를

---

50   1. 혼자 있을 때 정도를 걸어라[自處超然]. 2. 남을 만났을 때는 온화한 기운으로 대하라[對人溫然]. 3. 일이 없을 때는 맑은 마음을 가져라[無事澄然]. 4. 일이 생겼을 때는 과감한 결단을 하라[有事敢然]. 5. 뜻을 이루어도 자만하지 말라[得意淡然]. 6. 실패했어도 낙심하지 말고 태연하라[失意泰然].

중단해서는 안 된다. 아무 일이 없을 때에는 사욕을 일으키는 근원을 막아 뿌리를 뽑아내 버려야 한다. 이것을 발본색원(拔本塞源)이라고 한다.

양명은 자기 육체적 사욕[軀殼之己]을 위하여 서로 다투는 사람들과 진정한 자기[眞己]를 천하에 실현하는 사람을 구분하여 전자는 식심(識心) 혹은 습심(習心)에 의하여 살아가는 사람들이고 후자는 본심(本心), 즉 양지를 실현하는 사람들이라고 보았다.

『맹자』에 공도자가 맹자에게 다 같은 사람인데 왜 어떤 사람은 대인이 되고 어떤 사람은 소인이 됩니까? 질문하였다. 맹자는 대체(大體)를 따르는 사람은 대인이 되고 소체(小體)를 따르는 사람은 소인이 된다고 대답하였다. 제자는 또 질문하였다. 무엇을 대체라 하고 무엇을 소체라 합니까? 대체는 우리의 마음의 기능[心之官]을 가리키고 소체는 우리의 감각기관[耳目之官]을 가리킨다. 그런데 마음은 생각[思]할 수 있는데 감각기관은 생각도 하지 못할 뿐만 아니라 외물을 만나면 거기에 이끌려 버린다고 대답하였다. 양명은 육체적인 감각기관의 욕구에 따라서 사는 사람을 소인이라고 불렀고 본심에 따라서 양지를 실현하는 사람을 대인 혹은 성인이라고 보았다.

왕양명은 마음의 본체[心體]에 근거를 둔 대인과 육체에 따라서 너와 나를 구분하는 소인을 다음과 같이 말하였다.

"대인은 천지 만물을 일체로 삼는 사람이다. 천하를 한집안처럼 보고 중국을 한 사람처럼 본다. 저 육체를 사이에 두고 너와 나를 나누는 자와 같은 이는 소인이다."[51]

---

51 『王陽明全集』, 大學問: "大人者 以天地萬物爲一體者也 其視天下猶一家 中國猶一人焉 若夫間形骸而分爾我者 小人矣."

양명은 대인은 육체적인 구분을 초월하여 마음의 본체인 본심에서 천지 만물이 일체임을 말한 것이다. 대인의 경지에서 보면 나와 남, 나와 사물의 이원적 대립이 초월된다. 이것은 성인의 경지와도 같다. 성인의 마음은 사사로운 물질적 욕구에서 자유로운 어진 마음[仁心]이다. 사실 성인이나 보통 사람이나 처음에는 마음이 서로 다르지 않았다.

그런데 천하 사람은 자기 사욕[自私] 때문에 타인과 사이가 벌어지고[間] 물욕 때문에 타인과 서로 다투게 된다. 그 결과 심지어는 가장 가까운 부모 형제 사이라 할지라도 이해가 대립되면 서로 원수가 되어 버린다고 하였다. 이것은 각자가 이해관계로 인하여 후천적으로 형성된 습심(習心) 때문이다.

왕양명은 이렇게 갈라지고 벌어진 천하 사람들이 서로 자기 몸처럼 아껴줄 수 있는 길을 제시하였다. 그것은 바로 천지 만물이 일체라는 인(仁) 사상이며 이를 통하여 본심, 즉 심체[良知]의 보편성을 되찾도록 하였다. 이러한 본심을 회복하면 천하 사람들의 고통을 자기의 고통으로 생각한다. 그리고 이 마음을 동물, 식물 심지어 무생물까지 확대해 나가 그들의 아픔을 나의 아픔으로 간주하기도 한다.

"어린아이가 우물에 빠지려는 것을 보면 반드시 두려워하고 근심하며 불쌍히 여기는 마음이 생긴다. 이것은 그의 사랑[仁]이 어린아이와 더불어 일체(一體)가 된 것이다. 어린아이는 오히려 사람과 같은 유[同類]인 것이다. 새가 슬피 울고 짐승이 사지(死地)에 끌려가면서 벌벌 떠는 것을 보면 반드시 참아내지 못하는 마음이 생길 것이다. 이것은 그 사랑[仁]이 새나 짐승과 더불어 일체가 된 것이다. 새나 짐승은 지각(知覺)이 있는 것이다. 초목이 꺾이고 잘라진 것을 보면 반드시 가여워서 구휼[恤]하고 싶은 마음이 생긴다. 이것은 그 사랑[仁]이 초목과 더불어 일체가 된 것이다. 초목은 오히려 생명적 의지

[生意]가 있는 것이다. 기왓장이 부서진 것을 보면 반드시 돌아보고 아까워하는 마음이 생긴다. 이것은 그 사랑[仁]이 기왓장과 더불어 일체가 된 것이다. 비록 소인의 마음도 역시 반드시 그것을 가지고 있다. 이것은 바로 천명의 본성에 뿌리를 두고 있으며 자연히 신령스런 밝음[靈昭]이 어둡지 않은 것이다. 이 까닭에 이것을 밝은 덕[明德]이라고 하였다. 소인의 마음은 이미 나누어지고 막혀 버려 좁아져 버렸다. 그러나 그 일체의 사랑[仁]은 오히려 이와 같이 어두워지지 않을 수 있다. 이것은 그가 아직 사욕에서 움직이지 않았고 자사(自私)에 가리어지지 않았을 때이다. 그가 욕심에 움직이고 자사에 가리어지게 된다. 그래서 이해가 서로 공격하고 분노가 서로 격해지면 물건을 못 쓰게 해치고 같은 유(類)를 무너트리는 짓을 하지 않음이 없을 것이다. 그는 심지어 골육을 서로 해치는 데까지 이를 것이다. 그리하여 일체의 사랑은 없어질 것이다.

이 까닭에 진실로 사욕의 가리어짐을 없애면 비록 소인의 마음이라 하더라도 그 일체의 사랑은 대인과 같아질 것이다. 일단 사욕의 가려짐이 생기면 비록 대인의 마음도 나누어지고 막혀서 좁아져 소인과 마찬가지로 될 것이다. 그러므로 대인이 되는 학자는 역시 오로지 그 사욕의 가려짐을 제거하여서 그 명덕을 스스로 밝게 하고 그 천지 만물이 일체가 되는 본연을 회복할 따름이다. 본체 밖에서 더하고 보탤 수 있는 바가 아니다."[52]

---

52 「大學問」: "是故見孺子之入井 而必有怵惕惻隱之心焉 是其仁之與孺子而爲一體也 孺子猶同類者也 見鳥獸之哀鳴觳觫 而必有不忍之心焉 是其仁之與鳥獸而爲一體也 鳥獸猶有知覺者也 見草木之摧折 而必有憫恤之心焉 是其仁之與草木而爲一體也 草木猶有生意者也 見瓦石之毀壞 而必有顧惜之心焉 是其仁之與瓦石而爲一體也 是其一體之仁也 雖小人之心亦必有之 是乃根於天命之性 而自然靈昭不昧者也 是故謂之明德 小人之心旣已分隔隘陋矣 而其一體之仁猶能不昧若此者 是其未動於欲 而未蔽於私之時也 及其動於欲 蔽於私 而利害相攻 忿怒相激 則將戕物圮類 無所不爲 其甚至有骨肉相殘者 而一體之仁亡矣 是故苟無私欲之蔽 則雖小人之心 而其一體之仁猶大人也 一有私欲之蔽 則雖大人之心而其分隔隘陋 猶小人矣 故夫爲大人之學者 亦惟去其私欲之蔽 以自明其明德 復其天地萬物之本然而已耳 非能於本體之外有所增益之也."

양명은 여기서 대인과 소인의 차이점을 말하였다. 대인은 사랑[仁]을 어린 아이, 새와 짐승, 초목, 심지어 기왓장에 이르기까지 감통(感通)하여 천지 만물을 일체로 본다. 캔 윌버의 말을 빌리면 모든 존재에는 경계가 없는 것이다[無經界]. 그런데 소인은 사적인 욕심에 가리어서 서로 소유의 칸막이를 쳐 놓고[間隔] 더 많이 소유하기 위하여 남을 공격하여 무너트린다. 오늘날 우리가 사는 자본주의 경쟁 사회가 우리 모두를 왜소하게 만든다. 정인보 선생은 "본심이란 감통에서 살고 간격(間隔)에서 죽는다"고 말하였다. 천지 만물을 일체로 보는 양명의 철학은 현재 온 세계 사람들이 모두 공감하면서 지구를 살리는 생태철학의 교과서로 삼고 있는 것만 보아도 치양지의 철학이 얼마나 중요함을 알 수 있다.

예를 들면 몇 년 전 우리가 구제역을 겪으면서 얼마나 많은 소, 돼지를 산 채로 살처분했는지 신문지상에서 혹은 직접 현장에서 보았던 것이다. 구제역에 걸린 가축만 부득이하여 묻었더라면 마음이 덜 아팠을 터인데 청정지역이라는 명분에 묶여서 눈물을 흘리는 소를 구덩이에 묻었던 축산 농부의 심정은 어떠했을까?

OECD 국가 중에서 우리나라가 자살률이 가장 높다고 한다. 우리는 경쟁에서 이기기 위한 방법만 터득하는 동안 여기서 밀려난 대다수 사람들이 고통 속에서 살아가다가 최후에는 자기의 귀중한 생명까지 끊어 버리는 일들이 일어나고 있는데 우리는 거기에 대하여 무감각하다. 남이 고통이나 슬픈 일을 당한 것을 보고도 무감각한 것은 마치 팔다리에 감각이 없어진 것과 같다고 하여 한의(韓醫)에선 이것을 불인병(不仁病)이라고 불렀다. 아마도 현대인들은 이미 불인병에 걸려 있는지도 모른다.

천지 만물과 일체라 하는 것은 바로 본심과의 감통되는 그 한곳으로 좇아 본심에는 피차(彼此)의 간극(間隙)이 없음을 실지로 비추어 보고 한 말이다.

본심은 보편성을 가지고 있지만 그렇다고 만물이 각기 가지고 있는 특수성을 부정하는 것은 아니다. 본심은 그 특수성 속에서 자기를 드러낸다[顯現]. 인간의 내면적인 근거인 사랑[仁]은 소인도 역시 갖추고 있다고 보았다.

양명은 "대인이 천지 만물을 일체로 삼을 수 있는 것은 그것을 의도해서가 아니다. 그 마음의 사랑[仁]이 본래 이렇듯이 천지 만물과 하나가 되는 것이다. 어찌 오직 대인뿐이리오? 비록 소인의 마음이라고 할지라도 또한 그렇지 않음이 없다. 그는 제 스스로 작게 만들었을 뿐이다"[53]고 하였다. 소인의 마음도 본심을 다 가지고 있는데 스스로 사욕에 이끌려 그것을 잃어버린 것이다. 학문이란 다른 것이 아니다. 맹자의 말대로 잃어버린 본심을 되찾는 것일 뿐이다. 스스로 작게 만든 마음을, 본심을 회복함으로써 크게 만들 수 있는 것이다. 양명은 섭문울(攝文蔚)에게 보낸 편지에서 이렇게 말하였다.

"무릇 사람이란 천지의 마음입니다. 천지 만물은 본래 나와 일체이니 백성들의 곤궁함과 고통이 어느 것인들 내 몸의 절실한 아픔이 아니겠습니까? 내 몸의 아픔을 모른다면 시비지심이 없는 사람입니다. 시비지심은 사려하지 않고도 배우지 않고도 능할 수 있는 것으로 이른바 양지입니다. 양지가 사람 마음에 있는 것은 성인과 어리석은 자의 구분이 없으며 천하 고금이 다 같습니다."[54]

왕양명은 천지만물이 나와 한 몸[一體]이라는 명제에 근거하여 백성들의

---

53 『大學問』: "大人之能以天地萬物爲一體者也 非意之也 其心之仁本若是 其與天地萬物而爲一也 豈惟大人 雖小人之心 亦莫不然 彼顧自小之耳."

54 『傳習錄』中答攝文蔚 1 179條目: "夫人者天地之心 天地萬物本吾一體者也 生民之困苦荼毒 孰非疾痛之切 於吾身者乎? 不知吾身之疾痛 無是非之心者也 是非之心 不廬而知 不學而能 所謂良知也 良知在人心 無 間於聖愚 天下古今之所同也 世之君子惟務致其良知 則自能公是非 同好惡 視人猶己 視國猶家 而以天下 萬物爲一體 求天下無治 不可得矣."

아픔을 내 몸의 아픔으로 받아들였다. 이러한 아픔은 배우지 않고도 생각하지 않고도 알 수 있고 행할 수 있는 양지가 누구에게나 있기 때문에 느낄 수 있다. 이것은 시공을 초월한 보편적인 것이므로 성인이나 어리석은 사람이나 다 가지고 있다고 보았다. 그런데 후세에 양지가 잘 실현되지 못한 이유를 다음과 같이 말하고 있다.

"…후세에는 양지학이 밝혀지지 않아서 천하 사람들은 사사로운 꾀를 사용하여 서로 겨루고 배척하였습니다. 그래서 사람마다 각각 제 마음을 갖게 되어 치우치고 사소하고 괴벽하고 고루한 견해와 교활하고 음험한 술수가 이루 죄다 말할 수 없는 지경에 이르렀습니다. 겉으로는 인의(仁義)를 빌리지만 속으로는 사적인 이익의 실질을 추구하며 궤변으로서 세속에 영합하고 행위를 꾸미며 명성을 구하고 있습니다. … 서로 능멸하고 서로 해쳐서 골육을 나눈 일가친척조차도 이미 너와 나 사이에 승부를 가르려는 생각과 피차에 울타리를 치는 모습이 없을 수 없는데 하물며 광대한 천하의 수많은 백성과 사물을 어떻게 한 몸으로 여길 수 있겠습니까. 그렇기 때문에 세상이 어지러워지고 재앙과 난리가 끊임없이 서로 이어지는 것도 이상할 것 없습니다."[55]

왕양명은 세상이 혼란하고 재앙이 연달아 일어나는 원인을 양지의 상실로 인한 사욕의 팽배로 보고 있다. 이로 인하여 겉으로는 도덕[仁義]을 찾고 속으로는 비루한 생각과 이익을 챙기는 음험한 술수가 나오며 세속에 영합

---

55 『傳習錄』 中 180條目: "後世良知之學不明 天下之人用其私智以相比軋 是以人各有心 而偏瑣僻陋之見 狡僞陰邪之術 至於不可勝說 外假仁義之名 而内以行其自私自利之實 詭辭以阿俗 矯行以干譽 揜人之善而襲以爲己長 訐人之私而竊以爲己直 忿以相勝而猶謂之徇義 險以相傾而猶謂之疾惡 妬賢忌能而猶自以爲公 是非 恣情縱欲而猶自以爲同好惡 相陵相賊 自其一家骨肉之親 已不能無爾我勝負之意 彼此藩籬之形 而況於天下之大 民物之衆 又何能一體而視之? 則亦無怪於紛紛藉藉 而禍亂相尋於無窮矣."

하여 경쟁적으로 명성을 추구하는 것이라고 하였다. 그 결과 가장 가까워야 할 형제까지도 이미 너와 나로 갈라져 서로 업신여기고 서로 상처를 주어 남보다 못한 지경에 이르렀다. 그런데 어떻게 이 세계의 수많은 백성과 한 몸으로 생각할 수 있겠는가 반문하였다. 그러나 왕양명은 양지에 대한 확실한 믿음을 가지고 이렇게 말하였다.

"저는 참으로 하늘의 영명[天之靈]에 힘입어 우연히 양지학을 발견하였으며 반드시 이것으로 말미암은 뒤에야 천하가 다스려질 수 있다고 생각하였습니다. 때문에 백성들이 곤경에 빠져 있는 것을 생각할 때마다 슬프도록 마음이 아파서 자신이 못난 사람이라는 사실도 잊어버리고 양지학으로 그들을 구제하려고 생각하고 있으니 또한 자신의 역량도 스스로 알지 못하는 사람입니다. 세상 사람들은 나의 이러한 모습을 보고 마침내 서로 더불어 비난하고 조소하고 꾸짖고 배척하면서 미쳐서 정신을 잃어버린 사람일 뿐이라고 생각합니다. 오호라! 이것이 어찌 고려할 만한 가치가 있는 것이겠습니까? … 내가 지금 한창 몸을 에이는 듯한 고통을 느끼고 있는데 남의 비난과 조소를 헤아릴 겨를이 있겠습니까? 요즘 사람들이 비록 나를 미쳐서 정신을 잃어버린 사람이라고 말해도 상관없습니다. 천하 사람들의 마음은 모두 나의 마음입니다. 천하 사람들 가운데 미친 사람이 있는데 내가 어찌 미치지 않을 수 있겠습니까? 오히려 정신을 잃어버린 사람이 있는데 내가 어찌 정신을 잃어버리지 않을 수 있겠습니까?"[56]

---

56 『傳習錄』中 181條目: "僕誠賴天之靈 偶有見於良知之學 以爲必由此而後天下可得而治 是以每念斯民之陷溺 則爲之戚然痛心 忘其身之不肖 而思以此救之 亦不自知其量者 天下之人見其若是 逐相與非笑而詆斥之 已爲是病狂喪心之人耳 嗚呼 是奚足恤哉 吾方疾痛之切體 而假計人之非笑乎! … 今之人雖謂僕爲病狂喪心之人 亦無不可矣 天下之人心 皆吾之心也 天下之人猶有病狂者矣 吾安而非病狂乎? 猶有喪心者矣吾安得而非喪心乎?"

왕양명은 양지학이 하늘의 영명에 의존하여 발견된 것이라고 말하고 있다. 이것은 양지가 자신의 경험에서 나온 것이 아니라 초월적인 하늘의 힘에 의하여 발견하였다는 말이다. 양명은 백성들의 고통을 아프게 느끼고 양지학으로 그들을 구하려고 하였으나 오히려 세상 사람들은 비난하고 조소하며 배척하였지만 왕양명은 오히려 그러한 비난을 염두에 두지 않고 그들의 고통을 자신의 아픔으로 생각하여 그들을 원망하지 않았다. 천하 사람들이 그를 미쳤다고 해도 상관하지 않았다. 그것은 천하 사람들의 마음을 나의 마음으로 생각하였기 때문이다. 천하에 한 사람이라도 미친 사람이 있으면 그의 마음이 바로 자신의 마음이기에 자신도 미치지 않을 수 없다고 한 것이다. 그는 천지만물이 한 몸임을 체득한 어진[仁] 마음을 가지고 그토록 절실하게 말한 것이다. 그는 계속하여 이렇게 말하였다.

"…못난 제가 어떻게 감히 공자의 도를 자기의 임무로 삼겠습니까? 제 마음이 이미 아픔이 몸에 있음을 조금 알았기 때문에 이리저리 방황하고 사방을 돌아보면서 나에게 도움을 줄 사람을 찾아 서로 강구하여 그 병을 제거하려고 했을 뿐입니다. 진실로 호걸과 뜻을 같이하는 선비를 얻어 부축하고 보필하여 양지학을 천하에 밝혀 천하 사람들이 모두 스스로 그 양지를 실현[致]할 줄 알게 하여 서로 편안하게 해주고 서로 길러주며 자사 자리(自私 自利)의 폐단을 버리게 하고 모함하고 질투하고 이기려 하고 성내는 습성을 일단 깨끗이 쓸어버려서 대동(大同)[57]사회에서 이루어진다면 저의 미친병은 정말로 깨끗하게 치유될 것이고 결국은 정신을 잃어버리는 우환을 면할 것이니 어찌

---

57 大同이란 말은 「禮記」 「禮運編」의 "大道之行也天下爲公 選賢與能 講信修睦 故人不獨親其親 不獨子其子 使老有所終 壯有所用 幼有所長 矜寡孤獨廢疾者 皆有所養 男有分 女有歸 貨惡其棄於地也 不必藏於己 力惡其不出於身也 不必爲己 是故謀閉而不興 盜竊亂賊而不作 故外戶而不閉 是謂大同"에서 나왔다.

유쾌하지 않겠습니까?'[58]

왕양명은 공자의 인학(仁學)을 자기의 양지학으로 삼으려고 하였음을 알
수 있다. 그는 양지학을 밝혀 천하인들이 모두 양지를 현실사회에 실현시켜
[致良知] 이상사회를 만들려고 한 것이다. 왕양명이 바라는 이상사회는 바로
대동사회였다. 그는 역사적으로 요순의 대동사회가 존재했듯이 자신이 살
았던 당대에도 모든 사람들이 양지를 발휘하여 만물일체의 인을 이루면 대
동사회를 실현시킬 수 있다고 믿었다.[59] 이것은 그의 저명한 발본색원론에
잘 나타나 있다.

"무릇 발본색원론이 이 세상에 밝혀지지 않는다면 세상에서 성인이 되기를
배우는 것은 날마다 번잡해지고 날마다 어려워져서 사람이 금수나 오랑캐와
같은 지경에 빠져들어도 오히려 스스로 성인의 학문이라고 여길 것이다. 대
체로 성인의 마음은 천지 만물을 일체로 한다. 그가 천하 사람들을 바라보는
데는 안과 밖, 멀고 가까움의 구별이 없다. 대체로 혈기(血氣)가 있는 것이면
모두 그의 형제나 자식으로 여기어 그들을 안전하게 가르치고 길러서 그의
만물일체의 생각을 이루고자 하지 않음이 없다. 천하의 사람 마음은 그 시작
은 성인과 다름이 있는 것이 아니다.

다만 그가 나의 사적인 것을 가지고 있는 데서 갈라지고 물욕의 가려짐에서
[서로의 소통이] 막혀버릴 뿐이다. 큰 것은 이 때문에 작아지고 통한 것은 이

---

58 『傳習錄』中 183條目: "僕之不肖何敢以夫子之道爲己任? 願其心亦已稍知疾痛之在身 是以彷徨四顧 將求
其有助於我者也 相與講去其病耳 今誠得豪傑同志之士 扶持匡翼 共明良知之學於天下 使天下之 皆自致
其良知 以相安相養 去其自私自利之蔽 一洗讒妬勝忿之習 以濟於大同 則僕之病狂 固將脫然以愈 而終免
於喪心之患矣 豈不快哉!"
59 鄭甲任, 「王陽明의 萬物一體論」, 韓國精神文化院大學院 博士論文, 2002年, 141쪽.

때문에 막혀버린다. 따라서 사람은 제각기 [딴] 마음을 가지고 있다. 심지어 자기 아버지, 아들, 형제를 마치 원수처럼 보는 것이 있어 성인이 그것을 걱정하였다. 이 때문에 그 천지 만물이 일체의 인(仁)을 미루어서 천하를 가르쳤다. 그들로 하여금 모두 그 사사로움을 극복하고 그 가려짐을 제거하여 그 심체의 일반성[同然]을 회복하도록 하였다."[60]

왕양명은 발본색원론을 통하여 사사로운 욕심을 뿌리에서부터 뽑아 없애는 길을 제시하였다. 그리고 사욕 때문에 가장 가까운 부모형제 사이도 원수같이 보는 사회적 병폐를 근본적으로 치유할 수 있는 길을 알려주었다. 그것은 바로 양지를 실현하는 치양지 공부를 통하여 천지만물이 한 몸임을 깨우치게 하는 것이다. 그 가르침은 고대부터 성인이 성인에게 전해준 것인데 주로 오륜이 중심내용이었다.

"그 가르침의 대강은 성인[요순우]들이 서로 주고받은 것이다. 이른바 도심은 오직 은미하니 오로지 순수하고 전일하게[精一] 하여 진실로 그 알맞음[中]을 잡으라는 것이다. 그 세부 항목[節目]은 순임금이 계(契)에게 명하였는데 이른바 부자유친, 군신유의, 부부유별, 장유유서, 붕우유신 이 다섯 가지뿐이었다. 태평성세에 가르치는 이는 오로지 이것으로 가르침을 삼았고 배우는 이는 오직 이것으로 배움을 삼았다."[61]

---

60 『傳習錄』中 142條目, 答顧東橋書: "夫拔本塞源之論不明於天下 則天下之學聖人者 將日繁日難 斯人淪於禽獸夷狄 而猶自已爲聖人之學 … 夫聖人之心 以天地萬物爲一體 其視天下之人 無內外遠近 凡有血氣 皆其昆弟赤子之親 莫不欲安全而敎養之 以遂其萬物一體之念 天下之人心 其始亦非有異於聖人也 特其間於有我之私 隔於物欲之蔽 大者以小 通者以塞 人各有心 至有視其父子兄弟如仇讐者 聖人有憂之 是以推其天地萬物一體之仁 以敎天下 使之皆有以克其私去其蔽 以復其心體之同然."

61 『傳習錄』中 142條目: "其敎之大端 則堯舜禹之相授受 所謂道心惟微 惟精惟一 允執厥中 而其節目 則舜之命契 所謂父子有親 君臣有義 夫婦有別 長幼有序 朋友有信 五者而已 唐虞三代之世 敎者惟以此爲敎 學者惟以此爲學."

왕양명은 16자 전법을 여기서는 오직 도심만을 언급하여 그 순수하고 정일함으로 알맞음을 지키라고 하였다. 그리고 태평시대는 오륜을 가르치고 배웠다고 하였다. 오륜은 가족과 사회의 근본 질서를 보장하는 기본적 인간관계라고 보았다. 서양은 개인주의가 성행한다면 유교전통이 강한 우리나라는 인륜주의가 그 주류를 이루고 있었다. 이 오륜에서 나온 덕이 바로 오상이다. 이 오상의 덕성을 갖추도록 교육하였던 것이다. 왕양명은 계속하여 이렇게 말하였다.

"학교에서는 오직 덕의 완성만을 일삼았다. 그러나 재능이 달라 어떤 이는 예악에 능하고 어떤 이는 정치와 교육에 능하며 어떤 이는 토지와 농사에 능하였기에 학교에서는 그 덕을 이루게 하되 각자의 재능을 더욱 정통하도록 하였다. 덕 있는 이를 가려 뽑아 임용함에 이르러서는 종신토록 그 직책에 머물러 다시는 바꾸지 않게 하였다. 임용하는 자는 오직 한마음, 한 덕으로 천하의 백성을 함께 편안하게 하는 것만 알아 재능이 그 직분에 맞는가의 여부를 볼 뿐이요 [지위의] 높고 낮음으로 경중(輕重)을 삼거나 [일의] 수고로움과 편안함으로 좋고 나쁨을 삼지 않았다.

임용된 사람도 오직 한마음, 한 덕으로 백성을 편안하게 하는 것만 알아 진실로 자기 재능에 맞으면 종신토록 번잡한 데 있더라도 수고롭게 여기지 않으며 비천하고 자질구레한 데에서도 편안히 여기며 천하다고 생각하지 않았다. 당시에는 천하 사람들이 화락하고 광대하여 모두 상대방을 일가친척처럼 보았다. 재질이 낮은 이는 농 공, 상고(商賈)의 직분에 편안해 하고 각자 자기의 직업에 힘써 서로 살리고 길러 줄 뿐 높은 것을 바라거나 자기 분수 이외의 것을 넘보는 마음이 없었다. … 대개 그들의 심학이 순수하고 밝아서 만물일체의 사랑[仁]을 온전히 이룰 수 있었기에 그 정신은 흘러 관통하고 기운이 통달하여 나와 남의 구분이나 사물과 나의 간격이 없었던 것이다."[62]

발본색원은 천리인 양지를 회복하기 위하여 사욕의 가려짐[蔽]을 근원적으로 없애는 것이다. 이것은 오늘날 산업사회 IT 사회에서 자기를 돌아볼 수 있는 거울이 된다. 익명 사회라 하여 악플을 써서 멀쩡한 사람을 자살하게 만드는 것은 모두 저급한 감성을 가진 사람들이 능률화된 이성을 도구로 사용한 데서 생긴 것들이다.

왕양명은 여기서 학교 교육이 담당해야 할 두 가지 항목 중 하나는 덕성의 완성이고 다른 하나는 재능의 숙련이라고 하였다. 무엇보다도 왕양명이 강조한 것은 덕(德)이며 외재적 재능을 포함한 내재적 덕성이다.[63] 이렇게 덕성과 재능은 양자가 분리되어 있지 않고 하나로 되어 있다. 어떤 일을 하든 간에 자기가 하는 일에 자부심을 가지고 덕성을 발휘되도록 하였다.

우리 사회는 너도 나도 선비[士]만 되려고 한다. 따라서 높은 학력만을 중시하여 누구나 다 대학에 진학하려고 한다. 그리고 졸업 후에도 자기가 익힌 기술보다는 돈 잘 버는 곳에 취직하는 데 혈안이 되어 있다. 덕성은 뒷전으로 밀려나 버렸다. 예를 들면 우리의 일상생활에 가장 필요한 먹을거리에 인공 색소, 조미료 등 화학제품이 많이 첨가된다고 들었다. 인체에 해로운 가공식품은 만들지 말아야 하는 것이 마땅한 일인데 방송이나 신문을 통해 비도덕적인 행위가 종종 적발되는 보도를 보면 우리가 얼마나 비도덕적인

---

62 『傳習錄』中 142條目, 答顧東橋書: "學校之中 惟以成德爲事 而才能之異 或有長於禮樂 長於政教 長於水土播植者 則就其成德 而因使益精其能於學校之中 迨夫居德而任 則使之終身居其職而不易 用之者惟知同心一德 以其安天下之民 視才之稱否 而不以崇卑爲輕重 勞逸爲美醜 效用者亦惟知同心一德以共安天下之民 苟當其能 則終身處於煩極而不已爲勞 安於卑瑣而不已爲賤 當時之時 天下之人 熙熙皥皥 皆相視如一家之親 其才質之下者 則安其農工商賈之分 各勤其業 而相生相讓 而無有乎希高慕外之心 … 蓋其心學純明 而有以全其萬物一體之仁 故其精神流貫 志氣通達 而無有乎人己之分."

63 김수중, 「양명학의 대동사회의식에 관한 연구」, 서울대학교 박사논문, 1991, 84쪽.

가 알 수 있다. 그것은 양지가 가려진 탓이다. 오늘날 우리 사회는 덕성의 회복[致良知]을 간절히 바라고 있다.

왕양명의 치양지는 오늘날 우리 사회에서 벌어지고 있는 각종의 부정부패, 비리 등을 근본적으로 치유할 수 있는 길을 제시한 것이다. 우리 사회에 양지를 어떻게 실현할 것인가? 그것은 사리사욕을 없애는 것이다. 자본주의 사회에서 이윤의 추구는 정당화되고 있다. 개인의 이익추구는 이 사회에서 용인되어 있다. 그런데 사욕을 없애라는 말은 이 시대에 통용될 수 있는가? 우리는 사욕과 개인의 정당한 이윤추구는 구별하여야 한다. 사욕은 공적인 사회와 그 제도[법규]를 무시하고 자신의 이익을 수단방법 가리지 않고 취하는 이기적 욕심을 말한다. 우리는 언제나 욕망의 유혹 속에서 살고 있다. 그 속에서 갈등을 느끼는 것은 아직도 내면의 도덕적 원리인 양지가 살아 있다는 증거이다. 이러한 욕심이 싹틀 때 마치 고양이가 쥐를 잡듯이 온 눈으로 살피고 온 귀로 듣고 있다가 한 생각이 싹터 움직이자마자 곧바로 제거해 버린다. 이것이 바로 성찰극치(省察克治)의 치양지 방법이다. 그러나 시간적 여유가 있으면 아무 말 없이 조용히 앉아서 마음을 맑게 하고 평안하게 가라앉히는 묵좌징심(黙坐澄心)의 방법도 사용해 볼 만하다. 착실하게 양지를 실현하려면 사적인 의도나 기필 고집 나만을 위하는 생각이 조금도 없어야 한다. 이 공부는 잊어버리지도 말고[勿忘] 또 조장하지도 말고[勿助長] 옳은 일을 조금씩 쌓아가는 집의(集義)가 필요하다. 이러한 옳은 일은 자기가 일하는 현장에서 실현해야 된다는 것이 왕양명의 사상마련이다. 우리가 직장에서 사무를 보는 동안[事上] 청탁이나 뇌물을 받는다든지 비리를 저지를 유혹을 과감히 떨쳐버리는 것이야말로 사상마련이다. 마련이란 거친 욕망이 드러나지 않도록 갈고 닦으며 불속에 넣고 담금질하는 것을 말한다. 얼마나 나의 양지가 잘 발휘되는지 여부는 자기가 하는 일 위에서 드러나기 때문이다. 우리 사회는 겉으로는 공적인 명분을 내세우면서 속으로 자기 이익[私利]을 챙기는 사례가 언론에 많이 보도되는데 이것을 근본적으로 막는 것이 바로 발본색원이다. 그것은 사욕을 일으키는 근원을 막아 뿌리째 뽑아 버리는 것을 말한다. 성숙한 인격의 성인처럼 우리는 사사로운 물질적 욕구에서 자유로워야 한다. 성인의 마음은 천지만물을 한 몸으로 생각하는 것처럼 우리도 가깝고 먼 구별이 없이 사랑[仁]을 실천해야 한다. 양명은 갈라져 서로 원수가 되어버린 천하 사람들을 자기 몸처럼 아껴줄 수 있는 길을 보여주었다. 그는 자신의 발본색원론을 들으면 반드시 측은히 여겨서 슬퍼하고 근심하며 마음 아파하며 분연히 일어나서 마치 장강을 터놓은 것처럼 성대하게 흘러서 막을 수 없을 것이라고 확신하였다. 다른 사람의 아픔을 내 몸의 아픔으로 받아들이고 모든 사람들이 양지를 발휘하게 하여 사회의 낙오자 없이 너와 내가 함께 잘 사는 이상적인 대동(大同)사회를 실현하는 것이 치양지의 궁극적 목표이다.

제 8 강

—

정감의 알맞음과 어울림은
어떻게 이루어지는가

앞장의 치양지의 공부 방법을 이어서 우리의 일상생활 속에서 일어나는 정감은 어떤 특징을 가지고 있는가? 또 정감이 어떤 역할을 하며 치우친 정감을 어떻게 조절하는가? 정감의 알맞음과 어울림[中和]을 어떻게 이루는가 하는 치중화 문제를 집중적으로 다룬다. 우리 마음의 본체[양지]는 평시에는 고요하여 움직이지 않지만[寂然不動] 우리 마음이 어떤 것[物]에 접촉하였을 때 정감이 나타나 그것과 마침내 통하게 된다[感而遂通]. 전자를 정감이 아직 발동이 안 된[未發] 알맞음[未發之中]이라고 하고 후자를 정감이 이미 발동[已發]한 것이라 한다. 이미 발동[已發]한 정감[用]이 절도에 꼭 들어맞는 것을 어울림[和]이라 한다. 그렇지 못한 경우는 불화(不和)가 되며 모든 불선(不善)이 생겨난다. 절도에 맞는[中節] 어울림을 이루려면 공부를 해야 하는데 이것이 바로 양지를 현실에 실현하는 치양지 공부이다. 미발 이발의 문제는 양명 자신의 철학에서 매우 중요할 뿐만 아니라 특히 양명후학들의 논쟁은 바로 이 미발과 이발의 공부문제를 둘러싸고 생긴 것이기에 더욱 의미를 갖는다.

1. 정감론

(1) 인간의 정감은 자연스런 조리[人情天理]이다

우리의 일상생활에서 생기는 정감을 왕양명은 인정사변(人情事變)이라고 하였다. 그는 "인간의 정감과 사태의 변화를 제외한다면 아무 일도 없는 것이다. 기쁘고 성내고 슬프고 즐거워함[喜怒哀樂]은 인간의 정감이 아닌가? 보고 듣고 말하고 행하는 것, 부귀하고 빈천한 것, 어려움을 겪는 것, 살고 죽는 것 이 모두가 사태의 변화이다. 사태의 변화는 인간의 정감 속에 있을 뿐이다"[01]라고 하였다.

우리의 구제적인 일상생활에서 일어나는 모든 일의 다양한 변화는 모두 희로애락의 표현에 지나지 않는다는 말이다. 그것은 보고 듣고 말하고 행동하는 것에서부터 부귀를 얻으면 기뻐하고 얻지 못하면 분노하고 빈천을 한탄하며 환난을 두려워하며 삶을 즐거워하며 죽음을 슬퍼하는 데 이르기까지 정감이 드러나지 않는 곳이 없이 인간의 모든 일이 정감 속에서 실현된다는 말이다. 고전의 한 예를 들어보자.

행실이 좋지 못한 어머니를 죽이려고 한 괴외(蒯聵)의 아들 첩(輒)이 아버지[蒯聵]가 위(衛)나라에 들어오는 것은 막은 좌전(左傳)의 고사[02]를 들어서 왕양명은 이것이 '어찌 인정천리이겠는가?[豈人情天理]'[03]라고 하면서 이렇게 말하였다.

"성인의 성대한 덕과 지극한 성실함은 반드시 위나라의 첩(輒)을 감화시켰을

---

01 『傳習錄』上: "除了人情事變 則無事矣 喜怒哀樂非人情乎? 自視聽言動 富貴貧賤 患難生死 皆事變也 事變亦只在人情."

02 左傳 정공 14년, 경전 애공 2년, 16년에 의하면 위나라의 세자 괴외는 자기 어머니 南子가 음란한 것을 부끄러워하여 그를 죽이고자 했으나 뜻을 이루지 못하고 외국으로 망명하였다. 영공은 괴외의 동생인 영을 옹립하고자 했으나 옹이 사양하였다. 위령공이 죽자 부인 남자가 영을 옹립하려고 했으나 영이 또 사양하였다. 그래서 괴외의 아들 輒을 옹립하고 괴외가 위나라에 들어오지 못하게 막았다. 괴외는 어머니를 죽이려고 했으므로 아버지에게 죄를 지었으며 첩은 나라를 근거로 하여 아버지를 들어오지 못하게 막았으니 모두 아비가 없는 인물이다. 그들에게 나라를 다스리게 해서는 안 된다는 것은 분명하다. 공자가 정치를 하는 데 正名을 우선시한 것은 일의 本末을 갖추어 천자에게 알리고 방백에게 청하여 공자 영을 옹립하고자 했던 것이다. 그렇게 되면 인륜이 바르고 천리를 얻게 되어 이름[名]이 바르게 되고[正] 말[言]이 뒤따르고[順] 일[事]이 이루어지게 된다[成]는 것이다. 공자의 정명론은 君君 臣臣 父父 子子이다. 주자학의 해석에 의하면 괴외와 첩은 모두 아들답지 못하였으므로 이름이 바르지 않다는 것이다. 따라서 위로는 천자에게 알리고 아래로는 방백에게 알려서 첩을 폐하고 영을 옹립하는 것이 정명론에 어긋나지 않다는 것이다. 이러한 해석을 왕양명은 人情天理에 의하여 비판하였다.

03 『傳習錄』上 豈人情天理?

것이다. 그리하여 아버지가 없으면 사람 노릇을 하지 못한다는 것을 깨닫고 반드시 통곡하여 달려가서 그 아버지를 맞이하도록 했을 것이다. 아버지와 자식의 사랑은 천성에 근본하고 있다. 첩이 그처럼 참되고 절실하게 뉘우칠 수 있다면 괴외가 어찌 감동하여 기뻐하지 않겠는가? 환국한 뒤에 첩은 곧바로 그에게 나라를 바치고 죽여 달라고 자청할 것이다. 괴외는 이미 자식에게 감화되었고 게다가 공자께서 지극한 성실함으로 그들 사이를 조화시키니 괴외 역시 절대로 나라를 받으려고 하지 않고 여전히 첩에게 나라를 다스릴 것을 명할 것이다."[04]

이 고사를 통하여 왕양명은 명분에 사로잡힌 주자학의 정명론(正名論)을 비판하고 인간의 가장 가까운 아버지와 아들의 정감에 호소하여 문제를 해결하는 것이 참된 정명(正名)의 취지에 맞는 것이라고 하였다. 성인의 덕성과 지극한 정성이 아들인 첩을 감화시켜 통곡하며 아버지를 맞이하게 할 것이며 첩의 뉘우침이 아버지 괴외를 감동하게 만들어 기뻐할 것이라고 하였다. 이렇게 천성에 근본을 둔 부모 자녀 간의 사랑이야말로 참된 정명론의 핵심이라고 해석하였다. 왕양명이 말한 인정천리는 바로 이러한 정감에 근본을 둔 천리를 말하며 바로 양지를 가리킨다. 왕양명은 이렇게 말하였다.

"대개 양지는 단지 천리의 자연스러운 명각(明覺)이 발현되는 곳이다. 단지 하나의 참되고 성실하게 남의 고통을 불쌍히 여겨 아파하는 것일 뿐이다. 바로 그 본체이다. 그것[양지]에 따라서 발현되어 유행하는 곳이 그 자리에 넉

---

04 같은 책: "聖人盛德至誠 必已感化衛輒 使知無父不可以爲人 必將痛哭奔走 往迎其父 父子之愛 本於天性 輒能悔痛眞切如此 蒯聵豈不感動底豫? 蒯聵旣還 輒乃治國請戮 聵已見化於子 又有夫子至誠調和其間 當亦決不肯受 仍以命輒."

넉히 갖추어져 다시는 더 구할 것이 없고 다른 것을 빌려올 필요도 없다."05

여기서 양지의 두 가지 측면을 알 수 있다. 하나는 천리의 자연스러운 명각(明覺)의 발현이며 둘째는 참으로 남의 고통을 불쌍히 여겨 아파하는 것이다. 여기서 말하는 명각은 외적인 지각이 아니라 내적인 자각이며 이를 통하여 타인의 고통을 아파할 줄 아는 것이다. 이런 의미에서 양지는 타인의 아픔을 공감하는 정감이며 대상을 아는 지각과 구별이 된다. 앞서 언급한 바와 같이 양지는 경험적 지각[見聞]에 의하여 유래하지 않았으나 견문과 떠나 있지 않고 또 견문에 걸리지도 않는다고 지각과 양지의 관계를 설명한 바 있다. 타인의 아픔을 느끼는 정감은 양지[천리]의 분명한 자각을 통하여 저절로 드러난 것이며 그 자체로 넉넉히 갖추어져 있는 것이다. 이러한 양지는 사랑[仁]의 표현인 측은지심으로 사람마다 누구나 다 가지고 있는 것이어서 밖에서 찾지 않아도 된다는 것이다. 뿐만 아니라 양지는 옳은 것은 옳고 그른 것은 그르다고 판단하는 마음[是非之心]이기도 하다. 이 마음은 어떤 사실이 ─인지[是] 아닌지[非]를 가려내는 것일 뿐만 아니라 도덕적으로 옳은지[是] 그른지[非]를 판단하는 능력이다. 그런데 옳고 그름[是非]은 좋아하고 싫어하는[好惡] 심미적 정감에 기반을 두고 있다. 왕양명은 이렇게 말하였다.

"양지는 단지 하나의 옳고 그름을 따지는 마음이다. 옳고 그름은 단지 좋아하고 싫어함[好惡]일 뿐이다. 단지 좋아하고 싫어하기만 하면 바로 옳고 그름을 다 발휘한다. 단지 옳고 그름만 분명히 하면 바로 온갖 일 모든 변화를 다

---

05 『傳習錄』中: "蓋良知只是一個天理自然明覺發現處 只是一個眞誠惻怛 便是他本體 … 隨他發現流行處 堂下具足 更無去求 不須假借."

발휘한다."[06]

온갖 일의 모든 변화는 호오의 심미적 정감에 근거한다는 말이다. 이것은 정감이 모든 일의 변화[人情事變]의 근본임을 확인하는 말이기도 하다. 우리가 일상생활에서 따지는 시비는 호오의 정감에 의하여 결정된다는 말이다. 이것으로 양지가 바로 옳고 그름을 따지는 도덕적 판단인 동시에 좋고 싫음을 판단하는 심미적 정감임을 알 수 있다. 왕양명이 지행합일을 설명할 때 '호색을 좋아하고 악취를 싫어한다[好好色 惡惡臭]'고 하였다. 우리가 아름다운 여인[好色]을 보는 순간 바로 좋아하는 정감, 즉 호감[미적 쾌감]이 간다. 이때 보는 것[知]과 좋아하는 것[行]은 동시에 일어난다. 아름다움이란 대상과 만났을 때 아무 사심 없이 즉각적으로 느끼는 호감이다. 그 아름다움을 느끼어 어떤 목적이나 의도 없이 그 대상이 좋아서 빠져든다. 이것이 바로 양지의 심미적 정감이다.

(2) 즐거움[樂]은 마음의 본체이다

왕양명은 기쁨, 성냄, 슬픔, 즐거움[喜怒哀樂]의 정감 가운데서 특히 즐거움[樂]을 중시하여 "즐거움은 마음의 본체이다. 어진 사람[仁人]의 마음은 천지만물을 한몸[一體]으로 여기며 기꺼이 모두 어울려 통[和暢]하여 원래 아무런 간격(間隔)이 없다. 보내주신 편지에 사람의 삶의 이치[生理]는 본래 저절로 어울려 통하고[和暢] 본래 즐겁지 않음이 없다. 그러나 객기(客氣) 물욕이 이 어울려 통하는 기운을 뒤흔들게 되면 비로소 틈과 끊어짐[間斷]이 생겨 즐겁지 못하다고 말한 것이 이것이다. 때로 익힌다[時習]는 것은 이 마음의 본체

---

06 『傳習錄』下: "良知只是個是非之心 是非只是好惡 只好惡就盡了是非 只是非就盡了萬事萬變."

를 되찾는 것이다. 기뻐하면[悅] 본체가 차츰 차츰 되찾아진다. 벗이 오면[朋來] 본체의 기쁨이 어울려 통하고 두루 충만하여 막힘[間隔]이 없다. 본체의 기뻐하고 어울려 통함이 본래 이와 같다. 처음부터 더해진 것이 없다."[07]

여기서 말하는 마음의 본체는 바로 양지를 가리킨다. 왕양명은 "양지가 바로 즐거움의 본체이다"라고 말하기도 하였다. 양지는 위에서 언급한 바와 같이 도덕적 심미적 정감이다. 이 심미적 정감의 본체가 즐거움[樂]이라는 것이다. 이 정감은 남의 고통을 함께 아파하는 어진 사람[仁人]이 가지고 있는 것으로서 천지 만물과 기꺼이 감통하여 하나로 될 수 있다. 여기서 모든 것이 기꺼이 어울려 통하게 되는 것이다. 그런데 외물에 대한 욕심이 화창한 기운을 흔들어 버리면 마음에 간격이 생겨 서로 감통할 수 없게 된다. 그렇지만 때로 익히는 기쁨을 통하여 본체가 점차로 회복된다. 그리고 벗이 찾아오게 되면 본체의 기쁨이 화창하여 모든 것에 즐거움이 가득 차게 된다는 것이다.

천지만물이 일체라는 말은 왕양명의 정감철학의 기본명제일 뿐만 아니라 현대과학에서도 입증되는 것이다. 조녀선 벨키미라는 동물행동연구가에 의하면 동물도 즐거움을 느끼려고 무척 애를 쓴다고 한다. 즐거운 마음을 가지게 되면 엔돌핀 같은 스트레스 감소 물질분비가 촉진되고 면역력이 강해져 어지간한 질병을 거뜬히 이겨낼 수 있다고 한다.[08] 이러한 사실에서 인간과 만물이 모두 즐거움을 마음의 본체로 생각함을 알 수 있다. 인간이나 동물의 스트레스는 이러한 즐거움 정감을 모두 빼앗아 버린다.

그러면 이러한 스트레스와 욕심은 어디서 생기는 것일까? 왕양명에 의하

---

07 『王陽明全集』卷5 文錄2: "與黃勉之 樂是心之本體 仁人之心 以天地萬物爲一體 欣合和暢 原無間隔 來書謂人之生理本來和暢 本無不樂 但爲客氣物欲攪此和暢之氣 始有間斷不樂是也 時習者 求復此心之本體 也 悅則本體漸復矣 朋來則本體之欣合和暢 充周無間 本體之和暢 本來如是 初未嘗有所增也."

08 과학향기, 적자생존 No! 樂者生存, 2013년 4월 10일 이메일.

면 그것은 칠정(七情)의 집착에서 오는 것이라고 하여 이렇게 말하였다. "기쁨, 성냄, 슬픔, 두려움, 사랑, 미움, 욕심[喜怒哀懼愛惡欲] 이것을 칠정이라고 한다. 일곱 가지는 모두 인간의 마음이 다 가지고 있는 것이다. 그러나 양지가 명백함을 알아야 한다. … 칠정은 그 자연스런 흐름을 따르는데 모두 양지의 작용이다. 선악을 분별해서는 안 되고 집착하는 곳이 생겨도 안 된다. 칠정에 집착이 생기면 모두 그것을 욕심이라고 한다. 모두 양지의 가림[蔽]이 되어 버린다. 그러나 집착할 때도 양지는 저절로 자각할 수 있다. 자각하면 가려짐이 제거되고 그 본체를 되찾는다."[09]

칠정은 도덕정감인 사단과 달리 일반정감이라고 한다. 이러한 정감은 인간이면 누구나 다 가지고 있으며 모두 양지의 작용으로 자연스럽게 흘러나온다. 이러한 정감 자체에는 선악이 없다. 그런데 어떤 한 가지 정감에 집착이 생기는 것을 욕심이라고 하였다. 예를 들면 우리가 슬픔의 정감에 사로잡혀 있으면 몸을 상하게 하는 경우가 있으면 분노의 정감에 치우쳐 있으면 화병이 생긴다는 것이다. 이것은 즐거움[樂]을 본체로 삼는 양지의 자연스러운 발로를 가리고 막아 버린다. 그러나 양지는 스스로 그 가리움을 알고 이를 제거하여 원래 자연스런 상태로 회복한다. 왕양명은 즐거움과 칠정의 관계를 이렇게 말하였다.

"즐거움은 마음의 본체이다. 비록 칠정의 즐거움과 같지는 않지만 역시 칠정의 즐거움에서 벗어나지 않는다. 비록 그렇지만 성현은 따로 참된 즐거움[眞樂]을 가지고 있다. 그리고 보통사람도 함께 가지고 있는 바이다. 그러나 보

09 『傳習錄』下: "喜怒哀懼愛惡欲 謂之七情 七者俱是人心合有的 但要認得良知明白 … 七情順其自然之流行 皆是良知之用 不可分別善惡 但不可有所着 七情有着 俱謂之欲 俱爲良知之蔽 然才有着時 良知亦自會覺 覺卽蔽去 復其體矣."

통사람은 가지고 있지만 스스로 알지 못한다. 도리어 허다한 걱정과 괴로움을 스스로 찾으며 게다가 스스로 헤매고 내버린다. 그러나 비록 걱정과 괴로움 헤맴과 내버림 가운데 있다 하더라도 이 즐거움은 간직되지 않은 적이 없다. 다만 한 생각이 열리고 밝아지고 자신을 돌아보아 성실하면 바로 여기에 즐거움이 존재하는 것이다."[10]

주돈이는 이정[明道와 伊川]에게 공자·안자가 즐거워했던 곳[孔顔樂處]이 무엇인지 질문하였다. 공자의 수제자 안자는 가난한 가운데서도 그 즐거움을 그치지 않았다고 한다. 이것을 안빈낙도(安貧樂道)라고 하는데 그것은 바로 성현이 따로 가지고 있었던 참된 즐거움[眞樂]이었다.

구양남야는 이러한 즐거움은 성현만이 가지고 있는 것인지 칠정의 즐거움과는 본질적으로 다른지 성현이 근심, 분노, 놀람, 두려운 일에 처했을 때도 그러한 즐거움이 계속되는지 질문하였다. 이 질문에 왕양명은 본체의 즐거움이 참된 즐거움인데 이것은 성현이 따로 가지고 있는 즐거움이라고 하였다. 그러나 보통사람도 이 즐거움이 없는 것은 아니지만 스스로 자각을 하지 못하여 걱정과 괴로움 속에서 헤어날 줄 모른다. 즐거움이 마음의 본체이므로 보통사람의 마음에도 간직되어 있지 않은 적이 없다. 따라서 자신을 반성하여 보면 이 즐거움이 자신 속에 내재해 있음을 알 수 있다는 것이다. 일반적인 정감인 칠정도 양지의 자연스런 흐름인 만큼 이에 대한 집착이 없다면 그것은 즐거움과 마찬가지라는 것이다.

우리의 일상생활에서 칠정이 늘 번갈아 일어나 우리는 근심 걱정과 슬픔

---

10 『傳習錄』中 答歐陽崇一: "樂是心之本體 雖不同于七情之樂 而亦不外于七情之樂 雖則聖賢別有眞樂而亦常人之所同有 但常人有之 而不自知 反自求許多憂苦 自加迷棄 雖在憂苦迷棄之中 而此樂又未嘗不存 但一念開明 反身而誠 則卽此而在矣."

에 사로잡히는 일들이 많이 있다. 육징이 홍려사에 머물고 있을 때 갑자기 집에서 아이의 병이 위독하다고 편지가 왔다. 육징은 마음이 매우 걱정스러워 견딜 수가 없었다. 선생님께서 말씀하셨다. 이때에 공부를 해야 한다. 만약 이때를 놓치면 한가할 때의 강학은 어디에 쓸 것인가? 우리는 바로 이러한 때에 자신을 갈고 닦아야 한다[磨鍊].

아버지가 자식을 사랑하는 것 자체가 지극한 정감[至情]이다. 그러나 천리역시 저절로 알맞게[中] 어울리는[和] 곳이 있다. 지나치면 사사로운 의도가된다. 사람들은 이런 처지에서 대부분 마땅히 근심하는 것이 천리라고 여겨서 한결같이 근심하고 괴로워하기만 하고 이미 '근심하고 걱정하는 것이 있으면 그 바름을 얻지 못한다'는 사실을 알지 못한다.

대체로 칠정의 느낌은 지나친 경우가 대부분이고 마치지 못하는 경우는 적다. 지나치자마자 곧 마음의 본체는 아니므로 반드시 알맞게 조정해야 비로소 [바름을] 얻을 수 있다. 가령 부모의 상을 당했을 경우 사람의 자식으로서 어찌 한바탕 죽도록 통곡하여 마음이 후련해지기를 바라지 않겠는가? 그런데도 오히려 [몸이] 수척하더라도 본성을 없애지 않는다고 말했으니 이것은 성인께서 억지로 제정한 것이 아니라 천리 본체에 저절로 주어진 한도가 있으니 지나쳐서는 안 된다. 우리가 심체를 알아차릴 수만 있다면 자연히 조금도 보태거나 덜어낼 수 없을 것이다.[11]

아버지의 자녀에 대한 사랑과 자녀의 부모에 대한 효심은 지극한 정감[至情]에서 나온 매우 자연스런 것이다. 자녀가 위독하다는 소식을 들으면 대부

11 『傳習錄』上 44條目: "澄在鴻臚寺倉居 忽家信至 言兒病危 澄心甚憂悶不能堪 先生曰 此時正宜用功 若此時方過 閑時講學何用? 人正要在此時磨鍊 父之愛子 自是至情 然天理亦自有箇中和處 過卽是私意 人於此處 多認做天理當憂 則一向憂苦 不知已是有所憂患不得其正 大抵七情所感 多只是過 少不及者 才過便非心之本體 必須調停適中始得 就如父母之喪 人子豈不欲一哭便死 方快於心? 然却曰毁不滅性 非聖人强制之也 天理本體自有分限 不可過也 人但要識得心體 自然增減分毫不得."

분 안절부절 못하고 부모의 상을 당하면 슬픈 정감이 죽고 싶도록 격화되지만 지나친 근심과 걱정 그리고 슬픔은 사사로운 정감에 흘러 사의(私意)가 되어 천리의 알맞음[中]과 어울림[和]에 어긋난다. 따라서 위급할 때일수록 마음의 평정을 잃지 않도록 평소 갈고 닦아[磨鍊] 대비하는 것이 필요하다는 말이다. 그것은 칠정의 치우친 느낌을 극복하고 마음의 본체인 참된 즐거움[眞樂]을 간직하는 것이다.

『대학』은 "몸[身]에 분노하는 바가 있으면 그 올바름을 얻지 못한다"[12]고 말하였다. 왕양명은 이 구절을 해석하면서 분노의 정감과 마음의 본체에 대하여 이렇게 말하였다. "화내는 등의 몇 가지 일이 사람의 마음에 어떻게 없을 수 있겠는가? 다만 지니고 있어서는 안 될 뿐이다. 무릇 사람이 화날 때 조금이라도 자기 생각을 보탠다면 노여움이 합당함을 지나칠 것이니 확 트여 크게 공정한 본체가 아니다. 그러므로 화내는 등의 일에서 다만 사물이 다가오면 순리대로 응하여 조금이라도 자기 생각을 보태지 않는다면 곧 심체가 확 트이도록 크게 공평해서 그 본체의 바름을 얻게 된다. 가령 밖에 나가서 사람들이 서로 다투는 것을 보았을 때 그 옳지 않은 것에 대해서는 내 마음도 역시 노여워한다. 그러나 비록 노여워할지라도 이 마음은 확 트여서 조금의 사사로운 기운도 움직인 적이 없다."[13]

인간의 정감 중에서 가장 제어하기 어려운 것이 분노라고 한다. 우리 사회는 모두 분노로 꽉 찬 것 같다. 사소한 일에도 분노를 참지 못하고 살인까지 저지르는 일이 신문지상에 자주 보도되는 것을 보아도 알 수 있다. 분노

---

12 大學 7章: "所謂修身在正其心者 身有所忿懥 則不得其正."
13 『傳習錄』下 235條目: "問有所忿懥一條 先生曰 忿懥幾件 人心怎能無得? 只是不可有耳 凡人忿懥著了一分意思 便怒得過當 非廓然大公之體了 故有所忿懥 便不得其正也 如今於凡忿懥幾件 只是個物來順應 不要着一分意思 便心體廓然大公 得其本體之正了 且如出外見人相鬪 其不是的 我心亦怒 然雖怒 却此心廓然 不曾動些子氣."

그 자체가 올바르지 않은 것은 아니다. 우리나라의 독립운동을 위하여 목숨을 바친 열사들의 의로운 분노를 우리는 기리고 있다. 그것은 사심 없이 시대의 요구에 꼭 알맞게 분노를 했기 때문이리라. 우리는 이것을 공분(公憤)이라고 한다.

우리의 일상생활에서 일어나는 분노는 대개 지나치기 쉽다. 분노가 발생하였을 때 자기의 사적인 의도나 생각이 개입하게 되면 확 트여 크게 공정한 마음의 본체를 잃어버린다. 따라서 마음의 올바름을 얻지 못하게 된다. 그러나 분노도 자연스럽게 순응하여 합당하게 표현되면 확연대공(廓然大公)한 마음의 본체를 드러내는 즐거움[樂]인 것이다.

왕양명은 다시 한 번 더 강조하여 "즐거움이 마음의 본체라고 하면서 본체에 따르면 선하고 본체를 거스르면 악이다. 예를 들면 슬픔이 그 바름을 얻으면 슬픔은 본체를 얻으며 역시 즐거움이다"[14]라고 하였다.

여기서 칠정 가운데 하나인 슬픔과 즐거움은 다 같은 정감이면서도 그 차원이 다름을 알 수 있다. 슬픔이 바름을 얻었을 때에 비로소 즐거움이 된다고 하였다. 따라서 기뻐하고 성내고 슬퍼하고 두려워하며 사랑하고 미워하는 정감이 그 자연스런 본체를 드러내었을 때 즐거움이 되는 것이다. 그러나 앞서 언급한 것처럼 기쁨, 분노, 슬픔, 두려움, 사랑, 미움의 정감에 집착하면 마음의 본체인 양지를 가려 버려 즐거움이 드러나지 않는다. 왕양명은 이렇게 말하였다.

"즐거움이란 마음의 본체이다. 즐거워하는 바를 얻으면 기뻐하고 즐거워하는 바를 거스르면[反] 분노한다. 즐거워하는 바를 잃어버리면 슬퍼한다. 기뻐

---

14 『王陽明先生全集』卷40: "陽明先生遺言錄 樂是心之本體 順本體是善 逆本體是惡 如哀當其正 則哀得本體 亦是樂."

하지 않고 분노하지 않고 슬퍼하지 않을 때 이것이 참된 즐거움[眞樂]이다."[15]

왕양명은 마음의 본체인 즐거움과 그 밖의 다른 정감, 즉 기쁨, 분노, 슬픔과 구별하여 위와 같이 말하였다. 그래서 인지 칠정 중에서 즐거움[樂]이 빠지고 기쁨, 성냄, 슬픔, 두려움, 사랑, 미움, 욕심이 그 내용을 이루고 있다. 그래서 왕양명은 즐거움과 칠정을 구분하기도 하고 칠정이 즐거움의 표현이라는 점에서 같다고 하였다. 즐거워하는 대상을 얻으면 기뻐하고 잃으면 슬퍼한다. 그리고 즐거움을 거스르면 분노한다. 이러한 칠정은 자연스럽게 흘러나오는 것이므로 그것을 즐거움이라고 하였다. 그러나 기뻐하지도 않고 분노하지도 않고 슬퍼하지도 않고 이 모두를 초월하였을 때 나타나는 정감을 참된 즐거움[眞樂]이라고 하였다. 이것은 성현이 가지고 있는 즐거움이라고 이미 언급한 바 있다. 성인의 참된 즐거움은 마치 정감이 없는 것[無情] 같다.

"직이 질문하였다. 성인의 정감은 온갖 일에 따르면서도 정감이 없다. 공부자께서는 곡(哭)을 하면 노래를 부르지 않았다. 앞의 유학자는 나머지 슬픔이 아직 잊혀지지 않았다고 해석하였다. 그 설명이 어떻습니까? 선생께서 대답하였다. 정감은 온갖 일을 따르면서도 정감이 없다. 단지 사물에 감응하는 주재(主宰)가 걸림이 없이[無滯] 천리의 그침을 허용하지 않는 곳에서 발동한 것이다. 어떻게 더욱 쉴[休] 수 있겠는가? 이 때문에 곡(哭)을 하면 노래를 부르지 않았다. 마침내는 그렇지 않았으니 단지 곡을 한바탕 한 뒤가 바로 모두가 즐거움이다. 더욱 즐겁고 더욱 아파하고 서러워하지 않았다."[16]

---

15 같은 책: "稽山承語 樂者心之本體也 得所樂則喜 反所樂則怒 失所樂則哀 不喜不怒不哀也時 此眞樂也."
16 『王陽明先生全集』 卷32: "傳習錄拾遺 直問 聖人情順萬事而無情 夫子哭則不歌 先儒解爲餘哀未忘 其說如何? 先生曰 情順萬事而無情 只爲應物之主宰. 無滯發于天理不容已處 如何更休得? 是以哭則不歌 終不然 只哭一場後便都是樂更樂更無所痛悼也."

왕양명은 성인의 정감은 무정(無情)이라고 하였다. 그것은 온갖 일을 따르면서도 거기에 감응하는 주재가 어디에도 걸림이 없기[無滯] 때문이다. 그 정감은 언제나 자연스럽게 천리에 순응하면서 발동하므로 어떠한 흔적도 남기지 않는다. 따라서 어떠한 정감도 없는 것이다. 슬프고 비통한 장면을 만났을 때 성인도 한번 크게 통곡을 하지 않을 수 없다. 그것은 억제할 수 없는 비통한 정감이 바로 심체에서 흘러나온 것이며 천리가 그침을 허용하지 않고 드러난 것이다. 그 관건은 걸림이 없는[無滯] 것에 달려 있으며 이것은 심체의 활발한 유행이기도 하다.[17] 왕양명은 성인의 정감에 대하여 이렇게 말하였다.

"성인의 양지를 실현하는 공부는 지극히 성실하여 쉼이 없다[至誠無息]. 그 양지의 본체가 밝기가 밝은 거울[明鏡]과 같다. 조금도 흐리지 않아 곱고 미운 것이 오면 그것에 따라 형태가 드러난다. 그러나 밝은 거울은 어떤 것에도 물든 적이 없다. 이른바 정감이 온갖 일[萬事]에 순응하면서도 아무런 정감이 없다는 것이다."[18]

여기서 성인이 지극히 성실하여 쉬지 않음을 통하여 양지를 실현하게 되면 정감이 만사에 순응하지만 아무런 정감을 남기지 않는다고 하였다. 성인의 공부는 양지 본체와 일체가 되는 경지에 도달하여 참된 즐거움을 발휘하는 것이다

---

17 朴吉洙, 「本體與境界 −王陽明心性說之本質與特質 王陽明仁說−」, 北京大 博士學位論文, 2012年, 189쪽.
18 『傳習錄』 中 答陸原靜書 167條目: "聖人致知之功 至誠無息 其良知之體 皦如明鏡 略無纖翳 妍媸之來 隨物見形 而明鏡無曾留染 所謂情順萬事而無情也."

(3) 정감의 알맞음[中]과 어울림[和]

양명학의 공부론은 우리 일상생활[事變]에서 일어나는 정감[人情]을 어떻게 조절하여 그 알맞음[中]과 어울림[和]을 이루는가 하는 치중화(致中和) 문제에 집중되어 있다. 그것은 성인의 참된 즐거움을 어떻게 실현하는가의 문제이기도 하다.

이 감정의 문제를 해결하기 위하여 정면으로 논한 철학이 바로 『중용』의 '알맞음과 어울림에 관한 이론[中和論]'이다. 이에 기초를 둔 왕양명의 '알맞음과 어울림을 이루는 이론[致中和]'이다. 치양지 문제는 바로 '치중화'의 문제와 매우 밀접히 연관되어 있다. 위의 용어는 『중용』의 첫 장에 나오는데 이렇게 말하였다.

> "기쁨, 성냄, 슬픔, 즐거움[喜怒哀樂]이 아직 나타나지 않은 것을 알맞음[中]이라
> 하고 나타나 마디[節]에 꼭 들어맞는 것을 어울림[和]이라 한다. '알맞음'이란 천
> 하의 커다란 근본[大本]이요 '어울림'이란 천하 어디에도 통달하는 길[達道]이
> 다. 알맞음과 어울림[中和]을 이루면 천지가 자리 잡히고 만물이 길러진다."[19]

『중용』의 저자는 정감[喜怒哀樂]이 아직 발현되지 않은[未發] 알맞음[中]과 모두 마디[時, 所, 位의 節]에 알맞아[中] 주위 환경과 잘 어울림[和]을 나누어 설명하였다. 그리고 우리의 생활세계에서는 알맞음과 어울림이 커다란 근본[大本]이 되고 어디나 통할 수 있는 길[達道]로 드러나기도 하였다. 끝으로 알맞음과 어울림을 이룩한[致中和] 궁극적인 경지는 '천지가 제자리를 잡고[天地位] 만물이 길러진다[萬物育]'고 주장하였다. 인간의 감정문제가 생활세계 및

---

19 『中庸』: "喜怒哀樂之未發 謂之中 發而皆中節謂之和 中也者 天下之大本也 和也者 天下之達道也 致中和 天地位焉 萬物育焉."

우주[天地]와 연결되고 있음을 말한 것이다. 이것은 인간의 세계와 우주에 대한 책임을 논한 것이기도 하며 유학이 도가나 불교와 다른 점이기도 하다.

인간이 천지 만물에 대한 책임을 질 수 있는 것은 본래 인간이 그것을 할 수 있는 능력을 하늘로부터 명령받았기 때문이라는 것이다. 『중용』의 첫머리가 바로 "하늘이 명령한 것을 본성이라 한다[天命之謂性]"고 하였다. 하늘의 명령이 인간에게 부여된 것이 본성이므로 인간은 본성상 하늘의 명령을 실현할 수 있는 능력을 가진 존재라는 말이다. 왕양명은 하늘의 명령[天命]이 인간에게 내재한 도덕적 본성[性]을 양지라고 하였다. 정명도가 천리 두 글자는 자신이 체득하여 얻은 것이라고 말한 이래 신유학은 하늘[天]을 생명의 원리인 천리로 이해하여왔다.

왕양명에 의하면 이 원리는 순수 지선한 도덕적 본성이며 또한 자신의 몸[一身]을 주재하면서 스스로 비추는 영명(靈明) 작용을 하고 있다는 것이다. 그는 이 도덕적 주체를 심체라고 하며 또한 양지라고 하였다. 양명은 희로애락 등 감정을 도덕주체인 마음에 연결시키고 미발 이발 중화의 문제를 마음의 본체와 작용[體用]의 문제로 해석하였다.[20] 이제 왕양명이 말하는 치중화의 공부문제를 살펴보기로 하자.

2. 치중화(致中和)론

(1) 치중화 문제

치중화라는 말은 미발의 알맞음과 이발의 어울림이 현실생활 속에서 실

---

20 한정길, 「왕양명의 중용수장이해」, 『양명학』 제15호, 2005년 12월, 70-71쪽.

현되는 것을 말한다. 앞서 언급한 바와 같이 『중용』은 알맞음이란 천하의 커다란 근본[大本]이고 어울림이란 어디에도 통하는 길[達道]이라고 말하였다. 그리고 알맞음과 어울림을 이루게 되면 천지가 자리 잡히고[天地位] 만물이 길러진다[萬物育]고 말하였다. 그런데 『중용』은 그 구체적인 공부 방법을 말하고 있지 않아 후세 학자들의 해석을 기다려야 했다.

중화문제를 본격적으로 다룬 철학자는 주희였다. 그는 40세[己丑之悟]에 중화구설을 수정한 중화신설을 통하여 자기의 독특한 심성론 공부론 체계를 구축하였다. 주희가 중화구설에서 발견한 것은 우선 미발 이발에 대한 개념 규정[命名]이 잘못되었다는 것이고 다음은 일상생활에서도 그 본령의 공부가 탈락되었다는 것이다. 이것은 본성이 미발이고 본체라는 것은 변함이 없으나 마음[心]의 작용을 모두 다 이발로 간주한 것이 문제였다는 것이다. 마음에는 지각하고 사려하는 작용이 있는데 이것이 대상과의 관계에서 생기는 문제를 주목하지 못하였다는 것이다.

주희는 마음의 작용에서 지각의 어둡지 않음[知覺不昧]과 사려가 아직 싹트지 않음[思慮未萌]을 미발로, 이미 지각된 것과 사려가 싹튼 것을 이발로 간주하였다. 여기서 "마음은 미발 이발 사이를 모두 관통하는 것"으로 보고 마음이 본성과 정감을 통섭한다[心統性情]는 중화신설을 제기한 것이다. 다시 말해 미발 이발의 개념규정을 새로이 함으로써 본성과 마음 그리고 정감의 관계문제를 새롭게 논의한 것이다.

주희는 정감[七情]의 문제를 새롭게 제기하면서 마음에 체용 양면이 관계되고 있음을 논한 것이다. 그리고 이 마음으로 인하여 본체인 본성과 작용인 정감이 발견되는 것을 심통성정이라 하였다는 것이다.[21] 구설의 성체심

---

21 『朱子語類』卷98: "沈僴錄 心統性情 性情皆因心而後見."

용(性體心用)을 성체정용(性體情用)의 신설로 바꾼 것이다. 이것은 알맞음[中]과 어울림[和], 큰 근본[大本]과 언제 어디에나 통하는 길[達道]의 문제를 해석하려는 것이기도 하다.

주희는 『역전』의 말을 인용하여 미발 이발의 문제를 함께 논하고 있다. 그는 사려가 아직 싹트지 않아[思慮未萌] 고요하여 움직이지 않는[寂然不動] 마음의 본체를 미발로, 마음이 대상과 접촉하여 이미 사려가 싹이 트고 정감이 번갈아 일어나는 작용을 이발로 보았다. 여기서 정감이 지나치거나 모자라지 않게 마디에 꼭 알맞은 것을 어울림[和]이라고 보았다.

주희는 중화신설에서 알맞음과 어울림을 일상생활에 실현하는 공부 방법을 제시하였는데 알맞음을 위하여서 미발의 본성을 함양(涵養)해야 하고 어울림을 위하여서는 정감의 발현이 치우치거나[偏] 기울어지지[倚] 않았는지 잘 살피는 성찰(省察)을 해야 한다고 주장하였다. 또 나아가서 미발시의 존양공부를 통하여 천지가 제자리를 잡게 되고 이발시의 정찰공부를 통하여 만물이 생육된다고 보았다. 주희는 조용할 때 본성을 함양하고 움직일 때 정감을 살피는[靜養動察] 양자를 관통하는 공부법을 제시하였는데 그것이 바로 경관동정(敬貫動靜)의 경(敬) 공부이다.

(2) 왕양명의 치중화론

왕양명은 주희가 모든 것[미발과 이발, 알맞음과 어울림, 본성과 정감, 함양과 성찰 등]을 정태적으로 둘로 나누어 보는 이원론적인 방법을 비판하고 마음, 본성, 정감을 하나의 역동적 능동적 통일체[整體]로 파악하였다. 그리하여 마음의 본체[心體]는 천리[心卽理]로서 도덕적 주체[性]일 뿐만 아니라 심미적 정감의 주체로 통일되어 쉬지 않고 유행하고 있어 심성도 성정도 결코 나누어질 수가 없는 것이다. 왕양명은 마음, 본성, 정감을 역동적이며 능동적으로 활동하는 통일체로 보았다.

왕양명이 말하는 미발의 알맞음[中]은 마음의 본체[心體]인 천리이며 도덕적 주체인 양지를 가리킨다. 양명은 "알맞음[中]은 다만 천리일 뿐이며 바뀜일 뿐이다. 때에 따라 바뀌[變易]니 어떻게 집착할 수 있을까? 모름지기 때에 따라 합당함을 제정해야 한다. 미리 먼저 하나의 규칙[規矩]을 정하기 어렵다"[22]고 하였다. 알맞음은 고정되어 있는 어떤 실체가 아니라 늘 변화와 바뀜 속[用]에서 그 평형을 잃지 않고 항상성을 지니고 있는 도덕적·심미적 주체[體]인 천리이다. 따라서 어느 하나의 규칙이나 법칙을 미리 세워놓고 이것에 맞추어 가는 것이 아니라는 말이다. 다시 말해 고정된 법칙이나 원리[定理]란 없다는 것이다. 천리는 늘 때[時]의 변역에 따라서 자신의 합리성[宜]을 나타내는데 이것을 조리(條理)라고 한다.

양명은 "미발의 알맞음[中]이 양지이며 앞뒤 안팎이 없는 혼연한 일체인 것"[23]이라고 하였다. 그리고 "양지가 바로 미발의 알맞음[中]이다. 바로 툭 트여 크게 공정한 것이며 고요하여 움직이지 않는 본체이다. 사람마다 똑같이 갖추고 있는 것이다"[24]라고 하였다. 그는 이처럼 미발의 알맞음[中]을 천리요 양지라고 풀이한 것이다. 그리고 이 양지를 사람마다 다 갖추고 있다고 하여 누구나 다 도덕적·심미적 주체성을 가진 존재로 파악한 것이다. 따라서 양지를 마음의 지각 차원으로 떨어트리고 마음의 함양을 통해서 천리를 드러내는 주자식의 방식과는 전혀 다르다. 양명은 양지를 역동적으로 보아 마치 천도의 운행처럼 "내 마음의 양지 운행은 한 순간도 쉬거나 정지함이 없다"[25]고 하였다.

---

22 『傳習錄』上 52條目: "中 只是天理 只是易 隨時變易 如何執得 須是因時制宜 難預先定一個規矩在."
23 『傳習錄』上 157條目: "未發之中 卽良知也 無前後內外 而渾然一體者也."
24 『傳習錄』上 155條目: "良知卽是未發之中 卽是廓然大公 寂然不動之本體 人人之所同具者也."
25 『王陽明全集』卷7 惜陰說 267쪽: "天道之運 無一息之或停 吾心良知之運 亦無一息之或停."

양지는 미발의 알맞음[中]이므로 쉬거나 정지함이 없이 유행하는 곳에서 치우치거나 기울어지지 않고 항상 그 평형을 유지한다. 이것을 고요하여 움직이지 않는[寂然不動] 본체[體]라고 하며 또한 탁 트여 크게 공정한[廓然大公] 천하의 큰 근본(大本)이라 한 것이다. 그리고 양지의 작용이 마디에 꼭 들어맞아[中節] 어울림[和]이 되고 사물이 오면 순응하고[物來順應] 느껴서 마침내 통하게 된다[感而遂通]. 이것이 천하의 어디에도 다 통하는 길[達道]이다. 이와 같이 "알맞음과 어울림을 이루는" 치중화(致中和)를 양지의 체용관계로 풀이하고 양지가 끊임없이 유행하는 가운데서도 자신의 항상성[常]을 유지하고 유행하는 마음이 스스로를 주재함으로써 구체적 상황에서 마디에 꼭 알맞은 어울림을 이룰 수 있는 체계를 정립하였다.[26]

그런데 주희는 지극히 조용함에서 '알맞음을 극진히[27] 하는[致中] 공부와 사물에 응하여 '어울림을 극진히 하는[致和]'공부로 나누었다. 전자는 하늘로부터 부여받은 미발의 본성인 천리에서 한 치도 어긋나지 않게 하는 정적(靜的)인 공부이다. 그런데 후자는 사물에 응하는 과정에서 치우치거나 기울어짐이 없도록 하는 역동적 공부이다. 이것을 통하여 천지가 자리 잡히고 만물이 길러지는 결과로 설명하였다. 그것은 체용관계로 양분되며 또 양자 사이에는 시간적 선후가 있다고 하였다. 그리고 천지가 자리 잡히고 만물이 길러지는 공덕은 '도를 닦은 가르침'을 포함해 모든 인간이 다 할 수 있는 것이 아니라 오직 성인만이 할 수 있는 것으로 한정하였다.[28]

그러나 양명은 알맞음과 어울림[中和] 문제를 양지의 본체와 작용이 하나[體用一源]인 것으로 파악하고 있다. 따라서 경계하고 두려워함[戒懼]과 홀로

---

26 한정길, 「왕수인의 중화설연구」, 『양명학』 제18호, 2007년 7월, 115쪽.
27 주희는 이룬다는 치(致) 자를 극진히 한다는 극[極] 자로 해석하였기에 번역을 위에서와 같이 하였다.
28 김세정 지음, 『양명학 인간과 자연의 한몸짜기』, 문경출판사, 2001년 12월, 171쪽.

삼감[謹獨]도 하나로 천지가 자리 잡히고 만물이 길러지는 것도 일원적으로 보았다. 왕양명은 "사람의 정감과 일의 변화를 제외하고는 아무것도 없다. 기뻐하고 성내고 슬퍼하고 즐거워하는 것이 사람의 정감이 아니겠는가? 일의 변화는 또한 오직 사람의 정감 속에 있다. 그 요점은 오직 알맞음과 어울림을 실현하는 데 있으며 알맞음과 어울림을 실현하는 것은 단지 홀로 자신을 삼가는 데 있다."[29]

왕양명은 도덕적·심미적인 정감을 통하여 삶과 죽음, 부귀와 빈천 모든 일의 변화가 일어남을 보면서 정감의 알맞음과 일의 변화의 어울림을 이루어지는[致中和] 과정을 하나로 보았다. 다시 말해 모든 일의 변화 속에서 정감의 알맞음[中]이 이루어지는 것이 바로 어울림[和]이라고 본 것이다. 따라서 그것을 이루려면 오로지 홀로 자신을 삼가는 신독공부뿐이라고 요약하였다.

그는 주회처럼 경계하고 두려워하는 미발[涵養]공부와 홀로 삼가는 이발[省察]공부를 나누지 않고 후자로 통일하였다. 그것은 '홀로 자신을 삼가는[愼獨]' 홀로[獨]를 독지(獨知)로, 홀로 삼감[謹獨]을 치양지[30]로 풀이하였기 때문이다. 여기서 말하는 독지란 양지의 다른 표현인 것이다. "양지는 바로 혼자 아는 때이다. 이 양지 밖에 더 이상 앎이 없다"[31]고 한 것만 보아도 알 수 있다. 왕양명은 알맞음과 어울림을 실현하는[致中和] 공부를 치양지 공부와 동일시하고 있는 것이다.

왕양명은 이러한 공부를 통하여 천지가 제자리 잡히고[天地位] 만물이 길러진다[萬物育]는 것을 역시 하나로 보아 이렇게 말하였다. "알맞음과 어울림

---

29 『傳習錄』上 37條目: "除了人情事變 則無事矣 喜怒哀樂 非人情乎 自視聽言動 以至富貴貧賤 患難死生 皆事變也 事變亦只在人情裏 其要只在致中和 致中和只在謹獨."
30 『王陽明全集』卷5: "與黃勉之 聖人亦只是至誠無息而已 其工夫只是時習 時習之要. 只是謹獨 謹獨卽是致良知."
31 『王陽明全集』卷20, 791쪽: "良知卽是獨知時 此知之外更無知."

은 하나이다. 안으로 치우치고 기울어지는 바가 없어 조그만 틈이라도 펼쳐 나오면 바로 저절로 어긋나고 어그러짐이 없다. 본체 위에서 어떻게 공부를 할 것인가? 반드시 그것이 펼쳐 나온 곳에서 비로소 힘을 얻게 된다. 어울림을 이루는 것[致和]은 바로 알맞음을 이루는 것[致中]이고 만물이 길러지는 것은 바로 천지가 자리 잡힌 것이다."[32]

본체 위에서의 공부는 그것이 작용하여 펼쳐진 곳, 즉 만물이 길러지고 천지가 제자리를 잡은 데에서 힘을 얻은 것이라고 하였다. 그는 천지의 본체와 그 작용을 하나로 보았다. 천지의 생성작용이 없이는 만물이 존재할 수 없고 만물이 없는 천지는 아무 내용이 없는 것이 된다. 따라서 천지 만물은 나눌 수가 없다. 만물이 길러진다는 것은 이미 천지가 자리 잡혀 있음을 말한 것이다. 이러한 위대한 일을 해낼 수 있는 것은 성인의 능력뿐만이 아니라 모두 내 마음 밖에 벗어나 있는 것이 아니라고[33] 한 점에서 누구에게나 열려 있다고 할 수 있다. 왜냐하면 인간이면 누구나 다 양지의 영명(靈明)을 가지고 있기 때문이다. 왕양명은 이렇게 말하였다.

"생각건대 천지만물은 사람과 원래 일체이며 그것이 발하는 가장 정밀한 통로가 바로 사람 마음의 한 점 영명(靈明)이다. 바람과 비, 이슬과 우레, 일월성신과 금수초목, 산천토석은 사람과 원래 일체이다. … 단지 하나의 기운을 공유하기 때문에 서로 통할 수 있다."[34]

<hr>

32 王陽明全集 卷12 補錄, 1174쪽: "中和一也 內無所偏倚 少間發出 便自無乖戾 本體上如何用功? 必就他發處 纔著得力 致和便是致中 萬物育 便是天地位."

33 王陽明全集 卷7: "雖至於位天地育萬物 未有出於吾心之外也."

34 『傳習錄』下 274條目: "人的良知 就是草木瓦石的良知 若草木瓦石無人的良知 不可以爲草木瓦石矣 豈惟草木瓦石爲然? 天地無人的良知 亦不可爲天地矣 蓋天地萬物與人原是一體 其發竅之最精處 是人心一點靈明 風雨露雷 日月星辰 禽獸草木 山川土石 與人原只一體 故五穀禽獸之類 皆可以養人 藥石之類 皆可以療疾 只爲同此一氣 故能相通耳."

이것은 천지만물과 인간이 일체라는 것이며 그것은 하나의 기운이 천지만물과 인간을 통하고 있기 때문이다. 이렇게 인간이 천지만물과 상통하기 때문에 알맞음과 어울림을 통하여 천지가 제자리 잡히고 만물이 길러지는 일이 가능하게 된다. 이처럼 양명은 인간의 우주[天地萬物]에서의 지위를 양지를 통하여 능동적·창생적·역동적으로 이해한 것이다. 양명의 치중화는 바로 치양지라고 말한 바 있다. 치양지는 따라서 인간 사이에서 일어나는 것만이 아니라 천지만물의 일에도 상관이 있음을 알 수 있다.

3. 미발 이발론

(1) 유가의 미발론

유가에서 말하는 미발론은 바로 성인이 되기 위한 수양 방법론, 즉 공부론의 형이상학적 근거를 밝히는 것이다. 유가의 미발 공부론은 마음에 나타날 수 있는 병근을 발본색원하여 어떻게 성숙한 이상적 인격에 이르는가[成聖]를 탐구하는 데서 나온 것이다. 주자나 양명의 학문 목표는 모두 도덕적 주체를 세워서 성인의 경지에 이르는 것이었다. 양자의 목표는 같았으나 그 방법이 달랐던 것뿐이다.

미발 이발(未發 已發)이란, 현상학적으로 말한다면, 후자는 의식이 이미 작용하여 그 지향성을 가지고 있는 것이고, 전자는 의식의 지향성이 아직 발동하지 않는 것, 즉 정감과 사려가 아직 싹트기 이전의 순수의식을 가리킨다. 그렇다고 미발이 무의식을 말하는 것은 아니다. 미발이란 바로 자기중심을 탈각한 순일한 의식 상태를 말한다.[35] 미발은 결코 어떤 의식현상의 내재적 근원이 아니라 의식현상이 발아한 적이 없는 주체적 본연상태를 가

리킨다.[36]

동양철학에서는 이미 드러난 의식[已發]에서 문제점을 찾아 해결할 뿐만 아니라 아직 드러나지 않는 미발(未發)에서부터 공부하여야 근원적으로 문제를 해결할 수 있다고 보았다. 요컨대 상대가 누구이건 언제 어디에도 통달할 수 있는 달도(達道)를 추구하였다. 특히 왕양명의 양지 미발론은 그 미발의 본체가 사상마련을 통하여 어디에도 걸림이 없이[不滯] 나타난다고 하였다.

누구나 다 아는 바와 같이 미발설은 마음의 미발 이발, 큰 근본[大本]과 통달의 길[達道], 중화문제, 즉 절도에 알맞은[中節] 어울림[和]과 알맞지 못하여 [不中節] 어울리지 못함[不和] 문제를 언급하였다. 그러나 어떻게 알맞게 하는지, 즉 공부의 문제를 언급하지 않았다. 다시 말해 이발의 절도에 알맞지 못함, 즉 정감의 불화는 어째서 생기는지? 큰 근본[大本]이란 무엇이고 통달의 길[達道]이란 무엇인지? 어떻게 큰 근본[大本]을 세우는지? 어떻게 의사소통이 불가능한 것이 없는 길[達道]을 실현할 수 있는지? 이렇게 계속 질문하다 보면 양명학의 공부문제에 진입하게 된다.

양명의 미발설은 위에서 언급한 바와 같이 『중용』의 이론을 가지고 논의하였으나 『중용』과 완전히 똑같은 것은 아니다. 그리고 주자학의 해석과도 다르다. 주자는 미발 이발을 둘로 나누어 해석하였으나 양명은 그것을 합하여 보았다. 그리고 양지체용론(良知體用論)의 입장에서 그 문제를 다루었다. 참으로 이 문제를 잘 체득하면 이 미발 이발은 분리되어 있지 않다. 따라서 공부도 주자의 가르침처럼 반드시 미발 때 도덕적 본성을 간직하여 기르고

---

35 이승환, 「주자수양론에서 미발의 의미: 심리철학적 과정과 도덕심리학적 의미」, 『퇴계학보』 119집, 서울: 퇴계학연구원, 2006, 30쪽.
36 陳來, 『有無之境-王陽明哲學精神』, 北京: 人民出版社, 1991, 217쪽.

[存養] 이발 때 반성하여 살피[省察]라고 하여 존양과 성찰을 둘로 나눌 필요가 없는 것이다. 존양의 본체와 성찰의 작용은 하나[體用一源]인 까닭이다.

(2) 미발 이발의 전후(前後), 내외(內外), 동정(動靜)

왕양명은 그의 제자 육징의 질문에 대하여 상세하게 대답하는 가운데 양지체용론으로 미발의 문제를 설명하였다. 육징은 서한을 보내어 이렇게 질문하였다.

"이 마음의 미발의 본체는 이발의 앞에 있습니까? [아니면] 이발의 가운데에 있으면서 그것을 주재합니까? [그도 아니면] 앞뒤 안팎이 없는 혼연한 본체란 것입니까? 지금 마음의 움직임과 조용함이라고 말하는 것은 일이 있음[有事]과 일이 없음[無事]을 위주로 말한 것입니까? [아니면] 고요함[寂然]과 느껴 통함[感通]을 위주로 말한 것입니까? [그도 아니면] 천리를 따르는 것과 인욕을 좇는 것을 위주로 말한 것입니까? [그것은] 이른바 '움직임 가운데 조용함이 있고 조용함 가운데 움직임이 있다' '움직임이 극한에 이르면 조용해지고 조용함이 극한에 이르면 움직이게 된다'는 말과 통할 수 없습니다. 만약 일이 있을 때의 감통을 움직임이라 하고 일이 없을 때의 감통을 움직임이라 한다면 [그것은] 움직이되 움직임이 없고 조용하되 조용함이 없다는 것과 통할 수 없습니다. 만약 미발이 이발 앞에 있어서 조용하다가 움직임을 낳는다고 한다면 이것은 지극한 성실함에 쉼이 있는 것이며 성인께서도 본성을 회복할 필요가 있다는 것이니 또한 옳지 않습니다. 만약 미발이 이발의 가운데 있다고 한다면, 알지 못하겠습니다만 미발 이발은 모두 다 조용함을 위주로 하는 것입니까? 그렇지 않으면 미발은 조용함이고 이발은 움직임입니까? 그렇지 않으면 미발 이발은 모두 다 움직임도 없고 조용함도 없는 것입니까? 모두 다 움직임도 있고 조용함도 있는 것입니까? 가르침을

바랍니다."³⁷

　육정의 질문을 분석해 보면 다음과 같다. ① 미발의 심체가 이발의 앞에 있는가, ② 이발 가운데 있으면서 그것을 주재하고 있는가, ③ 전후 내외 없는 혼연한 본체인가, ④ 미발이 이발 중에 있다고 한다면 미발과 이발 모두는 조용함[靜]을 주로 말한 것인가, ⑤ 미발은 조용함[靜]이고 이발은 움직임[動]인가, ⑥ 미발 이발은 모두 동정(動靜)이 없는가? 혹은 ⑦ 모두 동정(動靜)이 있는가?로 정리된다. 이러한 상세한 질문을 받고 양명은 이렇게 대답하였다.

　"미발의 알맞음[中]은 양지로서, 앞뒤 안팎이 없이 혼연히 한 몸을 이루고 있다. 일이 있음[有事]과 일이 없음[無事]으로써 움직임과 조용함을 말할 수 있으나 양지는 일이 있음과 일이 없음의 구분이 없다. 적연(寂然)과 감통(感通)으로써 움직임과 조용함을 말할 수 있으나 양지는 '적연'과 '감통'의 구분이 없다. 움직임과 조용함이란 [마음이] 만나는 때이다. 마음의 본체는 본래 움직임과 조용함의 구분이 없다. 이치[理]는 움직임이 없는 것이다. 움직이면 곧 인욕이 된다. 이치를 따르면 온갖 변화에 응대하더라도 일찍이 움직인 적이 없다. 인욕을 좇으면 비록 마음의 작용을 그치게 하고 생각을 전일하게 하더라도 일찍이 조용한 적이 없다. '움직임 가운데 조용함이 있고 조용함 가운데 움직임이 있다'는 말을 또 어찌 의심하는가?
　일이 있어 감통하는 것은 참으로 움직임이라고 말할 수 있으나 적연한 것에

37　『傳習錄』157條目: "來書云 此心未發之體 其在已發之前乎? 其在已發之中而爲之主乎? 其無前後內外而渾然之體者乎? 今謂心之動靜者 其主有事無事而言乎? 其主寂然感通而言乎? 其主循理從欲而言乎? 若以循理爲靜 從欲爲動 則於所謂動中有靜 靜中有動 動極而靜 靜極而動者 不可通矣 若以有事而感通爲動 無事而寂然而靜 則於所謂動而無動 靜而無靜者 不可通矣 若謂未發在已發之中 則不知未發已發俱當主靜乎? 抑未發爲靜 而已發爲動乎? 抑未發已發俱無動無靜乎? 俱有動有靜乎? 幸敎."

무엇을 보탠 적이 없다. 일이 없어서 적연한 것은 참으로 조용함이라고 말할 수 있으나 감통하는 것에 무엇을 덜어낸 적이 없다. '움직이되 움직임이 없고 조용하되 조용함이 없다'는 것을 또 어찌 의심하겠는가? [미발의 본체가] 앞뒤 안팎이 없는 혼연한 하나의 본체라면 '지극한 성실함에 쉼이 없다'는 의심은 해명할 필요가 없다. 미발은 이발 가운데 있고, 이발 가운데 미발이란 것은 따로 있지 않다. 이발은 미발의 중에 있으나 미발의 중에 이발한 것이 따로 있지 않다. 이것은 움직임과 조용함이 없지는 않지만 움직임과 조용함으로 나눌 수 없는 것이다."[38]

왕양명의 미발 이발의 문제는 육징과의 문답에서 집중적으로 논의되었다고 보아도 좋을 것이다. 이에 왕양명은 양지의 체용일원(體用一源) 입장에서 육징의 질문에 대답하였다. 첫 번째로 미발 이발은 선후 내외가 없는 하나의 혼연한 본체라고 분명히 잘라 말하였다. 육징의 ①번 질문은 선후가 없다고 함으로써 대답이 된 것이다. ③의 경우는 혼연한 본체라고 하였으니 이미 대답이 된 것이다. ②는 미발의 이발 주재 문제인데, 체용의 관계에서 보면 본체가 작용을 주재하는 것이 아니라 본체가 작용으로 자기 모습을 드러내는 것이므로 주재한다고 보기 어렵다.

양명은 "대개 체용일원은 이 본체가 있으면 이 작용이 있다. 미발의 알맞음[中]이 있으면 바로 발동하여 모두가 절도에 꼭 들어맞는 어울림이 있

---

38 『傳習錄』中 157條目: "未發之中 卽良知也 無前後内外 而渾然一體也 有事無事 可以言動靜 而良知無分於有事無事也 寂然感通 可以言動靜 而良知無分於寂然感通也 動靜者所遇之時 心之本體固無分於動靜也 理無動者也 動卽爲欲 循理則雖酬酢萬變 而未嘗動也 從欲則雖枯心一念 未嘗靜也 '動中有靜,靜中有動' 又何疑乎? 有事而感通 固可以言動 然而寂然者未嘗有增也 無事而寂然 固可以言靜 然而感通者未嘗有減也 '動而無動 靜而無靜' 又何疑乎? 無前後内外而渾然一體 則至誠有息之疑 不待解矣 未發在已發之中 而已發之中 未嘗別有未發者在 已發在未發之中 而未發之中 未嘗別有已發者存 是未嘗無動靜 而不可以動靜分者也."

다."[39] 그리고 "본체는 바로 양지의 본체요, 작용은 바로 양지의 작용이다"[40]
고 말하였다. '알맞음[中]'은 마음의 본체로서 미발이다. 이것은 어디에도 치
우치거나 기울어지지 않는[不偏不倚] 마음의 본체를 말한다. 이 마음의 본체
가 발동되었을 때는 모두가 다 도덕규범[節]에 꼭 들어맞는다. 따라서 타인,
사회와 조화를 이룬다.

그러나 이 마음에 사욕이 끼게 되면 이미 왜곡되어 도덕규범인 양지가 가
리어져 꼭 알맞게 실현되지 못한다. 따라서 곳곳에서 불화를 일으키게 된다.
이것이 양명의 해석이다. ④-⑦은 모두 동정(動靜)의 문제를 가지고 질문한
것이다. 양명은 마음이 발동되고 되지 않는 것은 어떤 일[事]이 생기면 그에
대한 지향성을 가지고 있느냐 여부에 달려 있다고 한다. 그런데 양지는 어떤
사태, 사건[event]이 발생하게 되면[有事] 그 시비판단을 하고, 발생하지 않아도
[無事] 마음의 본체로서 환히 밝고 신령스럽게 깨달아[昭明靈覺] 늘 비추고[恒照]
있으므로 일[事]의 있고 없음[有無]으로 나누어지지 않는다고 하였다.

그래서 양명은 양자의 관계를 '고요하여 전혀 움직이지 않음[寂然不動]'과
'느끼어 마침내 통함[感而遂通]'으로 설명하고 있다. 이 양자는 동정을 관통하
고 있는 것이므로 ⑤처럼 미발을 조용함[靜]에 이발을 움직임[動]이라고 말할
수 없게 된다. 양명은 ⑥-⑦번 질문에서처럼 미발 이발 모두가 동정이 있는
지 없는지를 논하지 않고, '움직임 가운데 조용함이 있고[動中有靜]', '조용함
가운데 움직임이 있다[靜中有動]'. '움직이면서도 움직임이 없고[動而無動]', '조
용하면서도 조용함이 없다[靜而無靜]'는 역설적 논리를 사용하여 대답하였다.

정태적으로 볼 때 움직임[動]은 움직임[動]이고 조용함[靜]은 조용함[靜]이
다. 따라서 이러한 논리로는 미발 이발을 파악할 수 없다는 것이다. 그러므

---

39 『傳習錄』上 45條目: "蓋體用一源 有是體卽有是用 有未發之中 卽有發而皆中節之和."
40 『傳習錄』中 155條目, "體卽良知之體 用卽良知之用."

로 미발 이발에 모두가 동정이 있다고 해도, 없다고 해도 맞지 않는 말이 된다. 양명은 천리와 인욕을 들어서 천리는 '움직임이 없는 움직임[無動之動]'이지만 인욕은 '조용함이 없는 움직임[無靜之動]'이라고 하였다. 따라서 전자는 수작만변(酬酌萬變)하여도 움직인 적이 없으며 후자는 마음을 마른 나무처럼 정지시켜도 조용한 적이 없다고 한 것이다. 이것은 미발의 양지가 바로 천리임을 재확인한 것이기도 하다.

(3) 미발지중의 양지와 정감

그러나 주자는 미발의 알맞음[中]인 양지를 천리로 인정하지 않았다. 주자에 의하면 미발 때 마음속의 본성[天理]을 늘 간직하고 있어야 한다고 하였는데 이것이 바로 존양(存養)이다. 이 마음이 작용하여 지향성을 가지고 있을 때[發을 지향성이라고 표현함] 이 모두가 곧은 마음 그대로이면 도덕규범에 꼭 들어맞겠지만 그렇지 않을 경우에는 불화를 일으키게 된다. 마음은 지각된 내용이 도덕법칙[天理]에 맞는지 여부를 잘 살펴보아야 하였는데 이것이 성찰(省察)인 것이다. 주자에서 마음이란 인식적 지각능력을 가리키는데 아주 뛰어나고 훌륭한 지각을 가지고 있다고 하였다. 주자는 이것을 허령불매(虛靈不昧)하다고 하였다.

허령(虛靈)하다는 것은 마음에 아무런 장애나 편견이 없이 외물을 받아들일 수 있는 신령한 지각능력이 있다는 말이다. 불매(不昧)란 '문자 그대로 어둡지 않다', 즉 '애매모호하지 않고 또렷하다[clear]'는 것이다. 주자는 "우리 마음[人心]의 신령함은 지각능력을 가지고 있지 않음이 없다. 이 세상의 만물은 이치를 가지고 있지 않음이 없다"[41]고 하여 마음은 대상을 지각할 수 있

41　朱子, 『四書集註』 「大學章句」 傳五章: "人心之靈 莫不有知 而天下之物 莫不有理."

는 능력이 있다고 본 것이다. 그리고 주자는 양지를 잘 살펴보는 훌륭한 또는 우량한[良] 지각기능[知]에 지나지 않는다고 보았다. 다시 말해 주자는 양지를 천리가 아닌 경험적 지각 차원에 떨어뜨려 놓은 것이다.

양명은 이와 달리 미발의 알맞음[中]인 양지는 마음의 본체인 동시에 작용[體用一源]이므로 본체인 천리이며 또한 그 자체가 밝고 신령스런 지각[昭明靈覺]이며, 이것을 하늘이 심어준 신령한 뿌리[天植靈根]라고 하였다. 다시 말해 인간에게 선천적으로 내재한 신령스런 근원이라는 뜻이다. 양명은 미발의 알맞음[中]인 양지에 대해 "듣고 보는 지각에서 유래한 것이 아니다. 그러나 듣고 보는 지각은 양지의 작용이 아닌 것이 없다. 그러므로 양지는 듣고 보는 지각에 막히지 않으며 역시 듣고 보는 지각과 분리되지도 않는다"[42]고 하였다.

이것은 양지와 경험적 지각의 관계를 말한 것이다. 양지는 결코 경험적 지각에서 유래된 것이 아니다. 그렇다고 경험적 지각과 분리되어 따로 있는 것도 아니다. 그렇지만 양지의 작용이 바로 경험적 지각이므로 경험적 지각에 의하여 방해받지도 않는다. 이것은 마치 칸트가 인식은 경험과 더불어 시작은 하지만 경험에서 유래되지 않았다고 한 말과 유사하다. 양명에 의하면 양지는 경험적 지각의 초월적 근거[明覺]가 된다. 따라서 양지는 순수 지선한 천리 자체가 늘 비추는 명각(明覺)이라는 것이다. 칸트는 인식론에서 그 타당한 근거를 확보하기 위하여 초월[tranzendental]을 말한 것이고 양명은 도덕론에서 양지의 법칙적 근거를 확립하기 위하여 말한 것이다. 바꾸어 말해 양명철학에서 양지는 지각에서 유래하지도 않고[不由] 지각에 걸리지도 않고[不滯] 지각과 분리되지도 않는[不離] 관계이므로 미발 본체에서도 이미

---

42 『傳習錄』中,「答歐陽崇一」168條目: "良知不由見聞而有 而見聞莫非良知之用故良知不滯于見聞 而亦不離于見聞."

양지는 밝고 환한 신령스런 지각[昭明靈覺]에 의하여 성찰할 수 있다.

왕양명이 왕석담(汪石潭)에게 대답한 글에서는 미발 양지와 정감의 문제를 언급하였다. 왕석담이 누구인지 알지 못하지만 대개 주자의 후학일 것이라고 추정할 수 있다. 양명은 이렇게 말하였다.

"보내 주신 글에서 '이 일은 관계가 퍽 커서 감히 말하지 않으면 안 된다'고 하였는데 저[僕]의 뜻도 역시 그렇다고 생각하고 있다. 이 때문에 갑자기 그만둘 수 없다. 대체로 희로애락(喜怒哀樂)은 정감[情]이다. 이미 미발이라고 주장하면 안 된다고 말하였다. 희로애락이 미발이라면 이것은 그 본체를 가리켜서 한 말이니 본성[性]이다. 이 말은 자사(子思)에서 비롯되었지 정자(程子)에서 처음 생긴 것은 아니다. 귀하[執事]가 이미 그렇지 않다고 생각하였다면 자사의 『중용』에서 시작하여야 마땅하다. 희로애락과 생각[思] 그리고 지각은 모두 마음에서 발동된 것이다. 마음이 본성과 정감을 통섭하는데 본성[性]은 마음의 본체[心體]이고 정감[情]은 마음의 작용[心用]이다. 정자는 마음이 하나라고 하였다. 본체[體]를 가리켜 말한 것이 있는데 '고요하여 움직이지 않음[寂然不動]'이 이것이다. 작용[用]을 가리켜 말한 것이 있는데 '느끼어 마침내 통함[感而遂通]'이 이것이다. 이 말은 무엇으로도 덧붙이지 못한다. 귀하가 잠시 체용의 학설을 구하였으니 대체로 체용은 하나의 근원[一源]이다. 본체가 작용이 될 수 있는 이유를 알면 작용이 본체가 될 수 있음을 알게 된다. 비록 그렇지만 본체는 미미하여 알기 어렵고 작용은 드러나 보기 쉽다. 귀하가 말하는 것도 마땅하지 않은가?"[43]

---

43 王守仁, 『陽明先生輯要』, 「答汪石潭內翰書」, 228쪽: "又云 '此事關係頗大 不敢不言' 僕意亦以爲然 是以不能遽已. 夫喜怒哀樂 情也. 旣曰不可 謂未發矣 喜怒哀樂之未發 則是指其本體而言也 性也. 斯言自子思 非程子始有 執事旣不以爲然 則當自子思中庸始矣 喜怒哀樂之與思與知覺 皆心之所發 心統性情 性 心體也 情 心用也 程子云 心一也 有指體而言者 寂然不動是也 有指用而言者 感而遂通是也 斯言旣無以加矣 執事姑

당시 미발문제는 두 사람의 커다란 관심사였다. 왕석담은 주자의 노선을 따라서 희로애락은 본성이 발동하여 정감이 된 것[性發爲情]이고 정감은 이발이므로 그것을 미발이라고 하면 안 된다고 보았다. 그러나 양명은 "마음이 본성과 정감을 통섭한다[心統性情]"는 주자의 설을 가지고 상대방을 설득하였다. 그리고 미발은 심체(心體)의 본성이고 이발은 심용(心用)의 정감이라고 분명히 말하였다. 전자는 고요하여 움직이지 않고[寂然不動] 후자는 느끼어 마침내 통한다[感而遂通]는 것이다. 주자는 마음을 미발 이발로 나누어 각각 본성과 정감에 소속시켰다. 또 사려가 싹트지 않은 것과 이미 싹튼 것의 관계를 논하면서 사려와 정감과 지각은 모두 기운의 경험 차원에 있는 것으로 파악하였다.

　　그러나 아직 싹트지 않았다는 것은 계산[計度]도 없고 정감이나 의지도 없으며 만드는 작동[造作]도 없는 천리(天理)를 가리킨다. 그렇다면 미발과 이발은 논리적 선후관계인가? 혹 경험적 선후관계인가? 만약 논리적 관계로 보면 이치가 앞이고 기운은 뒤이다[理先氣後]. 그리고 경험적 관계로 보아도 미발이 앞에 오고 이발은 뒤에 온다. 주자의 미발 이발론은 논리적 차원에서 논하면 미발은 선험적 근거이고 이발은 후천경험이다. 전자는 모우쫑산[牟宗三]의 표현을 빌리면 '존재는 하지만 활동하지 못한다.' 다만 후자만이 시간상에서 활동하는 것이다. 이렇게 되면 선후 시간적 상태의 다른 차원이 되어 버리는 것이다. 이것은 정태적 차원에서 바라본 것이다.

　　그러나 양명철학에서 미발 이발은 양지의 체용일원의 관계이므로 본체와 작용은 늘 하나가 된다. 따라서 양명은 본체가 작용이 될 수 있는 이유를 알면 작용이 본체가 될 수 있음을 알게 된다고 하였다. 그것은 본체로서의 천

求之體用之說 夫體用一源也 知體之所以爲用 則知用之所以爲體矣 雖然體微而難知也 用顯而易見也 執事之云不亦宜乎?"

리가 늘 작용으로서의 정감과 지각 속에서 활동을 하고 있다는 것이다. 이렇게 천리인 양지는 역동적으로 활동한다는 차원에서 미발 이발의 문제를 풀어 나갔던 것이다.

(4) 미발 심체의 무체성(無滯性)

양명은 이발 속에 이미 미발의 심체가 활동하고 있고 미발 속에 이발의 심용이 작동하고 있음을 말한 것인데 그의 제자 육징은 분명히 이해하지 못하여 다시 양명에게 "천리를 왜 '알맞음[中]'이라고 합니까?"라고 질문한 것이다. 선생은 "치우치거나 기울어진 데가 없기 때문이다"라고 대답하니 육징은 다시 질문하였다. "치우치거나 기울어진 데가 없다는 것은 어떠한 기상입니까?" 선생은 이렇게 답하였다. "마치 밝은 거울 같아 전체가 맑고 깨끗하다. 조그만 티끌이 전혀 붙어 있지 않은 것이다." 육징이 다시 질문하였다. "치우치고 기울어진 것은 얼룩이 붙어 있는 것입니다. 예를 들면 여색을 좋아하고 이익을 좋아하고 명예를 좋아하는 것 등의 일에 집착하고 있다면 바로 치우치고 기울어진다는 사실을 알 수 있습니다. 만약 [희로애락의 정감이] 아직 일어나지 않았을 때는 미색, 명예, 이익에 아직 집착하지 않았는데 어떻게 치우치고 기울어진 데가 있다는 것을 알겠습니까?"

선생이 대답하였다. "비록 아직 집착하지 않았다 하더라도[未相着] 평소에 미색이나 이익, 명예를 좋아하는 마음은 원래 없었던 적이 없다. 이미 없었던 적이 없다면 그것은 바로 지니고 있다는 의미이다. 이미 그것을 있다고 한다면 역시 치우치고 기울어짐이 없다고 말할 수 없다. 학질에 걸린 사람에 비유하면 비록 발병하지 않은 때가 있다고 하더라도 병의 뿌리[病根]가 아직 제거되지 않았다면 역시 그를 병이 없는 사람이라고 말할 수 없다. 모름지기 평소에 여색을 좋아하고 이익을 좋아하며 명예를 좋아하는 일체의 사심(私心)을 말끔히 쓸어내고 씻어내어 터럭만큼도 남겨두지 않아서 이 마음 전체가 확 트여 순수한 천리가 되어야 비로소 희로애락이 아직 발동되지 않은 '알맞음[中]'이며 비로소 천하의 큰 근본[大本]이라 말할 수 있다."[44]

양명은 학질에 걸린 사람을 비유로 미발공부의 필요성을 설명하였다. 내가 비록 학질에 걸리지 않았다 하더라도 병의 뿌리[病根]가 이미 몸에 들어와 있기 때문에 수시로 발병할 가능성을 가지고 있다. 이러한 발병 가능성을 뿌리째 뽑아버려야 다시는 학질에 걸리지 않는 것처럼 우리가 사심(私心)을 싹 쓸어버려야 순수한 마음 본체인 천리가 드러난다는 것이다. 이것은 미발시에도 경계하고 삼가며 두려워하고 무서워하는[戒愼恐懼] 공부를 해야 함을 역설한 것이다. 그런 공부를 하여야 마음의 본체가 어디에도 걸리지 않고[不滯] 본래 모습 그대로 드러나는 것이다.

마음의 본체는 정감, 염려의 왕래에 의거하여 나타나기도 하고 사라지기도 한다[出沒]. 그것은 지향성의 구조상 결코 어떠한 집착도 없다[無執着]. 바로 본체에서는 기쁨도 없고 성냄도 없으며 슬픔도 없고 즐거움도 없으며 번뇌도 없으므로 작용에서도 기쁨, 성냄, 슬픔, 두려움, 사랑함, 미워함, 욕심냄[喜怒哀懼愛惡欲]의 칠정이 비록 가슴속에서 왕래하더라도 오히려 한번 지나가 버리고 정화하여 걸리지도 않아서 남아 있지 않다. 이것은 심미적인 무관심성이라 할 수 있다.

양명은 이러한 관심이 없는 심체를 '아직 드러나지 않은 알맞음[未發之中]'이라고 부른 것이다. 양명은 바로 사람의 마음은 본래 이러한 무집착성을

---

44 『傳習錄』 76條目: "陸澄問天理何以謂之中 陽明曰無所偏倚 陸澄問 無所偏倚 是何等氣象 陽明曰如明鏡然 全體瑩澈 若無纖塵染着 陸澄問偏倚時有所染着 如着在好色 好利 好名等項上 方się得偏倚 若未發時 美色 名利皆未相着 何以便知其有所偏倚? 陽明曰雖未相着 然平日好色 好利 好名之心 原未嘗無 旣未嘗無 卽謂之有 旣謂之有 則亦不可謂無偏倚 譬之病瘧之人 雖有時不發 而病根原不曾除 則亦不得謂之無病之人 矣 須是平日好色 好利 好名等項一應私心 掃除蕩滌 無復纖毫留滯 而此心全體廓然 純是天理 方可謂之喜怒哀樂未發之中 方是天下之大本."

갖추고 있다고 강조하였다. 이러한 "걸림 없는[無滯] 심체를 미발지중이라고 불렀다."[45] 양명과 육원정의 대화는 이러한 모습을 잘 전해 주고 있다.

질문: "마음에 기쁨, 성냄, 슬픔, 두려움[喜怒哀懼]이 감응 발동하는 것을 시험해 본 적이 있습니다. 비록 '기(氣)'를 극도로 움직인다 하더라도 내 마음의 양지가 일단 깨달으면 곧 다 풀려서 사라져 꺾입니다. 어떤 때는 [기질적인 욕구를] 처음에 막고 어떤 때는 중간에 제어하고 어떤 때는 뒤에 후회하기도 합니다. 그렇다면 양지는 늘 여유가 있고 한가하여 아무런 일도 없는 곳에 머물면서 마음의 주재가 되고 기쁨, 성냄, 슬픔, 두려움[喜怒哀懼]에는 관여하지 않는 듯한데 어떻습니까?"

대답: "이것을 안다면 미발지중이 적연부동(寂然不動)의 본체이고 발동하여 절도에 맞는 조화가 감이수통(感而遂通)하는 미묘한 작용이 있게 된다. 그러나 양지는 늘 여유가 있어 한가하고 아무 일 없는 곳에 머무는 듯하다는 말에는 오히려 병폐가 있다. 대개 양지는 비록 희로애구에 걸리지 않지만 희로애구 역시 양지를 벗어나지 않는다."[46]

양명은 미발지중인 양지와 칠정의 관계를 양지가 칠정에 의하여 방해 받지도 않고[不滯] 그렇다고 칠정이 양지 밖에 있는 것도 아니라[不外]고 보았다. 그것은 양지와 지각의 관계와 마찬가지이다. 마음의 본체인 양지가 칠정에 방해받지 않는다는 것은 그러한 정감에 집착하지 않는다는 것을 말한다.

마음의 본체와 칠정의 관계에 대해서는 앞서 이미 언급한 바 있다.

철학 상담 치료의 경우 내담자가 자기의 문제를 모두 이야기하게 만든 다

---

45 陳來, 『有無之境-王陽明哲學精神』, 205쪽(전병욱 역, 『양명철학』, 서울: 예문서원, 2003, 354쪽).
46 『傳習錄』 答陸元靜 158條目: "問 嘗試于心,喜怒憂懼之感發也 雖動氣之極 而吾心良知一覺 卽罔然消阻 或遏于初 或制于中 或悔于後 然則良知常若居優閑無事之地而爲之主 于喜怒憂懼若不與焉 何歟? [陽明答] 知此則知未發之中 寂然不動之體 而有發而中節之和 感而遂通之妙矣 然謂良知常若居于閑無事之地 語尙有病 盖良知雖不滯于喜怒憂懼 而喜怒憂懼亦不外乎良知也."

음 무엇이 자기 마음에 걸려 있는지 스스로 자각하게 만든다. 대체로 감정의 응어리가 무엇인지 스스로 깨달을 수 있는 미발의 알맞음[中]이 누구에게나 있기 때문이다. 양지는 일상생활에서 생기는 기쁨, 성냄, 슬픔, 두려움 등의 정감의 응어리에 걸리지 않는다. 이 미발의 심체가 어디에 걸려서 머무를[滯留] 수 없다는 것은 양명과 수형의 대화에서도 볼 수 있다.

수형이 질문하였다. "선생님의 경해에 따른다면 『대학』의 공부는 단지 성의(誠意)일 뿐이고 성의 공부는 단지 격물일 뿐이다. [따라서] 수신, 제가 치국, 평천하는 단지 성의를 다 발휘한 것뿐입니다. 그런데 또 정심의 공부에서 '성내고 좋아하고 즐거워하는 데가 있으면 그 [마음의] 바름을 얻지 못한다'고 하는데 왜 그렇습니까?"

선생이 말하였다. "이것은 스스로 생각하여 터득해야 한다. 이것을 알면 미발의 알맞음[中]을 알게 된다." 수형이 다시 한 번 가르침을 청하였다. 선생이 대답하였다. "배움을 위한 공부에는 얕고 깊음이 있다. 처음 시작할 때 만약 착실하게 뜻[意]을 운용하여 선을 좋아하고 악을 미워하지 않는다면 어떻게 선을 행하고 악을 제거할 수 있겠는가? 이렇게 착실하게 의지를 쓰는 것이 바로 성의이다. 그러나 마음의 본체는 원래 아무것[一物]도 없다는 것을 알지 못하고, 줄곧 선을 좋아하고 악을 미워하는 데 의지를 쓰게 되면 바로 또 이런 한 푼의 생각[意思]를 보태는 것이니 마음이 확 트여 공정한 것이 아니다. 『상서(尙書)』에서 일부러 좋아하거나 일부러 싫어하지 않는다고 말한 것이 바로 본체이다."[47]

양명은 스스로 생각해야 미발의 알맞음[中]의 의미를 알게 된다고 하면서

---

47 『傳習錄』119條目: "守衡問 大學工夫只是誠意 誠意工夫只是格致 修齊治平只是誠意矣 又有正心之功 有所憤懥好樂則不得其正 何也? 先生曰 此要自思得之 知此則知未發之中耳 守衡再三請 曰 爲學工夫淺深 初時若不用意去好善惡惡 如何能爲爲善去惡? 這着實用意便是誠意 然不知心之本體原無一物 一向着意去好善惡惡 便又多了這分意思 便不是那廓然大公 書所謂無有作好作惡 方是本體."

마음의 본체는 원래 아무 걸림도 없는 것이므로 아무런 집착도 없어야 한다고 알려 주었다. 성의는 선을 좋아하고 악을 미워하는 공부이지만 한 방향으로 계속 그러한 공부를 하게 되면 도리어 인위적인 의도와 생각[意思]을 덧붙이는 것이 되어 걸림 없는 심체가 아니라고 하였다.

인위적인 의도와 생각에 집착하는 것이 바로 사적인 의도[私意]가 되는 것이다. 우리가 학문을 한다고 하면서 타인의 학설에 매달려 그것에 과도하게 집착하여 현실생활과 동떨어진 학문을 한다면 공허한 데 빠질 것이다.

왕양명 제7장에서 언급한 바와 같이 어떤 사적인 의도를 가지고 재판[訟獄]에 임해서는 안 된다고 하였다. 재판과정에서 무전유죄(無錢有罪)가 되어서는 안 된다는 것이다. 마음속에 터럭 끝만큼의 사적인 의도에 조금도 걸림이 없이[無滯] 사욕을 깨끗이 씻어내고 공평무사하게 일을 처리하면 그것 자체가 격물치지요 양지를 확충시키는 치양지 공부이다. 그러므로 양명은 "사람은 반드시 구체적인 일[事上]에서 연마하고 공부를 해야만 보탬이 있게 된다"[48]고 사상마련을 강조하기도 하였다.

따라서 양명은 정적인 수렴보다는 동적인 일[事上]에서의 마련을 더 중시하였다. 성인이 되기 위한 공부는 조용함을 주로 삼는[主靜] 것에 있는 것이 아니라 생동적인 양지의 미발의 알맞음[中]이 현실상에서 발현되고 있음을 다시 확인해 준 것이기도 하다.

---

48 『傳習錄』下 204條目: "人須在事上磨鍊做工夫 乃有益."

제 **9** 강

—

사구교에 집약된
양명 철학의 정신

9강에서는 양명의 만년 사상을 가장 잘 표현한 사구교에 대하여 소개하고자 한다. 왕양명(王陽明)의 학문은 심즉리(心卽理), 지행합일(知行合一), 치양지(致良知) 등으로 요약되며, 그의 만년의 사상은 '사구교(四句敎)'에 집약되어 있다. 왕양명이 50세 이후 가르친 치양지는 양지를 실현시키는 공부 문제임을 이미 논하였다. 양지에는 본체와 작용의 두 측면이 있다. 이것을 네 구절로 요약하여 잘 보여준 것이 바로 사구교이다. 이것은 사은, 전주[思田]를 토벌하기 전 천천교(天泉橋)에서 한 말이기도 하다. 사구교에는 도덕적 판단과 심미적 판단이 융합되어 있다. 마음의 본체[心體]는 지선(至善)이기도 하고 무선무악이기도 하다. 지선은 도덕적 판단이며 무선무악은 심체가 그대로 드러나는 심미적 판단이다. 주자학자들은 전자에는 동의하지만 후자에 대하여는 비판적이다. 이러한 비판에 직면하여 무선무악에 대하여 적극적인 옹호에 나섰던 양명후학들은 명나라 말기까지 주자학자 및 감천학파의 학자들과 논쟁을 벌여야 했다.

1. 사구교(四句敎) 그리고 본체와 공부 문제

왕양명의 사구교는 치양지의 가르침 이후에 그의 철학을 압축적으로 보여준 가르침이다. 사구교에 관한 자료를 보면 『전습록(傳習錄)』과 『양명연보(陽明年譜)』에 각각 나타나 있다. 그리고 그의 제자 왕용계의 『왕기집(王畿集)』에서 「천천증도기(天泉證道記)」라는 제목 하에 그 상세한 내용이 기록되어 있다. 이 문헌들에는 사구교의 논쟁을 한 주역인 왕양명 문하의 두 제자 전덕홍(錢德洪, 호는 緒山)과 왕기(호는 龍溪)의 각기 다른 주장이 실려 있고 양명 자신이 이것을 해석하고 설명한 내용이 실려 있다. 사구교에 관한 원래 모양의 기재는 『전습록』[하]이고 전덕홍이 기재한 「연보」는 치우쳤으며 왕용계의 「천천증도기」는 왼쪽으로 치우쳤다.[01]

양명의 제자 가운데 전덕홍과 왕용계 두 사람은 과거 시험 기회를 두 번씩이나 버리고 전심으로 양명에게서 학문을 수학하였다. 당시 사방의 학자들 중 왕학(王學)을 익히려는 사람들은 왕왕 먼저 이들 두 사람의 계몽과 지도를 받고 난 뒤에 왕양명에게서 수업을 마치었으므로 그들을 '교수사(教授師)'라고 일컫기도 하였다.[02] 두 사람이 양명문하[斯文]에서 차지하는 중요한 지위로 말미암아 황종희(黃宗羲)는 "선생(덕홍)과 용계는 양명을 친히 곁에서 모신 것이 가장 오래되었고 그의 과중한 말을 익히 들었다"[03]고 하였다. 그러나 그들의 철학사상이 전부 똑같지는 않았으며 각기 '사유(四有)'와 '사무(四無)'라고 하는 말까지 나올 정도로 견해를 달리하였다.[04] 심지어 "우리 두 사람의 소견이 같지 않은데 어떻게 다른 사람들이 같을 수 있겠는가?"[05]라고 한 것을 보아 양자 사이의 해석이 달랐음을 알 수 있다. 그러나 그들은 모두 양명의 사상을 발휘한 데서는 같았다. 그러기에 전덕홍은 사구교야말로 양명 부자의 가르치는 방법[教法]의 정체이어서 바꿀 수 없다고 하였으며, 왕용계는 스승의 학문(學)은 양지(良知)를 종지(宗)로 삼았으며 매번 문인과 학문을 논함에 사구(四句)를 제시하여 교법으로 삼았다[06]고 하였다. 사구종지(四

01 宣炳三, 「關于四句教的史料問題之研究 以文獻對比爲主」, 『양명학』 제28호, 2011.
02 侯外廬, 邱漢生, 張豈之 主編, 『宋明儒學史』 下, 人民出版社, 1987, 230쪽.
03 黃宗羲, 앞의 책, 卷11 「浙中王門學案」; '錢德洪傳', '先生與龍溪親炙陽明最久 習問基過重知言.'
04 이 견해는 추동곽의 문집에서 발견된다. 전덕홍은 사유가 아니라 1無3有說이다.
05 『王陽明全集』 卷1: "天泉證道記 吾二人所見不同 何以同人?"
06 황종희, 같은 글.

句宗旨), 사구교법(四句教法), 사구결(四句訣) 등으로 불리어지기도 하는데 그것은 이름이 가리키듯 다음과 같이 네 구의 문자로 성립되어 있다.

선도 없고 악도 없는 것은 마음의 본체이다.   無善無惡心之體

선도 있고 악도 있는 것은 의(意)의 움직임이다.   有善有惡意之動

선을 알고 악을 아는 것은 양지(良知)이다.   知善知惡是良知

선을 위하고 악을 버리는 것은 격물(格物)이다.   爲善去惡是格物

왕양명이 제독양광급강서호광군무(提督兩廣及江西湖廣軍務) 겸 도찰좌어사(都察左御史)의 신분으로 명나라 가정(嘉靖) 6년(1528, 丁亥年) 여름[9월]에 광서의 사은(思恩), 전주(田州)에서 일어난 민란을 정벌하라는 명령을 받았다. 그가 출발하기(9월 8일) 하루 전날 그의 수제자인 전덕홍(錢德洪, 호는 緖山)과 왕기(王畿, 호는 汝中, 龍溪)가 장원충(張元冲)을 배 안에서 방문하고[07] 학문의 종지를 논하게 되었다. 여중이 선생의 가르침인 위에서 말한 사구교를 거론하였다.[08]

전덕홍이 "이 의미가 어떠한지" 질문하였는데 양명이 대답하기 전에 왕기가 자신의 의견을 개진하여 이렇게 말하였다.

"이것은 아마도 궁극적인 화두(話頭)가 아닐 것이다. 만약 심체(心體)가 무선무악(無善無惡)이라고 설명한다면 의(意) 역시 무선무악의 의이며, 지(知) 역시 무선무악의 지이고, 물(物) 역시 무선무악의 물이다. 만약 의에 선악이 있

<hr>

07 『왕양명선생전집』 연보 3. 가정 6년 정해년 9월 임오 월성을 떠나다. 장원충은 절중왕문에 속한 학자로 자는 숙겸(叔謙)이고 호는 부봉(浮峰)이다. 『명유학안』 제14권.

08 『전습록』 권하 천천문답.

다면 심체에도 반드시 선악이 있게 된다."09

이에 대하여 전덕홍은 자신의 견해를 다음과 같이 피력하였다.

"심체는 천명의 본성이어서 원래 선도 없고 악도 없는[無善無惡] 것이다. 그런
데 인간에게는 습심(習心)이 있어 의념 상에 선악(善惡)이 있는 것이 나타난
다. 바로잡고[格], 드러내고[致], 참되게 하고[誠], 바르게 하고[正], 닦는[修] 이
것은 바로 저 성체를 회복하는 공부이다. 만약 의(意)에 원래 선악이 없다면
공부 역시 말할 필요가 없다."10

전덕홍 역시 심체가 무선무악하다는 것을 인정하였다. 그러나 습심에 의
한 의(意)에 선악이 생긴다고 보았다. 따라서 '의'에 선악이 없다면 본체를 회
복하는 격물치지, 성의정심 등의 공부가 필요 없게 될 것이라고 왕기의 의견
을 반박하였다. 두 사람의 의견이 일치하지 않게 되자 이것을 스승에게 그
바른 해답을 구하려 하였다.

"왕기가 내일 선생께서 길을 떠나시니 저녁에 가서 여쭈어 보자고 제안했다.
이날 밤 손님들이 막 흩어지고 선생께서 안으로 들어가시다가 덕홍과 왕기
가 뜰아래에서 기다린다는 말을 들으시고는 다시 오셔서 천천교 위로 주연

---

09 같은 책: "此恐未是究竟話頭 若說心體是無善無惡 意亦是無善無惡的意 知亦是無善無惡的知 物亦是無善
無惡的物矣 若說意有善惡 畢竟心體還有善惡在."

10 같은 책: "心體是天命之性 原是無善無惡的 但人有習心 意念上見有善惡在 格致誠正修 此正是復那性體
工夫 若原無善惡 工夫亦不消說矣." 「연보」의 내용은 이와 조금 다르다. "심체는 원래 선도 없고 악도 없지
만 이제 버릇되고 물들어진[習染] 것이 너무 오래되어 심체에 선악이 있다고 느낀다. 선을 행하고 악을 제
거하는 것은 바로 저 본체를 회복하는 공부이다. 만약 본체가 이와 같음을 보고서 사용할 수 있는 공부가
없다고만 말한다면 단지 보는 것일 뿐이다."

을 옮기도록 하셨다. 내[덕홍]가 왕기와 벌인 논변에 대하여 아뢰고 여쭈어

보았다."[11]

전덕홍, 왕용계 두 제자의 입을 통해 사구교의 문제가 거론되었기 때문에
이를 비판하는 학자들은 사구교가 양명 본인의 것이 아니라고 생각할 가능
성이 있고 또 실제로 있었다.[12] 그러나 두 제자의 견해를 다 듣고 난 후 양명
은 이렇게 말하였다.

"나는 지금 떠나려 하는데 바로 너희들이 와서 이 의미를 설파하기를 요청하
였다. 두 사람의 견해는 서로 의거하여 사용하는 것이 좋지 각기 한쪽만 붙잡
고 있어서는 안 되겠다."[13]

양명은 두 제자의 견해가 각기 한편에 치우쳐 있음을 상기시키고 서로 보
충할 것을 권고하면서 견해 차이가 인간의 기질상의 다른 점 때문에 생겼음
을 지적해 주고 이렇게 말하였다.

"내가 여기서 사람을 접하는 데 원래 두 가지가 있다. 날카로운 근기[利根]의
사람은 곧바로 본원에서부터 사람 마음의 본체를 깨달아 들어가니 원래 밝
고 영롱하여 걸림이 없다. 이것은 [희로애락이] 아직 하나의 경험적 현상으로

---

11 年譜: "幾日 明日先生啓行 晚可同進聽聞 是日夜分客始散 先生將入内 聞德洪與幾候立庭下 先生復出 使
移宴天泉橋上 德洪舉與幾論辯聽聞."
12 황종희는 스승 유종주의 견해에 따라서 즙산[유종주의 호]께서는 천천교에서 한 양명의 말이 평소와 다르
다고 의심하였다. 양명은 지선이 마음의 본체라고 하였지 선도 없고 악도 없는 것이 마음의 본체이다라고
말한 적이 없다. 『명유학안』 권16: 황종희는 천천증도의 사구교가 전덕홍에서 나왔으므로 결코 왕양명의 가
르침이 아니라고 생각하였다. 진래 저, 전병욱 옮김, 『양명철학』, 348쪽.
13 『傳習錄』卷下: "天泉問答 我今將行 正要你們來講破此意 二君之見 正好相資爲用 不可各執一邊."

나타나지 않은 알맞음 그 자체[未發之中]이다. 날카로운 사람은 한번에 본체가 곧 공부임을 깨닫는데 남과 나, 안과 밖이 한꺼번에 모두 투명하게 된다. 그 다음 우리는 경험적 현상에 길들여진 마음(習心)을 가지고 있음을 면하지 못한다. [이렇게 되면] 본체가 가려지게 되므로 또 가르침은 의념에서 실제로 선을 위하고 악을 버리는 공부로 내려오게 된다. [공부가] 아주 익숙한 뒤 찌꺼기들이 모조리 다 없어졌을 때 본체 역시 모조리 다 [환하게 드러나] 밝게 된다."[14]

왕양명은 날카로운 근기의 사람[利根之人]과 보통사람을 나누고 전자는 미발의 알맞음[未發之中]의 심체를 현전에서 자각하는 것을 중시하며, 후자는 이발(已發)한 뒤의 습심을 제거하는 공부를 중히 여긴다고 하였다. 그리고 나서 이렇게 말하였다.

"왕여중(龍溪)의 견해는 내가 여기서 접하는 날카로운 사람의 것이요. 전덕홍의 견해는 내가 여기서 그 다음 사람을 위해 [깨닫는] 법을 세워 놓은 것이다. 두 사람은 서로 취하여 사용하면 중인(中人), 상하(上下)는 모두 도(道)에 이끌려 들어갈 수 있을 것이다. 만약 각기 한쪽을 잡고 있다면 눈앞에서 곧 사람을 잃음이 생길 것이고 곧 도체 위[道體上]에서 각자 아직 충분히 발휘되지 못함이 생기게 될 것이다."[15]

---

14 같은 책: "我這裏接人原有此二種 利根之人直從本源上悟入 人心本體原是瑩無滯的 原是個未發之中 利根之人一悟本體卽是工夫 人己內外一齊俱透了 其次不免有習心在 本體受蔽 故且教在意念上實落爲善去惡工夫 熟後渣滓去得盡時 本體亦明盡了."

15 같은 책: "汝中之見是我這裏接利根之人的 德洪之見是我這裏爲其次立法的 二君相取爲用 則中人上下皆可引入於道 若各執一邊 眼前必有失人 便於道體各有未盡."

양명은 왕용계의 본체상의 깨달음을 날카로운 사람으로, 전덕홍의 의념상의 공부를 보통 사람으로 보고 다시 한 번 한쪽 공부에 치우치지 말 것을 당부하였다. 『연보』는 날카로운 사람과 보통사람을 구분하지 않고 이렇게 말하였다.

"두 사람의 견해는 바로 서로 취하기 좋다. 서로 헐뜯어서는 안 된다. 여중에게는 덕홍의 공부가 필요하고 덕홍은 여중의 본체를 꿰뚫어 보아야 한다. 두 사람이 서로 상대방의 장점을 취하여 자신을 발전시킨다면 내 학문은 더 이상 걱정할 것이 없다."[16]

제자들은 그 자세한 내용을 알고 싶어서 선생에게 질문을 하였는데 먼저 덕홍이 먼저 선생께 여쭈어 보았다. 선생은 이렇게 대답하였다.

"존재[有]는 다만 자네 스스로 존재[有]한다고 하는 것일 뿐이다. 양지 본체는 원래 아무것도 없다[無]. 본체는 태허(太虛)일 뿐이다. 태허 속에 해, 달, 별, 바람, 비, 이슬, 천둥, 먹구름, 음산한 기운 등 어떤 것인들 존재하지 않겠는가? 그리고 또 어떤 것이 태허의 장애가 되는가? 사람 마음의 본체도 역시 다시[復] 이와 같아진다. 태허는 형체가 없어 일단 지나가버리면 흔적도 없다[化]. 터럭만큼의 힘을 어찌 허비하겠는가? 덕홍의 공부는 모름지기 이와 같아야 한다. 바로 이것이 본체 공부를 합할 수 있다."[17]

---

16 年譜: "二君之見 正好相取 不可相病 汝中須用德洪功夫 德洪須透汝中本體 二君相取爲益 吾學更無遺念矣."

17 같은 책: "先生日 有只是爾自有 良知本體 原來無有 本體只是太虛 太虛之中 日月星辰 風雨露雷 陰霾예氣 何物不有 而又何一物得爲太虛之障? 人心本體亦復如是 太虛無形 一過而化 亦何費纖毫氣力 德洪功夫須要如此 便是合得本體工夫."

왕양명은 전덕홍이 현상적 존재[有]에 머물러서 본체인 무(無)를 체득하지 못할까봐 태허 속의 자연현상들과의 관계를 양지 본체와 그 현상[已發]을 비유적으로 설명하였다. 본체공부는 형적도 없는 태허와 같이 어떠한 인위적 노력을 가할 필요가 없음을 말한 것이다.

이어서 왕기가 질문한 데 대하여 왕양명은 이렇게 대답하였다. "여중[王畿]은 이 의미를 알아차렸다. 단지 묵묵히 스스로 닦아야 좋을 뿐이다. 그 [경지]에 집착하여 다른 사람을 대해서는 안 된다. 근기가 뛰어난 사람은 세상에서 만나기 어렵다. 일단 본체를 깨달으면 바로 공부가 드러난다. 사물과 나, 안과 밖이 일제히 모두 다 꿰뚫어 보여지게 된다. 이것은 안자(顏子) 명도(明道)도 감히 승인하여 감당하지 못하였다. 어찌 가볍고 쉽게 다른 사람들에게 [그런 깨달음을] 바랄 수 있겠는가?"[18]

왕양명은 왕기가 이미 본체를 투철하게 깨달았음을 인정하고 그 자체를 스스로 닦으면 되었지 이것을 보통 사람들에게 알려 주려고 하면 보통사람들은 이해하지 못한다는 것이다. 본체를 투철하게 깨닫는 것은 근기가 뛰어난 사람이다. 이런 경지를 공자의 제자 중 가장 총명하다는 안연도 그리고 북송의 정명도도 감당하지 못하였는데 보통 사람에게 그런 것을 기대하기란 참으로 어렵다는 것이다. 왕양명도 "본체를 깨달으면 공부가 드러난다"고 하였는데 이것은 왕기의 '현재 양지'를 인정한 구절이기도 한다. 왕양명은 자기의 근본 철학을 이렇게 말하였다.

"이후에 벗들과 강의하고 배움에 절대로 나의 근본 취지(宗旨)를 잃지 말아야 한다. 선도 없고 악도 없는 것은 마음의 본체이다. 선도 있고 악도 있는 것은

---

18 같은 책: "畿請問 先生曰 汝中見得此意 只好默默自修 不可執以接人 上根之人 世亦難遇 一悟本體卽見工夫 物我內外一齊盡透 此顏子明道不敢承當 豈可輕易望人?"

뜻(意)의 움직임이다. 선을 알고 악을 아는 것은 양지이다. 선을 위하고 악을 버리는 것은 격물이다. 단지 나의 이 화두에 의거하여 사람에 따라서 지적해 주면 자연히 병통이 없어진다. 이것은 원래 위, 아래로 끝까지 통하는 공부이다."[19]

이처럼 양명은 '사구교'가 자신의 강학 종지임을 뚜렷이 밝히고, 이것을 사람에 따라, 즉 이해력이 빠른 사람[利根]과 그렇지 못한 사람에 따라서 가르쳐 주면 위, 아래 모두 보편적으로 통하는 공부가 되므로 한쪽에 치우치는 병통도 사라진다고 보았다. 왕양명은 왕기와 전덕홍의 본체공부가 한쪽에 치우칠 경우 생기는 병폐를 구체적으로 이렇게 말하였다.

"깨우침이 빠른 사람[利根之人]은 세상에서 역시 만나기 어렵고, 본체 공부는 일단 깨달으면 전체가 투명하다. 이것은 안자(顔子)와 정명도(程明道)도 감히 이어받지 못한 것이다. 어찌 가볍게 그런 사람(利根之人)을 바랄 수 있겠는가! 사람들은 경험적인 마음[習心]을 가지고 있어서 그로 하여금 양지 위에서 실용적으로 선을 위하고 악을 버리는 공부를 시키지 않으면 단지 하나의 본체를 허공에 매달아 놓고 생각할 뿐이다. 따라서 일체의 사건과 행위는 모두 착실하지 못하게 되고 하나의 텅 빈 고요함[虛寂]만을 양성하는 데 지나지 않는다. 이 병통은 작고 작은 것이 아니다. 일찍 설파하지 않을 수 없다."[20]

---

19 『傳習錄』下 天泉問答: "已後與朋友講學 切不可失我的宗旨 無善無惡心之體 有善有惡意之動 知善知惡是良知 爲善去惡是格物 只依我這個話頭 隨人指點 自沒病痛 其原是徹上徹下功夫."
20 같은 책: "利根之人 世亦難遇 本體工夫一悟盡透 此顔子明道所不敢承當 豈可輕易望人 人有習心 不教在他良知上實用爲善去惡工夫 只去懸空想個本體 一切事爲俱不著實 不過養成一個虛寂 此個病痛不是小小 不可不早說破."

이것은 위에서 언급한 연보에 나오는 두 제자의 대화를 요약적으로 표현한 것이다. 양명은 본체를 뚜렷하게 깨닫는 날카로운 사람은 현세에서 찾아보기 매우 힘들고 보통 사람은 모두 후천적 경험에 의하여 만들어진 마음[習心]의 지배를 받고 있으므로 양지에 의하여 선을 위하고 악을 버리는 격물공부를 해야 함을 역설하였다. 그리고 양지에 이르는 실제적 공부를 하지 않았을 경우에 텅 빈 고요함[虛寂]에 빠지는 병폐를 지적하였다.

왕양명은 사구교의 "종지로 자신을 닦으면 곧바로 성인의 경지에 오를 수 있고 이것으로 사람을 가르치면 더 이상 잘못이 생기지 않을 것"이라고 하였다. 이 말을 들은 왕기는 이렇게 질문하였다. "본체가 투철하게 깨달아진 뒤에는 여기에서 사구 종지는 어떻게 됩니까?" 선생이 대답하였다. "이것은 위아래 모든 것에 끝까지 통하는[徹] 말이다. 초학에서부터 성인에까지 단지 이 공부일 뿐이다. 초학자가 이것을 사용하면 차근차근 [성인의 경지에] 들어감이 있다. 비록 성인에 이르렀다 하더라도 궁구함이 끝이 없다. 요순의 정일(精一)공부[21]도 이와 같을 뿐이다."[22]

왕양명은 사구교의 종지를 닦으면 성인의 자리에 오를 수 있다고 확신하였다. 그리고 이 사구교를 가지고 가르치면[接] 성인으로 가는 길에 잘못이 생기지 않는다고 덧붙였다. 왕기는 양명이 인정한 이해력이 빠른[利根] 제자였기에 심체를 깨닫고 난 뒤에 사구교의 가르침은 어떠한지 질문하였다. 이 것은 지붕에 올라간 뒤에 사다리가 소용이 있는지 여부, 즉 성인의 경지에 오른 뒤에도 사구교가 필요한지를 여쭈어 본 것이다. 이에 대하여 사구교의

21　이것은 서경의 '人心惟危 道心惟微 惟精惟一 允執厥中'에 나오는 구절이다. 精과 一은 目的[一]과 방법[精]으로 왕양명은 흰쌀과 쌀을 찧고 까불고 골라내는 과정을 정일에 비유하여 설명하였다. 여기서는 심체의 무선무악은 一을 가리키고 양지에 의한 공부과정은 精을 말한다. [진래, 전병욱, 『양명철학』, 339쪽 주 참조.]

22　年譜: "以此自修 直躋聖位 以此接人 更無差失 幾日 本體透後 於此四句宗旨何如? 先生曰 此是徹上徹下語 自初學至聖人 只此工夫 初學用此 循循有入 雖至聖人 窮究無盡 堯舜精一工夫 亦只如此."

가르침은 위로 성인이나 아래로 초학자에 이르기까지 끝없이 해야 하는 공부라고 하였다. 불교식으로 말하면 돈오(頓悟)한 뒤에도 부단히 점수(漸修)를 해야만 한다고 가르친 것이다.

그리고 왕양명은 두 제자에게 거듭 당부하며 이렇게 말하였다. "두 사람[二君]은 이후에 다시는 이 사구교의 종지를 고쳐서는 안 된다. 이 사구교는 보통사람[中人] 위나 아래나 모두 받아들이지[接] 못함이 없다. 내가 근래 가르침을 세워 역시 몇 번씩 고치다가 지금 비로소 이 사구교를 세웠다."[23] 이것으로 미루어 양명의 사구교는 그 자신이 여러 번의 개정을 거쳐서 최후로 확립된 것임을 알 수 있다.

이 천천교 모임의 저녁 대화는 양명의 학문 방향과 그 성격을 가늠하는 중요한 자리였다. 왕용계는 이 자리에서의 문답을 '천천증도문답(川泉證道問答)'이라 하여 증도라는 표현을 사용하였는데 도를 증거한다는 말이고 이것은 불가의 법인(法印)처럼 제자가 가지고 있는 도통이 그 스승으로부터 친히 받아 인가된 것[24]이라는 뜻이다. 그것은 전덕홍과 왕용계 두 사람의 사구교에 대한 견해가 다르므로 도대체 누가 옳고 그른지 논하기 어려우므로 천천교에서 스승인 양명에게서 그 인가를 받으려고 하였던 것이다. 이날 전덕홍과 왕기는 모두 자신을 되돌아봄[省]이 있었다고 하였다.[25]

여기서 위에서 말한 취지를 다음과 같이 요약할 수 있다.

첫째, 이 '천천증도'의 '사구종지'는 바로 양명 자신이 세운 가르침이다.

둘째, 왕용계는 왕문의 사구는 스승의 "방편적 설명 방법[技法]"일 뿐이며 심체가 무선무악이라면 심체의 발용 역시 무선무악이어야 한다고 하여 심

---

23 같은 책: "先生又中囑付日 二君以後再不可更此四句宗旨 此四句 中人上下無不接着 我年來立敎 亦更幾番 今始立此四句."
24 黃公傳, 『宋明淸理學 體系論史』, 臺灣: 幼師書店, 1971, 9쪽.
25 『傳習錄』 是日德洪 汝中俱有省이라 하였고 年譜는 是日洪畿俱有省이라 하였다.

(心), 의(意), 지(知), 물(物) 의 '사무(四無)'설을 제시하였다.

셋째, 전덕홍은 '사언교(四言敎)'는 스승의 문하에서 바뀔 수 없는 취지[旨]라고 생각하였다. 심체에는 비록 선악이 없지만 습관적인 오염[習染]의 침해를 받아 선악이 있다. 그러므로 반드시 선을 위하고 악을 제거하여 마음의 본체를 회복해야 한다.

넷째, 왕양명은 이 두 가지 주장은 절충 조화시켜 사유가 보통 자질을 가진 사람의 본체가 막힘없이 드러난 깨달음[本體透悟]이란 것도 수긍하였다.[26] 두 주장은 양명의 사구 종지를 각기 자기 나름대로 해석하였지만 둘 다 인증을 받은 것이 된다. 이들은 다만 자질에 따른 입각점의 차이이며 '본체와 공부가 하나'라는 관점에서 상호 보완적으로 작용해야 하는 것이다.[27] 그렇다면 사유와 사무는 결국 어떤 뜻을 가지고 있는가? 사유와 사무는 과연 상보적으로 회통될 수 있는가? 이 문제는 견재설(見齋說)과 엄탄문답(嚴灘問答)에서 그 구체적인 뜻을 확인할 수 있다.

왕양명은 안연이 도달한 경지를 "우뚝하게 존재와 무[유무] 사이에 서 있다[卓然立于有無之間]"고 하면서 이것을 넘어 위아래 사방이 모두 의존할 바가 없는 텅 비고 텅 빈 경지에 들어가 '견해가 없는 견해[無見之見]' '얻음이 없는 얻음[無得之得]'까지 이른 것이 안자의 경지라는 것이다.[28] 이 경지는 존재와 무가 서로 충돌하는 것이 아니라 서로 작용하여 융합을 이룬다. 왕양명이 세상을 떠나기 한해 전[1527] 존재와 무의 문제를 논한 글이 바로 견재설(見齋說)이다.

26 侯外盧, 『宋明儒學史』 下, 232쪽.
27 이주행, 「왕양명과 왕기의 무위유학」, 한국정신문화원 박사논문, 2002, 119쪽.
28 『王陽明全集』 卷40 言行錄彙集 上, 1637쪽 참조.

2. 견재설(見齋說)

중국철학에서 지극히 성실한 경지, 도를 얻은 경지, 깨우친 경지는 본체의 경지로서 이미 주관적인 것도 아니요 또한 객관적인 것도 아니다. 이미 단지 존재만도 아니고 또한 무만도 아니다. 단지 유무가 서로 생겨나게 하고[有無相生] 주관과 객관이 서로 융합되며 허상과 실상이 둘이 아니다. 이것들은 우리가 살아가는 가운데 체험한 역동적인 경계이다. 심미적 경지의 드러남도 역시 이러한 것이다. 왕양명은 바로 원숙하게 이 심미적 경지를 체현하였는데[29] 그것은 다음의 글에 잘 나타나 있다.

"진양 유관시는 반자에게 배웠다. 이미 견해가 생겨 다시 양명 선생님께 배웠다. 스스로 다음과 같이 말하였다. '나의 이름은 관시이다. 저는 반드시 본 바가 있어야 하는데 나는 오히려 멍청하게 아무것도 직접 보지 못했다. 그래서 그 거처에 편액을 지어 '견재'라고 하고 이것으로 스스로 힘썼다. 양명자에게 질문하였다.

도(道)는 볼 수 있는 것이 있습니까? 대답: 있다. 있으면서도 있어본 적이 없다. 질문: 그렇다면 볼 수 있는 것이 없습니까? 대답: 없다. 없으면서 없어본 적이 없다. 질문: 그렇다면 어떻게 보여지겠습니까? 대답: 보아도 보여진 적이 없다. 관시가 말하였다. 제자의 의혹은 더욱 더 심해집니다. 선생님이시면 분명히 말씀하셔서 나를 가르쳐 주시겠습니까?

양명 선생은 대답하시었다. 도는 말할 수 없다. 억지로 그것을 말하면 더욱 캄캄해진다. 도는 볼 수 있는 것이 없다. 헛되이 그것을 보려면 더욱 멀어진

29 潘立勇, 『一體萬化-陽明心學的美學知慧』, 北京大學出版社, 2010年, 123쪽.

다. 대체로 존재는 있어 본 적이 없다. 이것이 참된 존재이다. 무는 없어져 본 적이 없다. 이것이 참된 무이다. 보아도 본 적이 없는 것이 참된 봄이다. 그대는 하늘을 자세히 보지 않았는가? 하늘은 볼 수 있는 것이 없다고 주장한다면 푸르고 푸를 뿐이며, 밝고 밝을 뿐이다. 해와 달이 번갈아 밝히고 사계절이 차례로 운행된다. 없어진 적이 없다. 하늘은 볼 수 있다고 주장하면 다가가도 장소가 없으며 가리켜도 정해진 것이 없다. 잡아도 얻음이 없다. 존재한 적이 없다.

대체로 하늘은 도이다. 도는 하늘이다. 바람은 잡을 수 있고 그림자는 주울 수 있고 도는 볼 수 있다. **질문:** 그렇다면 저는 끝내 본 바가 없습니까? 옛날 사람도 끝내 본 바가 없습니까? **대답:** 신(神)은 방향이 없고 도는 몸이 없다. 어진 이는 그것을 보고 어짊[仁]이라 주장하고 똑똑한 이는 그것을 보고 지혜[知]라고 주장한다. 이것은 방향과 몸이 있는 것이다. 그것을 보았지만 아직 극진한 것이 아니다.

안자는 세운 바가 있는 것 같아 뛰어났다. 대체로 '그대로[如]라고 주장하면 존재가 아니다. 그것이 존재한다고 주장하면 무가 아니다. 그러므로 비록 그것을 따르고 싶지만 아직 근거가 없다. 그러므로 안씨의 아들이 거의 가깝게 된 것이다. 문왕은 도를 희망하였으나 아직 보지 못하였다. 이것이 참된 봄[眞見]이다. **질문:** 그렇다면 저는 어디에 마음을 쓸 것입니까? **대답:** 무에 빠진 자는 그 마음을 사용할 데가 없다. 깨끗이 쓸어 없애어 돌아감이 없다. 존재[有]에 걸려 있는 자는 그 마음을 아무 쓸데없는 데다 사용하는 자이다. 힘쓰지만 효과가 없다. 대체로 존재[有]와 무 사이는 봄과 보지 못함의 묘함이니 언어로 구할 수 있는 것이 아니다.'[30]

---

30 『王陽明全集』 卷7 見齋說, 262쪽.

이러한 생생한 문답 속에서 마치 도가와 유가가 묻고 대답하는 착각을 불러일으킬 정도로 왕양명의 이 경지는 참으로 도가의 설을 유가에 융합시켜 심미적 경지에서 존재와 무를 논한 것이다. 이것은 참된 실재에 대한 우리의 인식[見]문제를 제기한 것이다. 우리가 볼 수도 없고 말할 수도 없는 도에 대하여 그것이 존재한다고 해도 없다고 해도 다 옳지 않다. 적극적으로 존재한다거나 없다고 주장하면 무나 유 한쪽의 견해에 빠져 참된 실재, 즉 도를 파악할 수 없다. 무에 떨어지면 마음을 사용할 수 없다. 유에 걸리면 아무리 힘써도 참된 실재를 파악하지 못한다. 양명은 참된 존재와 참된 무를 파악하려면 '있는 그대로[如]' 보는 것이 참으로 보는 것[眞見]이라고 하였다. 존재와 무를 언어로는 파악이 불가능하다고 끝을 맺었다. 사실 참된 세계는 있는 그대로[如]의 심미적 판단을 하였을 때만 참으로 보여지는 것이다. 다음은 불가의 대화를 연상케 하는 엄탄문답에 대하여 살펴보자.

3. 엄탄(嚴灘)문답

왕양명이 세상을 떠나기 전해[56세, 1527년: 가정 6년 9월 8일] 월성에서 출발하여 광서성 사은 전주로 가서 난을 평정하게 되었다. 그 전날 전덕홍, 왕용계 두 사람과 함께 천천교에서 사구교의 종지를 거듭 밝히었다. 왕양명은 전당강을 건넜으며 절강성 경계인 오산(吳山), 월암(月巖), 엄탄(嚴灘)에서 노닐면서 그곳에 모두 시를 남겼고 조대(釣臺)를 지났다고 하였으며 이때 따라다니던 전덕홍, 왕용계는 왕양명을 전송하기 위하여 조대에 이르렀다고 한다.[31]

---

31 陳來, 『有無之境』, 229쪽.

『전습록』하권에는 엄탄에서의 문답이 실려 있다.

"선생께서 사은 전주로 떠나실 때 나[전덕홍]와 여중[왕용계]이 엄탄까지 전송하였다. 여중이 불가의 실상(實相)과 환상(幻相)의 이론을 거론하자 선생께서는 '유심(有心)은 모두 실상[實]이요 무심(無心)은 모두 환상[幻]이다. 무심은 모두 실상이요 유심은 모두 환상이다'라고 말씀하셨다. 여중이 '유심은 모두 실상이요 무심은 모두 환상이다'는 본체에서 공부를 말한 것이고 '무심은 모두 실상이요 유심은 모두 환상이다는 공부에서 본체를 말한 것입니다'라고 하자 선생께서는 그 말이 옳다고 하셨다. 나는 아직 이해하지 못하였고 몇 년 동안 공부가 쌓인 뒤에 비로소 본체와 공부가 합일된 것을 믿게 되었다."[32]

본체 공부에 관한 문제는 천천증도 뒤에도 아직 종결되지 않았다. 엄탄문답은 그 문제에 대한 다른 답이었다. 왕용계가 쓴 전서산 행장에도 위의 내용과 비슷한 글이 나와 있다.

"선생님께서 양광으로 가시었는데 나와 군[덕홍]이 엄탄까지 바래다드렸다. 선생님은 앞의 말씀[사구교]을 다시 펼치셨다. 두 사람은 바로 서로 사용하는 것이 좋다. 나의 말을 잃어버리지 말라. [선생님은] 유심은 실상이요 무심은 환상이다. 유심은 환상이요 무심은 실상임을 들어서 질문하였기 때문에 덕홍은 의론하려 하면서도 답을 하지 못하였다. 나는 이렇게 말하였다. 앞에서 거론한 것은 바로 본체에 즉하여 공부를 증명한 것이며 뒤에서 거론한 것은

---

32 『傳習錄』下 337條目: "先生起征思田 德洪與汝中追送嚴灘 汝中擧佛家實相幻想之說 先生曰 有心俱是實 無心俱是幻 無心俱是實 有心俱是幻 汝中曰 有心俱是實 無心俱是幻 是本體上說工夫 無心俱是實 有心俱是幻 是工夫上說本體 先生然其言 洪於是時嘗未了達 數年用工 始信本體工夫合一."

공부를 가지고 본체를 합한 것이다. 존재와 무[有無] 사이는 따져 물을 수 없다[致詰]. 선생님께서는 빙그레 웃으시면서 '옳도다!'라고 말씀하였다. 이것은 궁극적인 학설이다. 너희들이 이미 알아차렸으니 바로 더욱 서로 뼈를 깎는 공부를 하여[切劘] 묵묵히 보존하여 맡기는[保任] 것이 좋다. 가벼이 누설하지 말지어다."[33]

무심이 동시에 실상도 되고 환상도 되며 유심이 동시에 실상도 되고 환상이 된다는 말은 서양철학의 입장에서는 논리적 모순을 범한 이율배반[antinomy]인 셈이다. 한 명제가 동시에 옳기도 하고 그르기도 하기 때문이다. 현상계에서는 하느님의 존재를 긍정해도[유신론] 부정해도[무신론] 동시에 옳기도 하고 그르기도 하다는 것이 칸트의 유명한 이율배반의 명제인 것이다. 이것은 우리가 오성의 범위를 벗어나서 어떤 적극적인 주장을 펼쳤을 경우에 생기는 문제인 것이다.

유무의 문제를 현상계에서 같은 차원에서 놓고 논하게 된다면 분명히 이율배반에 떨어질 것이다. 그러나 양명은 체용일원에서 본체와 공부가 하나이지만 차원을 달리하는 것으로 이해하였던 것이다. 왕용계는 관찰하는 차원이 다름에 따라서 그 설명도 달라지는 것이라 하였다. 용계에 의하면 '유심이 모두 실상이고 무심이 모두 환상이라'는 말은 '본체에서 공부를 말한 것' 혹은 '본체를 떠나지 않고[卽] 공부를 증명하는 것'이다. 그리고 '무심이 모두 실상이고 유심이 모두 환상이다'라는 말은 공부 위에서 본체를 말한 것 혹은 '공부를 사용하여 본체에 합하는 것'이 된다는 뜻이다.

33 王畿, 『王畿集』, 南京: 鳳凰出版社, 2007年: "錢緒山行狀 夫子赴兩廣 予與君[德洪]送至嚴灘 夫子復申前說[四句敎] 二人正好相爲用 弗失吾言 [夫子]因擧有心是實相 無心是幻相 有心是幻相 無心是實相爲問 君擬議未及答 予曰 前所擧卽是本體證功夫 後所擧是用功夫合本體 有無之間不可以致詰 夫子莞爾笑曰 可哉! 此是究極之說 汝輩旣已見得 正好更相切劘 默黙保任 不輕漏泄也."

양지라는 도덕적 주체가 없다면 우리는 양지를 실현[치양지]하는 공부를 할 수 없게 된다. 이 심체는 경험적인 판단을 하는 인식주체인 동시에 옳고 그름을 판단을 하는 도덕주체이며 동시에 호오를 분별하는 심미적 주체이다. 양명은 마음의 본체가 바로 천리라고 말하였다. 천리가 바로 마음의 본체를 보증해 주는 것이며 여기서 일체의 인륜적·심미적 가치가 성립되는 것이다. 이런 의미에서 유심(有心)은 마음의 본체가 달성할 수 있는 도덕실천, 심미적 실현을 긍정하는 것이 되며 실상(實)인 것이다. 만약 이러한 마음이 없다면[無心] 일체의 도덕적 실천과 심미적 판단은 그 근원을 잃어버리고 환상[幻]이 되어 버릴 것이다.

다른 한편 양명의 "무심은 모두 실상이요 유심은 모두 환상이다"라는 명제는 치양지의 공부 차원에서 말한 것이다. 여기서 말하는 무심은 사적인 의도[私意] 사사로운 욕심[私欲]을 없애고 양지인 천리를 드러내는 것이다. 양명은 "인욕을 제거하면 바로 천리를 알게 된다"[34]고 하였다. 인욕이란 습심에 의하여 생긴 사사로운 욕심을 의미한다. 양명은 마음의 본체를 허령(虛靈) 명철(明澈)하게 하여 터럭만큼의 인욕을 허용하지 않게 만드는 것이 치양지의 과제이다. 양명은 심체를 밝은 거울에 비유하여 "성인의 마음은 밝은 거울과 같아 단지 하나의 밝음뿐이다. 감촉[感]에 따라서 응하여 어떤 물건도 비추지 않음이 없다."[35] 밝은 거울이 물건이 오는 대로 비추듯이 성인의 마음도 무심하게 인간사의 여러 가지 일을 처리한다.

정명도의 「정성서」는 "대체로 천지의 상도[常]는 그 마음이 만물을 보편적으로 대하기 때문에 무심하다. 그 정감이 만사에 따르기 때문에 무정하다.

---

34 『傳習錄』上 去得人欲 便識天理.
35 『傳習錄』上: "聖人之心如明鏡 只是一個明 則隨感而應 無物不照."

그러므로 군자의 학문은 툭 트이어 크게 공정하다. 사물이 오면 순응한다"[36] 고 하였는데 양명은 이 구절을 인용하여 군자는 자기의 사사로움을 없애야 한다고 하였다.

이것을 보면 양명이 말하는 무심이란 아무런 얼룩이 없는 거울과 같이 터럭 끝만큼의 사욕이 없는 마음[無心]을 말하며 이것이 바로 실상[實]인 것이다. 이와 반대로 유심이란 편파적이고 사물에 집착하는 이기적인 사사로운 마음을 가리키는데 이것이 바로 환상이라는 것이다. 이러한 환상은 깨뜨려 버려야 하는 공부의 대상이다.

모우쫑산은 유심 무심의 실상 환상에 대하여 해석을 하면서 실유차원[實有層]과 작용차원[作用層]으로 나누어 설명하였다. 그는 이렇게 말하였다.

"'유심이 모두 실상이다'라는 것은 바로 본체의 실유를 긍정한 것이다. 이 실유에 따라서 발동한 것이 역시 모두 실상이다. 이것이 이른바 '하나의 이치가 평평하게 펼쳐진 것[一理 平鋪]'이다. 그러므로 모두 실상이며 모두 실사(實事)요 실리(實理)이다. 그러므로 [왕용계가] 말하기를 이것은 본체 위에서 공부를 말한 것이다. 본체는 바로 본심의 실유를 가리켜 말한 것이다. 공부는 이 본심에 따라서 활동하는 것을 가리켜 말한 것이다. '무심이 모두 환상이다'라고 말하면 이것은 이 본심의 실유를 제거하여 말한 것이다.

그렇게 되면 일체가 모두 환상이 된다. 역시 참되지 못하면 아무것도 없다[不誠無物]는 것이다. 그리고 '무심은 모두 실상이며 유심은 모두 환상이다'는 명제는 만약 마음을 허용할 데가 없고[無所容心] 일단 양지의 천리에 맡기면 바로 비로소 모두 실상이다. 만약 어떤 한 마음을 가지고 있어[有心] 의념 조작을 일으키면 일체가 모두 환상이다. 즉 본심실리[良知天理]도 환상이다.

36　程明道, 定性書: "夫天地之常 以其心普萬物而無心 以其情順萬事而無情 故君子之學 莫若廓然而大公 物來而順應."

이것은 분명히 작용상의 무심이다. 그리고 작용상의 무심은 바로 그보다 더 큰 공부가 없다. 이 공부를 하게 되면 진실한 본체가 비로소 여실히 나타난다. 그러므로 '공부상에서 본체를 말한 것'이라고 하였다."[37]

모우쫑산이 이처럼 실유와 작용 차원에서 유심과 무심을 언급하였다. 그는 유심을 본체로, 무심을 공부로 간주하였다, 이것은 심체의 실유 본질과 무심의 실천 공부를 긍정한 것이다. 양명학에서 본체와 공부는 이처럼 합일되어 있는 것이다.

4. 사구교에 대한 해석

왕명의 사구교는 『대학』의 정심(正心), 성의(誠意), 치지(致知), 격물(格物)의 공부 문제를 네 가지 명제로 요약한 것이다.

(1) 선도 없고 악도 없는 것은 마음의 본체이다[無善無惡是心之體]

양명은 '마음 그 자제는 선도 없고 악도 없다[無善無惡心之體]'고 정의를 내렸다. 이 심체의 무선무악론은 과거에 학자들의 많은 오해를 불러일으켜 불교의 입장에로 넘어간 것이 아닌가 하는 의심을 자아내기도 하였다.[38] 양명의 심체설이 도가와 불교 철학을 흡수하긴 하였어도 그는 어디까지나 유학의 정신을 드러낸 것이다. 심체가 무선무악이란 것을 주자학자들은 오해하였다.

그것은 양명 철학의 근본 사상을 이해하지 못한 데서 온 것이다. 무선무

---

37 牟宗三, 『從陸象山到劉蕺山』, 55쪽; 『中國哲學』 19講, 153-154쪽.
38 秦家懿, 『王陽明』, 臺灣: 東大圖書公司, 1987, 169-179쪽.

악의 구절은 두 가지 해석이 가능하다. 첫째로 절대적인 지선(至善)의 경지와 둘째로 선과 악을 초월한 심미적 경지로 해석할 수 있다. 그것은 결코 고자(告子)와 같은 가치중립적인 것으로 이해해서는 안 된다. 이것을 주돈이의 무극인 동시에 태극이다[無極而太極]라는 명제에 놓고 살펴보면 심체의 지선적인 의미가 태극이라면 그 초월적 의미는 무극이다. 심체는 태극인 동시에 무극이나 마찬가지이다.

무선무악은 선진(先秦)시대 맹자와 논변을 벌였던 고자(告者)의 성설(性說)을 연상케 한다. 고자는 성은 선함도 선하지 않음도 없다[性無善無不善]고 주장하였는데 이 명제는 인간의 자연적인 본능으로서의 성[食色, 性也]은 선하지도 악하지도 않으나 그 선하고 악해지는 것은 후천적인 교육, 풍습의 영향이라는 것이다. 이와 같이 고자는 생리적, 자연적 본능의 입장에서 무선무악을 언급하였다.

명대의 학자 허경암(許敬菴)은 바로 이러한 고자의 설과 양명의 무선무악설을 동일시하여 양명을 비판하였다.[39] 그러나 고자의 설과 양명의 주장을 혼돈해서는 안 된다. 고자가 단지 자연주의적[생리적, 몰가치적] 태도에서 성의 무선무악을 주장하였다면, 왕양명은 무극이태극의 명제와 같이 무선무악을 심미적 초월적, 선험적인 태도에서 논하였기 때문이다.

그러면 첫째 구절인 초월적[tranzendental] 지선[the highest Good]의 의미는 무엇인가? 마음 그 자체[心體]는 경험적인 현상으로 드러나지 않는다. 그것은 대상화할 수 없으므로 어떤 모습[相]도 가지고 있지 않다. 이 심체는 천리(天理)이지[40][定者, 心之本體, 天理也] 경험적인 것으로 드러난 어떤 것[事實]이 아니다. 양명은 무선무악과 유선유악의 문제를 각각 이(理)·기(氣)에 귀속시켜서

39　蔡仁厚, 『新儒家的精神方向』, 臺灣: 學生書局.
40　黃宗羲, 앞의 책, 71쪽.

이렇게 설명하였다.

　"무선무악이란 이(理)의 고요함이다. 유선유악이란 기(氣)의 움직임이다. 기에서 움직이지 않는 것은 무선무악이며 이것을 일러서 지선이라고 이른다."[41]

　이 구절은 설간(薛侃)의 질문에 대해 대답을 하면서 내린 결론적인 말이다. 설간은 꽃은 선하고 잡초는 악하다고 생각하여, "천지 사이에 선이 얼마나 기르기 힘들고 악은 제거하기 힘이 드는지"를 질문하였던 것인데, 이 문제는 윤리적인 선악 문제를 그것과 상관없는 화초에다 옮겨 놓은 것이므로 양명은 "이런 것들의 선악은 모두 그대 마음의 좋아하고 싫어함에서 생겨난 것"[42]임을 분명히 하였다. 이것은 선악이라는 윤리문제를 심리적, 생리적인 좋고 싫음으로 생각한 상대방의 잘못을 지적한 것이며, 현대 서양 철학자 무어(G. E. Moore)의 용어를 빌려 말하면 설간은 자연주의적 오류를 범하였다고 지적해 준 것이라 볼 수 있다.

　양명은 선악과 이해에 얽힌 좋고 싫음[好惡]은 같지 않다고 생각하였다. 그러나 이해를 떠난 무관심의 좋고 싫음[好惡]의 심미판단은 도덕 판단과 동일하게 된다고 생각하였다. 양명에 의하면 선악은 기의 움직임과 관련 있다는 것인데 이것은 마음[心]의 이발(已發)과 관련이 있다. 이발하였을 때 이것을 끊어 내느냐의 여부에 따라 선악이 나누어진다는 것은 주지의 사실이거니와 미발일 경우 이것은 무선무악이며 또한 지선이라는 것이다. 양명은 이것을 이(理)의 고요함[理之靜]이라 한 것이고, 이것은 기에 의해 아직 움직여지지 않은 미발의 심체인 것이다.

　이 심체, 즉 마음 그 자체[mind in itself]는 도덕적·심미적가치의 근원이요

41　『傳習錄』上: '薛侃記' "無善無惡者, 理之靜, 有善有惡者, 氣之動, 不動於氣卽無善無惡, 是謂至善."
42　같은 책: "此等善惡 皆由汝心好惡所生 故知是錯."

원천이므로 물론 순수 지선한 것이다. 우리는 추리 능력 자체를 바르다 또는 그르다고 서술할 수 없는 것처럼 마음 자체[心體]는 바로 선과 미의 근원이 되기 때문에 역시 이것을 선[호]이나 악으로 기술할 수가 없다. 그러므로 심체를 무선무악이라고 하였다. 마음 그 자체는 아직 발동하지 않으면 선악을 말할 수 있는 것이 없다. 그것은 마치 추리사고를 하지 않으면 추리 능력이 사용되지 않아 옳고 그름을 말할 수 없는 것이나 마찬가지이다. 양명이 심체를 언급했을 때 그 '체'는 존재론적인 실체[substance]가 아니라 아직 운용되지 않고 발동되지 않은 주체를 가리켜서 말한 것일 따름이다.[43]

또한 이 심체는 아직 운용되지 않았기 때문에 어떠한 현상[相]도 드러내지 않았다. 그러므로 그것을 대상화하여 어떤 명칭이나 개념[名相]을 가지고 서술할 수가 없다. 그런데 그것을 일단 선[호] 또는 악으로 서술하게 되면, 그것을 한정짓는 것이 되고 그렇게 되면 상대적인 것이 되어 초월적, 절대적인 심 그자체로서의 무선무악이 될 수가 없다. 무선무악은 마음 그 자체[心體]인 즐거움[樂]의 경지를 나타낸다. 이 즐거움의 경지는 우리의 심미적 정감을 말하는 것이기도 하다. 아름다운 명곡이나 명화에 선악의 기준을 갖다댈 수 없듯이 마음 자체[心體]의 심미적 정감[理情合一]은 선악을 초월한 무선무악이라고 말해야 좋을 것이다.

심체가 무선무악한 이유를 살펴보면

첫째, 이 심체는 원리[理]이지 사건[事]이 아니라는 것, 사(事)에는 대상화된 모습[相]이 있지만 원리에는 없다.

둘째, 무선무악의 무는 선악의 상대적 현상[對待相]을 부정하여 막아 버리므로 이 숨겨져 저절로 존재하는 심체의 초월성, 존엄성, 참됨[眞], 순선, 순

43 勞思光, 『中國哲學史』(宋明篇), 鄭仁在 옮김, 서울: 探究堂, 1987, 524쪽. 牟宗三도 心之體는 'The substance of mind'로 번역해서는 안 되며 'mind in it self'로 번역해야 된다고 하였다.

미의 경지를 말한다.

셋째, 이 지선한 심체는 아직 분화된 적이 없는 원시적 절대[絶對善, 善自體 美自體]라는 것, 그래서 그것은 어떤 개념[名相]을 사용해서 지적해 낼 수 없다는 것이다.[44]

넷째 선도 없고 악도 없는 마음 자체[心體]는 심미적 세계의 즐거움의 경지[樂境]이다.

(2) 선도 있고 악도 있는 것은 뜻의 움직임이다[有善有惡是意之動]

그러면 선악이 생기는 이유는 무엇인가? 그리고 이것과 심체의 관계는 어떠한가? 양명은 기의 움직임 또는 의(意)의 움직임에서 선악이 생긴다고 보았다. 그래서 "선도 있고 악도 있는 것은 의의 움직임이다"라고 하였다. 그러면 의란 또 무엇인가? 양명에 의하면 심이 발동된 것이 바로 의이며, 의의 본체가 바로 지(知)이다.[45] 이때 말하는 '지'는 양지를 가리킨다. 그러면 의가 심의 발동이요, 발동되어 나온 것에 선도 있고 악도 있다면 이 의(意)를 발동케 한 뿌리인 심체에도 왕용계의 말처럼 선도 있고 악도 있다고 말해야 하는가? 그렇지 않으면 선할 수도 있고 악할 수도 있는 경향이나 종자인 미분화된 중성이라고 말해야 하는가?

그렇게 되면 이것은 둘 다 심체가 지선이라는 뜻에서 무선무악이라는 주장과 서로 모순이 된다. 따라서 발동으로부터 의를 말할 때 수직적인 관계로 추리해 버리면 위와 같은 난점이 생긴다. 그러므로 곡절적인 관계로 말하는 것이어야 한다고 모우쫑쌴[牟宗三]은 주장하였다.[46] 곡절적인 관계로 보

---

44 蔡仁厚, 『王陽明哲學』, 臺灣: 三民書局.
45 『傳習錄』上: "心之所發便是意 意之本體便是知."
46 牟宗三, 『從陸象山到劉蕺山』, 臺灣: 三民書局.

아야 심지체(心之體)는 초월적인 본심 자체가 되고 의는 감성 조건하에서 본성을 지키지 못하고 샛길로 빠져나와[岐山] 물(物)에 집착하거나 가려진 것이 된다. 이렇게 되면 의지[意]는 의지[意]대로 심체는 심체대로 각자의 영역이 생기게 되고 따라서 의지[意]에 선악이 있기 때문에 심체에도 선악이 있어야 한다는 결론을 도출해 낼 수 없게 된다.

이와 같이 의와 마음의 본체[心之體]가 서로 연관되는 바가 없다면 어째서 우리는 의(意)를 마음[心]의 발동이라고 해야만 하는가? 이것은 의(意)가 궁극적으로 마음[心]에 속하는 것이기 때문이다. 이것은 마치 파도가 물에 속하는 것과 같다. 의(意)란 마음[心]에 근거한 파도이다. 단지 사욕이나 기질 때문에 의가 물을 추구하게 되고 그 결과 심체로부터 이탈되어 독자 영역의 의가 형성된 것이다. 이러한 상호 관련성이 없다면 의(意)는 마음[心]으로 되돌아갈 수가 없다. 예를 들자면 바람이 그치면 파도가 다시 물로 돌아가는 것과 같다. 이러한 상호 관련성은 수직적이 아니다. 따라서 심체는 초월적이며, 심의 발동인 의는 감성적이라고 할 수 있다.[47] 모우쫑산은 그의 양지 감함론에서 양지인 심체가 자기부정을 통하여 일시적으로 상대화되고 대상화되는 것을 감함(坎陷)이라 하는데 이 감함에 의하여 의가 자기 독자의 영역을 확보하는 것이라고 보아야 할 것이다.

그 문제는 왕양명과 양문징 사이의 문답 속에서 이미 발견된다.

"양문징이 질문하였다. 의에 선악이 있는데 그것을 성실하게 하는 것은 장차 무엇을 고려한 것입니까? 스승이 대답하였다. 무선무악이란 마음이다. 유선유악이란 의이다. 지선지악이란 양지이다. 위선거악이란 격물이다. 질문: 의는 본래 선도 있고 악도 있습니까? 대답: 의란 마음의 발동이다. 본

---

[47] Mou Tsung-san, "The immediate successor of Wang Yang-ming: Wang Lung-Hsi san his theory of ssu-wu," in Philosophy East and West, 제23권, 1, 2호(1973), 106쪽.

래 그 자체는 선은 있으나 악이 없다. 오직 사욕에 움직인 뒤에 악이 생기었다."[48] 마치 바다에 바람이 불면 파도가 생기는 것처럼 마음의 발동인 의도 사욕에 의하여 움직였을 때 악이 생기는 것이라는 말이다. 그래서 의를 성실하게 하는 성의 공부가 필요한 것이다.

왕양명에 의하면 마음[心]에는 체용(體用)이 있다. 그리고 '본성[性]은 마음[心]의 본체[體]'이며 이것은 이(理)이지 기(氣)가 아니다. 그러나 양명은 체(體)와 용(用)은 근원을 하나로 하고 이(理)와 기(氣)는 둘로 나누어지지 않는다(體用一源, 理氣不二)는 입장에서 이렇게 말하였다.

"생(生)은 성(性)이라고 한다는 명제에서 생(生) 자는, 즉 기(氣) 자이며 이것은 기는 곧 생이라고 말하는 것과 같다. 사람이 태어나서 고요함[人生而靜] 이상은 설명을 용납지 않는다. 기가 곧 성의 본원이 아니다. 맹자(孟子)의 성선(性善)은 본원 상에서 말한 것이다. 만약 기가 없다면 성선은 나타날 수가 없다. 측은(惻隱), 수오(羞惡), 사양(辭讓), 시비(是非)가 바로 '기'이다. 정자(程子)가 이르길 성을 논하면서 기를 논하지 않으면 갖추어지지 못한 것이며, 기를 논하면서 성을 논하지 않으면 밝지 못하다. 역시 배우는 이가 각기 한쪽을 안 것이며, 단지 이렇게 말할 수 있을 뿐이다. 만약 성으로부터 명백함을 얻었을 때 기는 곧 성이요, 성은 기이니 원래 성과 기는 나누어질 수가 없다."[49]

48 『王陽明全集』卷40 稽上承語 第1611쪽: "楊文澄問 有善有惡 誠之將何稽? 師曰 無善無惡者心也 有善有惡者意也 知善知惡者良知也 爲善去惡者格物也 曰意固有善惡乎? 曰意者心之發 本自有善而無惡 惟動于私欲而後有惡也."

49 『傳習錄』中, 啓門道通書: "生之謂性 生字卽是氣字. 猶言 氣卽性也, 氣卽是性, 人生而靜以上不溶說, 才說氣卽是性 卽己落在一邊 不是性之本源矣 孟子性善是從本源上說, 然性善之端在氣相始見得, 若無氣亦 無可見矣 測隱羞惡 辭讓 是非是氣 程子謂論性不論氣不備 論氣不論性不明 亦是偏學子, 各人一邊, 只得如此說, 若見得自性明白時, 氣卽是性, 性卽是氣, 原無性氣之可分也."

여기서 말하는 기는 곧 성이요, 성이 곧 기란 것은 기와 성이 같다고 말하는 것이 아니라, 성의 본원(本源)이 모름지기 기 위에서 드러난다는 것을 설명한 것이다. 만약 기를 성으로 간주한다면 이것은 성의 본원이 아니라 한쪽에 치우치게 된다. 또 만약 성의 본원이 기를 떠날 수 있다면, 이것은 곧 또 다른 한쪽에 치우치게 되는 것이다. 이것으로 성과 기는 떨어질 수도 없고, 또 혼동할 수도 없는 것이다.

왕양명이 말하는 성은 바로 심체이며 이것은 인의예지(仁義禮智)를 포함하고 있어 또 지선한 것이다. 그는 "지선한 것은 심의 본체다. 심의 본체에 어디 선하지 않은 곳이 있겠는가?"[50]고 말하였다. 어떤 사람이 질문하였다. "선악의 양 극단은 마치 얼음과 불과 같이 서로 반대되는데, 어째서 하나라 하는가?" 양명은 이 질문에 이렇게 대답하였다. "지선이란 심의 본체인데, 본체 상에 무언가 약간 지나치게 되면 곧 악인 것이다. 그러므로 선악은 단지 하나일 뿐이다."[51] 양명은 선악이 상대하여 존재하는 것이 아니라고 생각하였다. 심체는 단지 하나요 지선한데 윤리 도덕의 범주로 삼을 때는 이미 선이 있으면 반드시 이에 대해 악이 상대적으로 있어야 한다. 이 문제를 양명은 어떻게 해결하였는가?

그것은 앞서 말한 바와 같이 성은 본체에서 말하는 것도 있고 발용 상에서 말하는 것도 있다. 그러나 하나의 본성[性]일 뿐이다. 양명은 "본성[性]의 본체는 원래 무선무악한 것이다. 발용 상에서도 원래 선해질 수도 있고 선하지 못하게 될 수도 있다"[52]고 하였다. 이것으로 보아 본체에서 보면 성은 지선한 것이며 발용에서 보면 선해질 수도 있고 악해질 수도 있다는 것이

---

50 『傳習錄』下: "至善者 心知本體也 心之本體 那有不善."
51 같은 책: "善惡兩端如氷炭相反. 如何謂一物 曰 至之者 心之本體 本體上才過賞些子. 便是惡了. 不是有一個善. 却又有一個惡來相對也. 故善惡只是一物."
52 같은 책.

다. 그러므로 선성을 간직하고 발양하는 공부는 두 가지 방면이 있게 된다.

하나는 원두상(源頭上)에서 공부하는 것인데 이것이 바로 존심양성(存心養性)이고 용계가 말하는 본체상의 공부이다. 그리고 다른 하나는 발용 상에서 하는 공부로서 이것이 바로 정심성의(正心誠意)이다. 심(心)의 본체는 무선무악하나 마음[心]의 발동, 즉 의(意)는 선악이 없을 수 없다.

(3) 선을 알고 악을 아는 것은 양지이다[知善知惡是良知]

선도 있고 악도 있는 '의'의 움직임을 양지는 무엇보다도 잘 알고 있다. 그것은 밝은 거울에 비추인 것은 그것이 무엇이든지 다 또렷이 아는 것과 마찬가지이다. 양지 본체는 의가 가지고 있는 선악의 움직임과 그 기미를 환하게 비추어 알고 있다.

왕양명은 "그 양지의 본체는 밝은 거울처럼 밝아서 조그만 그늘도 없다. 아름다운 것이나 추한 것이 다가오면 사물에 따라 형체를 드러내지만 밝은 거울은 더럽혀진 적이 없다. … 아름다운 것은 아름답게 추한 것은 추하게 응하되 일단 지나가면 남겨 두지 않는다. 이것이 바로 머무는 데가 없다는 것이다.[53] 도덕적·심미적 본체인 양지는 밝은 거울처럼 환하게 사물의 진상이 무엇인지 다 비추어 보는 특징을 가지고 있다. 양지는 늘 밝게 비추는[恒照] 특성을 가지고 있기 때문이다. 왕양명은 "양지란 마음의 본체로서 앞서 말한 항상 비추는 존재[恒照者]이다. 마음의 본체는 일어남도 없고 일어나지 않음도 없다. 비록 거짓된 생각[妄念]이 발생하더라도 양지는 있지 않은 적이 없다. 다만 사람들이 보존할 줄 모르기 때문에 간혹 마음을 놓아버리는 [放] 때가 있을 뿐이다. 비록 극도로 어둡게 막혔다고 할지라도 양지는 밝지

---

53 『傳習錄』 中 答陸原靜書: "其良知之體 皎如明鏡 略無纖翳 妍媸之來 隨物見形 而明鏡曾無有染 … 明鏡之應物 妍者妍 媸者媸 一過而無留 卽是無所住處."

않은 적은 없다. 다만 사람이 살필 줄 모르기 때문에 간혹 가리어지는[蔽] 때가 있을 뿐이다. 간혹 놓아 버리는 때가 있더라도 그 마음의 본체는 실제로 있지 않은 적이 없으므로 그것을 보존하기만 하면 된다. 간혹 가리어지는 때가 있다 하더라도 마음의 본체는 실제로 밝지 않은 적이 없으므로 그것을 살피기만 하면 된다."[54]

이처럼 양지 본체는 늘 비추고 있는 존재이므로 거짓 생각이 일어나도 거기에 양지가 늘 비추고 있다. 이 밝은 양지를 우리 보통사람들은 간직하고 살필 줄 모르기 때문에 간혹 방심하거나 은폐하여 양지가 없는 것처럼 생각한다. 양지는 늘 비추고 있어 선악을 명확히 알 수 있다.

왕양명은 "이른바 선악의 기틀과 참과 거짓(眞)의 변별은 내 마음의 양지를 내놓고서 자세히 살필 수 있는 것이 무엇일까?"[55]라는 질문을 통하여 양지는 선악의 기틀, 즉 선과 악이 갈라지는 순간뿐 아니라 참과 거짓이 갈라지는 미묘한 차이를 살펴서 가려낼 수 있는 것임을 주장하였다. 다시 말해 양지는 선악과 참과 거짓을 가려내는 도덕과 인식의 기준이 되는 것이다. 그러므로 그는 양지를 규구(規矩: 네모 그리는 곱자와 동그라미 그리는 그림쇠)에다 비유하면서 이렇게 말하였다.

대체로 양지와 절차, 세목이 때에 따라 변하는 것과의 관계는 마치 규구 척도와 방원장단(方圓長短)과의 관계와 비슷하다. … 터럭 끝만큼의 차이가 천리나 되는 잘못된 결과를 낳는데, 네 마음의 양지, 일념의 미세함에다 그것을 살피지 않는다면, 그 학문은 장차 어디에 쓸 것인가? 이것은 규구를 안 가지고 천하의 방원을 정(定)하려 하고, 척도를 안 가지고 천하의 길고 짧음

---

54 『傳習錄』中 答陸原靜書: "良知者 心之本體 即前所謂恒照者也 心之本體無起無不起 雖妄念之發 而良知未嘗不在 但人不知存 則有時而或放耳 雖昏塞之極 而良知未嘗不明 但人不知察 則有時而或蔽耳 有時而或放 其體實未嘗不在也 存之而已耳 雖有時而或蔽 其體實未嘗不明也 察之而已耳."

55 같은 책: "則凡所謂善惡之機, 眞妄之辨者. 舍吾心之良知, 亦將何所致基體乎."

을 다 재려[盡]고 하는 것과 같다. 그 잘못되고 어그러진 것을 보니 날로 수고로우면서도 아무것도 이루어짐이 없다.[56]

규구 척도가 네모, 동그라미, 길고, 짧음을 재는 표준이 되듯이 '양지'는 바로 선악을 점검하고 증험하는 기준이 된다는 말이다. 마음[心]이 발동하는 곳[意]에서의 선악은 단지 자신의 '양지'만이 그것을 알고 있을 뿐이다. 이것이 바로 "남은 알지 못하나 자신만이 홀로 안다[人所不知而己所獨知]"는 것이다. 왕양명은 내 마음의 양지를 기준으로 삼아서 마음 밖에다 시비선악의 기준을 세워 놓은 주자학적 예학의 한계를 깨뜨려 버린 것이다. 양명은 부모의 허락도 받지 않고 장가 든 순(舜) 임금을 예로 들어 그는 사실 아무런 경전에 의거하지도 않았고 아무에게도 물어보지 않았는데 오직 자기 마음의 양지를 저울로 삼아 부득이해서 그렇게 한 것이 아닌지 반문하였다.[57]

외적인 예법을 그대로 따르는 보통 사람의 안목으로 볼 때, 부모에게 알리지 않고 장가 드는 일은 불효하기 짝이 없는 행동인데 성인이라 숭앙되는 순이 그렇게 한 까닭은 무엇인가? 그것은 선악, 시비의 기준이 되는 양지의 판단에 맡겼기 때문이다. 양명에 의하면 "내 마음의 양지는 바로 이른바 천리이다."[58] 그리고 양지는 천리가 또렷이 밝아 영통하게 깨달아 아는 곳[昭明靈覺處]이다. 그러므로 양지가 곧 천리이다.[59] 사실 천리란 다름 아닌 시비, 선악을 분별하는 선천적 기준을 가리켜서 한 말이다.

---

56 같은 책: 139條目 "夫良知之于節目時變. 猶規矩尺度之于方圓長短也. … 毫釐千里之謬, 不于吾心良知一念之微而察之. 亦將何所用其學乎? 是不以規矩而欲定 天下之方圓, 不以尺度而盡天下之長短, 吾見其乖張謬戾, 日勞無成也已."

57 같은 책: "夫舜之不告而娶, 豈舜之前己有不告而娶者爲之准別? 故舜得以考之何典 問諸何人而爲比邪? 抑亦求諸其心一念之良知 權輕重之宜, 不得己而爲比邪?"

58 같은 책 『答顧東橋書』: "五心之良知, 卽所謂天理也."

59 같은 책 『答歐陽崇一』: "良知是天理之昭明靈覺處, 故良知卽是天理."

(4) 선을 위하고 악을 버리는 것이 격물이다[爲善去惡是格物]

양명의 문제의식은 격물치지에서 시작[格竹]되어 치양지로 마감하였다고 할 수 있다. 그것이 바로 선을 실천하고 악을 제거하는 치양지가 바로 격물 공부라는 제4구의 취지이기도 하다. 또한 제4구는 제3구의 완성이기도 하다. 알기만 하고 실천이 없는 공부는 지행의 분리를 초래하기 때문이다. 그러나 양지는 언제나 실천을 포함하고 있는 앎이다. 그래서 왕양명은 "선을 알고 악을 아는 것이 양지인데 그것이 아는 까닭에 선을 위하고 이것으로 악을 버리고 양지를 실현한다[致良知]"[60]고 말하였다. 경험적인 선한 생각이나 악한 생각을 초월해 이것을 비추어 보는 양지를 넓혀[致] 마음에서 발동된 의(意)를 선만 있게 하고 악을 없애는 것이다. 이것은 기존의 격물치지에 대하여 전혀 달리 해석한 것이다.

왕양명은 기존의 격물치지를 비판하면서 "격물이란 치지의 알맹이[實]이다. 그러므로 성의에 힘쓰지 않고 다만 격물만 하는 것을 일러 곁가지[支]라고 한다. 격물에 종사하지 않고 다만 성의만 하는 것을 일러 텅 빔[虛]이라고 한다. 치지에 근본을 두지 않고 다만 격물성의만 하는 것을 일러 거짓[妄]이라고 한다. 곁가지, 텅 빔과 거짓은 지선(至善)에서 멀리 떨어진 것이다."[61] 이것은 치지의 실질 내용[實]은 격물에 있다고 하면서 격물·치지·성의 관계를 밝힌 것이다.

왕양명은 격물과 치지의 관계를 이렇게 말하였다. "내가 사람들에게 양지를 실현하여[致良知]를 어떤 일을 바로잡는데[格物] 공부하라고 가르친 것은 근본이 있는 학문이다. 날마다 진보하여 오래될수록 더욱 [마음이] 순수하고

---

60 『王陽明全集』卷41 言行錄輯要 下 1691: "知善知惡爲良知 因其所以知 而爲善以去惡爲致良知."
61 『王陽明全集』卷7 大學古本序 243쪽: "格物者 致知之實也 故不務于誠意而徒以格物者 謂之支 不事于格物而徒以誠意者 謂之虛 不本于致知而徒以格物誠意者 謂之妄 支與虛與妄 其于至善也遠矣."

밝아짐[精明]을 느낄 것이다. 세상의 유학자들[주자학파]은 사람들에게 각각의 사물에서 탐구하도록 가르치는데 이것은 도리어 근본이 없는 학문이다. 젊었을 때는 비록 잠시 겉으로 꾸며서 잘못을 드러내지 않을지라도 늙어서 정신이 쇠약해지면 결국 무너질 것이다. 비유컨대 뿌리가 없는 나무를 물가에 옮겨 심으면 잠시 동안은 싱싱하고 좋을지라도 오래되면 마침내 시들어 버리는 것과 같다."[62]

이것은 각각의 외물에 다가가서 이치를 캐묻는 주자학의 격물공부와 사물에 천리를 실현하는 자신의 격물공부를 대비하여 한 말이다. 자신의 공부는 오래될수록 순수하고 밝아지는 뿌리가 있는 학문인 데 비하여 주자학은 오히려 뿌리가 없는 학문이라고 비판한 것이다. 양지를 실천하지 않고 단지 격물 성의를 일거리로 삼는 주자학의 공부는 거짓[妄]이라고 비판하였다.

왕양명의 격물공부가 위와 같이 주자학과는 다름은 물론 주자학이 성의 공부보다 경(敬) 공부를 중시하였는데 이것은 대학의 원래 의미가 아니라는 것이다. 왕양명은 "대학의 공부는 바로 밝은 덕을 밝히는 것이다. 밝은 덕을 밝히는 것은 다만 뜻을 성실하게[誠意] 하는 것이며 뜻을 성실하게 하는 공부는 다만 어떤 일을 바르게 하고 양지를 실현하는 것[格物致知]일 뿐이다. 만약 뜻을 성실하게 하는 성의를 주로 삼고 어떤 일을 바르게 하고 양지를 실현하는[格物致知] 공부를 한다면 바로 공부가 비로소 결실이 있게 된다. 즉 선을 위하고 악을 제거하는 것은 뜻을 성실하게[誠意] 하는 일이 아닌 것이 없다. [주자의] 대학신본처럼 사물의 이치를 먼저 규명하고자 한다면 곧 아득하고 광대하여 전혀 의지할 곳이 없으며 반드시 하나의 경(敬)자를 첨가해야만

---

62 『傳習錄』下 239條目: "先生曰 吾敎人致良知在格物上用功 却是有根本的學問 日長進一日 悠久有覺精明 世儒敎人事事物物上去尋討 却是無根本的學問 方其壯時 雖暫能外面修飾 不見有過 老則精神衰邁 終須 放倒 譬如無根之樹移栽水邊 雖暫時鮮好 終久要憔悴."

비로소 몸과 마음으로 끌어들일 수 있다. 그러나 끝내 근원이 없다. … 대학의 공부는 다만 뜻을 성실하게 하는 것이며 뜻을 지극히 성실하게 하는 것이 바로 지극한 선[至善]이다"[63]라고 하였다.

양명에서는 마음 밖에 따로 어떤 것이 없고[心外無物] 어떤 것[物]은 의향[意]의 소재 또는 의향이 작용된 것[意之所用]이므로 마음[心]이 드러나 의향[意]이 작용할 때 이미 선악이 있다. 이것은 바로 둘째 구절인 "선도 있고 악도 있는 것이 의향의 움직임이다[有善有惡是意之動]"라는 대목에서 이미 밝힌 바 있다. 그는 또 "양지가 감응하여 움직이는 것을 일러 의(意)라고 한다[良知感應而動謂之意]"고 하였으니 이 의(意)는 또 양지에서 발하는 것이므로 양지[知]는 의(意)의 본체로 삼을 수 있다. 그런데 의(意)의 발동에 선도 있고 악도 있다고 한다면, 의(意) 역시 양지에 순종할 수도 있고 또 순종하지 않을 수도 있다는 말이다. 그러므로 의를 참되게 하는 성의(誠意)가 양지를 실현하는 치지공부와 밀접히 관련이 있는 것이다. 그러므로 성의 공부는 단지 격물치지이다. 만약 성의를 주로 삼고 격물치지의 공부를 하면 바로 공부가 비로소 실현된다. 선을 위하고 악을 제거함은 의를 참되게 하는[誠意] 일이 아님이 없다고 하였다. 이것은 격물공부가 모두 성의 위에서 진행되어야 비로소 그 효용이 결실은 맺는다는 말이다. 그래서 양명은 성의에 힘쓰지 않고 다만 격물공부만 하는 것을 곁가지[支]라고 비판한 것이다.

그런데 양명은 뜻을 성실하게 하는 성의 공부는 반드시 어떤 일을 바로잡는 격물에서 출발해야 한다고 보았다. 그렇지 않으면 그 내용이 모두 텅 빈 것[虛]이 될 것이라고 하였다. 뜻을 성실하게 하는 성의 공부는 어떤 일을 바

---

63 『傳習錄』上: "先生曰大學工夫卽是明明德 明明德只是箇誠意 誠意的工夫只是格物致知 若以誠意爲主 去用格物致知的工夫 卽工夫始有下落 卽爲善去惡 無非是誠意之事 如新本先去窮格事物之理 卽茫茫蕩蕩都無着落處 須用添箇敬字 方才牽址得向身心上來 終是沒根源 … 大學工夫只是誠意 誠意之極 便是至善."

로잡는 격물공부를 위하여 착수할 곳을 제공하고 어떤 것을 바로잡는 격물은 뜻을 성실하게 하는 공부의 결실을 제공한다. 사실 양자는 하나의 공부라고 해도 과언이 아니다. 격물, 치지, 성의는 서로 유기적 관계를 가지고 있다. 이 모두가 거친 선을 위하고 악을 제거하는 격물의 공부이며 이 공부를 통하여야 비로소 마음 그 자체[心體]의 무선무악의 경지에 도달할 수 있는 것이다.[64]

다시 말해 마음의 본체인 양지는 의(意)를 환히 알고 있을 뿐 아니라[知善知惡是良知] 또한 그것을 바로잡기도 한다.

그러므로 그는 "격(格)이란 바로잡는다[正]이다. 바르지 못한 것을 바로잡아 그것을 바른 데로 돌리는 것이다."[65] 그 바르지 못한 것을 바로잡는 것은 악을 제거한다는 말이요, 바른 데로 돌린다는 것은 선을 위한다는 말이다. 이것을 일러 '격(格)'이라 하였다. 제4구[爲善去惡是格物]는 선을 위하고 악을 제거함이 격물임을 밝혔다. 제4구[爲善去惡是格物]의 공부를 통하여 다시 선악을 초월한 제1구의 경지, 즉 무선무악의 심체를 회복할 수 있는 것이다.

---

64 朴吉洙, 『本體與境界之間 ― 王陽明心性說的本質與特徵』, 北京大學 博士論文, 2012年 12月, 229쪽 참조.
65 『傳習錄』 上 86條目: "問格物 先生曰 格者 正也 正其不正 以歸於正野."

제 **10** 강

—

양지에 의한
심미적 도덕 교육

이 강의는 왕양명의 교육철학에 대하여 살펴보려고 한다. 우리나라만큼 교육열이 높은 나라는 세계적으로 드물다고 하는데 오로지 한 곳에 집중되어 있다. 그것은 모두 입시지옥이라 부르는 대학입시를 위한 성과 교육에만 초점이 맞추어 있다. 여기서는 학생들의 자발적 창의성을 기대하기 어렵다. 왕양명의 교육사상은 학생들의 자율적인 행위로 심미적 도덕적인 인격을 스스로 도야하는[Bildung] 데 중점을 둔다.

양명학의 교육철학은 어떠한 고정된 틀[定理]에 학생들을 묶어 놓지 않고 심미적 정서와 도덕적 습관을 길러주고 지성적 독서를 통하여 창의적인 생각을 하도록 한다. 이 점에서 주자학의 어떤 고정된 틀[定理]을 가지고 학생들을 지도하는 계율주의적 교육방식과 다르다. 왕양명은 특히 아동교육을 중시하여 인륜을 가르쳤으며 시를 노래하고 예법을 익히고 책을 읽는 방법으로 자신의 뜻을 세우고[立志] 펼치게 하였다. 뿐만 아니라 아동교육의 폐단을 지적하고 이를 개선할 구체적 방안을 제시하기도 하였다.

이 모든 것은 유가의 교육목표인 성인(聖人)이 되기 위한 뜻을 세움[立志]에 맞추어져 있다. 그 내용은 천리를 보존하고[存天理] 인욕을 버림[去人欲]이다.

1. 왕양명의 교육철학

자원이 없는 나라에서 우리나라가 급속하게 경제성장을 이룩한 것은 바로 교육의 힘이라고 말하고 있다. 그런데 그 성장은 경쟁을 통하여 이루어진 것이고 따라서 우리의 교육현장에서 바로 이 경쟁의 원리가 도입되고 있다. 경쟁에 이기기 위하여 유치원부터 선행학습을 시키고 그러기 위하여 자녀를 사설 학원에 맡기고 있다. 대학의 인격형성을 위한 교양교육은 실종되었고 심지어 어떤 대학은 취직에 도움이 되는 과목을 교양교육으로 대신하고 있다. 모든 것이 효율성과 이해를 따지는 경제논리에 의하여 움직이므로 심미적·도덕적인 인간을 도야하는[Bildung] 인문학은 설 자리를 잃게 되었다.

이처럼 우리의 교육현실은 유치원에서부터 대학에 이르기까지 학생들은 부모가 시키는 대로 공부하였지 자기가 스스로 공부를 해보지 않아 어떤 일을 해도 누가 시키는 것은 잘하지만 스스로 할 줄은 모른다. 더욱이 학교나 학원에서 주입식 교육을 받다보니 자기의 능동적 자율성·창의성은 고갈되고 피동적·타율적 존재로 되어 버렸다. 어떤 틀에 맞추려고만 노력하였지 자신이 독창적으로 틀을 만들려고 하는 생각은 처음부터 없는 것이다. 조선시대에는 과거시험이라는 틀[定理] 속에 들어가야 합격하여 관리를 할 수 있었다. 요즈음 각종 고시의 틀에 얽매는 것도 그 전통이 남아 있어서 그런가 보다.

양명학의 교육철학과 방법은 이와 전혀 다르다. 왕양명은 처음부터 어떠한 틀[定理]도 가지고 있지 않다. 심미적인 정서와 도덕적 습관 그리고 지성적 독서를 함께 강조하였으며 학생들의 자율성을 중시하여 창의적인 발상이 생겨나게 하였다. 그 결과로 얻어진 것이 자율적인 조리(條理)라는 것이다. 조리는 실천을 통하여 얻어진 결[理]이다. 따라서 학생들은 정해진 틀 속에 가두지 않고 자연스런 본성에 따라서 자율적으로 도덕적 자각을 할 수 있게 하였다. 왕양명은 자유주체로서의 아동을 이해하고 그 근거인 양지에 대한 무한한 긍정과 함께 이를 이해하고 아동에게 가르치려고 하였다.[01]

충청도 청양에 있는 양업 대안학교는 주민들의 강한 반대에도 불구하고 문제 학생들을 받아들여 인도하였다. 교장선생님 말씀에 의하면 처음엔 교정에 담배꽁초가 널려 있었다고 한다. 교장 선생님은 교정에 담배를 피울 수 있는 장소를 마련해 주었고 교장 선생님 이하 전 교사는 학생들의 자율성을 믿고 기다렸다는 것이다. 그런데 어느 날 학생들이 담배 피우는 곳을 자진하여 폐쇄시켰다는 것이다. 학생들은 스스로 깨닫고 스스로 고치는 힘이 있음을 통찰한 것이다. 이 방법은 왕양명의 교육철학과 일맥상통하는 것이다.

2. 아동교육론

(1) 아동교육의 목적

왕양명은 무엇보다도 아동교육에 관심을 가지고 있었다. 그의 아동교육에 관한 글은 훈몽대의시교독유백송[訓蒙大意示教讀劉伯頌等]과 그 뒤에 첨부된 교약(教約)에 잘 나타나 있다. 이 말은 아동을 깨우치는 큰 의미[訓蒙大意]를 교사[教讀] 유백송 등에게 보여준다는 뜻이다. 여기서 왕양명은 아동교육의 목적과 그 방법 그리고 그 교육내용을 밝히고 있다. 왕양명은 무엇보다도 먼저 심미적 교육[歌詩]의 중요성을 역설하고 이것이 도덕적 습관[習禮] 그리고 지성적 독서(讀書)와 밀접히 연관되어 있음을 언급하였다. 왕양명은 심미적 교육이 인성에 뿌리를 두고 있다고 생각하여 이렇게 말하였다.

"대체로 어린아이의 정서는 놀기를 좋아하고 구속받기를 꺼린다. 이것은 마

01   이천일, 「양명학에서의 아동관 고찰」, 『양명학』 제32호, 2012.

치 초목이 처음 싹을 틔울 때 그것을 펼쳐주면 가지가 사방으로 뻗어가지만 꺾거나 휘어버리면 쇠하여 시들어 버리는 것과 같다. 이제 어린아이들을 가르칠 때는 반드시 그들의 취향을 고무시켜서 속마음을 즐겁게 해 주어야 한다. 그러면 스스로 그치지 않고 나아갈 것이다. 비유컨대 때맞춰 비가 내리고 봄바람이 불어 초목을 적시면 싹이 움터 자라지 않을 수 없어서 자연히 나날이 자라나고 다달이 변화될 것이다. 그러나 만약 얼음이 얼고 서리가 내린다면 생의(生意)가 쇠잔해져서 날마다 말라가는 것과 같다."02

이것은 인간의 본성이 유희적 본능[Homo Ludens]이 풍부하며 어린이가 놀기를 좋아한다고 말한 것이다. 이러한 심미적 정서를 잘 키우면 스스로 모든 문제를 잘 해결해 나간다는 것이다. 그러므로 아동교육에서 그들의 취향이 무엇인지 먼저 파악하여 그들의 속마음을 즐겁게 해 주어 그들의 생명적 의지가 잘 발휘되도록 해주어야 한다고 말하였다. 왕양명은 이러한 본성에 기초하여 교육의 목적을 알려 주었다.

"옛날의 교육에서는 인륜을 가르쳤으나 후세는 기억하여 암송하고 문장을 짓는 풍습이 일어나 선왕의 가르침이 없어졌다. 이제 아동교육은 오직 효제충신(孝悌忠信)과 예의염치(禮義廉恥)를 가르치는 데 오로지 힘써야 한다."03

왕양명의 교육목적은 인륜을 가르치는 데 있었음을 알 수 있다. 인륜은

---

02 『傳習錄』中: "訓蒙大意示教讀劉伯頌等 大抵童子之情 樂嬉遊而憚拘檢 如草木之始萌芽 舒暢之則條達 催撓之則衰痿 今教童子 必使其趨向鼓舞 中心喜悅 則其進自不能已 譬之時雨春風 霑被卉木 莫不萌動發越 自然日長月化 若冰霜剝落 則生意肅索 日就枯槁矣."
03 『傳習錄』中: "訓蒙大意示教讀劉伯頌等 古之教者 教以人倫 後世記誦詞章之習起 而先王之教亡 今教童子 惟當以孝悌忠信禮義廉恥爲專務."

유가의 핵심 사상으로서 가장 중요하고 기본적인 인간관계를 말한다.

인간은 홀로 살 수가 없으며 무수한 관계 속에서 살아가고 있다. 그 모든 관계를 인륜이라고 하였으며 그중에서 사회를 지탱하는 가장 기본적인 다섯 가지 관계를 오륜이라고 하였다. 이 인륜으로 인하여 인간은 금수상태에서 벗어날 수 있다고 보았다. 이 인륜 속에 효제충신이 들어 있으며 예의염치가 있다. 특히 후자는 사회질서를 유지하는 밧줄[四維]이라고도 하였다. 옛날의 교육은 이렇게 인간의 인간된 까닭으로서의 인륜을 가르쳤는데 후세의 교육은 이를 망각하고 문장을 암송하고 짓는 지엽적인 것에만 관심을 두기 때문에 전통[선왕의 가르침]을 상실해 버렸다는 것이다.

(2) 아동교육의 방법

그래서 왕양명은 그것을 다시 살리는 방법을 제시하였는데 "그들을 기르고 함양하는 방법은 시를 노래하도록 유인하여 그 뜻을 드러내게 하고 예를 익히도록 인도하여 그 위의(威儀)를 엄숙하게 하며 글을 읽도록 인도하여 그 지각을 개발해 주어야 한다. 지금 사람들은 흔히 시를 노래하고 예를 익히는 것을 시무(時務)에 적절하지 않다고 여기는데 이것은 모두 세속의 용렬하고 비루한 견해이니 어찌 옛사람이 가르침을 세운 뜻을 충분히 알 수 있는가?"[04]

왕양명은 교육의 목표를 설정한 다음 그것을 실현하는 세 가지 방법을 제시하였는데 그것은 첫째, 시를 노래하는[歌詩] 심미적 방법이고, 둘째, 예를 익히는[習禮] 덕성적 방법이며, 셋째, 글을 읽는[讀書] 지성적 방법이다. 우리가 흔히 아는 진선미가 아니라 역으로 미선진을 통하여 교육목표에 도달하는 것이다. 이러한 교육을 통하여 인성이 길러지는 인문학적 방법을 제시한

---

04 같은 책: "其栽培涵養之方 則宜誘之詩歌以發其志意 導之習禮以肅其威儀 諷之讀書以開其知覺 今人往往以歌詩習禮不切時務 此皆末俗庸鄙之見 烏足以知古人立敎ㄴ之意哉!"

것이다.

심미적 정서와 예절의 생활화가 바로 인간을 인간답게 도야[Bildung]하는 교양교육을 말한다. 그런데 이런 교육을 당시 사람들은 시무(時務)에 적합하지 않다고 하였다. 시무란 당면한 현실 문제를 말하는데 오늘날 취직이 잘 되는 직업교육 쪽으로 경도된 교육현실과 너무도 유사하다. 왕양명은 시무에 힘쓰는 교육을 주장하는 견해가 용렬하고 비루한 견해라고 비판하고 이것은 옛사람의 교육을 알지 못하는 데서 나온 것이라고 하였다.

왕양명은 더 구체적으로 시를 노래하고 예를 익히고 책을 읽는 교육을 중시한 이유를 다음과 같이 설명하였다. "그러므로 시를 노래하도록 인도하는 것은 다만 그들이 뜻을 드러내게 만들 뿐만 아니라 또한 그 뛰고 소리치고 휘파람 부는 것을 노래를 통하여 발산하고 그 답답하게 억눌리고 막혀 있는 것을 음절을 통해 펼쳐내게 하려는 것이다."[05] 시를 노래하는 이유는 두 가지이다.

첫째는 시가를 통하여 평소 하고 싶었던 자신의 뜻을 드러내는 것이며 둘째는 답답하고 막혀 있는 심정을 발산하는 것이다. 이처럼 노래를 통하여 심미적 정서를 발휘하게 만드는 것이 첫째로 중요한 방법이다.

그 다음 "예를 익히도록 인도하는 것은 비단 그 위의(威儀)를 엄숙하게 만들 뿐만 아니라 또한 응대하고 읍양하며 그 혈맥을 움직이게 하고 절했다 일어났다 굽혔다 폈다 하여 그 힘줄과 뼈를 튼튼하게 하는 것이다."[06] 예를 익히는 이유는 사회생활의 규범을 지키는 데 자세를 바르게 하여 공공장소에서 행동을 신중히 하도록 유도하여 위엄 있게 만든다. 그리고 예절을 익히는 과정에서 신체적 단련을 함께 하는 효과를 거둘 수 있다는 것이다.

---

05 같은 책: "故凡誘之歌詩者 非但發其志意而已 亦所以洩其跳號呼嘯於詠歌 宣其幽抑結滯於音節也."
06 같은 책: "導之習禮者 非但肅其威儀而已 亦所以周旋揖讓而動蕩其血脈 拜起屈伸而固束其筋骸也."

마지막으로 "글을 읽도록 인도하는 것은 비단 그 지각을 개발시킬 뿐만 아니라 또한 침잠하고 반복하여 그 마음을 보존하고 올렸다 내렸다 하며 소리를 내어 글을 읽어서 그 뜻을 펴게 하는 것이다."[07] 독서하는 이유는 무엇보다도 간접체험을 통하여 학생들의 지각을 일깨우고 마음속에 읽은 내용을 깊이 간직하는 것이다. 그리고 묵독이 아닌 송독을 하여 눈으로 보고 입으로 외우고 귀로 듣고 그 내용을 익숙하게 한다. 그리고 이러한 독서를 통하여 자기의 뜻을 세우고[立志] 이를 펼치게 되는 것이다. 왕양명은 위의 세 가지를 총괄하여 이렇게 말하였다.

"무릇 이것들은 모두 그 뜻을 순리대로 인도하고 그 성정을 길들이고 그 속된 인색함을 가라앉혀 없애고 그 거칠고 완고함을 묵묵히 변화시키는 것이다. 그리하여 예의에 점차 나아가되 그 어려움을 고통스럽게 여기지 않게 하고 알맞음과 어울림[中和]에 들어가게 하되 그 까닭을 알지 못하는 것이다. 이것이 대개 선왕의 가르침을 세운 은미한 뜻이다."[08]

왕양명의 아동교육은 그들의 성품과 정서를 결에 따라서 조절하며 세속의 인색한 이기적 욕심과 거칠고 완고한 생각을 점차로 변화시켜 사회적 규범[禮]을 거부감 없이 자율적으로 지키게 한다. 그렇게 되면 모든 행위가 때와 장소에 꼭 알맞게 행하고 이렇게 함으로써 주변과 잘 어울리게 된다. 이 것을 일러 자기도 알지 못하는 사이에 중화에 들어가는 것이라 한다. 이것이야말로 옛 성왕[先王]의 은미한 가르침이라는 것이다.

---

07 같은 책: "諷之讀書者 非但開其知覺而已 亦所以沈潛反覆而存其心 抑揚諷誦以宣其志也."
08 같은 책: "凡此皆所以順導其志意 調理其性情 潛消其鄙吝 默化其麤頑 日使之漸於禮儀而不苦其難 入於中和而不知其故 是蓋先王立敎之微意也."

(3) 당시 아동교육의 폐해

양명은 아동교육에 대한 당시의 폐해를 지적하여 이렇게 말하였다. "근세에 어린아이를 가르치는 자들은 날마다 구두법(句讀法)과 고시형식의 문장을 짓도록 감독하고 단속하기만 요구하고 예(禮)로써 인도할 줄 모르며 총명하기만 요구하고 선(善)으로 키울 줄 몰라 채찍으로 때리고 잡아 묶어서 마치 죄수를 대하듯이 한다. 어린아이들은 학교를 감옥처럼 여겨서 기꺼이 들어가려고 하지 않고 선생을 원수처럼 여겨서 보려고 하지 않는다. 엿보고 피하고 가리고 숨어서 놀고 싶은 욕구를 충족시키고 거짓말하고 궤변을 꾸며서 그 우둔함과 비속함을 제멋대로 이룬다. 경박하고 용렬함이 날이 갈수록 하류로 떨어진다. 이것은 대개 악으로 몰아붙이면서 그들이 착하게 되기를 요구하는 것이다. 어떻게 가능하겠는가?"[09]

이것은 아동교육에 대한 당시 사람들이 가지고 있었던 폐해를 지적한 것이다. 이 말은 오늘날 우리의 교육현실에도 그대로 적용될 수 있는 면이 많다. 우리는 대학에 입학하기 위하여 입시지옥을 겪지만 그 출발점은 유치원 때부터라고 생각한다. 구두법은 한문의 문리를 익히기 위하여 어귀나 문장이 끝나는 곳에 점을 찍는 것을 말한다. 오늘날 영어를 이해하기 위하여 문법을 익히고 구문을 외우는 것에 해당한다. 그리고 고시형식의 문장이란 명대에 과거시험에 팔고문이라는 형식이 있어 과거를 보려면 이 형식에 맞추어 문장을 지어야 되는 것이다. 이러한 교육은 우리의 현실과 매우 흡사하다. 우리의 부모들은 자녀가 공부만 잘하면 된다고 생각하여 예절교육은 엄두도 내지 못한다.

---

09 같은 책: "若近世之訓蒙穉者 日惟督以句讀課倣 責其檢束 而不知導之以禮 求其聰明 而不知養之以善 鞭撻繩縛 若待拘囚 彼視學舍如囹獄而不肯入 視師長如寇仇而不欲見 窺避掩覆以遂其嬉遊 設詐飾詭以肆其頑鄙 偸薄庸劣 日趨下流 是蓋驅之於惡而求其爲善也 何可得乎?"

같은 아파트 한 동네에 살면서 우리는 뻔히 쳐다보고도 인사할 줄도 모른다. 서양에서는 모르는 사람을 만나도 good morning을 하거나 목례를 한다. 한때 학생의 인권을 중시하여 학교 조례를 만든다고 한 적이 있다. 교사의 체벌 등으로 인한 것이라고 한다. 체벌을 받는 학생은 교사를 원수처럼 여길 것이며 학교는 자유를 억압하는 감옥으로 생각할 것이다. 학교생활에 적응하지 못한 학생들은 공부에 취미를 잃어버리고 오락이나 심지어 폭력까지 행하여 인성이 날로 황폐해지고 교육이 날로 저급해지고 있다. 왕양명이 지적한 조목과 매우 비슷한 것이다. 왕양명은 자신의 교육방법을 확신하면서 이렇게 말하였다.

"무릇 내 교육방법의 본의는 실제로 여기에 있다. 세상 사람들이 살피지 못하여 현실에 맞지 않는다고 여길까 두려우며 게다가 나도 장차 떠나야 하므로 특별히 신신당부하여 말한다. 그대 교사들은 내 뜻을 힘써 자세히 잘 살피어 영원히 준칙으로 삼고 세상 사람들이 언론 때문에 그 준거를 갑자기 고쳐버리지 말라. 그러면 거의 드러내어 말하지 않고 바르게 기르는 공효를 이룰 수 있을 것이다. 이 점을 유념하고 유념하기 바란다."[10]

이 글은 왕양명이 정덕 13년[1518] 강서성 남부지방인 남공(南贛)의 변란을 평정하고 떠나면서 쓴 글이다. 양명은 남공에 소속된 각현의 노인들[유백송은 그중 한 사람]에게 알리어 학교를 세우게 하고 이 글을 주었다. 그리고 그들에게 특별히 당부하면서 세상의 언론에 휩쓸리지 말고 자기가 가르쳐 준 대로 하면 크게 효과를 거둘 수 있을 것이라고 하였다.

10 같은 책: "凡吾所以敎 其意實在於此 恐時俗不察 視以爲迂 且吾亦將去 故特叮嚀以告 爾諸敎讀 其務體吾意 永以爲訓 毋輒因時俗之言 改廢其繩墨 庶成蒙以養正之功矣 念之念之."

(4) 아동교육의 구체적인 방안

왕양명은 당시 형식과 현실이익에 영합하던 교육풍토를 개선하여 자율적이고 주체적인 교육을 중시하였다. 그는 이러한 교육을 구체적으로 실현하기 위하여 학교의 규약[敎約]을 만들었다. 그 내용은 5부분으로 나누어져 있는데 첫째는 입문으로 학생개별면담, 둘째는 시를 노래함[歌詩], 셋째는 예를 익힘[習禮], 넷째는 책을 읽음[讀書], 다섯째는 결론이다. 총론과 결론을 제외하면 위의 내용과 완전히 일치한다.

첫째, 입문에서는 학생들이 모여 인사드리는 예절을 마치면 교사는 학생들에 대한 개별적 면담을 차례로 진행한다. 면담내용은 부모에 대한 사랑과 어른에 대한 공경, 보행할 때 삼가고 조심함, 효제충신 그리고 모든 언행과 마음 씀에 거짓 없음 등을 성찰하여 사실대로 대답하게 하고 고칠 것이 있으면 고치고 없으면 더욱 정진하게 한다. 구체적인 일에서 곡진하게 가르쳐 깨우치게 한 뒤에 수업을 시작한다.

둘째는 시를 노래하는 심미적 정감교육이다. 그것은 음정 박자를 정확하게 하며 조급하게 서두르거나 마음대로 떠들지도 말고 위축되거나 두려워하지 말고 오래 지속하면 정신이 후련하고 심기가 맑아진다고 하였다.

셋째는 예를 익히는 윤리적 덕성교육이다. 그것은 마음을 맑게 하고 사려를 엄격하게 하며 의식절차를 살피고 행동거지를 절도 있게 한다. 나태하지도 부끄러워하지도 거칠지도 꾸물거리지도 말고 닦고 삼가되 틀에 구애되지 않고 오래 지속되면 예절에 익숙해지고 덕성이 견고해진다.

넷째는 글을 읽는 방법을 익히는 지성교육이다. 글을 가르칠 때는 아동의 입장에서 그들의 역량과 재능을 고려하여 여유 있게 배우도록 하는 것이 중요하다. 그렇게 되면 스스로 터득하는 기쁨을 갖게 될 것이다. 정독과 암송을 오래 지속하면 총명하게 될 것이라고 하였다.

다섯째는 앞의 세 가지 교육을 요약하여 정리한 것이다. 매일의 공부는 덕성을 고찰하는 것이 우선이다. 둘째는 암송, 셋째는 습례, 넷째는 강론, 다섯째는 시를 노래함[歌詩]이다. 이 모두는 아동들이 마음을 항상 보존하여 그들이 즐겁게 익혀서 싫증내지 않고 사특하고 편벽된 것에 마음을 쓸 겨를이 없게 하려는 것이라고 그 목적을 말하고 있다.

아동에게 부과된 이러한 과목들은 심미적·도덕적 그리고 지적인 총명을 기르도록 하는 데 있으나 기본적으로 덕성의 함양이 가장 중요하다. 왕양명의 아동교육은 결코 감정 욕망을 마음대로 해도 좋은 방임주의가 아니라 자기 스스로 터득하여 자율적으로 모든 행위를 절도 있게 하는 덕성 주체로서 인도하는 것이다. 아동교육의 궁극적 목적은 덕성교육이다. 그것은 아동들이 취업을 위하여 돈벌이하는 데 눈 떠가기에 앞서 스스로 인간다운 삶이 무엇인지 스스로 찾게 만드는 것이다.[11] 왜냐하면 아동들도 모두 타고날 때부터 양지를 가지고 있기 때문이다.

이러한 덕성을 함양하기 위하여 학생들이 인생의 궁극적 목표를 설정하여 이상적인 인격을 형성하는 것이 중요하다. 이를 위해서 먼저 뜻을 세우는 것, 즉 입지(立志)가 되어 있어야 한다고 생각하였다. 유가의 이상적인 인격은 바로 성인이며 성인이 되는 것이 삶의 목표인 것이다.

3. 입지(立志)

왕양명은 이미 열두 살에 그를 가르치는 숙사(塾師)와의 대화에서 인생의

---

11 최재목, 「왕양명 심학에서 아동교육론의 특질, 양명학과 공생 동심 교육의 이념」, 영남대출판부, 1999년, 167쪽.

궁극적인 목표가 과거에 장원하는 것이 아니라 성인이 되는 것이라고 말한 적이 있다. 그는 이미 열두 살 나이에 이미 성인이 되려는 뜻을 세웠던 것[立志]이다. 왕양명에 의하면 우리가 학문을 하는 데 가장 긴요한 핵심은 오직 '뜻을 세우는 것'이다. 우리가 어떤 것을 이루고자 하는 분명한 뜻[志]을 지니고 있다면 우리의 힘[氣]은 그 뜻을 중심으로 모인다. 그러나 뜻이 없을 때 우리의 힘은 분산되어 버린다.[12]

이른바 일을 만나서 곤고해지고 세운 뜻을 잊어버리는 병통도 다만 뜻[意志]이 참되면서 절실하지 못하기 때문이다. 그리고 이 뜻을 실현하는 데 어려움이 생기면 다른 사람이 도와줄 수 없고 본인 스스로 그 방법을 찾아야 한다고 하였다.[13]

오늘날 우리의 교육은 학생들에게 무엇을 가르치고 있는지? 사람이 살아가는 데 궁극적 목표를 어디에다 두고 있는지? 학교에서는 이런 것[立志]을 가르치고 있는지? 묻지 않을 수 없다.

"하정인, 황정지, 이후벽, 왕여중, 전덕홍이 선생을 모시고 앉았는데 선생께서 돌아보며 말씀하시었다. 너희들이 학문이 진보하지 않은 것은 다만 아직 뜻을 세우지 못했기 때문이다. 후벽이 일어나서 대답하였다. 저도 역시 뜻을 세우기를 바랍니다. 선생께서 말씀하시었다. 뜻을 세우지 않았다고 말하기 어려우나 반드시 성인이 되겠다는 뜻은 아직 아니다. 후벽이 대답하였다. [저도] 반드시 성인이 되겠다는 뜻을 세우기 바랍니다. 선생께서 말씀하시었다. 그대에게 진실로 성인이 되려는 뜻이 있다면 양지 위에서 모조리 다 발휘하

---

12 李愚辰, 「王陽明 工夫論의 教育學的 理解」, 韓國學中央研究院 博士論文, 2011, 301쪽.
13 『傳習錄』 中 144條目 周道通에게 보내는 글: "大抵吾人爲學緊要大頭腦 只是立志 所謂困忘之病 亦只是志缺進切 … 自家須會知得 … 須是自家調停斟酌 他人總難與力 亦更無別法可設也."

지 못함이 더 이상 없을 것이다. 양지 위에 조금이라도 다른 생각이 걸린 채 남아 있다면 반드시 성인이 되겠다는 뜻은 아니다. 나[德洪]는 처음 그 말씀을 들었을 때 마음속으로 승복하지 못하는 듯했으나 여기까지 듣고 나서는 저도 모르게 오싹 식은땀이 흘렀다."[14]

여기서 왕양명은 학문의 진보는 성인이 되겠다는 뜻을 세우는 데 있으며 양지(良知) 위에서 뜻을 세워야 함을 분명히 말하였다. 왕양명의 교육철학은 따라서 성인이 되겠다는 뜻을 먼저 세우는 것이 매우 중요하다. 그런데 이러한 뜻을 세우지 않고 공부하는 것은 마치 그 뿌리를 심지 않고 다만 흙을 북돋우고 물을 주는 것과 같아 아무리 힘쓰고 고생해도 이루어짐이 없을 것이라고 하였다.

(1) 성인이 되는 방법

왕양명은 동생 수문에게 주는 글[示弟立志說]에서 "대체로 우리가 성인이 되고자 추구하는 뜻을 참으로 가지고 있다면 성인이 성인된 까닭이 어디에 있는지 반드시 생각해야 하는데 그 마음이 천리에 순수하고 인욕의 사사로움을 없앴기 때문이 아닐까?"[15] 질문하고 나서 성인이 성인된 까닭은 오로지 천리에 순수하고 인욕을 없애버린 데 있다면 내가 성인이 되는 것도 인욕을 제거하고 천리를 간직하기만[去人欲 存天理] 하면 된다고 하였다. 그런데 그 방법은 먼저 깨달은 사람 혹은 경전[五經, 四書]을 스승으로 삼고 마음을 오로

---

14 『傳習錄』下 260條目: "何廷仁 黃正之 李侯璧 汝中 德洪侍坐 先生顧而言曰 汝輩學問不得長進 只是未立志 侯璧起而對曰 珹亦願立志 先生曰 難說不立 未是必爲聖人之志耳 對曰 願立必爲聖人之志 先生曰 你眞有聖人之志 良知上更無不盡 良知上留得些子別念掛滯 便非必爲聖人之志矣 洪初聞時 心若未服 聽說到此 不覺悚汗."

15 示弟立志說, 『陽明先生輯要』: "人苟誠有求爲聖人之志 則必思聖人之所以爲聖人者安在 非以其心之純乎天理 而無人欲之私歟?"

지하여[專心] 뜻을 이루는 데[致志] 힘써야 된다고 하였다. 경전에는 먼저 깨달은 사람의 인욕을 제거하고 천리를 간직하는 방법이 담겨 있다.

그런데 그 방법을 얻지 못하면 다만 기억하여 외우고 강설하는 일에 종사하여 입과 귀에만 의존하는 폐단만 증가시킬 것이라고 하였다. 그것은 오늘날 우리의 교육현실을 잘 말해 주는 것 같다. 학교나 학원을 다니면서 교과 과목을 배우고 외우는 것에 모든 교육이 다 있는 것처럼 생각한다. 모든 교과목이 나의 사람됨과 성숙을 지향하는 데 목적이 있지만 거기에 나의 뜻을 두지 않고 교사는 설명하고 학생은 외우는 데 그친다.

심지어 도덕 과목조차도 앞선 선각자와의 만남을 통하여[고전읽기] 그의 정신을 터득하여 자기의 삶을 되돌아보는 것이 아니라 선각자의 말을 외우는 것에 치중할 뿐이다. 이것이 우리의 교육을 단편적인 구이지학(口耳之學)으로 떨어트리는 것이다. 일생 어떤 사람이 되겠다는 뜻을 세우는 교육이 없는 것이다. 따라서 어떻게 살 것인지 진지한 고민도 없이 얼마짜리로 사느냐에 관심을 두고 있을 뿐이다. 인욕이 팽배한 현 세상에서 천리를 간직하는 것은 애초부터 불가능한 일이란 말인가?

왕양명은 뜻을 세우는 것[立志]은 역시 쉽지 않다고 하면서 공자의 예를 들었다. "공자는 성인이다. 그런데 오히려 말하기를 '나는 열다섯에 배움에 뜻을 두었다. 그리고 서른 살에 세워졌다.' 세운다는 것은 뜻을 세우는 것이다. 비록 '법도를 넘지 않았다[不踰矩]'는 경지에 이르렀는데 역시 뜻이 법도를 넘지 않았다는 것이다. 뜻을 어찌 쉽게 볼 수 있는 것이겠는가!"[16] 여기서 공자가 성인임에도 불구하고 15세에 배움에 뜻을 둔 뒤부터 30세에 이르러야 세워졌으며 70세에 이르기까지 언제나 뜻을 세우는 데 목표를 두었음을 알 수

---

16 上同: "夫立志不易矣 孔子 聖人也 猶曰'吾十有五而志於學 三十而立' 立者 立志也 雖至於不踰矩 亦志之不踰矩也 志豈可易而視哉!"

있다.

다시 말해 언제나 성인이 되겠다는 뜻을 세우면서 살아간 것이다. 법도를 넘지 않았다는 말은 바로 마음 내키는 대로 욕심을 내어도[從心所欲] 천리에 따라서 살았다는 의미이기도 하다. 그것은 천리를 간직하고[存天理] 인욕을 제거하는[去人欲] 뜻을 세웠기 때문에 가능한 일이었다.

오늘날 이윤 창출을 긍정하는 자본주의 사회에서 모든 인욕을 다 제거할 수는 없을 테지만, 거인욕(去人欲)은 부정을 저지르면서까지 사사로운 욕심을 챙기는 짓을 제거하라는 말이다. 자기의 개인적인 욕구를 위하여 분식회계를 한다든가 사업 확장을 위하여 부정한 방법을 사용하는 일 등이다. 우리의 교육은 이러한 문제에 대하여 아무런 가르침도 없었다. 건전한 자본주의를 위해서는 어떠한 경우에도 부정을 저지르지 않겠다는 뜻을 먼저 세우는 것이 가장 중요한 것이다. 그리고 끊임없이 그 뜻이 사욕에 의하여 휘둘리지 않는지 스스로 점검하고 책임을 물어야 한다.

왕양명에 의하면 "대체로 뜻[志]이란 것은 생동적 힘[氣]의 장수[帥]이다. 인간의 목숨이며 나무의 뿌리이고 물의 근원이다. 근원이 준설되지 않으면 흐름이 그쳐버리고 뿌리가 심어지지 않으면 나무는 말라버린다. 그리고 목숨이 지속되지 않으면 사람은 죽는다. 뜻이 세워지지 않으면 생동적 힘[氣]이 혼탁하게 된다. 이 때문에 군자의 학문은 어느 때 어느 곳이건 입지를 일로 삼지 않음이 없다. 눈을 똑바로 뜨고 그 무엇을 보면 다른 것이 보임이 없다. 귀를 기울여 그 무엇을 들으면 다른 것이 들림이 없다. 마치 고양이가 쥐를 잡듯이 마치 닭이 알을 품고 있듯이 정신(精神) 심사(心思)가 엉겨 모이고 녹아 맺어져[融結] 그 밖의 것이 있다는 것을 다시는 알지 못한다. 그런 뒤에야 이 뜻이 언제나 세워지고 신기(神氣)가 알차고 밝으며 의리가 환하게 드러난다. 그러나 일단 사욕이 생기게 되면 곧 바로 알게[知覺] 되어 자연스럽게 [사욕이] 머무는 것을 허용할 수 없을 것이다."[17]

(2) 입지는 전일(專一)하고 절실해야

양명은 고양이가 쥐를 잡는 데 집중하듯이 입지에 온 마음을 전일하게 하여 정신을 쏟으면 사욕이 끼어듦을 허용하지 않을 것이라고 보았다. 그래서 양명은 "입지는 전일(專一)을 귀하게 여긴다"[18]고 하였다. 그러나 사욕이란 언제나 입지가 전일하지 못한 틈을 타서 끼어들기 마련이다. 왕양명은 "그러므로 터럭만큼이라도 사욕이 싹트게 되면 이 뜻이 세워지지 못한 것[志不立]을 꾸짖으면 곧 사욕이 바로 물러나게 된다. 터럭만큼의 객기(客氣)가 움직이면 이 뜻이 세워지지 못한 것을 꾸짖으면 곧 객기가 바로 사라져 없어진다"[19]고 하였다. 여기서 말하는 사욕과 객기란 사실 두 가지가 아니라 병(病)을 하나로 하지만 아픔을 둘로 하는 것이며 이러한 것들[사욕과 객기]은 본성이 가리어진 현상에 불과하다는 것이다.[20] 천리인 본성을 간직하고 살려는 것이 성인이 되겠다는 뜻을 세우는 것이다.

그러나 왕양명에 의하면 뜻을 세웠다 하더라도 이렇게 본성이 가려진 상태에서는 혹 게으른 마음이 생겨나거나 소홀히 하는 마음이 생긴다거나 성급한 마음이 생긴다거나 시샘하는 마음이 생긴다거나 분노하는 마음이 생긴다거나 탐내는 마음이 생겨난다거나 오만한 마음이 생겨난다거나 인색한 마음이 생겨나는 모든 경우에 단지 이 뜻을 꾸짖으면[責志] 곧 그러한 마음

---

17 같은 책: "夫志 氣之帥也 人之命也 木之根也 水之源也 源不濬則流息 根不植則木枯 命不續則人死 志不立則氣昏 是以君子之學 無時無處而不以立志爲事 正目而視之 無他見也 傾耳而聽之 無他聞也 如描捕鼠 如鷄覆卵 精神心思 凝聚融結 而不復知有其他 然後此志常立 神氣精明 義理昭著 一有私欲 則便知覺 自然容住不得矣."

18 『傳習錄』上 115條目: "故立志貴專一."

19 示弟立志說: "故凡一毫私欲之萌 只責此志不立 卽私欲便退廳 一毫客氣之動 只責此志不立 卽客氣便消除."

20 『傳習錄』中 165條目: "私欲客氣 性之蔽也 … 私欲客氣 一病兩痛 非二物也."

들이 사라진다는 것이다. 사욕과 객기는 아직 뜻이 세워지지 않았기 때문에 생기는 것이다.

그러나 게으른 마음[怠心], 소홀한 마음[忽心], 성급한 마음[躁心], 시샘하는 마음[妬心], 분노한 마음[忿心], 탐내는 마음[貪心], 오만한 마음[傲心], 인색한 마음[吝心]은 성인이 되겠다는 뜻을 세운 뒤에 생겨난 마음이므로 이 뜻을 꾸짖으면 그러한 마음들이 곧바로 사라진다고 본 것이다. 그래서 왕양명은 언제 어디서나 늘 입지를 못했음을 책망하고 또 입지를 한 뒤에도 늘 이 뜻이 게으른 마음 등이 생기지 않도록 꾸짖어야 한다고 하여 이렇게 말하였다.

"대개 어느 순간[一息]이라도 뜻을 세우고[立志] 뜻을 꾸짖지[責志] 아니할 때가 없고 어느 일[一事]이건 뜻을 세우고 뜻을 꾸짖지 않는 것이 없다. 그러므로 뜻을 꾸짖는 공부는 그것이 인욕을 제거하는 데에서 마치 뜨거운 불[烈火]이 터럭을 태우고 태양이 일단 출현하면 도깨비들이 잠적해 사라지는 것과 같다."[21]

이것은 어느 때 어느 곳에서 어떤 일을 하건 반드시 뜻을 세우고 그 뜻이 게으르거나 소홀하거나 성급하거나 시샘하거나 분노하거나 탐내거나 오만하거나 인색하지 않도록 꾸짖게 되면 게으름 등의 마음이 곧 사라진다고 하였다. 이러한 공부를 하면 위와 같은 마음, 즉 인욕이 마치 해가 뜨면 도깨비들이 잠적해 사라지듯이 제거된다고 생각하였다.

여기서 성인이 되겠다는 입지도 중요하지만 성인이 되려는 과정에서 생기는 여러 가지 잘못된 마음, 즉 인욕을 없애는 데 책지(責志)도 못지않게 중

---

21 『傳習錄』中「示弟立志說」: "蓋無一息而非立志責志之時 無一事而非立志責志之地 故責志之功 其於去人欲 有如烈火之燎毛 太陽一出而魍魅潛消也."

요함을 역설한 것이다. 왜냐하면 입지에서 중요한 것은 오로지 성인이 되겠다는 뜻을 세우는 것이며 그 뜻이 실현될 수 있도록 늘 그 뜻이 만심, 탐심등 사욕에 흔들리었는지 점검하여 꾸짖어야 한다는 것이다.

그러나 그 뜻이 절실하지 못하면 어떻게 되는지 그 예는 설간과 양명의대화에 잘 나타나 있다. 설간은 배움을 안다는 것은 무엇인지 질문하였다.이에 대하여 양명은 무엇 때문에 배우는지 또 무엇을 배우는지 말해 보아라고 하였다. 설간은 양명에게 배운 말을 인용하면서 "배움이란 천리를 보존하는 것을 배우는 것이다. 마음의 본체가 바로 천리이다. 천리를 체득하여 아는 것은 단지 자신의 마음속에서 사사로운 의욕[私意]을 없애는 것일뿐이다.

선생께서 말씀하시었다. 그와 같다면 사사로운 의욕을 극복하여 제거하기만 하면 되는데 어째서 천리와 인욕이 분명하지 못할까 걱정하겠는가? 설간이 말하였다. 바로 그 사사로운 의욕을 참되게 알지 못할까 걱정입니다.선생께서 말씀하시었다. 결국 뜻이 아직 절실하지 못했기 때문이다. 뜻이절실하다면 눈으로 보고 귀로 듣는 것이 모두 여기[천리]에 있는데 어찌 참되지 못할 도리가 있겠는가? 옳고 그름을 따지는 마음은 사람마다 모두 가지고 있으니 밖에서 구할 필요가 없다. 학문을 연구하는 것 역시 자기 마음이본 것을 체득하여 합당하게 여기는 것일 뿐이다. 마음 밖에 따로 보는 것[기준]이 있는 것이 아니다."[22]

---

22 『傳習錄』上 96條目: "侃問 專涵養而不務講求 將認欲作理 則如之何? 先生曰 人須是知學 講求亦只是涵養 不講求只是涵養之志不切 曰何謂知學 曰且道爲何而學 學箇甚? 曰嘗聞先生敎 學是學存天理 心之本體卽是天理 體認天理只要自心地無私意 曰如此則只須克去私意便是 又愁甚理欲不明? 曰正恐這些私意認不眞 曰總是志未切 志切 目視耳聽皆在此 安有認不眞的道理? 是非之心人皆有之 不假外求 講求亦只是體當自心所見 不成去心外別有箇見."

(3) 입지의 내용 존천리 거인욕

성인이 되겠다고 뜻을 세운다[立志]는 것은 언제나 천리를 간직하고 사욕을 제거하는 데 있다. 그런데 설간은 천리와 인욕을 구분하지 못할까 걱정된다고 질문하였다. 그것은 세운 뜻이 절실하지 못했기 때문에 생기는 병통이라고 양명은 지적하였다. 그리고 그 뜻이 절실하다면 우리가 보고 듣고 경험하는 모든 것이 내 마음의 본체인 양지가 이미 옳고 그름을 분별하므로 마음 밖에서 분별하는 표준을 따로 구할 필요가 없다고 하였다.

양명에 의하면 성현들의 가르침[教育]이 시대에 따라서 세워졌기 때문에 겉으로 보기에 가르치는 기준이 다른 것 같아도 그 귀결되는 곳을 추구해보면 마치 부절이 꼭 맞는 것처럼 꼭 합치된다는 것이다. 그 이유는 "도가 하나일 뿐이다. 도가 같으면 마음이 같고 마음이 같으면 학문도 같다. 그 마침내 같지 않은 것은 모두 사특한 학설[邪說]이다."[23]

왕양명은 성현의 도는 천리를 간직하고 인욕을 제거하는 뜻을 세우는 공부이므로 고금을 막론하고 같다고 보았다. 그것은 마음[良知]이 같기 때문이고 그래서 그들의 학문[致良知]도 같은 것이라고 생각하였다. 성현의 도가 같은 것은 마음속에서 세운 뜻이 같기 때문이고 그것을 배우고 가르친 것이다. 그래서 이 성현의 도와 다른 것은 모두 사특한 학설이라고 단언하였다.

그런데 문제는 이러한 성현의 도를 망각하고 도무지 뜻도 없다[無志]는 데 있다. 왕양명은 이 [성인의] 학문이 오랫동안 단절되었는데 그대는 어디에서 들었는가? 질문하였다. 황종현은 '제게는 약간의 뜻[志]이 있긴 하지만 아직 실제로 수행의 공부[功]까지는 이르지 못했습니다'라고 말했다. 선생이 '사람은 뜻함이 없는 것[無志]을 걱정할 뿐이지 공부의 결과가 없는 것을 걱정하지

---

23 『傳習錄』 中 「示弟立志說」: "何者 夫道一而已 道同則心同 心同則學同 其卒不同者 皆邪說也."

않는다'[24]고 하였다. 이것은 공부의 결과보다도 뜻이 없는 것을 더 걱정한 것이다.

오늘날 우리의 교육현실처럼 어떻게 사는 것이 바람직한 삶인지 물어보지 않고 아무런 뜻도 세우지 않고 교과목을 따라서 배우고 외우기만 할 뿐이다. 따라서 학교는 학생들의 뜻을 없앤 것[無志]이나 마찬가지이다. 그래서 왕양명은 "후세 사람들의 커다란 근심[大患]은 특히 아무런 뜻이 없는 데[無志] 있다. 그러므로 지금 뜻을 세우는 것[立志]으로 말을 삼았다. 중간 글자마다 구절마다 뜻을 세움이 아닌 것이 없다"[25]고 하였다.

왕양명이 동생 수문에게 이 글을 쓰게 된 것도 당시 인들이 아무런 뜻을 세우지 않고 살아가기 때문에 특히 입지를 강조하여 글자마다 구절마다 입지를 말하지 않은 것이 없었던 것이다. 그것은 물론 성현이 되겠다는 뜻을 세우는 것이다.

오늘날 우리 사회를 돌아보면 학생들이 무엇이 되겠다는 뜻을 가지고 있지 않다. 있다고 해도 대개 모두 좋은 대학에 입학해서 좋은 직장에 들어가기 위하여 공부를 한다. 그러나 지금은 평생직장이란 것이 없기에 그것도 일시적인 것에 지나지 않는다. 성현이 되겠다는 말은 들어 본 적도 없는 것이 우리의 교육현실이다.

왕양명은 "대개 종신토록 배우고 묻는 공부는 다만 뜻을 세울 수 있는 것일 뿐이다. 만약 이[立志] 설을 가지고 정일(精一)을 합하면 글자마다 구절마다 모두 정일의 공부일 것이며 이 설을 가지고 경의(敬義)를 합하면 글자마다 구절마다 모두 경의(敬義)의 공부일 것이다. 그것은 격치(格致), 박약(博約), 충서(忠恕) 등의 설에도 꼭 들어맞지 않는 것이 없다. 다만 그것을 실심(實心)으

---

24 『왕양명선생실기』, 174쪽.
25 『傳習錄』中 "後世大患 尤在無志 故今以立志爲說 中間字字句句莫非立志."

로 체득할 수 있고 난 뒤에야 나의 말이 거짓이 아님을 믿게 될 것이다"[26]라
고 하였다.

(4) 입지와 정일

배우고 묻는 공부는 성인이 되겠다는 뜻을 세워 일생동안 하는 것이다.
양명은 평생교육을 말한 것이다. 양명은 입지(立志)를 정일(精一)공부와 연결
시키었다. 그것은 성인이 전해준 16자 심법(心法)의 '오직 알차고 오직 한결
같게 그 중을 잡아라[惟精惟一 允執闕中]'는 성현 심법에서 나온 말이다. 정(精)
이란 조(粗)와 반대되는 말로 후자는 대강[outline] 혹은 조악함[coarse]을 의미
하며 이에 대하여 전자는 알맹이, 본질[essence], 순수[purity]를 가리킨다. 일
(一)은 다(多), 이(二), 달라짐[異]과 대비되는 말로서 하나[唯一], 동일성[identity],
한결같음을 의미한다. 왕양명은 양자의 관계를 이렇게 말하였다.

> "오직 한결같게 하는 것[惟一]은 오직 순수하게 하는 것[惟精]의 주된 뜻[意]이
> 고 오직 순수하게 하는 것[惟精]은 오직 한결같게 하는[惟一] 공부다. 순수
> 하게 하는 것 밖에 다시 한결같게 하는 공부가 있는 것이 아니다. 정(精)이라
> 는 글자는 쌀 미[米] 자를 부수로 삼는 데서 나왔다. 잠시 쌀을 가지고 비유하
> 면 이 쌀을 완전히 깨끗하게 하고 희게 만들려는 것이 바로 유일(惟一)의 뜻
> 이다. 그러나 [벼를 절구 공이로] 찧고 [키로] 까불고 [체로] 치고 [손으로 뉘를] 골
> 라내는 유정(惟精)의 노력을 기울이지 않는다면 완전히 희고 깨끗하게 만들
> 수 없다. 찧고 까불고 치고 골라내는 것은 '유정'의 공부이지만 그것 역시 이
> 쌀을 완전히 깨끗하고 희게 하려는 데 불과하다. 널리 배우고[博學] 자세히 묻

---

26 같은 책: "蓋終身學問之功 只是立得志而已 若以是說而合精一 則字字句句 皆精一之功 以是說而合敬義
則字字句句 皆敬義之功 其諸格物 博約 忠恕等說 無不吻合 旦能實心體之 然後信予言之非妄也."

고[審問] 신중하게 생각하고[愼思] 밝게 변별하고[明辯] 돈독하게 행하는 것[篤行]은 모두 오직 순수하게 하여 한결같음을 구하는 방법이다. 그 밖에 널리 글을 배우는 것[博文]은 예로 단속하는[約禮] 공부이고 사물을 바르게 하여 앎을 실현하는[格物致知] 것은 뜻을 성실하게 하는[誠意] 공부이고 묻고 배우는 데 종사하는 것[道問學]은 덕성을 높이는[尊德性] 공부이고 선을 밝히는 것[明善]은 몸을 성실하게 하는[誠身] 공부라는 것 등도 모두 이러한 의미이다."[27]

왕양명은 이렇게 입지와 정일(精一)공부를 연결시키었을 뿐만 아니라 박문과 약례, 존덕성과 도문학, 격물치지와 성의, 명선과 성신, 경이직내(敬以直內)와 의이방외(義以方外), 즉 경과 의[敬義] 그리고 학문사변(學問思辯)과 독행을 모두 하나의 정일공부로 귀결시키었다. 주자학에서는 위의 모든 공부를 안팎으로 나누어 설명하였다. 예를 들면 서(恕), 박문, 도문학, 격물치지, 성신 의이방외, 독행은 밖의 공부로 충(忠), 약례, 존덕성, 성의, 명선, 경이직내, 학문사변은 안의 공부로 나눈 것이다. 그러나 양명은 모두 하나로 합일하여 정일 공부로 설명한 것이다.

왜냐하면 주자는 공부를 정태적으로 보는 데 대하여 왕양명은 역동적으로 생각하기 때문이다. 역동성은 언제나 흐르는 물처럼 움직이고 있다. 물을 둘로 나눌 수 없고 따라서 이것을 갈라서 볼 수 없듯이 이 세상 모든 것은 움직이고 있으므로 둘로 나누어 보기가 어렵다. 교육의 문제에서도 학생들이 변화 성장하고 있으므로 이에 맞추어 역동적으로 교육을 해야지 정태적

27 『傳習錄』上 25條目: "問惟精惟一 是如何用功 先生曰 惟一是惟精主意 惟精是惟一工夫 非惟精之外 復有惟一也 精字從米 姑以米譬之 要得此米純然潔白 便是惟一意 然非加舂簸篩揀 惟精之功 則不能純然潔白也 舂簸篩揀 是惟精之功 然亦不過要此米到純然潔白而已 博學 審問 愼思 明辯 篤行者 皆所以爲惟精而求惟一也 此如博文者卽約禮之功 格物致知者卽誠意之功 道問學卽尊德性之功 明善卽誠身之功 無二說也."

으로 교육을 할 경우 침체의 늪에서 빠져나오기 어렵다.

왕양명의 교육사상은 아무런 목표도 제시하지 않는 우리 현실의 교육을 근본적으로 되돌아보게 한다. 왕양명이 언급 하였듯이 옛날에는 인륜을 가르치고 성숙한 인격을 가진 인물[성인, 현인 등]이 되는 뜻을 세우고[立志] 그 목표를 실현하는 것이었다.

그러나 오늘날 우리 교육현장은 인생의 뚜렷한 목표를 가르치지 않는다. 이에 따라서 일어나는 갖가지 부정적인 면들 예를 들면, 사교육, 선행학습, 학교 폭력, 왕따, 자살 등을 근본적으로 치유할 수 있는 길을 왕양명은 양지의 교육을 통하여 제시하였다. 왕양명은 특히 아동교육을 중시하였다. 봄에 연약한 어린 나무가 강한 바람에 꺾이지 않도록 잘 보호해야 하듯이 어린이도 그 타고난 본성을 잘 기르도록 인도해야지 엄한 벌로 다스려서는 안 된다고 하였다. 체벌은 교사를 원수처럼 여기고 학교를 감옥으로 간주하게 될 것이라고 하였다. 어린이의 양지를 발휘하도록 하는 심미적 덕성교육이 필요하다는 말이다.

제 11 강

—

양지의 종교적 특성

이 강의는 양지의 종교적 특성에 대하여 살펴본다. 우리나라에는 수많은 종교 및 교파가 서로 공존하고 있다. 유교가 종교인가 혹은 철학인가 하는 질문이 예전부터 있어 왔지만 우리는 양명학을 주로 윤리적, 철학적 의미에서만 다루어 왔다. 이 강의에서는 양명학을 종교적인 면에서 알아보고자 한다. 우선 내재 초월적 양지의 영(靈)의 종교적인 특성이 무엇인지 사전적 의미를 알아본다.

왕양명은 양지를 영명(靈明), 또는 하늘이 심어준 영명한 뿌리[天植靈根]라고 말하는가 하면 명각(明覺)의 기능을 가지고 있다고 하였다. 왕양명은 양지를 믿음의 차원에서 언급하기도 하였다. 중국 현대 철학자 모우쫑산[牟宗三]은 양지의 영명에 바탕을 두고 도덕종교를 전개하였으며 탕쥔이[唐君毅]는 양지의 표준에 의하여 각종 종교를 판명하기도 하였다. 양지는 불교의 불성(佛性)과 유사한 면을 가지고 있으며 도교의 내단(內丹)과도 연관이 있다. 양지는 이슬람교의 진사(眞賜), 그리스도교의 영혼(Anima)을 이해하는 바탕이 되었다. 양지는 이와 같이 양명학의 종교적 특성을 이해하는 데 좋은 기반을 마련한 것이다.

1. 영성(靈性)과 내재 초월적인 양지

(1) 영(靈)의 의미

영성이란 용어는 Spirituality의 번역어인데 그 일차적 의미는 그리스도교에서 형상되며 영[spritus], 정신[pneuma] 등의 신성한 품성이나 성질 등에서 유래되는 것이다. 영성은 이성과 감성을 넘어서 존재하는 인간의 종교적인 의식상태를 일컫는 개념이다. 이것은 그리스 전통에서 누우스(nous)나 노에시스(noesis) 등과 같이 이성과는 다른 직관적 의미를 지닌 개념과 연계되어 이해된다. 이처럼 영성에 대한 이해는 일반적으로 종교에 기초를 두고 있다.[01]

왕양명은 "저는 참으로 하늘의 영(靈)에 의존하여 우연히 양지의 학에 견해를 갖게 되었다."[02] 그리고 또 "하늘의 영(靈)에 의존하여 우연히 양지의 학에 깨달음을 갖게 되었다"[03]고 하여 그의 양지학은 바로 하늘의 영(靈)에 의존하여 깨달은 것임을 밝히고 있다.

영(靈)자의 사전적 의미를 살펴보면 ① 인간이 어떤 초자연적인 초월적 존재[spirits or divine]와 교통할 수 있는 능력을 가지고 있는 무(巫)를 뜻하고 또 ② 인간이 가진 뛰어난 초월적 능력 자체[특히 알 수 있는 힘]를 의미하기도 하였다. 그리고 ③ 죽은 뒤에도 가지고 있는 어떤 힘 또는 죽은 사람 그 자체와 그에 대한 존칭을 뜻하였으며, ④ 걸출한 것, 재빠른 것, 정교한 것, 효험이 있는 것 등 여러 가지 의미를 가지고 있다.[04]

영(靈)은 제일 처음 무(巫)라고 새기고 있다. '무'는 인간이 알 수 없는 초월적인 세계에 대한 정보를 인간에게 알려주는 역할을 하는 헤르메스(Hermes)와 같은 존재이다. 이 점에서 영(靈)은 초월적 세계와 관련이 있음을 알 수 있다.

영(靈)이란 글자가 중국철학의 저서에 맨 처음 나타난 것은 장자에서였다. 장자는 인심, 기심, 성심 등 세속적 마음과 구별하여 영부(靈府), 영대(靈臺)라

---

01 김세서리아, 「하곡의 도덕적 영성으로서의 양지와 그 현대적 의미」, 『양명학』 제22호, 2009, 227–228쪽.
02 『傳習錄』 中 答聶文蔚: "僕誠賴天之靈 偶有見於良知之學."
03 『王陽明全集』 寄鄒謙之: "賴天之靈 偶有悟於良知之學."
04 『漢語大詞典』, 上海: 漢語大詞典出版社, 1993年 8月.

는 말을 사용하였다. 이것은 인간의 마음속에서 욕심을 비우고 씻어 내버리고 난 다음 생겨나는 아주 밝은 하늘의 빛[天光]을 영대라고 하였다.

영이라는 글자는 왕왕 신(神)자와 함께 사용되기도 하고 이와 비슷한 의미를 가지고 있기도 하다. 순자는 마음을 "형체의 군주이며 신명(神明)의 주인"이라고 하였다. 관자(管子)는 인간의 마음속에 영기(靈氣)가 있기 때문에 사려를 할 수 있고 도를 알 수 있다고 하였다.

영은 영감(靈感)처럼 어떤 초월적인 힘이 우리에게 주는 번득이는 빛과 같은 것이다. 시인이 시를 쓸 때 뮤즈[靈]가 와야 한다고 한다. 과학자가 위대한 발명을 할 때도 영감에 의존하는 경우가 매우 많다고 한다. 이러한 사실은 모두가 초월적인 힘이 작용한다는 것을 알 수 있다.

왕양명의 용장에서의 깨달음을 박은식 선생은 "혹 이 꿈속에서 맹자가 양지의 뜻을 알려주었다고 전하며 혹 하늘의 소리를 들었다고 말한다"[05]고 하여 양명의 양지는 하늘의 소리를 듣고 깨우쳤다고 언급하였다. 동학의 교주 최재우가 선어(仙語)를 듣고 득도했다는 종교적 체험은 말할 것도 없다.[06] 기독교에서는 이러한 체험을 하느님의 계시라고 말할지도 모른다. 불교에서도 성불(成佛)할 수 있는 진심(眞心)을 공적영지(空寂靈知)라고 하여 영지(靈知)가 깨우칠 수 있는 근거가 된다는 사실도 눈여겨보아야 할 것이다.

주자학에서도 '영'자를 언급하지 않은 것이 아니다. 주자는 마음을 허령불매(虛靈不昧)라고 하였다. 허(虛)는 텅 비어 있다는 말이다. 영(靈)은 대상을 정확히 안다는 의미로 사용되었다. 허령(虛靈)은 대상을 편견 없이[虛] 정확하게 파악한다는 말이고 불매는 어둡지 않다는 말이다.

그래서 주자는 격물치지를 설명하면서 "인간 마음의 영특함[靈]은 인식능

---

05 박은식, 「왕양명선생실기」, 或傳此夢中에 孟子이 告以良知之旨 或曰聞天聲云.
06 최재목, 「왕양명의 양지론에서 영명의 의미」, 「양명학」 제31호, 2012년 4월, 13-14쪽.

력[知]을 가지고 있지 않음이 없고 이 세상의 만물은 이치[理]를 가지고 있지 않음이 없다"[07]고 하였다. 이것은 분명히 외물에 대한 대상을 정확히 아는[認識] 능력을 가리킨 것이다. 주자학에서의 영(靈)은 종교적인 면보다는 인식적이며 윤리적인 면이 더 강하다. 그러나 왕양명은 이와 달랐다.

(2) 영명(靈明), 명각(明覺)

양명은 양지를 일점영명(一點靈明)이라고 하였으며 명각(明覺)이라고도 하였다. 명(明)이란 노자에서 말하는 상(常)을 아는 능력이다. 이것은 대상적으로 외물을 아는 지(知)[예를 들면 주자학의 격물치지]와 달리 천지 만물의 존재 근거가 되는 능력[靈明]이다. 이것을 양지라고 한 것이다. 왕양명의 제자 황이방이 사람과 만물은 한 몸이라고 한 것은 혈기가 유통하는 것이므로 한 몸이라고 믿지만 타인과 몸이 다르고 금수초목과는 더욱 멀어지는데 어떻게 한 몸이라고 말할 수 있는지 그 근거를 물었다. 이에 대하여 왕양명은 반문하였다.

"그대는 이 천지의 중간에 무엇이 천지의 마음[心]이라고 보는가? 대답하였다. [예기 예운에 쓰인 바와 같이] 인간이 천지의 마음[心]이라고 들은 적이 있습니다. 선생께서 말씀하시었다. 인간은 또 무엇을 마음으로 삼는가? 대답하였다. 단지 하나의 영명(靈明)일 뿐입니다. [선생께서 말씀하셨다.] 하늘과 땅 사이에 가득 찬 것은 단지 이 하나의 영명이라는 것을 알 수 있다. 사람은 단지 이 형체 때문에 스스로 사이가 떨어져 있을 뿐이다. 나의 영명이 바로 천지 귀신의 주재이다. 나의 영명이 없다면 누가 하늘의 높음을 우러러보겠는가? 나의 영명이 없다면 누가 땅의 깊음을 굽어보겠는가? 나의 영명이 없다

---

07   朱子, 『大學章句』: "格物補傳 人心之靈 莫不有知 天下之物 莫不有理."

면 누가 귀신의 길함과 흉함, 재앙과 상서로움을 변별하겠는가? 천지 귀신 만물이 나의 영명을 떠난다면 천지 귀신 만물은 존재하지 않을 것이다. 나의 영명이 천지 귀신 만물을 떠난다면 또한 나의 영명도 존재하지 않을 것이다. 이와 같다면 곧 하나의 기운이 흘러서 통하는 것이니 어떻게 그들 사이를 격리시킬 수 있겠는가? 또 물었다. 천지 귀신 만물은 아주 오랜 옛날부터 존재하고 있습니다. 어째서 나의 영명이 없다면 모두 없어지게 됩니까? [선생께서] 말씀하셨다. 이제 죽은 사람을 보면 그의 이 정령이 흩어져 버렸는데 그의 천지 만물이 또 어디에 있겠는가?"[08]

왕양명은 천지 귀신 만물의 주재자가 바로 영명이라고 분명히 말하였다. 그리고 이 영명으로 인하여 천지 귀신 만물이 자기 기능을 발휘한다고 하였다. 따라서 영명은 천지 귀신 만물의 존재근거가 된다. 그러나 영명도 천지 귀신 만물과 따로 떨어져 있는 영물[Ghost] 같은 것이 아니라 천지 귀신 만물 속에 존재하는 생명력[氣]이다.

그래서 죽은 사람에게는 정령(精靈)이 이미 흩어져 기운이 통하지 않기 때문에 영명의 기능이 없으므로 천지 만물도 없다는 것이다. 왕양명은 영명을 천지 만물 속에 존재하면서 그것이 자기 기능을 발휘하도록 만드는 내재적 초월자라고 할 수 있다. 왕양명은 영명과 더불어 허령(虛靈)도 양지라고 하였다.

"주본사(朱本思)가 물었다. 사람에게 텅 비고 영명함[虛靈]이 있기 때문에 비

<hr/>

08 『傳習錄』下 336條目: "黃以方錄 先生曰 你看這箇天地中間 甚麽是天地之心? 對曰 嘗聞人是天地之心 曰 人又甚麽敎做心? 對曰 只是一箇靈明 曰 可知充天塞地中間 只有這箇靈明 人只爲形體自間隔了 我的靈明 便是天地鬼神的主宰 天沒有我的靈明 誰去仰他高 地沒有我的靈明 誰去俯他深? 鬼神沒有我的靈明 誰去辯他吉凶災祥? 天地鬼神萬物離我的靈明 便沒有天地鬼神萬物了 我的靈明離却了天地鬼神萬物 亦沒有我的靈明 如此 便是一氣流通的 如何與他間隔得? 又問 天地鬼神萬物 千古見在 何沒了我的靈明 便俱無了? 曰今看死的人 他這些精靈游散了 他的天地萬物尙在何處?"

로소 양지가 있습니다. 풀, 나무, 기와, 돌 같은 것도 양지가 있습니까? 선생이 대답하였다. 사람의 양지가 바로 풀, 나무, 기와, 돌의 양지이다. 만약 풀, 나무, 기와, 돌에 사람의 양지가 없다면 풀, 나무, 기와, 돌이 될 수 없다. 어찌 풀, 나무, 기와, 돌들만이 그러하겠는가? 천지도 사람의 양지가 없다면 역시 천지가 될 수 없다. 생각건대 천지만물은 사람과 원래 일체이며 그것이 발하는 가장 정밀한 통로가 바로 사람 마음의 한 점 영명(靈明)이다."[09]

주본사는 인간의 허령불매한 인식능력을 양지로 생각하고 외물[풀, 나무, 기와, 돌]에도 양지가 있는지 질문하였다. 이것은 양지와 외물을 둘로 나누어 보는 주자학적인 면모가 보인다. 왕양명은 만물일체의 관점에서 대답하였다. 양지의 초월적이며 내재적인 영명이 천지 만물과 감통할 수 있는 길이라고 본 것이다. 그리고 천지 만물과 인간은 하나의 생명력[氣]을 공유하기 때문에 서로 감통할 수 있다고 보았다. 금수와 초목은 물론 기와, 돌, 산천토석, 일월성신 모두가 가이아(Gaia)처럼 하나의 생명체로 파악하였기 때문에 감통할 수 있다고 본 것이다.

따라서 그가 말한 기운은 양지의 영명이 우주의 기운과 합일되어 온 우주를 감통할 수 있는 내재적이며 초월적인 생명의 영기[靈氣: 하느님의 숨; 인간을 비롯한 모든 생명은 하느님의 숨이 불어 넣어져야 생명체가 될 수 있다]를 말한다. 이런 의미에서 기독교에서 말하는 성령(聖靈)과 비슷하다고 할 수 있을 것이다.

왕양명은 또 "저는 '마음의 양지가 성(聖)이라고 한다'는 학설을 가지고 있다. … 사람이란 천지만물의 마음이다. 마음이란 천지만물의 주인이다. 마

09 『傳習錄』下 274條目: "朱本思問 人有虛靈 方有良知 若草木瓦石之類 亦有良知否? 先生曰 人的良知 就是草木瓦石之良知 若草木瓦石無人之良知 不可以爲草木瓦石矣 豈惟草木瓦石爲然? 天地無人的良知 亦不可爲天地矣 蓋天地萬物與人原是一體 其發竅之最精處 是人心一點靈明 風雨露雷 日月星辰 禽獸草木 山川土石 與人原只一體 故五穀禽獸之類 皆可以養人 藥石之類 皆可以療疾 只爲同此一氣 故能相通耳."

음이 바로 하늘이다. 마음을 말하면 천지만물이 모두 거기에 들어 있다. 그래서 또 가까이하고 절실하며 간단하고 쉽다"[10]고 하였다.

마음이 바로 하늘이다[心卽天]의 하늘은 천지와 차원이 다른 것임을 알 수 있다. 이때의 하늘[天]은 조물자[Heaven]로서 하늘땅[天地]을 뜻하는 하늘[sky]과는 다른 것이다. 마음은 바로 위에서 말한 양지를 가리킨다. 그리고 양지가 성(聖)이라는 것은 양지의 지성적[眞]·도덕적[善] 그리고 심미적[美] 경계를 초월한 종교적[聖] 단계를 말하는 것이다.

왕양명은 "양지는 하늘이 심어준 영명한 뿌리[天植靈根]이며 저절로 생겨나고 생겨나며 그치지 않는다"[11]고 하여 양지를 영명의 근거[靈根]라고 보았을 뿐만 아니라 또한 천지 귀신 상제를 생성하는 조화의 정령이라고 생각하였다. "양지는 조화(造化)의 정령(精靈)이다. 이 정령은 하늘을 낳고 땅을 낳으며 귀신을 이루고 상제를 이룬다. 모든 것이 이로부터 나온다. 참으로 이것은 사물과 상대됨[待]이 없다. 사람이 만약 그것을 다시 얻으면 완전하고도 완전하게 조금도 빠지고 부족함이 없다. 저절로 손발이 춤을 춘다. 천지 사이에서 다시 어떤 즐거움이 대신할 수 있는지 모르겠다"[12]고 하였다.

여기서 양지는 천지를 낳고 귀신과 상제를 이루는 우주적인 창생 능력[造化之精靈]으로까지 상승되었다. 그리고 이것은 사물과 상대됨[待]이 없다고 하였다. 어떻게 양지의 정령이 그렇게 할 수 있는가? 주자학에서는 앎[知覺]은 반드시 대상[外物]이 있어야 가능하여 격물치지 할 수 있다. 그러나 양지는 오히려 천지만물이 생겨나는 존재근거가 되는 것이다. 양명은 여기서 생

---

10 『王陽明全集』 卷6, 答季明德: "故區區近有心之良知是謂聖之說 … 人者 天地萬物之心也 心者 天地萬物之主也 心卽天 言心則天地萬物皆擧之矣 而又親切簡易."
11 『傳習錄』 下 黃修易錄 244條目: "良知卽是天植靈根 自生生不息."
12 『傳習錄』 下 黃省曾錄: "良知是造化的精靈 這些精靈 生天生地 成鬼成帝 皆從此出 眞是與物無待 人若復得他 完完全全 無所虧缺 自不覺手舞足蹈 不知天地間更有何樂可代."

(生)이란 표현을 사용하였다[生天生地].

이것은 독일어의 entstehen[生; 생겨난다]과 상당히 유사하다. 이것은 나와 마주하여 있는 대상[gegenstand]과 다르다. entstehen을 명사화한 Entstand는 대상이 없이도 생겨나는 초월적 신의 창조적 영역[神知]에 속한다. 그런데 "마주하여 서 있다"는 의미의 gegenstand는 인간의 인식 주관[識知]과 마주 대하여 있는 사물, 즉 대상을 가리킨다. 이러한 지식은 주자학의 격물치지처럼 반드시 사물을 기다려야[待] 인식이 가능하다.

그러나 양지는 명각(明覺)의 기능을 가지고 있기 때문에 대상을 기다릴 필요가 없는 것이다. 이 점에서도 양지는 지식과 차원이 다르며 앞서 말한 조화의 정령과 같은 의미이다. 그뿐 아니라 천지창조에 버금가는 우주 생성에까지 확대하여 양지를 조화의 정령이라고까지 말하였다.

마음의 양지는 만사만물을 창조하고 화육(化育)한다고 하였다. 양지는 이와 같이 의미 세계의 존재론적 기초가 되는 것이기도 하다. 천지와 상제 및 귀신을 생성하고 만물과 짝[對]이 없는 양지는 그 절대성과 창생성(創生性)을 확보하게 된다. 왕양명은 도덕적·심미적 영명의 주체로서 양지를 이렇게 명확하게 진술하였다.

양지는 마치 태양처럼 환히 빛나는 영묘한 밝음[靈明]이라고 하였다. 양명은 "천리는 사람의 마음에서 끝내 없앨 수 없고 양지의 광명은 영원히[萬古] 불변한다"13고 하였으며 양명은 세상을 떠날 때 "내 마음이 광명이다[吾心光明]"라고 하였다. 이 영명을 두고 한 말이다. 양명은 마음의 빛을 밖에서는 옳고 그름[是非], 좋고 싫음[好惡]을 판단하고 그 빛을 안으로 돌려 심체(心體)의 공부를 하였다. 요컨대 밖으로 지식을 추구하는 주자학과 달리 양명은

---

13 『傳習錄』中 答顧東橋書: "所幸天理之在人心 終有所不可泯 而良知之明 萬古一日."

영명의 주체로서의 만고불변한 내재 초월적 양지를 강조하여 종교적인 면모를 보여주었다.

(3) 양지신앙

왕양명 자신도 양지를 믿음[信]의 차원에서 말하기도 하였다. 양명은 추동곽(鄒東廓: 1491-1562)에게 보낸 편지에서 "이 때문에 더욱 이 두 글자[양지]가 우리 성인 문하의 정법안장(正法眼藏)임을 믿게 되었다."[14] 『전습록』에서는 이른바 "양지는 본래 무지(無知)인데 이제 오히려 알려고 하면 본래 알지 못함이 없다. 이제 오히려 알지 못함이 있다고 의심하는데 다만 믿음[信]이 미치지 못했을 뿐이다."[15] 왕양명은 양지가 본래 앎이 없으면서도 알지 못함이 없다[無知而無不知]는 것을 믿어야 한다고 생각하였다. 왕양명은 월야이수(月夜二首)의 시 가운데서 "양지가 원래 어둡지 않음을 기꺼이 믿으니 그를 따라 외물이 어찌 어지럽힐 수 있으랴!"[16]고 읊었다.

이렇게 왕양명은 내면 주체성의 무한한 가능성을 믿고 긍정하였다. 이 점에서 그의 심학이 강한 종교성을 갖는 계기가 된다.[17] 이와 같이 왕양명은 양지에 대한 믿음[良知信仰]을 보여주었는데 양지에 대한 본격적인 믿음은 그의 수제자 왕용계의 글 속에 잘 나타나 있다.

왕용계(王龍溪: 1498-1583)는 양지를 도덕실천의 선천근거 및 우주만물 본체로 삼아 이미 종극적 실재로 보았고 따라서 신앙의 대상으로 되었다. 이러한 왕용계의 양지신앙론은 명대 중기 이후 양명학자들에게 상당한 영향

---

14   與鄒謙之, 『王陽明全集』 178-179: "是以盆信此二字 眞吾聖門正法眼藏."
15   『傳習錄』 下: "良知本無知 今却要知 本無不知 今却疑有不知 只是信不及耳."
16   月夜二首, 『王陽明全集』, 789쪽: "肯信良知原不昧 從他外物豈能攖."
17   김영건, 「왕양명 심학의 종교적 성격연구」, 성균관대학교 박사논문, 2011, 174쪽.

을 끼쳤으며 더욱이 양명학 종교화의 기본적 형태와 취향을 대표한다.[18]

왕용계의 문집 속에는 양지에 대하여 "믿는다"[信得及 信得過]는 구절이 많이 보인다. 왕용계는 "양지는 바로 사람노릇을 하는 키[舵柄]이다. 경계(境界)는 비록 따름도 있고 거슬림도 있으며 얻음도 있고 잃음도 있음을 면하지 못하지만 만약 양지를 믿을 때는 종횡으로 조종하여 나[我]로 말미암지 않음이 없다. 마치 배에 키가 있듯이 한번 제시하면 바로 깨우친다"[19]고 하였다. 우리에게 양지가 있다는 것은 마치 배에 키가 있는 것 같다. 바다에서 순풍이 불든 역풍이 불든 키를 조종하여 항해하듯이 우리가 양지를 믿고 일상생활을 해 나가면 사람노릇을 제대로 해나갈 수 있다는 것이다. 모든 것이 나로 말미암은 것이기 때문이다.

왕용계는 자기 공부의 득력한 곳을 양지에 대한 고도의 자기 믿음[自信]으로 돌리었다.[20] 왕용계는 "자기에게 그 무엇을 가지고 있는 것을 믿음이라고 한다. 양지는 자연스러운 영특한 통로[靈窺]이다. 때때로 천기(天機)로부터 옮겨 다니며 전환[運轉]한다. 변화하고 말하고 행하며 저절로 하늘의 법칙이 드러난다. … 만약 양지를 참으로 믿게 되었을 때 저절로 도의를 생하고 저절로 명절(名節)을 간직하여 홀로 가서 홀로 온다. 마치 구슬이 쟁반을 구르듯이 붙잡아 다스림[拘營]을 기다리지 않아도 저절로 그 법칙을 지나치지 않는다"[21]고 말하였다.

이것은 양지의 자율성을 믿게 되었을 때 저절로 도의가 생기고 명절이 간

18　彭國翔, 王畿的良知信仰論與晩明儒學的宗教化, 『儒學傳統 ─宗敎與人文主義之間』, 北京: 北京大學出版社, 2007年 1月, 106쪽.

19　『王畿集』 卷4: "留都會紀 良知便是做人舵柄 境界雖未免有順有逆 有得有失 若信得良知過時 縱橫操縱 無不由我 如舟之有舵 一提便醒."

20　彭國翔, 같은 책, 108쪽.

21　『王畿集』 卷4: "過豊城問答 有諸己謂信 良知是天然之靈窺 時時從天機運轉 變化云爲 自見天則 … 若眞信得良知過時 自生道義 自存名節 獨往獨來 如珠之走盤 不待拘營 而自不過其則也."

직되는 결과를 말한 것이다. 왕용계는 또 이렇게 말하였다. "만약 양지를 믿게 되었을 때 때때로 양지 위에서부터 비추어 살핀다. 마치 태양이 일단 나오면 도깨비 요괴들이 그 형체를 감출 곳이 없는 것 같다. 아직도 무슨 욕망이 걱정이 될 것인가? 이것이 바로 근본을 바르게 하고 근원을 맑게 하는 학문이다."[22] 이것은 양지를 믿게 되었을 때 이루어지는 결과를 말한 것이다. 그는 또 이렇게 말하였다.

"단지 그대가 … 병마에 항복함을 면하지 못할까 걱정이다. 양지를 믿게 되었을 때 여기에 있건 저기에 있건 양호하건 병들어 있건 순조롭건 역경이건 단지 한 생각 영명(靈明)에 따라서 스스로 주재를 만들고 스스로 가고 스스로 온다. 대상[境] 위에서 마음을 내지 않고 때때로 철저하게 하면 바로 감쌈[包裹]이 없다. 한 생각으로부터 쉬지 않고 낳고 또 낳으며 유행에 곧바로 도달하면 천칙을 언제나 본다. 바로 이것이 참으로 성명(性命)이 된다. … 양지는 본래 일어나고 사라짐이 없다. 한 생각[一念]이 만년이다. 항구하면서도 그치지 않는다."[23]

양지를 믿게 되면 자신이 어느 처지에 있건 상관없이 스스로 주재가 되어 언제나 천칙(天則)을 본다는 것이다. 왕용계는 양지를 신앙대상으로 삼았지만 그렇다고 양지를 객관대상으로 만들어 타자[the other]화하는 것은 아니다. 오히려 초월자를 주체 자신 속에 내재화하는 것이다.

---

22 『王畿集』卷3: "今波晤言 若信得良知及時 時時從良知上照察 有太陽一出 魑魅魍魎無所遁其形 常何諸欲之爲患乎? 此便是端本澄源之學."

23 『王畿集』卷12: "答周居安 只怕吾弟 … 未免爲病魔所降 若果信得良知及時 不論在此在彼 在好在病 在順在逆 只從一念靈明 自作主宰 自去自來 不從境上生心 時時徹頭徹尾 便是無包裹 從一念生生不息 直達流行 常見天則 便是眞爲性命 … 良知本無起滅 一念萬年 恒久而不已."

따라서 왕용계의 양지에 대한 신앙은 본질상 스스로 믿음[自信]으로 체현되지 외적 대상으로서의 숭배가 아니다.[24] 양지신앙은 명대 중기 이후 확산되었고 현대에 이르러 모우쫑산[牟宗三], 탕쮠이[唐君毅] 등에 의하여 계승되었다.

현대 신유학자 모우쫑산은 양지를 무한심(無限心)이라고 보았다.[25] 이것은 헤겔의 절대정신[Absolute Geist]을 연상시키는 대목이기도 하다. 양지를 무한심으로 간주하게 되면 도덕적인 판단을 초월한 창조성을 갖게 되기도 한다. 이것이 바로 양지를 종교적인 면으로 해석할 수 있는 길이 열리게 된다. 모종삼은 인간의 마음[양지]은 이러한 명각, 영명을 가지고 있으므로 유한하면서도 무한하다고 보았다. 그것은 인간이 물 자체를 알 수 있는지의 직각[intellektuelAnschauung]을 할 수 있기 때문이라고 하였다. 칸트는 감성의 직관[aesthetisch Anschauung]만 인정하고 '지의 직각'은 인정하지 않았다.

모우쫑산에 의하면 칸트 또는 서양철학은 지의 직각이 하느님[神]에 속하는 것이며 인간은 유한한 존재이므로 이것을 갖추지 못하였다는 것이다. 그런데 중국철학에서는 인간도 지의 직각이 가능하다는 것이다. 모우쫑산은 칸트철학 중의 하느님[神]을 인간의 무한 심체로 내재화하였다. 이것이 바로 자유 무한심(無限心), 즉 양지라는 것이다. 모종삼은 칸트가 상정한 지의 직각을 양지 본체의 지체명각(知體明覺)으로 전화시켰다.[26]

모우쫑산이 보기에 지의 직각은 이론상에서 가능할 뿐만 아니라 현실 속에서 실천 상에서도 진실한 것이라고 하였다. 그는 일상생활 중 불쌍히 여기는 마음[惻隱之心], 부끄러워하는 마음[羞惡之心], 마음에서 불안하다[于心不

---

24 彭國翔, 『儒家傳統』, 北京大學出版社, 2007年 1月, 113쪽.
25 牟宗三, 『現象與物自身』, 臺灣: 學生書局, 1975, 15쪽.
26 程志華, 『牟宗三哲學硏究』, 北京: 人民出版社, 2009年 9月, 177쪽.

安], 마음에서 차마하지 못하겠다[于心不忍] 등은 빈번히 사용하는 도덕적 어휘일 뿐 아니라 대량으로 존재하는 도덕경험이기도 하다. 이러한 불쌍히 여김, 부끄러워함, 불안, 차마 하지 못함 등의 느낌이 바로 양지 본체가 약동하여 드러나는 살아 움직이는 증명인 것이다.

모우쫑산에 의하면 양지의 약동과 드러남[呈現]은 바로 양지가 추상적인 초월적 실체가 아니라 수시로 약동하는 활동의 본체라는 것이며 양지의 이러한 약동이 바로 지의 직각이라는 것이다.[27] 모중삼은 "지의 직각은 역시 하나의 드러남이며 우리가 실제로 가지고 있는 바이며 하나의 이론적인 긍정이 아니다"[28]라고 분명히 언급하였다.

모우쫑산은 왕양명의 "그 명각(明覺)의 감응으로부터 말하면 그것을 물(物)이라고 한다"는 구체적 도덕생활은 그 목적이 양지를 밝게 드러내어 도덕실천의 존재론적 의미로 삼는 것이었다. 모종삼은 이렇게 말하였다. "일[事]에 대하여 말하면 양지 명각은 나의 덕행을 실천하는 도덕적 근거이다. 물(物)에 대하여 말하면 양지 명각은 천지 만물의 존재론적 근거이다. 그러므로 주관적으로 말해 어진 마음[仁心]의 감통으로 천지 만물과 일체가 되는 것이다. 그리고 객관적으로 말해 이 일체의 어진 마음은 갑자기 곧바로 천지만물의 생성 변화하는[生化] 이치[理]인 것이다."[29]

이처럼 모우쫑산이 볼 때 양지는 유가 형이상학의 본체이다. 그는 양지를 세 가지 의미, 즉 주관적, 객관적 그리고 절대적 의미로 해석하였는데 양지의 절대적 의미에 대하여 모종삼은 양지는 도덕의 기초일 뿐만 아니라 모든 현실적 존재의 기초라고 하였다. 다시 말해 천지만물의 창조적인 본체라는

---

27 牟宗三, 『智的 直覺與 中國哲學』, 249쪽.
28 같은 책, 249쪽.
29 牟宗三, 『現象與物自身』, 458쪽.

것이다.

모우쫑산은 유가의 천(天), 천명(天命), 천덕[天道], 양지에도 인격신적 의미가 있다고 보았다. 공자는 "하늘[天]이 나에게 덕을 주었다"[30] 하였으므로 한 대 사람들은 모두 공자를 신성(神聖)으로 보았다. 그러나 유가는 결코 의식을 여기에 쏟아 붓지 않았다. 유가는 상제[하느님]에서부터 말하지 않았다. 유가의 관점은 양지가 높이 위에 있어 초월적 의미를 가지고 있지만 양지가 사람에게 내재하여 사람의 본성이 되어 사람의 본체를 형성하였다.

그러나 단지 본체만 있으면 넉넉히 갖추어져 있지 않다. 반드시 후천적인 수양공부를 해야만 한다. 그렇지 않으면 양지는 안주[定住]할 수 없고 흘러가 버릴[溜走] 것이다. 그러므로 공자는 어짊을 실천[踐仁]하라고 하였으며 왕양명은 양지를 실천하라[致良知]고 말하였다. 왕양명은 공자의 인을 양지 안에 이미 포함시켜 논하였기 때문이다.

모우쫑산이 볼 때 천도 양지를 위격화(位格化)하게 되면 바로 인격신의 상제[하느님]가 되고 호칭을 하고 정감을 가하여 형식화하게 되면 종교적 기도가 된다. 이러한 두 가지 면을 건립하게 되면 유교는 보편적 종교로 변신할 수 있다. 그래서 유교가 비록 종교이긴 하지만 일종의 특수한 종교라는 것이다. 모우쫑산은 이 특수종교를 도덕적 종교라고 하였다.[31]

도덕적 종교는 그 중점이 도덕적 본심과 도덕의 창조 위에 내려와 있다. 그래서 유교에서는 도덕이면서도 종교이며 도덕과 종교는 통하여 하나가 되는 것이라고 하였다. 유교는 인류 일용의 예악에서 출발하여 내재적 덕성 수양을 기초로 삼고 역각체증(逆覺體證)의 수양공부를 통하여 사람의 덕성과 천지의 본성을 위아래로 관철시키고 안팎으로 관통시켜서 맨 마지막에는

30　『論語』, 述而 天生德于予.
31　程志華, 『牟宗三哲學硏究』, 331쪽.

사람을 떠나지 않고 하늘을 떠나지 않는다[卽人卽天]. 도덕을 떠나지 않으면서[卽하면서] 종교를 떠나지 않는 [卽하는] 경계에 도달할 것이다. 여기서 '즉한다'는 말은 언제 어디서나 떨어져 있지 않고 함께 있다는 뜻이다. 따라서 개인의 유한한 생명 중에서 무한하고 원만(圓滿)한 의미를 얻을 수 있다. 이것이 유교의 도덕적 종교의 기본의미이다.[32]

모우쫑산에 의하면 유가에서 도덕은 유한한 범위 안에 머물러 있지 않고 도덕이 바로 무한에 통한다. 아무리 도덕 행위가 유한하다 하더라도 도덕 행위가 의거한 실체인 본심 성체는 무한하다. 따라서 유한한 도덕 경계(境界)는 무한한 종교 경계에 통달할 수 있다고 보았다. 이러한 도덕적 종교는 어느 다른 종교보다 "크고 알맞으며 지극히 바른, 크게 이루어진 원만한 가르침[大中至正之大成圓敎]"이라는 것이다.[33]

모우쫑산은 양지의 영명(靈明)에 바탕을 두고 도덕적 종교를 전개하였는데 탕쥔이[唐君毅]는 각종 종교의 높고 낮음[高下] 온전함과 치우침[全偏]은 양지의 표준에 의하여 판명된다고 하며 이것은 종교적 양지를 지향한다고 하였다. 이것은 도덕주체를 통하여 하늘의 초월성을 이해하는 동시에 인간의 도덕주체도 이로 인하여 초월적 의미를 얻는다. 따라서 양지를 표준으로 삼아 각 종교를 판단하고 내재성과 초월성을 통일시킨다.

탕쥔이에 의하면 종교는 초월적 의미를 중시하고 도덕은 내재적 의미를 중시한다는 것이다. 이러한 이해방식은 탕쥔이, 모우쫑산, 장쥔마이[張君勱] 그리고 쉬푸꽌[徐復觀]이 공유한 유가방식의 이해이다. 그들이 『중국문화를 위하여 세계인사에게 알리는 선언[爲中國文化敬告世界人宣言]』에서 천명한 것은 "중국민족의 종교성적인 초월감정 및 종교정신은 그 민족이 중시하는 윤

32 같은 책, 332-334쪽.
33 같은 책, 332쪽.

리도덕과 똑같이 근본을 하나로 하는[一本] 문화에서 왔기 때문에 그 윤리도덕의 정신과 마침내 합일되어 나눌 수 없다"[34]는 것이다. 탕쥔이는 양지 표준을 도입함으로써 본체론 차원에서 인성과 신성을 통관하고 도덕과 종교가 융합되었다고 주장하였다.

(4) 양지와 불성(佛性)

대체적으로 양명학에는 주자학과 마찬가지로 불교의 영향이 매우 뚜렷하다. 왕양명은 용장에서 깨닫기 전 불교와 도교에 출입한 적이 있다는 말을 보더라도 그 흔적을 읽을 수 있다. 왕양명은 불교에서 사용하는 '본래면목(本來面目)'으로 양지를 설명한다. 그는 "선을 생각하지도 않고 악도 생각하지 않을 때 본래면목을 알아보게 된다. 이것은 불가에서 본래면목을 미처 알아차리지 못한 사람을 위하여 방편을 설정한 것이다. 본래면목은 우리 성인 문하[유가]에서 말하는 양지이다.

이제 양지를 이미 명백하게 알아차릴 수 있다면 바로 이와 같이 말할 필요가 없다. 사물에 따라서 바로잡는 것 이것이 양지를 실현하는[致知] 공부이다. 불가의 '항상 깨어 있음[常惺惺]' 역시 항상 그 본래면목을 가지고 있을 뿐이다. 외형적 모습의 공부는 대략 서로 비슷하다. 그러나 불가는 사사로이 이기심을 가지고 있기 때문에 곧 같지 않은 곳이 생기었다."[35]

이 구절은 육조 혜능선사의 다음과 같은 말과 비슷하다. "선을 생각하지도 말고 악을 생각하지도 말라. 바로 그때 그 마음이 최고승의 본래면목이

---

34 單波, 「心通九境-唐君毅哲學的精神空間-」, 北京: 北京大學出版社, 2011年 9月, 194쪽.
35 『傳習錄』 卷 中 162條目: "答陸原靜書 不思善不思惡時 認見本來面目 此佛氏爲未認本來面目者設此方便 本來面目 卽吾聖門所謂良知 今旣認得良知明白 卽已不消如此說矣 隨物而格 是致知之功 卽佛氏常惺惺 亦是常存他本來面目 體段工夫 大略相似 但佛氏有個自私有利之心 所以便有不同耳."

다."[36] 왕양명은 불가의 본래면목이라는 말을 빌려서 양지를 설명하면서도 불가와의 차별성을 말하고 있다. 선도 생각하지 말고 악도 생각하지 말라는 말은 심체의 무선무악과 함께 선악을 초월한 양지의 특성을 잘 나타내는 말이기도 하다.

왕양명은 직접적으로 양지가 바로 성인 문하의 정법안장(正法眼藏)이라고 하여 불교의 정법안장이라는 용어로 자신의 핵심사상[양지]을 표현하였다. 그리고 사구교에서 제자들을 평하면서 이근(利根) 중하근(中下根)이라는 선학의 용어를 사용하기도 하였다. 왕양명은 절에서 눈 감고 있는 정좌하고 있는 한 스님을 만나 무엇을 보고 무엇을 말하느냐고 선의 방법으로 질문하여 그 스님을 깨우쳐 노모에게 돌아가게 만든 유명한 이야기는 바로 선가의 방법을 그대로 응용한 것이다.

왕양명이 말하는 심(心)이 불학에서 말하는 심(心)과 유사하다고 주자학자들이 주장하는데 그것은 심을 다만 작용의 측면에서만 바라보았기 때문이다. 그것은 주자학자들이 양명학의 심체, 즉 심즉리를 인정하지 않았기 때문이다. 그래서 양명학은 주자학자로부터 선학(禪學)이라는 비판을 받기도 하였다. 그러한 표현이 선학과 매우 유사한 면이 있다는 것은 부정할 수 없다.

왕양명은 "마음이 바로 이치이다. 천하에 또 마음 밖의 일이 있으며 마음 밖의 이치가 있겠는가?"[37] 여기서 심외무사 심외무리를 언급하였는데 그 밖에 마음 밖의 이치가 없으며[無心外之理] 마음 밖의 물건이 없다[無心外之物]고도 말하였다.[38] 뿐만 아니라 왕양명은 "마음 밖에 도의[義]가 없으며 마음 밖에 선도 없다"[39]고 말하였다.

---

36 『六祖壇經』: "行品 不思善不思惡 正與麼時 那個是明上座本來面目."
37 『傳習錄』卷上 3條目: "徐愛錄 心卽理也 天下又有心外之事 心外之理乎."
38 같은 책, 6條目: "所以其說 無心外之理 無心外之物."
39 『王陽明全集』卷4: "與王純甫 心外無義 心外無善."

불교사상에도 이와 유사한 표현이 있어 양명학은 불학으로 오해를 받기도 한다. 불교의 대승개심현성돈오진공론 중에서 "마음이 도이다. 마음이 이치이다. 이것은 마음 밖에 이치가 없고 이치 밖에 마음이 없다는 것이다"[40]라거나 마음 밖에 이치가 없다[心外無理]고 주장하는 점에서 양명학과 불학은 일치한다. 물론 표현은 같지만 그 내용은 다르다. 불교의 이치는 공리(空理)인데 양명학의 이치는 천리(天理)를 가리킨다.

양명이 세상을 떠난 뒤 심학은 분화되기 시작하였다. 그 영향이 가장 큰 것은 바로 왕용계와 태주학파였다. 왕용계가 불교와 선학을 취한 것은 왕양명보다 더 나아갔다. 그는 이렇게 말하였다. "양지는 본래 텅 비고 본래 고요하다. 배우지 않고 사려하지 않는다. … 온갖 일과 온갖 변화는 모두 여기서 나온다. 밖에 의존함이 없다."[41] 여기서 양지의 특징을 불교에서 자주 사용하는 텅 빔[虛], 고요함[寂]이라는 용어를 사용하였다. 그는 또 "텅텅 빔[空空]이 바로 비고 고요함[虛寂]이다. 이것이 학맥이다."[42] 그리고 "고요함[寂]이라는 한 글자는 오랜 옛날부터 내려온 성학(聖學)의 종지이다."[43]

왕용계는 불교의 용어를 꺼리지 않고 사용하여 고요하여 움직이지 않는[寂然不動] 미발(未發) 심체인 양지를 설명하면서 이것이 유학의 핵심사상이라고 말하였다. 그는 "만약 참으로 양지를 실현하려면 단지 마음을 비우고 사물에 응하여 사람마다 각기 그 정감을 모조리 발휘할 수 있게 해야 한다. 강할 수도 있고 부드러울 수도 있으며 기미에 접촉하여 응한다. … 비유하면 밝은 거울의 면과 같다. 곱고 미움이 저절로 밝혀진다"[44]고 하여 마음을 거

---

40 「大乘開心顯性頓悟眞空論」: "心是道 心是理 則豕心外無理 理外無心."
41 『王畿集』漸庵說: "良知本虛本寂 不學不慮 … 萬事萬化 皆從此出 無待于外也."
42 『王畿集』致知議辯: "空空卽是虛寂 此學脈也."
43 『王畿集』致知議辯: "寂之一字 千古聖學之宗."
44 『王畿集』卷1: "維揚晤語 若是眞致良知 只宜虛心應物 使人人各得盡其情 能剛能柔 觸機而應 … 譬之明鏡 當臺 妍媸自辯."

울에 비유하였다. 이것은 불교의 선사들이 늘 사용하는 방법이다. 왕용계는
선사들의 화두를 빌려서 자신의 치양지를 밝혔다.

태주학파의 나여방(羅汝芳: 1515-1588)은 젊어서 불교경전을 공부하였으며
승려 현각과 이야기를 나누기도 하였다고 한다. 그는 적자지심(赤子之心)을
강의하였는데 이 마음은 배우지도 않고 생각하지도 않는[不學不慮] 양지를 가
리킨다. 그는 "큰 도는 단지 이 몸에 있을 뿐이다. 이 몸이 온통 다 적자이다.
적자는 지능(知能)을 온통 다 이해한다. 지능은 본래 배움이나 생각함이 아
니다. 이에 이르러 정신은 저절로 몸으로 알게 되고[體貼] 가슴이 갑자기 깨
달아 텅 비고 밝다. 천심(天心)의 도맥(道脈)이 깨끗하고 알차면서 미세함을
믿게 된다."[45] 본심을 돈오하는 것이 바로 적자라는 것이다. 이러한 설법은
선의 맛을 충분히 느낄 수 있다. 그래서 황종희는 그는 조사선(祖師禪)의 정
수를 참으로 얻은 자라고 하였다.

(5) 양지와 내단(內丹)

왕양명은 불교와 노장에 드나든 지 오래되었다고 황종희는 진술하였
다.[46] 왕양명은 신선술을 익히는 데 빠져든 적이 있다고 세덕기(世德記)에 서
술되었다.[47]그런 이유에서인지 왕양명의 심학은 도교적인 특징을 많이 간
직하고 있다. 그의 치양지 철학 속에는 도교의 내단(內丹) 사상이 상당히 많
이 들어와 있다. 왕양명은 8세에 벌써 신선의 학문을 좋아했다고 한다.[48] 왕
양명이 11세 때 한 관상가가 도가의 말, 즉 "수염이 깃에 닿을 때 그대는 성

---

45 黃宗羲, 『明儒學案』 卷34 泰州學案 3: "大道只在此身 此身渾是赤子 赤子渾解知能 知能本非學慮 至是 精
　　神自是體帖 方寸頓覺虛明 天心道脈 信爲洁淨精微已已."
46 黃宗羲, 『明儒學案』 姚江學案: "先生之學 … 於是出入於佛老者久之."
47 『王陽明全集』 世德紀: "王陽明先生墓誌銘 … 四溺於神仙之習."
48 張豈之, 『主編中國思想學說史[明淸卷 上]』, 廣西: 師範大學出版社, 2008年 1月, 201쪽.

인의 경지로 들어가리라. 수염이 상단에 이를 때 그대는 성인의 태[聖胎]를 맺으리라. 수염이 하단에 이를 때 그대는 성인 열매가 원숙하리라"[49]는 말을 들은 것도 뒷날 그의 도교에 대한 관심을 불러 일으켰을 것이다. 왕양명은 17세 때[1488] 7월 왕양명은 월(越)에서 제씨(諸氏)와 결혼하였다. 결혼하는 당일 신부 집에 가는 도중 철주궁에서 한 도사와 양생의 도를 이야기하다가 밤을 새웠다. 그 이튿날 신부 집에서 사람을 보내어 찾아보았더니 철주궁에서 눈을 감고 앉아 있는 양명을 발견하여 집으로 데려왔다는 이야기가 연보에 실려 있다.[50]

31세 때는 "양명동에 집을 지어놓고 도인술(導引術)을 오랫동안 행하니 마침내 앞을 내다볼 수 있었다고 한다."[51] 37세[1507] 그가 용장으로 귀양 가는 도중 유근의 자객을 피하여 산속에서 우연히 철주궁의 도사를 다시 만났다. 양명에는 도교의 정(精), 기(氣), 신(神) 사상이 적지 않게 발견된다. 어떤 학생이 선가의 원기 원정 원신에 대하여 질문하였다. 이에 대하여 왕양명은 "단지 하나의 일일 뿐이다. 흘러 다니면 기가 되고 엉겨 모이면 정이 되고 묘한 작용은 신이 된다"[52]고 대답하였다.

왕양명의 문인 육징(陸澄)이 진양지기에 대하여 질문하였다. 왕양명은 이렇게 대답하였다. "대체로 양지는 하나이다. 그 묘한 작용으로 말하면 그것을 신(神)이라고 하고 그 유행으로 말하면 그것을 기(氣)라고 하고 그 엉겨 모인 것으로 말하면 그것을 정(精)이라고 한다. 어찌 형상으로 비로소 구하는 바일 수 있겠는가? 진음의 정은 바로 진양의 기의 어머니이며 진양의 기는

49 『王陽明全集』年譜1: "鬚拂領其時入聖境 鬚至上丹臺 其時結聖胎 鬚至下丹田 其時聖果圓."
50 『王陽明全集』年譜 17歲條: "合巹之日 偶閑行入鐵柱宮 遇道士趺坐一榻 卽而叩之 因聞養生之說 遂相與對坐忘歸 諸公遣人追之 次早始還合巹之日 偶閑行入鐵柱宮 遇道士趺坐一榻 卽而叩之 因聞養生之說 遂相與對坐忘歸 諸公遣人追之 次早始還."
51 『王陽明全集』年譜 31歲條: "築室陽明洞中行導引術 久之遂前知."
52 『王陽明全集』卷1: "只是一件 流行爲氣 凝聚爲精 妙用爲神."

바로 진음의 정의 아버지이다. 음은 양에 뿌리를 두고 양은 음에 뿌리를 둔다. 역시 둘이 있는 것이 아니다. 참으로 나의 양지의 설명은 무릇 이와 같은 유는 모두 말하지 않아도 알 수 있다."[53]

이것은 도교 내단의 기본관념인 정(精)·기(氣)·신(神)의 사상을 원용하여 양지를 설명한 것이라고 할 수 있다. 왕양명은 이와 같이 도가와 불가의 공부 방법을 섭렵하다가 마침내 용장에서 깨달았으나 아마도 도가의 공부방법이 많은 영향을 주었다고 말할 수 있을 것이다. 도가와 불가에 드나들며 공부한 것이 결코 허송세월은 아니었던 것이다.[54]

왕양명의 문인들도 도교의 공부 방법을 원용하여 양지학을 설명하기도 하였다. 왕용계의 사상에는 도교의 모습이 상당히 많이 들어 있다. 그가 치양지를 설명하면서 도교의 내단 이론을 원용하기도 하였다. 그는 "사람이 사람 된 까닭은 신(神)과 기(氣)일 뿐이다. 신은 기의 주재이고 기는 신의 유행이다. 신은 성(性)이고 기는 명(命)이다. 양지란 신기의 그윽함[奧]이며 성명의 영추(靈樞)이다. 양지가 이루어지면 신기가 교환되고 성명이 온전해진다. 그 기틀은 한 생각의 미묘함에 지나지 않는다."[55]

여기서 왕용계는 도교의 성명쌍수(性命雙修)의 이론을 원용하여 치양지를 설명하고 있음을 알 수 있다. 왕용계는 "대체로 우리 스승의 양지 두 글자는 영원히[萬劫] 파괴되지 않는 원신(元神)이며 유불도 삼교의 총지(摠持)를 에워싼다. 양지는 본성의 영체이며 모든 명종(命宗) 작용은 단지 이 건수를 수습하여 그것을 견고하게 하여 새고 흩어지지 않게 할 뿐이다. 그러면 곧 이것

53 『王陽明全集』 卷2: "夫良知一也 以其妙用而言謂之神 以其流行而言謂之氣 以其凝聚而言謂之精 安可以 形象方所求哉? 眞陰之精 卽眞陽之氣之母 眞陽之氣 卽眞陰之精之父 陰根陽 陽根陰 亦非有二也 苟吾良 知之說明 則凡若此類 皆加以不言而喩."

54 김길락, 「양명학과 도가 사상의 관련성」, 『왕양명철학연구』, 청계출판사, 2001년, 458쪽.

55 黃宗義, 『明儒學案』 卷12 折中王門學案2: "人之所以爲人 神與氣而已矣 神爲氣之主宰 氣爲神之流行 神爲 性 氣爲命 良知者 神氣之奧 性命之靈樞也 良知致 則神氣交而性命全 其機不外于一念之微"

이 오래 사는[長生久視] 길이다. 옛날 사람은 해와 달을 약물로 여기었다. 해의 혼의 빛이 바로 양지이며 달의 백이 바로 일광의 참된 법상(法象)을 거두어 받아들이는데[收攝] 이른바 언월로(偃月爐)라는 것이다."[56] 이것은 도교의 수행방법으로 양지를 그리고 있다. 그는 계속하여 이렇게 말하였다.

"함양공부의 귀중함은 정기(精氣)를 오로지하여 계속 이어가는 데 있다. '마치 닭이 알을 품고 있듯이'라고 돌아가신 스승[先正]께서 이 말씀을 하신 적이 있다. 그러나 알 중에는 반드시 원래 한 점의 진양(眞陽) 종자가 들어 있어야 비로소 품는 것이 성공할 수 있다. 만약에 양이 없는 알이라면 그것을 부지런히 품어도 마침내 가짜 알이 된다. 학자는 참 종자를 알아차려야 비로소 공부를 헛되이 낭비하지 않는다."[57]

그는 함양공부를 닭이 알을 품고 있는 것에 비유한 왕양명의 학설을 인용하여 한걸음 더 나아가 도교의 내단(內丹)과 연결시켰다. 그는 또한 정좌 조식법(調息法)을 강의하여 도교의 내단 조식법을 유가의 정좌공부에 받아들였다. 이것은 모두 그가 도교의 영향을 받았다는 증거이다.[58]

양명의 다른 제자 주득지(周得之)는 도교 내단에 대한 깊은 연구와 체험을 통하여 금단(金丹)에 대하여 이렇게 말하였다.

"금이란 지극히 단단하고 지극히 날카로운 상(象)이다. 단(丹)이란 붉음[赤]이

---

56 『王畿集』卷9: "大抵我師良知兩字 萬劫不塊之元神 範圍三教大總持 良知是性之靈體 一切命宗作用 只是收攝此件 令其堅固 弗使漏泄消散 便是長生久視之道 古人以日月爲藥物 日魂之光 便是良知 月魄便是收攝日光眞法象 所謂偃月爐也."

57 黃宗羲, 『明儒學案』卷12 折中王門學案2: "涵養工夫貴在精專接續 女鷄抱卵 先正嘗有是言 然必卵中原有一點眞陽種子 方抱得成 若是無陽之卵 抱之雖勤 終成假卵 學者須識得眞種子 方不枉費工夫."

58 張豈之, 『中國思想學說史』明清卷 上, 廣西: 師範大學出版社, 2008年 1月, 202쪽.

다. 나의 적자의 마음을 말한다. 연(煉)이란 희로애락이 발동한 곳이 불[火]이
다. 희로애락의 발동은 어떤 것[物]이 끌어당긴다. 무겁고 또 무겁고 가볍고
또 가볍다. 차고 또 차고 뜨겁고 또 뜨겁다. 이 마음을 단련하여 오롯이 여기
에 있다. 나가지도 않고 들어오지도 않는다면 적자의 마음은 잃어버리지 않
는다. 오래오래 순수하게 익으면 바로 단(丹)이 이루어지는 것이다."[59]

이것은 명백히 도교의 금단설(金丹說)을 가지고 유가의 수양 공부론을 설
명한 것이다. 어린애[적자]의 마음을 잃지 않도록 마음을 단련하는 공부를 도
교의 연단에 연결시켜서 논지를 펼친 것이다.

(6) 양지와 진사(眞賜)

이슬람교가 중국에 전파된 뒤 당, 송, 원을 거쳐서 중국 각지에서 안정된
지위를 확보하였으나 규모가 갖추어져 있지 못하였다. 명대에 이르러 이슬
람교는 중국에서 고정되고 통일되어 회교라고 불리게 되었다. 동시에 튼튼
한 사회체제를 가지면서 회교민족이 형성되기도 하였다. 회교는 중국화된
이슬람교이다.[60]

이슬람교가 중국에 진입한 뒤의 몇백 년간 "교리도 분명하지 않고 교명도
정해지지 못하고 전적 및 저작도 보이지 않았고 역시 한문 번역저서도 없었
다. 이것은 교민의 종교였으며 혹은 외래 민족의 종교였다."[61] 명대 중기 이
후 이슬람교의 종교교육이 점차적으로 형성되어 전문적인 경당(經堂)과 경

---

59 黃宗羲, 『明儒學案』 卷25 南中王門學案1: "金者 至堅至利之象 丹者 赤也 言吾赤子之心 煉者 喜怒哀樂 發
    動處是火也 喜怒哀樂之發 是有物牽引 重重輕輕 冷冷熱熱 鍛鍊得此心端然在此 不出不入 則赤子之心不
    失 久久純熟 此便是端成也."
60 張豈之, 『中國思想學說史』 明淸卷 上, 廣西: 師範大學出版社, 2008年 1月, 203쪽.
61 위의 책에서 재인용. 楊兆鈞, 「中國伊斯蘭敎歷史分期問題」, 楊懷中, 余振貴主編, 『伊斯蘭與中國文化』, 132
    쪽, 銀川: 寧夏人民出版社, 1995年.

사(經師)가 출현하였다. 이것을 경당교육이라 일컫는데 이 교육의 창시자가 호등주(胡登州: 1522-1597)였다.

그는 섬서 함양인으로 어려서 유학을 공부하였고 뒤에 이슬람 경학을 공부하였다. 그는 이슬람교의 경문이 부족하고 학자들도 거의 없는 상태에서 자기 집에서 제자들을 불러모아 경전을 가르치면서 학자를 양성하였다. 이것이 경당교육의 시작이었다. [62]

호등주 이후 경당교육이 급속도로 발전하였고 제자들도 번성하여 마침내 경학학파까지 등장하였다. 그 사이에 이슬람 코란경을 비롯한 경전이 한문으로 번역되었고 그에 대한 저술도 간행되었다. 한문으로 된 저서 이론을 펴낸 가장 중요한 인물이 바로 왕대여(王岱興: 1584?-1670)였다.

그는 남경인으로 호등주의 4전제자인 마군실(馬君實)을 이어받았다. 그는 아랍어와 페르시아어에 정통하였으며 주로 번역서를 보조로 하여 많은 저술을 남겼다. 그중 대표적인 것이 『정교진전(正敎眞詮)』, 『청진대학(淸眞大學)』, 『희진정답(希眞正答)』 등이다. 이 저작들은 유교의 사상으로 이슬람 교의를 해석한 것이다. [63]

왕대여는 유가와 이슬람교는 매우 밀접한 관계를 가지고 있다는 것이다. 첫째는 도통의 근원이 같다[道統同源]는 것이다. 중국고전의 호천(昊天)이나 상제(上帝)는 바로 참 주인[眞主]인 알라라는 것이다. 둘째는 교리가 근원이 같다[敎理同源]는 것이다. 이슬람교의 기본종지와 유교의 기본 가르침이 일치한다는 것이다. 유교의 근본이 충효인데 이것이 바로 이슬람교의 근본요소라는 것이다. [64]

62 張豈之, 204쪽 참조.
63 같은 책, 206쪽.
64 같은 책, 207쪽.

회교가 명대에 체계를 갖추긴 하였으나 회교와 심학의 관계는 불교나 도교에 비할 바가 못 된다. 그러나 왕대여와 이탁오의 저작 속에 회교와 심학의 관련성이 매우 뚜렷하다. 첫째로 왕대여의 "진사(眞賜)" 개념은 심학과 관련성이 매우 깊다. 왕대여에 의하면 진주(眞主)가 사람을 만든 것은 위에서 아래로의 창조과정이며 사람이 진주(眞主)를 아는 것은 아래에서 위로의 복귀과정이라는 것이다. 전자는 창세론이며 후자는 참된 주인을 아는 학문[認主學]이다. 진주학(眞主學)의 기초개념이 바로 진사(眞賜)이다.

이것은 내재적으로 진주에 대한 깨달음[領悟]을 가리키는데 진사(眞賜)는 진주가 선천적으로 인간에게 내려준 것이며 진주의 원천과 기초를 체인하는 것을 말한다. 인간은 선천적으로 내재적 종교성을 갖추고 있으며 진주가 내려준 신앙의 기본원인을 갖추고 있다. 따라서 이러한 진사로 인하여 사람은 진주를 알아볼 수 있다는 것이다.[65]

진사는 양명학의 관점에서 보면 사람이 선천적으로 본심, 즉 양지를 갖추고 있다는 것과 상통한다. 이것은 명덕의 근원, 본래면목과 비교될 수 있으며 바로 이것은 진주(眞主)와 동일한 본래 참된 마음이다. 진주를 아는 과정은 바로 환아(幻我)에서 진아(眞我)로 회귀하는 과정이다. 이것은 본심이 진주에 계합하는 과정이기도 하다.[66] 그것은 양지의 영명(靈明)에 의하여 습심을 버리고 본심을 회복하는 치양지 과정과 일맥상통한다.

그 다음 회교와 양지의 관계를 잘 알 수 있는 인물이 바로 이탁오(李卓吾)이다. 그의 할아버지, 아버지는 모두 회교도였으며 이지는 성년이 되어 양명 심학의 영향을 받아 동심설을 제출하였다. 그는 회교에 대한 깊은 신앙을 가지고 있었으며 임종 때 회교의 방식으로 장례를 치르라고 부탁하기도

---

65 같은 책, 210쪽.
66 같은 책, 210쪽.

하였다. 그가 자기의 장례 방식에서 중시한 것은 외적인 형식의 예가 아니라 마음의 평안 여부였다. 가장 중요한 것은 그 본심을 손상시키지 말라는 것이었다.

그는 본심이 인생의 근본적 의미라고 생각하였는데 이 본심이 그의 사상의 중심이 된 동심인 것이다.[67] 동심이란 무엇인가? 이탁오는 "대체로 동심이란 진실한 마음이다. 만약 동심으로 돌아갈 수 없다면 이는 진실한 마음을 가질 수 없다는 말이 된다. 무릇 동심이란 거짓을 끊어버린 순진함으로 사람이 태어나서 가장 처음 갖게 되는 본심을 말한다."[68] 동심, 진심, 본심은 동일한 개념이다. 이지의 동심설은 왕양명의 양지를 다른 말로 표현한 것이다. 그는 여기서 회교의 장례와 본심 면에서 일치하는 면을 보여 주기도 하였다. 그는 마테오 리치와 세 번 만나 대화를 나눈 적이 있다고 한다.[69]

(7) 양지와 영혼[Anima]

명나라 중기부터 예수회 선교사들이 중국에 들어오기 시작하였는데 마테오 리치가 그 대표자이다. 그 뒤를 이어 알레니, 삼비아시 등이 중국에서 활동하였다. 알레니는 서양 신학의 대표적인 개념인 아니마(Anima)를 번역하는 과정에서 양지의 영명을 중시하였다. 아니마는 보통 영혼이라고 번역하는데 그 불멸성은 하느님과 상통하는 것이다. 영혼은 영성 또는 영명이라고도 한다. 알레니는 『성학추술』에서 영명(靈明)을 설명하면서 양지도 그중의 하나라고 한 것만 보아도 양지의 영명이 초월적인 특성을 갖는다는 것을 알

---

67 같은 책, 211~212쪽.
68 이지, 『분서』 권3, 김혜경 옮김, 한길사, 2004년, 348쪽: "童心說 夫童心者 眞心也 若以童心爲不可 是以眞心爲不可也 夫童心者 絶假純眞 最初一念之本心也."
69 신용철, 『이탁오』, 지식산업사, 2006년, 296쪽.

수 있다.[70]

우리나라의 천주교는 양명학과 함께 전래되었다.[71] 가톨릭 성인의 한 분인 정하상은 하느님[上帝]의 존재를 증명하는 근거로서 세 가지를 들었다. 즉 만물, 양지 그리고 성경이었다. 두 번째 양지는 양명학의 기본사상인데 양지를 말하면서 선한 이를 상 주고 악한 자를 벌하시는[賞善罰惡] 위대한 주재자(主宰者)께서 인간의 마음[心頭]에 새겨져 있어 천둥 번개를 두려워하고 궁지에 몰려 비통한 상황을 만나면 천주를 부르면서 그에게 아뢴다고 하였다.

이것은 타고난 마음과 아름다운 본성을 가지고 있으므로 가르치지 않아도 알고 배우지 않아도 할 수 있다. 바로 이 양지를 가지고 있기 때문에 하느님을 섬길 줄 안다고 하였다. 인간이 만물 가운데 가장 귀한 이유는 그 혼이 영명(靈明)하기 때문이라고 하였다.[72]

홍콩의 한 신학원에서 왕양명과 기독교 사상을 비교하는 책이 출간되었다. 저자는 왕양명과 키르케고르는 서로 비슷한 곳이 있는데 바로 주체성의 창조활동이라는 것이다. 키르케고르는 일체 종교 활동을 주체 활동으로 거두어 들었다. 기독교의 진리는 주체를 떠날 수 없다. 주체를 떠난 진리는 주체에 대하

---

70 艾儒略, 「性學觕述」: "그[사람] 내면의 신령한 대체[內神大體]를 혹은 영성이라고 일컫는데 그 영명(靈明)한 본체를 가리키며 본래 사람의 본성을 말한다. 혹은 그것을 영혼이라고 하는데 이것으로 생혼 각혼과 구별한다. 혹은 영심(靈心)이라고 하는데 이것으로 육체의 심장과 구별한다. 혹은 영신(靈神)이라고 하는데 신체(神體)는 그 영명(靈明)하여 형기(形氣)에 속하지 않음을 가리킨다. 혹은 그것을 양지(良知)라고 하고 영재(靈才)라고 하는데 본체의 자연스런 영(靈)을 가리킨 것이다. 혹은 영대(靈臺)라고 하는데 그것이 방촌의 마음에 깃들인 것을 가리키는 영혼의 누대[臺]이다. 혹 그것을 진아(眞我)라고 하는데 육체[肉軀]는 잠시 빌린 집이고 그 안의 영(靈)이 바로 진아(眞我)임을 밝힌 것이다. 혹은 천군(天君)이라 하는데 천주(天主)가 나에게 부여한 한 몸의 임금을 가리킨다. 혹은 원신(元神)이라 하며 이것으로 원기(元氣)를 구별하는데 양자는 결합하여 사람을 이룬다. 대학은 그것을 명덕이라 하였는데 본체가 스스로 밝고 또 온갖 이치[萬理]를 밝힐 수 있는 것을 가리킨다. 중용은 그것을 아직 표현 안 된 알맞음[未發之中]이라 하였는데 그 본체를 가리키며 여러 정감이 나오는 곳이다. 맹자는 그것을 큰 몸[大體]라고 하였는데 그 존귀함을 가리킨 것이다. 총괄하건대 명칭은 각기 하나로 되어 있지 않지만 가리킨 바의 본체는 오직 하나일 뿐이다."

71 徐鐘泰, 「星湖學派의 陽明學과 西學」, 1995년 서강대학교 박사논문.

72 丁夏祥, 上宰相書.

여 말하면 진리가 아니라고 하였다. 왕양명의 주체창조의 활동은 바로 양지 영명이다. 양지는 조화(造化)의 정령(精靈)이며 마음이 주체 활동이다.

왕양명은 키르케고르보다 한걸음 더 나아가 주체활동이 천리를 창조하였 음을 지적하였다. 천리는 두 가지 기능이 있는데 첫째는 천리는 반드시 마 음의 주체 활동 하에서만 비로소 드러난다. 둘째는 천리가 마음에 내재한다 는 것이다. 마음의 창조활동이 바로 천리이다. 주체 활동 그 자체가 결정하 는 방향이 바로 천리이다 그러나 결코 주관 독단적이 아니다. 왜냐하면 왕 양명이 말하는 마음은 보편성과 초월성을 가지고 있기 때문이다. 왕양명의 주체 활동은 스스로 만족하는 것이며 안으로 자신에서 구하는 것이다.[73] 인 간이 양지를 가지고 있다는 것은 바로 그의 영명 때문이며 이것으로 초월자 와의 올바른 관계를 가질 수 있다고 하는 것이다.

최근 왕양명의 영성이 기독교의 영성과 서로 통한다는 말이 들리기도 한 다. 어느 신학교수는 왕양명과 칼 바르트 사이의 유사성이 있다고 하였다. 유학의 핵심사상인 수신(修身)과 그리스도 신학의 주요사상인 성화(聖化) [sanctification]는 참된 사람이 되는 길이며 두 사상 사이에는 비슷한 점이 있다 고 하였다.[74]

왕양명은 수신의 목표는 성인이 되는 것인데 이는 육체적 자기를 극복하 고 참된 자기[양지]를 실현하는 것[致良知]이다. 치양지의 여부에 따라서 자기 성화를 한 사람은 성인이 되고 그렇지 못한 보통사람이 되는 것이다. 바르 트에 의하면 성화의 목표는 본래 창조된 대로 인간의 참된 본성[하느님의 형 상]을 실현하는 것이다. 그러므로 수신과 성화는 참된 인간이 되는 방법[道]

---

73 楊慶球, 『成聖與自由 -王陽明與 基督敎思想的比較-』, 香港: 乾道神學院, 1996.
74 김흡영, 『양명학을 통해본 신학』, 66-67쪽.

이라는 공통점을 가지고 있다.[75]

예수 그리스도는 인간의 마음속에 있는 내재적 초월성의 역사적·인격적 육화라고 파악하게 된다. 칸트는 이미 예수를 '선한 원리의 인격화된 이상'이라고 간파하였다[이성의 한계 내의 종교]. 인(仁)과 아가페가 합일을 이룬 현시이며 확증으로서 예수 그리스도는 양지의 궁극적 체현이라고 통찰하게 된다. 예수 그리스도는 양지 곧 선과 악을 스스로 판별하고 죄악의 특성들을 철저하게 폭로하고 인간의 조건을 적나라하게 드러내는 순수하고 선한 앎을 완전하게 계시한다. … 예수 그리스도는 치양지의 역사적 극치 또는 양지 확대의 '오메가 포인트'로 인지한다. 참 하느님이시고 참 사람이신 예수 그리스도 안에서 천지만물 간에 신-인간-우주적 연결이 완전히 재확립되었고 그리고 인간 주체성이 존재론적 실재인 천리(天理)와 완벽하게 일치되었다는 것이다.[76] 칼 바르트와 달리 랑프(G.W.H. Lampe)는 『영(靈)으로서의 하느님[God as Spirit]』이라는 저서에서 종전의 신학이 이론적이고 논리 정연한 로고스 중심이었으나 감동을 불러일으키는 역동성이 빠져 있어 성령주의 신학을 확립해야 한다고 주장하였다.[77] 이것은 정리(定理) 중심의 주자학[理本論]에서 양지의 영명(靈明)을 중시하는 양명학[心本論]으로 전환을 보는 것 같다. 이처럼 양명학은 위에서 본 바와 같이 종교적인 면을 잘 드러내고 있다.

(8) 양지의 종교적 특성

최근 양명학의 종교적 특징을 찾아보려는 시도가 있다. 일본 양명학의

---

75 같은 책, 67쪽.
76 같은 책, 83쪽.
77 이신 지음, 이은선·이경 엮음, 『슐리럴리즘과 영(靈)의 신학』, 도서출판 동연, 2011년 5월, 244쪽.

시조 나카에 도쥬[中江藤樹]는 양지를 하느님[上帝]으로 이해하고 양명학을 종교처럼 신앙하였다고 한다.[78] 그리고 양명의 양지에 대한 믿음은 종교적 경험의 출발 조건이다. 양명은 양지에 대한 철저한 믿음을 가지고 이를 현실에 실현시키는 치양지 공부를 중시하였다. 양명이 양지의 믿음을 강조한 것은 마치 윌리엄 제임스가 말한 '지나친 믿음'과 비슷한 점이 있다. 왕양명은 자기존재의 불안감인 인욕을 자각하고 이를 해소하기 위해 '치양지'라는 구원의 길을 끊임없이 걸어가면서 세상 속에서 종교적으로 살아간 인물이었다.[79]

캔 윌버는 유기체적 우주의 영(靈)을 모든 존재의 근본으로 여기고 있다. 왕양명이 유배생활의 환경과 자신의 종교적 심성이 맞아 떨어진 것은 일종의 종교적 신비체험에 해당한다. 이것은 내면의 각성 수준이 최고조에 달한 것이며 양명의 인생역정이 용장의 깨달음으로 나타난 것이다.[80]

야마시타 류지[山下龍二]는 양명학의 종교성이라는 논문에서 왕양명은 주자학에 의하여 배제되었던 종교성을 다시 부활시켰다고 주장하며 이렇게 말하였다. "주자학은 공자의 가르침에다 철학적인 이론을 덧붙인 것으로 기독교 신학과 유사하다. … 유교신학이라고 해도 좋다. 양명학도 유교의 경서를 전제로 하고 불교의 원리와 사실은 걸림이 없으며[理事無碍] 원리와 사실은 둘이 되지 않는다[理事不二]와 같은 사상을 도입하여 그것을 치양지개념에다 집약하였다. … 양명은 그 생애를 통해서 종교적인 심정을 계속 유지해 왔고 그것은 구체적인 행위로 드러났다. 종교적인 문제는 생사, 영혼, 신, 하늘 등이었는데 이들 문제들을 어떻게 해결할까가 양명의 생애를 건 과제

---

78   최재목, 『내 마음이 등불이다』, 이학사, 2003년, 270쪽.
79   현재우, 「왕양명의 종교적 경험연구」, 『양명학』 제21호, 2008년 12월, 261-293쪽 참조.
80   이동희, 「켄 윌버의 시각에서 본 양명학과 주자학」, 『양명학』 30호, 2011년 12월, 25쪽.

였다. [공자가] 괴이한 힘과 어지러운 귀신[怪力亂神]을 피하고 일부러 말하지 않은 것을 종교적 관심의 결여로 해석하고 유교를 윤리교의 권내에 가두어 두려는 이론은 주자학에서 시작된다. 공자는 천(天)을 믿고 조상신을 받드는 사람이었다. 유교가 가지고 있는 고유의 종교성을 부활한 것이 양명학이다. 양지는 내재하는 신의 관념에 가깝다."[81]

여기서 알 수 있듯이 주자학은 본성의 합리성을 강조하여 거의 근대과학에 가까운 격물치지를 논하여 서양의 과학을 받아들이는 데 공헌하였다. 주희가 말하는 이(理)는 궁극적 실재[太極]로서 인간이 그렇게 되는 존재 이유[所以然之故]뿐만 아니라 마땅히 그래야 하는 법칙[所當然之則]이었다. 따라서 마땅히 따라야 하는 윤리도덕의 법칙을 강조함으로써 주자학을 받아들인 우리 사회는 윤리 도덕만을 모든 평가의 기준으로 삼고 이를 절대시하는 도덕지향적 사회[82]로 만들어 버렸다.

그런데 양명학의 양지는 내재적인 도덕적·심미적 법칙일 뿐만 아니라 초월적 영성인 영명(靈明)이기도 하다. 이것은 내 마음의 종교적 특성이며 바

---

81 야마시타 류지[山下龍二], 「陽明學의 宗敎性」, 『陽明學』 제7호[이송학사대학양명학연구소, 1995], 최재목, 「왕양명에서 영명의 의미」, 21쪽에서 재인용.

82 오구라 키조[小倉紀藏], 「한국 도덕지향적인 나라」, 1998년 11월: 한국은 도덕 지향성 국가이다. 한국은 확실히 도덕 지향적 나라이지만 그러나 그것이 한국인이 언제나 도덕적으로 살고 있음을 의미하는 것은 아니다. 도덕 지향적과 도덕적은 다른 것이다. 도덕지향적 사람들은 모두 언어와 행동을 도덕으로 환원하여 평가한다. 즉 그것은 도덕환원주의와 표리일체를 이루고 있는 것이다. … 한국의 드라마에서 연인들은 도덕을 외치고 있다. 이것이 도덕지향성이다. 한국의 드라마 인물은 '지금 당신은 틀렸다. 이렇게 해야 맞다' 하며 상대방의 인생을 일방적으로 단정해 버린다. 또 '사랑이란 이래야 된다고 나는 생각한다'라는 사랑의 당위적 정의를 상대방에게 먼저 설교하고 난 다음에 그 사람과 교제하려고 한다. 여기에서 전개되고 있는 것은 '주체성 쟁취투쟁'의 이야기이다. 누가 도덕적 주체성을 장악할 것인가 라는 격렬한 싸움의 기록이다. … 한국에서 도덕이라고 하면 기존의 가치체계에 대한 동화를 강요하는 것이기도 하지만 역으로 낡은 체제에 대한 반항과 새로운 체계를 수립하는 원동력이기도 하다. … 이 차이는 어디서 오는가? 이는 바로 한국은 수백 년 동안 주자학의 나라였지만 일본은 메이지시대가 되어서야 유교적 국가의 완성을 지향했을 뿐이라는 역사적인 차이에서 오는 것이다. 조선왕조에 의한 전 사회의 유교화 이후 한국은 줄곧 유교 국가였다. 아니 보다 정확히는 주자학 국가였다. 체계나 이데올로기가 어떻게 변하든지 간에 줄곧 주자학 국가로 계속되었던 것이다.

로 이 점에서 양지는 초월적 내재의 신이라고 할 수 있는 것이다.

양명학은 이미 유불도(儒佛道)의 삼교합일의 종교정신을 가지고 있다. 그리고 박은식 선생이 언급한 것처럼 기독교와도 상통할 수 있는 가능성을 가지고 있다. 명대에 양명학은 회교와 이미 회통하였음을 알게 되었다. 그것은 모두 양지의 초월적이면서도 내재적인 영명(靈明)과 관련이 있다.

양지는 주자학이 말하는 것처럼 대상을 정확히 파악하는 허령불매한 훌륭한 인식능력에 한정되지 않고 천지 만물을 창생하는 영명한 초월적인 능력이다. 왕양명은 이러한 양지를 굳게 믿었다. 그의 수제자인 왕용계도 마찬가지였다. 양지에 대한 믿음이 바로 현대 철학자 모우쫑산, 탕쥔이가 말하는 도덕종교가 되었다. 주자학은 철두철미 도덕적 차원에서 도덕 지상주의적 성격을 강하게 가지고 있었다면 양명학은 도덕적·심미적이면서도 초월적 영명을 가지고 모든 종교를 감싸 안을 수 있는 종교적 색채를 강렬하게 띠고 있다고 말할 수 있을 것이다.

제 **12** 강

—

양명학의
도입과 하곡학

이 강의는 양명학이 도입된 시기의 사회적 배경을 먼저 알아보고 누구에 의하여 어떻게 도입되었는지 먼저 살펴본다. 양명학은 도입 초부터 퇴계 등으로부터 이단이라고 비판을 받았다. 그러나 조선시대 주자학을 정통으로 삼는 주자학자들의 온갖 위협에도 불구하고 양명학을 공부하여 어둠 속에서 횃불을 든 하곡 정제두가 나타났다. 하곡에 의하면 양명학도 주자학처럼 성인의 학문이라는 것이며 그 도달하는 길만 달리했을 뿐이라는 것이다. 그는 한국 주자학의 높은 수준에서 양명학과 그 후학의 사상을 받아들여 실심실학의 하곡학을 창조해 내었다. 하곡학은 퇴계학 율곡학과 함께 조선시대 3대 학파를 형성하였다. 다만 하곡학은 복류로만 흐르고 있었다. 그러나 하곡학파는 저촌 심육과 항재 이광신이 하곡을 계승한 이래 200여 년 동안 사승관계를 지속하여 현대 양명학의 선구자의 한사람인 위당 정인보에 이르렀다.

1. 시대 배경

조선왕조는 주자학을 국가 이념으로 삼았고, 주자학을 관학으로 삼아 모든 제도를 실시하였으며, 따라서 오로지 주자학만 논하는 풍토였다.

우리나라의 하곡학[실심실학]은 민족의 수난과 더불어 생겨난 학문이다. 조선시대 중기 임진왜란[1592-1598]과 병자호란[1636년 12월-1637년 1월]이라는 대전란을 치르고 난 뒤에 민족 자각적 의식에서 두 가지 사조가 생겨났는데 하나는 주자학적 예학이요, 다른 하나는 양명학적 실학이다. 조선시대 신유학은 이학(理學), 예학(禮學), 실학(實學)으로 발전하였다. 이에 비해 중국의 신유학은 이학(理學), 심학(心學), 박학(樸學)의 길로 나아갔다.

임진왜란과 병자호란은 성격이 다른 전란이었다. 전자는 일본이 조선을 침략한 전쟁이며, 병자호란은 만주족이 1635년 청나라로 개칭한 뒤 조선을 억압하려고 일으킨 전쟁이다. 1644년 중국 대륙에서 천하 권력이 명나라에서 청나라로 이동되는 대변동의 시작이었다. 그렇지만 조선은 새로 중원을 차지한 청나라를 천자(天子)로 인정하지 않았다.

조선 중기 전란들은 백성들의 삶을 도탄에 빠트렸고 국가를 위기에 빠지게 하였다. 조선의 조정은 전란을 수습하고 사회질서를 확립하기 위하여 제도적 정비와 함께 '예학(禮學)'을 진작시켰다. 예학은 성리학[주자학]에서 자연적으로 나올 수 있는 쌍생아적인 성격을 가지고 있다. 밖으로 드러난 것이 예학이라면 안[心性]의 수양을 강조하는 것이 이학(理學)이다. 전란 이후 17세기에는 특히 예학 연구서들이 쏟아져 나왔는데, 당쟁이 벌어진 것도 바로 예의 문제에서 비롯되었다[예를 들면 상복을 3년 입을 것인가 기년으로 할 것인가의 문제]. 그래서 이 시대를 예학시대라고 한다. 예학은 특히 의리와 명분(名分; 이름에 걸맞은 역할=정명론)을 매우 중시한다. 그래서 예학은 명학(名學)의 성격을 가지고 있다. 명학(名學)이란 형식 논리학을 말한다. 이 논리학은 실질적인 사실과 무관하게 논리적 정합성[coherence]과 타당성[validity]만 있으면 진리[truth]로 간주한다. 조선시대 당쟁은 철저히 논리적인 명분의 논쟁을 벌인 것이다.

이러한 형식 논리적인 예학의 명분론을 비판하고 실질적 내용을 중시하는 실심실학이 18세기에 하곡에 의하여 시작되었다. 그 도화선은 병자호란에서 생기었다. 병자호란은 청 태종이 군사를 이끌고 조선을 침략한 전란이었다. 청나라는 후금이 개칭한 나라이며 나중에는 명나라를 멸망시켰다. 조선 주자학자들은 오랑캐로 취급하던 여진족의 청나라를 천자로 인정할 수 없었다. 그래서 군신의 의례[君臣之義]를 거부한 것이다. 더욱이 임진왜란 때 명나라가 원군을 보내 조선을 도왔으므로 조선은 의리(義理)에서 보아 명나라를 배반할 수가 없었다. 대의명분(大義名分)을 지키기 위해서 청나라와 싸워야 한다는 논리가 조정에서 지배적이었다.

그러나 청 태종이 압록강을 넘어올 경우 백성들은 그들의 말발굽 하에서 고난을 당할 것은 명약관화한 현실이었다. 청나라와 화해를 하여[천자로 인정하고] 전란을 막아 보자는 쪽이 최명길의 주화파(主和派)였고, 대의명분을 내세워 싸우자는 쪽이 김상용의 주전파였다. 학문적으로 말해 김상용은 명분과 의리를 앞세우는 주자학자이고, 최명길은 현실을 직시하였던 양명학자이다. 남한산성에서 벌어진 이들의 논쟁은 바로 주자학과 양명학의 인식 차이에서 벌어진 것이었다. 사실을 알고 보면 청나라 군사가 벽제까지 쳐들어왔을 때, 목숨을 걸고 적진에 들어가 담판을 벌이며 국왕이 피신하도록 노력한 충신은 최명길 한 사람뿐이었다. 명분을 따지던 주전론자들은 모두 몸을 사리고 가지 않았다.

인조가 지금의 송파 삼전도에서 청 태종에게 항복한 뒤에야 청나라 군대가 철수하였다. 이러한 부끄러운 국치를 당한 조선시대 양반[주자학자]들은 틈만 나면 설욕해 보려고 모든 방법을 동원하였다. 그들은 주자학적 중화 문화가 청나라 천하에서는 사라지고 사문(斯文)이 여기 조선에 있다고 생각하였다. 따라서 중화 문화는 조선에만 있다고 자부하면서 스스로 소중화(小中華)라고 자처하였다. 그리고 청나라 연호를 사용하지 않고 명나라 마지막 황제가 쓰던 숭정(崇禎) 연호를 계속 사용하면서 숭정기원후 ○○년이라고 하였다. 지금도 해미읍성의 정문 편액을 보면 글씨 아래에 숭정기원후 ○○년이라고 쓰인 것을 볼 수 있다. 당시에는 사문을 어기는 자는 난적으로 몰아 죽이는 일까지 발생하였다. 양명학자는 생명 위협을 무릅쓰고 이른바 '사문 난적'이라는 주자학적인 '사문'을 부정하였다. 이 때문에 조선 주자학자들은 양명학을 비판하는 글을 썼다.

조선시대에 양명학은 불교나 노장처럼 이단으로 배척을 받았다. 양명학은 도입 초기부터 불리한 위치에 있었다. 양명학은 처음부터 퇴계의 비판에 직면하지 않으면 안 되었고 율곡학파의 박남계(朴南溪), 한원진(韓元震) 등도 양명학에 대한 비판적인 글을 내놓았던 것이다. 노론계열이면서 양명학을 비판한 한원진은 인물성 이론을 주장하였다. 인물성동이(人物性同異) 논쟁의 숨은 뜻은 과연 청나라 오랑캐도 인의예지신(仁義禮智信)이라는 오상(五常)을 가지고 있는가하는 함의도 들어 있다고 한다. 이렇게 학술적 입장에서 청나라를 무시하면서 효종 때에는 청나라에 대항할 힘도 없으면서 북벌(北伐)을 주장하기도 하였다. 주자학적 의리와 명분을 지나치게 강조하다 보면 위와 같이 현실을 망각하는 수도 있다.

조선시대에는 수정 주자학자인 나정암(羅整庵)의 『곤지기(困知記)』가 왕양명의 『전습록』보다 먼저 도입되어 읽혀졌다. 전자는 후자를 비판하기 위하여 쓰인 책이므로 조선시대에는 양명학 비판서부터 먼저 들어온 셈이다. 그러나 비판을 하면서도 암암리에 양명학을 수용한 점도 적지 않게 발견된다. 퇴계의 이발론은 천리가 스스로 움직인다는 그 역동성을 강조하는 양명학의 영향이 아니고는 설명할 수 없다는 것이 최근 학자들의 주장이다. 그리고 고봉은 양지를 천리로 인정하였다는 점에서 이를 부정하는 나정암과 다른 견해를 나타낸 것이다. 조선시대 소수의 성리학자들은 이렇게 양명학을 잘 이해하고 있었다고 할 수 있다.

1930년대 정만조(鄭萬朝)는 "주자학은 국학이기 때문에 사류(士類)의 가학은 표면적으로 주자학이었다. 그러나 실제 상황은 반드시 모두 주자학 일색은 아니었다. 실제상 우리 가문인 동래 정씨[경상도], 전주 이씨[전라도], 영재[이건창] 가문은 그 참으로 모시는 것은 모두 양명학이었다. 양주음왕(陽朱陰王)은 바로 우리들 '소론(少論)' 사가(士家)의 가학(家學)이었다. 이 점을 잘 알고 조선의 유가 서적[儒書]을 읽어야 한다"[01]고 하여 겉으로는 주자학자처럼 보이지만 속으로는 양명학을 공부한 사람들이 소론 계열의 학자들이었다는 것이다. 사실 노론, 소론이 분리되기 이전에도 이미 양명학은 전파되어 수용되었다.

2. 양명학 수용

양명학 수용의 기점은 중종 21년[1526] 이전으로 되어야 하며 당시 학문적 풍토가 양명학을 이단으로 간주하지 않았고 아무 저항 없이 연구되었다고 주장하는 견해가 있다.[02] 양명학을 적극적으로 수용한 학자들은 첫째, 동강(東岡) 남언경(南彦經: 1527-1594), 둘째, 경안령(慶安令) 이요(李瑤), 셋째, 교산(蛟山) 허균(許筠: 1569-1618), 넷째, 지봉(芝峯) 이수광(李睟光: 1563-1628), 다섯째, 이항복의 아들 이세필, 이세구[대한민국 초대 부통령을 지낸 이시영의 선조], 여섯째, 지천(遲川) 최명길(崔鳴吉: 1586-1647), 일곱째, 계곡(溪谷) 장유(張維: 1587-1638) 등이었다. 이 밖에도 홍인우(洪仁祐: 1515-1554)와 노수신(盧守愼: 1556-1628)도 양명학을 공부한 인물들이다.[03] 이들 모두가 하곡(霞谷) 정제두(鄭齊

---

01 정만조(1858-1936)는 동래 정씨의 직계인데 그의 딸이 이건창의 아들에게 시집갔다. 다카하시 도루와 정만조는 경성제국대학에서 같이 35년간 서로 알게 되어 일을 같이 하였다.

02 오종일, 「양명학의 수용과 전래에 대한 재검토」, 『양명학』 제3호, 1999.

03 金潤璟, 「16-17세기 한국 양명학 성립과정의 공부론연구」, 성균관대학 박사논문, 2010.

斗: 1649-1736)의 선구적 인물들이었다. 하곡은 양명학과 양명후학까지 공부하고 우리나라에 들어온 양명학을 이어받아 퇴율학(退栗學)의 수준 높은 주자학을 비판적으로 수용하여 하곡학을 정립시켰다.

윤남한 선생은 동강 남언경[時甫]의 학문 경향에 대하여 이렇게 말하였다. "동강의 사상은 서화담의 주기(主氣) 주정(主靜)설에서 깨달아 들어가 노자, 불교, 제자백가에 걸친 사상적 편력을 거치면서 마음을 다스리고[治心] 생명을 기르는 데[養生] 주력하는 한편 마음이 바로 천리이며 성인이나 범인이나 일체라고 생각하였고 학문하는 중점을 『대학』의 정심설(正心說)에 두고 있었던 것이며 이것이 양명설에 대한 관심이나 양명서의 독서를 거친 체험 위에서 가능한 것이었음은 분명한 것이다. … 임진왜란 때에는 의병을 일으켰다. 선조 5, 6년경에는 그의 문하에 학도가 모여들[坌集] 만큼 그가 심학계에서 새로운 기치를 세웠을 것은 분명하다."04 이처럼 동강의 학문은 양명학을 최초로 받아들이며 조선시대 심학의 틀을 제시하여 제자들이 모여들 만큼 영향력이 강하였음을 알 수 있다.

동강의 문인 경안령(慶安令) 이요(李瑤)는 종실(宗室)의 한 사람으로서 동강에게서 심학을 배웠으며 자신의 양명학 신봉을 공개하였을 뿐만 아니라 그의 스승인 동강의 왕학신봉도 크게 알리었다. 그는 왕학의 좋은 점을 선조에게 말하였고 선조 또한 육왕학을 좋아하였다. 선조 26년 "왕은 옛날 육상산은 자제들에게 무술을 익히도록 하였고 왕양명은 말 타면서 활쏘기[騎射]를 좋아하였다"고 하였다. 그러므로 왕양명을 좋아했다고 유명종 선생은 말하였다.05

교산(蛟山) 허균(許筠: 1569-1618)은 초당(草堂) 허엽(許曄)의 셋째 아들이며

---

04 윤남한, 『조선시대 양명학연구』, 집문당, 1982년, 166-169쪽.
05 유명종, 『한국의 양명학』, 동화출판공사, 1983년, 49쪽.

허난설헌의 아우로서 광해 10년 난을 꾸몄다는 죄목으로 죽임을 당하였다. 유명종 선생에 의하면 허균의 사상은 왕양명과 태주학파 하심은 이탁오 및 그 영향을 받은 원종도, 원굉도, 원중도의 신문예운동과 상통한 점이 있다고 하였다. 그리고 그의 사상적 특징으로 ① 철저한 인도주의, ② 주자적 허위성 공격, ③ 인욕(人慾)의 긍정, ④ 새로운 문예정신 고취이다. 그의 급진성은 수구적 정주말학에 의하여 희생되었다는 것이다.[06]

위당은 지천 최명길을 양명학파로 불리기에 의심이 없는 사람이라고 보았다. 그는 병자호란 이후 대신들과 임금의 아들들이 후금의 수도인 심양(瀋陽)에 볼모로 잡혀갔을 때 아들 후량에게 준 편지에서 이렇게 말하였다. "양명의 책에 보면 마음은 본래 살아 있는 것[活物]이므로 오랫동안 한 곳에만 매달려 있을 것 같으면 마음에서 병이 생길까 걱정된다"고 했는데 이 말은 반드시 절실하게 깨달은 것이 있고 또 자기를 분명히 체험하였기에 이렇게 말한 것일 게다."[07] 이 편지글에서 지천은 분명히 양명학적 공부 방법을 모델로 삼아서 자신도 공부를 했다고 토로하고 있다. 공부에는 동정(動靜)의 구별이 없고 양지의 본체[본래의 앎]는 언제나 그 작용과 함께 하나가 된다. 이것을 체용일원(體用一原)이라고 한다. 지천은 이러한 공부에 힘입어 병자호란의 역경 속에서 대의명분을 내세운 주전파와 대결하면서 현실을 있는 그대로 파악하여 화친(和親)을 주장할 수 있었던 것이다. 그는 나라와 백성을 살리려고 사심 없이 적진에 홀로 들어가 담판한 외교가였지 결코 무력을 겁낸 비겁한 주화파가 아니었다.

위당은 지천을 이렇게 평가하였다. "최명길은 청나라와의 화친을 주장했다. 화친을 주장한 것이 곧 최명길의 죄목이었고, 대의명분(大義名分)을 표

---

06 같은 책, 54-55쪽.

07 정인보 지음, 홍원식 이상호 옮김, 『양명학연론』, 200쪽.

방하지 못한 것이 그의 죄목이었다. 나라가 무너지고 임금이 죽음에 처하는 것은 덜 중요한 것이요 대의명분만은 세우자는 것이 본마음[本心]의 발현이라 할 수 있을까? 최명길은 임금이 위험에 빠지고 종묘사직이 무너져가는 것을 차마 바라만볼 수 없었던 것이다. 대의명분은 돌아보지 않을 수 있었지만 자신 마음속 양지에서 일어나는 편치 않음은 속일 수가 없었다. 의(義)와 이(利)는 오직 홀로 아는 양지(良知)가 판단한다. 최명길로서는 임금을 위한 마음에 털끝만큼의 사욕이라도 섞여 있을까 걱정하였고 조선을 위하는 마음에 실낱 같은 이욕이라도 뒤섞일까를 근심하였을지언정 일세의 비난과 공격은 말할 것도 없고 천추 영겁에 이르도록 자기를 끝없이 몰아친다 해도 이것은 가슴속에 조금도 담아 둘 것이 아니라고 생각하였다."[08] 최명길이 화친을 주장한 것이 털끝만큼의 사욕이 없이 오로지 나라와 임금을 위한 부자기(不自欺)의 마음[良知], 즉 본심에서 우러나온 것임을 역설한 것이다.

최명길과 가까운 벗이면서 어릴 적부터 같이 공부한 사람이 바로 계곡(谿谷) 장유(張維: 1587-1638)이다. 장유는 사람들이 떼 지어 최명길을 비난하고 공격하는 중에서도 그를 감싸고 높였다. 정묘호란 당시 진해루에서 청과 교섭할 때의 상황을 계곡은 이렇게 기록하였다. 화친을 반대하는 사람도 겉으로만 큰 소리쳤지 사실 속으로는 화해가 이루어지기를 바랐다. 다만 다른 사람들의 비판을 받을까봐 감히 자신의 속마음을 밖으로 말하지 못하던 때에 최명길이 홀로 모든 일을 담당하고 나서면서 뒤돌아보거나 피하는 법이 없으므로 마침내 이 일로 탄핵을 받아 파직되었다.

정인보는 "겉으로 떠들어대는 큰소리가 본심이 아닌 것은 말할 것도 없고 속으로 다행으로 여기는 그 마음도 실제로는 본심이 아니다. 다만 똑같이

08 같은 책, 204-205쪽.

화의가 맺어지기 바랐으되 최명길의 눈에는 임금과 나라가 보이고 이네들의 눈에는 자기 일신과 집안만이 보인 것이다"[09]라고 해석하였다. 최명길은 공적인 정의[義]로 국가를 위한 인물이고 화친 반대자[主戰論者]는 사적인 자기 이익[利]만을 도모하는 소인들이었다는 것이다.

장유는 자가 지국(持國)이며 시호는 문충(文忠)이다. 장유는 유명한 문장가이지만 최명길과 함께 양명학을 바른 학문으로 받아들여 우뚝이 홀로 그것을 지켜간 사람이다.[10] 장유는 조선의 학문 풍토에 대하여 이렇게 말하였다.

"중국에는 학문의 갈래가 많아 정학(正學)을 하는 사람도 있고 선학(禪學)을 하는 사람도 있으며 단학(丹學)을 하는 사람도 있다. 또한 정주학(程朱學)을 배우는 사람, 육구연(陸九淵)을 배우는 사람이 있어 문과 길경[門徑]이 하나로 되어 있지 않다. 그러나 우리나라에는 지식이 있건 지식이 없건 막론하고 책을 끼고 앉아서 글을 읽는 사람이라면 누구나 정주학을 외고 앉아 다른 학문이 있다는 것을 듣지 못한다."[11] 이것은 조선시대 주자학만을 정통이라고 생각하는 사람들이 가진 학문의 편협성을 비판한 것이다. 이것은 또한 입으로만 떠들고 겉으로만 높임으로써 이미 학문의 진실한 모습을 잃은 것은 물론이려니와 정주학만을 '세상에서 귀중하게 여긴다'는 말만 듣고 이와 같이 하는 것은 자기만을 이롭게 하려는 생각이 결국 학문을 빌려다 자기의 욕심을 해결하려는 것이다. 장유가 이 글을 쓸 때보다 뒤에 올수록 더하면 더했지 덜하지는 않았다고[12] 정인보는 지적한다.

09 정인보, 『양명학연론』, 208-209쪽.
10 같은 책, 209쪽.
11 張維, 『谿谷漫筆』, 24쪽: "中國學術多岐 有正學焉 有禪學焉 有丹學焉 有學程朱者 學陸氏者 門徑不一 而我國則毋論有識無識 挾筴讀書者 皆稱誦程朱未聞有學他焉."
12 정인보, 『양명학연론』, 210쪽.

3. 어둠 속에서 횃불을 높이 든 하곡 정제두

하곡학이란 하곡 정제두(鄭齊斗: 1649-1736)의 철학과 그 후학들의 학문을
총칭한 말이다. 정제두는 호를 하곡(霞谷)이라 하고 자는 사앙(士仰)이라 한
다. 그는 300여 년 전 당시 이단으로 배척받던 양명학을 목숨 걸고 연구하고
전수하여 하곡학파를 이루어 내었다. 정제두 선생은 만년[환갑 때, 1709]에 저
녁노을이 아름다운 계곡, 강화도 하일리의 하곡에 이사 와서 제자들에게 자
기의 학문을 전수하였기에 그를 "하곡선생"이라고 불렀다. 그리고 그의 학
문을 가리켜 "하곡학"이라고 하며 그의 학문을 이은 학파를 하곡학파라고
부른다.[13]

13 이 학파를 강화학 또는 강화학파라고 부르기도 하는데 하곡학파의 철학을 나타내는 학술적인 용어로는 적
    절하지 않다는 것을 이미 제1강에서 언급한 바 있다. 위당 정인보 선생은 하곡학파를 하곡학계라 하여 정확
    하게 불렀는데 그의 제자라고 알려진 민영규 교수는 「강화학 최후의 광경」(1972년)이란 글을 쓰면서 하곡학
    파의 마지막 인물들에 대하여 언급한 것이다. 사실 민영규 교수도 중국의 양명학과 다른 한국의 자생적인
    학문을 무어라 불러야 좋을지 고심한 끝에 강화학이라는 이름을 임시로 사용한 것이라고 생각된다. 그 뒤
    로 강화학이라는 말은 관례처럼 쓰이게 되고 나중에는 강화학파라는 이름까지 생기게 되었다. 어떤 사람은
    영남학파, 기호학파라고도 하는데 강화학파라고 하면 안 되는가 질문하기도 하였다. 영남에는 퇴계뿐 아니
    라 남명도 있었기에 두 분의 사상을 나타내기 위하여 영남학파라는 말을 사용한 것이다. 기호학파는 율곡
    의 이통기국 사상으로 인하여 그의 제자들 사이에 호락논쟁이 일어나기도 하였다. 낙논 계열이 경기일원에
    살았고 호론 계열이 호남에 거주하였으므로 기호학파라는 용어가 생긴 것이다.
    하곡학도 하곡 정제두의 철학 사상을 연구한 이후에 생긴 말이다. 1972년 윤남한 교수가 조선시대 양명학
    연구로 박사 학위를 받으면서 제5장에 하곡학과 한국 양명학의 성립이라는 제하에서 하곡학이라는 말을 분
    명히 사용하여 선구적 역할을 하였다. 이 학위 논문이 저서로 간행된 것은 돌아가신 뒤 그의 제자 권동달
    교수가 1982년에 출간한 것이다. 그 뒤 1990년 박연수 교수가 「하곡 정제두에 있어서 인간 이해에 관한 연
    구」로 박사 학위 논문을 제출하고 1992년 김교빈 교수가 「하곡 철학 사상에 관한 연구」로 박사 학위를 받으
    면서 알려지기 시작하였다. 그리고 김교빈 교수는 1995년에 『양명학자 정제두의 철학 사상』(한길사)을 출판
    하였다. 박연수 교수는 『하곡 정제두의 사상』(한국학술정보)이라는 제목하에 2007년에 출간하였다. 2009년
    에 이은용 선생은 「하곡 정제두의 경세론에 나타나는 행정학적 의미와 해석」으로 인천대학교 대학원에서
    행정학 박사 학위를 받았다. 그 뒤[2010]에 「하곡학파 노자해석에 관한 연구」로 박사 학위를 받은 김윤경은
    강화학파라는 용어를 쓰지 않고 하곡학파라는 말을 분명히 사용하고 있다.
    하곡학파는 하곡의 초기 제자인 심육, 이진병, 윤순 등이 있으며 심육의 친구인 유수원 그리고 심육의 후손
    인 심대윤이 안성에서 활동하였다. 하곡이 환갑 때 강화에 이주하여 그의 아들, 손자 그리고 그의 손서들이
    제자가 되어 가학으로 일관되게 이어져 내려온 것이다. 하곡선생의 문인들이 강화에 많이 활동하였으나 모
    두가 다 강화인은 아니었다. 따라서 강화학파라고 하면 강화 이외에서 활동한 문인들이 제외된다. 하곡학
    이라는 명칭만이 모든 문인들의 사상을 포괄적으로 수용할 수 있다. 감성에 호소한 민영규 교수의 글은 강

하곡 정제두는 한국 성리학의 두 학파인 퇴계학파와 율곡학파와는 달리 제3의 새로운 학파를 형성하여 우리나라 철학계에 공헌이 매우 지대하다. 그럼에도 불구하고 그에 대한 연구와 평가는 아직 활발하게 전개되지 못하였다. 따라서 우리나라 유학은 퇴계와 율곡 두 학파만이 조명을 받고 하곡학파는 그 존재조차 모르고 있는 형편이다. 하나의 학파를 형성하는 데는 그 학파를 주창한 인물이 있어야하고 그 학파가 갖는 독특한 주장이 있어야 하며 또 사승(師承)관계가 명확하여야 한다. 이 조건이 만족되면 우리는 그 것을 학파라고 불러도 좋을 것이다. 세 학파는 모두 그러한 조건을 만족시킨다. 퇴계학과 율곡학은 주자학을 한 단계 높이 발전시킨 데 대하여 하곡학은 양명학을 창조적으로 수용하여 우리나라 심학을 한 차원 더 높이 발전시켰다는 점에서 앞의 두 학파와 차별성을 갖는다.

하곡은 왕양명과 양명후학자보다 늦게 태어났다. 또한 명나라가 1644년 멸망한 뒤에는 양명학이 쇠퇴하였으므로 동아시아 17세기는 포스트 양명학 시대였다. 하곡은 양명뿐만 아니라 그 후학들도 연구하고[14] 조선학계의 인물성동이논쟁에 참여하여 주자학의 높은 수준에서 그들을 비판적으로 수용하여 하곡학을 수립하였다.[15]

하곡 정제두는 스승 박남계와 윤명재가 간곡히 말리는데도 불구하고 양명학 공부를 하였다. 더욱이 친구 민이승은 생명이 위태롭다면서 양명학을 그만두라고 하였으나 하곡 정제두는 이에 굽히지 않고 목숨을 걸고 양명학을 공부하였다. 하곡 정제두는 일찍이 서경덕 문하에서 공부한 뒤 일생 동

화학으로 되어 있고 지성에 기반을 둔 윤남한 교수의 하곡학은 아직 제자리를 못 잡고 있다. 후자는 머리와 몸통은 보았으되 그 뒤에 발전된 모습은 알지 못하였고 전자는 뒤의 것을 중심으로 하여 앞의 것을 누락해 버리었다 이제 양자를 합쳐 하곡학 및 하곡학파라는 브랜드를 세계에 내놓아야 할 때가 된 것 같다.

14 謝居憲[타이완 중앙대학]에 의하면 하곡의 사상은 나근계와 밀접한 면모를 찾을 수 있다고 하였다. 「羅近溪與鄭霞谷的思想比較」, 『양명학』 제28호, 2011.4.

15 이경룡, 「17세기 양명후학과 하곡학의 정위」, 『양명학』 제15호, 2005.

안 심학 수양 공부에 치중하였던 남언경을 비롯하여 병자호란 때 심학 입장에서 현실을 직시한 지천 최명길 그리고 계곡 장유의 학설과 수양 공부를 계승하여 조선 심학을 건립하였다. 이는 하곡이 중국 양명학과 다른 자신의 철학, 즉 하곡학을 창립한 것이다.

하곡은 주자학에 대하여 매우 비판적이었다. 그는 다음과 같이 주장하였다.

> 사실 [주자학이나 양명학이] 똑같이 성인이 되기 위한 학문이다. 어찌 훌륭하지 않은 적이 있었던가? 그런데 뒤에 그것을 배우는 이들이 대부분 그 근본을 잃어버렸다. 심지어 오늘날 학문을 말하는 이는 주자를 배우는 것이 아니라 주자를 빌리는 것이요, 주자를 빌리는 것이 아니라 주자를 억지로 끌어 맞추어[傅會] 그 뜻을 좇아가고 주자를 끼고 위엄을 지어서 자신의 사(私)를 이루는 것이다.[16]

하곡은 계곡의 글을 읽고 양명학을 알게 되었다고 하며 지천의 손자인 최석정과는 교우 관계가 깊었다. 하곡은 소론의 영수인 명재(明齋) 윤증(尹拯)과 남계(南溪) 박세채(朴世采)의 문인이며 성재(誠齋) 민언휘(閔彦暉)와는 동문이다. 하곡의 학문적 변화 과정을 윤남한 선생은 3기로 나누어 보는데[17] 그것은 하곡이 거주하였던 지역을 중심으로 나눈 것이다. 그러나 필자는 그의 학문에서 중요한 것은 34세의 경험이라고 생각한다. 이를 기점으로 하여 전

---

16 『霞谷集』卷9, 存言 下: "其實同是爲聖人之學 何嘗不善乎? 後來學之者多失其本 至於今日之說者 則不是學朱子 直是假朱子 不是假朱子 直是傅會朱子 以就其意 挾朱子而作之威濟其私."

17 윤남한 선생에 의하면 하곡은 태어나서 40세까지 서울에서 활동하였는데 이것을 제1기로, 41세에서 60세까지 안산에서 거주하며 학문 업적을 생산하였는데 이 시기를 제2기로, 61세부터 강화에 이주하여 88세에 돌아가실 때까지의 시기를 제3시기로 보고 있다. 이것은 거주 지역으로 학문을 나누어 보는 것이다.

후 두 시기와 강화로 이전한 뒤[61세] 세상을 떠날 때[88세]까지 모두 세 시기이다. 34세 때 커다란 변화는 마치 왕양명이 용장에서의 깨달음과 버금가는 사건이었다. 죽을지도 모른다는 생각에 그는 동생과 어린 아들에게 임술유교(壬戌遺教)를 남기었다. 우리는 편의상 그 이전의 사상을 주자학 수학 시기로 잡는다. 물론 양명학에도 관심을 보이지 않은 것은 아니지만 그에 대한 확신은 이 시기 이후라고 보는 것이 타당하다. 하곡은 그 이후 60세까지 『학변』, 『존언』 상, 중, 하를 저술하였으며 그가 환갑이 되던 해에 강화로 옮기면서 88세로 세상을 떠날 때까지 그의 사상은 또 한번 변화하였다. 강화에 거주하면서 하곡은 『대학설』,[18] 『중용설』,[19] 『논어설』, 『맹자설』[20]과 『경학집록』, 『심경집의』,[21] 『정성서해』,[22] 『통서해』, 『하락역상』[23] 등을 저술하였다.

---

18 유철호는 하곡의 대학설이 왕양명의 격물치지설을 계승하면서도 치밀하면서도 독창적 해설을 하였다고 주장하였다[「하곡 정제두의 대학설에 대한 고찰」, 『양명학』 제5호, 2001.2]. 任文利는 하곡의 대학에 대한 해석은 시종 양명학자로서 자신만의 체계를 이루어 놓았다고 하였다. 鄭齊斗, 「對大學經典本文的疏解」, 『양명학』 제22호, 2009.4.

19 중용설에 대한 연구는 김낙진, 「하곡 중용설에 대한 이해」, 『중국철학』 3호, 1997; 이해영, 「하곡 정제두의 중용이해」, 『퇴계학』 5호, 1993; 임선영, 「하곡 정제두의 양명학적 중용이해」, 『한국철학논집』 13호, 2003.

20 김용재는 하곡이 맹자에 관심을 가진 것은 자신의 철학을 체계적·논리적으로 전개하는 데 가장 좋은 텍스트가 될 수 있음을 믿었다고 주장하였다. 「하곡 정제두의 심선·성선의 합일 논증－하곡집의 맹자설을 중심으로」, 『양명학』 제10호, 2003.8.

21 김연재는 하곡의 심경집의를 심전경, 수양경, 공부경으로 나누어 재구성하여 하곡의 심경에 대한 독특한 특징을 보여주었다. 「심경집의에 나타난 정제두 심학의 성격 및 특징」, 『양명학』 제17호, 2006.12. 엄연석은 심경집의 수양론은 주체성을 세워나가는 과정에서 내부 마음의 진리를 객관적으로 보편화시키는 통로를 열어주었다고 하였다. 「정제두의 심경집의와 심성수양론의 특징」, 『하곡과 한국양명학의 전개』, 2006년. 이상호는 하곡의 심경집의는 진덕수의 심경만을 인정할 뿐 그 내용은 받아들이지 않고 양명학적 심 이해 방식에 근거하고 있다고 주장하였다. 「심경부주 해석사에서 바라본 정제두의 심경집의」, 『양명학』 제19호, 2007.12.

22 천병돈에 의하면 하곡철학은 정명도의 一本論도 중요한 요소이다. 하곡은 정성서를 통해 이기, 동정, 내외를 이분하는 정주학 및 퇴계, 율곡을 비판하는 사상적 밑천으로 삼았다는 것이다. 정명도, 「정성서에 대한 하곡의 이해」, 『양명학』 제15호, 2005.12.

23 김연재는 하곡의 역도관의 핵심은 선천후천도에 있다고 하였다. 「정제두의 역도관에 나타난 본체론적 사유방식」, 『양명학』 제15호 2005.12. 천병돈은 하곡의 심즉리의 역학관은 양명학적 역학관을 보여주었다고 하였다. 「하곡 역학의 특징」, 『양명학』 제18호, 2007.7.

그는 『학변』, 『존언』[24]과 함께 이미 자신의 독자적인 학문을 세워 주자학과 양명학을 종합한 하곡학을 창출해 내었다. 그 대표적 철학을 실심실학(實心實學)이라고 한다.

그는 신해(辛亥)년 6월 동호에서 꿈을 꾸며 양명의 치양지학이 매우 정밀하지만 폐단이 있어 "정에 내맡기고 욕심을 따르는 근심[任情縱欲之患]이 있을 수 있다는 점을 갑자기 생각하였다"[25]고 하였다. 하곡은 이 폐단을 바로잡기 위하여 기의 동요로 생길 수 있는 가능성을 근본적으로 막기 위하여 중극론을 제시하였다. 이 이론은 생리(生理), 인리(仁理), 천리(天理)를 분리하지 않고 함께 수양하여 동시에 실천할 수 있는 구도로 되어 있다.[26]

신해년이 하곡의 젊었을 때[23세]인지 원숙하였을 때[83세]인지 확인할 수 없다. 그러나 83세로 보는 견해도 많이 있다. 그렇기 때문에 하곡이 만년에 주자학으로 회귀하였다고 보는 학자도 있다. 그러나 하곡은 주자학과 양명학의 장단점을 다 알고 이를 종합하여 자기 독자적인 학문 하곡학을 세워놓은 철학가이지 결코 속으로는 양명학을 하면서 겉으로 주자학을 하는 척[陽朱陰王]하는 학자가 아니었다. 왜냐하면 스승과 친구들이 말리는 데도 불구하고 죽음을 무릅쓰고 양명학 공부를 하였기 때문이다. 그렇다고 그는 결코 주자, 왕명[朱王]을 어설프게 절충한 학자도 아니었다.

하곡이 세상을 떠나자 제자들은 서원을 세워주기를 두 번씩이나 청하였다. 그 주소문(奏疏文) 가운데서 어느 제자는 하곡을 실심실학의 유학의 종정(宗正)이라고 하였다.

---

24 조남호는 존언 학변을 통하여 하곡의 황극론을 살피었다[「정제두의 황극론 고찰」, 『양명학』 제16호, 2006.7].

25 『霞谷集』 卷9, 存言 下: "余觀陽明集 其道占簡要而甚精者 心深欣會而好之 辛亥六月 適往東湖宿焉 夢中忽思得 王氏致良知學甚精精 抑其槊或有任情 縱欲之患."

26 남상호, 「하곡 정제두의 중극론」, 『양명학』 제13호, 2005.2.

4. 하곡의 실심실학

그러면 하곡이 말하는 실심은 무엇이며 그의 실학은 무엇인가? 먼저 실학이라는 용어는 그의 임술유교에 나타나 있다. 하곡은 아들에게 "후세의 학술에는 의심이 없을 수 없다. 가만히 생각해 보니 성인의 뜻이 밝혀지지 못한 바가 있는데 오직 왕씨의 학문은 주렴계 정자 이후 거의 성인의 참됨을 얻었다. 일찍이 몸을 바치고 마음을 가라앉혀 부분으로는 본 적이 있으나 아직 강의하지 못함이 한스러웠다. 이에 그 책 및 초록(抄錄)하여 표지하였지만 아직 탈고하지 못한 것을 아울러 소장한 경서(經書) 몇 갑(匣)과 손수 베껴쓴 책을 아울러 한 상자에 같이 간직하여 남겨 준다. 오직 스스로 뜻을 낮추지 말고 나의 뜻을 잊지 말아라. [양지의 학문은 참으로 진실하다. 오직 본성만이 하나의 천리일 뿐이다. 문구에 구애되고 언어에 좇아서 논변하는 자료로 삼지 않을 뿐이다. 모름지기 지극한 뜻의 두뇌 되는 바를 알아서 깨달아야 할 것이다. 인간 마음의 양지는 스스로 알아 얻지 못함이 없을 뿐이다. 오로지 실제로 그것[양지]을 실현할 뿐이다. 반드시 세속과 더불어 서로 표방하며 끝머리에서 다투어 변론하려거나 밖으로 들떠서 어름거리지 말고 오직 스스로 익숙하고 알차게[老實] 이를 행하여라.] 오직 책을 숙독하면 실체가 보이게 된다. … 끝내 실학은 폐지하지 말 것이다"[27]라고 하였다.

여기서 우리가 몇 가지 주목해서 보아야 할 것은 첫째, 왕씨의 학문, 즉 양명학이 주렴계 이정의 성학(聖學)을 이어받았다는 것이다. 이것은 주자학이 정통으로 간주된 조선사회에서 참으로 대단한 발언이다. 둘째, 양지의 학

---

27 「霞谷集」卷1: "後世學術 不能無疑 竊恐聖旨 有所未明 惟王氏之學 於周程之後 庶得聖人之眞 竊嘗委質 潛心 略有班見, 而恨未能講, 乃以其書及所嘗抄錄表識而未及脫稿者 并與所藏經書數匣 手寫數冊 藏之一 匣以遺之 惟是無自卑下 無忘吾志 [良知之學 眞是眞實 只惟吾性一個天理而已 不是拘於文句逐於言語 以 爲論辨之資而已也 須是知得至意所腦而領會之耳 是人心良知之無不自知得者是耳 惟實致之而已 且不必 與世俗相標榜 而於末梢上爭辨 而外面浮汎惟自老實爲之.] … 惟熟讀本書而實體可見 以此連授語孟四 書 次及詩書 循環熟讀不離經書 … 終勿廢實學."

문이 참으로 진실하고 나의 본성이 바로 천리라는 것이다. 셋째, 양지는 스스로 알지 못함이 없으므로 세속과 변론할 필요 없이 양지를 실천하면[致良知] 된다는 것이다. 넷째, 경서를 숙독하면 실체가 보이며 끝내 실학을 포기하지 말라고 했는데 이때의 실학은 바로 양지실학, 실심실학임은 말할 것도 없다.

하곡은 "나의 학문은 안에서 구할 뿐이지 밖에서 구하지 않는다. … 오직 안에서 스스로 만족할 것을 찾는 것이고 다시는 밖의 득실(得失)을 일삼지 않는다. 오직 그 마음의 옳고 그름을 모조리 발휘할 것이고 다시는 남의 옳고 그름에 따르지 않는다. 사물의 근본에서 그 '실(實)'을 실현하고 다시는 일을 한 자취에 구애되지 않는다. 내 안에 있을 뿐이다. 어찌 남에게 관여하겠는가?"[28]라고 하였다. 하곡의 학문은 외적인 남의 학설로 기준[定理]을 삼는 것이 아니라 내 마음의 내적인 기준[良知]에 의하여 옳고 그름을 판단한다. 이것이 바로 실심에 의한 판단인 것이다. 하곡은 영조와의 대화에서 이렇게 말하였다.

"요순이 아니면 칭찬하지 않은 것은 성인 문하에서 전하는 가르침인데 요순은 천도로 행하고 뒤의 군주는 공리만 훔쳤기 때문에 정치와 교화가 별안간 달라졌습니다. … 신이 우러러 기대하는 바가 부차적인 의미[第二義]로 떨어지지 않고 근본적인 의미[第一義]에서 실심으로 실정(實政)을 행하는 것이오니 이것이 긴요한 공부입니다."[29]

---

28 『霞谷集』卷9, 存言 下: "吾學求諸內而不求諸外 … 惟其自慊於內 不復事於外之得失 惟盡其心之是非 不復循於人之是非 致其實於事物之本 不復拘於事爲之迹也 在於吾之內而已 豈與於人哉."

29 『霞谷集』筵奏 戊申 4月 17日 巳時: "殿下以大有爲之志 遠慕三代之治 則臣之所期望於今日者 非堯舜而何期乎? 非堯舜不稱 自是聖門遺訓而堯舜則行天道 後君則竊功利 故治敎頓異 … 臣之所期仰者不落於第二義 而在第一義 以實心行實政 此爲喫緊工夫矣."

하곡은 영조에게 현실정치 하는 데 가장 근본적인 것은 바로 실심으로 실정을 행하는 것이라고 밝히고 있다. 다시 말해 이것은 공리적인 정치[第二義]를 지양하고 실심실학에 의한 도덕 정치를 실현하도록 요청한 것이다. 여기서 말하는 공부는 바로 실학을 가리킨다.

이 대목은 그의 제자 박필일(朴弼一) 등이 하곡이 세상을 떠난 지 2년 되던 해에 서원을 세우도록 허락해 달라는 두 번째 상소[再疏]를 올리면서 쓴 글과 내용이 동일하다. 그 상소는 "이에 저희[臣]들은 하곡의 실학을 들어서 우러러 성조(聖朝)의 실정(實政)을 찬양하였습니다. … 주렴계가 이르기를 '참됨[誠]이란 성인(聖人)의 근본이다'라고 하였습니다. 대개 참됨[誠]이라는 말은 바로 마음 가운데 실리(實理)의 이름입니다. 하늘이 이 실리(實理)를 사람에게 주면 사람은 그것을 얻어 마음으로 삼습니다[實心]. 이것으로 앎[知]을 이룬다면 참된 앎이 되고 이것으로 힘써 행하면 실행이 됩니다. 참된 앎[眞知]으로 실제로 행하면[實行] 이것이 실학입니다"[30]라고 하였다.

이 구절에서 우리는 현실 정치는 실학에 바탕을 두고 있으며 실학은 실리(實理)가 마음에 자리 잡은 실심에 근거하고 있고 이 실심으로 앎을 실현하면[致知] 참된 앎[眞知]이 되고 이 참된 앎을 힘써 실행하면 실학이 된다는 것이다. 간단히 말해 실학은 실심을 가지고 실천하는 학문이다. 하곡의 실심은 곧 본심이며 양명이 말하는 양지의 다른 표현이다.

그의 실심은 생명이 약동하는 실상과 원리[生理]를 참되게[眞理] 그대로 나타내는 마음이며, 생리를 체용으로 나눌 때에 체(體)에 해당한다.[31] 그는 생리설을 크게 제창하여 이기, 체용, 동정, 사단칠정, 미발 이발을 관통, 통일시켜 모두 공부수행과 실천적 생명으로 체현해 낸 것이며 이것이 공부론으

---

30 『霞谷集』 卷11 再疏.
31 金敎斌, 「霞谷哲學思想에 대한 研究」, 成均館大學校 博士論文, 1992.

로 발휘된 것이다.[32]

그의 학문은 명분과 대의를 내세워 죽음으로 내모는 의리학(義理學)이 아니라 생명의 내실과 그 원리를 중시하는 삶의 학문[仁學]이다. 그의 양지체용도(良知體用圖)는 바로 이것을 나타낸 것이다. 그것은 본체와 작용이 하나의 근원[體用一源]이라는 입장에서 전개된다. 그리고 양지는 하곡에 의하여 실심으로 해석되어 참됨[誠] = 실심(實心) = 양지(良知) = 실리(實理)라는 등식이 성립된다. 하곡은 실리의 본체[仁]가 있기 때문에 생명이 약동하는 생리[vital reason]가 그 끊임없이 낳고 낳는 생명 현상을 갖는다고 하였다. 이러한 생리가 바로 추기급인(推己及人)의 배려정신으로 표현되었다.[33]

하곡은 우리 마음의 신묘(神妙)한 작용이 바로 살아 있는 주체[活體]인 삶의 결[生理]이고 이것이 타자의 마음을 헤아려 아파하는 측달(惻怛)이라고 하였다."[34] 그리고 이 생명의 이성[理]은 기(氣)의 영통(靈通)한 곳이며 신령한 것[35]이라고 하였다. 따라서 이 실리(實理), 실심은 기(氣)가 운행하는 모든 생명체와 신령스럽게 감통[靈通]할 수 있다. 그는 '이' 방면에서 생리를 '기' 방면에서 원기(元氣)를 언급하여 이기(理氣) 일체론[36]을 주장하였지만 유기론에 떨어지지 않고 기를 형이상으로 높이었다.[37] 그는 심과 기 그리고 실리가 분리되지 않음을 역설하여 공리와 도덕의 모순을 해결하여 유가문화와 경제 발전의

---

32 王興國[中國 坮川大],「霞谷 鄭齊斗 工夫論 探要」, 하곡학과 한국성리학의 대화, 제8회 강화양명학 국제학술대회, 2011년 10월.

33 김덕균,「하곡 정제두의 양명학적 세계관을 통해본 대인관계론」,『양명학』제20호, 2008.7.

34 『霞谷集』卷9,「存言 中」,「生理性體說」: "人心之神 一個活體生理 全體惻怛者 是以有其眞誠惻怛 純粹至善 而至微至靜至一之體焉者 是乃其爲性之本體也."

35 『霞谷集』卷8,「存言 上」,「睿照明睿說」: "理者 氣之靈通處 神是也."

36 黃民浩[香港 科技大]는 하곡의 二理三氣說은 하곡의 독특한 講法이며 홀러 이른 견해라고 하였다.「從〈存言 上〉的三篇文字看鄭霞谷的理氣論」, 양명학과 지구, 생명 그리고 공생, 제7회 강화양명학 국제학술대회, 2010년 10월.

37 鄭宗義[香港 中文大],「心卽理 良知敎與理氣說」, 하곡학과 근대성, 제5회 하곡학국제학술대회, 2008년 11월.

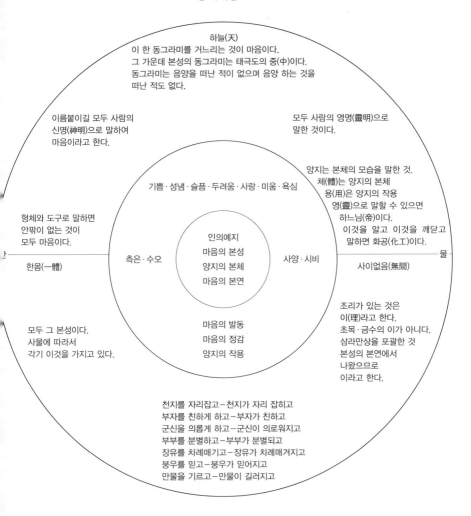

양지체용도

하늘(天)
이 한 동그라미를 거느리는 것이 마음이다.
그 가운데 본성의 동그라미는 태극도의 중(中)이다.
동그라미는 음양을 떠난 적이 없으며 음양 하는 것을
떠난 적도 없다.

이름붙이길 모두 사람의
신명(神明)으로 말하여
마음이라고 한다.

모두 사람의 영명(靈明)으로
말한 것이다.

양지는 본체의 모습을 말한 것.
체(體)는 양지의 본체
용(用)은 양지의 작용
영(靈)으로 말할 수 있으면
하느님(帝)이다.
이것을 알고 이것을 깨닫고
말하면 화공(化工)이다.

형체와 도구로 말하면
안팎이 없는 것이
모두 마음이다.

기쁨 · 성냄 · 슬픔 · 두려움 · 사랑 · 미움 · 욕심

인의예지
마음의 본성
양지의 본체
마음의 본연

한몸(一體)

측은 · 수오

사양 · 시비

사이없음(無間)

물

모두 그 본성이다.
사물에 따라서
각기 이것을 가지고 있다.

마음의 발동
마음의 정감
양지의 작용

조리가 있는 것은
이(理)라고 한다.
초목 · 금수의 이가 아니다.
삼라만상을 포괄한 것
본성의 본연에서
나왔으므로
이라고 한다.

천지를 자리잡고 ─ 천지가 자리 잡히고
부자를 친하게 하고 ─ 부자가 친하고
군신을 의롭게 하고 ─ 군신이 의로워지고
부부를 분별하고 ─ 부부가 분별되고
장유를 차례매기고 ─ 장유가 차례매겨지고
붕우를 믿고 ─ 붕우가 믿어지고
만물을 기르고 ─ 만물이 길러지고

관계를 설명하였다.[38]

하곡은 주자의 이(理)를 물리(物理)라고 하며 이것은 사물의 헛된 가닥[虛

38   金哲洙[延邊大], 「論鄭齊斗的'氣'學思想」, 하곡학과 실학, 제4회 하곡학국제학술대회, 2007년 12월.

條]이며 텅 빈 길[空道]이어서 삶의 결[生理]도 없고 실체도 없어 죽은 물건과 같은 것이라고[39] 하여 비판하였다. 주자학의 '이'는 생동하는 현실을 무시한 텅 빈 길[虛條 空道]이므로 죽은 것이다. 이것은 물건의 이치처럼 고정된 이념[定理]이므로 옳고 그름을 따지는 기준은 이 이념에 의하여 이루어진다. 따라서 예(禮)로 고정된 이념[禮論]이 다르면 서로 네 편 내 편으로 갈려 싸우게 되고 심지어는 사람을 죽이기도 한다[黨爭].

여기서는 헛된 이념적 광경(光景)만을 보고 진실(眞實)을 묻지 않는다.[40] 논리적으로 무장[虛條, 空道]하여 상대방의 약점만 찾아내고 이러한 이데올로기에 빙자하여 자기의 실질 이익만을 챙기면 되는 것이다. 하곡은 생명의 신령스런 감통[靈通]이 없는 이러한 주자학을 맹렬히 비판하였다. 하곡의 옳고 그름을 판단하는 기준은 바로 생명이 감통하는 실심이었다.

하곡은 주자학과 양명학의 다른 점을 만 가지 차이[萬殊]와 하나의 근본[一本]에 있다고 보아 양명학이 생명이 영통할 수 있는 양지 하나에 근본을 두고 있음을 명확히 하였다.[41] 그는 대학의 해석에서 옛 판본[古本]에 의하여 친민(親民)을 그대로 놓아 둘 것을 역설하고 격물치지의 격을 바로잡다[正]로, 물(物)을 의(意)가 있는 곳이라고 풀이하여 양명의 해석을 따르고 있다. 그리고 심체(心體)의 무선무악을 주장한 것도 역시 양명과 함께하는 면이다. 하곡은 사무설(四無說)과 사유설(四有說) 어느 한쪽에 치우치지 않고 양명의 사구교를 논리적으로 보완하였다.[42]

---

39 『霞谷集』 卷8 存言 上: "朱子以其所有條通者 謂之理 … 物之虛條空道耳 … 氣道之條路者 無生理無實體 與死物同其體焉."

40 錢明[浙江省 社會科學院]은 하곡이 참과 거짓을 밝혀내었다고 하였다. 「鄭霞谷對陽明學說的闡釋與解構」 양명학, 세상과 소통하기, 제6회 강화양명학 국제학술대회, 2009년 10월.

41 『霞谷集』 書 答閔彦暉: "陽明自其聖人之本自一體處爲道 故其學自其一本處入: 그렇다고 하곡이 주자의 만수처를 부정한 것이 아니라 두 입장을 보완하여 주자학과 양명학이 만날 수 있음을 시사하고 있다. 권상우, 「하곡 정제두 철학 정체성에 대한 하나의 탐색」, 하곡학과 근대성, 제5회 하곡학국제대회, 2008년 11월.

42 김윤경, 「왕양명의 사구교에 대한 정제두의 견해」, 『양명학』 제27호, 2010.12.

민언휘가 양지를 지각 차원에 놓고 보려는 데 대하여[43] 하곡은 이 입장을 단호히 물리치고 양지는 천리(天理)라고 역설하였다. 여기서 말하는 천리는 주자학의 물리(物理)를 가리키는 것이 아니고 생리(生理)[44]를 말한다. 그리고 하곡이 말하는 생리(生理)는 살아 있는 실천적 이성을 가리키는 말이다. 그의 학설에서 양명후학의 면모를 볼 수 있는 대목도 종종 나타나는 것으로 보아 그는 왕양명뿐만 아니라 양명후학의 문집까지도 섭렵했던 것으로 보인다.

무엇보다도 그의 양지 체용설은 하곡학의 진면목을 보여주는 독특한 학설임에 틀림없다. 그의 양지체용도(良知體用圖)에 나타난 바와 같이 양지는 마음의 본체인 동시에 그 작용이다. "흐린 물이라 해서 어찌 본체의 맑음이 없겠는가?"라고 반문하면서 깨끗한 '양지'는 흐린 욕망 속에서도 결코 없어지지 않을 것임을 주장하였다. 하곡은 체용일원의 입장에서 미발과 이발을 하나로 보기 때문에 단지 기막(氣膜)을 제거하기만 하면 바로 심체(心體)가 회복된다고 하였다.[45] 양지의 체용(體用)을 논하면서 양지가 미발지중의 본체[體]임을 강조하였으며 단순히 이발의 작용[用]이 아니라 알맞게 조절[中節]된 작용임을 역설하였다. 여기서 대본(大本)과 달도(達道)가 하나가 되고 본성과 정감이 하나가 되는 것이다.

따라서 성정불이론(性情不二論)이 가능한 것이다. 하곡은 중절된 정감[情]은 이(理)에서 나온 것이므로 선으로 보았고 그렇지 못한 정감[情]은 형기(形氣)에서 나온 것이므로 비리(非理)라고 보았다. 하곡은 심지어 식색(食色)이

---

43 김윤경은 민이승이 김창협과 나눈 知覺論辯에서 智性에 대한 입장이 바뀌었다고 하였다. 민이승, 「智性論의 전변」, 『양명학』 제29호, 2011.8.

44 박흥식은 하곡의 생리설이 당시 학문관을 포함한 인간관 세계관의 변화에 대한 욕구와 시도를 수용 종합하여 생리설에 의한 人과 物을 구분하였다. 「하곡 생리설의 철학사적 의의」, 『양명학』 제30호, 2011.12.

45 崔一凡, 「鄭齊斗工夫論研究」, 『韓國江華陽明研究論集』, 臺灣大學出版中心, 2005年 9月, 177쪽.

해(利害)도 이(理)에서 나온 것이면 순수지선하다고 주장하였다. 이 이치(理)는 생리요 미발지중의 양지를 가리킨다. 따라서 식색 이해도 양지에서 나온 것이면 지선하다고 본 것이다. 이것은 적연부동한 심체인 양지가 현실의 정욕에 얽매이지 않고 식색과 이해를 그대로 현실 생활에 감이수통한 것을 지선하다고 본 것이다. 이것은 정감과 이성을 하나로 보는[46] 것이고 양지의 실현[致良知]이며 실심(實心)의 표현이다.

이것은 양지의 본체가 그 작용으로 드러난 것이다. 따라서 체와 용은 둘이 아니라 하나라는 것[體用一源]이다. 하곡에 의하면 분체[體]는 작용[用] 가운데 있고 대본(大本)은 달도(達道) 가운데 있으며 본성[性]은 정감[情] 가운데 있고 미말은 중절(中節)에 있으며 적연(寂然)은 감통(感通)에 있다는 것이다. 다시 말해 양지는 본체인 동시에 작용이며 대본인 동시에 달도이며 본성인 동시에 정감이요 미말의 중인 동시에 이발의 중절이며 적연부동한 동시에 감이수통한 것이다.

이 점에서 하곡은 본체의 문제에서 무선무악을 주장하여 현성양지설을 긍정하였으며 따라서 입체(立體)와 거집(去執)의 공부문제에서 하곡을 우파라고 하는 것은 근본적으로 성립할 수 없는 것이다.[47]

하곡은 본체와 공부의 철학에 기반을 두고 그의 경세론을 펼치면서 경세를 왕도와 한 덩어리로 결합시켰다.[48] 하곡은 통치자의 도덕성인 성실, 인애 등을 함양하고 이를 구현하여 명분과 실질을 일치시키며 언로를 개방하고 만민평등의 원리 아래 만민개로(萬民皆勞)의 사회를 실현하는 것을 목표로

---

46 蒙培元, 「德性 情與理的統一 −霞谷學的本質特徵−」, 양명학, 세상과 소통하기, 제6회 강화양명학 국제학술대회, 2009년 10월.
47 彭國翔[中國 淸華大], 「本體與工夫 鄭霞谷與王龍溪合論」, 하곡과 한국양명학전개, 제3회 하곡학 국제학술대회, 2006년 11월 3일, 391-406쪽.
48 龔鵬程[臺灣 中央大], 「韓國陽明學者 鄭齊斗的經世思想」, 하곡학과 실학, 한국양명학회, 제4회 하곡학국제학술대회, 2007년 12월.

하였다.[49] 행정학의 입장에서 보면 하곡학이 서구의 행정학보다 도덕적 요소를 가미시킨 신행정학과 유사하다.[50] 하곡의 개체성 중시는 민중의 생존 문제와 국가의 수호라는 애국보민으로 확대되었다.[51] 하곡은 「헌의」에서 국가의 근본은 백성의 근본을 지켜져야 한다는 경세론에서 화폐유통은 노인이나 어린아이조차 모두 이익 추구에만 치달아 양지를 상실하고 윤리질서가 파괴하므로 반대하였다.[52]

하곡은 양명학을 받아들여 자신의 철학을 세워서 발전시켰다. 이로써 학술계의 논의를 풍부하게 하였을 뿐만 아니라 뒤에 오는 학문 발전의 길을 열어 놓기도 하였다.[53] 이처럼 하곡은 양명학자로서의 본질을 잃지 않고 예학을 전개하면서[54] 예법[禮]의 형식윤리학과 덕 중심의 내면적 도덕철학을 결합하여 지각과 양지가 종합된 자신의 철학을 수립하였다.[55] 이렇게 그는 자기 독자적인 학문 하곡학을 세워놓은 철학가이다.[56] 하곡학의 특징을 세 가지로 요약하면,

첫째, 주자학[萬殊]과 양명학[一本]을 회통시켰다는 것이다.

둘째, 양지 본체가 모든 생명체에 신령스럽게 감통[靈通]할 수 있는 생리라는

---

49 박연수, 『하곡 정제두의 사상』, 학술정보, 2007, 271쪽.
50 이은룡, 「하곡 정제두의 경세론에 나타나는 행정학적 의미와 해석」, 인천대학교 박사논문, 2009; 「하곡학의 행정학적 의미 찾기 탐색적 접근」, 『양명학』 제24호, 2009.12.
51 정차근, 「하곡의 양명사상에 나타난 개체의 정치사상적 의의」, 『양명학』 제25호, 2010.4.
52 한예원, 「하곡 정제두의 화폐관을 통해본 경세사상」, 『양명학』 제22호, 2009.4.
53 김교빈, 『양명학자 정제두의 철학사상』, 한길사, 1995, 218쪽.
54 吾妻重二[日本 關西大], 「鄭齊斗의 禮學-陽明學と比較-」, 강화양명학과 이상사회, 제10회 강화양명학 국제학술대회, 2013년 10월.
55 김우형, 「하곡 정제두의 지각론과 윤리학 -주자학과 양명학의 독창적인 종합-」, 하곡학과 실학, 한국양명학회, 2007년 12월.
56 이상호는 주자학과 양명학을 和會시킨 주왕화회론으로 하곡학을 보고 있다. 이상호, 『양명우파 정제두의 양명학』.

것이다

셋째, 도덕 주체의 본원(本源)을 찾아낸 실심실학의 유종이라는 것이다.

이러한 특징이 실심실학으로 전개되었다.

하곡이 강학을 하는데 양명학을 언급하면 그 진수를 강의하고 주자학에 미치면 그 핵심을 말하였다. 그는 당시에 높은 수준에 도달해 있었던 조선시대 주자학을 이미 섭렵하고 새로운 사조인 양명학을 받아들여 자신의 독자적인 하곡학을 세워놓았다. 그의 학문은 수학에 밝은 아들 정후일에게 전하였고 그의 외손 신석천[綽]에 계승되어 정다산과 제도 역법 고증 등을 토론하였다. 그리고 성운 문자학은 이광사, 이영익, 이충익, 정동유에게 전하여져 언문지를 저술한 유희(柳僖)에 이르러 그 결실을 보게 되었다.

하곡집을 살펴보면 적지 않은 문인들이 그의 학문을 칭송하고 있다. 그 대표적 인물을 거론하면 심육(沈錥), 윤순(尹淳), 이진병(李震炳), 정준일(鄭俊一), 이광사(李匡師), 이광명(李匡明), 이광신(李匡臣), 송덕연(宋德淵), 최상복(崔尙復), 이선협(李善協), 성이관(成以觀), 오세태(吳世泰), 이선학(李善學), 김택수 등이 그의 문인들이다. 이들 중에서 심육의 부친 심수현(沈壽賢)은 하곡과 이종숙(姨從叔)의 관계에 있었으며 최상복은 하곡의 죽마고우인 최규서(崔奎瑞)의 아들이며 이광명은 하곡의 손서(孫壻)이다.[57] 이렇게 하곡의 문인들은 친척과 친우의 아들 등으로 구성된 것이다. 그의 문인들이 모두 다 양명학을 존숭한 것은 아니었다. 그 가운데 심육은 실심실학으로 주자학을 수용하여 자기 철학을 전개하였다. 그들은 모두 실심실학의 정신으로 학문을 하였기에 주자학도 양명학도 모두 수용하여 자기의 철학을 전개하였다. 하곡의 문

---

57 유명종, 「성리학과 양명학」, 서울: 연세대학교 출판부, 1994, 295쪽.

하에 김택수는 하곡제문에서

"동방의 우리나라는 어두움이 중국보다 훨씬 더 심해 적막하고도 적막하여 천년의 세월동안 반딧불 같은 번득임도 한번 없었다. 그러다가 선생께서 갑자기 나타나셔서 큰 횃불[一炬]을 홀로 밝히시되 88년 스스로 비추고 스스로 보물로 삼았다[自寶]. … 앞에서는 양명께서 뒤에서는 선생께서 일체의 등불이 되어 더욱 빛나고 더욱 밝히시더니 슬프도다! 그 빛이 이제 꺼져 버렸으니 누가 다시 이 빛을 이을 것인가? … 엎드려 생각하노니 선생님의 정령(精靈) 밝은 모습으로 하늘에 계시리라. 저의 게으름을 꾸짖어 주시고 저의 어리석음을 열어 주시어 죽을 때까지 힘쓸 수 있도록 해주시며 또 온 사방을 돌아보시어 같은 생각을 가진 사람들을 불러일으켜서 각각 자기 마음의 등불[心燈]을 빛나게 하고 모두 본령(本靈)을 밝혀서 비치지 않은 곳이 없게 하여 다 같이 큰 밝음으로 돌아가게 하소서!"[58]

이 제문에서 우리는 하곡을 양명을 이어 이 땅에 횃불을 밝힌 스승으로 높이 추앙하고 있음을 알 수 있다. 하곡을 창시자로 하는 하곡학파는 심육, 이진병, 윤순 등을 비롯하여 유수원, 심대윤 등이 안성(安城) 등지에서 활동하였고 환갑이 되어 강화에 온 뒤에 이광신, 이광사 그리고 하곡의 아들 정후일과 그의 사위인 이광명과 이광려, 하곡의 손서인 신대우 등이 초기의 문인이었다. 신대우의 아들인 신작, 신순, 이광사의 아들인 이긍익, 이영익, 이광려의 제자 정동유, 이광명의 양아들인 이충익, 그 뒤를 이은 이시원, 이지원 등이 중기의 문인이었다. 정후일의 고손인 정문승, 정기석, 정원하는 가

---

58 정인보 지음, 홍원식 옮김, 『양명학연론』, 229-230쪽.

학을 이어갔으며 이시원의 학문은 이상학, 이건창, 이건승에게, 이지원의 학
문은 이건방을 통하여 정인보에게 계승되었다. 이렇게 실심실학의 하곡학
은 사승관계가 뚜렷한 학파임은 말할 것도 없다.

5. 하곡학파의 사상가들

(1) 하곡학파 초창기 사상가 저촌(樗村) 심육(沈錥: 1685-1753)

심육의 자는 화보(和甫) 호는 지수재(知守齋)이다. 심육의 증조부 심약한(沈
若漢)의 부인과 정제두의 부친 정상징(鄭尙徵)의 부인은 자매 관계이다. 심육
과 정제두는 인척 관계였다. 심육이 정제두를 위하여 집필한 제문의 서두에
서 척종손청송심육(戚從孫靑松沈錥)이라고 자칭한 것도 이 인척 관계에 의한
것이다.

하곡이 세상을 떠난 직후 유고의 정리 작업에 정후일과 더불어 심육도 참
여했다. 심육은 하곡의 행장을 집필한 것만 보아도 그의 하곡학파에서 차지
하는 위치를 가늠할 수 있다. 저촌과 하곡이 학문적 교류를 한 것은 심육이
38세 때 강화에 은거하고 있었던 하곡[74세]을 방문하여 나누었던 「진강문답
(鎭江問答)」속에 잘 나타나 있다. 그 내용은 거의 정주학에 관한 것이 중심이
되었다.[59]

그는 육왕학에 대하여는 비판적 태도를 취하였고 주자학에 대하여는 매
우 존숭하였다. 그러나 심육의 격물시는 하곡의 일본(一本)과 만수(萬殊)를
종합한 특징을 잘 보여주기도 한다. "하나의 이치[一理]가 질서정연하게 만

---

59 「樗村遺稿」 권38, 韓國文集叢刊 208號, 227-228쪽.

가지 특수[萬殊]로 분산되었네. 미세한 생물 꿈틀거리는 생물도 머리를 함께 하였네. 모름지기 근본과 말단은 앞뒤가 없음을 알아야 하네. 이 도(道)는 서로 전하여 가벼이 하면 안 되네."[60] 이것은 물론 정주학적으로도 하곡학적으로도 해석 가능한 시이다.

(2) 농암(聾巖) 유수원(柳壽垣: 1694-1755)

유수원은 자가 남로(南老) 호는 농암(聾巖)이다. 그는 문화 유씨 봉정(鳳庭)의 맏아들로 충주목(忠州牧)에서 태어났다. 그는 40세 전후하여 병고에 시달리면서 울분과 정열을 연구와 저술에 쏟아낸 결과 저명한 「우서(迂書)」가 나오게 되었다. 그는 1755년[영조 31] 나주 벽서사건의 혐의자로 체포되어 대역무도죄로 사형되었다. 그와 같은 죄목으로 사형된 심학(沈䧺)의 마지막 공초(供招)에서 "수원(壽垣)이 사형된 것은 흉언으로 말미암은 것이지 대역으로 말미암은 것은 아니다. 나는 수원의 역절을 나라를 위한 충성으로 본다. … 수원과 함께 죽으니 이 또한 즐거운 일이 아닌가!"[61]라고 말하였다. 유수원과 심확의 관계가 얼마나 절친한 사이였는지 이 대목으로 알 수 있다. 심확이 심육의 둘째 아우였던 것을 보면 하곡학이 유수원에게까지 영향을 미쳤음을 짐작할 수 있다.

유수원의 사상은 그의 「우서」에 반영되어 있는 바와 같이 사농공상의 사민의 역할의 분담을 중시한 것은 양명학의 이업동도의 정신과 일맥상통하는 것이다. 유수원은 "사민의 일을 나누어 실사(實事)에 오로지 하여 의식(衣食)을 얻게 하였다면 유생(儒生)이 반드시 학문을 일으키는 실리가 있었을 것이고 국가가 인재를 얻는 효험이 있었을 것이다. 온 나라에 선비를 가칭(假

---

60 「樗村遺稿」 권21: "下段 格物 一理森然散萬殊 肖翹蠢爾共頭顱 須知本末無先後 此道相傳不可輕."
61 「영조실록」 권84, 영조31년 기축(己丑)조 참조.

稱)하면서 공공연히 놀고먹는 사람들이 없었을 것이다"[62]라고 하였다. 사민의 역할이 분담되어야 유생도 학문에 전념할 수 있고 농공상도 자신의 직업에 충실할 것이라고 생각하였다.

총론사민에서는 "우리 왕조가 고려의 제도를 답습하여 나라를 세운 지 300년에 이르렀으나 사민은 제대로 나누어지지 않고 있으니 나라가 허약하고 백성이 가난한 것은 오로지 이에 빚어진 것이다. … 사민이 분별되지 못했으므로 각자가 제 직업에 힘을 다할 수 없었다."[63] 농암은 나라가 허약해지고 백성이 가난해진 이유를 사민이 나누어지지 않아 각기 자기 역할을 하지 못하였기 때문이라고 보았다. 그는 또 농부, 기술자와 상인이 자기가 하는 일에 대하여 자부심을 갖지 못하고 부끄러워하는 현상을 보면서 이렇게 말하였다.

"농사는 천하의 대본이다. 그 요체는 위로 천시(天時)를 받들고 아래로 지리(地利)를 버리지 않는 데 있다. 약간 기력이 있는 보통 사람[常人]이면 모두가 스스로 농사짓는 것을 크게 부끄러워한다. 그리하여 이들은 농사가 때를 놓치는 것을 보면서도 또 가을에 기근이 들 것을 짐작하면서도 힘을 도와 농사를 거들려고 하지 않는다."[64]

농사는 우리의 식량을 마련하는 가장 중요한 일이므로 천하의 대본이라고 하였다. 그런데 양반이나 중간 계층의 사람은 물론 보통사람도 농사짓는 것을 부끄럽게 생각하여 천시와 지리를 놓쳐버리는 데도 관심이 없는 것을 농암은 한탄하였다. 그는 "우리나라 풍속이 공상(工商)을 부끄러이 여기지

62 유수원 지음, 국역 「우서」 제1권, 민족문화추진회 고전국역총서, 60쪽: "分四民之業 使之各趨實事 以求衣食 則儒生必有作興之實 國家必有得人之效 四境之內 必無假稱士夫 公然遊食之民矣."
63 같은 책, 63쪽: "四民總論 我朝沿襲麗制 立國三百年來 四民之業 尙未分別 國虛民貧 專出於此 … 其源實出於四民不分 故不能務其業而然也."
64 같은 책, 64쪽: "農者天下之大本 而其要則不出於上以奉天時 下不負地利而已 … 兩班中庶 至于常人之稍有氣力者 皆以自手農業爲大羞恥 雖目見農務之愆期 灼知秋後之飢餓 男婦束手 皆不耕鋤."

않게 된다면 차참을 세워 운가를 받는 이익이나 많은 물화를 사들여서 얻은 이익이 … 곡식을 내어 장리를 두는 이익에 못 미치겠는가?"[65]라고 하였다. 유수원은 공상(工商)도 본업이라는 의식을 가지고 있었다고 생각한다.

그는 공상업이 발달되지 못한 원인을 이렇게 분석하였다.

"우리나라 상업[商販]을 보면 … 마상(馬商)이 적고 부상(負商)이 많다. … 홀로 장사할 줄 알아도 자본을 모아 힘을 합하는 것이 장사하는 데 가장 이익이 크다는 것을 알지 못하기 때문이다. 이러니 장사가 무엇으로 말미암아 성행할 것이며 모든 물화(物貨)가 무엇으로 말미암아 번창하겠는가?"[66]

유수원은 단순한 장사보다는 자본에 의한 상업을 주장하였다는 점에서 이미 자본주의 사고의 맹아가 엿보인다. 유수원은 한걸음 더 나아가 이렇게 말하였다.

"우리나라 상인들은 교역을 한다고 하지만 실제로는 교역하는 이치를 모르고 있다. 무릇 장사의 도리라는 것은 반드시 좌상(坐商)의 점포(店鋪)가 있은 뒤에야 돌아다니는 행상(行商)이 이익을 얻을 수 있는 것인데 우리나라 지방에는 점사(店肆=점포)가 전혀 없으니 교역의 번창이 어찌 이루어질 수 있겠는가? … 무릇 점포라는 것은 반드시 대상(大商)이 있어서 자본을 많이 내어 점포를 크게 차려야만 물화가 다투어 몰려들어 비로소 번성할 수 있는 것이다."[67]

장사꾼들이 장사의 이치를 모른다고 하면서 대상이 자본을 많이 투자하

---

65 같은 책, 72쪽: "若使風俗不恥工商 則站車受直 收買重貨之利 獨不及於廣置田庄 收其賭地 多出錢穀徵其長利之利乎?"

66 같은 책, 76쪽: "今以我國商販言之 … 馬商小而負商多 … 獨自行販者多 而不知出厚本合衆力之最饒於行商矣 商賈何由盛行 百物何由繁衍乎."

67 같은 책, 73쪽: "我國商賈 名雖曰交易 實不知交易之理 大凡商販之道 必有坐商店鋪 然後行商方可有利 而我國外方 全無店肆 交易懋遷 安能成樣乎 … 有大商收買客貨者 轉輸灌注如此 然後交易之道 方可盛行矣."

여 물건을 유통시켜야 번성할 수 있다고 하였다 그것은 바로 상품의 유통을 통하여 자본이 축적되고 재투자되는 자본주의 이치를 모른다고 비판한 것과 같다. 유수원은 직업의 전문화를 주장하기도 하여 이렇게 말하였다.

"중국 사람들은 오로지 한 가지 일만을 하는 까닭에 일이 전문화되고 이익도 넓다. 우리나라 사람들은 여사(餘事)로 틈틈이 가축을 키우고 있는 데 불과하다 그러므로 업으로 삼은 것이 전문화되지 못하고 키우는 바도 번성하지 못하다."[68]

직업의 전문화 그것이 바로 산업의 발달을 가져온다는 말이다. 사민(四民)이 일단 분별되기만 하면 불과 몇 해 만에 온 나라가 번성할 것이라고 농암은 확신하였다.

그는 이렇게 말하였다. "양반이 천업(賤業)이라는 농공상(農工商)에 종사하면 국가가 영구히 폐고(廢錮)하였으니 이것이 금제(禁制)가 아니고 무엇인가? 이제 만일 선비가 농공상에 종사한다면 그 교유(交遊)와 혼인 및 벼슬[婚宦]에 장애의 이유가 없겠는가? 사람들은 반드시 저놈은 이미 평민이 되었다고 첫마디를 던지고 비루하게 여기어 [그와의 관계를] 끊어버린다. 오직 그 금고가 엄하지 못할까 걱정할 뿐이다. 무엇이 이보다 더 심하겠는가?"[69]

당시의 양반제도에서 생기는 병폐를 신랄하게 비판하였다. "이 밖에도 고질적인 폐단이 모두 양반을 우대한다는 헛된 명분에서 나오고 있으니 그 근본을 따져보면 국초(國初)에 법제를 마련할 때 사민을 제대로 분별하지 못한

---

68 같은 책, 76쪽: "中國之人 專爲一事 故業專而利廣 我國之人不過以餘事閑隙爲此等畜牧 故所業不專 所畜不盛 烏可歸咎於物産不豐 風土不同之致哉."
69 같은 책, 78쪽: "兩班爲賤業 則國家永錮之 此非禁制者乎? 今士族果爲農工商 則交游婚宦 其無妨碍之理乎? 人必首稱曰彼漢已夷於平民矣 鄙而絕之 唯恐不嚴其爲禁錮 孰甚於此."

데 있는 것이다. 결론을 내리자면 백성들은 일정한 직업이 없고 시전(市廛)에
도 정액(定額)이 없어 생활의 곤궁함이 이미 극도에 달하고 있다. 만약 이를
구제할 길이 없다면 백성은 반드시 다 없어지고야 말 것이다."[70]

유수원은 백성을 굶주리게 한 것도 잘못된 제도로 인한 것임을 밝히었다.
그래서 그는 "오직 실사(實事)에 힘쓰고 형식적인 의논을 숭상하지 않는다면
국가의 체모가 존엄해지고 세상의 도리도 밝아진다. 반드시 편파적 붕당으
로 기울어 알력하는 일이 없을 것이다. 사민을 분별하는 것은 곧 백성들의
재산을 마련해 주는 것이다"[71]라고 하면서 형식적인 명분으로 헛된 논쟁하
는 것이 아닌 실사에 힘써 사민이 각기 자기의 항산을 마련하는 실학을 중
시하였다.

(3) 백운(白雲) 심대윤(沈大允: 1806-1872)

심대윤은 자가 진경(晉卿)이고 별호는 석교(石橋), 동구자(東邱子)이다. 본
관은 청송이며 아버지 심완륜(沈完倫)과 어머니 의령 남씨 사이의 맏아들로
태어났다. 백운의 사생 관계는 알려져 있지 않으나 그의 증조부 심확과 백
중조 심육이 함께 하곡의 문인이어서 그 학문의 원류는 하곡에 있다고 하였
다[72]고 한 것을 보아 백운 역시 유수원과 마찬가지로 하곡학파에 속함을 알
수 있다. 심대윤의 사상은 그의 생활에서 우러나온 것이다. 그는 공상을 말
업(末業)이라 생각하고 천시한 조선조시대에 독서하는 선비로서 장사를 한
다는 것은 부끄럽고 괴로웠으나 40세 때에는 아우들과 함께 반상(飯床)을 만

---

70 같은 책, 79-80쪽: "此外許多痼弊 專出於此 而究其根 則國初立法之際 不能分別四民而然也 摠之 民無經
業 市無定額 生理困竭已經 若無矯救之道 民必澌盡後已矣."
71 같은 책 권2, 219쪽: "唯務實事 不尙浮論 則國體尊嚴 世道淸明 必無偏黨傾軋之患矣 別四民 所以制民産
也."
72 임형택. 심대윤전집 해제, 심대윤전집1, 15쪽.

드는 공방을 운영하였고 47세에는 약방을 하면서 학문을 하였다. 사회적으로 천시하는 일을 그는 독서와 연구의 수단으로 활용하였다.[73]

심대윤은 『복리전서』[74] 서문에서 "옛날 성인은 예로써 영재를 가르치고 음악으로써 어리석은 백성을 교화시키었다. 예악이란 것은 안정된 세상[治世]의 도구이며 교화의 도이다. 예악이 없어지고 교화가 쇠퇴하여 … 고명(高明)한 자는 헛되고 컴컴한 길[虛誕冥茫]에 내달리어 실리(實理)를 등지고 거짓행위[僞行]를 높인다. 어리석고 미혹한 자는 안개 낀 진흙탕 속에 떨어져 정감에 맡겨 함부로 움직여 방향을 알지 못한다. … 이제 천하 만세의 백성들이 모두 자신의 복리(福利)를 얻어 누리며 재앙을 면하게 하였으므로 복리전서라고 이름지었다"[75]고 말하였다. 그가 복리전서를 저술한 목적은 천하 모든 사람들이 복리를 누리고 재앙을 피하기 위한 것이었다. 이것은 현재 우리가 목표로 하고 있는 복지국가의 그림을 예상한 것이라고 할 수 있다. 그는 하곡학의 정신을 이어받아서 당시 고명한 지식인들을 비판하면서 그들은 명분을 따지면서 실리(實理)를 외면하고 거짓행위를 한다는 것이다.

심대윤은 "천지의 이치는 허실이 서로 짝하여 운행되고 인간은 천지의 기운을 타고나서 본성이 되었는데 그것을 욕망[慾]이라 한다. 욕망에는 두 가지가 있는데 이익을 좋아하는 것과 이름을 좋아하는 것이다. 사람이 이익을 좋아하고 이름을 좋아하는 것은 바로 그 천성이다. 사람의 힘이 옮기고 바꿀 수 있는 것이 아니다. … 이익이란 알맹이[實]이고 이름이란 빈 것[虛]이다. 이름과 이익이 서로 짝하여 행해지면 바로 그 몸과 생류(生類)가 둘 다 온

---

73 같은 책, 9-10쪽.

74 장병한은 복리전서는 유고의 부흥을 위하여 저작된 유가적 복음서로 보았다. 「심대윤의 복리전서 일고 –천인화복론을 중심으로–」, 『양명학』 제20호, 2008.7.

75 福利全書序 沈大尹全集1: "古者聖人以禮敎英才 以樂化愚民 禮樂者 治世之具 而敎化之道也 三代以後禮樂廢而敎化衰 … 高明者騁乎虛誕冥茫之途 背實理而崇僞行 愚迷者 墮於烟霧途泥之中 任情妄作而不知方向 … 今天下萬世之民 皆得享其福利而免於禍殃 故名曰福利全書."

전하여 무궁할 수 있다. 이익은 나를 위하는 데서 생겨나고 이름은 남을 위하는 데서 생겨난다. 이익으로 삶을 두텁게 하고 이름으로 몸을 빼어나게 한다. 이 두 가지는 인간 본성이 욕구하는 것이다"[76]라고 말하였다. 심대윤은 인간의 본성을 욕망[慾]이라고 보았고 그 내용이 호리(好利)와 호명(好名) 두 가지라고 주장하였다. 이것은 성리학에서 찾아볼 수 없는 욕망긍정론이며 더욱이 이익을 좋아하는 것을 주된 내용으로 삼고 있다는 점에서 근대 지향적 요소가 내재되어 있다고 볼 수 있다. 그는 이익을 좋아하되 사리(私利)가 아닌 공리(公利)를 중시한 공리주의적 면모를 가지고 있다.

심대윤은 "인간의 본성은 이익을 좋아하고 이름을 좋아하지 않은 것이 없다. 이름과 이익이란 것은 자기에게 사사로운[私] 것이면 악이 되며 남에게 공평(公)하면 선이 된다. 이것이 선악이 나뉘게 되는 까닭이다. 자기에게 이익을 사사로이 하면 반드시 남에게 해가 된다. 남에게 해가 되면 남도 자기에게 해를 끼친다. … 사적으로 자기를 이름 내면 반드시 남을 깎아내릴 것이다. 남을 깎아내리면 남 역시 자기를 깎아내릴 것이다. … 옛부터 지금까지 오륜이 서로 망가지고 구족이 원수가 되는 것은 모두 이익을 다투고 이름을 다투는 데서 말미암았다. 천하의 이익을 다투고 이름을 다투며 어찌 이김[勝]이 있겠는가? 끝내 반드시 스스로 지고[敗] 말 것이다."[77] 백운은 자기만의 사적인 이익이나 명예를 추구하면 결국 스스로 자기를 망치게 할 뿐이라고 하였다. 그렇다면 자기와 남이 다 같이 이익과 명예를 추구하는 길은 무엇일까?

---

76 福利全書 明人道名利忠恕中庸, 135쪽: "天地之理虛實相配而行 人稟天地之氣而爲性曰慾 慾有二焉 好利也 好名也 … 人之好利好名 乃其天性也 非人力之所可移易也 … 利者 實也 名者 虛也 名利相配而行 乃可以其身與生類 兩全而無窮也 利生於爲我 名生於爲人 利以厚生 名以榮身 是二者 人性之所欲也."

77 같은 책: "人之性 莫不好利好名而 名利之爲物 私於己則爲惡 公於人則爲善 此善惡之所以分也 何以私於己則爲惡也 私利於己則必害於人 害於人則人亦害於己 … 私名於己 則必貶於人 貶於人 則人亦貶於己 … 自古及今 五倫相戕 九族爲讐 皆由於爭利爭名 … 爭利爭名 豈有勝裁 終必自敗也."

그는 "이익을 다투는 것은 이익을 같이하는 이익만 못하다. 이름을 힘씀은 실질을 힘씀을 이름으로 삼는 것보다 못하다. 이익을 다투면 그 이익을 잃어버리고 이익을 같이하면 그 이익을 온전히 한다. 이름을 힘쓰면 이름과 이익이 등지고 허명이 된다. 실질을 힘쓰면 이름과 이익이 다 함께 실질이 된다. … 남과 함께 이익을 같이함[與人同利]은 지극히 공정한 도이다…."[78]

그의 학문종지는 남과 함께 다 같이 이익을 취하는 여인동리(與人同利)에 있다.

동리(同利)를 어떻게 추구할 것인가? 심대윤은 유가의 충서(忠恕)의 방법을 동리에 적용하여 "충서의 도는 자기의 마음으로 남의 마음을 헤아리며 자기의 정감으로 남의 정감을 추측한다"[79]고 하였으며 따라서 "남과 나의 이해를 저울질해서 한편에 치우치지 않도록 하는 것이 지극히 공평한 방법이다"[80]라고 하였다. 그는 남과 나의 이익과 손해를 어느 한쪽에 치우치지 않게 하는 "남과 이익을 함께 취한다[與人同利]"는 정신이야말로 현대 우리 사회에서 서로가 다 함께 잘살 수 있는 복지국가의 본보기가 될 수 있을 것이다. 이것이 바로 실심실학의 정신이기도 하다. 그리고 인간의 이(利)에 대한 본원적 가치 인정 등에서 하곡학의 진일보한 양명학적 가치들이 19세기 심대윤에 의하여 한국 근대성으로 넘어가는 과정을 볼 수 있다.[81]

하곡학은 또 하곡이 61세에 강화도 하일리로 이주하여[1709] 덕천군 이씨 문중의 이광명, 이광신, 이광사, 이광려 등을 제자 혹은 사위로 받아들이면서 이어지기 시작하였다. 그들은 1710에서 1731년 사이에 하곡과 인연이 되

---

78 같은 책: "爭利不如同利之爲利也 務名不如務實之爲名也 爭利則喪其利 同利則全其利 務名則名與利背而爲虛名 務實則名與利俱而爲實 … 與人同利 至公之道也."
79 같은 책: "忠恕之道 以己之心度人之心 以己之情揣人之情."
80 같은 책: "權衡於人我而 不偏於一邊 此同利至公之道也."
81 장병한, 「정제두에서 沈大允에로의 근대적 전이양상」, 『양명학』 제33호, 2012.12.

어 제자가 된 것이다. 그러나 이들은 하곡으로부터 받은 실심실학을 결실 맺기 전에 1755년 나주 벽서사건으로 모두 유배를 떠나게 된다.[82] 이러한 고난 중에서 나온 철학은 현학(顯學)은 되지 못하였어도 조선시대 200여 년간 복류로 흐르면서 실심실학을 전해 주었다.

(4) 항재(恒齋) 이광신(李匡臣: 1700-1744)의 철학

이광신은 정제두 및 그의 아들 정후일(鄭厚一)에게 수학하여 심학을 배웠으며 심육(沈錥)과 이진병(李震炳)이 수습한 정제두의 유고를 교감하였으며 정제두의 유사보유(遺事補遺)를 엮었다.[83] 하곡의 제자들은 스승의 학문적 특징을 한마디로 요약하여 "오로지 우리 先正(霞谷)의 실심실학(實心實學)만이 한 세대(世代) 유학(儒學)의 으뜸이 됩니다"라고 하였다. 하곡의 학문을 이어받은 첫 번째 철학자는 항재(恒齋) 이광신(李匡臣: 1700-1744)이다. 항재는 "대체로 붕우와 강설하면서 반드시 정밀하고 긴요한 일들을 가려 뽑아서 논하지 않아도 된다. 비록 거칠고 유한(有閑)한 일들이라도 지극한 이치가 거기에 간직되어 있고 실심(實心)으로 강론하면 역시 무방하다. 만약 실심이 아니면 비록 정밀하고 긴요한 것이라 하더라도 내가 가진 것이 아니다"[84]고 하여 실심을 강조하였음을 알 수 있다.

---

82 원교 이광사, 이광명의 큰아버지인 북곡공 이진유(1671-1727)와 숙부인 이진검이 신임사화(1721-1722)의 주동자가 됨으로써 신임사화로부터 1755년 나주 벽서사건(을해옥사 윤지의 난)에 이르기까지 일련의 당화 속에 덕천군의 가문은 거의 몰락하게 된다. 살아남은 사람들도 연좌되어 유배지로 가서 죽음을 맞이하였다. 이광사의 형 이광정은 길주로, 이광사는 부령으로 유배되었다가 전라도 신지도로, 그의 사촌형 이광언은 단천으로, 이광찬은 명천으로, 이광현은 기장으로, 이광명은 갑산으로 유배를 갔다.(정양완, 『강화학파의 문학과 사상』, 1995, 정문연, 126쪽 참조.) 위에서 본 바와 같이 심육의 동생 심확과 유수원도 나주 벽서사건에 연루되어 사형을 당하였다.
83 심경호, 신편 이광사 문집 『이광사의 학술과 사상』[시간과 물레, 2005년], 447쪽.
84 恒齋遺稿 思省錄, 39쪽: "凡與朋友講說 不必揀擇精底緊底物事而論之也 雖粗底閑底物事 至理存焉 以實心講論 則是亦無妨 若非實心 則精底緊底 非吾有也."

그는 자신의 주체적 심학(心學) 입장에서 학문을 하였다. 그는 처음에 주자학을 공부하였으나 강화도에 들어가 하곡을 만난 뒤부터 양명학을 공부하고 두 학문의 차이점과 문제점을 알게 되었다. 그는 문제가 생긴 발단부터 짚어나가기 시작하였다. 그것은 바로 격물치지에 대한 해석에서 주자는 격물의 격을 이른다[至]로 보았는데 양명은 바로잡는다[正]로 풀이한 데서 나왔다는 것을 알았다. 이 두 학설이 모두 대학의 본래 의미가 아니고 후세에 해석한 것이며 이러한 해석은 마치 수레의 두 바퀴처럼 새의 두 날개같이 하나라도 없으면 안 된다고 하여 양자는 서로 보충되어야 한다고 보았다. 그는 어느 한쪽의 풀이에 빠지지 않고 양자를 다 살려 이해한 것이다.

주자학이나 양명학은 다 성인이 되는 것을 목표로 하는 성학이다. 그런데 그 목표에 이르는 방법을 달리하였다. 양명은 하나의 본원인 곳[一本處]에서 주자는 만 가지로 다른 곳[萬殊處]에서 학문을 하였다. 항재는 대학의 격물치지를 해석하면서 본원을 강조하는 양명과 각 사물의 탐구를 중시하는 주자를 함께 놓고 비교하면서 양자를 다 긍정하였다. 이렇게 되면 주자학의 지리(支離)하다는 병통도 양명학의 차례를 건너뛰는 폐단도 다 극복할 수 있다고 생각하였다.

이광신에 의하면 주자는 결코 사물을 위하여 본원을 소홀히 한 적이 없으며 양명도 본원을 위하여 사물을 내버린 적이 없었다는 것이다. 두 철학자는 모두 본원과 사물을 중시하여 이것을 일상생활에서 체험하면 저절로 학문의 종지가 밝혀진다고 하였다.

이광신은 빙탄록(氷炭錄)이라는 글에서 양명학과 주자학의 서로 다른 공부 방법 4가지를 보여 주었다. 첫째, 양지와 지식의 문제인데 항재는 덕성지로서의 양지도 앎[知]이고 경험지로서의 견문(見聞)지식도 역시 앎이라고 하였다. 그는 주자의 학설이 비록 지식으로 말을 하였지만 의(義)와 이(利)를 따져서 지식을 넓힌 것이라면 왕양명의 양지설과 유사한 점이 있다고 하였다.

그러나 왕양명은 양지의 앎을 강조하고 지식의 앎을 중시하지 않은 것은 지식이 양지가 아니기 때문이라는 것이다. 왕양명이 말하는 앎은 마음의 본체인 양지를 가리키고 경험에서 얻는 지식이 아니며 지행이 합일된 치양지를 말한다. 외적인 지식을 추구하는 것은 지와 행이 분리된 말학(末學)이라고 하였다. 지행의 문제에서 양지를 실현하는 치양지야말로 지행합일이며 이것은 거짓 없이 앎의 실천을 중시하는 실심실학의 근거를 보여 준 것이다.

둘째, 지행합일과 지행병진의 문제이다. 전자는 양명학의 기본사상이며 후자는 주자학의 주된 주장이다. 항재는 왕양명의 학문은 마음의 본원을 추구하므로 지행합일의 상달(上達)을 강조하였다면 주자학은 사물의 이치를 추구하기에 지행이 분리된 하학(下學)의 학문이라고 하였다. 그는 지행합일의 취지가 외적인 사물을 아는 지식과는 다르고 마음의 본체에서 합일된 것이라고 보았다. 주자의 지행공부는 본체의 합일이 아니므로 현자라 하더라도 지행의 분리를 면하지 못하고 성인의 말씀도 지행을 둘로 나누어 알아듣는다. 따라서 지행병진은 지행합일과 거리가 있다고 하였다. 주자의 설은 지와 행을 병진한다고 보았는데 후학은 행을 딴 것[別件]처럼 생각하여 지행을 분리시켰다는 것이다. 양명은 심체에서 지행을 말하므로 지행합일은 바로 치양지라는 것이다.

셋째, 치양지와 격물치지의 문제이다. 대학의 치지를 양명은 치양지로 풀이하였고 주자는 외물의 이치를 연구[格物窮理]하여 지식을 넓히는 것으로 해석하였다. 양명은 마음의 본체에서 치지를 언급하였는데 주자는 외물의 탐구로 치지를 새기었다. 항재에 의하면 치양지는 사물이 이른 것에 의존하지 않고 늘 마음속에서 의리를 생각하고 헤아린다고 하여 외적인 사물의 탐구와는 다르다는 것이다. 항재는 주자의 격물치지의 대상이 천문 지리와 같은 자연물일 경우에는 밖에서 사물은 탐구할 수 있다고 하더라도 부자나 군신 관계에서 생기는 윤리[仁義]는 마음에서 구해야 한다고 보았다. 그런데 너무 지나치게 미루어 나가 산천초목 따위를 궁구한다면 앎이 지극하고도 뜻[意]이 참되는[誠] 일에 어떻게 관계할 것인가? 이것이 바로 왕양명이 치지를 치양지로 인정하고 주자의 설이 절실하지 못함을 가려내어 비판[辨斥]하였다는 것이다. 다시 말해 산천초목 같은 외물을 궁구하는 것은 성의 공부와는 상관없다는 것이다.

넷째, 심즉리(心卽理)와 마음과 이치[心與理]의 문제이다. 항재는 왕양명의 심즉리와 주자의 성즉리를 논하는 대신 마음[心]과 이(理)를 주제로 삼아 다루었다. 항재는 주자가 격물궁리를 말한 것은 외물의 이(理)를 탐구한 것이 아니라 마음속의 이(理)를 찾았다는 것이다. 따라서 그는 주자의 격물은 도덕원리를 밖[義外]에서 찾는다는 왕양명의 비판을 부정하고 주자 역시 마음의 이를 궁구하여 마음과 사물의 일치를 주장하였다는 점에서 도덕의 기준을 안에 세운 의내설(義內說)이라고 보았다. 그래서 주자학도 심학이라고 주장하였다. 이것은 종래 주자학을 이학으로만 이해한 것과 전혀 다른 견해이다.

이광신은 양명학과 주자학의 차이는 일본처(一本處)와 만수처(萬殊處)에서 생긴 본원과 사물의 문제를 상달과 하학의 관점에서 다시 조명하였다. 공부를 어디에서 하느냐가 달랐기 때문에 양자의 차이가 난 것이라고 보았다. 그는 의리를 밝히어[明義理] 본원을 바로한다[正本源]는 입장에서 주자학과 양명학을 종합하였다. 항재 이광신의 심학은 결코 주학과 왕학을 어설프게 절충한 것[85]이 아니라 왕학의 종지를 또렷하게 밝혀 실심을 강조하였

---

85 서경숙은 왕양명과 주자의 절충론자로 보고 있다[「초기 강화학파의 양명학에 대한 연구」, 성균관대학교 박사논문, 2000; 「항재 이광신의 이기론」, 『양명학』 제6호 2001.5].

다. 이 점에서 그는 하곡의 실심실학을 충실히 계승한 심학자라고 일컬을 수 있다.[86] 이광신은 정제두의 학문적 입장을 수용하고 계승한 인물이었다고 평가된다.[87]

(5) 원교(圓嶠) 이광사(李匡師: 1705-1777)의 사상

원교 이광사는 이진검(李眞儉: 1671-1727)과 파평 윤씨 지상(趾祥: 1668-1724)의 딸 사이에 5남 1녀 중 막내아들로 숙종 을유(乙酉: 1705) 8월 29일에 태어났다. 자는 도보(道甫)이고 호는 원교(圓嶠)이다. 항재의 사촌동생[從弟] 이광사는 "내가 하곡 정선생의 덕의(德義)를 사모한 지 몇 년 되었으나 사는 곳이 외져서 신해년[1731] 봄에 비로소 강화에 들어가 선생을 뵙고 평상 아래에서 실학(實學)의 요체를 들었다. 그 다음해 다시 들어가 여러 달 머물면서 더욱 들은 바가 있고 또 그 뒤로도 간혹 왕래하였다고 하였다."[88] 그가 들은 실학의 요체는 바로 하곡의 실심실학이었던 것이다. 이광사의 학문 과정과 그 발전은 외사촌형 사상(士相) 민옥(閔鈺)을 위하여 쓴 제문에서 "형을 만나고 난 뒤에야 실사(實事) 실언(實言)을 마음에 두고 선(仙)과 불교를 하루에 다 버렸다"[89]고 하였다.

이광사는 젊은 시절 종형인 이광신과 이기론을 토론하여 성즉리와 심즉리의 학설을 종합하여 자기의 심학을 전개하였다. 그리고 이광찬과 서신으로 상서와 불학을 토론하기도 하였으며 연여실 이긍익과 신재 이영익, 초원

---

86 정인재, 「항재 이광신의 심학 −양명과 주자의 종합론[明義理正本原]−」, 『서강인문논총』 23집, 서강대학교인문과학연구소, 2008.

87 中純夫, 「李匡臣における 霞谷學の 受容」, 『양명학』 제33호, 2012.12.

88 新編 圓嶠 李匡師文集: "書贈稚婦繭紙 有序 余慕霞谷先生德義 積歲年 而居稍左 辛亥春 始入江都 拜先生牀下 聞實學之要 其明歲復入 留屢月 益有聞 後或往來."

89 신편 원교 이광사 문집, 「제민형사상각문」, 52-53쪽: "自夫見兄 實事實言 於心屏營 一日盡棄 仙及佛道."

이충익과 이문익에게 사상 마련의 실학에 힘쓰라고 독려하였다.[90] 이광사는 아들 이영익에게 보내는 두 번째 편지에서 마음[心]의 특성에 대하여 이렇게 말하였다.

"너는 '마음이 동요되어 혼탁한 것은 크게 힘을 들여 몰아내지[驅去] 않으면 그것이 제거될 수 있는가?'라고 하였는데 오히려 크게 불가하다. 마음을 기르는 길은 넉넉히 노닐며 살아 솟아나게[優游活潑] 해야지 결코[切] 힘을 들여서 몰아내어 제거[驅除]해서는 안 된다. 너는 또 '마음의 있다가 없어지고[存亡] 나갔다 들어옴[出入]은 잡아서 지닐[執持] 수 없다. 온갖 일[萬事]에 펼쳐지는[發] 것을 어찌 일일이 점검하여 단속[檢束]할 수 있는가?'라고 하였는데 이것은 또 그렇지 않다. 마음은 어떤 것으로도 잡아 거머쥐고 점검하여 단속[執持檢束]할 수 없다. 맹자는 학문하는 도는 다른 것이 없다. '풀어진 마음[放心]을 구할 따름이다'라고 하였다. 이미 풀어진 마음을 거두어 들여 반복하여 자신의 안으로 들어가게 할 따름이라는 말이지 잡아 거머쥐고 점검하여 단속함을 말한 것이 아니다. 공자는 '마음은 잡으면 간직되고 놓으면 없어진다[操則存 舍則亡]'고 하였다. 잡음[操]이란 놓음[舍]의 상대어이다. 그저 간직하여[存攝] 놓지 않음을 말한 것이지 결코 잡아 거머쥠[執持]을 말한 것이 아니다. 그것[마음]을 구하고 잡는 방법[道]은 맹자가 호연지기를 기르는 설[養氣說]에서 다 논하였다. 반드시 어떤 일이 있으면 힘써 행하도록 해야지 [효과를 얻으려고] 미리 기대[豫期]해서는 안 된다. 마음은 잊지도 말고 조장하지도 말아야 할 따름이다. 만약 잡아서 거머쥐고 점검하여 단속하려 든다면 그 해로움은

90 심경호, 「이광사의 학술과 사상」, 신편 원교 이광사 문집[심경호, 김진숙, 유총환 공편, 시간의 물레, 2005년], 450쪽.

미리 기대하고 조장하는 것보다 심할 것이다."[91]

이광사는 이영익의 마음을 혼탁하게 하여 동요시키는 것을 몰아내어 제거해야 한다고 부정적인 주장에 대하여 마음을 기르는 방법은 오히려 그 살아서 용솟음치는 면을 잘 살리는 적극적인 길을 알려주었다. 이 살아 있는 마음은 어느 때고 드나듦[出入無時]이 자유로워 정신 바짝 차리고 잡고 있으면 간직되지만 조금이라도 딴 생각을 하면 없어지는 특징을 가지고 있다고 공자는 말한 바 있다. 그렇다고 해서 이 살아서 활동하고 있는 마음을 꽉 쥐고 다잡고 있다[執持]고 해서 간직되는 것이 아니라고 말하였다. 그리고 또 이렇게 말하였다.

"네가 마음을 논하는 것을 보니 마음이 병을 받으면 크디크게 걱정할 만하다. 너는 '마음은 아직 정밀한 침잠[精沈]을 배우지 못하였으니 공부는 필요하지 않아 이미 마음의 해를 받았다'고 말하였다. 이것은 그렇지 않음이 있다. 마음이 만약 완연 무지하다면 심각하게 공부하지 않아도 반드시 병에 이르지 않는다. 이것[마음]은 영특하게 살아 있는[靈活] 것[物]이다. 비록 잠시[霎時]라도 괴로움을 겪었다 하더라도 어찌 아픔을 당하는 길[道]을 없애겠는가?"[92]

91 新編 圓嶠 李匡師文集 汝曰: "心之擾汨混濁者 若不大下力驅去 其能去乎?" 却大不可 養心之道 當優游活潑 切不可著力驅除 汝又曰 "心之存亡出入 不能執持 發於萬事者 安能一一檢束? 是又不然 心不可以執持檢束 孟子曰 學問之道無他 求其放心而已 言收其放之心ㄹㄹ 反復入身來而已 非執持檢束之謂也 孔子曰 操則存 舍則亡 操者舍之對 只存攝而不舍之謂也 亦非執持之謂也 求之操之之道 孟子養氣說盡矣 必有事焉 而勿正 心勿忘 勿助長而已 若欲執持檢束 則其害甚於豫期助長矣 是以大學正心 亦只去其憤懥好惡憂患恐懼等 不令不在而已 若欲執捉 有告子彊制之病 盖古人治心 顔子不違仁 孔子所謂顚沛造次必於仁 忠信篤敬長令參前倚衡而已 此仲尼顔淵所樂者也 初何嘗有刻苦彊制之意?"
92 答令翊論心書: "觀汝論心 心之受病 大大可憂 汝云 心學嘗未精沈 用工不必 已受心害 是有不然 心若頑然無知 則不刻深用工 必不至病 是靈活之物 雖遭霎夭惱 豈無受病之道?"

이광사는 아들 영익이 마음을 논한 것을 보고 매우 걱정스러워 마음은 영특하게 살아 있는[靈活] 것이기 때문에 비록 잠시 괴로움을 겪었다 하더라도 마음의 병을 없앤 것은 아니라고 하면서 아들의 병이 생긴 원인을 하나하나 점검하여 말해 주었다. 이광사는 마음을 영명(靈明)하게 살아서 움직이는 것이라고 보았다. 이광사는 이러한 영명한 마음을 바탕으로 그의 서예미학을 전개하였다. 원교 이광사의 미학사상은 마음[心]의 영성적 자각능력을 통해 표현되는 전신(傳神)미학이며 심진(心眞)을 근거로 하는 유기체적 소통미학이다.[93] 그리하여 본래심의 영활성과 자득에 의하여 생동하고 신채(神彩)가 발하는 서예경계를 구현하였다.[94]

(6) 월암(月巖) 이광려(李匡呂: 1720-1783)

이광려의 자는 성재(聖載)이며 호는 월암 혹은 칠탄(七灘)이라 하였고 서간(西澗) 이진수(李眞洙)의 아들이며 시문 학행으로 참봉(參奉)에 이르렀다. 그는 "원교에게서 배웠다"고 하였으니 원교가 그의 스승인 셈이다. 월암이 남긴 문집은 『이참봉집』 2책 4권이며 아직 간행되지 않은 필사본도 있다. 필사본에는 잡저(雜著), 어록(語錄), 복제사의(服制私議) 등이 있다. 정양완의 연구에 의하면 이광사의 학문이 이광려로 이어지고 또 이긍익, 이영익, 이충익에게로 전해지는 학통을 엿볼 수 있다.[95] 이충익, 정동유가 그의 문인이다. 그는 창의적으로 글을 지었기에 이충익은 "글을 짓는 데 옛사람의 문체를 답습하지 않았고 유행하는 가락에 구속되지도 않았으며 다만 창의성에 깊고 말이 고상하며 아름답다"[96]고 하였다. 월암은 실심으로 창의적인 글을 지은 것이

---

93 송하경, 「원교 이광사의 미학사상」, 『양명학』 제13호, 2005.2.

94 장지훈, 「원교 이광사의 심학적 서예미학사상에 관한 소고」, 『양명학』 제23호, 2009.8.

95 정양완, 「월암 이광사론」, 『광화학파의 문학과 사상(1)』[한국정신문화연구원 1993년], 40쪽.

96 李忠翊, 椒園遺藁 册2 李參奉集敍 文集叢刊 511: "爲文章 不用前人體樣 不局時世聲調 但使造意深逈辭令

다. 이 학파의 학자들이 문(文)보다는 질(質), 겉보다는 속, 외화(外華)보다는 내실(內實)에 돈독했던 학풍을 엿보게 된다. 그들은 결과론 공리론을 앞세우는 세속과는 다른 인간 본연의 순수성과 성실성을 중시하는 자세를 가지고 있었다. 이광려는 두 번 내린 능참봉직을 마다하고 오로지 내적인 수양에만 힘썼다.[97] 그는 고구마[甘藷] 도입에 관한 글을 남기었으며 또 노자의 글을 읽고[讀老子 5則] 비판하였으나 그 글을 가지고 자유자재로 자기 사상을 표현하기도 하였다. 이것이 아마도 초원에게 영향을 주었는지도 모른다.

이광려는 "한 경학(經學) 유생(儒生) 노릇을 하려면 성인의 말씀을 마음속에서 묵묵히 새겨서 마음에서 촉발되어야 유학의 경전을 아는 선비노릇을 할 수 있다"고 하였다

이광려는 백성에 대한 사랑이 꺼질 줄 모르는 사람이었다. 크고 작고를 따질 것 없이 백성에게 도움이 된다면 어떤 난관도 헤쳐 갈 열정을 가진 사람이었다. 구황식품으로서의 고구마 재배에 대하여 가지고 있는 열성은 그가 43세에 지은 군방보(群芳譜)에 잘 나타나 있다. 그는 "우리나라 농사가 아무리 엉망이고 구황정책이 아무 대비가 없다 하지만 만약 쌀을 대신할 반년어치 식량만 있다면 백성은 다급하지 않다. 고구마[番藷]가 아직 들어가기 전에 민남, 광동, 월땅 사람들은 모두 마[山藷]였다. 쌀의 십분의 육에 해당되었다고 한다. 주애 사람들은 아예 밭농사를 업으로 삼지 않고 오로지 마를 심어 식량으로 삼기에 이르렀다. 하물며 고구마는 더욱 쉽게 생장하고 흔해 빠지고 또 매우 맛도 좋음에 말할 것이 있겠는가? … 이것을 얻어서 우리나라에 심기만 한다면 풍년 흉년 가릴 것 없이 백성의 식량은 공급할 수 있으니 나라를 위하는 길은 백성의 먹을 것이 다급하지 않은 것이 정치는 반은

嫺美."

97 정양완, 41쪽, 43쪽.

된 셈이다."[98] 그는 백성을 흉년에 굶어 죽지 않고 살리는 길을 고구마 재배에서 찾았던 것이다. 중국에서 이미 실시하고 있는데 우리나라에서는 아직도 그것을 모르는 위정자를 위하여 고구마 재배를 역설하였다. 그리고 그는 "이 일은 먼 것 같지만 사실은 절박하다. 엉성한 것 같지만 실은 다급하다. 진실로 실심(實心)으로 물건을 아끼는 사람은 그것을 알 것이다"[99]라고 하였다. 그의 실심애물(實心愛物) 사상은 바로 당시 고통 받는 백성에 대한 절박하고 애절한 마음에서 나온 것이다.

그는 또 벽돌 굽는 법을 중국에서 도입하여 건축한다면 백성들의 삶의 질을 향상시킬 수 있을 것이라고 하여 이렇게 말하였다.

"남의 말을 기다리지 말고 반드시 그 구워 만드는 방법을 알아 와서 우리나라를 위하여 사용한 뒤에 그만둘 것이다. 참으로 이와 같다면 수백 년 아직 황급하지 못하던 것이 홍판서[漢師]께서 그것을 실행한다면 공적의 은택이 입은 바를 어찌 생각하고 헤아릴 수 있겠는가? 대체로 그런 뒤에 헛되이 독서인이 되지 않을 것이며 구차하게 수천 리를 왕복하지 않을 것이다. 노년[衰年]에 사행 길에 임금과 어버이를 멀리 떠나는데 어찌 다만 덩그런 수레며 음식 역마로 한때의 유람을 자랑할 뿐이야 되겠는가?"[100]

그는 벽돌 굽는 방법을 배워서 우리나라에서 실시하면 그 공로가 말할 것

---

98 李參奉集: "書群芳譜後 我國雖農事염莽 荒政無備 使有可代米穀爲反年食者 民不急矣 番藷之未入也 閩廣粤人 皆山藷也 猶云當米之十六 朱厓人乃至不業耕稼 專種藷爲糧 況番藷又易生而至賤 又甚美乎 … 但得此 種之吾邦 則世無豊凶 民食可給 爲國之道 民食不急 斯過半矣."

99 같은 책: "此事遠而實切 疎而實及 苟有實心愛物者 其知之矣."

100 같은 책: "與洪判書漢師書 夫待他人之言 必欲致其燒造之方 移施爲國之用而已矣 誠如是 屢百年未遑者 爲之在漢師 功澤所被 庸可思議? 夫然後 不虛作讀書人 不苟爲數千里往還矣 衰年行役 遠去君親 豈直軒車 廚傳矜一時觀遊而已哉?"

이 없다고 하면서 자신은 헛되어 글을 읽은 사람이 되기보다는 실생활에 도움을 주는 사람이 되고 싶다는 포부를 밝힌 것이다. 이것이야말로 하곡학파의 실심실학의 정신을 참으로 잘 계승한 것이다.

이광려는 "학문을 하는 것은 성인이 되겠다는 것이다. 그 방법은 날마다 그 옳은 것을 실천하고 옳지 않은 것을 힘써 버리는 것이다. 뿐만 아니라 외적으로 보이는 그럴듯한 것[光景]을 추구하는 것을 끊어 버려야 효과를 빨리 거두려는 사욕을 막을 수 있다"고 하였다. 그는 계신공구(戒愼恐懼), 성의(誠意), 근독(謹篤)을 실심으로 실천 이행하는 것으로 사욕을 막는 방법을 제시하였다. 성현의 지위에 빨리 이르려고 하는 것도 역시 사욕으로 보았기 때문에 이르지 못하는 것을 걱정하지 않는다고 하였다. 그가 말하는 실심(實心)은 사실 본심(本心)을 가리키며 양지(良知)를 다른 말로 표현한 것이다.

왕양명의 양지설은 사람들을 깨우치는 방법이었는데 마치 선불교의 조사들이 하는 것과 유사하지만 더욱 분명히 깨닫게 하였다는 것이다. 왕양명의 치양지 방법은 주자학의 복잡하고 지리한 가르침보다 간이직절(簡易直切)하여 누구나 쉽게 깨우칠 수 있다. 그런데 그 방법을 배운 학자들이 번거로움을 싫어하고 새로움을 좋아하여 치양지 세 글자 이외의 다른 것을 모조리 다 내버리는 바람에 양지학 자체는 물론 맹자의까지도 부정하려는 것은 더욱 잘못된 것이라고 하였다.

이광려는 "왕양명처럼 영매(英邁)한 기상은 그 기미와 사람됨이 불가의 조사(祖師)들과 유사하고 또 불가의 언어문자를 본 적이 있기 때문에 어떤 때는 비슷할 따름이다. 그가 성인[공자]에 미치지 못하지만 그가 선학(禪學)을 한 것은 아니다. 여기서 그 사람됨을 살펴보아야 한다"[101]고 말하였다.

---

101 李參奉集 語錄: "如陽明英邁氣爽 其氣味作人 有似佛家祖師諸人 又嘗看佛家言語文字來所以有時似之耳 正是他不及聖人 不是他去做禪學 於此要觀其爲人也."

양명학을 불교의 선과 같다고 배척한 조선시대에 이렇게 분명하게 왕양명을 변호한 글은 보지 못하였다. 왕양명이 불가의 선과 유사한 점이 있는 것은 그가 불가의 선을 공부한 적이 있고 그 영향을 받았지만 결코 불교에 빠진 것이 아니라 유학을 새롭게 하여 사람들을 깨우쳐 주었다고 하였다. 이광려는 이렇게 왕양명의 사람됨[人格]을 철저히 신뢰하였다.

이광려는 시대와 세대가 변하고 달라져도 그 도는 변함이 없지만 그 말하는 방법은 달라진다고 하였다. 왕양명이 도를 사람들에게 깨우치는 방법이 주자학과 다른 것은 너무도 당연하다는 말이다. 도학이 강의되지 않은 세대에 양명학을 강의하는 것은 대화 상대가 이에 대한 교양을 쌓지 않았기 때문에 전혀 다른 의외의 방법으로 깨우쳐야 한다는 것이다. 마치 병의 증세에 따라서 약 처방이 다른 것처럼 일률적으로 해서는 안 된다는 것이다.

그런데 이광려가 살았던 조선시대에는 주자학만을 정통으로 삼고 정해진 이치[定理]에 따라서 노장과 불교를 이단으로 배척하고 양명학도 이와 유사하다고 비판하였다. 이광명은 육상산과 왕양명이 실제로 닦은 학문이 유학인지 불학인지 물어보지도 않고 그들의 주장이 선학과 비슷하다고 비난해서는 안 된다고 단호히 말하였다. 그것은 주자학자들이 주자의 언어[言]와 명분[名]에 매여서 현실[實]의 도를 보지 못한 것이라고 비판하는 의미가 담겨 있는 것이기도 하다. 그래서 이광려는 이렇게 말하였다.

"세상에서 양명자를 선학(禪學)에 가깝다고 하지만 바로 이러한 대답은 사람에게 매우 절실하여 아직 병통이 있는지 느끼지 못하였다. 『중용』의 첫 장 『논어』의 '종심소욕(從心所欲)'은 모두 이 의미이다. 그가 경전의 의미를 발휘하여 밝힌 것이 이와 같다. 다른 학설에 혹 출입이 있었다는 것으로 아울러 그 좋은 곳을 없애버리고 그것이 왕양명에게서 나왔다고 하여 태만히 하고 살피지 않아서는 안 된다. 우연히 전습록을 펼치다가 이 문단을 보니 매우 놀라고 절실하여 그것을 적어놓고 성찰하려고 한다. 다만 격물치지 운운 한 것은 어떤지 아직 모르겠다."[102]

이광려는 왕양명을 양명자(陽明子)라고 불렀는데 자(子)라는 글자는 위대한 스승에게만 붙이는 존경어이다. 이것은 주자(朱子)와 동급의 스승이라는 말이다. 이광려는 마음의 본체를 본심(本心)이라고 하거나 실심이라고 하였다. 이 용어들은 모두 감각적 경험에 의하여 얻어지는 습심(習心)에 대비하여 사용한 말이다. 그는 "사람이 조용할 때에 본심이 즉각 드러난다. … 마음이 간직된 바가 없으면 오랫동안 습심[習]에 흔들린다"[103]고 말하였다. "사람이 오직 가려진 곳이 있으면 그런 뒤에 본심을 잃어버린다. 어딜 가나 본심이 아닌 것이 없지만 갑자기 그것을 가려버린다. 이 때문에 언제나 잃어버린다. 그러므로 군자의 학문은 그 가려짐[蔽]을 제거하는 데 힘쓴다. 가려짐이 제거되어야 본심의 덕이 실행된다"[104]고 말하였다. 그는 또 마음에 "학문을 하는데 실심이 없을까 걱정할 뿐이다"[105]라고 하였다. 여기서 그는 행위의 잘못을 용인하지 않는다는 것은 바로 실심으로 실행을 하기 때문이다. 그래서 실지(實地), 실리(實理)를 언급하면서 마음이 불실(不實)할까 걱정할 뿐 잘못 인식할 것을 걱정하지 않는다고 하였다. 그래서 그는 "실심으로 그것

---

102 같은 책 語錄: "世以陽明子爲近於禪學 卽如此答儘切人未覺有病 中庸首章 論語從心所欲 皆此意也 其發明經義如此 不可以他說或有出入而並廢其好處 謂其出於王氏而漫不之省也 偶啓傳習錄 卽見此段甚覺警切 錄之以爲觀省."

103 같은 책 어록: "人於靜時 本心卽見 … 爲心無所存 久於習擾."

104 같은 책 語錄: "人惟有所蔽 然後失其本心 無往而非本心 而旋蔽之焉 所以常失也 故君子之學 務去其蔽 蔽去而本心之德行矣."

105 같은 책 語錄: "爲學患無實心耳."

을 좋아하면 어찌 스스로 알지[自知] 못함이 있겠는가?"[106]라고 말하였다. 외적인 인식보다는 내적인 자각[自知]이 더 중요함을 말한 것이다.

월암 이광려는 실심실학의 유종(儒宗)이라고 칭송되는 하곡 정제두의 사상을 계승한 항재 이광신과 원교 이광사의 실학을 계승하여 발전시켰다. 그는 당시 주자학만 고집하는 학문풍토에서 유가, 도가, 불가를 자연스럽게 모두 받아들여 노자를 읽은 다섯 가지 규칙[讀老子五則]을 지었는가 하면 왕양명 인간됨을 매우 높이 평가하면서 그의 학문에 대하여도 깊이 관심을 가지고 양지의 의미가 무엇인지 논하였다. 그의 논지에서 양지는 본심, 실심을 말하는 것임을 알 수 있다. 이것은 습심을 비판한 것을 보면 알 수 있다. 실심으로 도를 행하는 것이야말로 실심실학의 요체이기도 하다. 그가 말하는 도는 앞서 노자를 읽는 다섯 가지 규칙에서 밝혔듯이 이름에 갇힌 가도(可道)가 아니라 현실의 변화를 그대로 드러낸 상도(常道)를 말한다. 그것은 또한 주자학의 이념[名]에 빠져 변화하는 사실을 보지 못하는 당시 학자들을 실심으로 비판한 것이기도 하다. 그래서 그는 구황식물인 고구마 재배나 집을 짓는 데 필요한 벽돌을 만드는 현실에 둔감한 당시 위정자를 일깨우기 위하여 실심실학을 전개하였던 것이다.

(7) 완구(宛丘) 신대우(申大羽)의 철지(徹知) 심학

완구(宛丘) 신대우(申大羽: 1735-1809)의 자는 의부(儀父) 혹은 의보(儀甫)이며 평산인(平山人)이다. 그는 하곡학파의 중요한 인물로서 하곡 정제두의 아들인 정후일(鄭厚一)의 사위이고 사초(社憔) 신진(申縉), 석천(石泉) 신작(申綽), 실재(實齋) 신현(申絢)의 아버지이기도 하다. 하곡의 학통은 하곡의 아들 정후

---

106 같은 책 語錄: "且實心好之 豈有不自知哉."

일과 하곡의 다른 손자사위 이광명(李匡明)으로 전수되었다. 그리고 이광명의 사촌아우인 이광신(李匡臣) 그리고 이광사(李匡師)와 신대우로 이어져 왔고 다시 이충익 등으로 전수되어 끝에 가서 정인보에 의하여 현대적으로 밝혀졌다.

그의 고조 신여석(申汝晳)은 최석정(崔錫鼎), 박세당(朴世堂) 등과 함께 소론에 속하였다. 그는 하곡의 손자사위로서 강화도에서 학문을 닦았으며 49세에 사도사 주부(司導寺主簿)를 비롯해 많은 벼슬을 지냈고 정조(正祖) 22년[1798]에 궁관(宮官)이 되고 순조(純祖) 초기에는 승지(承旨)에 있으면서 경연(經筵)에 참가했다. 그가 비록 벼슬에 나아갔으나 초년의 곤궁한 가운데서도 도를 즐기는 태도를 잃지 않아 중년에 스스로 붙였던 완구생(宛丘生)이라는 호를 만년에 이르도록 사용하였다.[107]

신대우는 영정조 시대 노소 당쟁의 격동 속에서 성학의 참됨 모습을 잃어가는 당시 학문 풍토를 개선하기 위하여 참된 유학[眞儒]을 갈망하면서 이렇게 말하였다.

"아아 외적인 내달림이 비등하여 후세에는 참된 유자[眞儒]가 없어졌다. 문장의 구절을 다루는 자는 의미가 풀이되고 넉넉히 펼쳐진다. 말과 의론을 높이는 자는 갑론을박을 조성한다. 그 흐름의 해로움은 마침내 풍속을 망가트리고 어긋나게 한다면 잘 배우지 못한 자의 과실이다. 오직 선생님만이 탁월하여 먼저 자신의 마음을 세워서 오로지 안으로 자기를 알차게 하는 학문이다. 말은 경전의 가르침을 떠나지 않고 행위는 오륜의 도[彝]를 벗어나지 않는다. 날로 달로 말하고 행위하는 것, 그것을 하나로 덮어서 말하면 참되고 알차며

107 심경호, 「완구 신대우론」, 『강화학파의 문학과 사상』[한국정신문화연구원, 1993년], 320쪽.

거짓이 없을 뿐이다."108

신대우는 문장풀이나 하고 논쟁을 일삼는 당시 학자들의 병폐로 인하여 밖으로 자신의 이름을 내는 데 급급하여 참된 유자가 없어졌다고 탄식하였다. 그러면서 이 선생만이 탁월하게 그런 풍조를 벗어나서 진실 되고 거짓 없는 학문을 하는 참된 유자의 모습을 그리고 있다. 윗글에서 먼저 자신의 마음을 세운다[先立乎其大]는 말은 맹자에서 나온 것인데 맹자는 마음을 대체(大體)라고 하고 감각기관을 소체(小體)라고 하였다. 후자는 외물과 만나면 거기에 이끌려 버리는 데 반하여 전자는 생각하는[思] 기능을 가지고 있어 자신을 반성하고 밖의 유혹에 빠지지 않는다. 육상산의 심학도 바로 그 마음을 세우는 것에 지나지 않았다. 신대우는 이러한 마음의 기능을 살려 오로지 자기의 안[心]을 알차게 하는 것이 학문이라고 보았다. 이 학문은 경전의 해석[訓]과 오륜의 도를 벗어나지 않고 일상생활에서 언행의 일치로 드러나기 때문에 이 학문의 특징을 진실무위(眞實無僞)라고 하였다. 이 진실 되고 거짓 없는 학문은 자기를 속이지 않는 양지학의 다른 표현이다.

신대우는 하곡선생신도표의 묘문에서 태학사 윤순(尹淳)의 제문인 '이 마음을 간직하고 만 가지 이치를 알차게 하며 이 마음을 성실하게 하고 온갖 일에 응한다[存此心而精萬理 實此心而應萬事]'를 인용하고 하곡선생의 학문이 밝게 통하여 생각이 깊고 덕이 가득 차 마침내 이로 인하여 너그럽고 편안하게 실천하는 데에 이르렀다109고 하였다. 하곡의 학문이 존심(存心)과 실심

---

108 宛丘遺集 卷9 行狀: "李先生行狀 嗚呼! 外鶩勝而後世無眞儒矣 治章句者 義疏饒陳 尙言議者 造成甲乙 其流之害 終必使風懷而俗渝 則此不善學者之過也 有先生卓爾 先立乎其大 以專内實己之學 言不離典訓 行不出倫彝 日月云爲 一以蔽之曰眞實無僞而已."

109 宛丘遺集 卷6 霞谷先生神道表: "門人太學士尹淳爲文祭先生曰存此心而精萬理 實此心而應萬事 乃先生 之學之所以明通淵塞卒以底乎坦泰安履."

(實心)으로 요약되며 이 때문에 그의 학문이 밝게 통하여 편안히 실천[安履]하는 데 이르렀다고 하였다. 신대우는 하곡의 "처세는 어떤 일을 잠자코 이루며 자기 본연의 천성을 즐거워하고 말을 박식하게 하고 아름다운 문장[辯博榮華]으로 남을 눈부시게 하지 않았다. 그가 나아감에는 예로써 그것을 행하고 … 도덕 빈사(賓師)로 자기 몸을 높이지 않았다. 비록 밖으로 내달리는 자가 그를 헷갈리게 하여도, 높은 것을 좋아하는 자가 의심하여도 선생이 스스로 믿는 바여서 후회하지 않고 남에게 알려지기를 구하지 않고 공자, 안자가 나의 스승이라고 말하였다."[110] 신대우는 하곡의 삶의 태도[處]가 아무 말 없이 성취하며 자기 실심의 자연 그대로[天]를 즐거워한다[樂]고 하였다. 그러므로 공자, 안자가 즐거워한 것[孔顏樂處]이 바로 자기의 스승이라고 하였다고 알려주었다.

신대우가 하곡의 이목구비설을 계승 발전시킨 것이 바로 철재설(徹齋說)이다. 이 글은 정지검(鄭志儉)의 서재 편명을 지어주면서 쓴 것으로 그 내용은 다음과 같다.

"눈이 투철[徹]한 것을 밝음[明]이라 하고 귀가 투철한 것을 귀 밝음[聰]이라 한다. 귀 밝음과 눈 밝음[聰明]이 모여 투철히 생겨 나오는 곳이다. 그러나 눈 밝음에 투철하다고 반드시 귀 밝음에 투철하지는 않다. 귀 밝음에 투철하다고 반드시 맛에 투철하지는 않다. 코에도 역시 그러하다. 각기 자기의 투철을 투철하게 하지만 그 투철을 [서로] 통할 수 없다. 홀로 마음에 투철한 것은 그렇지 않다. 마음의 기능은 앎이다. 앎이 투철한 곳은 온갖 것 모두가 그 투철함을 이룬다[濟]. 그러므로 임금을 섬김에 충성에 투철하고 어버이 섬김에 효

---

110 같은 책: "棄妻也 默而成之 樂其本然之天 而不以辯博英華耀於人 其進也禮以行之 恭爲世臣之節 而不以道德賓師尊其身 雖騖外者惑焉 好高者疑焉 而先生之所自信而不悔 有不求之乎人而謂孔顏之我師."

도에 투철하며 집에 살면서 이치에 투철하다. 자기를 위하여 의로움에 투철하고 남과 함께함에는 믿음에 투철하다. 어딜 가나 투철하지 않은 데가 없고 어느 곳에서든 투철함이 없는 데가 없다. 그렇게 되면 투철한 앎[知]은 본래 성인의 공덕[聖功]이다."[111]

신대우가 말하는 철(徹)이란 꿰뚫어서 파악하는 것을 뜻한다. 그는 이목구비의 감각기관과 마음의 기능을 구별하여 설명하면서 아무리 이목구비가 투철하더라도 각기 자기의 기능에만 투철할 뿐 다른 감각기관을 대신하지 못한다. 그러나 마음은 앎의 기능을 가지고 있기 때문에 앎이 투철한 곳은 모든 것이 그 투철함을 이룬다고 보았다. 감각기관의 투철함은 그 기관에 한정될 뿐이지만 마음의 기능은 모든 일에 다 투철하다. 따라서 국가와 가정, 사회 그리고 자신에게 투철하게 실행한다. 맹자는 감각기관과 마음의 기능을 언급하면서 마음의 기능[心之官]은 생각[思]이라고 하였는데 신대우는 마음의 기능을 앎[知]이라고 말하였다. 그리고 어느 곳이든 어느 때이건 투철한 앎은 성인의 공덕이라고 하였다. 이 투철한 앎인 철지(徹知)는 아마도 왕양명의 양지와 비슷하다고 할 수 있다. 양지는 감각적 지각에서 유래되지는 않았지만 지각과 분리될 수 없다고 왕양명은 언급한 바 있다. 신대우의 철지도 이목구비의 감각기관과 분리되지 않지만 그 기능을 통합하여 아는 능력인 것이다. 신대우는 계속하여 이렇게 말하였다.

"철(徹)이란 것은 맑은 철(澈)이다. 맑음에 나아가니 거의 가까운 것이다. 정

111 宛丘遺集 卷1: "目徹爲明 耳徹爲聰 聰明之會 徹之所由生也 然徹於明者 不必徹於聰 徹於聰者 不必徹於味 於鼻亦然 各徹其徹 而不能通其徹 獨徹於心者 不然 心之官 知. 知之所徹 百爲皆濟其徹焉. 故事君徹於忠 事親徹於孝 居家徹於理 爲己 徹於義 與人 徹於信 無所往而不徹 無所處而無徹 則徹之知 固聖功也."

대부는 어느 맑음을 취하려는가? 눈 밝음에서 맑을 것인가? 귀 밝음에서 맑을 것인가? 자기에게 맑으면서 남에게 맑을 수 없으면 투철이 아니다. 먼 곳에 맑으면서 가까운데 맑을 수 없으면 투철이 아니다. 앞에 맑고 뒤에 맑을 수 없다면 투철이 아니다.

나아가고 물러섬[進退]이 법규에 꼭 들어맞고 굽어 돌아감[折旋]이 법도에 꼭 들어맞는 데 이르면 모두 거기에 맑음의 도가 있다. 정 대부는 앎[知]을 투철로 삼으려는 뜻을 가지고 있는가? 정 대부는 맑고 밝으며 화락하고 단아하며 사사로움을 줄이고 고루함을 적게 하니 의기(意氣)가 언제나 편안하고 한가롭다. 마치 티끌 세속[埃塇]의 겉[表]을 뛰어넘어 허물을 벗은 듯하다[超蛻]. 그는 맑음의 도에서 얻어서 그러할 것이다. 그것에 따라서 그 맑음을 쓰지 않는데가 없다면 어찌 보이지 않는 세계[幽]를 투철하게 보지 못할 것이며 어찌 투철을 이루지 못할 것인가?"[112]

신대우는 꿰뚫어 본다는 철(徹)의 의미를 맑다는 철(澈)로 바꾸어 해석하였다. 감각기관이 맑아야 보고 듣는 것이 밝다[聰明]. 그런데 그러한 맑음도 한 군데 치우치면 사물을 있는 그대로 꿰뚫어 볼[徹] 수 있는 투철이 아니라는 것이다. 진퇴와 응용이 법도에 꼭 들어맞는 경지에 이르면 거기에 맑음의 도가 있다는 것이다. 정 대부는 소사과욕 하므로 세속을 초탈한 맑음의 도를 터득하였기 때문에 보이지 않는 세계[幽]를 꿰뚫어 볼 수 있다고 하였다. 이것은 마음이 가지고 있는 철지(徹知) 때문일 것이다.

---

112 같은 책: "徹也者 澈也 適澈而幾矣 大夫奚澈之取? 將澈於明乎? 澈於聰乎? 澈於己 不能澈於人 非徹也 澈於遠 不能澈於近 非徹也 澈於先 不能澈於後 非徹也 以至進退中規 折旋中矩 皆有澈之道焉. 大夫其有 意知已爲徹乎? 大夫 淸明愷悌 少私寡累 意氣常安閑 如超蛻埃塇之表 其將得於徹之道然也! 循之而靡所 不用其澈焉 則何幽之不徹 何徹之不可濟?"

(8) 초원(椒園) 이충익(李忠翊: 1744-1816)의 사상

초원은 이광현(李匡顯: 1708-1776)의 둘째 아들로서 아버지의 사촌 형인 이광명(李匡明: 1701-1778)의 양자로 들어가 일생 동안 생부와 양부를 모시며 유배지를 오가며 어렵게 살았다. 그의 자는 우신(虞臣)이며 강화도 초피봉(椒皮峯) 아래에 살았다고 하여 호를 초원(椒園)이라 하였다. 양부 이광명은 정제두에게 하곡학을 전수받았으며 정제두의 손녀사위가 되어 근처에서 거주하였다. 초원의 학문은 이광려에게서 배웠으며 양부를 통하여 정제두의 아들인 정후일(鄭厚一)과 사위인 신대우(申大羽: 1735-1809) 등 하곡학파의 학문을 계승할 수 있었다. 초원은 또한 정제두의 손자사위였던 신재(信齋) 이영익(李令翊: 1738-1780)과 특별한 교분을 맺고 있었다. 이영익의 아버지는 하곡의 문인인 이광사(李匡師)이고 형은 『연려실기술(練藜室記述)』로 유명한 이긍익(李肯翊: 1736-1806)이다. 초원은 말년에 초피산 밑에 정착하다가 『초원유고(椒園遺稿)』, 『담노(談老)』 등의 저술을 남기고 73세로 세상을 떠났다.

이충익에 의하면 선악은 대대(待對)의 관계인 동시에 상인(相因)의 구조를 가지고 있다. '거짓'이 생기는 것은 '인의' 등 선한 이름[名]만을 좇아서 꾸미기 때문이라는 것이다. 따라서 '악'이란 '선'을 위한 거짓된 행위이다. 그는 '선'을 위장한 '악'을 바로잡기 위하여 노자를 이야기[談老]하였다.[113] 그는 유와 무가 상대적 개념이 아니라 일체를 이루는 하나의 존재임을 밝히었다.[114] 초원은 주역의 '동반(動反)' 개념으로 수양론을 전개하였고 불교의 '상즉(相卽)' 관념을 노자의 유무에 적응시켜 일자와 다자의 관계로 발전시키었다.[115] 이충익은 실심을 가지고 내면의 가치추구에 침잠하였다.[116] 그는 「가설

---

113 金允景, 「霞谷學派 老子解釋에 대한 研究」, 成均館大學校 博士論文, 2009.
114 민홍석, 「이충익의 초원담로에 나타난 노자관 일고」, 『양명학』 제22호, 2009.4.
115 김형석, 「이충익의 초원담로에 나타난 형이상학」, 『양명학』 제30호, 2011.12.
116 한예원, 「초원 이충익의 자존의식」, 『양명학』 제18호, 2007.7.

(假說)」을 지어 당시 유학의 허위의식을 비판하였을 뿐만 아니라 불교와 도가의 철학을 자유롭게 넘나들면서 자신의 철학을 세웠다. 그는 「가설」에서 이렇게 말하였다. "처음의 빌림[假]을 어찌 스스로 빌린 것[假]인 줄 모를까? 그것이 오래됨에 그 처음의 빌림을 잊어버리고 죽을 때까지 이것을 쓰되 의심하지 않는다."[117]

이충익은 도덕을 가장한 속임[詐力]이 습관이 되는 것을 가장 경계하였다. 대체로 물리적 힘으로 천하를 얻은 정권일수록 자기를 정당화하기 위하여 언제나 겉으로 도덕적인 구호를 앞세운다. 이것이 바로 인의를 빌리는 것이다. 그것은 명예와 칭찬을 백성으로부터 얻기 위해서다. 이충익의 말대로 "인의는 공적인 것[公物]이기에 명예와 칭찬이 있는 곳이기 때문이다."[118] 힘으로 정권을 잡은 자들이 이러한 공적인 것[公物]을 사유화하여 백성을 속이는 데 문제가 있다는 것이다. 이것은 당시 조선시대 집권한 세력에 대한 비판이기도 하다. 이충익은 너무도 가난하여 솔가루로 죽을 만들어 먹어야 했다. 그는 삼정의 문란으로 백성들이 도탄에 빠진 현실을 보고 "지난 가을 농부가 굶어 죽은 뒤 수확하는 자는 누구 며느리와 시어머니. 몸 죽어도 이름은 군적에 남아 인두세를 쌀로 내야 한다나[先秋饑死耕田夫 獲者爲誰婦與姑 死身名在軍書裏 頭米還須送稅租][白鵝谷獲稻][119]라고 하였다. 조선시대 말기 삼정의 문란이 야기한 전형적인 예를 알 수 있다. 이충익의 사상은 양명학적 사고를 바탕으로 불교와 고증학적 사유를 전개하였다.[120]

---

117 假說 上 椒園遺藁 册2: "始之假也 豈不自知其假也 唯其久也 忘其始之假 而終身用之而不疑焉耳."
118 같은 책: "唯仁義 天下之公物 而榮稱之所在也."
119 심경호, 「강화문인과 문학세계」, 『신편 강화사』 중, 146쪽.
120 조남호, 「이충익의 양명학적 사고」, 『양명학』 제21호, 2008.12.

(9) 현동(玄同) 정동유(鄭東愈: 1744~1808)

정동유의 자는 유여(愉如)이며 호는 현동(玄同)이다. 어렸을 때 월암 이광려를 스승으로 모시었다. 이것을 보면 그 역시 하곡학파의 중요한 인물임을 알 수 있다. 그는 장악원정(掌樂院正)의 벼슬을 하였고 『주영편』 상하권을 지었다. 그 내용은 천문 역산(曆算)에서 사사(史事), 제도(制度), 의약(醫藥), 정음(正音), 풍습, 물산(物産), 구류백가(九流百家)에 이르기까지 다채로우며 예리한 식견과 비판적인 안목으로 논설을 전개하였다.

실심실학의 정신을 이은 정동유는 학술이 천하를 죽이는 데까지 이른 이유를 실(實)보다는 이름[名]을 추구한 데서 생긴 것이라고 비판하면서 이렇게 말하였다. "학술이 어찌하여 세상을 도와주고 백성을 키우는 길이 된 것이 아니라 그 말류(末流)가 천하 후세를 죽이는 데에 이르는 것은 무슨 까닭인가? 대체로 학술이 한번 어그러지면 마침내 명(名)을 쫓아가는 데 돌아가게 된다. 이미 명(名)으로 집안 생계를 잡게 되면 비록 사람을 죽이고 명(名)을 얻는 일이라도 오히려 하게 된다. 이 까닭에 명(名)을 탐내는 행위와 이익을 탐내는 행위는 같으면서도 해독을 끼치는 면에서는 명(名)을 탐내는 해독이 이익을 탐내는 것보다 심하기 때문이다."[121]

명(名)이란 명분, 명예 등을 포괄적으로 말하는 용어이다. 학술이 백성을 위한 실용[輔世長民]에 그 목적이 있는 것인데 자기의 명예나 이익을 탐내는 데 있다면 그리고 또 내실은 접어두고 명분을 찾는 데 있다면 이것은 사람을 죽이는 데 중요한 핑계가 되기도 한다는 말이다. 정동유는 이렇게 말하였다.

---

121 『畫永編』, 서울대학교고전간행회, 250쪽: "若學術則豈非所爲輔世長民之道 而其流至於殺天下後世者何也? 蓋學術一差 終歸於循名 夫旣以名爲家計 則雖殺人而得名猶可爲也 故貪名與貪利 同科而及其爲害 貪名之害 反甚於貪利者此也."

"그들이 죄인을 성토하는 것을 매번 볼 때마다 마음은 의리의 명분[名]을 가볍게 내세워 삼엄한 죄안을 얽어 만든다. 아아! 의리라는 두 글자가 후세 사람을 죽이는 칼이 되고 도끼가 될 줄 누가 알았겠는가? 그것을 생각하니 마음을 아프게 한다."[122]

정동유는 의리라는 명분으로 사람을 죽이는 일을 저지르는 당시의 폐단을 숨김없이 고발하였다.

(10) 대연(岱淵) 이면백(李勉伯: 1767-1830)의 사상

이면백은 이충익의 아들로서 그리고 충정공 이시원의 아버지로서 하곡학파의 중간 허리 역할을 담당하면서 그 학맥을 이어주었다. 그래서 하곡학파의 주요 인물들의 전기를 쓰기도 하였다. 이면백은 완구 신대우의 가난하면서도 독서를 하여 둘째 아들 석천이 과거에 등용된 사실을 기록하였으며 현동 정동유의 훌륭한 관리 역할을 하여 백성이 잘살게 되었다는 사실도 알려주어 하곡학파의 당시 활동을 엿볼 수 있게 하였다.

이면백은 부친 초원이 유배 간 두 집안 어른[本家와 養家]을 모시는 어려운 가운데서도 진사에 합격하기도 하였다. 그는 결코 남의 문장을 흉내 내거나 따라서 하지 않았다고 한다. 그래서 그는 어떤 사람을 평가하는 데도 천편일률적인 유행어를 사용하지 않고 그 사람이 지향하는 바가 무엇이며 그 사람만이 가지고 있는 독특한 내실을 매우 중시하였다.

이면백이 쓴 「비지설」을 살펴보면, 대연은 사람됨의 평가를 지상(志尙)에다 두고 있음을 알 수 있다. 우리가 어떤 사람을 평가할 때 그 사람만이 독특

---

122 같은 책: "每見其聲罪人也 必標擧義理之名 構成森嚴之案 嗚呼 熟知義理二字 爲後世殺人之刀斧也哉 思之痛心."

하게 가지고 있는 '지상'이 무엇인지 알아야 한다는 것이다. 남들이 다 하는 예법대로 따라만 간다면 그 사람 고유의 특색을 잃어버리게 되는 것이 된다. 그 사람이 그 사람인 까닭이 있는 것은 역시 그가 독특하게 가지고 있는 실(實)을 구해야 하는 것일 뿐이다.[123] 그의 독특한 실을 외면하고 남이 하는 대로 따라하면 거짓이 된다는 것이다. 여기서도 하곡학파의 실심실학사상을 엿볼 수 있다. 정인보에 의하면 이면백은 감서(敢書)를 지어 조선의 문약(文弱)해진 원인을 밝히었다고 하지만 애석하게도 책이 남아 있지 않다.

(11) 영재(寧齋) 이건창(李建昌: 1853-1898)

영재는 명미당(明美堂)이라는 다른 호를 가지고 있으며 양산 군수 이상학(李象學: 1829-1888)의 장남으로 강화 사기리(沙器里)에서 태어났다. 그의 조부 이시원(李是遠: 1790-1866)은 형조판서와 이조판서를 역임하였으며 고종 3년[1866] 프랑스 군이 외규장각도서를 약탈해 간 병인양요(丙寅洋擾) 때 유자(儒者)로서 막지 못한 책임을 통감하고 동생 지원[이건방의 조부]과 함께 자살하였다. 그들은 서양 세력에 저항하여 최초로 순국한 인물[殺身成仁 捨生取義]이다. 당시 고종은 이것을 기리기 위하여 이시원에게 충정공(忠貞公)이라는 시호를 내리고 생가에 정려문을 세워 주기도 하였다.

이건창은 신동으로 15세에 등과하였고 23세에 서장관(書狀官)이 되어 청나라를 다녀왔다. 그는 충청어사가 되어 공주목(公州牧)인 탐관오리 조병식(趙秉式)을 규탄하다가 오히려 벽동으로 귀양 가서 민영익의 주선으로 풀려나기도 하였다. 저서에는 「명미당집(明美堂集)」 20권, 「당의통략(黨議通略)」 2권, 「독역수기(讀易隨記)」 1권이 있다. 「당의통략」은 그가 소론계에

---

123 『岱淵遺藁』: "坤 碑誌說 志尙所獨也 獨者其人所以爲其人也 … 無禮法不足爲人 然亦有其人所以爲其人者 亦當求其所獨有之實而已."

속함에도 불구하고 실심에 의하여 당파를 초월하여 사심 없이 쓴 공정한 명작이라고 한다.

이건창에 의하면 나라의 부강은 최고 지도자[主君]의 실심에 근거한다고 하여 이렇게 말하였다. "참되지[誠] 않으면 어떤 일도 이루어짐이 없다[不誠無物]고 하였는데 대개 참됨은 실리(實理)요 실리가 있는 곳이 바로 실사(實事)가 말미암는 곳이다. 실리가 마음 안에 간직되어 있지 않으면 실사는 밖에서 이루어지지 않는다. 그래서 참되지 않으면 아무것도 이루어짐이 없다는 것이다. 그러므로 진실로 실심이 없으면서 다만 그 이름만을 취한다면 비록 한(漢) 무제(武帝)처럼 예악을 일으키고 한 원제(元帝)처럼 유술(儒術)을 숭상한다 하더라도 쇠퇴하고 어지러움에서 구제하지 못할 것이다."[124]

그리고 이름[名]은 알참[實]의 손님[客]이다. 먼저 알차게 하고 뒤에 이름나는 것이니 천하의 도가 모두 그러하다고 하여 외적인 명분보다는 내적인 실심을 강조하였다. 그는 부강한 것도 나의 책임이지 남에게 말미암는 것이 아니라고 강조하였다.

그는 부강의 실질적 효과는 오직 지도자의 실심에 달려 있다고 보았기에 변경, 즉 개화를 반대하였다. 여기서도 우리는 실심실학의 하곡학 정신을 엿볼 수 있다.

(12) 경재(耕齋) 이건승(李建昇: 1858-1924)

이건승(李建昇)은 호를 경재(耕齋) 또는 해경당(海耕堂)이라 하며 자를 보경(保卿)이라 하였다. 그는 영재의 아우로 철종(哲宗) 무오(戊午: 1858)년 12월 28

---

124 明美堂集 卷7 疏, 李建昌全集 上, 亞細亞文化社, 389쪽: "傳曰不誠無物 盖誠者實理也 實理之所在 卽實事之所由 實理不存乎內 則實事不成乎外 不誠則無物矣 故苟無實心 而徒取其名 則雖漢武之興禮樂 漢元之崇儒術 無救於衰亂."

일 강화 사기리(沙器里)에서 태어나 일제 식민통치에 항거하여 중국에 건너가 독립운동을 하다가 세상을 떠났다[1924]. 그는 하곡학파를 계승하여 정인보에게 실심실학을 전해주기도 하였다. 그는 을사조약[1905] 후에 애국 계몽운동을 일으켜 고향에 계명의숙(啓明義塾)을 설립하고[1907] 교육 구국운동을 추진하였다. 그의 문집으로 해경당수초(海耕堂收草)와 가승(家乘)이 있고「계명의숙취지서」가 남아 있다. 정양완은 "신묘년[1891]에 진사가 되고 갑오[1894]에 정부 주사로 불렀으나 나랏일은 그릇되어 역적이 권세를 휘두르매 나아가지 않았다. 형인 이건창과 같이 숨어 살면서 글 읽고 농사에 힘쓴다 하고 경재라 호하였다. 을사[1905]에 못 죽고 욕되게 살았으나 차마 일본인이 될 수야 없다 싶어 망명을 결의 만주로 길 떠나게 된다. 1924년 2월 18일 망명지인 안동현 접리촌에서 숨져 마침내 뼈가 되어 고국으로 돌아왔다"[125]고 이건승의 생애를 서술하였다.

이건승은 무엇보다도 당시의 현실을 직시하고 "오늘 세계는 어떤 세계인가? 우세한 자가 이기고 열등한 자가 지는 것이 분명하다"[126]고 하였다 그는 진화론을 받아들여 학교교육의 중요성을 역설하면서 서양의 부강이 모두 학교를 통하여 인물을 길러낸 데 있다고 보았다. 그는 "우리 대한이 국치에 이른 것은 강토가 작음도 아니요 민지(民智)의 낮음도 아니다. 그 허물은 교육을 하지 않는 데 있을 뿐"[127]이라고 국치의 원인을 교육을 하지 않는 데 돌리었다.

그는 세계가 하나가 된 마당에 적극적으로 신학문을 배우지 않고 구습만

---

125 정양완, 「경제이건승선생의 해경당수초에 대하여」, 제5회 하곡학 국제학술대회보 『하곡학과 근대성』, 2008년 11월 7, 8일, 92~93쪽.
126 啓明義塾唱歌, 한국학보 제6집: "今日世界何世界요 優勝劣敗分明하다."
127 啓明義塾趣旨書, 한국학보 제6집, 愼鏞廈 교수의 발표 국한문 원본자료인데 현토를 빼고 모두 한문으로 남김: "今我大韓 國恥致此 非彊土之小也 非民智之下也 其咎在乎不敎育而已."

지키려고 하는 당시 사람들을 비판하면서 미국 등 선진국도 교육을 통하여 나라를 일으켜 세웠음을 상기시키었다. 그리고 뜻 있는 여러 사람들에 힘입어 계명의숙을 창립하였다.

그는 이렇게 말하였다. "계명이란 열어서 밝힌다[開明]는 뜻이다. 이름을 지음[命名]이 있으면 반드시 내실[實]이 있어야 한다. 숙(塾)을 계명이라 한 것은 실심으로 실업을 하는 것이 이것이다. … 남의 냉대와 온난에 따르고 남의 찡그림과 웃음을 흉내 내는 것은 실심이 아니다. 이미 실심이 없는데 어찌 실사(實事)가 있겠으며 이미 실사가 없는데 어찌 실효(實效)를 바라겠는가? 오로지 우리 동지는 실심으로 실사를 추구하며 각자가 한 마음으로 만물의 이치를 생각하여 캐물으며[思窮] 각자가 한쪽 어깨로 한 나라의 무거움을 짊어질 것을 생각하라. … 이제 신학문에 힘을 써서 지식을 열고 넓히면 우리 두 손[백성]이 … 내 몸[나라]을 보호하여 지킬 것이니 오로지 우리 동지는 힘쓸지어다."[128]

여기서 이건승은 하곡의 실심실학의 정신을 그대로 이어받아 일반백성을 가르쳐 지식을 열어주는 계명의숙을 설립한 것이다. 그는 실심을 실업에 반영하여 실사를 통하여 실효를 거두기를 희망하면서 손과 몸을 백성과 나라라는 비유를 통하여 교육을 통하여 깨어 있는 백성이 나라를 보호하고 지킬 수 있음을 강조하기도 하였다. 이 취지서는 첫째, 선비만이 아닌 사민, 즉 사농공상 모두가 학교에서 배워야 함, 둘째, 실심으로 실사를 하여 나라를 일으킬 것, 셋째, 이름과 내실을 일치시켜 학교를 세운 의미를 살릴 것, 넷째, 신학문의 지식을 넓히어 국가 공동체[團體]를 보호 유지하자는 것이다.

---

128 같은 책: "幸賴有志諸人 議設新塾 命名曰啓明 啓明者 開明之義也 然有名必有實 塾曰啓明者 實心實業 是也 是不在於塾 亦不在於命名 擅在於吾人身上 從人冷煖 效人嚬笑 乃非實心 旣無實心 焉有實事 旣無 實事 焉有實效 惟我同志 以實心求實事 各以一心 思窮萬物之理 各以一肩 思擔一國之重 … 今用力於新 學 開我知識 吾人兩手 將爲醒人之手 能護持吾身 惟我同志 勉哉."

그는 계명의숙에서 근대교육을 실시하여 일본에 대항하고자 하였다. 그리고 그는 사농공상(士農工商)이 모두 배울 수 있는 길을 열어야 하며 명분이 아닌 실질에 힘써서 실심으로 실제의 일[實事]을 하여 실업(實業)을 일으킬 것을 강조하였다. 이건승은 애국 계몽운동을 일으켜 실심으로 실업을 할 것을 주장하였다.

(13) 난곡(蘭谷) 이건방(李建芳: 1861-1939)

이건방은 호를 난곡이라 하며 부친은 이상기(李象蘷)이며 조부는 병인양요 때 이시원과 함께 순절한 이지원(李止遠)이다. 그는 이건창의 종제가 된다. 이건방 역시 하곡학을 계승하여 정인보에게 실심실학을 전해 주었다. 그의 문집은 「난곡존고」 1권이 남아 있다. 그는 전통학문으로 양명학 등을 공부하고 새로운 학문으로 중국의 옌푸[嚴復] 리앙치차오[梁啓超]가 소개한 서양의 진화론[天演論]의 적자생존[物競天擇]을 받아들여 당시 사회의 부강을 위하여 원론[상중하]과 속원론을 썼다.

이건방은 이렇게 말하였다. "대체로 사람은 태어나서 무리[群]가 있다. 무리가 있으면 다툼[爭]이 생긴다. 이것은 이치의 반드시 그러함[必然]이며 세력[勢]의 반드시 이르는[必至] 것이다. 그 무리를 모으고[輯] 그 권리[權]를 통일시킨 것을 일러 나라[國]라고 한다. 이 하나의 무리[群]랑 저 하나의 무리란 여럿이다[衆]. 무리와 무리가 서로 다투는 것은 또한 이치의 반드시 그러함[必然]이고 추세의 반드시 이르는[必至] 것이다. 이미 서로 다투는 데 이르면 강한 자가 반드시 이기고 약자는 반드시 진다. 솜씨 있는 자[巧者]가 얻고 서툰 자[拙者]가 잃어버린다. 이것이 진화[天演]의 공적인 예[公例]이며 적자생존[物競]의 원칙이다. 그렇지 않으면 안 되는 이치이다."

그는 인간이 태어나자마자 사회[群]를 이루고 이 사회들끼리 서로 투쟁을 하는 과정에서 강한 기술[巧]을 가진 자가 약하고 서툰 자를 이긴다는 적자생존의 진화론을 소개하였다. 그것은 당시 지식인들을 일깨워 민족 존망의 위기에서 벗어나기 위한 것이었다.

그러므로 그는 이렇게 말하였다. "그렇다면 약하고 서툰 자는 오직 남에게 먹히고 씹히어 쉽게 뭉개져 끝내 스스로 존재할 수 없는가? 어찌 그럴 수 있다는 말인가? 정말로 약하고 서툰 자라도 어려움을 알고 망함을 두려워하여 낡은 것을 버리고 새로움을 꾀하여 약한 이류를 제거하기에 힘쓰고 남의 강한 이류를 찾아 이를 본받는다면 바로 강해질 것이요 못난 까닭을 제거하기에 힘쓰고 남의 정교[巧]한 까닭을 찾아 이를 본받는다면 곧 정교해질 것이다. 본받는 것을 말하면 배움이다. 배워서 힘이 같아지고 세력이 균등해지면 남이 비록 우리를 삼키고 씹으며 우리를 깔아뭉개려 해도 그럴 수 있겠는가?"[129] 그는 약한 자, 서툰 자가 강하고 기술이 있는 자와 대등하게 될 수 있는 길은 바로 그들이 강하고 기술을 가진 이유를 잘 살펴서 배우면 가능하다고 보았다. 난곡도 경제와 마찬가지로 새로운 학문을 배우는 교육을 강조하였다.

이건방은 1894년 이후로는 세상구원의 문제를 도외시할 수 없다고 하여 서양의 헌법, 재정, 형법, 외교 들을 연구하였다. 그리고 지난날 선비들이 춘추대의를 지나치게 강조하여[130] 명분에 사로잡힌 것을 비판하고 정다산을 매우 높이 평가하며 서양의 몽테스키외[孟]나 루소[盧]에 뒤지지 않는 사회사상[禮論]을 전개하였지만 시대를 잘못 만나 이를 발전시키지 못하였다고 하

---

129 蘭谷存稿 原論 上: "然則弱與拙者 惟爲人之所吞噬夷滅 而終不可以自存歟 曰何爲其然也 苟弱與拙者 知難而懼亡 舍舊而圖新 務去其所以弱 而求人之所以疆者而效之 則斯疆矣 務去其小以拙 而求人之所以巧者而效之 則斯巧矣 效之爲言 學也 學而至於力齊而勢均 則人雖欲吞噬我夷滅我 其可得乎?"
130 심경호, 「양명학과 강화학파」, 『강화사』 중권, 184쪽.

였다.[131]

그리고 실심으로 당시의 현실에 대하여 비판하기도 하였다. 특히 주자학에 대하여 "진실로 그 말이 조금이라도 다른 것이 있다면 반드시 주자를 인용하여 그 말을 빗대어 주자의 죄인으로 배척하니 비록 마음으로는 그렇지 않은 것을 알지만 주자에 대해서는 어찌할 수가 없었다. … 조정에서도 주자만을 존숭하여 주자를 칭송하는 자는 천거하여 발탁하고 주자를 배척하는 자는 내쫓아 버리는 실정이었다"[132]고 하였다. 이건방은 이렇게 말하였다.

"저들의 허위에 잠김[浸漬]이 이미 깊었고 익숙한 지[習熟] 이미 오래되어 거짓[假]을 참[眞]으로 인식하며 헤맴[迷]을 올바름[義]으로 간주한다. 그 유래한 바가 하루아침 저녁의 일[故]이 아니다."[133]

당시 지식인들이 주자학의 허위의식에 빠져서 실심으로 실사에서 옳은 것을 구할 줄 모른다고 비판한 것이다.

이건방은 이렇게 실심에 바탕을 둔 실학을 강조하면서 도의(道義)에 가탁한 명분의 허위의식을 비판하였다.

이건방은 이러한 허위의식을 두 가지로 나누어 문장에 대한 것과 국난 현실에 대한 대응에서 나타난 문제점을 지적하였다. 그는 "거짓[문장]을 쓰면서 도덕을 위한다면 장차 어디 간들 거짓이 아니겠는가?"[134]라고 거짓으로 글을 쓰는 것을 비판하였으며 또한 "사람의 마음을 족쇄로 채워 잃어버리게

131 蘭谷存稿, 邦禮草本 序: "今以先生之書較之 孟盧諸人 固未易軒輊於其間 … 先生所遇之時然也."
132 蘭谷存稿, 續原論: "苟其言有絲髮異者 必引朱子以緣飾其言而討之 以背朱了之罪人 雖心知其不然 而無如朱子何也 … 朝廷又爲其朱子也 實遷擢其稱譽者而貶黜其譖斥者."
133 蘭谷存稿, 續原論: "彼之浸漬已深 習熟已久 認假爲眞 迷爲義 其所由來者 非一朝一夕之故也."
134 蘭谷存稿, 答曺深齋兢燮書: "苟不然則是必道德之假者 假而爲德 將無往而非假也…."

하고 세상의 도를 해치는 것은 도의를 가탁하여 주장하는 것보다 심한 것이 없다"[135]고 하여 도의를 앞에 내세우고 세상 사람들의 실심을 가두어 버리는 것을 비판하였다.

이건방이 국난의 위기에서 이를 극복하기 위하여서는 도의를 가탁하는 허위의식을 버리고 참된 마음으로 백성을 지혜롭게 만들어 약육강식의 진화론적 서구 세력에 대항하는 것이었다. 다시 말해 이건방의 학문적 특징은 인간 주체의 도덕성 확립을 통하여 한말의 국가 위기에 대처하기 위하여 사대주의적 허위의식을 버리고 서양의 진화론을 받아들여 스스로 힘을 기르는 자강정신이었다.[136]

(14) 위당(爲堂) 정인보(鄭寅普: 1892-1950?)

위당은 여러분들로부터 사랑을 받았으나 특히 세 분이 그의 딸(정양완)의 특별 강연에서 밝혀졌다. 한 분은 학산장[정인표(鄭寅杓)]이며, 둘째로 경재장(이건승), 셋째로 난곡장(이건방)이었다.[137] 정인보는 난곡의 진가론(眞假論)의 영향을 받아 현대 학자들도 여전히 허위와 가식에서 학문을 하고 있다고 비판의 채찍을 놓지 않았다. 그는 이렇게 말하였다. "대개 좀 똑똑하다는 자라 할지라도 몇몇 서양학자들의 말과 학설만을 표준으로 삼아 어떻다느니 무엇이라느니 하고 만다. 이것은 그들의 말과 학설을 그대로 옮겨 온 것이지 실심에 비추어 보아 무엇이 합당한지를 헤아린 것이 아니다. 오늘날 이러한 모습은 예전과 비교한들 과연 무슨 차이가 있겠는가?"

이러한 경고는 오늘날 우리가 서양철학을 하든 동양철학을 하든 자기반

---

135 蘭谷存稿, 原論 中: "天下之至可畏至難辨 以梏喪人心而賊害世道者 蓋未有若假道義之說者也."
136 송석준, 「난곡 이건방의 양명학과 실천정신」, 『양명학』 제18호, 2007, 450-452쪽.
137 정양완 특별 강연, 「아버지 담원의 세 스승 학산 경재 난곡」, 『강화 양명학파의 위상과 현대적 의의』, 2004년 10월 15, 16일, 13-18쪽.

성을 해볼 필요가 있는 것이다. 위당의 실심실학은 일제 강점기에 비록 국토는 일본의 지배하에 있어도 우리 역사와 우리 말 글은 그가 말하는 얼속에 담겨 있으므로 그 얼을 잘 보존하면 한민족이 지구상에서 그 힘을 발휘할 것이라고 보았다.

하곡학의 특징을 간략하게 서술하면 실심실학에 기반을 둔 주체적 학문이다. 따라서 하곡학파는 이 정신을 계승하여

1. 우리나라 역사에 관심을 두었다. 이긍익의 『연려실기술』, 이면백의 『감서』, 이시원의 『국조문헌』, 이건창의 『당의통략』, 이종휘(1731~1786)의 『한국사론』, 신채호의 『조선사』, 정인보의 『조선사연구』 등이 그 대표적 저작들이다.

2. 훈민정음과 국어학 연구의 길을 열어 놓았다. 이광사의 『오음정서(五音正序)』, 『논동국언해토(論東國諺解吐)』, 정동유의 『주영편 2』, 『훈민정음론』, 유희의 『언문지』 등이 저명하다. 유명종 선생은 이것을 양지의 심볼(symbol)이라고 하였다.[138]

3. 서예 방면에 뛰어난 업적을 내었다. 윤순의 서예, 이광사의 원교체 서예, 정문승의 서화 등.

4. 이른바 실용실학에도 관심을 두었다. 하곡은 서양 천문에도 밝았다고 하며 정후일은 수학에 뛰어난 재능이 있었고 정문승은 농서(農書)를 통하여 농업을 개량하였다. 신작은 정다산과 논쟁을 벌이기도 하였고 이상학은 정다산을 연구하였다고 한다.

5. 나라를 위하여 순국하기도 하였으며 근대 학교를 세워 애국 계몽운동

138 유명종, 『성리학과 양명학』[연세대 출판부, 1994], 333쪽.

을 일으키기도 하였다. 이시원, 이지원 형제는 프랑스 침략에 항거하여 자결하였으며 외세에 대항하여 처음으로 유교를 위하여 순교한 분들이다. 이건승은 계명의숙을 세워 교육구국의 실심실업을 실행하였다.

6. 사농공상의 사민평등을 주장하여 상공업[공상]도 중시하였다. 유수원은 사민의 역할분담을 역설하였고 심대윤은 유가의 충서(忠恕)사상에 근거하여 다른 사람과 이익을 같이하기[與人同利]를 주장하였다. 이 모두가 하곡학파의 실학 정신이다.

하곡학은 실심(實心)을 중시하므로 자신의 본심[良知]에 비추어 작은 일부터 허위와 가식 없이 실천하라고 한다. 우리는 근대화 과정에서 무조건 서양 것만을 모방하여 왔다. 특히 근대과학의 몰가치적 객관화는 이성[理論理性]을 너무 중시한 나머지 모든 것을 계량화하여 우리의 참된 도덕적 주체[良知]를 잃어버리고 말았다. 수량화는 모든 것을 추상적으로 만들고 내용이 없는 형식 아래 모든 것을 재단하는 것을 말한다.

그 과정에서 야기된 가장 큰 문제 가운데 하나가 오늘날 우리가 처한 문제들이라고 생각한다. 즉 순수 이성을 도구화하여 자연을 계량화하는 순간 자연은 그 자체의 생명력을 잃어버리고 하나의 물건으로 전락해버리고 만다. 실심이 없는 감성은 미적 판단을 하지 못하여 향락과 사치에 빠진다. 실심이 없는 영성은 맹목적 구복신앙과 광신주의에 빠지기 쉽다. 실심이 없는 이데올로기는 좌파 우파 갈라놓고 네 편 내 편만 따진다. 실심이 없는 개발은 이기주의에 빠져 자연환경을 망가트린다. 우리는 실심실학의 하곡학을 현대적으로 해석하여 세계 철학계에 내놓을 때가 되었다고 생각한다.

이 글을 마치면서 나는 양명학을 있는 그대로 보아 주기를 바란다. 이 저서는 그의 정신을 얼마나 살려내었는지 자신할 수 없다. 나는 정인보 선생의 말씀처럼 양명학만이 최고라는 양명주의자는 되고 싶지 않다. 다만 양명학의 정신을 살려 우리 현실에서 벌어지고 있는 여러 문제점을 깊이 통찰하고 자신을 가다듬는 데 도움이 되기를 바랄 뿐이다.

양명학의 정신과
하곡학에 대한 문답

강　연 : 정인재 (서강대학교 철학과 명예교수)

토론 1: 송재운 (동국대학교 철학과 명예교수)

토론 2: 이승환 (고려대학교 철학과 교수)

토론 3: 김수중 (경희대학교 철학과 교수)

이 영광스런 자리에서 세 분의 질문에 대하여 답변을 드리고자 합니다. 사회를 보시는 이은선 교수님은 교육학과에서 교육사상을 가르치고 있습니다. 일찍이 영어로 된 Julia Ching[秦家懿] 교수의 To Acquire Wisdom(『왕양명의 길』)[1998]을 번역하여 양명학에도 조예가 깊고 한나 아렌트와 왕양명 비교를 통하여 양명학을 현대적으로 소개하는 데 큰 공헌을 하였습니다.

송재운 교수님은 양명학계의 원로 교수로서 일찍이 『양명철학의 연구』[1991]라는 저서를 통하여 양명학에 관한 책이 없던 시절에 양명학의 길을 밝혀 주셨습니다. 그리고 동양철학자들의 겨울 학술대회는 주로 사찰에서 많이 개최하였는데 모두 송 교수님이 주선하셨습니다.

이승환 교수님은 주자학 방면의 새로운 연구 방향을 열어놓았습니다. 과거 이기론 중심의 다소 추상적인 논의에서 공부론 중심으로 전환시킨 것입니다. 특히 미발론 연구는 이제까지 논의되지 못했던 연구영역을 개척하여 막대한 공헌을 하였습니다.

김수중 교수님은 양명후학에 정통하며 특히 후학 중에서도 태주학파에 대한 연구에 업적이 많습니다. 경희대 한방병원에서 동양철학과 의학의 이론적 접맥을 위하여서도 많은 공헌이 있습니다. 이러한 저명한 세 분을 모시고 질의에 대한 답변을 드리게 되니 매우 영광스럽기도 하고 제대로 답변을 할지 송구스럽기도 합니다. 특히 숨도 안 쉴 정도로 조용히 그리고 열심히 강의를 들어주신 청중 여러분들의 날카로운 질문에 부족한 제가 어떻게 좋은 답변을 드려야 할지 우선 걱정이 앞섭니다.

토론 1 정인재 선생의 〈양명학의 정신과 그 발전〉에 대한 토론
문과 답변 (토론자: 송재운)

정인재 교수는 해방 이후 우리나라 유학계에서 제2세대에 속하는 몇 안
되는 양명학 연구자의 한 사람이다. 그는 일찍이 대만에서 중국철학의 심학
을 깊이 연구하였고 우리나라 대학의 교수로 재직하면서는 수많은 중국철
학서들을 비롯하여 왕양명의 『전습록』을 완역하였다. 그리고 한국양명학회
제5대[2003-2005] 회장을 지내면서부터는 오늘날까지 하곡 정제두 선생의 철
학을 "하곡학"으로 정립하는 데 심혈을 기울이면서 하곡서원 건립운동도 전
개하고 있다. 정인재 교수의 이번 양명학 강의가 왕양명의 심즉리에서부터
지행합일, 치양지를 거쳐 양명 후학을 지나고, 그리고 한국의 하곡학으로 마
무리 지을 수 있었던 것도 따지고 보면 정 교수의 이와 같은 학문적 행로에
서 얻어진 결실이라 말할 수 있다.

정 교수의 강의는 양명학의 본의와 그 발전 과정을 아주 치밀하게 전개시
켰다. 그리고 더욱 값진 것은 주자학 일변도의 한국유학에서 양명학이 어떻
게 성립되고 발전할 수 있었던가 하는 점을 비교적 자세히 천착한 것이다.
그리고 하곡학의 정립이다.

정인재 교수의 강의는 너무나 정치하여 꽤나 난해한 양명학을 청중들로
하여금 쉽게 이해할 수 있게 하였다. 그렇지만 토론자가 보기에 쓰여진 용
어의 개념 등 몇 가지 논의할 점이 있어 다음에 논해 본다.

첫 번째 논의는 "이(理)"를 "이치"라고 번역해 쓰고 있는 용어의 문제이다.
발표자 정인재 교수는 왕양명의 "심즉리(心卽理)"를 "마음이 곧 이치"라고 말
하고 있다(제2주 강의록, 14쪽). 心卽理라고 할 때의 理를 "이치"라고 쓰고 있는
것이다. 그렇다. 분명 "이"는 "이치"이다. 하나도 틀린 번역이 아니다. 국어

사전에서도 이(理)는 불변의 법칙, 이치, 도리 등으로 풀이하고 있다.

그러나 논자가 보기에 "이"를 "이치"라고 번역해서 철학용어로 개념화하기에는 무엇인가 미흡한 점이 있다고 생각된다. 그 이유는 첫째로 중국철학에서 理가 갖는 의미의 다의성에 있고, 둘째로는 왕양명(王陽明)에 있어서도理는 단순한 이치(理致)의 개념을 초월하는 본체(本體)의 성격을 지니고 있기 때문이다.

첫째로 다의성에서 보면 理의 원의(原義)는 문리(紋理), 치옥(治玉)에서 출발하여 역전(易傳)에서는 천하지리(天下之理), 성명지리(性命之理), 선진유가에서는 의리(義理), 물지리(物之理)로, 도가에서는 물리(物理), 인리(人理) 등으로 그 개념들이 고양(高揚) 정립되면서 발전을 보게 된다. 그리고 중국의 이학가(理學家), 즉 신유가들은 理를 천리(天理)로 상정, 초월적이면서도 내재적인理로 이론화하여 인간이 실현해야 할 궁극적 도(道)로 보았다. 초월적이란천리가 만물의 존재근원이라는 점에서, 내재적이란 이 理가 인간과 사물에내재하는 본성[인간] 또는 이[사물]라는 점에서 말하여진 것인데 그들은 이와같은 이[道]를 통하여 인간사회를 적극적으로 개조, 무리(無理)에서 유리(有理), 무도(無道)에서 유도(有道)의 것으로 만들려는 열정과 태도를 가지고 있었다. 왕양명도 이와 다르지 않다.

다음 두 번째 왕양명에서 보면, 그에게서 理는 만사출(萬事出)의 심(心)과결합되어 心卽理로 되고, 이때의 理는 바로 천리(天理)이다.

텅 비어 영명하고 어둡지 않아 중리(衆理)가 갖추어져 있으므로 만 가지 일이
이로부터 나온다. 마음 밖에 이가 있는 것이 아니고 마음 밖에 사가 있는 것
이 아니다[虛靈不昧 衆理具而萬事出 心外無理 心外無事]['전습록』, 권상 서애록].

마음이 곧 이(理)다. 사욕의 가림이 없는 마음은 천리이다[心卽理也. 此心無私
欲之蔽卽是天理][상계서].

위와 같은 왕양명의 주장에서 보면 마음은 만사만물을 생출(生出)하는 근
원적 존재이며 이것은 다름 아닌 곧 이[天理]이다. 그러므로 왕양명의 心卽理
는 심리(心理) 합일이기도 하고 심물(心物) 합일이기도 하다. 그의 이러한 心
卽理의 등식은 결국 어디에나 적용되어 일체(一切)를 포섭하며 궁극적으로
는 만물일체(萬物一體)라는 명제를 성립시킨다.

이상과 같이 理 개념의 다의성 그리고 왕양명의 심즉리설을 고찰할 때
"이"를 "이치"로 단순화하여 우리말의 철학용어로 만들기에는 어딘가 완전
하지 못한 점이 있다고 생각된다. 理의 형이상적 개념이 훼손되는 감이 있
기 때문이다. "이치"라는 말은 즉물궁리(卽物窮理)라고 할 때의 사물의 이치
처럼 협의의 理로 오해되는 부분도 있고, 그래서 그냥 "이(理)"로 사용하는
것이 어떨까, 정 교수에게 말씀드리고 싶다.

다음 두 번째 논의 역시 용어의 문제이다. 정 교수는 왕양명의 지행합일
을 논함에 있어서 지행(知行)을 "앎과 행위"로 쓰고 있다[제3주 강의록, 14-19
쪽]. 지를 앎, 행을 행위로 번역한 것이다. 이 말 역시 맞다. 그러나 논자의 생
각으로는 행을 행위[activity]로 하기보다는 실천[practice]로 하는 것이 어떨까
한다. 실천은 실제로 동작이나 행위로서 나타내는 일체를 포괄하는 개념이
기 때문이다. 정 교수는 이 점을 어떻게 생각하시는지요.

세 번째 논의는 하곡학에 관한 것이다. 정 교수는 하곡(霞谷) 정제두(鄭齊
斗)의 철학사상을 "하곡학"이라 명명하고 그 학을 "실심실학(實心實學)"이라고
하였다[제4주 강의록, 22-23쪽]. 그리고 이 실심실학은 주자학과 양명학을 종합
하여 구축한 하곡만의 독자적안 학문 체계라는 것이다. 이와 같은 정 교수

의 언급에 논자는 흥미를 가지고 발표문을 열심히 그리고 꼼꼼하게 읽어 보았다. 주자학과 양명학을 어떻게 종합하고 있는 것인가를 천착하기 위해서였다. 그러나 정 교수의 발표문에서는 만수(萬殊: 주자학)와 일본(一本: 양명학)을 회통시켰다는 것 외에 구체적인 내용에 대해서는 설명이 없었다. 하곡의 실심실학에서 주자학과 양명학이 종합되고 있는 내용을 밝힌다면 주·왕학은 물론 양명학과 하곡학의 동이(同異)점도 자연스럽게 천착되어지리라고 생각한다. 청중 가운데 많은 분들은 하곡학에서의 이러한 면들에 관심이 클 것으로 생각되는바, 정 교수께서는 간단하게나마 주(朱)·왕(王)·정(鄭)학의 연계관계에 대하여 그 동이의 문제들을 살펴주셨으면 한다.

끝으로 한마디 부언한다면 양명학은 인간의 자기완성, 도덕실천을 위한 본심 발명의 양지학(良知學)이란 점에서 무한한 진리성과 생명력을 발휘할 수 있고, 천하(天下)가 일가(一家)이며 일체(一體)라는 대동사회(大同社會)와 친민(親民)의 세계를 건설할 수 있는 유가 본연의 철학이란 것이다. 이런 뜻에서 이 철학은 오늘날 우리들에게 더욱 새롭게 조명될 필요가 있다.

송재운 선생의 용어 사용 질문에 대한 답변:

첫째 용어의 문제를 거론하셨습니다. 첫째, 이(理)에 대한 번역으로 이치가 맞느냐는 것이고, 둘째, 지행에서 행을 실천으로 하는 것이 더 좋지 않겠느냐는 것입니다. 그리고 셋째, 하곡학의 특징을 주자 왕양명의 종합으로 말하였는데 단지 일본(一本)과 만수(萬殊)만을 언급하였는데 그 외에 더 설명할 것이 없는지에 대한 것입니다.

우선 첫째 질문부터 말씀드리면 신유학의 핵심 용어인 '이' 뿐만 아니고 '기(氣)'도 우리말로 번역하기가 매우 어렵습니다. 저는 『중국철학사』(노사광 저)를 번역하면서[1987] 理를 이치로 氣를 기운으로 번역한 적이 있고 이번 발표에서도 역시 이치라고 하였습니다. 분명히 이치라는 말은 일반 대중들이 알아듣기 쉽게 하기 위하여 쓴 것입니다. 따라서 학술적 용어로 쓰이기에는 좀 부족하다는 점을 알고는 있었습니다. 그러나 우리가 한글로 철학을 한다고 할 때 理라는 용어는 한글로 번역이 되어야 된다고 생각하여 부득이하여 이치로 하였던 것입니다. 사실 중국에서의 理는 선진시대부터 현대에 이르기까지 그 함의에 많은 연변(演變)을 거쳐 왔습니다. 송 교수의 지적대로 처음에 理는 문리 치옥(治玉)에서 시작되었습니다. 문리는 우리말로 하면 살결[腠理], 나뭇결[木理]이라는 '결'의 뜻입니다. 중국철학에서는 理에는 6가지 의미가 있다고 합니다. ① 文理, ② 玄理, ③ 空理, ④ 性理, ⑤ 事理, ⑥ 物理 이렇게 시대에 따라서 의미가 풍부하게 되었습니다. 우리는 '결'이라는 이 말을 철학적으로 개념화하지 못하였습니다. 氣도 기운이라고 한 적이 있는데 이것은 기의 운행[氣運]을 말하지 氣의 본체를 말하기에 부족합니다. 그렇다고 氣가 힘 또는 숨의 뜻을 가지고 있다고 하여 어느 하나로 번역하기도 어려웠습니다. 이것은 저만의 문제가 아니고 동양철학을 하는 모든 분들이 생각해 볼 문제입니다.

둘째, 지행합일의 번역문제에서 앎과 행위보다 앎과 실천으로 하는 것이 더 낫지 않은가에 대하여 행은 행위, 행동 등 여러 의미가 있고 또 실천이라고 해도 좋을 것 같습니다. 그러나 양명의 경우 行 속에 이미 양지가 포함되어 있기에 그 의미를 살려 행위라고 하였습니다.

셋째, 하곡학의 독특성에 대한 질문인데 하곡은 단지 주자학과 양명학을 종합한 학자가 아니라 자기의 심학, 즉 실심실학의 입장에서 주자를 비판하고 양명을 비판하였던 것입니다. 단순히 종합만 하였다고 할 경우에 많은 오해와 비판을 받아야 했던 것입니다. 우선 윤남한 교수의 견해는 주자 양명학을 하곡 안에 포괄한 성학(聖學)으로 보아야 한다는 것입니다. 그리고 하곡말기에 왕학의 임정종욕(任情縱欲)을 비판한 것이나 경학에 대한 연구가 정주학에로의 회귀라고 보았는데 사실 경학의 해석이라 하여 모두 주자학이라고 보는 것은 문제가 있는 것입니다. 하곡은 자신의 입장에서 경학을 해석하였다는 점이 중요합니다. 일본인 송전 홍(松田 弘) 교수는 양명학을 빌려 주자학의 허리(虛理)를 극복하고 생생한 실리[生理]를 찾고자 한 데 하곡학의 특징이 있지만, 하곡은 양명학을 빌려서 극복한 것이 아니라 사실 자기의 철학으로 주자학을 비판 극복한 것이지 빌린 것이 아닙니다. 김교빈 교수는 하곡학의 논리구조를 중층적 구조로 해석하여 주자학과 양명학을 바탕으로 하여 거기에 자신의 견해를 담아 학문체계를 이루었기 때문에 다양한 요소를 가지고 있고 또 그로 인하여 상호 모순성이 드러난다고 하였습니다. 최근 권상우 교수는 "하곡철학에서 주자학과 양명학 융합—지식과 도덕을 중심으로"에서 하곡은 '서로 체용이 된다[互爲體用]'는 사유 구조에 근거하여 두 형태의 철학 체계를 유기적으로 결합시키고 있다고 하였습니다. 이 모두가 하곡 철학을 새롭게 해석하려는 시도에서 나온 것입니다.

토론 2 정인재 선생의 〈양명학의 정신과 그 발전〉에 대한 토론 문과 답변 (토론자: 이승환)

1. 들어가면서

그동안 일반인에게 잘 알려지지 않았던 양명학과 하곡학에 대해 장장 4회에 걸쳐 명쾌한 강연을 해주신 정인재 교수님께 깊은 감사를 드립니다. 사실 그간 조선 사상에 관한 대중 강좌는 대부분 주자학 또는 성리학을 중심으로 전개되었으며, 양명학이나 하곡학에 대해서는 일반인이 접해볼 수 있는 기회가 많지 않았다고 보입니다. 이런 점에서 이번 정 교수님의 강연은 한국의 교양 있는 시민들에게 조선 사상사를 객관적으로 이해할 수 있는 새로운 지식과 안목을 제공해준 획기적인 사건이라고 평하고 싶습니다. 좋은 말씀을 들려주신 정 교수님께 감사드리며, 아래에서는 제가 평소에 양명학에 대해 가지고 있었던 몇몇 궁금한 점을 질문의 형식으로 제기하고, 정 교수님의 답변을 통하여 저의 짧은 지식을 보충하는 기회로 삼고자 합니다.

2. 퇴계(退溪)의 양명학 비판과 관련하여

정인재 교수님께서 네 차례에 걸친 강연에서 잘 설명해주셨듯이, '심즉리(心卽理)'는 양명 사상을 형성하는 기본 개념입니다. 양명의 '지행합일설'과 '치양지설'은 모두 '심즉리'를 근거로 하고 있습니다. 양명의 제자인 서애가 "지극히 선한 이치를 事에서 구해야 합니까, 아니면 心에서 구해야 합니까?" 라고 질문하자, 양명은 "천하에 心을 떠난 事도 없고, 心을 떠난 理도 없다" 라고 대답하였습니다. 양명에 의하면 가치판단을 위한 기준[즉 理]은 객관 세계에 있는 것이 아니라 오직 이 '마음'속에 있다는 것입니다[心外無理].

양명의 이러한 견해에 대하여, 퇴계는 선지후행(先知後行)의 입장에서 양명을 반박합니다. 퇴계에 의하면 양명은 "궁리(窮理) 공부의 문제를 실천의 공효(功效)와 혼동하고 있다"[01]는 것입니다. 퇴계는 궁리(窮理) 공부를 통하여 이치(理)를 하나하나 철저하게 궁구해 나간다면 마침내 마음[心]이 理와 하나가 되는 경지, 즉 '심즉리'에 이르게 된다고 봅니다. 즉 퇴계에 의하면 '심즉리'는 이치[理]에 대한 공부[窮理]를 철저하게 한 후에 도달하게 되는 경지 또는 효과[功效]이지, 아무런 공부도 없는 사람이 처음부터 이러한 경지에 이르

---

01 『退溪集』 卷41, 「傳習錄論辨」: "本是論窮理工夫, 轉就實踐功效上衰說."

기는 불가능하다는 것입니다. 퇴계에 의하면, 양명에게는 객관적 기준이나 원리에 대한 탐구가 결여되어 있으며, 아무런 객관적 기준에 대한 탐구도 없이 대뜸 "내 마음이 곧 진리다"라고 말하는 것은 다분히 위험할 수 있다는 것입니다.

퇴계와 양명의 차이를 이해하기 위해 공중도덕의 하나인 '교통신호 잘 지키기'를 예로 들어 보겠습니다. 예를 들어, 교통신호를 잘 지키는 일과 관련하여 퇴계의 입장과 양명의 입장은 이렇게 비교될 수 있을 것 같습니다. 퇴계의 경우, 교통신호 체계에 대한 공부와 학습을 통하여 신호체계를 철저하게 익혀나간다면 마침내 교통신호를 잘 지키게 되는 '효과[功效]'가 생긴다는 것입니다. 이에 비하여 양명의 경우, 교통신호 체계는 마음 밖에 있는 것이 아니라 내 마음 안에 이미 갖추어져 있는 것으로, 오직 마음을 진실하게 가지고[誠意] 원래부터 갖추어진 양지(良知)를 발휘하기만 하면 교통신호를 잘 지키게 된다는 것입니다.

퇴계의 입장은 양명의 입장과 달리, 먼저 객관세계의 이치에 대해 철저하게 공부하고[致知] 이에 근거하여 힘써 실행하는[力行] '선지후행(先知後行)'의 입장임을 알 수 있습니다. 퇴계의 이러한 입장은 나름대로 상당히 합리적이고 경험적이라고 보이는데, 정 교수님께서는 어떻게 생각하시는지 궁금합니다. 과연 퇴계의 양명에 대한 비판에 설득력이 있다고 보시는지, 아니면 퇴계의 비판에 문제가 있다고 보시는지 정 교수님의 고견을 듣고 싶습니다.

3. 남당(南塘)의 양명학 비판과 관련하여

18세기의 조선 유학자 남당(南塘) 한원진(韓元震)은 양명의 '심즉리' 주장이 선불교의 심즉불(心卽佛) 또는 본래면목(本來面目)과 같은 주장이라고 비판합니다. 즉 가치판단의 원리와 기준 그리고 세부 절차 등에 관한 지식은 객관

세계의 이치에 대한 철저한 탐구와 학습을 통해 얻어지는 것이지, 아무런 공부나 학습도 없다면 가치판단의 원리나 기준을 알기 어렵다는 것입니다.[02] 객관 세계의 이치에 대한 탐구와 학습을 강조하는 남당의 입장은 앞서 말씀드린 퇴계의 입장과 일맥상통하다고 보입니다.

남당은 나아가 양명의 심즉리(心卽理) 주장은 모든 사람의 마음을 일체의 사욕이 배제된 지극히 순선한 것으로 간주하고 있지만, 사실 모든 사람의 마음이 이처럼 순선한 것은 아니라는 것입니다. 사람마다 기질(氣質)의 차이에 따라, 어떤 사람은 순수하고 맑은 기질을 받고 태어나 지극히 순선한 경우도 있지만, 어떤 사람은 탁한 기질을 받고 태어나 선·악을 함께 가진 사람도 있고, 심지어 어떤 사람은 오랑캐와 금수처럼 고칠래야 고칠 수 없을 정도로 탁하고 악한 기질의 소유자도 있다고 남당은 보았습니다. 이것이 바로 남당의 심즉기(心卽氣) 주장입니다.

저는 남당의 '심즉기'의 주장에도 상당히 일리가 있다고 생각합니다. 실제로 세상을 살다보면 기질이 탁하고 천박한 사람, 오만하고 독단적인 사람, 또는 입만 열면 거짓말을 늘어놓는 사람을 가끔 보게 됩니다. 모든 사람의 마음이 다 순선하게 천리를 간직하고 있으며 구태여 궁리 공부를 하지 않아도 모두 양지(良知)를 발휘할 수 있다는 양명의 주장은 혹시 너무 낙천적이거나 이상적인 생각은 아닌지 궁금합니다. 정 교수님께서는 어떻게 생각하시는지 고견을 들려주시면 감사하겠습니다.

4. 양명학의 결함에 관한 하곡(霞谷)의 지적과 관련하여

정 교수님께서 제4강에서 잘 설명해주셨듯이, 하곡은 신해년 6월에 동호

---

02 『南塘集』卷27,「王陽明集辨」: "事事物物皆有定理, 則亦安得不就事物而窮其理也?"

(東湖)를 방문했을 때 잠을 자다가 문득 양명학의 결함에 대해 깨우친 바가 있습니다. 하곡은 양명학이 주자학에 비해 "간이하면서도 정밀하다"는 점에서는 뛰어나다고 보았지만, 오히려 이러한 장점으로 인해 중대한 결함이 파생될 수 있다고 생각하였습니다. 하곡은 양명학의 결함에 대해 이렇게 적고 있습니다.

> 내가 『양명집』을 보니 그 도(道)가 매우 간이하고도 정밀하여서 마음속으로 깊이 기뻐하고 좋아하였다. 그러다가 신해년 6월에 동호(東湖)에 가서 묵을 때 잠 속에서 홀연히 생각이 들기를, 양명의 치양지설이 매우 정밀하지만, "감정[情]에 맡겨두어 욕망이 제멋대로 움직이는 폐단[任情縱欲]"이 있을 수 있다는 걱정이 생겼다[『霞谷集』, 「存言」下].

위 글에서 볼 수 있듯이 하곡은 양명학이 "정에 맡겨두어 욕망이 제멋대로 움직이는 폐단"이 있을 수 있음을 걱정하고 있습니다. 즉 양명의 심즉리(心卽理) 설은 가치판단을 위한 원리와 기준이 모두 '내 마음(吾心)' 안에 있다고 여김으로 말미암아 객관성과 보편성을 저버리는 위험이 있다고 하곡은 간파했던 것으로 보입니다. 하곡이 양명학에 내재된 이러한 결함을 '병폐[弊]'라고 규정한 것으로 보아, 그 위험성에 대해 심각하게 우려하고 있음을 알 수 있습니다. 만약 가치판단을 위한 객관적인 원리나 기준이 없다면, 모든 사람은 제각기 자기가 생각하는 견해가 옳다고 주장하게 될 것이고, 이렇게 된다면 가치관의 혼란과 윤리적 아노미 상태에 빠지게 될 수 있다고 하곡은 걱정한 듯합니다. 양명학의 결함에 대한 하곡의 지적은 매우 타당한 것으로 보이는데, 하곡은 양명학의 이러한 결함을 시정하기 위해 어떠한 이론적 모색을 하였는지 궁금합니다. 양명학의 결함을 시정하기 위해 하곡이 이룩한 철학적 이론이나 학문적 성과가 있다면 그 내용이 무엇인지 소개해 주시면 감사하겠습니다.

5. 나가면서

이상 제가 평소에 양명학에 대해 지니고 있던 몇 가지 궁금증을 퇴계·남당·하곡의 입을 빌려 질문의 형식으로 제기해보았습니다. 이러한 질문에 대한 답이 주어진다면 왜 조선에서는 주자학이 정통 학문으로 대접받은 반면 양명학은 별로 대접을 받지 못했는지 그동안 제가 가졌던 의문이 풀릴 것 같습니다. 그간 열정적으로 강연을 해주신 정 교수님의 노고에 경의를 표하며, 모자란 지식을 채울 수 있는 좋은 기회를 주신 점 다시 한 번 감사하게 생각합니다.

이승환 선생의 질문에 대한 답변:

이 교수님의 핵심을 찌른 좋은 질문에 감사드리며 답을 드리도록 하겠습니다.

첫째, 지행합일에 대한 퇴계의 비판인 선지후행론에서 궁리의 공부문제를 실천의 공효와 혼동하고 있다는 것, 그리고 한 예로서 교통신호 잘 지키는 문제를 거론하였습니다. 우선 심즉리와 심외무물, 심외무리에 대한 문제부터 말씀드리겠습니다. 서애의 질문에서 보는 바와 같이 지선이 마음 밖에 있느냐 마음이 지선이냐의 문제입니다. 마음 밖에 있다고 보면 당연히 궁리 공부를 해서 효도의 이치를 캐물어가야만 합니다. 그러나 마음[양지]이 바로 지선이라면 궁리공부를 할 필요가 없습니다. 허령명각(虛靈明覺)한 양지의 불빛이 환하게 비추면 무엇이 옳은지 그른지[是非]를 판단할 수 있기 때문입니다. 마치 캄캄한 밤에 자동차가 도로를 주행할 때 라이트를 켜는 순간 주행을 시작할 수 있는 것이나 마찬가지입니다. 양지라는 라이트를 켜는 순간 행위는 그에 따라서 이루어진다는 것이 지행합일입니다. 지행은 지식과 행위 또는 그 실천이 아니라 양지에 의한 행위를 말합니다. 양지가 도덕의 주체이므로 이러한 도덕주체에 의하여 행위하는 것을 지행합일이라고 본 것입니다. 합일이라는 말은 주자의 선지후행을 염두에 두고 방편상 붙인 것이지 지와 행이 둘이었다가 하나로 합한다는 의미는 아닙니다. 먼저 궁리공부하고 나면 실천의 효과가 나타난다는 것[先知後行]은 주자학에서 지와 행을 둘로 나누어 생각하는 방식입니다. 그리고 궁리하여 얻어진 도덕 지식은 결코 도덕적 자각인 양지와는 다른 것입니다. 도덕규범인 예(禮)에 대한 지식이 아무리 많아도 그것을 행하지 못하면 참되게 알지 못하는 것과 마찬가지입니다. 양명학에서 객관적인 도덕규범보다는 마음의 판단을 더 중시하는 이유가 여기에 있습니다. 다시 말해 아무리 객관적으로 도덕지식을 많이 알아도 내면의 도덕자각과 의식이 없이는 행위로 드러나지 못하며 드러난다 하더라도 거짓이 된다는 것입니다. 예를 들면 교통신호를 아무리 잘 알아도 교통규칙을 지키겠다는 양지의 자율적 판단이 없는 한 언제나 타율적으로 행동하는 수밖에 없는 것입니다. 몰래 카메라에 찍힌 운전자는 빨간 신호등에서 가면 안 된다는 것을 알면서도 그것을 무시하고 직진하는 경우를 보게 되는데 이것은 이미 지행이 분리되는 것이 아닐까요? 또 교통신호가 없는 데서 운전한다고 한다면 어떤 신호를 따라야 할까요? 우리 사회에서 만연된 도덕적 무감각은 궁리에 의하여 도덕지식을 아무리 많이 알아도 도덕을 실천하겠다는 양지의 자율적인 자각이 없이는 행위로 나타나지 않는 것입니다.

둘째, 한원진의 가치판단의 원리와 기준 그리고 세부 절차 등에 관한 지식은 객관세계의 이치에 대한 철저한 탐구와 학습을 통해 얻어지는 것이지,

아무런 공부나 학습도 없다면 가치판단의 원리나 기준을 알기 어렵다는 것을 말씀하셨습니다. 그것은 가치판단의 기준을 밖에 세웠기 때문입니다. 객관세계의 이치란 것도 사실은 나의 마음과 의미 연관성을 갖는다는 뜻에서 마음 밖에 이치가 없다[心外無理]라고 한 것입니다. 그리고 그 이치는 시대와 상황에 따라서 나의 양지가 실제생활에서 실현한 것[致良知]이므로 이것을 조리라고 합니다. 그런 의미에서 고정된 이치가 밖에 있다고 생각하여 궁리를 하는 주자나 퇴계의 정리(定理)설을 비판하는 것입니다. 의미세계는 내가 스스로 자각을 하여 자율적으로 형성하는 것입니다. 내가 이 강당에 앉아 있는데 이 강당의 의미는 지난주에는 강의를 하는 장소요 오늘은 토론을 하는 장소인데 이 강당의 정리(定理)가 어디 있습니까?

그리고 이 교수님은 남당의 '심즉기'의 주장에도 상당히 일리가 있다고 하였습니다. 주자학은 처음부터 심을 기(氣)의 차원에서만 다루었지 심즉리라고 주장할 수 없었습니다. 심즉기는 우리의 기질지성을 주로 말하는 것이고 이것은 우리가 육체를 가지고 있는 한 이 기질에서 자유로울 수 없습니다. 따라서 기질이 탁한 사람과 맑은 사람의 구별이 현실적으로 있다는 점에서 저도 이 교수님의 말씀에 동감하는 바입니다. 아마도 공자의 곤이불학(困而不學)과 생이지지(生而知之)를 인정하는 것이기도 합니다. 그러나 『중용』은 곤이불학이란 말이 빠지고 남이 한 번 해서 되면 나는 열 번 하고, 남이 열 번 해서 되면 나는 천 번 한다. 그러면 비록 가장 어리석은 사람도 나중에는 현명한 사람과 같아질 것이라고 하는 희망의 메시지를 주었습니다. 불교에서도 부처의 가르침을 믿지 않고 또 비방하는 일천제(一闡提: iccentica)도 부처가 될 수 있는지의 문제가 논란이 된 적이 있습니다. 그러나 누구나 불성을 가지고 있기 때문에 언젠가는 시간이 걸리겠지만 모두 성불할 수 있다고 하였습니다. 주자학이나 양명학은 성인이 되는 것이 궁극적 목표입니다.

아무리 기질지성이 탁하다 하더라도 기질을 변화시키는 공부를 하면 누구나 성인이 될 수 있다고 보았습니다. 주자학과 양명학은 그 공부 방법이 달랐던 것입니다. 주자학은 궁리를 통하여, 양명학은 치양지를 통하여 성인이 될 수 있다고 하였습니다.

이 교수님께서는 궁리 공부를 하지 않아도 모두 양지(良知)를 발휘할 수 있다는 양명의 주장은 혹시 너무 낙천적이거나 이상적인 생각은 아닌지 궁금하다고 질문하였습니다. 양명학은 궁리 공부는 하지 않지만 양지를 현실 사회에 실현시키는 공부를 해야 된다고 하였습니다. 그리고 이 공부를 하지 않으면 성인이 될 수 없다고 하였습니다. 치양지의 여부에 따라 성인과 범인이 나누어지는 것입니다. 따라서 궁리 공부를 하지 않는다 하여 성인이 되지 못한다고 생각하지 않았고 양명학에서도 고양이가 쥐를 잡듯이 온 정신을 한군데 쏟아야만 이기적 욕망을 제거할 수 있다고 하였습니다. 나의 양지는 치(致)하는 공부가 없으면 그 빛을 발휘하기가 어렵습니다. 그러므로 우부우부(愚夫愚婦)라고 양지를 다 가지고 있지만 그것을 이루는 공부를 하지 않으면 성인이 되지 못한다고 하였습니다. 우리가 어떤 일을 남이 시켜서 하였을 때에는 하기는 하지만 별로 기분이 썩 좋은 것은 아닙니다. 그러나 자기가 자율적으로 좋아서 했을 때는 그 일에 즐거움이 오는 것입니다. 그래서 즐거움[樂]이 양지의 본체라고 하였습니다. 학교 공부도 양지에 의하여 자율적으로 자기가 좋아서 즐겁게 하는 학생과 부모가 시켜서 억지로 하는 학생의 행동은 천양지차인 것입니다. 양지에 의하여 하는 행위는 자발적이기 때문에 모두가 즐거울 뿐입니다. 이것도 너무 낙천적인 생각일까요?

셋째, 이 교수님은 임정종욕이라는 양명학의 결함에 대한 하곡의 지적은 매우 타당한 것으로 보이는데, 하곡은 양명학의 이러한 결함을 시정하기 위해 어떠한 이론적 모색을 하였는지 궁금하며, 양명학의 결함을 시정하기 위해 하곡이 이룩한 철학적 이론이나 학문적 성과가 있다면 그 내용이 무엇인지 궁금하다고 하셨습니다. 하곡이 이런 깨달음을 한 것은 그가 양명 후학에 대한 공부를 하였다는 증거이기도 합니다. 양명후학 중 양지 현성을 주장한 왕용계 같은 천재는 미발은 물론 이발에서도 양지가 그대로 현실에 드러나지만 희로애락이 중절되지 못한 범인은 이웃과 조화롭게 살지 못하고 [不和] 불선(不善)에 빠지는 경우가 있는 것입니다. 하곡은 양지의 체용을 논하면서 양지가 미발의 본체[體]인 동시에 중절된 작용[用]이라고 보았습니다. 따라서 대본과 달도가 하나가 되고 본성과 정감이 하나가 되는 것입니다. 이것은 공부를 통하여 그렇게 된 것이지 저절로 그렇게 되는 것은 아닙니다. 그런데 현성양지를 맹목적으로 믿는 사람들은 자칫 자기가 깨달은 사람으로 착각하고 광적으로 되는 경우가 있습니다. 이런 사람들은 자기의 깨달음을 과신한 나머지 외적인 제도를 부정하기에 이릅니다. 외적인 제도라 할지라도 가기가 자발적으로 지키면 즐거움이 되지만 자기 과신에 찬 나머지 제도[禮] 등을 거부하게 되면 모든 것을 자기 마음[욕심]대로 해도 된다는 생각을 하게 되고 독선에 빠지게 됩니다. 이것이 바로 '임정종욕'이 되는 것입니다. 하곡은 이러한 것을 알았던 것입니다. 조선 사회가 그렇지 않아도 양란 이후 점점 쇠락해 가는데 임정종욕까지 들어오면 그 혼란은 명약관화하기 때문에 이를 비판적으로 본 것입니다. 따라서 그는 신독(愼獨) 공부를 중시하여 실심실학을 하려고 한 것입니다.

이 세 가지 질문은 주자학적 입장에서 양명학을 바라보는 가장 핵심적인 것입니다. 주자학을 깊이 연구한 전공자가 당연히 해야 할 질문이라고 생각합니다.

토론 3 정인재 선생의 〈양명학의 정신과 그 발전〉에 대한 토론 문과 답변 (토론자: 김수중)

본인은 정 교수님의 강연 내용을 듣고 양명학의 의미에 관하여 많은 생각을 정리할 수 있었습니다. 단지 아직도 좀 더 설명이 요구되는 주제로 다음 두 문제를 거론해 보고자 합니다. 먼저 문제를 제시하고 토론자의 의견을 개진한 다음 정 교수님의 평가와 고견을 듣는 순서로 진행하고자 합니다.

(1) 양명학의 근세적 성격: 사상사(思想史)에서 본 양명학의 의의는 무엇인가?

(2) 태주학파의 사상사적 의미: 양명 후학들에서 왜 태주학파가 유행했는가?

1. 양명학의 근세적 성격: 사상사에서 본 양명학의 의의는 무엇인가?

정 교수님은 양명학의 '심외무물(心外無物)'을 설명하시면서 후설 현상학의 '지향성[intentionality]' 개념을 원용하셨습니다. 이러한 방식에 나는 전적으로 찬성합니다. 우리 마음은 항상 뭔가 지향하고 있으며, 지향된 대상이 바로 사물이라는 것입니다. 그런데 나는 양명의 사상사적 위치를 서양사상사의 데카르트(Descartes: 1596-1650)와 유사하다고 봅니다. 후설도 자기가 데카르트주의자라고 자주 언급하였습니다. 데카르트는 모든 것에 회의하다가 회의하고 있는 주체는 더 이상 회의할 수 없다 하여 주체성을 강조한 근대 합리론 철학의 선구자입니다. 결국 데카르트는 주체가 가진 생각하는 힘, 곧 이성에 의해서 세계관과 철학을 재정립하게 됩니다. 잘 알려진 대로 그는 "나는 생각한다. 고로 존재한다. I think, so I am." 곧 우리가 보편적으로 가지고 있는 사유의 힘으로서 이성을 그는 강조했습니다.

왕양명도 마찬가지였습니다. 선배의 말이라고 무조건 따르는 것을 거부하고 그는 스스로 깊은 회의와 생각에 빠졌습니다. 결국 그는 주체가 가진 보편적 실천이성, 곧 양지에 의해서 전통 철학을 재해석하게 되는 것입니다. 양명에 따르면 "육경(六經)이란 다른 것이 아니라 내 마음의 상도(常道)일 뿐이다. … 육경(六經)이란 내 마음의 기록이며, 육경의 내용은 내 마음에 있는 것이다"[「稽山書院尊經閣記」]라고 합니다. 왕양명이 강조한 '내 마음을 떠나서 이치는 없다[心外無理].' '내 마음에 이치가 있다[心卽理]'라는 명제는 이런 맥락에서 엄청난 사상사적 의미를 갖게 됩니다. 왜냐면 이러한 태도는 몇백 년 동안 지속된 중세적 세계관을 깨는 데 결정적 역할을 하기 때문입니다. 이들은 진리라고 전해져 내려오던 이론이나 종교적 신념들보다도 이성(理性)이나 양지(良知)를 더 우선했던 것입니다.

2. 태주학파의 사상사적 의미: 양명 후학들에서 왜 태주학파가 유행했는가?

황종희(黃宗羲: 1610-1695)는 『명유학안(明儒學案)』에서 양명의 후학들을 절중(浙中), 강우(江右), 남중(南中), 초중(楚中), 북방(北方), 월민(越閩), 태주학파(泰州學派) 등 7개 학파로 분류했다. 그러나 이것은 단지 지역을 중심으로 한 분류여서 학문적 성격을 파악하기에는 미흡하다. 양명은 만년에 이르러 '치양지(致良知)'를 강조하였는데 '양지(良知)'의 해석을 두고 여러 가지 입장이 나왔다. 제자 가운데 한 사람인 왕용계(王龍谿)는 이미 당시의 입장들을 여섯 가지로 나누어 각 입장의 문제점을 지적하였으니, 귀적(歸寂)·수증(修證)·이발(已發)·현성(現成)·체용(體用)·종시(終始)의 양지설(良知說)이 그것이다. 그러나 다시 그 이론적 틀로 말하면 이것은 세 가지로 분류될 수 있으니, 현성파(現成派: 급진파), 귀적파(歸寂派: 온건파), 수증파(修證派: 중도파)가 그것이며 근래에는 보통 이 세 가지로 나누어 설명한다.

문제는 세 입장 중에서 명대 후기에 크게 유행한 것이 현성파(現成派: 급진파)이며, 그중에서도 서민성을 특징으로 하는 태주학파가 흥미롭습니다. 황종희의 『명유학안』에는 태주학파의 한 사람을 다음과 같이 묘사하고 있습니다.

"한정(韓貞: 자는 以中, 호는 樂吾)은 흥화 사람이었는데, 그릇 굽는 것이 업이었다. … 삼십이 넘도록 장가를 못 들어 동애의 제자들이 추렴하여 혼인을 시켜 주었다. 얼마 지나자 깨달은 바가 있어 [道를 전파하고] 풍속을 교화함을 임무로 여겨 틈나는 대로 사람들을 지도하니, 농공상고(農工商賈)로 그를 따르는 자가 천인(千人)을 넘었다. 추수를 마친 농한기면 제자들과 학문을 강(講)했다. 한 마을이 끝나면 다시 다른 마을로 갔다. 앞에서 선창하면 뒤에서 응답하니 노래하는 소리가 양양하였다."

태주학파에 와서 전래의 사대부들과 다른 서민학풍이 성립된 것은 陽明 이래 비교적 개방적 입장을 갖는 양명학이 명대 중기의 사회경제적 발전을 배경으로 태주 王艮에 와서 더욱 발전한 것이라 할 수 있습니다. 陽明에 있어서 주장된 '이업동도(異業同道)'의 학풍이 이제 구체적으로 실현되었던 것입니다.

가령 명대 중엽 이후 민영(民營)의 광산업도 상당히 발달해 있었습니다. 광동(廣東)의 경우 하나의 광구에 보통 800 내지 6000명의 고용 노동자가 생산을 담당했다고 합니다. 흔히 명대 사회의 경제적 변화를 '자본주의 맹아'로 논하곤 합니다.

나는 서민적인 분위기의 태주학파가 대유행을 한 것은 이러한 시대적 맥락과 연관이 된다고 봅니다.

우선 김수중 교수님의 전문적인 질문에 감사드리며 간단히 답변을 드리겠습니다. 두 번째 질문은 김 교수님의 전공 영역이어서 저의 강의에 보충을 해 주신 것으로 생각하고, 첫 번째 질문에 대한 대답을 드리겠습니다. 양명학의 근세적 성격, 즉 사상사에서 본 양명학의 의미는 무엇인지 매우 어려운 질문을 하셨습니다. 우선 양명학의 '근세적'이라는 용어가 혹시 일본사람들의 견해가 아닌지 되묻고 싶습니다. 서양의 고대·중세·근대의 개념을 동양역사에 적용시켰을 때 시대구분하기가 매우 어려웠습니다. 동양 역사에 특히 중국역사에서 말하는 근대는 아편전쟁 이후를 말하고 춘추전국시대를 고대로 하면 진나라 이후 아편전쟁 이전을 모두 중세로 보아야 하기 때문에 만든 것이 송대 이후부터 아편전쟁 전까지 근세로 보는 것입니다. 양명학은 명대에 일어난 학문이니까 근세에 속하는 것이겠지요. 근세에서 주자학과 양명학이 나타난 것은 중세적인 한당유학이나 위진 현학 수당불교에 대한 창조적 비판에서 나온 것이라 생각됩니다. 따라서 주자학이 불교의 교종의 영향이 강하다면 양명학은 불교의 선종의 영향이 크다고 생각합니다. 그러니까 주자학의 공부 방법은 점차적인 깨달음을 추구하는 점수(漸修)에 가깝고 양명학의 공부 방법은 갑작스럽게 깨닫는 돈오(頓悟)에 유사하다고 생각합니다. 그렇지만 양명은 주자와 달리 양지를 중시하였다는 점에서 사상사적으로는 맹자를 이어받았으며 양지를 다만 지각의 차원에 놓고 본 주자학은 양지를 부정한 순자에 가깝다고 봅니다. 주자학에서는 양명의 심학을 불교의 심학과 같다고 이단으로 배척하였습니다. 유학과 불교의 근본적인 차이점은 바로 불교는 연기(緣起)설을 주장하였고 유가는 인륜(人倫)을 중시하였다는 것입니다. 심학이라는 이름이 같아도 양명학은 역시 인륜의 중요성을 매우 강조하였다는 점에서 불교의 심학과 다른 면입니다. 이것이 양명학이 유학에서 차지하는 사상사적인 위치입니다.

이것은 서양의 근대 데카르트 정신과 매우 유사하다고 보셨는데 매우 일리(一理) 있는 견해라고 생각됩니다. 특히 후설이 데카르트주의자라고 한 것은 아주 정확한 말씀입니다. 그런데 데카르트는 노사광의 말대로 인지아(認知我), 즉 인식하는 자아를 중시하였다면 양명학은 덕성아(德性我), 즉 도덕적 자아를 더 중시한 것이 아닐까 생각이 듭니다.

두 번째 질문에서 태주학파의 견해를 상세히 해주셔서 앞으로 저서를 할 때 좋은 참고 자료로 사용하겠습니다. 앞으로 더 좋은 자료가 있으면 보내주시면 감사하겠습니다.

강연 참가 청중의 질문

질문 1: 조선후기 실학자의 사유세계와 양명학의 관계, 양명학의 조선후기 실학에 대한 영향?

답변: 우선 실학이라는 용어가 언제부터 쓰이기 시작하였는가를 먼저 밝혀야 될 것 같습니다. 개념부터 밝혀야 대답이 될 것 같습니다. 실학은 1930년대 위당 정인보 선생, 문일평 선생 및 기타 학자들이 그 조선후기 국난을 극복하기 위하여 생긴 학문인 조선학을 가리키는 말이었습니다. 위당 정인보 선생은 1935년 『다산선생의 생애와 업적』이라는 긴 글을 쓰면서 조선 수백년래 허가소실(虛假少實)한 학문의 폐단을 실학(實學)으로써 구하려는 학풍이 일어났다고 하여 실학이란 용어를 처음 사용하였습니다. 1934년 조선고적해제의 『초원유고』를 쓰면서 근세 조선학의 파계(派系) 대략 3파가 있다. ① 성호(星湖)를 도사(道師)로 하고 농포(農圃) 전서(傳緖)까지 아우른 일계(一系)가 있고, ② 이소재(李疎齋), 이명(頤命), 김서보(金西甫), 만중(萬重)으로부터 유연(流衍)된 일계[담헌 홍대용]가 있고, ③ 하곡의 학을 이어받은 일계가 있다. 위당은 오늘날 말하는 실학을 조선학이라고 불렀다. 이 세 학파가 야릇하게도 합하여 한 선생의 가르침을 받은 것 같은데 이것은 조선인의 절실하고도 지극한 고민으로부터 좇아 생기는 진정한 깨달음이 피차 서로 다를 리 없는 까닭이라고 하였습니다. 그것은 여러 무리들[群衆]의 머릿속에 잠겨서 싹트고 있는 "구시(求是)"적 취향이 뚫고 나선 것을 대변한 것이라고 하였습니다. 여기서 실사구시(實事求是)의 실학 정신이 조선학의 이름으로 나타난 것입니다. 그러니까 세 학파 모두가 실사구시의 실학이라는 것입니다.

일본에서의 실학이란 말이 거론된 것은 1960년대 원료원(圓了源)이 시작하고 연세대에서 연구한 오가와[小川]가 그 뒤를 이어 오늘도 활동하고 있습니다. 중국은 1988년 후기에 중국인 학자가 세계 올림픽을 계기로 우리나라를 방문한 신관결(辛冠潔) 등이 벽사 이우성 교수를 방문한 뒤에 실학이라는 말을 처음으로 들었고 그 뒤를 이어 1989년 현재 중국실학학회 회장을 맡고 있는 갈영진(葛榮進) 교수가 벽사 선생을 찾아가 실학이란 용어를 듣고나서 귀국하여 실학이란 말을 쓰기 시작한 것입니다. 중국에서의 실학연구는 1990년대 이후에 비로소 시작된 것입니다.

우리나라에서 실학에 대한 연구는 제4단계로 접어들어 갔다고 어느 젊은 학자가 말한 적이 있습니다. 제1단계는 물론 위당 정인보를 비롯한 당시의 학자들의 연구, 제2단계는 천관우 선생의 반계 유형원연구 이후이며, 제3단계는 벽사 이우성 선생의 3학파 설정, 즉 ① 실사구시 학파, ② 이용후생 학파, ③ 경세치용 학파라는 것입니다. 그런데 이 주장에 대하여 이론(異論)을 제기하는 학자들도 많이 생기어 이제는 제4단계의 실학연구로 넘어가게 되었다는 것입니다. 그 4단계가 무엇인지 듣지 못하여 여기서는 소개하기 어렵습니다. 그런데 우리 집에서 들은 이야기로는 실학의 계파가 당색을 달리하면서 생긴 것이므로 남인계열, 노론계열, 소론계열의 실학으로 나눌 수 있다는 것입니다. 이러한 분류는 놀랍게도 위당의 세 계파와 거의 비슷한 것입니다. 실학의 개념은 제1기에서는 실심실학을 의미하는 것이었습니다. 그런데 제2기 이후에는 실학을 근대화 정신에 맞추려다 보니 실용실학으로 바꾸어 버렸습니다. 민영규 교수는 이것을 지적하여 "위당 정인보 선생의 행장에 나타난 몇 가지 문제―실학원시(實學原始)"라는 글을 쓰면서 실심실학이 실리실학(實利實學)으로 변질된 것을 지적해 내었습니다. 이러한 학문의 영향을 받은 일본인 학자 오가와 선생은 일본의 실학을 말하면서 일본근대화를 역설한 복택유길(福澤兪吉) 이전의 학문은 주자학이건 양명학이건 모든 학문을 실심실학이라 부르고 그 이후의 실학을 실용실학이라고 하였습니다. 그리고 우리나라에서 말하는 제2기 이후의 실학개념이 잘못되었다고 합니다. 그것은 위당, 서여의 주장과 똑 같은 것입니다. 그런데 오가와 선생은 한국의 실심실학의 선구자로 홍대용을 꼽고 있었습니다. 일본에서 공공철학을 시작하고 전파하고 있는 김태창 교수가 오가와의 실심실학이 공공철학과 합치된다고 하여 필자에게 홍대용이 그 시작인가 물어왔습니다. 필자는 홍대용보다 50년 앞서 하곡 정제두의 문집 속에 이미 惟我先正爲實心實學儒宗이란 말이 있다고 알려주었더니 오가와 선생이 제자를 통하여 확인하였던 것입니다. 그런데 다산을 기념하는 실학박물관에 일본의 실심실학자들의 이름이 우리의 실학자 설명 옆에 나란히 쓰여 있다는 말을 들었는데 사실 일본이나 중국에는 실심실학이란 용어조차 없는데 어떻게 해서 우리나라 실학박물관에 그런 글이 실려 있는지 알 수 없는 일입니다.

하곡은 양명학의 영향을 받아 하곡학을 창조하였으므로 그의 사상 속에는 양명학적 요소가 들어 있고 양명학의 양지가 바로 본심이고 이 본심을 우리나라에서는 실심이라고 하였습니다. 따라서 양명학과 실심실학은 매우 깊은 관계를 가지고 있습니다.

저는 실학에 대하여 기존 관념과 다른 생각을 가지고 있습니다. 실학 하면 떠오르는 것이 제도개혁과 새로운 문물에 대한 관심입니다. 실학자들이 대부분 중농주의자였고 중상주의자는 박제가, 유수원 등 아주 소수에 불과합니다. 농업을 기반으로 한 사회였기 때문이기도 하지만 전통적으로 상공업을 말업이라고 간주하고 이에 대한 문제는 간과했던 것입니다. 농지의 배분문제와 농지개간문제가 주된 테마이었습니다. 이것은 분명 이기론, 심성론을 논하는 것에 비하여 실제의 학문인 것은 틀림없습니다. 주자학이나 양명학 모두 이런 학문은 구체적인 분과 학문에 속한다고 생각하고 형이상학적 도, 천리 이런 방면을 논하는 도학(道學)과는 구별되는 형이하학적 기학

(器學)이라고 생각하였습니다. 만약 실학이 단지 기학을 논하는 것밖에 없다면 실학은 철학이 아니라 분과 학문[과학]에 지나지 않습니다.

질문 2: ① 우리나라 역사에서 양명학이 기존체제에 대하여 변혁의 주체가 될 수 없었던 이유? ② 조선후기에 왜 더 이상 발전 못하였는가? ③ 현존하는 하곡학파에 어떤 학자가 있는지?

답변: 우리나라는 조선왕조 건립 초기부터 주자학을 이념으로 하여 세운 나라이었습니다. 억불숭유(抑佛崇儒)의 국가 정책에 따라서 불교를 억누르고 유학, 즉 주자학을 높인다는 것이었습니다. 조선 초기의 성리학 이론가이며 경제육전[뒤에 경국대전으로 발전]을 만들어 조선시대 국가의 기틀을 세운 정도전은 이미 제도적으로 공상을 말업으로 보고 이들을 본업인 농업에 종사시킬 것을 주장하고 있습니다. 그리고 철학적으로 『불씨잡변(佛氏雜辯)』, 『심기리(心氣理)』를 지어 불교와 노장사상을 비판하는 이론적 기틀을 마련하였습니다. 『불씨잡변』은 고려왕조의 사상적 기반인 불교이론과 제도를 주자학의 입장에서 비판하는 것입니다. 『심기리』 편은 주자학의 천리를 중심으로 기(氣)를 토대로 하는 도교와 심(心)을 중심으로 삼는 불교를 비판한 것입니다. 그러니까 불교는 심학(心學)이요 도교는 기학(氣學)인데 주자학은 이학(理學)이라는 것입니다. 이학은 심학과 기학을 다 포괄하는 학문인데 심학과 기학은 그렇지 못하다는 주장입니다.

양명학은 주자학의 성즉리의 이학과 달리 심즉리의 심학(心學)입니다. 도덕적 주체인 마음이 바로 천리이며[心卽理] 양지가 바로 천리라는 것입니다. 그러나 주자학에서는 양지가 천리라는 것을 인정하지 않고 다만 좋은 지각[良知]일 뿐이라고 하여 도덕의 원리는 안으로는 본성이고 밖으로는 천리의 구체적 실현인 예(禮)라고 생각하였습니다.

① 주자학은 조선시대 초기부터 한말까지 변함이 없이 양반들의 철학이었습니다. 주자학은 사민론에서 정치와 학술을 담당한 사(士)가 근본이고 그밖의 상업이나 공업은 말업이고 그래도 농업은 앞의 두 직업보다는 대우를 받은 편입니다. 양반들은 국가에서 주는 경제적 기반[錄]이 토지였기 때문입니다. 수직적 질서인 본말론의 입장에서 수평적 질서인 사민평등론[동도이업]을 주장하는 양명학은 처음부터 양반들의 체제를 뒤흔들 위험이 있다고 생각한 것입니다. 따라서 주자학을 절대진리[斯文]로 믿는 조선왕조에서 사문의 체제를 흔들 위험이 있는 양명학은 도입 초부터 비판을 받지 않을 수 없었습니다. 그것은 양명학, 즉 심학이 바로 불교의 심학과 같아서 이단이라는 것입니다. 주자학의 정통을 수호하기 위하여 이단을 불교나 도교나 양명학이나 마찬가지로 배척하였던 것입니다. 조선후기에 들어온 천주교가 유례없이 많은 순교자를 이 땅에서 배출한 것도 바로 주자학의 도통, 즉 정통을 지키기 위한다는 것이었습니다. 양명학은 명종 때 이미 전래되었다는 설도 있습니다.

② 선조 때 이미 전래되었고 병자호란 때 최명길 등이 양명학을 공부하였지만 변혁의 주체가 되지 못하였습니다. 지천이후 집권세력이 노론이었고 이들은 주전파를 높이고 주화파를 역적으로 생각한 것입니다. 소론 학자들은 주자학의 근본주의자[fundamentalist]가 아니었습니다. 소론 학자 중에서 하곡 정제두는 그의 스승이며 소론의 영수인 명제 윤증과 남계 박세채의 만류에도 불구하고 양명학을 공부하여 하곡학을 완성시켰습니다. 조선후기 아니 현대까지 발전된 것은 하곡학이 유일하다고 생각합니다. 다만 겉으로 드러나지 못하여 현학(顯學)이 되지 못하고 가학(家學)으로 전수되었기 때문입니다. 안동의 국학연구원은 해인사 팔만대장경 못지않게 퇴계학 제자들 및 영남지방의 유림들이 남겨놓은 목판을 문중으로부터 대여 받아 보관하고 있

는데 무려 6만 개나 된다고 합니다. 앞으로 더 수집하면 12만 개도 될 것이며 세계문화유산에도 등재할 예정이라고 합니다. 그런데 하곡학파의 문집들은 대부분 필사본입니다. 공개적으로 목판본을 만들 수 없는 처지였음을 말해 주는 것입니다. 아직도 공개되지 않은 필사본이 많이 남아 있을 것으로 생각합니다. 하곡학에 대한 자료발굴과 연구는 아직도 진행 중입니다.

③ 현존하는 하곡학 연구자는 위당 선생의 따님이신 정양완 선생과 심경호 고려대 교수가 문학방면에서 『강화학파의 문학과 사상』이라는 저서를 4권 내어 하곡학 연구의 선구적 역할을 하였습니다. 두 분은 민영규 교수의 영향을 받아 하곡학을 강화학으로 불렀지만 내용은 다르지 않습니다. 하곡학으로 박사 학위를 받은 박연수 교수, 김교빈 교수, 서경숙 선생, 이은용 농업연구센터 소장 그리고 최근 저와 함께 하곡학 연구원을 열어 활동하고 있는 세종대 이경룡 교수, 뇌과학원대학대 조남호 교수가 있습니다. 여기 옆에 앉아 계신 김수중 교수도 양명학회 회장시절[2005~2007]에 하곡학 국제회의를 개최한 바 있습니다.

질문 3: ① 동서 철학사에서 본 양명학의 위상, ② 일본 유학자들이 보는 하곡학, ③ 하곡학의 현대 철학적 의미와 발전 가능성

답변: ① 동양[중국]철학사에서 본 양명학의 위상은 김수중 교수님의 질문에 대한 답변에 약간 나와 있지만 이것을 좀 더 자세히 말씀드리면 다음과 같습니다.

春秋戰國시대 - 以子爲師 - 子學 - 始原 儒學

秦시대 - 以吏爲師 - 焚書坑儒

漢시대 - 以經爲師 - 經學 - 五經中心의 儒學

魏晉시대 – 以玄爲師 – 玄學 – 신도가(新道家)

隋唐시대 – 以佛爲師 – 佛學

宋元시대 – 以理爲師 – 理學 [주자학] 신유학

明시대 – 以心爲師 – 心學 [양명학] 신유학

淸시대 – 以氣爲師 – 氣學

中華民國시대 – 以夷爲師 – 現代新儒學

② 일본학자들이 보는 하곡학은 일본의 몇몇 학자들이 하곡학에 대한 논문을 쓰고 있습니다. 예를 들면 중순부(中純夫)는 하곡학파의 조기 인물인 심육을 중심으로 논문을 전개하고 오가와는 최근 하곡의 실심실학에 대하여 한국에서 발표한 적이 있습니다.

③ 현대철학과 관련하여 하곡학의 위상과 의미와 발전 가능성에 대하여 말씀드리면 하곡학은 아직 가공이 안 된 원석과 같아 앞으로 갈고 닦아야 세계에 내놓을 수 있는 철학이 될 것입니다. 하곡의 실심실학은 무엇보다도 덕성적 생명의 이성[生理: vital reason]을 중시합니다. 이 철학은 우리가 처하고 있는 지구 환경문제를 근원적으로 살펴볼 수 있을 것이라고 생각합니다.

질문 4: 중국철학은 실천적 의지 없이 초탈적 색채가 강하고 내재적인 의지를 가지고 있지 못한 것으로 오해받고 있는데 이에 대한 반론은?

답변: 위 질문 3)에서 살펴본 바와 같이 중국철학은 매우 다양하고 또 역사적으로도 오래 동안 연변(演變)되어 왔습니다. 서양철학이 경이[wonder]에서 나왔다면 중국철학은 관심과 배려[concern]에서 나왔다고 합니다. 그것은 중국철학의 탄생이 춘추전국시대라는 전쟁터에서 현실의 절실한 문제를 해결하기 위하여 나온 것입니다. 당시에 저명한 스승[子]들이 학파를 이루어 전

쟁을 근본적으로 종식시키려는 실천적 의지에서 나온 것입니다. 예를 들면 공자는 무너져 가는 주나라의 질서[制禮作樂]를 회복하기 위하여 인도(仁道)를 제시하였고 전쟁을 한번 하고 나면 시체가 성(城)을 가득 채운다는 전국시대에 맹자는 전쟁광들도 역시 인정(仁政)을 행할 수 있다는 가능성을 그의 성선설로 뒷받침해 주었던 것입니다. 묵자는 전국을 주유하며 전쟁을 막기 위하여 노력하였습니다. 이런 것들이 모두 실천적 의지의 표현이었습니다. 그런데 노자, 장자는 전쟁하는 현실을 바라보면서도 직접 군주를 설득하는 인위적인 방식 대신 무위(無爲)로 해결하는 길을 가르쳐 준 것입니다. 이것이 아마도 초탈적으로 보인 것 같습니다. 그러나 노자는 매우 현실정치 문제를 근원적으로 본 철학자였습니다.

질문 5: 하곡의 양지와 불교의 선은 동일한 것인지? 양명학과 불교의 동이(同異)점은? 양명학이 불교로부터 받은 영향은?

답변: 양명학은 주자학에 의하여 불교와 같은 심학이라고 비판받았습니다. 그러나 그 내용이 같지 않습니다. 유교의 근본 가르침은 인륜이고 불교의 가르침은 연기(緣起)입니다. 따라서 같은 심학이지만 양명학은 어디까지나 유학의 테두리를 벗어나지 않기에 인륜에 기반을 둔 심학이고 불교는 연기성 공(空)에 근거한 심학이라고 할 수 있습니다. 그러나 마음의 주체성에 기반을 두고 전개한 점은 공통적이라 할 수 있지만 그 주체성의 내용이 서로 다릅니다. 불교는 부처가 될 수 있는 불성(佛性)인 데 대하여 유교는 성인이 될 수 있는 덕성(德性)입니다. 신유학에서 주자학과 양명학은 불교의 영향을 많이 받았습니다. 풍우란(馮友蘭) 선생은 불교가 들어오기 이전의 중국 철학에서의 마음은 mind였지만 불교 도입 이후의 마음은 Mind라고 하였습니다. 전자는 몸속에 있는 마음이지만[心身一體] 후자는 불교의 일체유심조

(一切唯心造)의 영향을 받아 우주적 마음[大心]으로 바뀐 것입니다. 양지가 천지를 낳는다고 하는 표현이 바로 그러한 것입니다. 불교에는 교종과 선종이 있는데 주자학은 교종과 비슷하고 양명학은 선종과 유사하다고 학자들이 이야기합니다. 그리고 주자는 격물치지 공부에서 나타난 바와 같이 점수(漸修)를 중시하였다면 양명은 치양지 공부와 같이 간단하고 쉬운 방법을 취한 점에서 돈오(頓悟)적이라고 말합니다. 왕용계는 깨달음에는 3가지가 있는데 하나는 문자의 이해를 통하여 깨닫는 것[解悟], 그 다음은 조용한 곳에 앉아서 마음을 맑게 하여 깨닫는 것[澄悟], 마지막으로 일상생활을 하면서 깨닫는 것[徹悟]입니다. 양명학은 철오를 중시한다는 점에서 불교의 징오 단계를 넘어선 것이라고 합니다.

질문 6: 배워야 성인이 되고 이 점에서 사농공상의 수직적 질서가 성립된 것이 아닐지?

답변: 이 질문이야말로 전형적인 주자학적 사고에서 나온 것이라 생각합니다. 배움을 중시하는 이런 사고가 우리의 교육열을 세계에 유례없이 높이 끌어올렸고 이 덕분에 원조를 받던 나라에서 원조를 하는 나라로 바뀐 것입니다. 이것이 주자학의 순기능적 역할이라고 할 수 있습니다. 그러나 그 역기능의 작용도 하였습니다. 앞서 강의에서 말씀드린 바와 같이 사농공상이 수직적 질서가 되면 선비만이 성인이 될 수 있고 나머지는 선비의 지도에 타율적으로 따라갈 뿐이며 주체적 자율적인 의지가 발휘되지 못하였습니다. 특히 공상(工商)을 말업으로 한 결과 조선시대의 산업능력의 저하를 가져왔다고 현상윤 선생이 지적하였습니다. 그러나 우리는 무역입국을 기치로 이제는 공업기술과 상업이 국가의 주요 산업이 되었고 이로 인하여 사농공상의 수평적인 질서를 기저로 하는 시민사회가 형성되었습니다. 그런데

시민사회의 윤리가 아직 성립되지 못하였는데 그것은 모든 사람들이 타율적인 지시가 아니라 자율적인 자존심으로 자기 맡은 일을 해야만 되는 것입니다. 실심실학의 하곡학이 바로 시민 사회에 맞는 자율적인 주체성을 제시한 철학이라고 생각합니다.

질문 7: 기독교에서 기도와 찬양을 통하여 불교에서는 독경을 통하여 지혜와 구원을 얻는다면 양명학에서의 구체적인 실천방법은 무엇인지?

답변: 앞서 불교와 유교의 근본적 차이점이 연기와 인륜이라고 하였습니다. 그러면 기독교와 유교의 차이점은 하느님 중심[攝理]과 인간 중심[人倫]이라고 할 수 있습니다. 유교에서도 천명(天命)은 인간과 하늘과의 관계를 말한 것이기도 합니다. 천명은 미상[天命靡常]이기에 어느 특정한 민족에게 내리지도 않고[유태인들이 자부하는 것 같은 하느님에게 뽑힌 백성이라는 선민의식과 다름] 또 그리스 신화[예를 들면 오이디푸스 신화]에 나오는 것처럼 인간이 피할 수 없는 필연적이고 숙명적인 것도 아닙니다. 천명은 어느 특정한 왕조나 인물에게 내리지 않고 옮겨간다는 것입니다. 그러므로 천명을 받으려면 반드시 덕을 닦아야 한다는 수덕(修德)사상이 중국고대 사상에 나타났습니다. 이것은 하늘의 의지와 인간의 수덕이 들어맞아야 비로소 천명이 수덕자에게 내린다는 것입니다. 줄탁동시(啐啄同時)라는 말이 있습니다. 닭이 알을 깔 때에 알 속의 병아리가 껍질을 깨고 나오기 위하여 안에서 쪼는 것을 줄(啐)이라 하고 어미 닭이 밖에서 쪼아 깨트리는 것을 탁(啄)이라고 합니다. 이것은 서로 때에 꼭 맞아야 이루어지는 것입니다. 인간의 의지만으로는 구원될 수 없고 하느님의 은총이 있어야 구원이 된다고 알고 있습니다. 의지와 은총이 줄탁동시로 이루어져야 구원이 가능해지겠지요?

기독교의 가르침은 "네 이웃을 네 몸같이 사랑하라"는 이웃사랑이 기독교의 덕성이라고 생각합니다. 위로는 하느님을 공경하고 아래로는 이웃을 사랑하라는 경천애인(敬天愛人)의 가르침이 기독교의 핵심이라고 봅니다. 이것은 유교가 위로는 천명을 아래로는 인(仁)을 실천하는 것과 매우 유사하다고 생각합니다. 아마도 기도와 찬양은 하느님께 올리는 거룩한 의식이며 그것이 땅에서 이웃 사랑으로 실천된다고 생각합니다. 기독교의 이웃은 같은 마을 같은 아파트에 산다고 다 이웃은 아닙니다. 사마리아 여인처럼 전혀 낯선 사람에게도 그 고통을 외면하지 않는 사랑이 이웃사랑이기에 6.25가 끝나고 전쟁고아를 미국으로 데려가 보살핀 것도 보면 기독교의 사랑의 정신의 발로라고 봅니다. 기도와 찬양은 하느님이 돌보아 주시는 데 감사를 드리는 것입니다. 아마도 이웃사랑이라는 덕성이 뒷받침되었을 때 참된 기도와 찬양이 되지 않을까 생각됩니다. 양명학에서는 『중용』의 천명지위성(天命之謂性)과 성자 전지도 성지자 인지도(誠者 天之道 誠之者 人之道)의 가르침에 따라 인간의 본성이 바로 하늘의 명을 부여 받은 것이며 이 본성을 심체인 양지라고 본 것입니다. 따라서 하늘은 참(誠) 그 자체로 진실하여 속임이 없는 것이며 인간은 하늘의 도를 닮아 가려고 노력하는 존재입니다. 그래서 자기의 사욕을 없애는 치양지의 공부를 하여야 비로소 하늘의 도를 닮아갈 수 있다는 것입니다. 불교에서의 독경(讀經)은 깨달음을 위한 방편이기 때문에 불교의 선종에서는 달을 보아야지 달을 가리키는 손가락만 쳐다보아서는 안 된다고 알려 주었습니다. 독경은 손가락에 해당하는 것입니다. 독경이 성불(成佛)의 한 가지 방법은 될 수 있으되 목적은 아닙니다.

질문 8: 주자학은 성(性)을 통해 자연 질서와 인간질서의 합일을 추구했는데 양명학은 인간의 질서만 추구한 것 같고 양명학에서의 천인합일은 어떻게 추구하였는지?

답변: 주자학의 성즉리는 중용의 천명지위성에서 성이 바로 이(理)라는 것에서 자연질서와 인간질서가 합일된 것입니다. 양명학의 심즉리는 심과 성을 구분하지 않는다는 점에서 심체는 바로 성체이기도 하여 주자학과 마찬가지로 천인합일을 추구합니다. 양명학의 본심이 바로 양지이고 이것이 실심이며 이것이 바로 천리와 다른 것이 아니기 때문입니다. 양명학은 기질의 간섭을 받는 사적인 욕구를 제거하면 곧 양지가 현실에 이루어진다는 치양지 공부를 하는데 이 치양지가 이루어졌을 때가 비로소 천인합일이 되는 것입니다. 사욕은 인간의 기질에서 나온 것이며 이것이 양지를 가렸을 때는 천(天)과 인간이 분리된 것입니다. 그러나 사욕을 제거하면 마치 구름이 걷히면 청천하늘에 태양이 비치이듯 천리인 양지가 현실사회에 실현 실천되는 것이고 이것이 천인합일의 성인의 경지입니다. 양명학도 주자학과 마찬가지로 공부는 천지와 그 덕을 합하는 성인의 경지에 도달하려는 것입니다. 여기서 자연질서와 인간질서가 합일되는 것입니다. 만약 주자학의 견해대로 양지가 가설(假說)로 본다면 양지는 인간질서에만 적용되는 것이겠지요. 양지는 결코 인간이 방편적으로 만든 가설이 아니라 천리입니다. 주자학자들은 이 점을 인정하려고 하지 않습니다.

질문 9: 전덕홍의 사유(四有)는 무선무악의 심체를 어떻게 실현할 수 있는지?

답변: 청중들 가운데 이렇게 양명후학까지 공부한 분이 계신다는 사실을 알고 강의를 허투루 했다가는 큰 망신당하겠다는 생각이 들었습니다. 이와 비슷한 질문을 제기한 사람이 바로 전덕홍과 논쟁한 왕용계였습니다. 그는 무선무악이 심체라면 의도 무선무악이라야 하고 지도 무선무악해야 하며 물도 무선무악해야 된다고 하여 사무(四無)설을 주장한 바 있습니다. 이것

은 질문자와 같은 생각입니다. 심체가 무선무악하다는 문제는 양명후학들을 난처하게 만들었습니다. 심체가 무선무악하다는 것은 불교의 선도 악도 아닌 무기(無記)와 같다는 것입니다. 따라서 양명학은 불교와 같다는 오해를 더욱 면할 수 없게 되었던 것입니다. 그러나 뒤에 동림학파에서 보이는 바와 같이 심체를 지선(至善)하다고 주장하였습니다. 지선은 상대적인 선과 악을 넘어 초월적인 절대선인 것입니다. 무선무악은 이 지선의 선과 악 어디에도 걸림이 없는 무체성(無滯性)을 뜻하는 것이라고 해석되었습니다. 전덕홍은 심체의 지선과 동시에 무선무악을 주장하였습니다. 인간의 심체는 하나인데 그것을 선이라 해도 지선이라고 해도 옳으며 무선무악이라고 해도 역시 옳다고 하였습니다. 지선한 본체에는 원래 악이 존재하지 않는다는 것입니다. 이것은 무악(無惡)을 말한 것이며 선도 역시 존재할 수 없다는 것입니다. 이것은 무선(無善)을 말한 것입니다. 그는 눈 밝음과 귀 잘들림의 예를 들어 눈과 귀에 소리가 없는 것처럼 마음의 본체에도 먼저 선을 가지고 있지 않다는 것입니다. 그는 마음의 본체가 허령하다는 특징에 의하여 주자학의 정리(定理)를 비판하였습니다. 그리고 전덕홍은 사유설이 아니라 일무삼유설(一無三有說)을 주장하였습니다.

질문 10: 중국에서는 왜 양명학을 배척하지 않았는지?

답변: 원(元)나라 때 1313년 과거제도가 전 지역[동쪽으로는 고려, 서쪽으로는 헝가리 지역까지]에 실시됨에 따라 주자의 『사서집주』가 시험과목의 주교재로 됨에 따라서 주자학은 관학이 되었으며 당시에는 성인의 도통을 이어받은 도학이라고 하여 송사에만 유림전 이외에 도학전이 있을 정도로 주자학은 숭앙의 대상이 되었습니다. 명(明)나라에 들어와 우리나라에서 세조가 단종의 왕위를 빼앗아 버리듯이 성조가 제위에 오르면서 이에 반대하는 유신(儒

臣)들을 죽인 적이 있습니다. 방효유(方孝孺)는 10족을 죽여도 제위를 정당화하지 못하겠다고 하자 9족을 멸하는 말은 들었어도 10족은 처음 듣는 말이었습니다. 10족은 바로 그의 제자들을 가리키는 것이었고 방효유와 그의 제자들은 성조의 희생물이 되었습니다. 성조는 나머지 유신들을 무마하기 위하여 성리학에 대한 대대적인 편찬사업을 벌이었습니다. 이때에 출간된 것이 『성리대전(性理大典)』, 『오경대전(五經大典)』, 『사서대전(四書大典)』이었습니다. 그리고 과거는 이 대전에서 출제하되 팔고문(八股文) 형식으로 답안을 작성하여야 되었습니다. 이로써 명대에도 주자학은 관학으로서 확고한 자리를 잡게 되었습니다. 이 전통은 청대에도 계승되어 과거제도가 없어질 때까지 실시되었습니다. 명대에 주자학이 관학으로 되었었는데 왜 조선에서처럼 금지되지 않고 놓아두었는지 질문이었습니다. 명나라의 왕양명이 관학에 맞서 민학(民學)으로써 제자들에게 처음 강학을 할 때는 부패한 명나라 정부는 그 의미를 잘 몰랐던 것입니다. 그러나 양명학이 민간강학으로 각 지역에 퍼지고 김수중 교수님이 말씀하신 바와 같이 왕간이 시작한 태주학파에서 일자무식의 한정 같은 인물이 나타나 민강강학을 강화하자 수직적 질서가 수평적 질서로 바뀌어 가는 의식을 하게 되었습니다. 누구나 다 성인이 될 수 있다는 말에 위협을 느낀 정부와 그 관료들은 마침내 왕학을 금지하기에 이르렀습니다. 양명후학은 이에 따라서 강학을 그만두거나 정부 영향권 밖에서 강의하거나 하였습니다. 그리고 명교(名教)를 비판하는 이탁오 같은 인물도 등장하여 당시에 중국에 천주교를 전파하러 온 마테오 리치와도 세 번 만나기도 하였습니다. 명나라가 망하고 나서 청나라가 들어서자 명나라가 망한 원인을 양명학에 뒤집어 씌웠습니다. 고염무가 그 대표적 인물입니다.

질문 11: 양명학에서 마음을 강조하는데 구체적인 삶의 현장에서 발현하기 위해서는 어떻게 하는지?

답변: 양명학에서는 도덕적 주체인 양지를 삶의 현장에 발현하는 것을 치양지라 하였습니다. 그것은 제3강 지행합일과 치양지를 강의할 때 설명을 한 바 있습니다. 그런데 이것을 항상 수양한다는 것은 종교인에게도 어려운 일이라고 질문하셨습니다. 옳은 말씀입니다. 말로만 지행합일, 치양지를 외치면서 구체적인 현장에서 실천하지 못하면 이 또한 양명학의 정신을 잃어버리는 것이며 주자학과 마찬가지로 되는 것입니다. 종교인들이 매일 기도하고 자신을 성찰하여 자기 잘못[私慾]을 찾아내듯이 명대에는 하루에 잘한 것[功]과 못한 것[過]을 네모 칸[格]에 표시하여 자신을 수양하는 공과격(功過格)의 선서(善書)가 출간되기도 하였습니다. 어린아이들에게만 시킬 것이 아니라 성인들 자신이 솔선해서 한번 해보는 것도 좋을 것 같습니다.

질문 12: 현세를 말세라느니 도덕이 땅에 떨어졌다고 하는데 치양지를 위하여 개인 또는 국가가 어떻게 해야 하는지?

답변: 어느 시대나 자기가 살고 있는 사회를 도덕이 땅에 떨어진 말세로 보는 견해가 있습니다. 왕양명이 지행합일, 치양지를 제시한 것도 당시 지식인들이 아는 것은 많아도 실천하지 않기 때문이었습니다. 우리는 '잘살아보세'라는 구호아래 급속하게 외형적·물질적인 경제발전을 이루었지만 이에 걸맞은 성숙한 내면적인 인격의 도야는 도외시되었습니다. 우리가 여기서 인문강좌를 여는 것도 바로 이러한 내면적인 양식을 채워주기 위한 것이라고 알고 있습니다. 우리 사회는 전체가 자기의 이익을 최대한 늘리려는 쪽으로 기울어져 있습니다. 맹자의 말대로 "위아래 모두 서로 이익을 위해 싸운다[上下交征利]"는 상태입니다. 인간이 신체를 가지고 있는 한 살아가기

위하여 물질적인 욕구를 만족시켜야만 됩니다. 이러한 욕구가 남을 배려하지 않고 과도하게 자기 자신만을 위하였을 때 수단 방법 가리지 않는 데서 부정부패가 생긴 것입니다. 이를 극복하기 위하여 하곡학파의 여인동리(與人同利)를 주장한 심대윤의 사상을 오늘날에도 되살릴 필요가 절실한 것입니다. 여인동리는 남을 배려하는 충서의 정신, 즉 인(仁)의 실천에서 나온 것입니다. 이것이 바로 치양지 정신이기도 합니다.

질문 13: 주자학은 초기부터 위학(僞學)이라고 비판 받았는데 친민을 신민으로 해석한 이외에 원시유학을 왜곡한 점이 더 있는지?

답변: 주자학은 발생초기부터 한타주에 의하여 위학으로 배척 받았습니다. 그것은 그가 과거의 유학 속에 얽매여 있었기 때문에 새로운 유학인 주자학을 이해하지 못한 데서 생긴 것입니다. 과거의 유학이란 한당유학을 가리킵니다. 이 유학은 경전의 장구를 따지는 문헌학적[philological] 측면이 강하여 철학적[philosophical]인 면이 결여되어 있었던 것입니다. 전자는 해석의 자유가 없었는데 후자는 해석을 얼마든지 자유롭게 할 수 있었습니다. 여기서 주자는 『대학』의 구절을 자기 나름대로 해석하여 자기의 철학을 전개하였던 것입니다. 양명은 더 자유롭게 해석하여 자기의 철학을 전개하였던 것입니다. 양명은 더 자유롭게 해석하면서 주자의 철학을 반박한 것이 바로 신민에 대한 친민의 해석입니다. 신유학은 한당유학을 넘어 원시유학의 정신으로 되돌아간다는 것이었습니다. 공맹의 정신을 계승한다는 도통사상이 바로 그것입니다. 이 도통에서 빠진 것이 순자 이후 한당시대의 유학이었습니다. 주자학이나 양명학 모두 성학을 지향하고 있으므로 공맹의 정신을 이어간다는 것은 마찬가지이었습니다. 그런데 주자는 맹자를 이어간다고 하면서도 양지를 천리로 인정하지 않고 지각차원으로 돌렸던 것입니다. 양명

은 이를 비판하고 맹자의 양지를 천리라고 하며 양지학을 전개하였습니다. 그래서 모종삼은 양명학이 유학의 정통이고 주자학은 그 방계에 지나지 않는다고 하였습니다. 이것은 주자학을 정통으로 삼는 우리나라 학자들에게는 적지 않은 충격을 주기도 하였습니다.

질문 14: 양명학에서 말하는 양지는 양심과 같은지? 차이는 무엇인지?

답변: 양지와 양심이란 말은 모두 맹자에게서 나온 말입니다. 우리는 양심이란 말이 일상적으로 쓰이고 있습니다. 양심의 가책을 받는다느니 너는 양심도 없니 하는 말을 사용합니다. 양심은 영어로 Conscience라고 합니다. con은 함께 science는 안다는 뜻입니다. 그것은 하느님과 함께 안다는 의미로 나 자신의 내밀한 반성을 할 수 있는 자연의 빛이기도 한 것입니다. '양심이 없다'는 말은 마음이 선천적으로 불구가 되어 작동되지 않는 정신적 장애인이기도 합니다. 내면의 불이 켜지지 않는다는 것입니다. 영어의 conscience나 독일어의 Gewissen은 말 그대로 번역하면 science나 wissen이 '알다'라는 의미를 가지고 있으니 '양지'라고 하는 것이 더 좋은 것이 될 수 있었을 것입니다. 그러나 양지라는 말은 양명학에서 전적으로 사용하는 것이기 때문에 혼동될 우려가 있어 conscience를 양심이라고 번역한 것 같습니다. 그렇지만 양심은 양지와 매우 유사한 의미를 갖고 있습니다. 양지는 내 마음의 영명(靈明)한 빛이니까 그 빛이 꺼지면 마음이 컴컴한 암흑으로 변하여 자기가 무엇을 하는지 알 수가 없게 됩니다. 마음이 마비된 불인병(不仁病)에 걸린 것입니다. 그러나 〈제5강 도덕의 주체로서의 양지〉에서 살펴보았듯이 양지란 말은 주자학의 '훌륭한 지각'이나 '좋은 지식'이 아닌 천리를 의미하는 것입니다. 그리고 양지는 양심보다 외연이 훨씬 넓어 천리[도덕적 원리]이며 온 우주를 생성[生天生地]시키는 창생자이기도 합니다. 인류의 위대한

스승들은 우리의 내면에서 양지의 빛을 밝히도록 가르쳐 주신 분들입니다.

질문 15: 사상을 실현하려면 제도가 필요한데 양명학에선 제도가 보이지 않는데 제도에 관한 내용은 무엇이 있는지?

답변: 양명학에서는 외적인 제도보다는 내적인 양지를 더 중시합니다. 왜냐하면 제도 자체가 인간을 타율적으로 만들어 버리기 때문입니다. 제도는 인간의 성선(性善)과 자율성을 인정하지 않는 데서 나온 것입니다. 우리 일상생활에서 따라야 하는 규범이나 제도, 즉 예법(禮法)은 성인에 의하여 만들어진 것이라고 순자는 말하였습니다. 그는 선진시대에 예학을 건립하여 인류문화의 가치를 존중한 문화철학자입니다. 예(禮)는 국가의 기틀, 가정과 향촌사회의 규범, 개인의 규율(規律)을 통틀어 말하는 것이며 오늘날 헌법과 같으며 모든 규범 제도를 다 포괄할 수 있는 말이기도 합니다. 순자는 누구나 다 아시다시피 성악설을 주장하였습니다. 그 이유는 인간의 자연성은 믿을 수 없고 이에 맡겨두면 서로 이익을 더 차지하기 위하여 투쟁을 하며 이로 인하여 사회가 혼란에 빠진다는 것입니다. 성인은 이러한 혼란을 방지하기 위하여 인위적인 질서인 예를 만들어 사람들의 물질적인 욕구를 채워주는 동시에 이를 규제한다고 하였습니다. 만인(萬人) 대 만인의 투쟁을 근본적으로 종식시키기 위하여 예법을 제정한 것입니다. 따라서 순자는 인간의 자연 상태에서는 도덕심을 찾을 수 없기 때문에 인성(人性)을 악하다고 본 것입니다. 제도인 예법이 훌륭할수록 그에 미치지 못하는 자연스런 본성은 악하다고 본 것입니다. 화살을 만드는 나무는 저절로 곧은 것은 거의 없고 모두 은괄(檃栝)의 공을 거쳐야 화살이 되는 것과 마찬가지로 인간이 예법을 지키는 것도 스승의 교화를 받아야 한다고 보았습니다. 제도는 이처럼 성악을 전제로 만들어진 것입니다. 제도는 모든 사람이 따를 수 있도록 규제를

가하는 것이기도 합니다. 따라서 인간을 타율적으로 피동적으로 만들어 버리고 맙니다. 그래서 순자는 인간의 양지양능은 후천적인 학습을 통해서만 가능하게 된다고 하여 맹자의 양지양능을 부정하였습니다. 주자는 이 견해를 받아들였고 양명은 이것을 비판하고 양지학을 전개하였습니다. 인간의 도덕이 성립되려면 자각적인 자율성 능동성이 확보되어야 한다는 말입니다. 그러면 제도는 약정성속(約定成俗)에 의하여 성인이 만들었다고 하였습니다. 이 제도를 맹목적으로 따라만 가면 우리는 타율적·피동적인 존재가 됩니다. 그러나 우리 자신이 만든 제도는 양지에 의하여 만들어진 것이므로 이를 자각적으로 이해하고 능동적·자율적으로 따라가면 어떤 제도든지 간에 양지의 발현이 아닌 것이 없습니다. 일부러 양지를 위한 제도를 만들 필요가 없다는 것입니다.

질문 16: 고등학교 윤리 교과서에 하곡학과 실심실학이 없는데 그것이 빠진 이유가 무엇인지?

답변: 교과서에 없는 것은 당연하지요. 하곡학·실심실학은 산발적으로 논의된 것[2006년부터]을 이번 기회에 종합적이고 체계적으로 처음 소개한 것입니다. 청중 여러분들이 하곡학과 실심실학을 각 방면에 소개하여 알리시면 지금부터 5년 뒤에야 윤리교과서 집필자와 심사자가 생길 것입니다. 또 신문이나 방송, 기타 매체를 통하여 국민들에게 널리 알려져야 비로소 교과서에 등장할 수 있을 것입니다. 하곡학이나 하곡학파란 말은 없어도 아마도 강화학 혹은 강화학파란 말은 교과서에 실려 있는지 모르겠습니다. 그러나 강화학이라고 하면 강화지방에서 생긴 어떤 작은 지방 학파 정도로 이해하기 쉬워 하곡학처럼 퇴계학, 율곡학과 대등한 지위를 얻기는 어려울 것입니다. 이제 한국철학에서 퇴계학, 율곡학과 함께 삼족정(三足鼎)으로서의 하곡

학의 브랜드를 먼저 전국적으로 전파하여 윤리, 국사 등의 교과서에 등재하는 것과 동시에 세계화시킬 때가 온 것입니다. 한류가 유럽을 뒤흔들 듯이 말입니다.

질문 17: 치양지, 지행합일설과 맹자의 심학, 성선설과의 관계는?

답변: 맹자의 심학을 계승한 철학자가 송대의 육상산, 명대의 왕양명입니다. 왕양명은 상산집 서문을 쓰면서 상산은 맹자를 이어받은 것이라 말하였습니다. 이로서 보면 맹자-육상산-왕양명의 계보가 드러납니다. 그런데 치양지는 『대학』의 격물치지의 치(致)자와 맹자의 양지를 합하여 치양지라고 한 것입니다. 그러니까 양명의 양지학은 맹자에서 온 것이 분명합니다. 대학의 치지를 주자처럼 지식을 넓힌다는 의미가 아니라 양지를 실현한다[致]고 해석한 것입니다. 지행합일설도 주자처럼 지식과 행위를 둘로 나누어[先知後行] 설명하는 것에 반대하여 지행을 나눌 수 없는 한 덩어리로 설명하였습니다. 이때의 지행의 지도 지식이 아니라 양지라고 하였습니다. 양지에 의한 행동이 바로 지행합일인 것입니다. 양지는 옳고 그름을 즉각적으로 판단하는 시비지심인데 이것도 맹자가 말한 것입니다. 이 모두가 맹자의 성선설에 근거를 두고 전개한 것입니다.

질문 18: 양지양능이 교육 이전에 타고난 것이라면 그 발현을 방해하는 사욕은 어디서 온 것인지?

답변: 사욕이 어디에서 나온 것인지 아주 중요한 질문입니다. 욕망은 인간이 태어날 때부터 가지고 있는 신체에서 나온 조건이기도 합니다. 생명을 가진 존재[衆生]는 모두 생로병사의 조건 속에서 사는 존재이고 인간도 예외가 아닙니다. 생명을 유지하려는 욕구와 연장시키려는 욕구가 인간의 두 가

지 중요한 조건이기도 합니다. 전자는 개체유지의 본능이라고 하고 후자는 종족유지의 본능이라고 합니다. 맹자가 고자와 인성을 논하면서 서로 논쟁을 하였습니다. 고자는 개체유지의 본능[食]과 종족유지의 본능[색]을 본성이라고 주장[食色性也]하였는데 맹자는 이러한 자연적 본능 이외에 인의(仁義)라는 도덕적 본성이 싹으로서 마음속에 내재해 있다고 주장하였습니다. 인간의 자연성 이외에 도덕성도 본성 속에 내재해 있다고 본 것입니다. 인간이 짐승과 다른 점은 거의 드물지만 이러한 본성을 가지고 태어났다는 점에서 짐승과 구별된다는 것입니다. 군자는 그 미미한 차이점을 지키고 확충시키는 데 비하여 서민은 먹고살기에 바빠서 그 차이점을 내버린다는 것입니다[君子存之 庶民去之]. 이것을 내버리면 금수와 다를 바 없게 되는 것입니다. 그래서 왕부지는 서민금수론을 썼던 것입니다. 신유학에서 인간의 본성을 본연지성[天理]과 기질지성[氣]으로 나누었고 전자는 하늘이 부여한 선한 본성이고 후자는 인간이 신체에서 생긴 욕망으로 선할 수도 불선할 수도 있다고 보았습니다. 주자학은 본연지성과 기질지성을 분명히 이분화하여 성인이 되려면 전자인 천리를 간직하고 후자인 인욕을 막아야 된다고 하였습니다[存天理 遏人欲]. 이때의 인욕은 모든 욕망을 다 말하는 것이 아니라 주로 자기만 이롭게 하는 사사로운 욕망을 말합니다. 이것을 사욕이라고 하는 것입니다. 양명학은 기질지성 속에 본연지성이 내재해 있다는 장재의 말에 따라 본성인 이와 기질의 근원인 기(氣)를 나누지 않았습니다. 그렇기 때문에 양지인 천리는 늘 기질의 사사로운 욕망, 즉 사욕이 가리고 있기 때문에 잘 드러나지 않을 수도 있다는 것입니다. 그래서 치양지 공부를 하여 양지를 회복하라고 가르친 것입니다. 사욕은 소유욕에서 나온 것이라면 양지는 존재 그 자체의 생명원리입니다. 소유욕을 생명존재로 바꾸는 것이 바로 치양지라고 할 수 있습니다.

질문 19: 명청대를 거쳐서 오늘에 이르기까지 주자학과 양명학 중 어느 쪽이 중국사회에 더 큰 영향을 주었는지? 학문적 성과는 어느 쪽이 더 큰지?

답변: 통치자 중심으로 본다면 수직적 질서를 옹호하는 주자학이 단연 선호의 대상입니다. 그래서 주자학은 원명청(元明淸) 이래로 관학이 되어 거의 800년간 주도적 학문으로 유지되어 왔습니다. 그러나 명청시대에 상인들의 활동이 활발하여 상인들도 자부심을 가지고 유학자와 맞먹는 도덕의식을 가지고 있었습니다. 따라서 관학이 아닌 민학의 성격으로 양명학은 선호되었던 것입니다. 그러나 청대에는 학풍이 변하여 주자학은 관학으로 벼슬을 하기 위하여 하지 않으면 안 되었고, 양명학은 청대에 몇몇 문인들이 그 명맥을 유지하여 왔습니다. 그러나 수평적 질서를 중시하는 서양학문이 들어오고 나서는 양명학이 다시 각광을 받게 되었습니다. 현대 신유가는 서양철학과 주자학 또는 양명학을 융합하여 새로운 철학 체계를 만들어 내었는데 단연코 양명학 쪽이 우세하였습니다. 제가 번역한 풍우란 선생의 중국철학사는 주자학적 관점이 녹아 있는 데 반해 또 제가 번역한 노사광 선생의 중국철학사(4권)는 완전히 양명학의 정신을 칸트철학과 접목시킨 것이었습니다. 그 밖에 모종삼 선생은 역시 칸트철학과 양명학을 융화하여 새로운 중국현대철학을 만들어 내었습니다. 타이완에서 공부한 양명학자들은 대부분 모종삼의 철학을 추종하고 있습니다.

질문 20: 양지와 측은지심의 관계는?

답변: 이런 전문적인 문제까지 질문하시는 청중들의 수준이 얼마나 높은지 새삼 깨달았습니다. 이 문제는 하곡과 민언휘 사이에서 벌어진 논쟁 중의 하나이기도 합니다. 그것은 417쪽에 있는 양지체용도(良知體用圖)에 잘 나타나 있습니다.

가운데 원이 양지의 체이고 중간 원이 양지의 작용인데 거기에 사단이 들어 있습니다. 참고로 보시기 바랍니다.

양명학의 지행합일, 치양지, 격물치지 등에서 실행이 없는 지식 실천이 동반되지 않는 지식은 공허한 메아리이며 지와 행이 나누어질 수 없다는 것은 이해할 듯합니다.

그런데 실행이 없는 지식이 있다고 생각하는데 예를 들면 천문학의 별, 아인슈타인의 상대성원리 생물의 기원 등과 같은 순수과학의 지식 직업상 또는 단순한 취미에 관한 지식들과 같이 실천할 수 없는 것이 있다고 생각되는데 양명학에서는 이러한 욕구의 지식은 어떻게 봅니까? 사상마련과는 어떻게 됩니까?

답변: 아주 훌륭한 질문입니다. 실행이 없는 지식, 즉 자연과학과 단순취미 같은 것은 실행 혹은 실천이 필요하지 않은 지식이라고 생각하시는 것 같은데 사실 자연과학도 실천이 동반되지 않는 것은 없다고 생각합니다. 별을 탐구하는 천문학도 알고 보면 부단한 실천을 동반하여 이루어진 결과라고 봅니다. 그 실천이 도덕적인 것이냐의 여부를 묻는다면 원래 자연과학은 가치를 배제한[value free] 탐구라고 하므로 그 객관성을 매우 중시합니다. 그러나 양자역학에서는 관찰자의 태도가 매우 중요하게 작용합니다. 결코 관찰자의 마음을 떠나서 순수 객관적인 법칙이 있느냐 하는 것은 오늘날 현대과학에서는 오히려 의문시되고 있기 때문입니다. 17세기 뉴턴 물리학에 의하면 객관적인 법칙이 있다고 확신합니다. 선생님께서는 아마도 우리가 학교에서 배운 자연과학의 지식에 근거하여 질문하신 것 같습니다.

그리고 학행합일에서 언급한 바와 같이 자연과학에서도 박학(博學), 즉 널리 자료를 수집하여 그것을 먼저 앞선 과학자의 이론과 학설은 배우고 난 뒤에 심문(審問), 즉 그 배운 이론과 학설이 타당한지 다시 자세히 질문하고 신사(愼思), 즉 내가 제기한 질문에 대하여 신중하게 스스로 생각해보고 명변(明辯) 나의 생각이 옳은지 그른지 분명하게 따져보고 그리고 독행(篤行) 독실하게 실천한다고 하는 중용의 이론에서 주자는 학문사변은 행위와 분리된 지식으로 돌리었는데 양명은 학문사변조차 실천이라고 보았습니다. 이것을 보면 오늘날의 자연과학도 실천과 분리될 수 없는 것이라고 양명이 생각할 것 같습니다. 우리나라에서 줄기세포에 대한 연구에서 모 교수는 미국의 권위 있는 자연과학 잡지에 학설을 발표하여 센세이션을 일으킨 일이 있는데 그것이 거짓으로 드러난 것은 바로 그 학자의 마음에 사적인 영웅심만 있었지 양지가 드러나지 않았던 것이라고 생각합니다. 자연과학만큼 양지를 필요로 하는 것이 없다고 생각합니다. 여기서 지행합일은 필수적이라고 생각합니다. 그리고 단순한 취미에 관한 지식도 처음에는 그것을 알려고 하다가 다음에는 그것을 좋아하게 되며 마지막으로 그것을 즐기게 되는 경지에 이르게 됩니다. 이것은 이미 앎을 넘어 지행이 일치된 경지라고 할 수 있을 것입니다. 그리고 단순한 취미에 관한 지식은 어떤 것이 있는지요? 예를 들면 어린이들이 좋아하는 컴퓨터 게임부터 성인들이 좋아하는 것들[스포츠, 오락 등등]을 말하는 것인지요? 우리 일상생활에서 취미가 없으면 아무 맛도 없고 아무 멋도 없을[無味乾燥] 것입니다. 일상적 취미는 바로 우리의 좋아하고 싫어하는 심미적 판단에 의하여 이루어져 있다고 하겠습니다. 그런데 우리가 좋아하는 것에는 너무 열중하여 자기도 모르게 중독되는 경우가 있습니다. 과도한 것은 취미 생활에 좋지 않다는 것은 누구나 다 잘 아는 사실입니다. 그래서 단순한 취미라고 말씀하신 것 같습니다. 우리는 일상생활에서 이성적이라기보다는 감성적으로 살아가고 있습니다. 따라서 옳고 그름[是

非]의 도덕적 판단보다는 좋고 싫음[好惡]의 심미적 판단을 많이 하고 있습니다. 왕양명은 시비판단이 오히려 호오판단에 의존한다고 보았습니다. 그래서 지행합일을 설명할 때 아름다운 미녀[好色]를 보는 순간 그녀를 좋아한다[好]고 하는 호호색(好好色)을 예로 들면서 전자는 앎[知]에 속하고 후자는 행(行)에 속한다고 하였습니다. 이것은 어떠한 선입견 없이 또 어떤 의도나 목적도 없이 아름다움 자체를 좋아하는 취미판단인 것입니다.

질문 22: 성인의 공부

유학의 공부는 성인이 되는 것이라고 하는데 대부분 사람은 성인은 어림도 없고 현인에 가까운 경지도 까마득해서 우리는 소인이며 어느 정도 경지에 가기도 어렵고 그렇게 어렵다면 성인의 공부는 엄두를 낼 수 없다고 생각합니다. 또한 현대의 일상생활에서는 이러한 공부에 관심도 없고 고전학의 강의내용 정도로 우리생활과는 간격이 있다고 생각됩니다. 불교에서는 깨달음에 대해서는 전문수행자인 승려가 많고[수행에 대해서는 알 수 없어도] 소승불교에서는 수행의 단계를 심사하는 것도 있고 성불은 불가에도 작은 부처 성취운동도 있다고 들은 바 있습니다만 유학은 불교의 승려 같은 사람들도 없습니다.

유교경전을 계속 읽고 공부하면 일상생활에서나 정신적으로 건강해진다는 것인가요? 현대 생활에 있어서 간격도 있고 관심도 크지 않은 성인이 되기 위한 공부의 이러한 것에 양명학이나 주자학에서 말하는 것이 있습니까?

답변: 참 대답하기 어려운 질문입니다. 현대사회가 모두 물질만능, 금전만능 주의로 가는 자본주의 사회에서 어떻게 성인을 지향할 수 있는지? 양지를 실천하기 어려운 사회적 분위기 속에서 성인이 되기 위한 공부를 말하는 양명학은 오늘 이 시대에 어떤 의미를 가질 수 있는지? 참으로 절실한 질문

이기도 합니다. 유교에는 주자학이나 양명학을 막론하고 불교의 승려나 기독교의 신부 목사와 같은 전문 수행자가 없습니다. 세속의 종교, 가정의 종교이기 때문에 모든 사람이 수행자입니다. 그리고 가정이 바로 절이요 교회입니다. 유교의 성인은 인륜(人倫)을 지극히 발휘한 사람이라고 합니다. 그래서 먼저 자신을 수양하고[修身] 가정을 모범적으로 반듯하게 꾸려나가는 것이 가족성원의 책임이요 의무입니다[齊家]. 그리고 국가에서 자기의 의무와 책임을 다하는 것이 나라를 위한 것[治國]입니다. 나아가 세계평화를 염원하며 살아가는 것입니다[平天下]. 이것을 밖으로 성숙한 행위주체가 되는 것을 외왕(外王)이라 하고 안으로 그 주체의 도덕성을 확보하기 위하여 수양하는 것을 내성(內聖)이라고 합니다. 이 내성이야말로 인간의 존재가치를 높이는 것이요 현대사회에서 자기 직업에 충실하면서 남을 배려하며 자기가 하는 일에서[事上] 무자기(無自欺)의 양지를 실현하는 것입니다. 이제 유학은 이러한 운동을 실제로 하는 생활유학이 되어야 현대사회에서 살아남을 수 있을 것입니다

주자학은 선비는 현인이 되기를 바라고 현인은 성인이 되기를 바란다고[士希賢 賢希聖]고 하여 사회, 국가에 책임을 지고 있는 선비가 자기의 욕심을 버리고 도덕적 원리[天理]를 간직하며 살아간다고 하였습니다. 그러한 선비[士]만이 마치 불교의 승려같이 그리스도교의 성직자[신부, 수녀, 목사] 같이 자신을 깨끗이 하여 백성을 이끌어 주는 역할을 한다고 보았습니다. 그러나 농부, 기술자, 상인[農工商]들의 역할에 대하여서는 아무런 언급이 없습니다.

이와는 달리 양명학은 사농공상 모두가 자기가 하는 일은 각기 다르지만 성학(聖學)의 길을 닦아 나아간다는 점에서는 똑같다[異業同道]고 보았습니다. 그것은 누구나 다 자기가 하는 일에서[事上] 어떠한 위협에도 굴복하지 않고 어떠한 유혹에도 빠지지 않으면서 어떠한 사사로운 욕심[私慾]을 가지

지 않고 자기와 남을 속이지 않는[無自欺] 양지를 가지고 살아가면 누구나 다 성인이 될 수 있다는 가르침이 양명학입니다.

불교는 부처님이 깨닫는 길 팔정도(八正道)를 가르쳐 주었습니다. 이 깨달음을 실현하기 위하여 승려제도와 사찰이 생겨났습니다. 그리스도교는 예수님이 산상수훈을 통하여 구원의 길을 알려주었습니다. 그 구원을 위하여 성직자제도와 교회가 생겨났습니다. 그런데 유교는 그러한 성직자 제도나 사찰이나 교회를 가지고 있지 않습니다[조선시대에는 성직자에 해당하는 선비와 사찰이나 교회의 역할을 하는 서원이 있었습니다]. 그러나 오늘날은 현대학교로 대체되었습니다. 따라서 유교의 지속적인 가르침이 끊어진 상태라고 해도 좋을 것입니다.

우리는 길을 가는 데 지도가 필요합니다. 길은 동서양 성인의 가르침이고 지도는 그 길을 안내하는 경전입니다. 우리는 성인들이 가르쳐준 길을 가기 위하여 경전을 공부합니다. 불교에는 불교 경전이 있고 그리스도교에는 성경[Bible]이 있습니다 유교에는 사서(四書) 오경(五經)이 있습니다. 이 경전들을 가르치는 이들이 승려요 신부, 목사입니다. 그리고 그 말씀을 영속적으로 기억하기 위하여 절에서는 설법을 하고 성당에서는 미사를 드리고 교회에서는 예배를 봅니다. 그런데 유교에는 경전은 있지만 가르치는 사람도 가르치는 곳도 없습니다. 그러나 이것이 오히려 모든 사람에게 열려 있어 어떤 특정 제도를 벗어나 자유롭게 성인의 길을 누구나 다 갈 수 있도록 한 것이 아닌가 생각합니다. 왜냐하면 승려만이 반드시 깨달아 부처가 된다는 법이 없고 모든 중생이 다 불성을 가지고 있어 깨달으면 부처가 되기 때문입니다.

또 성직자만이 구원을 받을 수 있는 것은 아닙니다. 누구나 다 십자가를 지는 자기희생을 통하여 구원의 길이 열려 있기 때문입니다.

모든 경전은 시대마다 다른 해석을 가지고 있습니다. 불경만 하더라도 붓다의 말씀인 경(經)과 계율[律]뿐만 아니라 후대 학자들이 해석한 논(論)도 포함되어 있습니다. 후대의 해석에 따라서 여러 가지 종파가 생겨나기도 하였습니다. 붓다가 가르쳐 준 길의 갈래가 많이 생긴 것입니다. 성경의 가르침도 후대의 해석에 따라 가톨릭과 개신교가 갈라졌고 개신교 안에서도 수많은 교파가 생겨나서 자기들의 해석이 구원에 이르는 유일한 길이라고 주장하고 있습니다.

유교는 공자님의 가르침을 따라서 사는 길을 알려주었습니다. 그것은 바로 사람답게 사는 길, 다시 말해 사람과 사람의 관계를 잘 유지할 수 있는 길인 인도[仁道]였습니다. 그것은 공자와 그의 제자가 묻고 대답한 『논어』에 잘 나타나 있습니다. 유교는 인간을 개인으로 보지 않고 인간관계로 보았습니다. 이것을 인륜(人倫)이라 하는데 맹자(孟子)는 이것을 다섯 가지로 요약하였는데 그것이 바로 오륜(五倫)입니다. 유교의 근본 가르침은 아무리 시대가 변해도 인륜을 핵심으로 삼고 있습니다. 그런데 한(漢)대에 중앙집권체제를 강화하기 위하여 삼강(三綱)이라는 괴물이 덧붙여져 상하 주종적 질서를 공고히 하였습니다. 삼강은 법가와 습합된 변질적인 것이며 오륜은 유가의 본질적인 것입니다.

이 오륜이 인간 본성으로 내재화된 것이 바로 인의예지신(仁義禮智信)이라고 하며 간단히 줄여 인의(仁義)라고 합니다. 『대학』은 이것을 명덕(明德)이라고 하였고 『중용』은 이것을 하늘이 명한 본성[天命之謂性]이라고 하였습니다.

공자의 『논어』, 맹자의 『맹자』 그리고 『대학』; 『중용』을 송나라 시대의 주자가 『사서』로 만들어 신유학의 경전이 되었습니다. 뿐만 아니라 이 『사서』를 자기의 철학으로 다시 해석하고 또 그 근거를 삼기 위하여 여러 가지 주석을 한데 모아서 『사서집주』를 만들었습니다. 이 집주가 원나라 때부터 과

거(科擧)의 필독교재가 되었습니다. 우리나라는 조선시대에 주자학을 정통으로 삼았기 때문에 모든 지식인들이 『사서집주』를 신주같이 모시고 신앙하였습니다. 오늘날 유교의 경전을 공부하려면 반드시 읽어야 할 책이 바로 『사서집주』의 번역본 아니면 현토 해석한 『사서집주』입니다. 이렇게 되면 우리는 알지 못하는 사이에 주자학의 가르침에 빠져들게 됩니다.

주자는 『사서집주』에서 대학의 삼강령 중 친민을 신민으로 고치고 격물치지에 전을 보충하여 보망장을 만들었습니다. 왕양명은 친민은 고본(古本)대로 놓아두어야 한다고 주장하는가 하면 격물치지도 치양지로 해석을 하여 주자학과는 전혀 다른 해석을 제시하였습니다. 왕양명은 『사서』 해석의 문제점을 지적하였지만 이에 대하여 어떤 주석도 내놓지 않았습니다. 그러나 양명후학 중 한 사람이 양명학의 정신에 의하여 『사서』에 대한 새로운 해석을 내놓았는데 필자는 요즘 그것을 번역하고 있습니다. 그렇게 되면 주자학 일변도에 빠진 사유를 균형 있게 잡아 줄 계기가 될 것으로 생각합니다. 성인이 되기 위한 공부는 경전과 그 주석을 읽음으로써 길을 찾을 수 있습니다. 경전을 읽고 깨우침을 얻으면 그것을 해오(解悟)라고 합니다. 사찰 같은 조용한 곳에 들어가서 마음을 닦아 깨우치는 것을 징오(澄悟)라고 합니다. 주자학의 방법은 선비[士]가 터득한 해오에 가깝다고 할 수 있겠지요. 그리고 승려들이 사찰에서 좌선을 하여 깨우치는 것은 징오라고 할 수 있습니다. 그러나 왕양명이 일상생활의 일하는 가운데서 시련을 겪으며 양지를 실현하는 공부[事上磨鍊]를 왕용계는 철오(徹悟)라고 하였습니다. 이러한 철오는 선비나 스님뿐만 아니라 어떤 직업에 종사하든 모두 가능한 것입니다. 우리나라의 하곡을 비롯한 그 학파는 이 공부를 실심실학이라고 하였습니다. 이 길은 누구에게나 열려 있습니다. 다만 그것을 믿고 실행해 보지 않았을 따름입니다. 이 책을 읽은 분들의 질문도 받습니다.(icchung41@naver.com)

_참고문헌

A. 원전류

가. 전집

『王陽明全集』, 臺灣: 考正出版社, 民國 61年[1972].

『王陽明全集』[上·下] 中國 上海: 古籍出版社, 1992.

『王陽明全集』[新編本, 6册] 折江: 古籍出版社, 2011.

『王陽明全集』[全譯本 6册] 北京: 燕山出版社, 1997.

『王陽明全集』[重印本 10册] 北京: 燕山出版社, 2009.

『王陽明全集』[日譯本 10册] 日本 東京: 明德出版社, 1983.

『陽明先生輯要』, 北京: 中華書局.

『陽明佚文輯考編年』[上·下], 上海: 古籍出版社, 2012.

나. 전습록

王陽明, 『傳習錄』詳註集評 陳榮捷 著, 臺灣: 學生書局, 1983.

『傳習錄 新解—聖算致良知—』, 應涵 編譯, 北京: 宗教文化出版社, 1997.

『新譯 傳習錄』, 李生龍 譯註, 臺灣: 三民書局, 2004.

『傳習錄』, 注疏 鄧艾民 著, 臺灣: 法嚴出版社, 2000.

『傳習錄』, 干自力 孔薇 楊驊驍 譯註, 中州: 古籍出版社, 2008.

『傳習錄 校釋』, 蕭无陂 校釋, 岳麓書社, 2012.

『傳習錄 全譯』, 于民雄 注, 顧久 譯, 貴州: 人民出版社, 2009.

『傳習錄 全譯』, 鮑希福 譯註, 成都: 巴蜀書社, 1992.

『傳習錄』, 李賢民 譯註, 中國文聯出版公司, 1995.

『傳習錄』, 王學典 編譯, 藍天出版社, 2007.

『傳習錄 精讀』, 吳震 著, 復旦大學出版社, 2011.

『傳習錄 新解』, 應涵 編譯, 臺灣: 正展出版公司, 2000.

『傳習錄』, 林安梧 導讀, 臺灣: 今楓出版有限公司, 1986.

『전습록』, 송하경 역, 휘문출판사[세계의 대사상 30], 1974.

『전습록』, 안길환 편역, 명문당, 1998.

『양명학공부—전습록 풀이—』[1·2·3], 김홍호 저, 솔, 1999.

『전습록』, 정차근 역주, 평민사, 2000.

『전습록』[상·하], 정인재 한정길 역주, 청계, 2001.

『전습록』, 김동휘 편역, 신원문화사, 2010.

『傳習錄筆記』, 三輪執齋 講, 早稻田大學出版部, 明治44[1911].

『傳習錄 現代語譯』, 小野機太郞 譯著, 日本: 三陽書院, 昭和4[1929].

『傳習錄』, 近藤康信 著, 日本: 明治書院, 昭和36[1961].

『傳習錄諸注集成』, 中田 勝, 明德出版社 1972[소화47] 陽明學大系 別冊.

『傳習錄』, 山本正一 譯註, 日本: 法政大學出版局, 1966.

『傳習錄』, 新講洪樵榕 著, 二松學舍出版部, 昭和63[1988].

다. 기타

『四書大全』, 明 胡廣 等 編纂.

『性理大典』.

『晦庵朱文公文集 和刻影印』[全10冊], 近世漢籍叢刊, 臺北: 廣文書局, 1972.

『朱子語類』[全8冊], 黎靖德 編, 北京: 中華書局, 1986.

『陸九淵集』, 中華書局, 1980.

『張載集』, 中華書局, 1978.

『周敦頤集』, 中華書局, 1990.

『二程全書』.

『劉宗周全集』, 臺灣: 中央研究員 中國文哲研究所籌備處, 1998.

『黃宗羲全集』[全12冊], 折江古籍出版社, 2005.

B. 單行本類

I. 韓文[한글]

가. 저서

a. 왕양명

박은식, 『왕양명선생실기』, 1910, 박은식전집, 단국대출판부, 1975.

정인보, 『양명학연론』, 1935, 삼성문화재단, 1972.

송재운, 『양명철학의 연구』, 사사연, 1991.

유명종, 『성리학과 양명학』, 연세대출판부, 1994.

_____, 『왕양명과 양명학』, 청계, 2002.

박연수, 『양명학이란 무엇인가』, 경희종합출판사, 1997.

정동국, 『정덕희 공자와 양명학』, 태학사, 1999.

김세정, 『양명학 −인간과 자연의 한몸짜기−』, 문경출판사, 2001.

_____, 『왕양명의 생명철학』, 청계, 2006.

최재목, 『내 마음이 등불이다』, 이학사, 2003.

박정련, 『왕양명의 마음의 예술, 음악 그리고 음악교육론』, 민속원, 2007.

정지욱, 『양명선생유언록』, 소나무, 2009.

김길락 외, 『양양명 철학연구』[논문집], 청계, 2001.

b. 육상산

김길락, 『상산학과 양명학』, 예문서원, 1995.

_____, 『한국의 상산학과 양명학』, 청계, 2004.

안영석, 『육상산의 도덕철학』, 세종출판사, 2000.

나. 박사 학위논문

a. 국내

송재운, 『왕양명 심학의 연구』, 동국대학교 대학원, 1985.

안영석, 『상산심학에 관한 연구』, 영남대학교 대학원, 1997.

김세정, 『왕양명 생명철학에 관한 연구』, 성균관대학교 대학원, 1998.

한정길, 『왕양명 마음의 철학에 관한 연구』, 연세대학교 대학원, 1999.

이주행, 『왕양명과 왕기의 무위유학』, 한국정신문화연구원, 2002.

정갑임, 『왕양명의 만물일체론』, 한국정신문화연구원, 2002.

현재우, 『왕양명과 이냐시오의 종교적 경험 연구』, 서강대학교 대학원, 2007.

한동균, 『왕양명 심학 연구』, 영남대학교 대학원, 2008.

이우진, 『왕양명 공부론의 교육학적 해석』, 한국학중앙연구원, 2010.

김영건, 『왕양명의 심학의 종교적 성격 연구』, 성균관대학교 대학원, 2011.

b. 국외

宋河璟, 『王陽明心學之硏究』, 臺灣: 師範大學國文硏究所, 1986.

李明漢, 『陽明良知一槪念的形成及其意義之探討』, 臺灣: 中國文化大學, 1988.

李相勳, 『王陽明工夫論之硏究』, 臺灣: 東海大學, 1994.

田炳述, 『從理學到心學之發展看王陽明哲學的特色』, 臺灣: 中國文化大學, 1995.

朴吉洙, 『本體與境界之間−王陽明心性說的本質與特徵−』, 北京大學, 2012.

Heup Young Kim[김흡영], *Santification and Self−Cultivation: A Study of Karl Barth and*

Neo—Confucianism[Wang YangMing] Berkeley University, 1992.

다. 역서

a. 國漢文

박은식 편저, 최재목·김용구 역주, 『왕양명선생실기』, 선인, 2011.

정인보 지음, 홍원식·이상호, 『양명학연론』, 한국국학진흥원, 2005.

b. 中文

楊國榮 지음, 송하경 역, 『양명학통론』, 박영사, 1994.

_____, 『양명학—왕학통론—』, 정인재 감수, 김형찬·박경환·김영민 옮김, 예문서원, 1994,

蔡仁厚 저, 황갑연 역, 『왕양명철학』, 서광사, 1996.

陳來 지음, 전병욱 옮김, 『양명철학—유무지경—』, 예문서원, 2003.

c. 日文

시마다 겐지 지음, 김석근·이근우 옮김, 『주자학과 양명학』, 까치, 1986.

아라이 겐고 지음, 배영동 옮김, 『불교와 양명학』, 혜안, 1996.

고지마 쓰요시 지음, 신현승 옮김, 『사대부의시대—주자학과 양명학 새롭게 읽기—』, 동아시
    아, 2004.

마노센류 지음, 이석주 옮김, 『주자와 왕양명』, 학고방, 2010.

야스다 지로 지음, 이원석 옮김, 『주자와 양명의 철학』, 2012.

d. 영문

뚜 웨이밍 지음, 권미숙 옮김, 『한 젊은 유학자의 초상—청년 왕양명—』, 통나무, 1994.

줄리아 칭 지음, 이은선 옮김, 『지혜를 찾아서 —왕양명의 삶과 사상—』, 분도출판사, 1998.

칼슨 장 지음, 이진표 역, 『신유학 사상의 전개』(I, II), 형설출판사 1977.

II. 中文

가. 單行本 [양명학]

錢穆, 『陽明學述要[原名 王守仁]』, 上海: 商務印書館, 1928, 臺北: 蘭臺出版社[重印], 1990.

鄧元忠, 『王陽明聖學探討』, 臺北: 正中書局, 1975.

蔡仁厚, 『王陽明哲學』, 臺北: 三民書局, 1979.

朱秉義, 『王陽明入聖的工夫』, 臺北: 幼獅文化事業公司, 1979.

趙士林, 『心靈學問—王陽明心學—』, 香港: 中華書局. 1980.

沈善洪, 『王鳳賢 王陽明哲學研究』, 折江人民出版社. 1981.

馬融,『陽明學精義』, 臺中: 新中出版社. 1983.

陳榮捷,『王陽明與禪』, 臺灣: 學生書局. 1984.

吳蘭,『王陽明教育思想之研究』, 臺灣: 中華書局. 1986.

秦家懿,『王陽明』, 臺北: 東大圖書公司, 1987.

戴瑞坤,『陽明學漢學研究論集』, 臺灣: 學生書局. 1988.

楊國榮,『王學通論』, 上海: 三聯書店. 1988.

_____,『心學之思』, 上海: 三聯書店. 1997.

方爾加,『王陽明心學研究』, 湖南教育出版社. 1989.

鄭吉雄,『王陽明』, 臺灣: 幼獅事業有限公司. 1990.

畢誠,『儒學的轉折−陽明學派教育思想研究』, 北京: 教育科學出版社, 1992.

鐘彩鈞,『王陽明思想之進展』, 臺北: 文史哲出版社, 1993.

談遠平,『論陽明哲學之圓融統觀』, 臺灣: 文史哲出版社, 1993.

楊慶球,『成聖與自由−王陽明與 西方基督教思想的比較−』, 香港: 乾道神學院, 1996.

王曉昕,『王陽明與貴州』, 貴州人民出版社, 1996.

_____,『王學之光成都』, 西南: 交通大學出版社, 2010.

_____,『王陽明與陽明文化』, 北京: 中華書局, 2011.

張祥浩,『王守仁評傳』, 南京: 大學出版社, 1997.

林麗娟,『吾心自有光明月−王陽明詩探究−』, 高雄復文圖書出版社, 1998.

_____,『良知與心體−王陽明哲學研究−』, 臺北: 洪葉文化 1999.

陣來,『有無之境−王陽明哲學情神−』, 北京: 人民出版社 1991.

朱謙之,『日本的古學與陽明學』, 北京: 人民出版社, 2000.

劉成有,『王陽明』, 香港: 中華書局, 2000.

林繼平,『王學探微十講』, 臺灣: 蘭臺出版社, 2001.

周月亮,『王陽明 內聖外王的九九方略』, 中華工商聯合出版社, 2002.

_____,『大儒 王陽明』, 北京: 海南出版社, 2005.

呂妙芬,『陽明學士人社群』, 臺灣: 中央研究院近代史研究所, 2003.

何可永,『王陽明』, 香港: 中華書局, 2003.

陳立勝,『王陽明 萬物一體論 從身一體的 立場看』, 國立臺灣大學出版中心, 2005.

陣復,『大道的眼漏−心學工夫論』, 臺北: 洪葉文化事業有限公司, 2005.

錢明,『儒學正脈−王守仁傳−』, 折江人民出版社, 2006.

____, 『王陽明 及其學派』, 北京: 人民出版社, 2009.

羅永吉, 『良知與佛性—陽明心學與眞常佛學之比較研究—』, 臺北: 萬卷樓圖書股份有限公司, 2006.

司雁人, 『陽明境界—仁者 知者 勇者 行者—』, 北京: 中國社會科學出版社, 2007.

姜允明, 『王陽明與陳白沙』, 臺灣: 五南圖書公司, 2007.

黃明誠, 『王陽明安頓生命的智慧 臺灣 圓融出版社, 2008.

孫德高, 『王陽明 事功與心學研究』, 成都: 西南交通大學出版社, 2008.

林月惠, 『陽明 '內聖之學' 研究』, 花木蘭出版社, 2009.

吳光, 『陽明學綜論』, 中國人民出版社, 2009.

余懷彥, 『王陽明的五百年—中國與世界的王陽明—』, 貴州教育出版社, 2009.

劉宗賢, 『蔡德貴 陽明學與當代新儒學』, 中國人民出版社, 2009.

朱曉鵬, 『王陽明與道家道教』, 中國人民出版社, 2009.

潘立勇, 『一體萬化—陽明心學的美學智慧—』, 北京大學出版社, 2010.

袁仁琮, 『解讀王陽明』, 四川: 巴蜀書社, 2010.

鄧克銘, 『王陽明思想觀念研究』, 臺北: 臺大出版中心, 2010.

余樟法, 『大良知學』, 貴州: 人民出版社, 2010.

進多旭, 『教化與工夫—工夫論視域中的陽明心學系統—』, 四川: 巴蜀書社, 2010.

秦漢唐, 『王陽明 悟人生大智慧』, 臺北: 文經閣企劃出版, 2012.

鮑永玲, 『種子與靈光—王陽明心學喩象體系通論—』, 上海: 世紀出版社, 2012.

나. 論文集

中華學術院, 『陽明學論文集』, 臺北: 中華學術院, 1977.

編輯委員會, 『王陽明』, 國際學術討論會論文集, 貴州教育出版社, 1997.

編輯委員會, 『王學之思—紀念王陽明貴陽龍場悟道490周年論文集』, 1999.

李國志, 黃彩云 責任編輯, 『王學之旅』, 貴州人民出版社, 2009.

錢明, 葉樹望 主編, 『王陽明的世界』, 折江古籍出版社, 2008.

張新民 主編, 『陽明學刊』, 四川: 巴蜀書社, 2008.

吳光 主編, 『陽明學研究』, 上海: 古籍出版社, 2000.

張海晏, 熊培軍 主編 『國際陽明學研究』, 上海: 古籍出版社, 2012.

다. 明代

容肇祖, 『明代思想史』, 臺北: 開明書局, 1962.

_____,『中國歷代思想史[明代卷]』, 臺北: 文津出版社, 1993.

林繼平,『明學探微』, 臺灣: 商務印書館, 1984.

高清美,『明代理學論文集』, 臺北: 大安出版社, 1990.

祝平次,『朱子學與明初理學的發展』, 臺灣: 學生書局, 1994.

林慶彰,『蔣秋華 明代經學國際研討會論文集』, 臺北: 中央研究院中國文哲研究所籌備處, 1996.

張學智,『明代哲學史』, 北京大學出版社, 2000.

_____,『心學論集』, 北京: 中國社會科學出版社, 2006.

夏咸淳,『情與理的碰撞; 明代士林心史』, 河北大學出版社, 2001.

李書增, 岑青, 孫玉杰, 任金鑒 著,『中國明代哲學』, 河南人民出版社, 2002.

吳震,『明代知識界講學活動[1522-1602]』, 上海: 學林出版社, 2004.

多洛肯,『明代折江進士研究』, 上海: 古籍出版社, 2004.

朱鴻林,『明人著作與生平發微』, 桂林: 廣西師範大學出版社, 2005.

南炳文,『何孝英 明代文化研究』, 北京: 人民出版社, 2006.

라. 宋明理學

吳康,『宋明理學』, 臺灣: 華國出版社, 1955.

錢穆,『宋明理學概述』, 臺灣: 學生書局, 1977.

張君勱,『新儒家思想史』(上·下), 張君勱先生獎學金基金會, 1979.

蔡仁厚,『宋明理學』, 臺灣: 學生書局, 1980.

馮炳奎 等,『宋明理學研究論集』, 臺灣: 黎明文化事業公司, 1983.

候外廬, 邱漢生, 張豈之,『宋明理學史』[上·下], 北京: 人民出版社, 1984.

張立文,『宋明理學研究』, 中國人民大學出版社, 1985.

陳來,『宋明理學』, 遼寧教育出版社, 1992.

吳乃恭,『宋明理學』, 吉林文史出版社, 1994.

馮達文,『宋明新儒學略論』, 廣東人民出版社, 1997.

蔡方鹿,『宋明理學心性論』, 巴蜀出版社, 1997.

古清美,『宋明理學概述』, 臺灣書店, 2002.

陳來,『中國近世思想史研究』, 北京: 商務印書館, 2003.

余英時,『宋明理學與政治文化』, 臺灣: 允晨文化公司, 2004.

陳立驤,『宋明儒學新論』, 臺灣: 高雄復文圖書出版社, 2005.

傅小凡, 『宋明道學新論』, 社會科學文獻出版社, 2005.

陳來, 『宋明儒學論』, 香港: 三聯書店, 2008.

李蒙, 程漢, 『宋明思想史稿』, 臺灣: 秀威資迅科技公司, 2009.

林月惠, 詮釋與工夫—宋明理學的超越企向與內在辨證— 臺灣中央研究院 中國文哲研究所, 2009.

마. 陸象山

陳德仁, 『象山心學之比較研究』, 臺灣: 學生書局, 1975.

牟宗三, 『從陸象山到劉蕺山』, 臺灣: 學生書局, 1984.

李之鑒, 『陸九淵哲學思想研究』, 湖南人民出版社, 1985.

高全喜, 『理心之間—朱熹與陸九淵的理學—』, 錦繡出版社業公司, 1992.

徐梵澄, 『陸王學述 一系精神哲學』, 上海: 遠東出版社, 1994.

郭齊家, 『顧春 陸九淵 教育思想研究』, 南昌: 江西教育出版社, 1996.

劉宗賢, 『陸王心學研究』, 山東人民出版社, 1997.

顧春, 來源, 『爭論 特性—陸九淵教育思想三論—』, 北京: 教育科學出版社, 2003.

吳致融, 『陸學爲體 朱學爲用—從工夫論 吳澄—』, 臺灣: 文史哲出版社, 2011.

張立文, 『走向世界的陸象山心學』, 北京: 人民出版社, 2008.

黃信二, 『陸象山哲學研究』, 臺灣: 秀威資迅有限公司, 2009.

趙偉, 『陸九淵門人』, 北京: 中國社會科學院出版社, 2009.

III. 日文

秋月胤繼, 『陸王研究』, 章華社版, 1935[소화10].

高瀬武次郎, 『陽明學講話』, 東京: 弘道館, 1936[소화11].

陽明學大系 第1卷 『陽明學入門』, 明德出版社, 1971[소화 46].

_____ 第2卷 第3卷 『王陽明[上, 下]』, 明德出版社, 1972[소화47].

_____ 第4卷 『陸象山』, 明德出版社, 1973.

_____ 第12卷 『陽明學便覽』, 明德出版社, 1974.

山下龍二, 『陽明學 の 研究[成立編]』, 現代情報社, 1971[소화46].

_____, 『陽明學の 研究[展開編]』, 위와 같음.

_____, 『王陽明』, 集英社, 1984[소화59].

大西晴隆, 『王陽明』, 講談社, 1979[소화54].

山田準,『陽明學講說』, 二松學舍大學出版部, 1980[소화55].

安岡正篤,『王陽明研究』, 1960[소화35].

_____,『陽明學十講』, 二松學舍大學陽明學研究所, 1981[소화56].

_____,『禪と 陽明學[上 下]』, プレヅデント社, 1997.

岡田武彦,『陽明學の 世界』, 明德出版社, 1986[소화61].

_____,『王陽明紀行-王陽明の 遺蹟を 訪ねて-』, 明德出版社, 1997[평성9].

_____,『王陽明拔本塞源論-王陽明の 萬物一體論-』, 明德出版社, 1998[평성10].

_____,『宋明哲學 本質』, 東京: 木耳社, 1974[소화59].

吉田公平,『陸象山 と 王陽明』, 研文出版, 1990.

林田明大,『眞說 陽明學入門』, 三五館, 1994.

小島,『毅朱子學と 陽明學』, 放送大學教育振興會, 2004.

芝豪,『小說 王陽明[上 下]』, 明德出版社, 2006[평성18].

崔在穆,『東アヅア陽明學の 展開』, 株式會社ぺりかん社, 2006.

IV. 英文

Wing-tsit Chan, *Instruction for Practical Living and other Neo-Confucian Writings by Wang Yang-Ming*, Columbia University Press, 1963.

Frederick Goodrich Henke, *The Philosophy of Wang Yang-Ming*, Paragon Book Reprint Corp., 1964.

Carsun Chang, *The Development of Neo-Confucian Thought*, Vision Press Limited, 1958.

_____, *The Development of Neo-Confucian Thought*, Vol 2. Bookman Associate, 1962.

_____, *Wang Yang-Ming: Idealist Philosopher of Sixteenth-Century*, St. John's University Press, 1970.

Wm. Theodore de Bary, *Self and Society in Ming Thought*, Columbia University Press, 1970.

Julia Ching, *To Acquire Wisdom: The Way of Wang Yang-Ming*, Columbia University Press, 1976.

A. S. Cua, *The Unity of Knowledge and Action*, The University Press of Hawaii, 1982.

John Makeham, Editor Dao, *Companion to Neo-Confucian Philosophy*, Springer, 2010.

하곡학

1. 原典類

鄭齊斗,『霞谷集』, 韓國文集叢刊 160, 1995.

『국역 하곡집』[I, II], 고전국역총서 70, 71, 민족문화추진회, 1972.

『하곡집』, 한국명저대전집, 윤남한 역, 대양서적, 1978.

沈銷,『樗村遺稿』, 文集叢刊 207, 208.

李匡臣,『恒齋遺稿』3卷 筆寫本.

李匡師,『圓嶠集』, 韓國文集叢刊 221.

新編 李匡師文集』, 심경호·길진숙·유동환 공편, 시간의 물레, 2005.

李匡呂,『李參奉文集』, 韓國文集.

李匡呂,『李參集』筆寫本.

申大羽,『宛丘遺集』, 文集叢刊 251.

李令翊,『信齋集』, 文集叢刊 252.

李忠翊,『椒園遺稿』, 文集叢刊 255.

김윤경 옮김,『초원담노』, 예문서원, 2013.

李種徽,『修山集』, 文集叢刊 247.

鄭東愈,『晝永編』, 筆寫本, 乙酉文化史 飜譯.

申綽,『石泉遺稿』, 文集叢刊 279.

李勉伯,『岱淵遺藁』, 文集叢刊 289, 290.

李是遠,『沙磯集』, 文集叢刊 302.

鄭文升,『蕉泉集』, 木版本.

李建昌,『明美堂集』, 青丘文化社.

李建昌,『李建昌全集』, 亞細亞文化社, 1978.

李建昇,『海耕堂收草』家乘 筆寫本.

李建芳,『蘭谷存稿』, 筆寫本.

崔鳴吉,『遲川先生集[1-IV]』, 도서출판 선비, 2008.

柳壽垣,『迂書 古典國譯叢書』224, 225.

沈大允,『沈大允全集』, 成均館大學校, 大東文化研究院.

鄭寅普,『陽明學演論』, 三星文庫本.

鄭寅普,『薝園 鄭寅普全集』, 延世大學校出版部, 1983.

鄭寅普 지음 鄭良婉 옮김,『薝園文錄[上・中・下]』태학사, 2006.

2. 硏究書

尹南漢,『朝鮮時代의 陽明學硏究』, 集文堂, 1982.

劉明鐘,『韓國의 陽明學』, 同和出版社, 1983.

金敎斌,「霞谷 哲學思想에 관한 硏究」, 成均館大學校 博士論文, 1992.

_____,『陽明學者 鄭齊斗의 哲學思想』, 한길사, 1995.

송석준,「한국양명학과 실학 및 천주교와의 사상적 관련에대한 연구」, 성균관대 박사논문, 1992.

정양완・심경호,『강화학파의 문학과 사상[1]』, 이광려론 신대우론, 한국정신문화연구원, 1993.

정양완,『강화학파의 문학과 사상[2]』, 이광사론[정양완], 한국정신문화연구원, 1995.

심경호,『강화학파의 문학과 사상[3]』, 이광사, 이영익론, 한국정신문화연구원, 1995.

정차근,『동양정치사상─한국 양명사상의 전개─』, 평민사, 1996.

서경숙,「초기 강화학파의 양명학에 대한 연구」, 성균관대학교 박사논문, 2000.

정인재,「황준걸 편 한국강화양명학」, 대만대학출판중심, 2005.

김교빈 등,『하곡 정제두』, 예문서원, 2005.

박연수,『하곡 정제두의 사상』, 한국학술정보, 2007.

김수중・조남호・천병돈 공편,『강화학파연구 문헌해제』, 인천학연구원, 2007.

이용규,『강화학파 학인들의 발자취』, 수서원, 2007.

이건창 지음, 송하준 옮김,『조선의 마지막문장』, 글항아리, 2008.

금장태,『한국 양명학의 쟁점』, 서울대학교출판부, 2008.

이상호,『양명우파와 정제두의 양명학』, 혜안, 2008.

강화양명학연구팀,『강화학파의 양명학; 강화 양명학 연구총서 3』, 한국학술정보, 2008.

이은룡,「하곡 정제두의 경세론에 나타나는 행정학적 의미와 해석」, 인천대학교 박사논문, 2009.

金允景,「하곡학파 노자 해석에 관한 연구」, 성균관대학교 박사논문, 2009.

金潤琼,「16─17세기 한국 양명학 성립과정의 공부론 연구」, 성균관대학교 박사논문, 2010.

中純夫,『朝鮮의 陽明學─初期江華學派 硏究─』, 汲古書院, 2013.